Fleck, Ferdinand Florens

Wissenschaftliche Reise durch das südliche Deutschland, Italien, Sicilien und Frankreich

1. Band

Fleck, Ferdinand Florens

Wissenschaftliche Reise durch das südliche Deutschland, Italien, Sicilien und Frankreich

1. Band

Inktank publishing, 2018

www.inktank-publishing.com

ISBN/EAN: 9783747773307

Wissenschaftliche
Reise
durch
das südliche Deutschland, Italien, Sicilien und Frankreich.

Herausgegeben
von
Dr. *Ferdinand Florens Fleck*,
Professor in Leipzig.

„In der Anschauung ist die Wahrheit."

Ersten Bandes erste Abtheilung.

Mit Beilagen
der Herren DD. **Ernst Helmbach** und **Eduard Güntz**
in Leipzig.

Nebst vier Steindrucktafeln.

Leipzig, 1837.
Verlag von Joh. Ambr. Barth.

Sr. Excellenz

dem K. S. Staatsminister des Kultus

und

öffentlichen Unterrichtes

Herrn Hans Georg von Carlowiz

auf Ober-Schöna u. s. w.

Mitgliede des Königl. Staatsrathes, Doctor der Rechte, Domherrn des Hochstifts zu Merseburg, Gross-Kreuze des K. S. Civilverdienstordens, des Kaiserl. Oesterreichischen Leopoldordens, Ritter des Kaiserl. Russ. St. Annenordens zweiter Klasse, des Königl. Preuss. Johanniterordens u. s. w. u. s. w.

dem

hochgebildeten, wohlwollenden und einsichtsvollen

Gönner der Wissenschaften

In tiefer Ehrfurcht zugeeignet.

Vorrede.

Das Reisen kommt selten an Gelehrte, am wenigsten in den Jahren, wo man zu reisen verstehet. Zeit- und Geldopfer werden gescheuet; eine gewisse Zähigkeit hängt der sitzenden Lebensart an; man erwägt und berechnet sorgsam ängstlich die Nachtheile, die eine lange Abwesenheit von der Heimath nothwendig dem Fortkommen bringen müsse, wenn man die Reise nicht schon bei vollester Anerkennung und in den allerreifesten Jahren unternehme. Durch solche Betrachtungen wird der Muth gelähmt und die schönsten Jahre des Beobachtungsgeistes und rüstiger Thatkraft gehen ungenutzt und ungenossen vorüber. Mancher würde durch eine gelehrte Reise sein ganzes übriges Leben erhöhen und veredeln, den Gesichtskreis unglaublich erweitern, und in gewisser Hinsicht über seinem Zeitalter stehen, wenn er dazu zu rechter Zeit den Entschluss hätte fassen und ausführen wollen. Denn Bücher enthalten nicht die einzige und wahre Weisheit. Bücherstaub ist überall, aber der mit dem Staube des Lebens und der Erfahrung bedeckte Mann stehet unendlich höher, und kann seinen Zeitgenossen in vieler Hinsicht räthlich und nützlich werden, wenn sie Augen haben zu sehen und Ohren zu hören.

Der Deutsche ist zwar der gediegenste und werthvolleste, aber zugleich der am meisten unpraktische unter allen Nationen des Festlandes. Gewisse unmittelbare Argumente aus dem Leben und nach einem unfehlbaren Takte haben für ihn geringe Beweiskraft, wenn sie nicht mit dem ganzen vollen Rüstzeuge der Gelehrsamkeit begleitet werden. Hierin übertreffen ihn Italiäner, Franzosen und Engländer. Das überflüssige Beiwerk von der ächten und gediegenen Wissenschaft zu unterscheiden, dies ist vorzüglich die Frucht vieler Anschauungen, längerer Lebenserfahrungen und vorgerückter Jahre. Am schnellsten wird diese grosse Gabe durch wissenschaftliche Reisen gewonnen.

Ein reisender Theolog, besonders ein exegetischer und dogmatischer, ist nun vollends eine seltene Erscheinung. Viele hegen die Meinung, dass diese Wissenschaft am wenigsten der Ausbildung durch Reisen bedürfe. Kein Irrthum ist grösser, als dieser. Luther verdankt seiner Reise nach Rom unendlich Viel, seinen begründeten Hass gegen Pabstthum und Glaubenstyrannei; sie ist gleichsam die erste theologische Reise mit erspriesslichen Erfolgen. Die Königlich Preussische Regierung hat sich längst durch das Institut der Domkandidaten von der Dringlichkeit und Nothwendigkeit solcher gelehrter Wallfahrten überzeugt, auch hat jeder von kleinen Reisen die lebendige Erfahrung, wie fruchtbar und nützlich sie ihm geworden. Wer daher sein Vermögen und einen Theil seiner besten Lebenszeit an ein so würdiges Ziel setzt, um seine Erfahrungen im Reiche der Theologie, der Religion und Kirche durch Selbstanschauung zu erweitern und dadurch in seinem Kreise nützlich und lehrreich zu werden, verdient gewiss den vollen Dank und die reelle Anerkennung der Mitlebenden. Auch giebt es, Gott sey Dank! ungeachtet einzelner Verkennungen, immer noch für jeden ein ehrenhaftes deutsches Publikum, und wird es immer geben, welches solche Bestrebungen zu schätzen weiss, und gern da lernt, wo etwas zu lernen ist. Diese gebildete Stimme, so möchte ich sie nennen, gehet nie unter, und lässt sich über dem Strome der Zeiten und deren Verganglichkeit vernehmen. Mein theures Vaterland Sachsen ist an und fur sich und nach dem Urtheile aller Fremden ein feines gebildetes Land, in dem auch ich viele Anerkennung in dieser Beziehung gefunden habe. Mancher Freund und einsichtige Mann drückte dem Heimgekehrten herzlich die Hand, und freuete sich unverholen über dessen Mittheilungen; auch haben meine Vorlesungen über Katholicismus und Protestantismus aus dem Standpunkte der Empirie und der Statistik, so wie über biblische Kritik, beide eine Frucht dieser Reisen, durch Neuheit und Geist der Darstellung, wie man mir wiederholt versichert hat, viele und dankbare Anerkennung bei der für alles Gute offenen und empfänglichen akademischen Jugend gefunden.

In früheren Zeiten, wie z. B. in der Mitte des verflossenen Jahrhunderts, war es gar nicht ungewöhnlich, dass wissenschaftliche Theologen, um die Fülle ihrer Kenntnisse zu erweitern, auf Reisen gingen; so z. B. der verewigte Schnurrer und andere, besonders Orientalisten. Frankreich, Holland und England waren das Ziel ihrer Wallfahrten. Nur zu oft aber schlossen sie sich in die Bibliotheken oder gelehrten Zeughäuser ein, und vernachlässigten das Leben und dessen Beobachtung. Auch ist es nicht Jedem gegeben, ein ausgezeichneter Gelehrter zu seyn, und zugleich ein guter, tüchtiger und scharfsinniger Beobachter seiner Umgebungen. Welches reiche Feld für Religion, Kirche, Schule und Haus bietet aber nicht jedes europäische Land dem ruhigen Beobachter dar! Und da weder die Bibliotheken zu jeder Stunde des Tages dem Besucher geöffnet sind, noch auch für streng wissenschaftliche Arbeiten die Kräfte immer gleich gespannt seyn können, so bleibt Zeit genug übrig zur Einsammlung anderweiter Kenntnisse und Anschauungen. Man benutze sie nur recht, und man wird sehen, wie Vieles man zu Nutz und Frommen Anderer aufzuspeichern im Stande ist.

Die gelehrte und die praktische Theologie bedürfen in unserem Zeitalter eine Umgestaltung, zu deren Beschleunigung Anschauungen und Beobachtung religiöser und kirchlicher Zustände auf Reisen ausserordentlich Viel beitragen können. Ich meine, dass ein juste milieu der theologischen Wissenschaft, wie dem religiösen Leben Noth thue. Nur verstehe man mich nicht falsch. Ich weiss wohl, dass man an manchen Orten bloss Faktionäre oder entschiedene Farben will, und den unbefangenen und einfachen Wahrheitsfreund nicht gerne sieht. Er stehet öfter in einer ziemlichen geistigen Einsamkeit, auf sich und sein gutes Bewusstseyn beschränkt. Denn man glaubt mit ihm nicht vorwärts zu kommen. Andererseits ist er doch zuletzt der Einzige, welcher ausdauert und bei Ehren bleibt, wenn die Partheyen sich aufreiben. Die akademische Jugend, wie ich aus eigener Erfahrung versichern kann, hat immer vielen Sinn für diese unbefangene und edle Wahrheitsliebe, und schlägt sie hoch an, in einem Lebensalter, wo das freie Urtheil noch durch keine Standesvorurtheile oder bittere Lebenserfahrungen umwölkt, getrübt oder entstellt worden ist.

Die erste Einseitigkeit, die man nach vielen Reisen auffällig findet und daher rügen muss, ist diese, dass man sich in unseren Tagen Viel zu sehr um theoretische Meinungen und Dogmen streitet, und dabei das christliche Leben, wovon viele dieser Streiter keine Idee und Ahnung haben, Viel zu sehr vernachlässiget. Der Grund dieser Erscheinung ist freilich leicht zu finden, weil jenes das Leichtere ist, dieses das Schwerere. Es ist aber innerhalb der christlichen Kirche im Grunde immer so hergegangen. Von **Origenes** bis auf **Strauss** hat man sich über die Geburt Christi, über Menschwerdung, Wunder, Auferstehung, Himmelfahrt, Wiederkehr u. s. w. hitzig und eifrig, ja bis aufs Blut gestritten, ohne dass etwas dabei heraus kam; das christliche Leben aber trat in höchst bescheidenen Hintergrund zurück und schien kaum vorhanden zu seyn. Die Kirchenlehrer führten das grosse Wort, erbitterten, kränkten, beleidigten, schmäheten sich gegenseitig; Alles ohne Noth: was sollten denn die Laien dabei profitiren oder welches schöne Beispiel sollten sie daraus nehmen? Das Alles wurde nicht bedacht. Freilich musste es gewisser Massen so kommen, denn die Wissenschaft verlangt ihr Recht und ihre Rücksichten. Aber man hob Viel zu Wenig hervor, dass von theoretischen Lehrstreitigkeiten der Seelen Seligkeit nicht abhänge. Nun aber ist zuletzt alle Theologie lediglich gelehrter Prunk, wenn sie auf das Leben nichts einwirkt. Ueber jene Dogmen nämlich kann jemand vollkommen denken, wie er will, und dennoch ein ausgezeichneter Christ seyn, wenn er sich z. B. nur an die Aussprüche der Bergrede Christi und deren Geist hält. Die wahre Pointe des Christenthumes ist gleichsam verschoben oder verrückt worden durch das viele und oft unnütze dogmatische Gerede, welches zu einer Wissenschaft angeschwollen ist, die nun wieder grosser Sichtung bedarf. — Und so haben die Menschen oft um viel Nutzloses sich bemühet, und das Köstlichste dabei übersehen. — Diese Bemerkung leuchtet recht ein, nach ihrer Wahrheit, wenn man auf das religiöse Leben, den Stand der Wissenschaft, der Religion und Kirche auf Reisen Acht hat. Das Volk ignorirt ja fast durch und durch alle theologische Streitigkeiten, wendet sich von ihnen, als von uninteressanten Gegenständen ab, und ist besser oder schlechter, je nachdem es mehr oder weniger von seinen Führern zum christlichen Leben angeleitet wird. Nichts ist auch gewöhnlicher unter den gelehrten Theologen, als falsche Ideen von der Rauhigkeit und Störrigkeit des katholischen Volkes. Wir haben dasselbe, besonders in Italien, meist gutmüthig, ja herzlich gefunden; Feindseligkeiten gegen fremde Glaubensgenossen sind ihnen fremd; der Beobachter aus der Stube und nach der Consequenz des Lehrbegriffes ist im grossen Irrthume, wenn er da überall Feindseligkeiten wittert, wo ohne besondere Verhetzungen der Priester gar keine sind, nicht einmal Anlagen dazu da sind. — Um aber auf jenes christliche Leben zurückzukommen, das wir als Zweck des Christenthumes fest halten, so geben wir willig zu, dass dasselbe in seiner Vollständigkeit, wie die

Menschen jetzt sind, und, ich weiss nicht ob, bleiben werden, allerdings zunächst nur im engeren Kreise, wie z. B. in Familien und kleineren Vereinen sich realisiren lasse. Die Erfahrung hat gelehrt, dass grössere Gesellschaften sehr bald unreine Elemente einmischten, Unkraut unter den Weizen säeten. Darum ist aber doch das Ganze nicht aufzugeben, etwa mit der Bemerkung eines auswärtigen Philologen: das Leben werde doch immer heidnisch bleiben. Der Theolog wenigstens darf solches weder glauben noch sagen.

Eine zweite Beobachtung, welche als das Resultat theologischer Reisen hervorspringt, ist, dass man über die einzelnen theologischen Fächer nach ihrer gegenwärtigen Gestaltung zu einer Klarheit gelangt, welche lediglich aus Büchern sich anzueignen, sehr schwierig und mühselig seyn, und doch nicht immer gelingen möchte. Wir wollen dieses einmal im Einzelnen darthun und belegen. Was zuerst das Alte Testament anlangt, so geschieht für dessen wissenschaftliche Behandlung in Italien und Frankreich so gut, wie nichts; ja es ist nicht einmal Sinn dafür da. Das Hebräische zu verstehen, ist eine Auszeichnung; ausser dem archäologischen Werke des Professor Lanci in Rom, das aber viele Anfechtungen erlitt, weil es öfter die Vulgata bekämpft, ist uns nichts der Art zu Gesicht gekommen. Dieses Buch war übrigens sehr theuer und für Wenige; es musste, wie oft in Italien, auf

Kosten des Verfassers gedruckt werden. Die neueren kritischen Forschungen der Deutschen über das A. T. und dessen innere Composition sind dort böhmische Dörfer; nur ein einziges Mal sahen wir in Rom bei de Romanis das Simonis'sche hebräisch-chaldäische Lexicon nach der Ausgabe des verehrten Kirchenrathes Dr. Winer ausstehen. Der Orientalist Rosellini in Pisa beschäftiget sich bekanntlich lediglich mit dem ägyptischen Alterthume. Die Geistlichen führen ihre mündlichen Streitigkeiten über das A. T. lediglich mit Stellen aus der Vulgata, die sie mit ihrem monotonen Accente ohne inneres Verständniss hersagen. Die Hierarchie stützt sich ja zum Theil auf das A. T., besonders auf den Leviticus, und kann mithin freimüthigen Untersuchungen über diesen Theil der Bibel nicht hold seyn. Nach dem alten Gleichnisse zu urtheilen, dass der lateinische Originaltext Christo zu vergleichen sey, und zwischen zwei Schächern, dem hebräischen und dem griechischen Texte hänge, lässt sich voraussehen, wie weit dort unbefangene Bibelforschung gediehen sey. Man kann es den wenigen Orientalisten Italiens nicht verdenken, dass sie sich lieber auf das Studium der arabischen und anderer morgenländischen Dialekte, denn auf das hebräische A. T., unter solchen Verhältnissen, mit ihren Kräften werfen. Das Syrische bietet in der vatikanischen Bibliothek durch die Unzahl unverglichener Handschriften unermessliche Schätze zu gelehrter Benutzung dar, freilich mehr für die Geschichte, die Geschichte der Literatur und Kirche, denn für die Bibel unmittelbar. Die Arbeiten des berühmten de Rossi in Parma für Vergleichung der hebräischen Codices in Europa und sonst sind ein vereinzeltes Beispiel der Art, wozu die fromme Neugier des verflossenen Jahrhunderts für Erforschung der Reinheit des hebräischen Originaltextes den Antrieb gab. Die koptische Bibelübersetzung liegt im Vatikan für die Kritik noch ungenutzt, und es ist zu beklagen, dass Professor Seyffarth während seiner Anwesenheit sich nicht damit beschäftigte. A. Mai ist durchaus kein Kenner des Orientalischen, nicht einmal des Hebräischen, und G. Mezzofanti betreibt die orientalischen Dialekte mehr zum Behufe des Sprechens, als der Schriftstellerei.

Das zerstückelte Wesen der italiänischen Gelehrten thut der gründlichen Beschäftigung mit Einer Sprache immerfort Eintrag. Es ist damit mehr Spielerei, es ist mehr ein geistiger Leckerbissen, als gründlicher Ernst. Eine gewisse Behaglichkeit wohnt allen diesen Studien bei, und lässt sie nicht schnell vorwärts rücken. Die Ausdauer der deutschen Gelehrten ist den Italiänern ein Räthsel.

Für die Kirchengeschichte und deren wissenschaftliche Betreibung ist gegenwärtig in Italien und Frankreich ebenfalls der Sinn nicht mehr, der die früheren Jahrhunderte auszeichnete. Die gelehrten Benediktiner sind verschwunden, an deren Stelle sind lebenslustige weltliche Mönche getreten. Hier und da verbirgt sich noch ein alter Bibliothekar hinter gelehrten geschichtlichen Arbeiten, bringt aber davon Wenig oder Nichts in das Publikum. Was etwa Kirchengeschichtliches ediret wird, liegt in den einzelnen Städtegeschichten dar, welche von einigen fleissigen und gelehrten Mitbürgern von Zeit zu Zeit besorgt werden. Das Kirchenrecht wird nach den gegebenen Verhältnissen noch am meisten angebauet, die vornehmen Prälaten bekleiden sehr oft, ja gewöhnlich hohe Staatsämter, in welchen sie der juristischen und administrativen Kenntnisse nicht entbehren können. Sie sind Beisitzer der Ruota Romana, des höchsten Justizhofes, auch Legaten oder Statthalter in den Provinzen und einzelnen Städten. Es ist daher dort nichts Ungewöhnliches, das Studium der Theologie und des positiven Rechtes in Einer Person zu vereinigen. Freilich geschehen der Fehlgriffe viele und man klagt sehr über die Willkühr der Justiz und der Verwaltung. Wer aus Rom nach Neapel kommt, glaubt in dieser Beziehung in einer andern Atmosphäre zu athmen. Recht und Polizei sind ihm gesicherter, und man siehet deutlich, wie mattherzig und kraftlos es kommen müsse, zumal in unseren Tagen, wenn der geistliche Arm auch das weltliche Gebiet umfassen will. — Das ausgezeichnete Werk von Micali in Florenz, dessen Verfasser auf einmal die Anerkennung mehrerer europäischer Regenten durch Ordenszeichen erhielt: „Italien vor der Herrschaft der Römer“ ist wohl das einzige historische, dessen sich Italien jetzt mit Fug und Recht zu rühmen hat.“

Das neue Testament anlangend, für dessen kritische Behandlung wir vorzugsweise diese wissenschaftliche Reise antraten, so glauben wir aufs Neue den gesammten kritischen Apparat in dieser Beziehung zusammengebracht zu haben und später in einer kritisch-exegetischen Ausgabe vollständig darzulegen. Viele Analekten und Anekdota aus dem Gebiete der biblischen Literatur, der Patristik und verwandter Fächer haben wir übrigens abgeschrieben, mit deren Drucke bereits bis zum zwanzigsten Bogen vorgerückt ist. Hierzu treten literargeschichtliche Einleitungen in den Prolegomenen. Nur glaubten wir die eigentliche „Reise“ schneller fördern zu müssen, da deren Inhalt leichter veraltet und dem Wechsel der Zeiten und Begebenheiten unterworfen ist.

Da in diesem Werke der Kunst eine vielfache Theilnahme geschenkt ist, so möge über das Verhältniss dieser schönen Himmelsgabe zum Katholicismus und zur Religion noch Einiges einleitungsweise gesagt werden.

Dass in der Confessionsform des Katholicismus eine besondere Bevorzugung der schönen Künste, insbesondere der bildenden, nämlich der Baukunst, der Malerei und Bildhauerkunst, liege, ist eine Behauptung, welche, viele Jahrhunderte alt, auch das reelle Zeugniss der Geschichte für sich zu haben scheint. Die christliche Malerei und Baukunst haben nach ihren Gegenständen der Andacht und dem Legendengeiste gedient. Erstere rief eine Fülle zarter poetischer Stoffe in's Leben; letztere wurde von sinnlichen Einwirkungen genährt und gleichsam beflügelt. Indessen muss dennoch der Standpunkt der Künstler als Darsteller im Gebiete der Religion und religiöser Mythologie vom Standpunkte innerer Ueberzeugung unterschieden werden. Denn die lebendige Ergreifung des ersteren ist nicht nothwendig an den letzteren gebunden.

Der Katholicismus, hat man wiederholt behauptet, begünstige ausschliessend die schönen Künste, insbesondere die darstellenden. Dagegen soll der Protestantismus durch die Nüchternheit seiner Grundsätze und deren Folgerungen der Kunst entgegen seyn, die künstlerische Begeisterung dämpfen, ja unterdrücken. Man gab dem Protestantismus Schuld, dass er zu prosaisch sey, der Katholicismus zu poetisch. Allein das Zuwenig ist hier sicherlich besser, als das Zuviel, da die Religion nicht auf Sinnlichkeit beruhet. Man hat bemerkt: der Katholicismus nähre durch seine Heiligen und deren Geschichte die künstleriche Phantasie, während der Protestantismus an allem diesem Mangel leide. Der Protestantismus habe ausser Gott und Christum Niemand,

b

den er anbete. Allein nach diesen Voraussetzungen wäre es am besten, in das Heidenthum zurückzukehren, da solches den Künsten den allerreichsten Stoff darbietet. Zugegeben, dass der Katholicismus in Hinsicht auf Sinnlichkeit, Phantasie und dichterische Stoffe über dem Protestantismus stehe, so beweiset dieses nichts gegen den Werth des letzteren; indem die Idee in der Religion höher stehet als die Sinnlichkeit, mitnin die Anbetung im Geiste und in der Wahrheit höher, als die bloss sinnliche Frömmigkeit. Ueberdiess ist es nicht einmal richtig, dass die Geschichte des Katholicismus eine reichere Quelle der Kunst sey, als die des Protestantismus. Denn auch der Protestantismus kennt eine Heiligengeschichte in dem Leben und den Schicksalen seiner Begründer. Luther, Calvin und Zwingli können wohl dem heiligen Franciscus von Assisi und Ignatius von Loyola zur Seite gestellt werden; der Gang ihrer Schicksale erweckt ein gleich lebendiges Interesse. Sind sie auch keine Heiligen und wollten keine seyn, so stehen sie doch gewiss auf derselben Höhe der Beurtheilung, wie jene katholischen Märtyrer.

Was nun die Bemerkung anlangt, dass der Katholicismus faktisch die Künste mehr begünstige, als der Protestantismus, so ist sie nur theilweise richtig. Auch ist diese Erscheinung mehr aus zufälligen Umständen, denn aus dem Princip herzuleiten. Allerdings vereinigte sich z. B. im sechszehnten

Jahrhunderte unter Julius II. und Leo X. in Rom ausserordentlicher Kunstsinn und seltene Kunstliebe, in einer Zeit, wo Raphael und Michel Agnolo an die Spitze dieser Bestrebungen getreten waren. Allein Gleiches hätte auch im Schoosse des Protestantismus erfolgen können, unter ähnlichen Umständen. Die herrliche Periode der Medicäer in Florenz hing mit dem Katholicismus nicht wesentlich zusammen; man erstrebte eine Wiedergeburt der klassischen Kunst. Jene römischen Künstler haben sich überdies keineswegs ausschliesslich, wenn gleich vorzugsweise mit Gegenständen der heiligen Geschichte beschäftiget. Ich erinnere nur an die Sibyllen der Kirche della Pace, an die Galatea von Raphael, und an die Vermählungsgeschichte des Amor und der Psyche von Giulio Romano in der Villa Farnesina in Rom. — Hat es nicht auch Protestantische Fürsten gegeben, welche der Kunst huldigten, die protestantischen Künstler begünstigten und beschirmten? Ihre Anzahl war freilich nie Legion; aber dieses lag in den beschränkten Mitteln und Verhältnissen. —

Man warf noch ferner die Frage auf, ob zum glücklichen Fortschreiten im Gebiete der Kunst die innere Ueberzeugung von objektiver Richtigkeit und Wahrheit der katholischen Confession nothwendig sey. Diese Nothwendigkeit scheint sich zu ergeben aus jener Zeit, wo manche bedeutende Künstler in Rom sich zur Kirche, die sich die alleinseligmachende nennt, wandten. Unter ihnen ist **Overbeck** das ansehnlichste Beispiel, andere zu geschweigen. **Winckelmann**, mit allen Kräften seines Geistes der klassischen Kunst zugewandt, trat nur aus äusseren Gründen zur katholischen Kirche über, und kann somit nicht als Beispiel in dieser Gattung aufgeführt werden. Allein auch protestantische Künstler haben sich in Darstellungen versucht, und mit grossem Glück, welche dem Gebiete des Katholicismus anzugehören scheinen. Freilich geschah Solches oft mehr nach blossem Indifferentismus. Der Protestant **Thorwaldsen** errichtete Pius VII. das mit Recht gefeierte Grabdenkmal in der Peterskirche; derselbe gab sich auch her, für die protestantische Hauskapelle des preussischen Gesandten einen schönen Taufstein mit herrlichen Basreliefs der Taufe Jesu zu fertigen. So dienet der wahre Künstler allen Religionsformen und religiösen Ausdrucksweisen.

Was die **Tonkunst** anlangt, so kann mit noch weniger Schein behauptet werden, dass der Geist des Katholicismus ihr förderlicher sey, als der des Protestantismus. Der gegenwärtige Stand derselben in Italien hält an Tiefe und Heiligkeit keinen Vergleich aus mit der Ausbildung dieser Kunst in protestantischen Ländern. Unter dem Volke ist die Liebe zur Musik nicht weiter verbreitet, als bei uns, und das Guitarrenspiel hat seine wahre Heimath erst in Neapel. Deutsche Musik wird angestaunt, bewundert, aber wenig verstanden.

Von der Baukunst wollen wir zugeben, dass sie durch das reichhaltige äussere Leben des Katholicismus mehr gefördert werde, als durch das innere gläubige Leben des Protestantismus.

In den katholischen Kirchen findet sich indess eben so wenig ein durchgehend reiner Geschmack in Hinsicht auf Bildhauerei und richtige Verhältnisse, als in den protestantischen Bethäusern. Häufig sieht man heidnische Ueberreste, antike Säulen und andere Bruchstücke in die modernen Gebäude eingezwängt, die lateinischen Inschriften der Grabmäler sind gewöhnlich zu lang, wenn gleich sonst in einem klassischen Style. Selbst der Dom zu Mailand, das merkwürdigste Gebäude Italiens, ist weder völlig ausgebauet, noch in einem durchaus reinen Geschmacke.

Das Resultat der bisherigen Bemerkungen ist Folgendes. Im Wesen des Katholicismus liegt ein Trieb zur Kunst, zunächst sichtbarer als im Protestantismus. Denn der Katholicismus strebt von Innen nach Aussen heraus, um die sinnliche Frömmigkeit auch äusserlich darzustellen. Der Protestant hingegen geht von der Aussenwelt in das Innere zurück, und strebt nach Anbetung Gottes im Geiste und in der Wahrheit. Der Katholik lebt im religiösen Sinnbilde, der Protestant in der Idee. Bilderdienst ist dem protestantischen Kultus seiner Natur nach zuwider; höchstens lässt er zu Darstellungen der heiligen Geschichte oder Darstellungen aus der

Geschichte seiner Entstehung. Im gegenwärtigen Katholicismus ist übrigens die Kunst im Sinken und das Leben stehet der Kunst fern. Die Kunst auch in den Ländern des Katholicismus hat ihre Blüthe insofern überlebt, als das eigentliche Kunstinteresse wenigstens in der Gesammtheit des Volkes sich nicht mehr findet und gleichsam schon befriediget ist durch das, was die Vergangenheit geliefert hat. Daher unser Zeitalter sich mehr in Nachahmungen, als in eigenen Schöpfungen gefällt. Die Kunst bedarf zu ihrer Erneuerung besonders einer innigeren Verbindung mit dem Leben durch Herbeiführung eines allgemeineren Kunstsinnes. Häufige Darstellungen des Schönen nicht bloss vor den Augen der Gebildeten, sondern des Volkes sind die Hauptsache. Mit einem Worte: die Kunst, wenn sie blühen soll, muss ein Theil des Lebens werden.

Das Volksleben in den Ländern des Katholicismus ist unstreitig charakterisirt von dem im Gebiete des Protestantismus. Sieht man auf das Allgemeinere, so tritt heraus ein Charakter der Passivität, der Hingebung und der Indolenz in öffentlichen Angelegenheiten. Ueberhaupt ist die Intelligenz zurückgedrängt und das materielle Interesse der Selbsterhaltung und des Selbstgenusses ist vorherrschend. Die religiösen Individualitäten aber zeigen sich da, wo sie einen wirklichen Charakter haben, sehr oft entweder in Freigeisterei oder in

Bigotterie und Dumpfheit. Der Kultus dienet, in seiner Einwirkung auf das Volk, zum Nachtheile des bürgerlichen Lebens, öfter dem Vortheile der Geistlichkeit.

Der Zustand der Unwissenheit des Volkes in den Ländern der katholischen Confessionsform ist nicht bloss zufällig, sondern liegt theilweise im Principe. Alles Wissen und alle Aufklärung endiget zuletzt im religiösen Wissen oder vollendet sich im Glauben. Das erstere wird stets unvollkommen bleiben, wenn der letztere sich nicht frei entwickeln darf. Die Volksschulen sind namentlich in Italien oft schlecht organisirt, wo sie nicht ganz fehlen; am meisten noch blühen sie in der Lombardei und in Toskana, wo auch das Lancaster'sche System des wechselseitigen Unterrichtes Anhänger gewonnen hat. In Neapel geniesst das Volk fast gar keine Erziehung. Die Kinder laufen oft ohne Aufsicht umher. Das Volksschulwesen ist in den Händen von Privatleuten, welche sich pomphaft ankündigen. Die Regierung befasst sich nicht damit. Für philosophische und religiöse Begriffe ist die italiänische Sprache noch wenig gebildet, weniger noch als die französische. Die Frömmigkeit des Volkes ist durchaus mehr eine äusserliche, sie erfasst das Gemüth nicht.

Die **Processionen** geschehen zu Ehren eines Heiligen oder einer Heiligen. Das Bildniss wird aufgeführt in Form einer Fahne, Geistliche mit

Fackeln begleiten den Zug, weltliche Musik ist dabei, öfter werden, besonders in Sicilien, kleine Kanonen dazu gelöset, das Volk ruft Vivat. Das Ganze ist ein Schauspiel, das sich oft wiederholt. Bisweilen werden auch kleine Komödien mit sich begegnenden Heiligen aufgeführt.

Die Sucht nach Wallfahrten hat jetzt sehr abgenommen. Das Haus zu Loretto wird wenig besucht. In der Schweiz und im katholischen Deutschland sind diese Wanderungen noch gewöhnlicher. Im Mittelalter waren sie eine Schule aller Ausschweifungen.

Das Volk sieht die Klöster als Versorgungsanstalten an, und die Stellen sind daher sehr gesucht. Der Adel der Kirche ist in dem Benediktinerorden Söhne angesehener Familien, meistens die Zweitgeborenen, suchen bei den Benediktinern ein Unterkommen, und leben dort recht gut in anständiger Trägheit. Die Kapucinerklöster sind meistens mit Menschen aus den niederen Ständen angefüllt. Die Kapuciner conversiren mit dem Volke, sind dessen Beichtväter, üben eine strenge Regel, geniessen fünf Monate im Jahre nur Brod und Wasser. Sie haben wenig wissenschaftliche Bildung, eine kleine bestäubte Bibliothek des Konvents enthält Scholastiker und Kirchenväter. Sie verkaufen die Erzeugnisse ihrer Gärten, ohne selbst Geld berühren zu dürfen, bringen einen grossen Theil ihrer Zeit mit Horassingen oder mit dem Unterrichte der

Novizen zu, und sammeln Geldbeiträge und Nahrungsmittel für den Unterhalt des Klosters. Wenn sie einem Kranken die letzte Oelung bringen, so geschiehet dieses mit grossem Gepränge und Geräusche, in Sicilien sogar mit Rührung einer Trommel, wie ich einmal sah.

Das Lottospiel ist in Italien von höchst verderblichem moralischem Einflusse auf das Volk. Am meisten wüthet es in Neapel, befördert den Aberglauben und zerstört den bürgerlichen Wohlstand. Die Geistlichkeit befördert dieses Unwesen, statt es zu hemmen. Sie lassen sich als Wahrsager und Zauberer gut bezahlen; die Kappuciner im Kloste Ara Coeli zu Rom stehen besonders in diesem Geruche.

Rosenkränze werden im Volke nie gebraucht, ohne vorher von einem Geistlichen geweihet zu seyn. Sonst findet man noch agnos Dei von Wachs, silberne Herzchen, Heiligenbildchen und dergleichen als Talismane.

Die Volksliteratur beschränkt sich auf Breviere, geistlichen, legendenartigen Inhaltes. Gemeinnützige Kenntnisse werden nicht verbreitet; Geographie, Statistik, populäre Natur- und Menschenkunde sind unglaublich vernachlässiget. Die Bettler bilden als Werkzeuge der katholischen Wohlthätigkeit und Werkheiligkeit eine gleichsam nothwendige, charakterisirte und originelle Klasse der Gesellschaft.

Kinder vornehmer Aeltern werden sehr oft in die Benediktinerklöster gebracht, wo sie unter dem Namen von Novizen eine kümmerliche und verkrüppelte Erziehung erhalten. Die Erziehung stehet unter Leitung eines Mönches, die Tracht der Kleinen ist halb mönchisch, in Monte cassino blau und roth; das Mönchsgelübde ist ihnen indess damit nicht aufgelegt.

Dieses möge als einleitende Bemerkung über den Geist der nachfolgenden, geschichtlichen Reisebeschreibung aufgenommen werden.

Als dogmatischer Theolog in Italien eintretend, fand ich freilich für meine Studien und Bestrebungen wenig Nahrung. Im Kreise der evangelisch-protestantischen Disciplinen ist bekanntlich keine beweglichere Wissenschaft gegeben, als die dogmatische. Sie umfasst den Kern der gesammten Religionswissenschaft und das eigentliche Leben in der Theologie. Fast jedes Jahrzehend durchläuft sie ihre Stadien aufs Neue. Beleuchtet man ihre Geschichte, so wird man diese Bemerkung wahr und gegründet finden. Eine Krisis ist längst in der Behandlung dieser Wissenschaft eingetreten. Weder der enge, steife, sogenannte orthodoxe Supranaturalismus, noch der Alles verflachende Rationalismus, den man jetzt gemeinhin *rationalismus vulgaris* nennt, genügen nunmehr noch den Bedürfnissen Vieler, welche eine tiefe, lebens-

und ideenvolle Wissenschaft wünschen. Von dem Allen nichts in dem Sitze des Katholicismus, wo das religiös-kirchliche Leben in denselben verknöcherten Formen sich zeigt, ohne Zuwachs; Krankheit, ja Tod und Auflösung in sich tragend.

Manche Protestanten kennen keinen Ausweg aus den sich durchkreuzenden dogmatischen Bestrebungen unserer Tage, und preisen daher die Katholiken glücklich, die, noch ehe sie in den Himmel gelangten, doch wüssten, woran sie glaubten. Einige kehren zu dem strengen kirchlichen, ja selbst altlutherischen Buchstabenglauben zurück, gefallen sich in dessen ängstlicher Beachtung, und setzen ihn dem eisernen Katholicismus entgegen. Andere ziehen den Weg der freiesten biblisch-exegetischen Forschung vor, was auch herauskomme; sie verhärten sich gegen die Resultate, studiren die Bibel bloss historisch, und folgen im Leben ihren individuellen Grundsätzen, probat gefundenen Meinungen, oder ihrer sogenannten Lebensphilosophie. Noch andere ergehen sich ganz unumwunden in den freiesten Spekulationen über Gott und göttliche Dinge, und schmücken diese dann bisweilen mit einem christlichen Ausspruche aus. Noch andere verzichten auf Alles Wahre und Gewisse, und leben in den Tag hinein. Dahin gehört die grosse Schaar der ungläubigen, genusssüchtigen und eigennützigen Epikuräer.

Ich gestehe, dass mir seit langer Zeit auf völlig

eigenthümlichem Wege des Nachdenkens ein glücklicher Ausweg aus solchem Wirrwarr nur sich gezeigt hat durch Unterscheidung der theologischen Wissenschaft und des christlichen Lebens. Reflektiret und forschet, so viel ihr wollet und könnet, über theologische und biblische Gegenstände und Probleme, dies ist es, was ich allen Zeitgenossen zurufen möchte, aber lebet dabei christlich oder versuchet es wenigstens, christlich zu leben. Nur dadurch kann, wie der Wissenschaft, so der Kirche in gleichem Masse Heil widerfahren. Denn die Wissenschaft, also auch die theologische, ist frei und muss frei bleiben; aber auch das praktische Christenthum ist frei und muss frei bleiben, als ein höchst bedeutendes Geschenk Gottes an die Menschen und an das menschliche Leben. Von dieser durchaus neuen Seite ist die Sache noch niemals angesehen und angefasst worden; ich werde aber dem höchst dankbar seyn, der mich widerlegt und mir mit überzeugenden Gründen darthut, dass ich nicht das Richtige gesehen habe.' Im Voraus muss unerschütterlich fest stehen, dass das Christenthum, praktisch ausgeübt, unter allen Stürmen des Lebens den ruhigsten und glücklichsten Menschen mache, nach der bekannten Mahnung Jesu Joh. VII. 16. 17. Dieses praktische Christenthum lässt nun die sogenannten Geheimnisse, als da sind Menschwerdung, Dreieinigkeit, Auferstehung, Himmelfahrt, unberührt, weil sie, die Auferstehung ausgenommen, als Vermittelung der Unsterblichkeitslehre, nicht unmittelbar das Leben betreffen, und hält sich zunächst an die eigentlich sittlichen Vorschriften, und an den Geist des Glaubens, der die Sittlichkeit erhöhet, stärkt und erleichtert. So hat man denn praktisch eine feste Burg gewonnen, in der man sicher wohnet, und kann von ihr aus dem theoretischen Spiele der Meinungen ruhiger zusehen. Freilich kann, logisch betrachtet, die Vorausnehmung des Christenthumes als einer gewissen und guten Sache im Leben Manchen als eine *petitio principii* erscheinen, die indessen wohl noch Niemand gereuet hat, der Christum wirklich verstanden hat, wie er in den Schriften seiner Schüler uns gegeben ist. Und, wer das Christenthum also praktisch erfasst im Leben, dem wird, wie wenigstens die Frommen vieler Zeiten wunderbarer Weise einstimmig versichern, Alles leichter, als Anderen, es geräth ihm wohl und Gottes Seegen scheint dabei zu seyn. So scheint demnach das Schwerste überstanden zu seyn.

Was aber die theologische Wissenschaft anlangt, so ist sie etwas ganz Anderes, als das praktische Christenthum, und einer unendlichen Erweiterung, Verbesserung und Ausbildung fähig. Hier ist es nun, wo die Philosophie hinzutritt und mit operiren darf, während sie im praktischen Christenthum unnütz, überflüssig, ja schädlich ist. Merkwürdig ist es, dass zwei der grössten deutschen Geister, Göthe (in seinen Gesprächen mit Eckermann) und Schleiermacher in dieser Ansicht übereinstimmen, dass das Christenthum (natürlich das praktische) etwas von aller Philosophie Unabhängiges sey. Schleiermacher, selbst Philosoph, mochte die Philosophie nicht auf das christliche Bewusstseyn ausdehnen und hat darin gewiss sehr gross und klar gesehen. Was soll nun aber noch die Philosophie? Ist sie nicht also überflüssig und entbehrlich geworden? Sie soll ihre selbstständigen Untersuchungen anfangen und ununterbrochen fortsetzen, sie soll ihren Weg gehen, Lehrgebäude aufbauen und niederreissen, überhaupt zeigen, was die reine Vernunft, ebenfalls ein göttliches hohes Geschenk, für sich zu leisten vermöge. Wie weit sie komme, das ist ihre Sache zu finden, den Himmel wird sie freilich nicht zu stürmen vermögen, aber sie soll sich so viel als möglich über die Erde erheben und zu den Ursachen und Gründen der Dinge aufsteigen. Auch an den Gehalt des Christenthumes soll sie sich wagen, und zusehen, ob sie, in Verbindung mit der Geschichte, hier sich selbst wiederzufinden vermöge. Ich sage: in Verbindung mit der Geschichte; dies will sagen, dass sie die Aussprüche des Christenthumes, unter den damals gegebenen Zeitverhältnissen betrachten möge, immer eingedenk, dass es in der Natur keinen Sprung gebe, dass eine gute Wahrheit unter einer zeitgemässen, vielleicht jetzt abstossenden Hülle verborgen seyn könne u. s. w. Vielleicht kommt auf diesem Wege am leichtesten der so lange und oft ersehnte Friede zwischen der Philosophie und dem positiven Christenthume zu Stande. Kommt aber der Friede nicht zu Stande, nun so bleibt immer jedes für sich, Philosophie wie Christenthum, in Ehren. Die Aufgabe ist dann eine unendliche, die Vereinigung zu hoffen, aber nicht ganz zu erreichen. Jener Zwiespalt ist dann gegeben, um den Fortschritt und das Leben im Gebiete der Religionswissenschaft zu erhalten, welches ja bekanntlich im Kampfe bestehet, da kein wissenschaftliches Leben ohne Kampf gedenkbar ist.

Ich fordere alle Supranaturalisten und alle Rationalisten, denen die Wahrheit am Herzen liegt, hiermit heraus, die Hand aufs Herz gelegt, zu bekennen, ob diese Ansicht nicht die beste und fruchtbarste sey, für die Wissenschaft, wie für die Kirche und für das Leben.

Mein Bestreben war es von jeher, in dogmatischen Dingen meinen Zuhörern begreiflich zu machen, dass nichts das Nachdenken über Gegenstände des christlichen Glaubens mehr fördere, als eine unbefangene Gemüthsstimmung, die sich unablässig der Eindrücke des Wahren unmittelbar bewusst wird. Durch das umfangsreiche Gebiet der dogmatischen Wissenschaft ist nicht durchzudringen, ohne eine solche Stimmung, welche aus dem vagen Strome der Meinungen das Bleibende zu erfassen weiss. Ein gewisser Geist der Wahrheit will festgehalten seyn. An diesen Geist allein ist geistliches Wachsthum und ein wirkliches Fortschreiten geknüpft. Alle Wissenschaft ist zuletzt dem Leben dienstbar und dienet zu dessen Veredelung und Verklärung. Nicht auf die Masse des Wissens und des Wissenswürdigen, das man in sich trägt, kommt es eben an, sondern darauf, dass man Licht- und Hauptpunkte festhalte, dass man das Wesentliche erkenne, welches sich wie in goldenen Fäden durch das Labyrinth menschlicher Satzungen ziehet. Die Dogmatik soll nicht blosse Geschichte, sondern Idee, Ueberzeugung, inneres Leben seyn und werden.

Diese Grundsätze sind die allein wahren, die bleibenden. Durch sie allein vermag die Wissenschaft auch eine Trösterin zu werden, die über Stürme und Unfälle des Lebens glücklich hinüber geleitet. Sie von dieser Seite erkannt zu haben, ist ausschliesslich das Verdienst des protestantischen Deutschlands. Alles Uebrige, auch das reformirte Frankreich und die reformirte Schweiz ist ein Nachhall davon.

Die Bestandtheile der christlichen Dogmatik sind bekanntlich die Ergebnisse der biblischen Exegese in der sogenannten biblischen Dogmatik, die Geschichte der Dogmen, die symbolische Gestaltung der Glaubensmeinungen und die Kritik. Diese Elemente in ein richtiges Gleichgewicht zu bringen, und den wahren Geist der Wissenschaft in ihnen auszudrücken, ist eine eigenthümliche Aufgabe der Zeit. Es ist eben so unpassend und thöricht, die Dogmatik in biblische Theologie, als in Symbolik, oder in blosses subjektives Raisonnement ohne Fakta zu verwandeln. Die christliche Dogmatik umfasst die Endpunkte aller theologischen Disciplinen, sie ist der ewige Lebensborn, aus welchem der religiös Gebildete, wie der Theologe vom Fach schöpfet. Die Lehren von Gott, Welt, Mensch und Christus sind in ihr niedergelegt, welche stets vier Hauptgegenstände menschlichen Nachdenkens bilden werden.

Die Dogmatik ist gleichsam das Modegewand, in welches sich das Christenthum bei verschiedenen wissenschaftlichen Ansprüchen der Jahrhunderte kleiden muss. Immer aber hat das letztere Probe gehalten, wenn gleich das Gewand wechselte.

Manche neuere philosophische Denker haben angefangen, das Centrum der Philosophie, die Substanz, von der Persönlichkeit Gottes abzulösen, und die Natur oder die erschaffenen Dinge zu vergöttern. Dieses Unternehmen ist nur gewagt, aber keineswegs neu. Unsere Zeit unterscheidet sich nur dadurch von der früheren, dass sie den Pantheismus in einen feinen Scholasticismus kleidet, und mit christlichen Aussprüchen ausschmückt. Die Construirung der einzelnen christlichen Dogmen auf diesem Standpunkte ist ein Meisterstück, aber auch wenig mehr, als ein Spiel des

c

Geistes, dem der innere Kern fehlt, und das, was im Leben wie im Tode stärket und tröstet. Was hilft alle scheinbare Vereinigung in Worten, wo keine wahre Einheit in der That und in der Sache ist? — Und gelangt nun erst die geschichtliche Forschung an diese Philosophie des Christenthums, so sieht sie noch viel klarer, dass die Willkühr ein loses Spiel getrieben hat. —

Noch eine Erörterung ist übrig. Die moralische Wissenschaft war mir stets lieb und werth; ich hatte von Jugend auf einen Hang zum ernsten, sittlichen Urtheil, auf der andern Seite eben so viel Sinn für Lust und Fülle des Lebens. Hierin scheint mir nun der ethische Beruf des Jugend- und Volkslehrers zu liegen. Die Gegenstände des Lebens, die Dinge oder die Ereignisse bieten den moralischen Stoff dar; in dem Urtheile des Menschen aber, als eines sittlichen Wesens, liegt die Regel zur richtigen Anordnung dieser unendlichen Gegenstände. Daher hatten auch auf Reisen moralische Beziehungen für mich einen unendlichen Reiz, und die moralische Beschaffenheit eines Individuums oder eines Volkes war mir, nach gelehrten Arbeiten, das liebste Objekt der Beschäftigung. Wie entwickelt sich nun die Sittlichkeit des Menschen nach dem Einflusse einer positiven Confessionsform, namentlich der katholischen? Die Lehre von der Werkheiligkeit ist dem Handeln aus reiner und tieferer Gesinnung nachtheilig. Es ist damit ein zerstücktes Wesen, nach dem Principe ist dabei das Handeln gleichsam aus einem Gusse nicht möglich. Aber auch hierbei kommt die bessere Natur zu Hülfe; denn die Praxis ist auch hier besser, als die Theorie. Der südliche Mensch ist mehr Naturmensch als der Sohn des Nordens; daher ersetzt leicht das gute Naturell die Fehler und schlimmen Folgerungen des Systems. Wir können die Katholiken der südlichen Länder nicht verdammlicher finden, als die Protestanten der kälteren Zone. Leitung und Erziehung thun Alles, um einen guten Grund auszubilden und zu sichern.

Gleichwohl ist die *wissenschaftliche Moral* in diesen Gebieten unglaublich vernachlässiget. Sie ist es auch bei uns, wenn wir sie mit der Dogmatik in Parallele stellen. Die *Gesellschaft für christliche Moral* in Paris ist ein Institut, welches dieser Hauptstadt, sonst in vieler Beziehung dem Sitze grosser Sittenlosigkeit, Ehre macht; aber sie wirkt in Beschränktheit, in Paris selbst hört man kaum von ihr reden. Die rein evangelische Sittenlehre, in ihrer Strenge, wie in ihrer unläugbaren Lieblichkeit und Anmuth, predigen die reformirten Prediger von Paris und dem übrigen Frankreich; sie sind ehrwürdige und liebenswerthe Familienhäupter und vieles stille, ansprechende und liebliche Glück wird noch in diesen Kreisen gefunden. Aber diese Erscheinungen stehen vereinzelt da unter

c*

einer rohen und sittenlosen Menge. Es fehlet, im Allgemeinen angesehen, dort an Fundament und an Pietät. Das Moralische hat überhaupt wenig Gewicht in einem Lande, in welchem Alles der Politik und dem Interesse dienet; Frankreich ist ein zwar schönes, aber unglückliches Land, von dem es mir stets vorgekommen, dass es probire, dass es in der Wissenschaft wie im Staatsleben andern Völkern und Menschen gleichsam vormache, aufs Gerathewohl, die Folgen des Misslingens aber an sich selbst gemeiniglich am bittersten empfinde. Eine solche Beweglichkeit kann leicht die moralischen Grundlagen des Menschenwohles berühren, ja erschüttern. Da, wo eine Opposition gegen die Regierung bestehet, nicht mit der Richtung auf das Rechte, Wahre und Gute, wenigstens sicher nicht ausschliesslich; nicht gegen Tyrannei, Willkühr und Gewissenszwang allein; sondern um zu opponiren: da ist eine feste und gediegene Ruhe und ein weises Fortschreiten im Staatsleben nicht gedenkbar. Solches aber wirkt zurück auf das Einzelleben und das Familienleben. Der gemeine Franzose verlacht moralische Fragen, Untersuchungen und Interessen; sein Motto ist: *jouir c'est tout* (Geniessen ist Alles). Der höhere Ernst des Lebens fehlt ihm, die Volksschulen sind an vielen Orten Frankreichs noch in dem kläglichsten Zustande, wie ist es möglich, dass da der innerliche Mensch, der Gegenstand der Sittenlehre, gefördert werden könne? Von diesen und ähnlichen Gegenständen wird in dem zweiten Bande, welcher Frankreich zur Sprache bringt, ausführlicher gehandelt werden. Wir sehen kein Heil, kein dauerndes Heil für dieses Land und dieses Volk, ausser denn in der Wiederkehr der Achtung für Sittlichkeit und für Religion; wozu es indessen noch keinesweges den Anschein hat. Kläglich, aber zugleich schwach und thöricht, ist diese Verachtung alles Höheren und alles Uebersinnlichen, wie sie uns dort öfter entgegen kam, weil sie von einem sehr niederen Stande der Bildung zeugt. Auch ist es ein grosses Vorurtheil, zu glauben, dass der gemeine Franzose besonders höflich aus Wohlwollen sey; die Formen seines Umganges sind zwar angenehm, allein er wird sogleich grob und anmassend, sobald man nur dem Scheine nach ihm etwas nahe zu treten Miene macht. In dieser Hinsicht steht der Italiäner schon höher, der redliche Deutsche aber am höchsten. Eine bedauernswerthe Ignoranz, Anmasslichkeit und Sittenlosigkeit umlagert und umnebelt die sogenannte Jugend Frankreichs, und die eifrigen jungen Republikaner sind die unerträglichsten jungen Leute von der Welt. Wie könnte unter solchen Auspicien ächte moralische Bildung gedeihen? Die Provinzen, besonders des Nordens, mögen noch manchen guten moralischen Fond enthalten, während Paris, bei aller Grossartigkeit, dennoch der Heerd vieles moralischen Schmutzes genannt werden muss.

Betrübende Erscheinungen für den Menschenfreund bleiben darum immer wahre, aber er wendet sich sogleich nach der Seite, von welcher er Hülfe für dergleichen Noth und Elend hofft. Die deutsche Bildung ist und bleibt für die Sittlichkeit die vortheilhafteste, sie ist nicht so einseitig wie die englische; möchte sie aber überall, da wo es Noth thut, Nachahmung finden. Ein gefeierter Lehrer unserer Hochschule sagte bei einer schönen Veranlassung in öffentlicher Rede, dass alle Bestrebungen einzelner Wissenschaften sich in dem Zwecke der Sittlichkeit vereinigten. Ein seltenes aber gutes Wort.

Göthe sagt wahr: des Menschen letztes, eigentliches und auch interessantestes Studium bleibt endlich immer der Mensch. Wenn nun die innerste Natur des Menschen sittlich ist, und das gesammte Menschenleben nach sittlichen Gesetzen sich fortbildet und abrollt, gleichwie das uns umgebende und auch in uns einheimische organische Leben durch natürliche Gesetze begründet, getragen und erhalten wird: so gewährt es sicherlich das höchste Interesse, die sittliche Seite der Menschheit in einer der verbreitetsten Religionsformen, der christlichen, aufzufassen, und mit dem Geiste zu verfolgen. Glaube und Thun durchdringen sich im ursprünglichen Christenthume dermassen, dass eine Reihe von Jahrhunderten, fortgerückte Wissenschaft und Kunst logischer Zergliederung dazu gehörten, ehe man anfing, die Glaubenslehre von der Sittenlehre zu unterscheiden. Auf dem höheren Standpunkte des Urchristenthums fliessen beide Seiten der Betrachtung nothwendig in einander; da gab es kein Glauben ohne Thun, kein Thun, das dieses Namens werth ist, ohne Glauben. Wir sind darin mannichfaltig abgewichen; der erste ursprüngliche Lebensquell ist uns versiegt, wir schöpfen aus dem dünnen Brünnlein. Hatte schon die erste apostolische Schule durch **Paulus** und **Jacobus** den Streit über Glauben und gute Werke angeregt; so ist diese gedoppelte Richtung auch später in der **alexandrinischen, antiochenischen** und **judaisirenden** Ausbildung des Christenthumes geblieben. Paulus kann als der erste **Dogmatiker** der Christen gelten, Jakobus als ihr erster **Moralist**. Die Schriften der älteren christlichen Kirchenlehrer enthalten Dogmatisches und Moralisches im bunten Gemisch. Die Tugend war nie ohne Gott, und Gott wurde nie genannt ohne die Verpflichtung zur Tugend. Das ist der Sinn der Gerechtigkeit und Rechtfertigung, die aus dem Glauben fliesst, mit dem Glauben anfängt und im Glauben endiget, durch und durch lebet und webet im Glauben, wenn gleich das positive Moment der Versöhnung mit Gott durch Christum noch beigegeben ist. In neuester Zeit hat man angefangen, das christliche Glauben und das christliche Thun in wissenschaftlicher Darstellung zu vereinigen, und demnach die Disciplinen der Dogmatik und Moral in höheren Potenzen oder in gewissen zusammenfliessenden Resultaten unter einer Einheit zu befassen. So z. B. Nitzsch, Professor in Bonn, in seinem System der christlichen Lehre.

Von diesem Thun und Treiben auf dem moralischen Gebiete hat das Ausland, so weit ich es kennen gelernt, durchaus keinen Begriff. Moral und Dogmatik sind freilich zwei Schwestern, von denen bald die eine bald die andere auch innerhalb des protestantischen Deutschlands mehr geliebt wird, und den Preis erhält. Beide hatten indess immer ihre Verehrer unter uns, wenn gleich oft acht bis zehn dogmatische Lehrbücher gegen zwei bis drei moralische ans Licht traten.

Das Resultat, was ich beabsichtige, ist folgendes. Deutschland, namentlich das protestantische, ist unstreitig der Hauptsitz ächter moralischer Gesinnung und Bildung in Europa. Daher auch hier die Behandlung moralischer Wissenschaft in Schrift und Lehre am besten gedeihet, bei der sonstigen wissenschaftlichen Tüchtigkeit und Ausdauer der Deutschen. Hierin möchten also unsere Nachbarn, Italiäner und Franzosen, von uns lernen; könnten wir uns nur unsererseits manche so liebenswürdige gesellige Eigenschaften dieser Völker und etwas von ihrer Leichtigkeit, das Leben zu behandeln, aneignen. Unsere deutsche Schwerfälligkeit erstreckt sich auf Leben und Wissenschaft und kann von keinem Hellsehenden verkannt werden. Die Deutschen erschweren sich so oft das Leben ohne Noth, während Italiäner und Franzosen es oft zu leicht nehmen. In der goldenen Mittelstrasse liegt auch hier die Wahrheit.

Das Verhältniss der bisher erschienenen „theologischen Reisefrüchte. Erste Abtheilung." zu dem gesammten Reisewerke, über welches wir vielfach befragt worden sind, ist nun aber folgendes. Wir glaubten die „theologischen Reisefrüchte" als wissenschaftliche Beilagen zu der eigentlichen „Reise" zuerst ans Licht treten lassen zu müssen, weil der Stoff derselben uns am geläufigsten war, am schnellsten verarbeitet werden konnte, und wir es für unsere Pflicht hielten, dem deutschen Publikum sobald als möglich einige Rechenschaft von einer so umfangsreichen Reise zu geben. Der Plan des Ganzen ist aber so angelegt, dass die eigentliche „Reise" zwei Bände enhalten soll, dergestalt, dass dem gegenwärtigen ein zweiter nachfolgt, welcher Sicilien, die Rückreise durch einen andern Theil Oberitaliens, durch Piemont und Frankreich enthalten soll. Diesen zwei Theilen schliessen sich die „theologischen Reisefrüchte" als wissenschaftliche Beilagen und Ausführungen an, von denen der erste Band also zuerst überhaupt erschien, der zweite aber ebenfalls bereits im Drucke begonnen hat. Gewissermassen als fünfter Band des

Reisewerkes mögen die „Anecdota" für das eigentlich gelehrte Publikum angesehen werden, da mein Herr Verleger es für gut befindet, diesem Buche auch den allgemeinen Titel der Reise beizufügen.

Mannichfaltige Hindernisse, theils durch meine Berufs- und Amtsgeschäfte, theils durch Krankheitsanfälle herbeigeführt, haben die schnellere Fortsetzung dieses Werkes, welche ich nicht weniger aufrichtig, denn das Publikum, wünschte, aufgehalten. Wenn mir Gott Gesundheit und Kräfte erhält, soll mit dem noch Uebrigen ununterbrochen fortgefahren werden. Den Beschluss aber wird, wie bemerkt, eine Ausgabe des Neuen Testaments machen, welche die Summe meiner wissenschaftlichen und sonstigen Mittheilungen über diese inhaltsreiche und wichtige Reise beendiget.

Noch kann ich mich nicht enthalten, dem deutschen Publikum für die gewogentliche und freundliche Aufnahme meiner „theologischen Reisefrüchte," welche überall so vielen Anklang gefunden und Interesse erregt haben, meinen innigen Dank zu sagen. Mein einziger Wunsch ist, seinem Sinne und Geschmacke auch in den nachfolgenden Mittheilungen zu entsprechen. Es hat mir dieses Buch manchen werthen Freund im deutschen Vaterlande erworben und im Auslande erhalten. Auch die

Anerkennung von Oben war mir, nach so grosser Aufopferung, tröstlich und belebend*).

Höher aber, als alle Sammlungen und wissenschaftlicher Gewinn, die ich auf dieser langen Reise machte, stehet mir die einzige Erfahrung, dass das christliche Leben unter allen Gestaltungen und Formen des Lebens das Letzte und Höchste sey.

Die Gönner und Förderer meiner Studien und Reisen, denen ich meinen innigen Dank hier nicht vorenthalten darf, sind gewesen: der sächsische Agent PLATNER in Rom, und Ritter JUST

---

*) Sr. Maj. der König von Preussen geruhete die Dedikation, welche sich auf die Verdienste des erhabenen Herrschers um die Waldenser in Piemont und den Protestantismus in Italien bezog, huldreich entgegen zu nehmen, und mit folgendem Kabinetsschreiben zu erwiedern:

„Ich habe Ihre theologischen Reisefrüchte als einen Beitrag „zur Geschichte der christlichen Kirche empfangen und Meinen „Dank durch die beifolgende goldene Medaille für Kunst und „Wissenschaft bethätigen wollen.

Berlin, am 13ten April 1835.

FRIEDRICH WILHELM.“

Auch Sr. königliche Hoheit der Kronprinz, dem ich in Dresden mündlich meinen Wunsch der Einsendung zu bevorworten die Ehre hatte, beantwortete die Sendung mit folgenden Zeilen:

„Die mir unterm 12ten v. M. übersandte Schrift habe ich „mit Interesse entgegen genommen, danke Ihnen bestens für die „Mir durch Mittheilung derselben erwiesene Aufmerksamkeit und „verbleibe Ihr wohlgeneigter

FRIEDRICH WILHELM von Preussen.

Sanssouci, den 6ten Juli 1835.“

Des Fürsten von Schönburg zu Waldenburg Durchlaucht übersandte dem Verfasser als Gegengabe das werthvolle Buch: *The Tourist of Italy. By Thom. Roscoe, Lond.* 831. 8.

in Neapel, der geheime Rath und nunmehrige preussische Minister BUNSEN in Rom, den alle Deutsche kennen und ehren, der geheime Legationsrath Graf von SCHAFFGOTTSCH in Florenz, der damalige königlich preussische Gesandte in Neapel Graf von LOTTUM und der bevollmächtigte Minister des Königs von Preussen am Turiner Hofe Graf von WALDBURG-TRUCHSESS. Ich wünsche allen nachkommenden Deutschen dieselbe günstige und wohlwollende Aufnahme, die ich bei ihnen gefunden.

Die wissenschaftlichen Beilagen der ehrenwerthen Herren DD. Güntz und Heimbach, meiner Freunde, welche mir ihre Beihülfe für ein vervielfältigtes Interesse dieses Buches nicht versagten, werden den geneigten Lesern gewiss nicht unwillkommen seyn *).

Es ist einleuchtend, dass sie eben so selten gründlich erforschte, als anziehende Gegenstände behandeln, und dass dieses Werk also durch vereinigte Kräfte für mehrere Fakultäten, die juristische und medicinische nicht minder, denn die theologische und philosophische berücksichtigungswerth erscheint. Nur durch solche Vielseitigkeit

---

*) Sinnstörende Druckfehler, welche ich schon hier zu verbessern bitte, sind besonders folgende zwei:

S. 2. letzte Zeile lies: Ein Händedruck war alle Sprache.

S. 240. Zeile 22. lies: schweren Kampf des Erlösers statt schweren Kopf des Erlösers.

kann der doch immer unvermeidlichen Einseitigkeit der Beobachtung eines Einzelnen vorgebeugt werden. In einem Zeitalter, wo der Begriff der *universitas studiorum* hie und da verloren zu gehen scheint, und die einzelnen Fakultäten sich zu sehr gegen einander abgränzen, ist es von Wichtigkeit, auf das höhere geistige Band und das wissenschaftliche Zusammenleben wieder aufmerksam gemacht zu haben.

Freilich ist durch diese Beiträge ohne mein Verschulden die Vollendung des Werkes um mehrere Monate aufgehalten und verzögert worden; indessen hoffe ich, dass der wohlwollende Leser durch den Inhalt und die Wichtigkeit der erstgenannten so wie des Ganzen überhaupt für die Verspätigung vollkommen entschädiget werden wird.

So möge denn dieses Werk wirken, so weit es vermag, den Sinn für deutsche Gediegenheit zu erhalten, und für das Grosse, Herrliche und Vortreffliche des Auslandes zu öffnen. Diess ist sein Zweck und sein Ziel.

Leipzig, zur Michaelismesse, 1836.

Der Verfasser.

Fünftes Kapitel.

Sechstes Kapitel.

Siebentes Kapitel.

Ferrara. Bologna. — Ferrara. Abreise von Venedig. Eintritt in Ferrara. Tasso's Aufenthalt. — Bologna. Ankunft. Krankheit und Pflege in dem Gasthofe pensione Suizzera. Jarvis. Baumgarten. Klimatische Krankheitsmittel. Protestanten. Anfechtungen derselben. Letzter Kampf der Romagnolen. Niederlage. Grund des Aufstandes. Hass zwischen Oesterreichern und Italiänern. Einzug der päbstlichen Truppen. Ihre Kasernirung und Bewachung von Seiten der Oesterreicher. — Mezzofanti, Bibliothekar und Professor. Polyhistor. Aengstlicher Katholik. Freund des Pabstes. Seine geselligen Eigenschaften, sein einheimischer Ruf, sein Betragen gegen Fremde. Mai. Verschieden von Mezzofanti. Antwort desselben in Angelegenheit einer biblischen Handschrift zu Rom. Mezzofanti im Stammbuche des Ref Universität. Motto. Urtheil Byrons. Dialekt der Bologneser. Zustand der Universität. Die gelehrten Damen Bologna's. Urtheil über die wissenschaftlichen Frauen Italiens. Bologna's Reize. Tonkunst. Universitätsbibliothek. Italiänische Bibliothekwissenschaft. Verdienste Benedikt XIV. (Lambertini) und des Kardinals Philipp Monti. Lambertini und Bessarion. Anlass, aus welchem Ref. für einen Prof. der griech. Sprache gehalten ward. Italiänische Philologen. Ausgezeichnete Bücher der Universitätsbibliothek. Kostbare Handschriften. Armenisches Manuscript der vier Evangelien. Ursprung. Bilder des Philostratus. Aldobrandi. Autographa des Marsigli. Hauptsaal. Vorzüglichste Gelehrte der Universität. Schmuck des Vorzimmers und Hauptsaales. Die geschichtliche Lehrkanzel. Bibliothek von S. Salvadore. Schicksal, Grösse, Lokalität. Kloster S. Salvadore. Wofür es die Oesterreicher verwandt haben und anwenden. Handschrift der Evangelien und Briefe des N. T. Eigenthümlichkeiten. Griechischer Codex des Daniel und der kleinen Propheten. Handschriften der Klassiker. Bibliothek zu S. Domenico oder Kommunalbibliothek. Schwierigkeiten. Magnani, Gründer. Alphabetische Unordnungen. Inhalt und Reichthum. Nachfrage nach Programmen und dem Aufenthaltsorte des Professor Krug. Cahens neue französische Uebersetzung des A. T. Lokal der Bibliothek.

Reflexionen und gemischte Beobachtungen

Erfordernisse zum glücklichen Reisen in Italien. Kunstgriffe, Staunen zu erregen. Vorsichtsmaassregeln. Konventionelle Lügen. Bonhommie und Liebesdienste der Geistlichkeit. Ein kirchliches Sprüchwort in Italien. Abweisungsformel der Geistlichen. Das Almosen, eine Busse. Vermiethung der Plätze an Bettler.

d

I.

Achtes Kapitel.

Neuntes Kapitel.

Zehntes Kapitel.

d*

Elftes Kapitel.

Erste Beilage.

Zweite Beilage.

Erstes Capitel.

Abreise.

Leipzig, Ende Sept. 1831.

Die Zeit war viel bewegt und stürmisch! Mancher Freund mahnte ab von der Reise. Leipzig, der Sitz der Wissenschaft und auch meiner mehrjährigen Wirksamkeit, war zerrissen von der Furcht vor der in nächster Nähe wüthenden asiatischen Krankheit, die immer neue Opfer fordernd, nun dem Vaterlande mit festem Tritte nahend seinen Zoll abzuverlangen schien. Die Furcht war, wie der Erfolg gelehrt hat, mächtiger und verheerender, als das Uebel selbst, welches seine Schritte wider Erwarten zur Freude Aller hemmte. Freundesstimme rieth dem fest entschlossenen Wanderer dringend ab, der Pest in die offenen Arme entgegen zu gehen. Nur Wenige waren, welche das Unglück als ein allgemeines mit festem Blicke erwarteten, und als Glieder des Ganzen sich lebhaft fühlend, den möglichen Tod nicht scheneten. Die Familien sorgten vor, was sie vermochten; das Tages- und Abendgespräch waren Cholera und Politik.

Denn auch das öffentliche Leben war in jenen Tagen die Gemüther störend und verwirrend geworden. Der Ausbruch der Volkswuth hatte starke militärische Hülfe und Abwehr nothwendig gemacht. Drei Opfer, zum Theil schuldlose, waren gefallen, und in der Stille beerdigt worden. Noch lastete eine dumpfe Schwermuth und Muthlosigkeit auf den Gemüthern, noch vermochte Niemand in das Tedeum mit recht gesundem Herzen einzustimmen. Die

Messe war nahe, man musste einen Krieg Aller gegen Alle befürchten, wenn nicht die Ordnung aufs Strengste gehandhabt würde. Hierzu traf man denn die dienlichsten Maassregeln. Militär und Bürgerpatrouillen durchstreiften Abends die Strassen, und die evangelischen Prediger entwickelten alle Kraft, um zur Rückkehr in das ruhige Geleise bürgerlicher Ordnung und Zufriedenheit aufzurufen.

Unter solchen Verhältnissen ward eine grosse und weit aussehende Reise, der Herzenswunsch vieler und arbeitsvoller Jahre, für wissenschaftliche Zwecke und für tiefere Kenntniss des Lebens zwar nicht ganz ohne Bangigkeit, aber mit dem vorherrschenden Gefühle der Freudigkeit, wie sie der sich selbst klar bewussten, zur männlichen Reife aufstrebenden Jugend eigen ist, angetreten. Italien mit seinen Schätzen der Kunst und Wissenschaft, mit all' seinem goldnen Inhalte, mit seiner Lebensfülle war noch eine unbeschriebene Tafel in der Seele, den kühnsten Hoffnungen gab sich die meinige hin, die theils erfüllt ja überflügelt wurden, theils und nicht selten von der rauheren Wirklichkeit zurückgedrängt, bei dem glücklich Heimgekehrten in bescheidnen Hintergrund traten.

Einige Besorgniss erregte auch in uns die Contumaz, vor deren excentrischer Strenge man uns bange machte. Zeit, Geld und Muth raubend sei sie an jedem Gränzorte, Niemand wisse, ob nicht Italien von jedem Verkehr bald abgesperrt werde. Nichts sei empfindlicher und drückender, als Zeitverlust und Versäumniss der Art. Aber Lust, Kraft und freudiger Muth in Gott waren überwiegend. Wir reisten ab.

Nun galt es noch einen schweren Abschied von den Unsrigen. Das Andenken geliebter entschlafener Aeltern, als werther unsichtbarer Schutzgeister nahm ich mit, als einen reichen guten Trost auf gefahrvoller Fahrt; nur von theuern Geschwistern hatte ich persönlich mich zu verabschieden. In so bewegten Augenblicken, hat schon ein geistreicher Schriftsteller gesagt, spricht Niemand ein verständiges Wort. Ein Händedruck vor alle Sprache.

Zweites Capitel.

Das sächsische Erzgebirge. Baireuth. Nürnberg. Augsburg. München.

Ueber Dresden durch das sächsische Erzgebirge das Land des Fleisses, eilten wir geflügelten Fusses nach dem ritterlichen deutschen Nürnberg. Ein Reisegefährte, ein wissenschaftlicher und Herzensfreund, auf einen so langen Weg ist ein grosser Schatz, den man immer tiefer erkennt nach seinem Werthe. In Gegenwart und Hoffnung entwickelt sich ein neues geistiges Leben, das immer im Wachsen begriffen ist, je weiter das Ziel gesteckt ist. Ausser der christlichen Freundschaft, für des Lebens höchste Zwecke geschlossen, giebt es sicherlich keine bleibendere, keine andauerndere, keine reichere, keine unauflöslichere.

Das reinliche, halb ländliche Hof, in dem eben Viehmarkt gehalten wurde, war mir aus früheren Reisen wohl bekannt. Die baierische Mauth war damals billig und nicht allzu lästig.

In Baireuth interessirte das grosse nun verödet stehende Opernhaus und die Erinnerung an Jean Paul. Die Einfahrt am Main freundlich und angenehm.

In Nürnberg befremdet das Alterthümliche der Bauart, mit Thürmchen, Erkern, Vorsprüngen, auch Malereien in der Façade der Häuser. Nur in Wittenberg und anderen altdeutschen Städten fanden wir Aehnliches. Die geschlossenen Hausthüren und die nach dem Gesammteindrucke ziemlich verlassene Stadt haben etwas Todtes und Schweigsames. Schon hier gefällt die reichsstädtische Biederkeit,

1*

und Sitteneinfalt der Bewohner. Was für Concentrirung der altdeutschen Malerschule in dieser und anderen Städten Baierns neuerlichst geschehen, ist durch viele sachkundige Berichte wohl bekannt. Die weise Vertheilung des Gemäldeschatzes unter die Provinzialstädte hat Nachahmung gefunden. Die Herren von Nürnberg (so hiess in der alten kräftigen Sprache der Rath der Stadt) versammelten sich in einem ehrwürdigen Gebäude, das durch die grösste Massivität sich auszeichnet, wenn es gleich unvortheilhaft gelegen ist. Sie vermochten eine Universität (Altdorf) zu unterhalten. Diese kleine Lehranstalt ward doch der Schauplatz der Wirksamkeit ausgezeichneter Lehrer, auch unter den Theologen, eines Bauer, Gabler u. A. Auf der Reichsveste oder der Burg, dem Sitze der ehemaligen Burggrafen von Nürnberg, hat man eine herrliche Aussicht über die rauchende Stadt und die fruchtbare Ebene, von der Pegnitz bewässert. Ein tiefer Brunnen erweckt das Erstaunen der Fremden. Im Innern des Schlosses, das einen anmuthigen mit Bäumen besetzten Hof hat, sieht man eine ausgewählte, besonders deutsche Gemäldesammlung. Ueber Nürnbergs reiche Kunstschätze und die weitgefeierten zwölf Apostel von Fischer in der Sebalduskirche, ist nur Ein Urtheil. Die Stadtbibliothek hat Curiosa und Schätze, besonders auch in der scholastischen Theologie.

Der Eindruck einer alten freien Reichsstadt war: grosse Bequemlichkeit und Beweglichkeit des äusseren Lebens, lebhafter Handel und Verkehr, Reibungen mit benachbarten bedeutenden Plätzen, innerlich oft ein Geist der Intrigue, aber auch Genuss anständiger wohlthuender Freiheit mit Hange zum Luxus und mit Genusssucht.

Von all' diesen Eigenschaften mag wohl Nürnberg jetzt wenig übrig geblieben sein, Handel und Gewerbe, Kunstsinn und Kunstliebe, die nicht unbedeutend sind, ausgenommen. Der Eindruck, den ich mitnahm von dem Sinne der Bewohner, wie er den Fremden berührt, war durchaus ein wohlthuender.

In Augsburg, das wohl, wenigstens nach seiner Hauptstrasse, der Zeile, den Namen der *prächtigen* in Deutschland verdiente, wie Genua *la superba* heisst, besuchte ich die Kirche der Klosterjungfrauen und sah die ersten eingekleideten Nonnen. Wie wenig ist doch gerade dem protestantischen Theologen, der stets in protestantischen Umgebungen lebt, von dem lebendigen Katholicismus aus Anschauung bekannt, und wie falsch und schief ist nicht das Urtheil auf blosses Schriftenthum gegründet! Es giebt eine *unmittelbare* Wahrheit, die über Alles geht, und im Grunde das einzige wahre Besitzthum der Seele ist, weil sie in Saft und Blut sich verwandelt hat, diese aber entspringt aus dem in sich Aufnehmen dessen, was vorher Angelerntes war, in das innerste Bereich des Geistes; Autopsie begründet und nährt sie.

Auch dies war nur ein Zeichen der Dinge, die da kommen sollten. Denn unsere Seele war voll von kirchlichen Bildern Italiens, und wünschte sehnlichst eine Ergänzung der geschichtlichen Anschauung, welche, nachdem sie an der Vergangenheit sich gebildet hat, durch die Gegenwart erst das Siegel aufgedrückt erhält.

Schon auf diesem ersten Ausfluge ward es mir offenbar: der Reisende lebt in einem Strudel und schmeckt die unmittelbare Fülle des Lebens. Wohl bisweilen steigt lebhaft der Gedanke auf, dass dieser Rausch, der es wenigstens im Anfange ist, dauern und das ganze Leben in einem Meere von Anschauungen, Erfahrungen und inneren Lebenserweiterungen vorüberziehen möge: die, je flüchtiger und inniger sie an einander gereihet sind, desto seltener tiefere schmerzliche Spuren im Gemüthe zurücklassen. Aber höher stehen Beruf und Pflichttreue mit ihren Leiden und Freuden.

Das heitere München empfing uns im Anfange des Oktober 1831 in seinen lichtesten Augenblicken. Das Oktoberfest auf der Theresienwiese war uns ein schönes Vorspiel dessen, was wir in Italien, nach dunkeln Ahnungen dessen, was da kommen werde, zu gewärtigen hatten. Von jeher hatten für mich die Verschiedenheiten der Nationalcharaktere das höchste Interesse. Hier finden wir schon einen Anflug südlicher Lebendigkeit. Die unzählbare

Volksmenge, auf den grünen Matten, welche sich die Terrassen hinauf Kopf an Kopf dränget, giebt das imposanteste Schauspiel. Das lebensvolle Nationalfest ward vom herrlichsten Wetter begünstiget. Der göttlich schöne Tag setzte Alles in die lebhafteste Heiterkeit. Bei dem Pferderennen ging sie in die gespannteste laut und südlich sich äussernde Theilnahme über. Die wettkämpfenden Pferde werden von Rennbuben, wie man sie hier nennt, beritten. Dreimal beschreiben diese Rosse in wenig Minuten einen grossen Kreis, unter dem Jauchzen und begierigen Zuruf des von den Anhöhen niederschauenden Volkes; sie schäumen, triefen, pfeifen; man erkennt in ihnen das Unermüdliche der Kampfbegierde, es ist, als beseele sie ein Geist des Wetteifers, als sei etwas Göttliches in diesen edlen Thieren, das in Kraft ausbreche. Nur in Rom sahen wir in den Wettläufen des Carnevals Aehnliches, von dem Frau von Stael und Göthe so trefflich berichten. Die kleinen Reiter hängen ohne Sattel in einer Hand den Zaum, mit der andern an der Mähne sich haltend; einer von ihnen sass unsicher, doch ist keiner gefallen. Die Preise der einheimischen Fabrik-, Gewerbe- und Ackerbauerzeugnisse wurden von der Hand der Königin, einer wahren Landesmutter, ausgetheilt.

Ich bin geneigt, Baiern für das Land der Gutmüthigkeit, der Stutzbärte und des Bieres zu erklären. Der baiersche Charakter hat viel Ansprechendes, eine unverkennbare Gutmüthigkeit drückt sich in Allem aus. Und da man im Grunde von den Menschen nichts hat, wenn sie nicht gut sind, so erscheint mir diese Eigenschaft durchaus nicht so gering, als gemeiniglich geglaubt wird. Die Fröhlichkeit ist rauschender: Alles ist unmittelbarer, die Reflexion ist einfacher und immer ohne Nebenschweif auf die Sache selbst unbefangen eingehend. Die Münchener führen ein harmloses Naturleben; über Auflösung der Sitten im niederen Volke und auch in manchen hohen Kreisen ward indess von wirklich Gebildeten wohl gerechte Klage geführt. Wir wagen keine Entscheidung, da hierzu ein längerer Aufenthalt gehört, als uns zu nehmen gegönnt war.

Die Reibungen zwischen den protestantischen und katholischen Confessionsverwandten dauerten damals in den oberen Kreisen fort, wenn gleich das Volk, wie fast überall in katholischen Ländern, sich tolerant zeigte. Der König hat für seine Person öfter die Willenserklärung abgegeben, die Protestanten zu schirmen und in ihren Privilegien aufrecht zu erhalten. Klöster sind indess unter seiner Regierung zahlreich hergestellt worden, zunächst bei meiner Anwesenheit die der Franciscaner, man erbat sich ächte Exemplare aus Rom; was für die Benedictiner geschehen, lehren unsere Tage. Capuciner sah ich in schmutzigem Aufzuge und in bäurischer verdummter Gesichtsbildung durch die Strassen ziehen. Die Herren sollen indess sehr gut essen und trinken. Ich gestehe, dass mir die italiänischen als wahre Berather des Volkes, selbst aus dem Volke, und darum um so mehr, weit ehrwürdiger vorgekommen sind. In Rom z. B. sah ich öfter, wie sie auf den Strassen im Vorübergehen Streitigkeiten schlichteten und die Herzen der Entbrannten durch sanfte Worte gewannen. Wer liebt nicht den Vater Christophorus in Manzonis Verlobten. Und er war gewiss nicht der Einzige seiner Regel, der so tüchtig handelte und ein so theilnehmendes Herz im Busen trug.

Lebenslust und Lebensgenuss lassen Bigotterie im Münchner Volke nicht aufkommen.

Die Tracht der Frauen aus den unteren Ständen hat noch etwas Volksthümliches. Wohl anstehend ist der Kopfputz mit spitz zulaufenden gold oder silbergestickten Mützen, durch welche das Ende des Haares zusammen gehalten ist.

Die lokalen Blätter haben keinen Styl und keinen entschiedenen Charakter. Ueberhaupt soll der höhere Conversationston, und das, was man höhere gesellige Bildung nennt, hier wenig ausgebildet sein. Ob dies ein Verlust oder baarer Gewinn zu nennen, entscheide ich nicht. Wie oft geht bei der sogenannten höheren Bildung, vorzüglich Norddeutschlands, das Ursprüngliche und Urkräftige verloren! Man vermisst Präcision, scharfe markirte Ansichten in Schrift und Rede, selbst in der Deputirtenkammer. Hier war ich gegenwärtig, als man über die Kosten zum Bau der Festung Ingolstadt diskutirte. Ich der ich zum ersten Male in einer deutschen Ständeversammlung hospitirte, ward durch sehr mannichfaltige Eindrücke bei einem aus so verschiedenartigen Elementen zusammengesetzten Lande berührt, die vielleicht nicht besser bezeichnet werden konnten, als durch die Rede eines Abgeordneten der von der „Zunge unseres Rudhart aus Baireuth, von dem Herzen unseres Seyffart aus Würzburg, und von dem Kopfe unseres Schüler aus Rheinbaiern" sprach, somit drei der distinguirtesten Redner nach ihren Merkmalen schätzte. Die zahlreich versammelten Zuhörer der Tribünen zeigten zwar keine lebhafte Theilnahme, aber grosse Aufmerksamkeit. Auch hier trat ein gewisser Zug der Gutmüthigkeit und Herzlichkeit heraus, der freilich zuletzt die Form der Sache trifft, während viele Unterrichtete von dem Ausgange der Ständeversammlung für mehrere Hauptgegenstände keine grossen Erwartungen hegten.

Auf der Centralbibliothek erfuhr ich grosse Liberalität; der Vorstand, Herr von Lichtenthaler, gestattete mir, gegen Vergütigung an die Bibliotheksaufwärter, ausser den gesetzlichen Stunden im Lokal zu arbeiten. Die neutestamentliche Uncialhandschrift, welche ich untersuchte und verglich, ward in einer besonderen Abtheilung (κειμήλιον) bewahrt. Von ihr ist an anderem Orte Bericht erstattet. Ein Scriptor, der gefälligste Mann, schaffte mir Alles aufs Bereitwilligste herbei, zumal nachdem ich ihn an die bibliothekarische Collegenschaft erinnert hatte. Das griechische Handschriftenverzeichniss von Hardt ist gründlich und sehr brauchbar; nicht so leicht sind die lateinischen Handschriften aufzufinden.

Die Kirchen Münchens sind fast durchaus prächtig, nicht alle geschmackvoll. Die Theatinerkirche, bereits im italiänischen Geschmack, gefällt unwiderstehlich, sinnig ist die Ausschmückung des hintern Rundes durch immergrüne südliche Bäume. Das Denkmal Eugen's, in Ausführung der einzelnen Figuren vortrefflich, wird wegen des gemischten heidnisch-christlichen Geschmackes, der von der Frau Herzogin ausgehen soll, im Ganzen für verfehlt erklärt.

Wie denn die Jesuiten überall den Geist der Welt mit dem Geiste ihres Ordens auf das Trefflichste zu mischen verstanden, und damit den Kreis ihres sichtbaren und unsichtbaren Einflusses in's Unendliche hin erweiterten, so ist auch das gegenwärtige massive und stattliche Universitätsgebäude mit der Bibliothek und mit den Sammlungen ihr Werk. Es liegt in dem Sinne der Gesellschaft, sich nur mit dem Grossen und mit dem Vollständigen zu befassen, und durch eine weltlich und geistlich zugleich Ehrfurcht und Achtung einflössende Weise sich der Gemüther zu bemächtigen. Der Weg auf welchem sie in die Gesellschaft eindrangen, war ja nicht blos der Weg der Lehre, sondern eben so sehr weltlicher Beschäftigung, wodurch sie sich der Gemüther des Volks und der Grossen in ihren Niederlassungen bemächtigten. Indem sie gute Astronomen, treffliche Kalender- und Uhrmacher, und Geschichtschreiber und Geographen in China und Japan wurden, wussten sie auf eine listige Weise das Christenthum, in Verhältnisse, freilich in fluchwürdige, zur Landesreligion zu bringen, dass jenes an Zuwachs gewann, und diese nicht beeinträchtiget zu werden schien.

Ein Zufall führte mich mit **Oken** wiederholt zusammen. Die meisten der übrigen bedeutenden Gelehrten waren auf freien Ausflügen abwesend. Abgesehen von seiner politischen Gesinnung, die bei mir nicht in Betracht kam, da ich in ihm lediglich den Mann des Geistes und den Gelehrten sah, bewunderte ich zunächst an ihm die grosse Einfachheit, die mir in diesem Grade noch bei keinem Wissenschaftlichen vorgekommen war. Der Genius leuchtet ihm aus dem feurigen Auge; nur seine entschiedene Abneigung gegen alles Positive und gegen den Dogmatismus beinahe jeder Wissenschaft war mir zu grell, und schien aus einer überwiegenden Herrschaft des Verstandes und Scharfsinnes hervorzugehen, welche die Rechte des Gemüths verkannte. Die volle Aufrichtigkeit seines Wesens hat wohl noch keiner seiner Gegner verkannt. Seine äussere Lage war damals noch sehr mittelmässig, und er hatte wohl Gründe genug sich von München wegzuwünschen. Seine Gattin war von einfachem freundlichen Wesen, seine Tochter hatte das lebhafte Auge ihres Vaters und sprach wenig. Er hat nur Einen Sohn. Bei aller Schärfe des Verstandes begleitet diesen Mann eine wahrhaft deutsche Biederkeit. Wenn ich über theologische Gegenstände, die er gern berührte, fast niemals seiner Meinung beitreten konnte, so war doch der freimüthige Wahrheitssinn nicht zu verkennen, aus dem er sprach, und seine Darstellung war stets originell und anziehend. Er wünschte sich einmal mehr kirchengeschicht-Kenntnisse. In einer Vorstadt Münchens fuhr ein kleines Mädchen einen Karren mit Reissbündeln, und erlag fast unter der Last. Oken eilte hinzu, spannte sich an, und fuhr ein grosses Stück, was sich possirlich genug ausnahm; von Pharisäismus oder Effectmacherei war nichts dabei, es war reine Gutmüthigkeit. Ich folgte ihm. Im A. T. war er gesprächsweise ziemlich bewandert und schätzte besonders geschichtliche Forschungen über dasselbe. Sein häufiger Umgang mit den protestantischen Consistorialräthen, unter denen besonders Kaiser auch mir Wohlwollen schenkte, verrieth den Katholiken nie. Seine Lehrgabe zeigte sich immer ausserordentlich.

Eine andere Erscheinung, welche wenigstens temporäres Aufsehen später erreget hat, war der katholische Proselyte Herbst, damals noch protestantischer Privatgelehrter, mit welchem ich auf einem öffentlichen Orte im Hofgarten zusammentraf. Er lebte damals in der Stille, ohne noch Docent zu sein. Seine Aeusserungen hatten etwas Redliches und Gefallendes, auch traten Spuren einer tieferen christlichen Gemüthswelt bei ihm hervor. Seinen späteren Abfall vom Protestantismus haben wohl äussere drückende Verhältnisse nicht allein herbeigeführt. Es schien eine sich hingebende Natur zu sein. Dass protestantische Regierungen gewiss auch an diesen Beispielen lernen können, für ihre protestantischen oft so würdigen Candidaten bei gleichen Geldmitteln Gleiches zu thun, als die katholische

Kirche für ihre oft erstorbenen und faulen, oft neu anschiessenden Zweige thut, wer möchte es bezweifeln!

Zu uns gesellte sich ein protestantischer Hauslehrer, den ich anfangs versucht war, wegen seines gedrückten Wesens für einen Katholiken zu nehmen. Er hatte in Erlangen studirt, und des eben Heimgekehrten Seele beunruhigten noch theologische Probleme und Dubia. Beim Rückwege durch den englischen Garten sprach er lange über die Argumente für und wider die Existenz des Teufels und schien redlich nach Festigkeit zu streben. Lange hatte mich kein theologisches Gespräch erquickt und auch er schien beruhigter durch die Mittheilung.

Das Montgelas'sche Ministerium in Baiern sank durch die öffentliche Meinung, welche seine Vernichtung verlangte. Zu rasch, zu voreilig, zu stürmisch waren die Religionsreform und Aufklärungswuth in Baiern und Tyrol ausgebrochen, und hatten die Gemüther mit Recht empört. Der König Max Joseph blieb seinem Montgelas anhänglich, und beurkundete solches auch durch eine starke Pension (dreissigtausend Gulden), mit welcher er ihn entliess. Lange behielt der Exminister eine consultirende Stimme im Staatsrathe; ward selbst Vicepräsident des Reichsrathes, doch ohne wesentlichen Einfluss im Ministerium. Der Blick des gewandten Diplomaten, den ich im Hofconcerte des Odeums sah, in welchem der König selbst fleissig die Runde bei den Damen und Herren der Gesellschaft machte, glich dem des Talleyrand, wie er aus Bildnissen bekannt ist.

Das Familienleben soll in München nach dem Urtheil Erfahrener, bei vorherrschender Sinnenlust und Vergnügungssucht und vieler und leichter Verführung im Bürgerstande, nicht wohl gedeihen, am wenigsten das eigentlich christlich-deutsche. Neapel gab mir später einen ähnlichen Eindruck. Wie ist es doch ein anderes Ding um Norddeutschland und um Süddeutschland! Und in welche enge Gränzen ist zuletzt ächte Cultur verwiesen! Den Norden Deutschlands lernt man schätzen, wenn man im Süden ist, aber auch der Süden hat seine Vorzüge, welche ein unbefangenes Gemüth oft weit tiefer und angenehmer berühren.

An einem freundlichen Erholungsorte sah ich Jean Paul's Wittwe mit ihrer Tochter und deren Gatten, einem Maler, dessen Bekanntschaft ich später im Anschauen der Ghiotto'schen Malereien zu S. Maria Novella in Florenz erneuerte. Die Wittwe hatte etwas Heiteres, Erweckendes, Belebendes; gross war sicherlich der Genuss, einem Manne verbunden anzugehören, der in einem Meere grosser, edler und inniger Gefühle lebte und webte.

Immer zog es unser Herz mehr und mehr nach dem Süden, und je öfter die Tyroler Alpen näher zu treten schienen dem Gesichtskreise, desto stärker wurden wir mit Ahnungen dessen erfüllt, was hinter den Bergen ruhet. Selbst die Stumme von Portici, im königlichen Hoftheater dargestellt, schien uns südlicher angehaucht, als in L., wo wir einer Aufführung früher beiwohnten. Die Feuerschlangen beim Ausbruche des Vesuvs waren hier allein wahr und naturgetreu, während in L. ein unnatürliches Feuermeer den Lavafluss darstellen sollte. — Viele Glieder der Universität benutzen die Ferienzeit zu Ausflügen nach Oberitalien; selbst Studirende wandern öfter dahin. Und so schienen wir bereits im Vorhofe des gelobten Landes für Wissenschaft, Kunst und ursprüngliche Anschauung des Katholicismus uns zu fühlen.

Reflexionen, welche das Leben und die Wissenschaft während eines mehrwöchentlichen Aufenthaltes in Baierns Hauptstadt dem mit offenem Sinne allem Daseienden Zugewandten darboten, hier in verständigem Masse aus vielen auszuwählen und dem wohlwollenden Leser vorzulegen, dürfte darum nicht unpassend seyn, weil sie die Stimmung bezeichnen, in welcher der Reisende in der Kraft und Blüthe seiner besten Jahre die vielersehnte zum alten Wunsche gewordene Reise nach dem classischen Boden Italiens antrat. Sie sind die Frucht einer Fülle von Anschauungen, und darum aus diesem Standpunkte angesehen, an ihrem Platze.

Zu oft lässt mancher Gebildete die zum Componiren und Objektiviren der Gedanken günstigen Augenblicke vorüber. Hätte jeder Nachdenkende diese stets wahrgenommen, welche Sicherheit des Geistes, wie viele Aufklärung müsste verbreitet sein! —

Alle Fähigkeiten immer locker und in Bereitschaft zu erhalten, über sie zu disponiren, wie ein Feldherr über seine Truppen, das ist die Aufgabe; für die Gesellschaft, wie für die Studierstube.

Der Reisende, welcher, stets flüchtig und wandelbar, in so manche Familie kommt, Weib und Kind, Haus und Hof siehet, er glaubt wohl bisweilen, dass ein solcher der Glücklichere sei, der zur Consistenz, zur Ruhe gekommen. Das Streben des Geistes, meint er, lasse sich dann besser tragen, wenn das Aeussere völlig beschwichtiget und zur Zufriedenheit gestellt sei.

Eine einzige Erfahrung, rein durch sich selbst geschöpft, hat höheren Werth und grössere Nutzbarkeit, als tausenderlei Angelerntes. —

Das stete Recipiren bringt zuletzt um Selbstständigkeit des Geistes und des Charakters. Darum sagt Herder ewig wahr: schreib dich gesund.

Ich lerne das Leben immer besser kennen und verstehen, und sehe unter andern immer deutlicher, dass sich Niemand überarbeitet. Ich legte früher einen viel zu hohen Maassstab an das, was man Arbeitsamkeit nennt.

Wer etwas höher steht, und die Partheien übersieht, wird gemeinhin für characterlos gehalten.

Durch das unablässige Anschauen und Aufnehmen fremder Individualitäten verliert man leicht an Characterstärke. Aus diesem Grunde muss man mit der Gesellschaft besonders auf Reisen, mässig umgehen. Dies gilt besonders von dem, der selbst noch nicht ganz fest stehet, und dem es doch, wie immer dem ehrlichen Deutschen, ein rechter Ernst um die Sache ist. —

Was hilft alles Reflektiren? Nimm das Leben, frisch wie es ist, und halte auf gute Zwecke.

Die Gemüthswelt ist etwas Starkes und Grosses. Sie bauet sich nur fester, je mehr die Aussenwelt sie bedrohet.

Zuletzt befindet sich jeder nur in seinem Zimmer und in seiner Ideenwelt selig.

Was als Ergebniss der Beobachtung vieler Menschen und Sachen hervortritt, ist dieses: mit Ausdruck und Character zu reden, mit Selbstständigkeit zu denken, alles fremde aufgenommene Wissenswerthe zu verarbeiten, in Saft und Blut zu verwandeln. Es ist solches ein Ideal, dem man sich annähern soll mit redlichem ernsthaftem Streben.

Der höchste Genuss auch auf Reisen bleibt der Umgang mit wirklich wissenschaftlichen und gebildeten Männern, wenn man sich verstehet.

Drittes Capitel.

Tyrol. Uebergang über den Brenner. Trient. Roveredo.

Mit zwei Malern und einem für das Studium der Geschichte begeisterten jungen Freunde reiste ich von München durch das reizende baiersche Hochland nach Inspruck. Was uns hier Interessantes traf, ist zwar Weniges gewesen, aber gemeinschaftlich genossen machen kleine Erinnerungen einen guten Theil jeder Reise aus.

Der Walcher oder Wallersee, ein friedvoller Ort, zu süsser Melancholie einladend. Freundliche Ufer, mit netten reinlichen Wohnungen und biederen Bewohnern schmücken ihn. Er bildet ein kleines Ganze, welches einen tiefen und reinen Eindruck zurücklässt.

Einen glücklichen Tag verlebten wir in Inspruck. Die Stadt liegt im herrlichen Schutz hoher Gebirge, durchschnitten von dem breiten Inn, in balsamischer Muth anwehender Bergluft, die Häuser schon dachlos, im Uebergange aus dem altdeutschen in italiänischen Geschmack, mit mancher Erinnerung an den Muth der Vertheidiger des Vaterlandes. Reiner ist schon der Himmel, von tiefblauer südlicher Farbe. Das originelle, aber theuere Gasthaus des Niederkircher nahm uns freundlich auf und bot alle deutsche Bequemlichkeiten, die wir bald vermissen lernen sollten. Es ist ein einheimischer Geschichtssaal, wohl ausgestattet mit Raritäten und Curiosis aus der Zeit des Aufstandes. Unter Glas in der Gaststube hing die durch Ehrlichkeit und kräftigen Ausdruck ausgezeichnete Rede des **Andreas Hofer**, die mit den Worten anfängt: Grüss' Euch Gott, meine lieben Insprucker — und mit dem Zuspruche schliesst: Gesehen habt Ihr mich, gesagt hab' ich's Euch, behüt' Euch Gott. Das Urkräftige des patriarchalischen Mannes wehet in jeder Zeile. Ueber seine deutsche Treue ist nur Eine Stimme, wenn gleich sein Feldherrntalent oft in Zweifel gezogen ist, und er ein Raub und Spielball der Partheien ward. Der Genius des Vaterlandes hob ihn, ein *numen* war in ihm. Er fiel mit den Worten zu Mantua von französischen Kugeln durchbohrt: Tyrol wird doch östreichisch! Seine Wittwe trieb die Wirthschaft fort, auch nachdem ihr Geschlecht in den Adel des östreichischen Kaiserthums erhoben war; als Matrone hielt sie fest an dem Glauben, dass ihr Mann ihr im Traume erschienen sei und Trost zugesprochen habe. Die Münzen, (Zwanzigkreuzer) unter seiner Regierung geschlagen, führen die Aufschrift der Grafschaft Tyrol, und sind noch hie und da im Umlaufe. Er selbst wollte nur für seinen Kaiser streiten, und sich niemals, so oft ihm dieses auch von Schmeichlern und falschen Freunden angetragen ward, Graf von Tyrol nennen. Seinem Tod hätte er leicht zu entfliehen vermocht, wenn nicht der feste Wahn sich seiner bemächtiget hätte, dass Tyrol noch für Oestreich zu retten sei. So starb er als Opfer eines unbeugbaren Glaubens an das Recht und somit an das Gelingen seiner Sache *).

Die Hofkirche mit den vortrefflichen eisernen Statüen,

---

*) Ein Kellner in dem Gasthofe des Niederkircher bewillkommnete ihn, als er Abends mit seinem Gefolge stürmisch eintrat, mit dem Titel Excellenz, und frug, was er zur Abendtafel begehre. Hofer antwortete derb und kurz: glaubt ihr, dass ich zum Fressen und Saufen gekommen bin? — Ein andermal diktirte er seinem Sekretär Tagesbefehle und Briefe, was ihm bei seiner Unkunde des Geschäftsstyles sehr sauer wurde, so dass ihm der Schweiss über die Backen rollte. Endlich brach sein Unmuth in die treuherzigen Worte aus: „zum Teufel, wollt ihr mir denn gar nicht helfen, sehet ihr denn nicht, was ich leide.“ — In dem genannten Gasthofe ist das Portrait des Helden in Form einer Zielscheibe, mit der Umschrift, dass dieses Andreas Hofer sei, der an Ehrlichkeit nicht seines Gleichen gehabt habe

die in einem Kreise sich reihen, von acht und zwanzig Fürsten und Fürstinnen, und mit Grabdenkmälern, lassen wir ungeschildert, gleich den unvergleichlichen Basreliefs von Collin.

Nach Deutschland aus Italien heimkehrende preussische Künstler, mit denen wir bei Neukircher zusammentrafen, waren voll der Erinnerung und entmuthigten unsere künstlerischen Begleiter durch die wiederholte Rede, dass nach solchen Meisterstücken und solchen Ausführungen der deutsche Maler unserer Zeit nicht mehr hoffen dürfe, etwas zu leisten, was dem Strome der Zeit entgehen werde. Noch war uns Italien ein Buch mit sieben Siegeln. Wir staunten, und glaubten.

Ueber die Sicherheit der Strassen beruhigten uns dieselben Landsleute mit der wiederholten Bekräftigung, dass man nirgends in der Welt sicherer reise, denn in Italien. Dies zu hoffen, ward uns um so nöthiger, als nirgends mehr denn an den Gränzen Wälschlands sich das Volk mit Gespenstergeschichten von Räubern und Anfällen der Räuber unterhält, und es scheint, als thue man das Möglichste, um den Reisenden durch ununterbrochene Furchterregung allen Genuss zu vergällen. Der tiefgewurzelte Groll zwischen Deutschen und Italiänern ist hier am deutlichsten hervortretend, und durch eine lange Erinnerung gewiss schon seit den Römerzügen geschichtlich begründet, am lebhaftesten an der Gränze des Nord- und Wälschtyrol. Von ihm traten uns manche Spuren entgegen, z. B. in Trient, wo uns ein ehrlicher deutscher Handwerker, der hier als Kolonist leben musste, und uns auf den Friedhof geleitete, sein volles Herz darüber ausgoss.

Der Charakter der Tyroler erschien mir kräftig, ehrwürdig, lieblich, wie ihr Land, das voller romantischer, grotesker, kühner und zerrissener Parthieen, welche die Einbildungskraft unmöglich malerischer vorstellen kann, das Gemüth bezaubert und erhebt. Grosse Einfachheit der Sitten ist in diesem unverdorbensten deutschen Volksstamme erhalten. Die Unzufriedenheit mit der Regierung sprach sich damals unverholen aus, gehäufte Abgaben und Beschneidung alter wohlbegründeter und schwer errungener Vorrechte hatten eine Verstimmung hervorgebracht.

Vor dem Brenner ist das forellenreiche, durch die heiteren Kellnerinnen, und seine Lage anmuthige Steinach ein reizender Haltpunkt.

Das Brennergebirge überschritt ich am protestantischen Reformationsfeste des Jahres 1831. Dieses Gebirge verdient, nachdem man Nordtyrol kennt, die Auszeichnung und Berühmtheit nicht, welche ihm als Uebergangspunkte nach Italien zu Theil geworden. Denn Wälschtyrol ist das halbe Italien. Störend waren besonders für unsere zwei künstlerischen Begleiter Transporte von Strassenräubern und Vagabunden, welche in zwei Wagen, von östreichischem Militär begleitet, über den Brenner uns begegneten. Wie weise war nicht Napoleons Befehl für den Kirchenstaat und für das obere Italien, jede Commun einer Stadt oder einer Landschaft für Räubereien, Anfälle und Morde, in ihrem Bezirke vorgefallen, verantwortlich zu machen und zum Ersatz zu verpflichten. Wie bald war nicht das Land auf eine durchgreifende Weise gereiniget! — Meine Begleiter übten sich vorläufig aufs Höchste im Systeme der Sparsamkeit, da man ihnen von den fürchterlichen italiänischen Prellereien, die wie bis jetzt nur aus der Entfernung kannten, soviel vorgefabelt hatte.

Von Tyrol aus bereitet sich die Phantasie gleichsam vor auf den Eintritt in Italien, als auf das unbekannte Land der Schönheit und der Kunst, aus dem man ohne Ende schöpfen kann.

Wie ganz anders ist doch der Eindruck beim Austritte aus diesem Lande, wo es nun gleich einer vollbeschriebenen Tafel in der Seele ruhet, mit allem Angenehmen und Unangenehmen, welches der Aufenthalt in ihm hervorbrachte.

In Botzen, der lebensvollen Handelsstadt, fast noch in altdeutschem Geschmacke erbauet, sahen wir die ersten Orangenbäume unter Glas, in Treibhäusern.

Aber die erste italiänische Volksscene erwartete uns in Salurno, einem schlechten Marktflecken des Wälschtyrol. Wir gelangten an am Feste Allerseelen, am zweiten November. Es war grosse Aufgeregtheit unter dem Volke. Schaaren von Bettlern, im zerlumptesten Aufzuge, von dem wir in unserem Deutschland keinen Begriff haben, Männer fast halb nackt, Weiber, Kinder durchzogen die wenigen Strassen des unansehnlichen Ortes. Von Haus zu Haus wandernd nahmen sie die Mildthätigkeit der Bewohner in Anspruch, die ihnen denn auch nicht verweigert ward, und ruhig in Gaben sich äusserte. Bald sammelte sich eine gaffende Schaar um unseren Reisewagen. Augen der Gier und der Lüsternheit wurden auf unser Gepäck geworfen. Wir des Anblicks noch ungewohnte Deutsche fanden solches sehr lästig. Wir stiegen ab, und begaben uns in eine leidliche, d. h. nicht ganz schmutzige Locanda. Auch hier drangen die Ungestümen nach, und sammelten sich bald um den Tisch herum, an dem wir die Mahlzeit erwarteten. Almosen machten sie nur zudringlicher. Ein alter Kerl, der bald schlecht italiänisch, bald schlecht deutsch herstotterte, ist mir noch lebhaft erinnerlich, er liess sich um keinen Preis abweisen. In der Küche umstanden sie die geschäftigen Dienstleute, man schien ihres Anblicks ganz gewohnt und achtete nicht darauf. Das Mahl war schon italiänisch, an gebacknen Fischen Ueberfluss. Ein ältlicher Mann mit zwei verdächtigen Mädchen, die wenigstens für Deutsche grosse Freiheiten sich gestatteten, war in unserer Gesellschaft.

Vor Trient begegnete uns Gesindel mit verdächtigen Physiognomieen fast überall, und unterliess nicht, fleissig nach unseren Sachen zu schauen, ob etwas zu machen. Zwischen reizenden Weinbergen ging die Fahrt hin. Viele dieser Streifzügler trugen eine Flinte um die Schultern; diese Freiheit dürfen sie indess nur gegen Geld und unter Aufsicht vom Gouvernement lösen. Ein Lieblingsvergnügen am Sonntage ist die Jagd. Doch hört man nicht selten von Mordversuchen und Mordthaten, besonders aus Leidenschaft der Liebe.

Das an sich unbedeutende Trient nahm uns schon in den geräumigen Hallen eines pallastähnlichen Gasthauses auf. Ein breiter Treppenaufgang, lichte weite Räume, Koch und grosse Küche mit Höfen zeigten uns das Erstemal das

2*

Grossartige der italiänischen Gasthöfe in den grösseren Städten. Kellner machten die breiten stets mit leichten Decken versehenen Betten. Ich hatte Gelegenheit, an der Wirthstafel *(tavola rotonda, table d'hôte,* Tafelrunde*)* die Mässigkeit der Italiäner im Weintrinken zu beobachten. Ungemischt geniessen sie ihn fast nie. Der rothe, dort schwarze Wein *(vino nero)* genannt, ist der vorherrschende.

Die Kirche, welche das vieljährige Concilium sah, in das der heilige Geist, nach jenem bekannten Sarkasmus eines gleichzeitigen Schriftstellers, mit dem Felleisen gebracht wurde, ist nichts weniger als umfangsreich und in keiner Beziehung ausgezeichnet. Ein altes schlechtes Gemälde zur Linken des Altars wird von dem Custode aufgerollt und zeigt uns die Versammlung. Den Friedhof sahen wir, von einem deutschen Handwerker geleitet, und freueten uns vieler deutschen Namen.

Bei der Ausfahrt aus Trient in der Frühe kam ein Junge mit einem Sichelmesser rasch herangelaufen, und war eben darüber, die Stricke unserer Koffer und übrigen Bagage abzuschneiden. Zum Glück gewahrten wir ihn durch ein Kapfensterchen und schreckten ihn zurück. Aehnliche Attentate von Strassenbuben kehrten öfter wieder. Die Strassenpolizei lässt ausserordentlich zu wünschen übrig, und ist gleichwohl im östreichischen Italien noch die Beste.

In Roveredo, dem Gränzorte des eigentlichen Italiens, sahen wir, wie die in unserer Gesellschaft befindlichen zwei Mädchen ein Capucinerkloster besuchten, mit dem Vater, um über die Unterbringung eines Sohnes zur Erziehung Rücksprache zu nehmen. Die Capuciner sind die Berather des Volks, sie geniessen dessen Vertrauen als Beichtväter, zumal sie selbst aus der Mitte der Niedrigen genommen sind, zumeist Bauernsöhne. Wir stärkten uns inzwischen von vielen, grossentheils noch widerlichen und fremdartigen Eindrücken berührt, im Gasthause mit Thee, welchen die reisenden Engländer in dem sonst theelosen Italien eingeführt haben. Schon erhoben sich Klagen meiner Reisegefährten über die Sitte des Landes, über den Leichtsinn der Bewohner, über den Mangel an Solidität und Ehrlichkeit.

Ich erwiederte, dass man, um gerecht zu sein, jedes Volk aus seinem Standpunkte zu beurtheilen habe.

Roveredo hat keine Thore, und bietet den Anblick eines offenen Fleckens. Wir waren nun in Italien, wohin uns ein Wegweiser in einer herrlichen Bergschlucht Nordtyrols mit den seltsamen Worten hingewiesen hatte: Weg nach Italien.

Von Roveredo fuhren wir in der Morgendämmerung in einer Chaise mit einem italiänischen Vetturin, einem braven und lustigen Burschen, der aber durch leichtsinnige Aeusserungen über die Möglichkeit angefallen, beraubt, ermordet zu werden, Unerfahrene leicht einschüchtern konnte. Bei Tage, sprach er ganz unbefangen, geschehe es nicht leicht. Ueber die Anfälle bei Nacht ging er sehr gleichgültig hinweg, wie von einer gewohnten alltäglichen Sache redend. Wir hielten mit deutschem Unwillen das Volk für los und ledig aller sittlichen Begriffe, und beklagten, dass ein Land, voll religiöser Weihungen und Satzungen, so wenig Herzensreligion und sittliche Begriffe zeige. Ich hielt für gerathen, das Beste meines Geldes auf mögliche Fälle im Stiefel zu verbergen, und einen werthvollen Ring an eine Zehe zu stecken. Doch all' diese Besorgniss erwies sich nach dem Erfolg als eitel, und unserer Erfahrung nach müssen wir den Satz bestätigen, dass wir in keinem Lande sicherer gereist sind, denn in Italien.

Viertes Capitel.

Verona.

Verona ist eine heitere, feine Stadt, die alle Beachtung verdient; wir betraten sie mit dem erfrischenden Gefühle, nun den Anfang des italiänischen Lebens kennen zu lernen. In dem Thurme zu London fanden wir, was wir von Bequemlichkeit und Wohnlichkeit wünschen konnten. Wir sahen hier zum Erstenmale den Corso, welcher die grösseren Städte Italiens durchschneidet (in Palermo Cassaro genannt), in Verona indess sich durch Beugungen und Krümmungen zieht, und somit den Eindruck der wunderbar langen Strasse schwächt. Nur die Friedrichsstrasse in Berlin hält damit einen Vergleich aus. Die *porta stupa* (veronesischer Idiotismus s. v. a. geschlossenes Thor) sollte eine neue Anlage zur Verlängerung des Corso eröffnen, kam indess nicht zur Ausführung. Festungswerke schliessen den Ausgang. Der Corso ist der Spazierort der Städter, oft indess nichts weniger als breit, wie selbst theilweise in Rom.

Ich war an den Banquier Corsi und an dessen Associé Benassuti durch einen italienischen Freund in Leipzig adressirt worden. Von Beiden ward ich auf das Wohlwollendste aufgenommen. Der letztere widmete mir wahrhaft freundschaftlich einen grossen Theil seines Tages. Arm in Arm durchging ich mit ihm alle Sehenswürdigkeiten der Stadt und er gab sich her, immerfort deutsch zu sprechen, obschon er es weder stets geläufig, noch durchaus grammatisch richtig redete. Ich erkannte es mit grossem Danke, wohl wissend, dass der Italiäner, wenn er irgend vermag, dies vermeidet und dem fremden Idiom, welches ihm ohnehin meistens gleichgültig ist, nicht leicht sein eignes aufopfert. Ausser meinem Freunde Benassuti fand ich während meines Aufenthaltes in Italien nur noch zwei Italiäner, welche das Deutsche fertig sprachen, den jungen Assessor der Ruota Romana Ricci zu Rom und das lebendige Wunder der Sprachenkunde, den gefeierten Abate Mezzofanti, jetzt Präfekt der vatikanischen Bibliothek. Auch ist wohl kein Organ weniger der deutschen Sprache adäquat, als das italiänische. Leicht indessen geben sie sich dem Wahne hin, deutsch reden zu können und zu verstehen, wenn sie sich einige Redeweisen angeeignet haben.

Das oft geschilderte und genau vermessene Amphitheater oder die Arena ist der erste grosse Eindruck, den man von dem vereinzelten Alterthume empfängt. Noch kennt man nicht genau die Zeit seiner Gründung. Fast in der Mitte der Stadt an der Piazza Bra gelegen, beherrscht es einen Theil der Stadt, öffnend einen Blick auf die Ebenen der Lombardei. Der ungeheure Umfang imponirt, aber die Leere und Oede schwächt den Eindruck. Ein modernes Tagestheater von Brettern ist auf Kosten der Stadt im alten angelegt, auf welchem man Nachmittags vier Uhr *l'Italiana in Algeri* aufführen wollte. Wegen schlechten oder doch zweifelhaften Wetters und geringer Hoffnung auf Besuch ward indess Nachmittags der Anschlag zurückgenommen, die Vorstellung aufgegeben. Unter Joseph II. und Pius VI. (bei letzterem während seines Triumphzuges durch die Stadt auf der Reise nach Wien) ist das Amphitheater einmal für eine theatralische Darstellung aufs Neue angefüllt worden. Pius segnete das Volk von der Höhe. Man wiederholte eine Vorstellung zur Zeit der Anwesenheit der vereinigten Souveräne, bei dem Congresse des Jahres 1822. Kopf an Kopf gedrängt, sollen einige zwanzigtausend Menschen darin Raum haben. Man muss es den Veronesern nachrühmen, dass sie ununterbrochene Mühe auf Herstellung des Inneren, der Sitze, die von röthlich braunem Marmor und der Witterung stets ausgesetzt sind, verwenden. Die hohen Wölbungen unterhalb der Mauern dienten zum

Aufenthalte der Thiere, der Gladiatoren und anderer Zurüstungen. Ein Zweig des sich frei und kühn aufrankenden Epheu's begleitete uns als Erinnerungszeichen. Die Haupteingänge, durch welche die alten Einwohner einströmten, ihre Schaulust zu befriedigen, sind dieselben, welche zu dem neuen Theater führen. Ein grosses Stück Mauer mit Bogen von ägyptischer Festigkeit stehet noch verlassen; vielleicht führte es als äussere Ringmauer um das Ganze. Dies kann indess bezweifelt werden. Der Zweck ist unkenntlich. Die Mauer musste mit eisernen Banden vor Einsturz gesichert werden: die Häuschen in nächster Nähe sind darum im Preise und in der Miethe ausserordentlich wohlfeil *). Es sind Krämer-, Schuster- und Barbierbuden, ein greller Kontrast alter und neuer Zeit.

An demselben Tage besuchte ich in Begleitung B's die Capitel-Bibliothek. Sie ist zwar weder gross, noch bändereich, aber im Besitze einiger kostbaren Handschriften und anderer Seltenheiten z. B. einer Sammlung der Ausgaben des Dante, auf welche grosser Werth gelegt wird, aus dem Nachlasse des Kanonikus Dionisi. Die Editionen sind mit weitläufigen zum Theil seltenen Commentarien begleitet. Der gefällige und wohlunterrichtete Domherr, der den Bibliothekar machte, *(Gnostoro)* von kräftigem, männlich schönem Aeusseren, zeigte uns augenblicklich und mit Vorliebe den gefeierten Gajus, mit dessen Entdeckung Niebuhr seinen Eintritt in Italien glorreich bezeichnete. Durch die im Uebermaass angewandten chemischen Reagentien, besonders die Galläpfeltinktur, ist nach drei Jahren ein grosses Theil des Palimpsests, auf welchem einige Stücke der Meditationen und Briefe des Hieronymus stehen, nachgedunkelt und zu einem die Lesung ausserordentlich erschwerenden Braungelb geworden; auch hat an einer Stelle das Mittel durchgefressen. Ja es zeigen sich an einigen Parthieen Spuren einer dreifachen Scriptur. Die zwei Editionen der Berliner Akademie, durch die HH. Göschen,

---

*) S. *G. B. da Persico L'Anfiteatro di Verona e i suoi nuovi scavi. Verona*, 1820.

Bekker, Holweg, dem Domkapitel gewidmet, lagen in der Nähe; der Bibliothekar zeigte sie mit Wohlgefallen, ohne sich an die Verderbniss der Handschrift zu stossen, die man *Blume's* Behandlung verdankt. *). Griechische Handschriften des N. T. für meine Zwecke fand ich nicht. Nur eine lateinische Handschrift der vier Evangelien, dunkelroth mit silbernen Lettern *(Codex purpureus)* ward uns gezeigt. Durch die Zeit ansehnlich beschädigt, wie sie war, ist sie doch für die Kritik nicht ohne Werth, und bei Bianchini abgedruckt. Ausserdem die Bücher der Könige, lateinisch, nicht vorhieronymianisch. Noch fiel uns auf ein sehr schön geschriebener vollständiger Codex des Livius, angeblich aus dem vierzehnten Jahrhunderte mit werthvollen Miniaturen.

Die Bibliothek ist Privateigenthum des Capitels und wird nur nach Belieben und auf Empfehlung geöffnet. Die Stadtbibliothek, seit 1796 gegründet, erst seit 1802 eröffnet, enthält weder Manuscripte, noch sonst Ausgezeichnetheiten. Der Domherr beschäftigte sich, als wir eintraten, zum Vergnügen mit dem Unterrichte eines Scholaren. Der Glaube, in den Dombibliotheken noch viele verborgene Schätze besonders der griechischen Literatur zu finden, dürfte wohl ein Wahnglaube sein: wenigstens enthielten diejenigen, welche ich sah, fast durchaus nur lateinische Handschriften, grossentheils kirchlicher Literatur, ursprünglich für die Bedürfnisse des Capitels. Einiges Wichtigere vermuthet man gewiss mit Recht in dem noch wenig besuchten Ravenna. Dass der Besuch der Dombibliotheken stets einige besondere Schwierigkeiten darbiete, ist bekannt. Nach meinen Erfahrungen waren sie indess keinesweges unüberwindlich. Das Capitel hielt z. B. zu Vercelli und Novara im Piemontesischen erst Rath darüber, ob Fremde zulässig seien; ein Domherr oder Kanonikus musste bei dem Besuche anwesend sein, was denn im Winter beim Mangel tüchtiger Heizanstalten nicht ohne Beschwerden war; nicht

*) Der Versuch einer nochmaligen Lesung nach Blume durch meinen werthen Reisegefährten, Herrn Dr. Heimbach in Leipzig, ist zur Zeit noch aufgeschoben worden.

mehr denn Eine Handschrift durfte herausgenommen, und in einem kleineren Zimmer, wo man sich etwas wohler und wärmer fühlte, unter Aufsicht benutzt werden.

In der Nähe der Kirche S. Maria Antica, welche klein und mit Emblemen des Todes ausgeschmückt ist, finden sich die Denkmale der Scaliger. Die Eisenarbeit ist vortrefflich, das Wappen *(scala)* gehet durch.

Das edle Geschlecht der Scaliger, der Herren von Verona ist indess weniger durch diese Grabdenkmäler an entlegenem Platze, welche in lange gothische Pyramiden mit Reiterstatüen auslaufen, als durch die edle Gastfreiheit verewigt, welche es, vor Allen Can Grande, den vertriebenen unglücklichen Patrioten, unter ihnen dem grossen Schöpfer der göttlichen Commedia, dem Dante, in ihren Pallästen auf königliche Weise darboten. Ein einheimischer Schriftsteller, Sagacius Mucius Gazata, Geschichtschreiber von Reggio, berichtet, dass die Zimmer der aufgenommenen auf das Gastlichste bewirtheten Vertriebenen mit Zeichen ihrer Erwartungen von der Zukunft versehen waren. So stand über den Gemächern der Krieger der Sieg, die Hoffnung über denen der Verbannten, die Musen erheiterten die Dichter, Merkur war den Künstlern vorbedeutend, das Paradies gehörte den Predigern. Während der Tafel, der es weder an Pracht und Ueberfluss, noch an zahlreicher Bedienung gebrach, erheiterten Musik und gefällige Lustigmacher die etwa Verdüsterten. Die Säle waren mit Malereien des Ghiotto geschmückt, den Wechsel des Glücks unter vielerlei Gestaltungen vorstellend. Der Herr von der Scala, Can Grande, welchen Dante den grossen Lombarden nennt, zog die ihm werthesten, wie den so biedern Guido von Castello von Reggio, (genannt der aufrichtige Lombarde) und Dante Alighieri an seine Tafel. Ungeachtet aller Versüssung seines Elendes, welche er mit Danke erkannte, konnte doch der hohe Dichter den Schmerz nie völlig besiegen, fern von dem heissgeliebten Vaterlande, aus welchem wüthender Hass der Partheien ihn vertrieben, in fremdem Lande, an fremdem Tische, von fremdem Wohlwollen abhängig, sein Brod essen zu müssen. Es spricht sich diese Gesinnung in den bekannten herrlichen Versen aus:

Tu lascerai ogni cosa diletta
Più caramente; e questo è quello strale
Che l'arco dell' esilio pria saetta.

Tu proverai sì come sa di sale
Il pane altrui, e com' è duro calle
Lo scendere e 'l salir per l'altrui scale.

E quel che più ti graverà le spalle
Sarà la compagnia malvagia e scempia
Con la qual tu cadrai in questa valle.

(Du wirst verlassen die theuersten Gegenstände deiner Liebe, und solches ist der erste Pfeil, welchen der Bogen der Verbannung aussendet. Du wirst empfinden, wie bitter schmecket das fremde Brod, und wie harter Weg sei des Herabsteigens und Aufsteigens fremder Treppe. Und was am meisten deine Schultern drücken wird, wird sein die schlechtgesinnte und alberne Gesellschaft, mit welcher du in dieses Thal des Schmerzes fallen wirst. *Parad. XVII, 55 ff.)* Konnte eine äussere gesicherte Existenz einem Manne genügen, dessen Sinn für ein grossartiges Wirken im Vaterlande geboren war, der eine Welt in seinem Busen erbauet hatte und umschloss, dessen kräftiger Stern aufs Unverlöschlichste fortleuchtet durch die lange tiefe Nacht folgender Jahrhunderte, der mit Homer der grösste war unter den Dichtern der Erde, der mit kühnem Geiste ein sittliches Lehrgebäude aufwarf, aus dem unzählige Geister nach ihm Theile und Theilchen nahmen, dem sein hochgeliebtes Vaterland Florenz, in unheilvollem Bürgerkampfe blutend, den Rücken gewandt, die Thore verschlossen hatte. Dafür gab Ravenna, wie oft auch von späteren Geschlechtern angegangen, niemals die Asche des Hohen und Trefflichen den Mitbürgern zurück, stolz auf diese Reste und auf eine edle Gastfreundschaft.

Das Leben mit den Schranzen am Hofe des Can Grande, begleitet von allen Insolenzen dieser Leute, konnte dem Geiste eines Dante nicht zusagen, wie gross auch das

Wohlwollen des Herrn war. Eines Tages hatte man an dessen Tafel vor **Dante** nur die Knochen gesetzt. Er entgegnete: kein Wunder würde sein, wenn die Hunde ihre Knochen verzehrten, ich aber bin kein Hund. *)

Der dritte Nachfolger des **Can Grande** war **Can Signorio**. Ihm ist das bedeutendste Denkmal aus dem vierzehnten Jahrhunderte gewidmet. Er war Erbe des Bruders von **Can Grande** dem zweiten, den er immitten der Strasse auf seinem Pferde ermordet hatte. Im Augenblicke des Verscheidens gab er Befehl, seinen jüngsten Bruder **Alboin** im Gefängnisse umzubringen, um die Nachfolge seinen Bastarden, **Antonius** und **Barthelemi**, zu sichern. Der erste kaum auf den Thron gelangt, liess den andern mit dem Dolche niederstossen. Nur die Geschichte des **Herodeischen** Hauses bietet gleich häufige Beispiele unseligen Familienzwistes und Brudermordes, welche mit moralischem Ekel erfüllen.

In vielen grösseren Kirchen sieht man Cardinalshüte am Gewölbe aufgehangen, oder die äusseren Wände mit papiernen Anschlägen eines Cardinalswappen und eines Todtenkopfes mit Gebeinen wiederholt bekleidet. Letzteres geschieht zum Andenken eines kürzlich verstorbenen Cardinals, welcher die Kirche inne hatte; der erstgenannte Gebrauch deutet den früheren Besitzer des Hutes und Vorsteher der Kirche an.

Die Cathedrale zu St. Anastasia alt und ehrwürdig, mit Denkmälern verdienter Veroneser, die Inschriften kurz, ohne Kleinlichkeit, im römischen Style. In der Inschriftenabfassung waren und sind die italiänischen Gelehrten Meister, wie noch jetzt die Kirchen und kirchlichen Denkmäler zeigen. Viele Statüen von weissem carrarischen Marmor, ein grosser Ueberfluss von braunrothem veronesischen Mar-

*) *Versi omnes in solum Dantem, mirabantur cum ante ipsum solummodo ossa conspicerentur; tum ille: minimum, inquit, mirum si canes ossa sua comederunt: ego non sum canis.* *Poggio faceliae p. 67.* Dasselbe berichten **Tiraboschi**, **Guingene** und **Maffei** in ihren Literaturwerken.

mor. Ueberhaupt wird gewiss nirgends weiter der Marmor recht eigentlich mit Füssen getreten, als in Italien, und zwar schon in dem oberen Theile. Eine Brücke in der Nähe des Castel vecchio, des Arsenales und der Kaserne, mit drei Bogen, deren einer durch seine Breite und vortreffliche Wölbung für ein Meisterstück der Architektur angesehen ist.

Ueber die italiänischen Frauen, welche wenigstens freundliche Leserinnen interessiren werden, aber auch wohl den geneigten Leser und Reisenden anziehen, hier nur einige vorläufige Worte der Beobachtung, wie sie mir aus einem Briefe an eine geliebte Schwester in die Heimath entgegen kommen. Die gepriesene Schönheit des Südens hatte ich bisher nicht finden können, in Verona, Vicenza, Padua und Venedig sah ich die Weiber meist von gelber, bleicher Farbe, was man mit von ihrem Nichtsthun herleitet; denn die ämsige Sorge einer deutschen Hausfrau ist den Italiänerinnen fremd. Oefter treten sie auf mit dunkelschwarzem, stechendem Auge, mit oft regelmässigen Zügen, in denen aber etwas Maskenkenartiges liegt, selten etwas Frisches, Blühendes, Anmuthvolles. Die schönsten und jugendlichsten Frauen bekommt man freilich nicht zu sehen, denn diese hält die Etikette und das italiänische Decorum in den Häusern zurück. Sie gehen nie allein aus, und werden gewöhnlich in eine klosterartige Erziehungsanstalt für Mädchen *(un ritiro)* gebracht. Hier verleben sie ihre schönsten Jahre oft unter sehr kindischen Beschäftigungen und Spielen, bei einer im hohen Grade dürftigen Erziehung. Somit pflegten nur die gemeine dienende Classe und unter den Vornehmeren die älteren frei umherzuwandeln. Schon in Verona sieht man das *drappo*, ein weisses Tuch oder ein Schleier, von feinem oder geringem Zeuge, in welches alle Frauen madonnenartig den Kopf einhüllen, und welches sie mit Grazie zu tragen wissen, dergestalt es ihnen wohl stehet. Die Venezianerinnen tragen diese Kopfbekleidung schwarz *(fazzoletto)*; in Genua ist die weisse Farbe die herrschende.

Wir fragen vergeblich nach dem Grabmale der Giulietta, der Geliebten Romeos. Später vernahm ich, dass man in einem Garten; der vordem ein Kirchhof war, ihren Sarkophag zeige. Der röthliche Marmorstein, aus dem er gefertiget ist, ward von fremden und einheimischen Damen benutzt, kleine Särge bearbeiten zu lassen, welche am Halse getragen wurden. Marie Louise von Parma liess Halsband und Armbänder von demselben Gestein fertigen. So trugen freisinnige Polinnen das Porträt des Kosciuszko ihres Helden am Busen. Das Bildniss des Gekreuzigten und der Madonna ist vielleicht nicht mit mehr Andacht getragen worden. O wie so gewöhnlich überwiegt weltliche Grösse und weltliches Interesse in den Augen der Welt!

Das italiänische Kaffeeleben beginnt bereits in Verona, wenn es gleich erst in Venedig recht ausgebildet hervortritt. Auf dem ansehnlichsten Platze *(piazza de' Signori)* sind vor den Bottegen weiss und hellblau gestreifte Zelte ausgespannt, man geniesst das Frühstück, die Chokolade oder den Kaffé aus Gläsern, so heiss als nur verträglich. Tischchen vor den Thüren der Häuser vereinigen die gegenwärtigen Gäste, von denen nicht wenige recht eigentlich in das süsse Nichtsthun *(dolce far niente)* versunken sind. Der Kaffé oder die Bottegen ist dem Italiäner Erholungsort, Forum, Geschäftsplatz, Rendez-vous, Schreibort, Besuchszimmer, kurz Vieles von dem, was im Norden durchaus nur in das Innere der Privatwohnungen nach herrschender Sitte verlegt ist. Wie viele Geschäfts- und Liebesbriefe werden hier sicherlich täglich geschrieben. Die Italiäner kommen hier zusammen vor der Mahlzeit, welche bekanntlich in die späteren Nachmittagsstunden fällt, auch Familienväter nehmen hier beim ersten Ausgange das Frühstück ein, da es nicht Sitte ist, solches zu Hause zu thun. Gegen Abend sind die Bottegen aufs Neue gefüllt, und man findet eine oft sehr lebhafte, oft auch magere Unterhaltung. Lange Reihen von Männern, am Sonntage oft auch recht lieblicher Frauen, sitzen längst der Wände, im Nichtsthun stumm vor sich versunken, worin der Italiäner, gleich dem Orientalen, je südlicher, je mehr eine eigenthümliche süsse Behaglichkeit findet. Ein Zeitungsblatt findet man selten in ihren Händen; die sich mit Lesen beschäftigen, sind gewöhnlich Deutsche. In Venedig pflegt man den Kaffé *à petites prises*, in kleinen Tassen, welche den Kindertassen gleichen, zu geben; desto öfterer wiederholt sich diese Dosis, so dass nicht selten fünf- bis sechsmal des Tages der Genuss wiederkehrt. Die Gleichgültigkeit der meisten Italiäner in politischen Dingen, stammt bei den edleren Gemüthern aus Wehmuth über den Fall ihres Vaterlandes, dem sie nicht mehr aufhelfen können, bei dem gemeinen Volke aus jener dumpfen Indolenz gegen jedwedes ferner Gelegene, welche überhaupt sie charakterisirt. Nichts gehet der arbeitenden Classe über ihre individuelle Freiheit, welche Vorliebe gewiss zusammenhängt mit der eigenthümlichen Liebe zur Natürlichkeit und Ungenirtheit, die wir schon als durchgehenden Grundzug des italiänischen Charakters bezeichneten. Sie vermiethen sich ungern, und pflegen dabei zu sagen: ich liebe es, mein eigner Herr zu sein *(amo di essere padrone di me stesso)*.

Allgemeine Reisebemerkungen.

Engländer. — Deutsche. — Italiäner.

Die Mehrzahl italiänischer Reisenden bestehet aus Engländern, welche zur Vollendung ihrer Bildung, um nach ihrer Rückkehr als untadelige Gentlemen in der Hauptstadt auftreten zu können, das Festland vorzüglich Frankreich und Italien besuchen. Grösstentheils begütert und mehr als wohlhabend, ist es sicherlich ein Vorurtheil, wenn gleich ein weitverbreitetes, zu behaupten, dass sie zur Ersparniss eines viel theuerern Aufenthaltes in der Heimath diese Reisen antreten. Nichts stehet sich wohl mehr entgegen, als der schwierige und verschlossene englische Charakter *(soverchia inglese)* und die Harmlosigkeit und Leichtigkeit des Umganges, welche im italiänischen Volke liegen. Beraubt, wie dieses fast jederzeit durch die Fremden wurde, ist es vielleicht nicht verwerfliches Gesetz der Wiedervergeltung, dass es sich an den übermüthigen Reisenden, die es täglich und stündlich durch Ansprüche quälen, durch die möglichste Bevortheilung, durch ein ununterbrochenes Belauern und Benutzen des möglichen Gewinnes zu rächen sucht. Gut und richtig aus seinem Standpunkte behandelt, haben wir den Italiäner ebenfalls gut und willig gefunden, ja bereitwilliger zu Gegendienst und dankbarer, als andere Nationen. *Und da der Südländer das Leben stets leicht nimmt, so bedarf es nur eines gleichen Sinnes, um mit ihm überall auszukommen.*

Es ist nichts gegründeter, als die Klage so vieler Reisenden über die nie endenden Quälereien beim Revidiren der Pässe besonders im Kirchenstaate. Auch hierbei ist natürlich Alles auf möglichsten schnellsten Gewinn abgesehen. Der Fremde ist eine Beute, über die man raubthierartig herfällt, ehe sie weiter zieht. In einigen Städten des zweiten Ranges, wie Ferrara, Reggio, Piacenza werden selbst die Theaterbillets um den doppelten Preis an die Fremden verkauft. Die Platzbedienten gehen frei mit ein. Kellner, Stallknecht, Hausbursche, Vetturin, Postillion, Cicerone, Lastträger, Alles fordert, ungestüm und zudringlich, sein Entgeld, und zeigt sich mit dem Gegebenen nie zufrieden.

Kein anderes Mittel giebt's, sich dieser Zudringlichkeiten möglichst zu erwehren, als bei dem einmal Bewilligten fest zu bleiben, unzufriedene Gesichter zu ignoriren, und mit der Sprache sich immer vertrauter zu machen, da solches mehr als Alles den Italiänern imponirt. Sie ziehen dann wohl murrend ab, sind indess gleich darauf eben so gefällig als zuvor. Mit Hitze und aufbrausendem Wesen ist nichts gegen sie auszurichten, da sie selbst leicht aufbrennen, zwei hitzige Menschen aber, einander gegenüber, nicht vorwärts kommen; wohl aber mit entschiedenem Wesen, mit fester Rede.

Die reisenden Engländer verstehn es grossentheils nicht, oder geben sich die Mühe nicht, den italiänischen Charakter zu studiren und dem gemäss zu behandeln. Die brüsque Art, und der Hochmuth, womit so viele der reisenden

Nichtsthuer dieser Nation Alles ansehen, die grosse Flachheit ja Unkunde, mit welcher sie die Kunst- und wissenschaftlichen Schätze in Augenschein nehmen und oft in Einem Vormittage drei bis vier Museen und Gallerieen flüchtigen Auges und schnellen Fusses durchlaufen, rebütirt den von Natur gutmüthigen, gefälligen und talentvollen Italiäner. Kein Wunder, dass er sich, für so vieles Ennüyement, und manchen Verdruss schadlos hält.

Bei dem durchaus politischen Charakter aller Engländer, mithin auch der reisenden, darf es nicht wundern, wenn ein Britte, wie wir dieses selbst einmal in Rom beobachteten, in einer kostbaren Gemäldegallerie bei einer Büste Napoleons, die sich zufällig in der Mitte aufgestellt findet, länger und lieber verweilt, als bei einem Meisterstücke Raphaels oder Tizians. So dürfen auch die grossen englischen Blätter, so spät auch ihr Datum sein mag, nicht fehlen, es darf der Abendthee nie fehlen, welcher erst jeder englischen Gesellschaft auch im Auslande Halt und der gewöhnlich nicht lebhaften Unterhaltung einen Anknüpfungspunkt bietet.

In Ober- und Mittelitalien reisen bisweilen englische Kaufleute und Künstler. Einen solchen, einen Historienmaler, trafen wir in der venetianischen Gallerie, in Venedig ansässig. Oft gelangen sie nicht weiter als bis Florenz, das überhaupt von Engländern stark bevölkert ist. Die den Süden herab nach Rom und Neapel ziehen, sind reiche oder doch sehr wohlhabende Gentlemen aus den höheren Ständen, welche nur die Zwecke einer allgemeinen Bildung oder der Neugierde verfolgen. Da sie gut zahlen, und oft aus Unkunde oder als Betrogene über die Gebühr zahlen, so sind sie gern gesehen und wohl gelitten, wenn gleich ihr näherer Umgang Abstossendes hat. Bei Einigen derselben findet man indess eine höhere Bildung, ächte Solidität und sehr gute Kenntnisse. Die übrigen Reisenden in Italien kommen nicht sehr in Betracht; jeder nur etwas Wohlgekleidete und Angesehene wird leicht für einen Engländer gehalten, besonders wenn er ein ernsthaftes Aussehen hat.

Deutsche *(Tedeschi)* heissen vorzugsweise die Oestreieher. Unbeliebt, wie diese durch ganz Italien sind, ist nicht gerathen, einen solchen *(Tedesco)* von sich zu prädiciren. Dagegen stehen die übrigen deutschen Volksstämme, wie Preussen, Baiern, Sachsen *(Prussiani, Bavaresi, Sassoni)* in grosser Achtung. Nur in einigen Theilen des Kirchenstaates, besonders auf dem Lande, herrscht noch die alte Verehrung für den östreichischen Kaiser, als den natürlichen Schutzherrn, als den weltlichen Arm des Pabstes, nach mittelalterlicher Idee, im Geiste der bekannten Vergleichung von Sonne und Mond.

Einen grossen Vorzug haben die Maler bei ihren Streifzügen und Reisen. Da auch im Volke bekannt ist, dass sie unbemittelt leben müssen, öffnen sich ihnen überall heitere Mienen und Gesichter, billige Rechnungen und vertrauliche Gespräche. Jeder Fusswanderer besonders im tieferen Süden, wird leicht für einen Maler *(pittore, pitto)* angesehen, und gastfreier und billiger, fast herzlich behandelt. In den höheren Kreisen der Gesellschaft wird der Fremde mit vielem Zuvorkommen aufgenommen, der Italiäner ist dann sehr gesprächig und leicht im Umgange. Die eigentliche Gastfreundschaft wird indess selten geübt, sie beschränkt sich auf trockene *conversazioni* am Abende.

Schon jetzt hatte ich Gelegenheit theils durch eigene Beobachtung, theils durch glaubenswerthe Mittheilungen Ansichten über den Geist des Landes und dessen Bewohner zu fassen, sie mögen hier einleitend stehen und wurden durch spätere Erfahrung immer konkreter und bewährter.

Die Italiäner sind, ehe man sie näher kennt, eine nicht anziehende Gemeinschaft, die von unserer Art und Sitte zu weit abliegt. Ihre Herzlichkeit *(cordialità)* ist durchaus etwas Aeusserliches und streift auf der Oberfläche; von deutscher Tiefe und von deutschem Gemüthsleben kein Begriff. Dagegen sind sie äusserst gefällig, im Umgange leicht, wenn man sie nur recht zu fassen weiss, neugierig, aber auch dankbar. Jeden Vortheil berechnen sie freilich sorgfältig schlau, gegen die Fremden ununterbrochen auf der Lauer. Unter einander trauen sie sich nie, und sind stets auf der Hut. Nicht leicht hält der Italiäner genau und pünktlich ein Versprechen, eine Verabredung, ein Rendez-vous. Von deutscher Treue wissen sie nichts. Eine Rivalität zwischen den einzelnen Städten, z. B. Padua und Venedig, Florenz und Pisa, Rom und Neapel zeigt sich, die wir in dem hohen Grade ausgebildet, in Deutschland nicht kennen. Aehnliches behauptet man freilich von Moskau und St. Petersburg. Ich leite diese Eifersucht, die uns kleinlich, fremd und seltsam erscheint, von den italiänischen Städtekriegen des Mittelalters her; der tiefere nicht blos äusserliche Grund ist wohl in dem italiänischen Charakter zu suchen. Jeder Einheimische nennt seine Vaterstadt *patria*, in viel engerem Sinne als bei den grossen Alten. Häufig treten Gesuche der Beamten ein, besonders in dem östreichischen Italien, bei Versetzungen, dass man sie an dem Orte ihrer Geburt, bei ihren Verwandten und Vettern, da, wo sie sich wohl und einheimisch fühlen, lassen möge. Auf solche Menschlichkeiten soll die Regierung schonende Rücksicht nehmen; diese und ähnliche Motive werden geradezu aufgeführt und geltend gemacht, wo man sich bei uns scheuen würde, mit der Sprache heraus zu gehen. Der Italiäner reiset selten oder nie, und glaubt, dass es nirgends besser sei als bei ihm. Darin bestärkt ihn das unaufhörliche Zuströmen der Fremden; er glaubt wohl, dass dies ihm gelte, nicht seinem Lande. Alfieri war fast der einzige grosse Italiäner, welcher die Welt sah. Kenntniss der Sprache flösset Respekt ein, man ist Prellereien viel weniger ausgesetzt, als der Unkundige. Eigentliche Vertraulichkeit missverstehet der Italiäner und verlacht sie. Der Einheit Italiens, für welche so viele Versuche geschahen, stehet gewiss am meisten entgegen, dass der Italiäner im Durchschnitt, höchst ehrenvolle Ausnahmen abgerechnet, eines höheren Aufschwunges zu allgemeinerer Vaterlandsliebe unfähig ist. Er rechnet zuerst sich zu wiederholten Malen, dann sein Haus, seine Familie, die er als ein Stück von sich ansiehet, sodann seine Vaterstadt, weiter hinaus reicht seine Rechnung selten. Wie oft hatte ich Gelegenheit dies zu beobachten. Bei all' dem offenbaren sie eine liebenswürdige Naivetät und Natürlichkeit. Letztere prägt

3*

sich überall ab, selbst in den Schmutzwinkeln und deren Aufschriften in den Städten *(immondezzajo)*. Es war längst östreichische Politik, die vornehmsten Italiäner der Lombardei nach Wien zu ziehen. Aber wie schwer gehen sie dahin. Bei dem Volke kommt dazu die unvergleichliche Leichtigkeit, besonders im tieferen Süden ihr Dasein sorgenlos zu fristen. Der Mensch bedarf dort wenig, und hat unter so mildem Himmel nur den Wunsch, möglichst wenig zu arbeiten. Wie viele sind in Neapel ohne Dach und Fach, schlafen die Nacht auf der Strasse, sorgen in den Wintermonaten für Heizung nie, und verdienen am Tage streng nur so Viel, als eben hinreicht, nicht Hungers zu sterben. Eine Weisheit, von der manche unserer kummervollen deutschen Landsleute lernen könnten.

Fünftes Capitel.

Vicenza. Padua.

Die Ebenen der Lombardei, welche ich zum Theil mit der Diligence durchfuhr, sind bekannt durch ihre Regelrechtigkeit. Dass sie, längere Zeit betrachtet, ein Bild der Einförmigkeit geben, und durch den feinen Staub, der sie bedeckt, nicht wohlthuend für den Körper und besonders für das Auge sind, hat jeder Reisende gefühlt. Kastanienbäume bilden zu beiden Seiten der Chaussée die Einfassung, Festons von Weinranken mit vollen Trauben, welche indess durch den Staub, der sie bedeckt, sehr an Schönheit verlieren, verbinden auf eine anmuthige und gefallende Weise diese Pflanzungen. Die Reis- und Maisfelder sind nicht minder im Charakter der Gegend. So wohlangebauete Striche, wie die Lombardei, uud das Pothal bis über Turin hinaus machen mit Recht Ansprüche auf die Benennung des Gartens von Italien. Man muss der östreichischen Regierung die lobende Anerkennung spenden, dass sie für den Anbau der Provinzen und selbst für höhere intellektuelle Bildung thut, was sie vermag, was ihr System erträgt, und was der Geist der Zeiten fordert, ohne noch dieses zu verletzen.

Vicenza, zu welchem eine angenehme und fruchtbare Strasse führet, ist für den Baukünstler eine der wichtigsten Städte Italiens. Palladio, ein herrlicher Genius, der sich an den Alten genährt, die Alten verstanden hat, ist der erste Name, ihn nennt noch heute der gemeinste Mann, der zerlumpteste Bettlerkerl, einen grossen Mann. Er schuf von innen heraus, seine edlen freien Gestaltungen, in eine angemessene Proportion, und Simplicität eintretend, lassen auf den Reichthum seiner Ideen und Schöpfungen schliessen.

Zu welch' edlem Dasein würden diese hingeführt haben, wenn Kraft und Wille eines Einzigen dazu hinreichten. Diese Zeiten indess kamen nie, und so stehen seine Werke einsam unter gemeinen Häusern und oft nicht einmal reinlichen Wohnungen *).

Die Basilika oder das Rathhaus, womit er anfing, ist ein Meisterstück des guten Geschmacks, der Reinheit und Korrektheit. Einige gute Gemälde der venetianischen Schule schmücken es. Hier zeigte sich mir zuerst das italiänische Marktleben, in seiner Fülle und Lebhaftigkeit. Wie mächtig ist der Unterschied von dem nordischen Thun und Treiben! Die gemeinen Italiäner haben meist die ausdruckvollesten Köpfe, jeder ist eine Physiognomie, die etwas darstellt, jede Bewegung des Körpers und Auges hat Sinn und Ausdruck, und dies gehet bis auf die Kinder herab. Es ist eine Freude, die Lebhaftigkeit ihres Wesens und ihrer Gestikulation zu beobachten; um nichts streiten und lärmen sie den ganzen Tag, und dieser Saus und Braus wiederholt sich abendlich in ihren Theatern, auf welchen die Gegenstände des täglichen Lebens aufs Neue sich abrollen, das Volk findet hier sich selbst, sein Treiben, seine Lust und seinen Schmerz wieder.

Nächstdem ist für den Fremden denkwürdig das Olympische Theater, erbauet nach den Zeichnungen des Palladio nach dem Tode des Künstlers. Seine antiken Formen sind edel und angemessen, die Gesellschaft der Olympier, für dramatische Kunst und Philosophie gegründet, führte darin im 16. Jahrhunderte Stücke der Alten, wie des

*) In England fand Palladio's Genie begeisterungvolle Bewunderer. Lord Burlington, selbst Architekt, liess das Casino Capra in seinem Park zu Chiswik nachahmen. Auch andere geschickte Baukünstler Grossbrittaniens, als Christ. Wren, Jak. Gibbs, Chambers achten ihn als Meister.

Sophokles und **Euripides**, mit Beifall auf, wenn auch nur in matten Uebersetzungen. Sie versammelt sich noch immer in einem anstossenden Lokale. Die Flachheit und Kürze des Proscenium lässt freilich zu freier Entwickelung wenig Spielraum. Die verödeten Sitze der Zuschauer geben einen fremden missfälligen Eindruck, und die geschäftige Führerin geleitet allein durch die Marmorräume.

Das Haus des **Palladio** ist ein Meisterwerk, welches indess nicht seine Wohnung war. Er vollendete es im Auftrage der Familie **Cagolo**, welche ihm wohl später sein eignes Erzeugniss wohnlich überliess. Die Tradition hat noch andere einfach-edle Palläste Vicenza's an den Namen des **Palladio** geknüpft, wie die der Häuser **Chiericato**, **Tiene**, **Barbarato**, **Porto**, **Valmarana** und **Franceschini**, deren Aufführung Zeichnungen seiner Hand zu Grunde liegen sollen.

In Vicenza war es, wo das Balkonleben der Italiäner in der sonst unfreundlichen Locanda mir das erste Mal recht lebhaft vor die Sinne trat. Wer möchte nicht darin einen Ueberrest des durchaus öffentlichen Lebens der Alten erkennen? Bei ihnen drängte sich Alles nach Aussen; ein Beweis ihres freieren und grossartigeren Verkehres liegt gewiss auch in den kleineren Räumen und Zimmerabtheilungen, welche Pompeji aufzeigt, das Bruchstück der alten Welt in der neuen.

Diese Balkons (*pergole* genannt) dienen zu Zwiegesprächen und Verabredungen, wobei die Augensprache, die lebendigste und bedeutsamste aller Sprachen, schnell thätig ist. Zugleich sind sie eine heitere Zierde der italiänischen Städte; die grüne lebendige Farbe der Jalousieen und die platten Dächer geben einen ländlichen Anstrich, wozu das harmlose und lebensvolle Treiben der Bewohner wohl stimmt.

Eine grossartige Anlage ist der vor der Stadt gelegene Tempel der *Madonna di Monte* mit seinen Stationen. Durch eine unermessliche Reihe von Arcaden, ähnlich denen zu Bologna, wird man auf der rechten Seite auf einen nicht unbedeutenden Hügel, *monte Berico* genannt, geleitet. Auch dieses Hallenwerk wird dem **Palladio**, aber gewiss nur nach höchst apokryphischer Tradition, zugeschrieben. In gemessenen Zwischenräumen führen Stationen herauf, welche die Leiden Christi nach den bekannten Stufenfolgen darstellen, zugleich als Betörter den pilgernden Landleuten dienen. Der Mutter Gottes ist hier nicht vergessen; unscheinbare Bilder mit einsamen Lämpchen laden zur Andacht ein, und zum Bekenntniss geheimer Leiden und Vergehungen, nichts glich der Inbrunst einer Bäuerin, welche sich vor einem der Gnadenbilder niederwarf, ihren Rosenkranz zwischen den Händen abwindend.

Die Madonna des Tempels, welcher die fruchtbare und reich angebauete Gegend frei beherrscht, wie oft mit Kleidungsstücken und Weihgeschenken überladen, wird für ein Werk griechischer Arbeit gehalten. Die anwohnenden Geistlichen, zu einem gemeinschaftlichen Leben vereiniget, geben sich einer harmlosen Muse hin; nirgends giebt es wohl einen geschäftigeren Müssiggang, als bei diesen leiblich wohlbedachten und auch im Bewusstsein ihres Besitzes gegen Fremde, namentlich wissbegierige Fremde, höchst gutmüthigen Leuten. Diese Geistlichen sind in der That, besonders in den kleineren Städten z. B. Piemonts und Siciliens, die einzigen Repräsentanten der Bildung, oder die Inhaber einiges Wissens, was sich freilich auf das nächst gelegene Vaterländische beschränkt. Kein passenderer Ausdruck für ihr Betragen, als der der *gentilezza*. Gegen Andersdenkende, insbesondere Protestanten, herrscht, wie ich hier schon wahrnahm, grosse Toleranz, die indess öfter an Indolenz grenzet. Der Geist der Zeit und schon weltliche Klugheit lehren tragen; auch möchte ich von dem italiänischen Charakter sagen, dass der Confessionseifer durch das rein Menschliche überwunden werde.

Dem Theologen war es eine erfreuliche Erinnerung, in Vicenza einen Boden zu betreten, welcher wenigstens Einmal im Zeitalter der Kirchenverbesserung für das gereinigte Leben in Christo nicht unbedeutende Früchte getragen hatte. Die socinianischen Schriftsteller setzen die Aufhebung der *collegia Vicentina* in dieselbe Zeit, welche den Protestanten den Todesstoss gab, nachdem der Senat von Venedig sie lange geduldet, und nur durch ernste Verwendung Pabst Paul des III. ihre Ausrottung oder Auflösung endlich zuzugeben sich genöthigt sah (1544)*). Frei wollte der Senat von Venedig stets walten; es ist bekannt, in welchen engen Grenzen er die päbstlichen Legaten hielt, und auch bei Besetzung höherer Kirchenämter sein Patronatsrecht nie aufgab. Venedig und Neapel sind es gewesen, welche dem römischen Stuhle durch die Macht weltlichen Einflusses am kräftigsten entgegen traten. Daher auch die Reformation, wenigstens in dem erstgenannten Lande, nichts weniger als grellen Widerstand fand. Vicenza hatte Ketzer in seinem Schoosse, in einer Zeit, wo der so nahe versammelte Kirchenrath von Trient über die höchsten Dogmen und kirchlichen Einrichtungen polemisch entschied. Die Obrigkeit säumte, sich mit dem weltlichen Arme gegen die neuen Gläubigen zu waffnen, der Podesta und Capitano von Vicenza wurden hart von der päbstlichen Bulle betroffen, bis der Senat nachgab.

Von Vicenza nach Padua ging es in dem Eilwagen. Diese Art des Fortkommens ist in Italien nicht sehr gewöhnlich; man zieht das wohlfeilere durch die Vetturine, welche zugleich für Nachtlager und Nachttisch sorgen, gern und mit Recht vor. Der Fremde, des Italiänischen noch nicht vollkommen mächtig, wird von dem Italiäner stets mit grosser Nachsicht und Freundlichkeit behandelt. Zwar ist die Neugierde rege, in die Verhältnisse des Reisenden einzudringen, auf der anderen Seite sind ihre Nachfragen sehr leicht befriediget; da sich der Südländer schwer aus seiner Lage in eine fremde versetzt, und das bedürfnissvollere, und doch zugleich kargere und ernstere Leben des Nordländers ihm dunkel bleibt. Das Stummsein des Fremden giebt ihn zunächst als Engländer zu erkennen. Auch ich hatte im Anfange der Reise öfter dieses Schicksal.

Rügen muss jeder gebildete Reisende die Zudringlich-

*) In den Befehlen gegen sie ist indess nur von Lutheranern, nicht von Antitrinitariern die Rede.

keit der Postillione, welche auf jeder Station der Lombardei die Börse des Passagieres, wenn auch nur in kleinen Dosen, in Anspruch nehmen. Begnügen sie sich auch mit Wenigem, so ist doch ihr stetes Wiederkehren lästig, und wie leicht könnte von Seiten der Behörde diesem Uebelstande abgeholfen werden.

Mein Aufenthalt zu Padua war kurz, und ich kann daher über die Geburtsstadt des grossen Geschichtschreibers nur Weniges berichten.

Padua nicht schön gebauet, hat düstere und enge Strassen. Kolonnaden schmücken viele Theile der Stadt, wie zu Bologna und *la Cava* bei Neapel. Aehnliche Baulichkeiten trafen wir auch in den mittleren Städten Böhmens wieder.

Der *Salone* in dem Justizhause *(palazzo della ragione)* ist ein unermessliches Gebäude, von 300 Fuss Länge, und 100 Fuss Breite überwölbt. Jetzt soll das Gebäude nur für Lotterien gebraucht werden. Geräumig genug für eine Volksversammlung im Sinne der Alten. Eine Büste des Livius mit dem angeblichen Sarge des Historikers gehört zu dem geringen Schmucke, den diese massenhafte Aula darbietet. Wir sahen durch das Gitter, da die Oeffnung verzögert wurde, kaum nahmen wir das Ende wahr. Der mit Sand bedeckte Boden schien einer Reitbahn nicht unähnlich. Durch die Seitenmauern ohne andere Stütze gehalten, ein bewundernswerthes Werk des Architekten Johannes aus dem Eremitanerorden des heiligen Augustin, vom dreizehnten Jahrhundert. Die Malereien von Giotto sind etwas unscheinbar geworden. Nächstdem sind zwei ägyptische Statüen des berühmten Reisenden Belzoni und dessen Medaillon aufgestellt.

Die Universität von Padua ist die erste der Lombardei, wenn auch nicht an Ruf der von Pavia überlegen. Von letzterer ist die theologische Fakultät ausgeschlossen, die in Padua aus den Professuren der Pastoraltheologie, der Kirchengeschichte, der theologischen Moral, der biblischen Archäologie, der Einleitung in das A. T., der hebräischen und übrigen orientalischen Sprachen und Exegese, der biblischen Hermeneutik, der Einleitung in das N. T., der griechischen Sprache, der Exegese des N. T., und der dogmatischen Theologie bestehet. Wie einst in Wittenberg zur Zeit der Blüthe Melanthons, flossen hier im 16. und 17. Jahrhunderte tausende von Zuhörern (man zählte bisweilen gegen sechstausend) aus allen Ländern, von allen Zungen zusammen *). Ihren Ursprung vermag diese gefeierte Hochschule bis in das dreizehnte Jahrhundert hinauf zu leiten. Für die abstracten, insbesondere mathematischen Wissenschaften ward uns vor Allem Franceschoni gerühmt. Meine Empfehlung ging an einen Professor der deutschen Literatur, Oberndorffer, einen schlichten braven Tyroler, der mich mit dem ungeheucheltsten Wohlwollen aufnahm. Seine Frau, die ihren Gatten, wie einst die Sarah that, und die heutigen Fürstinnen pflegen, *ihren Herrn* nannte, empfand grosse Freude über den Besuch eines Deutschen. Sie eilte mich mit feinem Liqueur zu bewirthen. Man kann sagen, dass die Deutschen bis Mittelitalien hin deutschen Sinn erhalten. Tiefer unten ist's anders. Nimmt aber der Deutsche die Temperamentsfehler der Italiäner an, wie dieses bei längerem Aufenthalte der Oestreicher in der Lombardei öfter eintritt, so ist er durch seine Ausdauer und Consequenz fürchterlicher denn der Eingeborene. Daher dort das Sprüchwort: *un Tedesco italianizzato è un doppio diavolo* (ein italiänisirter Deutscher ist ein doppelter Teufel). Ich wohnte im Kreuze von Malta. Spät angelangt, liefen in den bereits halbdunkeln und engen Strassen meine Lastträger *(facchini)* mit meinen Effekten ungestüm voraus. Da sie in dem am Markte gelegenen Gasthofe, dessen Namen mir entfallen, kein Unterkommen fanden, so eilten sie

---

*) Nach dem Leben Galiläis von Vivianus gab es dort unter den Studirenden Franzosen, Italiäner, Belgier, Böhmen, Ungarn, Engländer, Irländer und Andere. Ob Gustav Adolph von Schweden, der mehrere Monate auf dieser Universität verweilte, den Vorlesungen G's. über die wichtigsten Probleme der höheren Mathematik beiwohnte, bleibt zweifelhaft, da G. im Jahre 1610 nach Florenz reiste, der König aber im Jahre 1611 nach Padua gekommen sein soll. Ihn beschäftigte auch lebhaft die genauere Kenntniss der italiänischen Sprache.

mit starken Schritten, ohne sich umzusehen, vorwärts, und ich hielt mein Gepäck schon für verloren. In der Verlegenheit des Neulinges rief ich einige vorübergehende Herren in meinem damals noch gebrochenen Italiänisch um Hülfe an, und frug sie hastig, ob dort auch der Weg zu einem Gasthof führe. Dies ward mir denn, nach einem: *non intendo questo Signore* (ich verstehe diesen Herrn nicht), auf wiederholtes Fragen, bestätiget, und so konnte ich ruhig sein. Künftigen Reisenden zum Trost sei es bemerkt, dass in keinem Lande weniger gestohlen wird, denn in Italien. Die *facchini*, so unersättlich sie sonst im Begehren sind, vergreifen sich doch nie am Fremdengute. Bald nahm mich ein geräumiger italiänischer Gasthof, mit riesenhafter Lampe im unteren Vorsaale, in seine Räume und süsser Schlaf auf breitem italiänischen Lager auf.

Das Kaffeehaus *Pedrocchi*, der Post gegenüber, zur Zeit meiner Anwesenheit noch nicht völlig ausgebauet, ist das grösste, jedenfalls das glänzendste und pallastähnlichste Italiens. Es ist das Werk eines geschickten Architekten Joseph Japelli. Marmortafeln bekleiden seine Wände, Marmortische, auch sonst nichts Ungewöhnliches, bieten Erfrischungen, wie man sie wünscht, dar, der Boden ist marmorn, Spiegel der kostbarsten Art geben einen Reflex der Pracht des Ganzen, auch ein freier Austritt unter Marmorsäulen ist angenehm und kühlend, so dass sich kein glänzenderes Absteigequartier für einen Eilpostreisenden denken lässt. Auf den Tischen und Sophas verstreuet lagen paduanische Musensöhne, die in dieser Gestalt nun freilich keinen erfreulichen Schluss auf das Ganze ihrer Studien zu machen gestatteten. Sie ruheten aus von den Räuschen, Schwärmereien, und üblen Folgen eines nächtlichen Casino. Denn Casinos und Masqueraden stellt das geräumige Etablissement an. Der Eigenthümer ist reich, und setzt seinen Ruhm und Stolz darein, das erste Kaffeehaus der Welt zu besitzen. Rudera eines alten Tempels haben sich in den Grundmauern gefunden; die der Eigenthümer theilweise für seinen Fussboden verwandt hat. So durchkreuzt sich alte und neue Zeit! —

Die Bibliotheken, welche ich in Padua besuchte, waren die Universitätsbibliothek und die Bibliothek des Domkapitels. Die Universitätsbibliothek besitzt 70,000 Bände, die Handschriften sucht man jetzt vergeblich, sie sind nach der St. Markusbibliothek zu Venedig gewandert und so enthält die Universitätsbibliothek nur Bücher für den unmittelbaren akademischen Gebrauch. Im physikalischen Kabinet wird ein Rückenwirbel des Galilei aufbewahrt, in einem kleinen Piedestal von gebeiztem Holze. Ein Ärzt Cocchi aus Florenz, stahl diese fünfte Lendenader, als er im Jahre 1737 mit Uebertragung der Gebeine des Galilei in das italiänische Pantheon, die Kirche von *S. Croce* zu Florenz, beauftragt wurde. Nachdem das Pretiosum in mehrere Hände übergegangen war, besass es zuletzt der Doktor Thiene, welcher es an die Universität vererbte. Die Zerstückelung des Leichnams eines grossen Mannes ist in Italien nichts Ungewöhnliches. Die Laurentiana zu Florenz bewahrt den Zeigefinger des Unsterblichen, unter Glas in Gold eingefasst; täglich wird dem zuströmenden Fremden der kleine Knochen vorgezeigt, dessen Postament ein sinniges lateinisches Distichon schmückt. Aehnlich soll auch zu Arqua, bei Padua, an dem Grabmale des Petrarka, welches wir zu besuchen unterliessen, eine Oeffnung sichtbar sein, durch welche dem Dichter ein Florentiner einen Arm raubte *). Galilei bekleidete achtzehn Jahre die Lehrkanzel der Philosophie; der Senat von Venedig ehrte sein Verdienst, und verdreifachte seinen Gehalt; er that ihm auch die Ehre an, seinen ersten Versuchen über das Teleskop und die Pendul beizuwohnen (1609). Die Jesuiten, Inhaber der aristotelischen und peripatetischen Philosophie, widerstrebten seinen Forschungen über die Sonnenflecke; wissenschaftliche Rivalität eben so sehr denn religiöse Intoleranz haben ihm einen Theil seines Lebens verbittert. Musste doch der durch wissenschaftliche Arbeiten und Nachtwachen geschwächte und fast halb blind gewordene Mann im siebenzigsten Jahre nach Rom wandern, und auf Befehl des ihm abgünstigen halb-

*) Dieser Ort bewahrt auch die Katze des Petrarka als Mumie.

gelehrten Pabstes Urban VIII. aus dem Hause Barberini, die neugefundene unbiblische Wahrheit abschwören, dass die Erde sich um die Sonne bewege (1633)*). Der Geschichtschreiber Venedigs, Darü, hat auch über die Biographie Galileis neue und eindringende Forschungen angestellt.

Die Universität des Domkapitels enthält zwar nur 4000 Bände, unter ihnen ansehnliche und wichtige Handschriften, wir bemerkten einen schönen Codex der kleinen Virgilianischen Gedichte für unseren Freund Sillig in Dresden**). Ueber das vierzehnte und funfzehnte Jahrhundert gehen indess die Handschriften der Dekretalen Gregor IX., Bonifaz VIII., die Konstitutionen Clemens V., die Briefe des Hieronymus, Dionysius Areopagita, Josephus und anderes noch Unbedeutendere nicht hinaus. Die Domherren zeigten grosse Humanität beim Herumgeleiten, aber sie sind nun die trägen Hüter todter Schätze geworden. Auch die Autographa des berühmten Paduaners, Sperone Speroni, sind hier aufbewahrt. Petrarka war Canonicus des Kapitels, darum hat ihm ein Nachkomme der Familie eine Denktafel in der Kirche gesetzt, mit den anmasslichen Worten: *Canonicus Canonico cet.* Seine Manuscripte bildeten den Stamm der Handschriften. Vor Alters galt das Domkapitel zu Padua für eines der reichsten in Italien, man nannte wohl den Bischof den kleinen Pabst und die Domherren die Kardinäle der Lombardei; natürlich sind nun die Revenüen beschnitten.

Padua hat auf seiner fruchtbaren und wohlangebaueten Strasse, die nach Venedig führt, eine Reihe prächtiger und freundlicher Landhäuser der vornehmen Venezianer. Denn gern entflieht, wer kann, in den schwülen Sommertagen, den drückenden und schädlichen Ausdünstungen der Lagunenstadt, um auf der *terra ferma*, unter dem milden balsamischen Himmel der Lombardei, Lust und Erholung zu suchen. Die *Campagna* ist ein fortgesetztes Stadtleben, nur

---

*) Freilich soll er diesen Widerruf mit den berühmten Worten geschlossen haben: *e pur si muove!* (und doch bewegt sie sich, die Erde.)

**) Bibliothekar ist Gojo, ein gefälliger Mann.

mit grösserer Gastfreiheit und Bequemlichkeit, ein geregeltes Nichtsthun, bei welchem die allen Italiänern so beliebte Conversazione das Hauptelement bildet. Eine gewisse Leere wird verdeckt durch sehr angenehme äussere Formen und grosse Leichtigkeit des Umganges. Auch hörten wir öfter die Wohlfeilheit der Lebensmittel preisen, daher auch fremde, besonders englische Familien, hier gern, und während des Winters am liebsten, verweilen.

Rivalität zwischen Padua und Venedig ist hie und da zu bemerken. Auch die Dialekte sind wesentlich verschieden.

Wie in unseren deutschen Bibliotheken, so schmücken auch in Padua die Büchersäle lange Reihen von Gemälden grosser und verdienter Mitbürger.

Die Bevölkerung der Stadt ist tief gesunken. Von einer Einwohnerzahl von hunderttausend Menschen werden noch zwei und dreissigtausend Seelen gezählt.

Ein freier schöner Spaziergang, mit Bäumen geschmückt, ist der berühmte *Prato della Valle*. Er enthält die Bildsäulen grosser Italiäner, die ursprüngliche Absicht war, nur Paduaner aufzunehmen. Doch hierzu war der Raum zu gross, und so ist es geschehen, dass man neben dem Petrarka, auch Ariost, Dante, Torquato Tasso, ja selbst Canova während seines Lebens Denkmäler errichtete. Canova ist der Einzige, der hier, als er noch lebte, stand, doch in so fern bescheiden hingestellt, als man ihn beschäftiget siehet, die Statüe des Prokurator von St. Markus Antonius Capello zu schaffen. Dies geschah im Jahre 1796 auf Befehl und Kosten eines Nachkommen Antonius Capello, der die höchste Würde der Prokuratie, wie sein Vorfahr, zu Venedig bekleidete. Gross ist die Theilnahme, auch des Volks, an dem Ruhme der Stadt, ein gewisses Selbstgefühl besitzt in dieser Beziehung jeder Italiäner, sollte er auch, wie gegenwärtig, von aller Energie der Nacheiferung verlassen sein.

Unter den Kirchen Padua's zeichnen wir die der heiligen Justina aus, einst den Benediktinern von Monte Cassino gehörig, deren Kloster nun von Invaliden bewohnt ist, eine der denkwürdigsten, prächtigsten und geräumigsten Italiens; im edlen grossartigen Style. Sie ist vierhundert fünf und achtzig Fuss lang, und von verhältnissmässiger Höhe und Breite. Ihr Architekt ist Andreas Ricio, der nach der Zeichnung des Palladio arbeitete. Den Hintergrund schmückt ein meisterhaftes Gemälde des Paul Veronese, den Märtyrertod der Heiligen darstellend.

Die Kirche des heil. Antonius, des grossen Schutzheiligen der Stadt, ist die gefeiertste von allen. Sie enthält eine Reihe der trefflichsten Marmorarbeiten, und ist reich an Mausoleen, Denkmälern, Gruppen und Statüen. Der Heilige heisst schlechthin *il santo*, und so auch seine Kapelle. Die Basreliefs derselben von Johann Campagna, Tullius und Antonius Lombardo und Jakob Sansovino sind meisterhaft, und beschäftigen sich grösstentheils mit den Wundern, die ihm die verherrlichende Sage beilegt. Sansovino lieferte unter andern ein vortreffliches Stück, die Auferweckung eines jungen Mädchens, die in einen Sumpf gefallen war, durch den Heiligen darstellend. In seiner Nähe ein Bassorilievo ganz anderer Zeit und Art: die Heldenthat des Mucius Scävola vor Porsenna darstellend, ein Gegenstand, der auch sonst sich wiederholt auf Triumphbögen des 16. Jahrhunderts z. B. Leo X. bei dessen Krönung zu Rom. Ein Lieblingsgegenstand für einen Römer, der an den Erinnerungen der Vergangenheit zehrt ohne eignes Kapital. Die körperlichen Ueberreste des Heiligen ruhen in einem silbernen Sarge unter dem Hauptaltare. Zahlreiche Wallfahrten unternahm man früher zu dem Patrone der Thierwelt, der Pferde, Maulesel, Ochsen, Schaafe, bei dem jeder Vetturin flucht, jeder Räuber sich kreuziget und segnet. Die Architektur des Tempels verdankt man dem Nicolaus von Pisa. Die Kapelle, nach dem Entwurfe des Jak. Sansovino und Joh. Maria Falconetto, ist mit lieblichen Arabesken geschmückt, von der Hand des Matth. Allio und Hieronym. Pironi.

Doch diese Kirche ist so oft und trefflich mit der Unermesslichkeit ihrer Schätze geschildert worden, dass wir bei einem doch nur flüchtigen Besuche Ueberflüssiges wagen würden, ihren Gehalt nochmals vollständig darzulegen. Die rothe Zunge des Heiligen erinnert an den geröthcten Ueberrest des heiligen Nepomuk zu Prag, sie predigte den Fischen, nicht Amphion, nicht Orpheus, nicht Cicero haben Grösseres durch die Macht der Rede gewirkt. Die Zahl der Seelenmessen, welche in dieser Kirche gelesen werden, und der Mirakel, welche der heilige Antonius noch immer schafft, ist ausserordentlich; die Sage geht, dass eine päbstliche Bulle das Kapitel autorisirt habe, gewisse Messen *(messone)* am Ende .des Jahres zu lesen, welche für tausend gelten sollen.

In Padua ist die berühmte Druckerei Bettoni, zugleich Chalcographie. Sie ist die gefeiertste nächst der des Bodoni, welche die prächtigen, aber auch theueren Klassiker liefert. Ueber den italiänischen Buchhandel, den ich ziemlich genau in's Auge fasste, sei es vergönnt, ein Wort zu sagen, rein nach den Eindrücken, den er auf mich gemacht hat. Der Zwischenhandel mit den kleineren Städten ist höchst unbedeutend; an sogenanntes Verschreiben oder Kommenlassen, wie wir es bei uns nennen, kaum zu denken. So strebte ich vergeblich in Rom bei den angesehensten Buchhändlern, de Romanis, Scalabrini u. A. für einen gelehrten Freund in Deutschland die Fragmente des Dichters Rabirius aus Forli im Kirchenstaate zu erhalten. Wir haben keinen Kommerz mit der Romagna, war die Antwort. Endlich erhielt ich das Gewünschte durch einen Kaufmann auf dem Wege des Korrespondenten mit der Post. Die Hauptstapelplätze sind Mailand, welches von Buchläden wimmelt, Livorno, Florenz, wo man alle im römischen Index verbotene Bücher findet und kaufen kann, Turin, Rom, Neapel, auch Venedig. In Sicilien fand ich lediglich in Palermo, Messina, und besonders in Catanien, der ersten und im Grunde einzigen Universitätsstadt, bedeutende Büchervorräthe. Was aber das Merkwürdigste dabei ist, dass jeder Ort grossentheils nur auf die Bücher hält, die an Ort und Stelle oder doch in seinen näheren Umgebungen herausgekommen sind. So sind die sicilianischen Werke schon schwer in Neapel zu erhalten, die neapolitanischen Bücher nicht leicht in Rom, die in Rom gedruckten auch schon etwas schwierig in Florenz, die florentinischen selten in Venedig u. s. w. Nur Livorno ist ein Punkt, wo bei dem Zusammenflusse so vieler Menschen aller Zungen und Zonen, und bei der geringen Anzahl von Bücherfreunden und Literaten, viele Bücher, wenn auch nicht in den besten Ausgaben, um einen Spottpreis zu haben sind. Dies gilt besonders von jüdischen; denn jüdischer Druckereien giebt es dort sehr viele. Ich kaufte von den Juden eine hebräische Bibel punktirt, nach der jüdischen Anordnung der Bücher, das Targum des Onkelos über den Pentateuch, ebenfalls punktirt, und die Mischnah in sechs Bändchen, auch letztere mit Vokalen versehen, was sehr selten. Die jüdischen Buchhändler, in ihren schmutzigen Schaafpelzen, sind freilich nicht sehr einladend.

Ein italiänischer Buchladen ist der Sammelplatz von Gelehrten, Priestern, neugierigen und wissbegierigen Fremden. Die Bücher sind sämmtlich broschirt, sehr oft gebunden, und zwar elegant gebunden, ausgestellt, rohe findet man nicht. In diesen Läden wird denn natürlich Viel geplaudert. Doch hält sich Alles auf einem gewissen fremden und entfernten Fusse, da die Italiäner unter einander sich nicht recht trauen. Die kirchliche Literatur der Gebetbücher und Bibelübersetzungen ist zahlreich; von fremder ist besonders die französische, jedoch auch nur in Auswahl, zu finden. Deutsche Bücher sieht und erhält man höchst selten. In die Zeit meiner ersten Anwesenheit in Rom fiel die Auktion der Bibliothek Leo des XII. *della Genga*, reich an theologischen, classischen, archäologischen und geschichtlichen Büchern. Sie ward in einem Buchladen am Corso viele Wochen hinter einander gehalten. Priester und römische Gelehrte, mehr aber noch wissenschaftliche Fremde und Diplomaten, strömten hinzu; die Bücher des nächstfolgenden Tages lagen jedesmal zum Mustern und Ansehen bereit. Die lateinischen Bücher, namentlich Klassiker, stiegen sehr im Preise, da denn jeder ein Andenken mitzunehmen wünschte. Das Lateinische ist es, was die Römer, überhaupt die Italiäner noch am besten verstehen, noch am fleissigsten treiben; daher nur lateinische Werke im Kurs sind und nirgends wohlfeil acquirirt werden. Ganz anders steht es freilich mit dem Griechischen. Diese Sprache gilt in ganz Italien für eine rein gelehrte, welche zum Studium z. B. der Theologie durchaus nicht erforderlich ist. Um als protestantischer Theolog nicht überall Hindernisse in meinen gelehrten kritischen Arbeiten für die Bibel zu finden, reisete ich als Professor der griechischen Literatur oder vielmehr ich wurde schnell für einen solchen angesehen, weil ich mich für griechische Handschriften des neuen Testamentes lebhaft interessirte. Auch die Seminarien verlangen kein Griechisch von ihren Theologen. Die Italiäner bewundern darin und in Anderem die Gelehrsamkeit der Deutschen, und oft sagen sie, dass diese Nation, was ihre Gelehrten erst im Alter leisteten, bereits durch junge Leute vollbringe.

4*

Sechstes Capitel.

Venedig.

Ein lebendiges Bild des Meerumflossenen Venedigs, der alten Herrscherin des adriatischen Meeres, zu geben, ist auch nach so vielen Federn nichts Ueberflüssiges. Jeder siehet hier anders.

Hohe Erinnerungen knüpfen sich an den Anblick der Wasserstadt, die mit ihren Kuppeln, Thürmen, Pallästen, Inseln in asiatischer Pracht aus dem Meere auftaucht; der Anblick und Eindruck ist mehr morgenländisch, denn abendländisch.

Aber vielleicht an keinem Orte der civilisirten Welt grenzen Hohes und Tiefes, Vergangenheit und Gegenwart in so grellen Kontrasten an einander. Venedig ist sichtbar im Verfall, und wird, dies lässt sich, ohne Prophet zu sein, weissagen, immer mehr und tiefer fallen. Seine Grossen sind verarmt, oder ausgestorben, oder im Auslande; einige Nobili ziehen kaiserliche Pensionen, zu Ehren ihres alten Namens und wandeln in trauriger Unthätigkeit umher; die gefeiertsten Palläste stehen leer und verfallen von Tage zu Tage, kaum dass Fensterläden, Thüren, Fussböden und Tapeten sich noch in wohnlichem Zustande erhalten, am Kanal Grande sieht man schmutzige Weiber aus den Fenstern der ersten Palläste Wäsche zum Trocknen aushängen; kein anderer Tritt durchtönt leicht mehr die Marmorsäle der alten Palläste, einst die Schauplätze der feinsten Intrigue, der Liebe, der Buhlerei, des vielfach entbrennenden

Ehrgeizes, als etwa der Fusstritt der Fremden, welche die Bildergallerieen, das hinterlassene nun oft schlecht bewahrte Andenken des alten Luxus aufsuchen, von dem alten Portiere empfangen, und von einem gewöhnlich verkümmerten und ärmlichen Custode geleitet.

Fuimus Troes! Dies ist der Klageruf der Lombardei, vor Allem aber Venedigs.

Ich betrat die Stadt von Fusina aus nach einer langen stündigen Fahrt auf dem Postschiffe durch die Lagunen. Bis Fusina hatte ich den Landweg mit der Diligence erwählt; nun aber ward nöthig, das Wasser zu versuchen. In der grossen niedrigen Kajüte der Postbarke, welche in ihrem mittleren Raume alles Gepäck der Reisenden aufgethürmt enthält, sass die Gesellschaft meiner Reisebegleiter, Italiäner und Italiänerinnen, in lebhafter Unterhaltung über Theater, *opera buffa* und *seria*, Schauspieler und Sänger Venedigs. Ich nahm keinen Theil am Gespräche, aus Mangel an Kenntniss der Sache, und fertiger Sprachgewandheit. Ich suchte das Freie und setzte mich auf eine Bank ausserhalb der Kajüte. Hier bemerkte ich wohl, dass die Italiäner sich über mich besprachen, mich als Neuling *(novello, fresco)* beklagten, mich für einen Engländer erklärten, und mir von Herzen einen guten Gasthof wünschten.

Wir landeten endlich an der Post, und hier bot sich nun der schöne Anblick des Rialto dar, des gewaltigen 70 Fuss spannenden Marmorbogens mit seinem regen Treiben, mit seinen Geländern, Treppen, Krämerladen, Verkaufshallen. Er ist die grösste Brücke in der umfangreichen Stadt, in welcher recht eigentlich durch die Kanäle die Strassen gebildet werden. Doch ist es ein Irrthum, dass man nicht überall in der Stadt, von einem Orte zum anderen, zu Fusse gelangen könne; Brückchen, grössere und kleinere, sind überall angebracht, die Strassen, welche gepflastert sind, sind von grosser Enge, so dass nicht übertrieben, dass ein starker Mann mit ausgedehnten Armen sie umfassen könne. Eine Gasse sieht der anderen gleich, und sie gehen dergestalt im Zickzack, dass es an keinem

Orte schwieriger ist, sich allein und ohne Wegführer zurecht zu finden, denn in Venedig.

Ich wurde von meinen Trägern, ungeachtet meiner Gegenvorstellungen, da mich mein paduanischer Freund in einen anderen Gasthof adressirt hatte, ohne Weiteres in das, was sie sagten, bequemlichere Gasthaus der *gran Bretagna* gebracht. Das Gebäude war im grossartigen Style angelegt, sah aber seinem Verfalle entgegen. Gar oft machen die Gasthöfe in den grösseren italiänischen Städten Banquerout, indem sie in zu grossem Tone angelegt sind, den sie nicht fortführen können. Mich empfing ein grosses, nach hinten mit einem zu einem geräumigen Alkoven einführendem Thore, mit antiken Meubles versehenes Zimmer. Da ich um ein Mittagessen *(pranzo)* angefragt wurde, und eines anordnete, so erschienen bald acht bis zehn Schüsseln auf einmal, warme und kalte, und wurden vor mir aufgestellt. Prof. Oberndorffer in Padua hatte mir Briefe an seinen Freund, den Prof. Gross, der für deutsche Literatur am Gymnasium zu S. Catharina angestellt ist, mitgegeben, die ich denn eiligst zu befördern mich mühete.

Dieser brave Mann, welcher bald mein intimer Freund ward und geblieben ist, bot mir Wohnung in seinem Hause an, die ich indess wegen grosser Entfernung von der Bibliothek ausschlug.

Statt dessen nahm ich ein Zimmer in der Nähe der Moseskirche *(S. Moise)*, welche zugleich ein Theater desselben Namens hat, wie denn gar häufig die Kirchen den Theatern und dies besonders in Venedig den Namen geben. Ich erinnere an *S. Benedetto*, *S. Crysostomo*, *S. Luca* und andere. Ich ward in die Stadt Laibach, zu einem kärnthischen Wirthe, *(Surmann)* geführt, der die östreichischen Officiere bei Tafel aufnahm. Somit war ich schnell im deutschen Kreise, zu welchem sich auch deutsche Kaufleute und der deutsch-evangelische Prediger, Wittchen, ein mir später werth gewordener Freund, gesellte. Die Speisestunde fällt hier zwischen drei und vier Uhr, und beginnt ächt italiänisch mit dem Reise *(riso)*.

Die Bibliothekstunden an der *Marziana* laufen täglich

von 9 bis spätestens 2 Uhr; die gelehrten Reisenden werden indess sehr gern in das Zimmer des zweiten und dritten Bibliothekars eingelassen, wo der Aufenthalt bis 3 Uhr dauert. Der Präfekt Bettio nahm mich auf einige Zeilen des Dr. H. in L. sehr freundlich auf. Seine Hauptstärke ist venetianische Geschichte; indess kann er in keiner Weise seinem grundgelehrten Vorgänger Morelli an die Seite gestellt werden. Er ist Geistlicher, wie schon das Feierliche seines Wesens und Aufzuges verräth. Sein Kollege Gamba ist ein Weltlicher; er macht sich fortdauernd verdient durch die Herausgabe italiänischer Klassiker, aber auch unbedeutenderer Schriftsteller, und besitzt eine eigene Druckerei für diesen Zweck; auch hat er eine tiefe Kenntniss der einheimischen Literatur und ist persönlich ein einnehmender Mann. Der dritte Unterbibliothekar, ebenfalls Geistlicher, ist ohne wissenschaftliche Bildung. In der Bibliothek darf zu keiner Zeit eingeheizt werden. Die Bibliothekare helfen sich daher, so gut sie können, durch die wärmste Kleidung. In den Ferien, welche in die bekannte Zeit der *Villeggiatur* im Oktober fallen, ist es nicht selten geschehen, dass Bettio die Fremden unter seinen Augen arbeiten liess. Auch werden vier bis fünf Handschriften auf einmal verabreicht.

Der grosse Bibliotheksaal ist zugleich Museum mit wenigen, aber auserlesenen Stücken geschmückt, unter denen sich die griechische Statue des Ganymed mit dem Adler, welche ein Werk des Phidias sein soll, und die Leda mit dem Schwane auszeichnen. An den Wänden erinnern die Gemälde der Dogen an Venedigs reichste Zeit.

Hat man den Dogenpallast verlassen, so stellt sich der Markusplatz, der schönste Platz Italiens, und gewiss der Erde, in seiner orientalischen Opulenz dem fremden Auge wundersam entgegen. Der prächtigen Markuskirche gegenüber, mit ihren morgenländischen Thürmen und Kuppeln, steht ein Gebäude, welches Napoleon an die Stelle einer Kirche setzen liess. Zur Rechten und zur Linken die Hallen der alten und neuen Procuratien; in dem Winkel zur Rechten die Tauben am Morgen des Sonntags versammelt, welche auf Kosten des Staats ernährt wurden und noch immer ein Lieblingsschauspiel der Venetianer sind. Unter den Procuratien zur Rechten und Linken siehst du lange Reihen von Kaffeeläden; Gäste aller Nationen, auch Türken und noch mehr Griechen. Der Kaffee Florian zur Rechten, der Sammelplatz aller grossen Geschäftsleute, hat eine europäische Berühmtheit.

Der Markusthurm, an dessen Fusse Krämer- und Barbierbuden angelehnt sind, aus deren einer der berühmte Staberle, Lohnbedienter und Paraplüemacher die Fremden zu gewinnen sucht, führt in schrägen Erhöhungen zu einer Fernsicht auf das blaue Meer *(caeruleum mare)*, auf die bunten Inseln, auf die Schiffswelt der Lagunen und auf die Landungsplätze von Fusina und Mestre. Dieser Punkt kennt nicht seines gleichen. Ich genoss ihn an einem klaren und reinen Sonntagsmorgen. — Von diesem Thurme stürzte sich einst ein Engländer herab; die Fabel setzt hinzu, dass seitdem kein Fremder ohne Begleitung hinaufgehen dürfe.

Andere Abwechslungen, wie sie unsere nordischen Städte im reichen Maasse darbieten, kennt freilich Venedig nicht. Hier sieht man kein Pferd, keinen Wagen, keinen Baum; nur die öffentlichen Gärten *(giardini publici)* sind etwas Grünes und ein Werk der Franzosen aus der Zeit der Besitznahme. Sie sind in einfachem, aber ziemlich grossartigen Style angelegt, und ich fand sie fast laublos, da ich sie in der Mitte Novembers besuchte. Sie beschliessen den Spatziergang längs dem Ufer der Slavonier *(riva de Schiavoni)*, welches sich längst der Lagunen hinzieht. — Dieser Strich ist nun desto origineller und in dieser Hinsicht wohl einzig in der Welt. Hier wimmelt Alles von Ausrufenden, Bootsknechten, Anpreisern von Waaren, Obste, wie Kastanien, gebratenem Kürbis, Galanterie-Sachen, Tücher u. s. w. Auch fehlt es nie, so lange der Himmel lacht, an Erzählern des Rinaldo, oder venezianischer Mährchen, um welche sich ein bunter Kreis des Volkes, namentlich der schmutzigen und leichtlebenden Matrosen sammelt.

Die Gondeln führen durchaus eine schwarze Farbe,

und erhalten somit ein düsteres Ansehen. Der Venezianer erkennt den Fremden daran, dass er nicht, wie dieses die einheimische Sitte verlangt, von hinten einsteigt. Da sie nun zugleich die Leichname auf den Kirchhof von S. Christophoro überfahren, und inmitten des so tief gesunkenen Venedigs ihre Fahrt halten, so ist gewiss der Vergleich mit den schwarz ausgeschlagenen Dresdener Trauerwagen kein unglücklicher.

Wendet man sich von der Markuskirche rechts in die naheliegenden Kreuz- und Querstrassen, so gelangt man bald in die des Abends hellstrahlende Merceria, in welcher Alles von Galanterie- und andern Schmuckwaaren, wie von einem Lichtmeere, übergossen ist. Nur finden diese Waaren im modernsten Geschmack, grösstentheils pariser Arbeit, bei der Gesunkenheit des Luxus und der verhältnissmässig geringen Anzahl der Vermögenden Venedigs wenig Käufer. Grosser Ueberfluss ist an Arbeiten aus Muscheln, welche das Lido in Unzahl vom Meer ausgespült empfängt. — Der Freihafen ist durch den geringen Verkehr in Venedig selbst mehr eine Last, denn ein Vorzug oder Gewinn geworden, daher die meisten der Fabrikarbeiter ihn wegwünschen.

Auf die sonntägliche Feier wird im bürgerlichen Handel und Gewerbe streng gesehen, wie hier, so in der gesammten Lombardei. Daher wir selbst erlebten, dass der Besitzer eines Ladens, welcher die Sonntagsfeier nicht gehalten hatte, von Seiten des Patriarchen auf längere Zeit durch Schliessung seines Geschäftes gestraft ward. Madonnenbilder mit Lämpchen erleuchtet stehen auch hier an allen Ecken der Strasse. Ja kein bürgerlicher Laden, kein Kaffeehaus entbehrt einer solchen Beschützerin.

In dem Hause, welches ich bewohnte, starb unser Landsmann Professor Reisig aus Halle. Bei seinem herannahenden Tode ward der katholisch-deutsche Prediger gerufen, der indess sehr bald den Protestanten bemerkte, und den Sterbenden den Sorgen des evangelischen Predigers, damals Dr. Rinck aus Schwaben, übergab. Selten ist wohl eine Gelegenheit, Proselyten zu machen, ungenutzter gelassen worden. Wie schwer würde man aber auch bei diesem Manne sein Ziel erreicht haben!

Während der Zeit meines Aufenthaltes, welcher in den Spätherbst und Anfang des Winters fiel, gab es selten schöne Tage. Der Himmel sah meist neblich aus, und einige Mal fiel ein starker Regen, bei welchem der berüchtigte venezianische Schmutz, der viel beitzender ist, als anderswo, sehr unbequem wird. Während des Sommers soll dagegen die Insel- und Schiffswelt Venedigs, wenn der dunkelblaue italiänische Himmel und die milde Luft sie belebt, höchst anmuthig sein.

Der Venezianer ist seinem Charakter nach der weichste unter den Italiänern und ihre Sprache heisst nicht mit Unrecht *lingua sdolcinata*. Während der Mailänder schwierig wird, sich rauft und hadert, wenn er in Streit geräth, ist der Venezianer aufgeräumt und lustig. Seine grösste Erholungszeit ist während des Sommers ein Volksfest auf dem Lido, wo man in Barken hinausjubelt und sich einer sanften, der Polizei nicht bedürftigen Fröhlichkeit ergiebt. Nicht, dass es der alten Republik je an Männern gefehlt hätte; ihre Kraft glich ihrer Diplomatie. Aber das venezianische Volk ist stets zahm gewesen.

Die Protestanten Venedigs, über welche bereits an einem andern Orte Nachricht von mir gegeben ist, leben ohne alle Anfechtung und bestehen grösstentheils aus Schwaben. Die Gebrüder Schilin, denen ich manche Freundlichkeit verdanke, gehören zu den ersten Kirchenvorstehern. Der gegenwärtige Prediger, Wittchen, ein junger hoffnungsvoller Mann, ein geborner Ungar, der in Halle und Jena seine Studien gemacht hat, regte mich mit einem andern Freunde, dem Professor Gross, an, dort die Kanzel zu besteigen. — Der gegenwärtige Patriarch blickt nicht ohne Neid auf diese Gemeinde, welche auch von deutschkatholischen Beamten mit Seegen besucht wird. Die Protestanten bilden dort vollkommen deutsche-schwäbische Familien, welche durch ihre Biederkeit gefallen, und in deren Mitte man sich wohl und behaglich fühlt. Italiänisch sprechen sie fertig, auch wohl etwas Venezianisch, was denn die Nacheiferung der Venezianer weckt, welche nun anfangen, hie und da sich etwas mit dem Deutschen zu beschäftigen. Aber auch die Deutschen gewöhnen sich an die italiänische Mittagszeit um 5 Uhr, oder an die „*coena*“ der Alten. Der Tag ist so eingerichtet, dass man früh ziemlich spät, zwischen 9 und 10 Uhr, sich in das Kaffeehaus begiebt, von da an die Geschäfte geht, dann wohl noch einmal gegen Mittag frühstückt, hierauf um 5 Uhr sich zur Mittagsmahlzeit setzt, und dann Abends in ein Kaffeehaus *(in una bottega)* sich begiebt, wo man den Tag oft schweigend im Nichtsthun, Zusehen oder Schlafen endigt. — Auffallend ist bei den Venezianern ein ausserordentlicher Hang, Alles öffentlich zu thun, und sich aus den Häusern heraus zu treiben. Manche Handwerke werden geradezu auf den Strassen getrieben, wie z. B. das Schuhflicken. Die Schuhmacher und Schneider, hier wegen des Freihafens eine sehr betriebsame, geschickte und zahlreiche Klasse arbeiten alles bei offenem oder doch durchsichtigem Fenster bis spät in die Nacht, so dass die Gesellen und Burschen mit untergekreuzten Beinen auf den Tischen liegen. Sonst sind die Gewerbe hier gegen die Deutschen sehr zurück. Was man bei uns ziemlich vollkommen in Zünften bearbeitet und herstellt, bietet man hier oft in einzelnen Stücken in den Kaffeeläden zum Verkauf aus, z. B. einen Strohstuhl, eine schlechte Wanduhr und dgl.

Die Regierung des lombardisch-venezianischen Königreiches ist bekanntlich dem Vicekönige Rainer übergeben; seinen Lieblingsaufenthalt Mailand verlässt er nur selten, um auch der zweiten Hauptstadt Venedig Theilnahme zu schenken. In der weissen, schlichten östreichischen Uniform und in rothen Beinkleidern sah man ihn öfter an der *riva* der Slavonier spatzieren, nicht selten von einem Pöbelhaufen begleitet. Seine Gemahlin von bleicher und langer Figur, eine Prinzessin aus dem Hause Carignan, zeigt noch Spuren von Schönheit. — In der Regierung dieses Reiches soll das Meiste erst gutachtlich und berichtlich nach Wien abgehen, wie diess von der bekannten Systematisirung des östreichischen Regimentes zu erwarten steht.

Die Geistlichkeit Venedigs galt früher für ausgezeichnet unwissend. Es ist bekannt, dass die Republik ihre Geistlichkeit von Rom möglichst unabhängig zu erhalten suchte. Selbst die Ernennung der Bischöfe masste sich der Senat seit Ende des 14ten Jahrhunderts an, und kümmerte sich nur um die päbstliche Bestätigung. Im Besitz dieses Rechts blieb er bis 1510, wo die Ligue von Cambrai, an deren Spitze Pabst Julius II. trat, und der daraus entstandene Krieg die Republik nöthigte, dieses Recht zugleich mit dem Rechte aufzuopfern, den 10ten Theil der Einkünfte des Klerus zu fordern. Nur ein Fünftheil der zu besetzenden Stellen blieb dem Senate anheim gestellt. Der Index der verbotenen Bücher galt zu Venedig niemals, und die Bullen und Breven der Päbste waren einer Revision des Senats unterworfen. Die Exemtion der Klöster galt in Venedig nichts. Der päbstliche Nuntius musste sich mit grossen Ehrenbezeugungen begnügen, um so grösseren, je schwächer sein Einfluss wurde. Wer vom Pabste Dispensation, Beneficien und dgl. erlangen wollte, hatte die Erlaubniss der Regierung nöthig, welche Gesuche dieser Art an den venezianischen Gesandten nach Rom schickte, der sie an den Pabst gelangen liess. Die vom römischen Hofe mit Beneficien ausgestatteten Nobili, oder sonst von der Kurie um des Gewinnes willen abhängigen, waren von den Sitzungen des Senats ausgeschlossen, in denen man sich mit römischen Angelegenheiten beschäftigte, so wie von allen Kollegien und Stellen, welche den Klerus betrafen.

Venedig ist unter der geistlichen Obhut eines Patriarchen. Früher war der erzbischöfliche Sitz zu Grado, im Jahr 1450 aber, unter Nicolaus V., kam als erster Patriarch der heilige Laurentius aus der Familie Justiniani nach Venedig. Während ihn früher der Senat wählte und der Pabst bestätigte, wird er jetzt vom Kaiser dem Pabste zur Confirmation präsentirt. Früher musste er Patrizier sein, jetzt ist diess nicht nothwendig. Eben so ist seine Primatur über Dalmatien und andere Landschaften des festen Landes, so wie sein Metropolitansrecht über die Kirchen der Levante abgeschafft. Gegenwärtig ist der Patriarch zugleich das Haupt der zwölf Domherren zu St. Markus, eine Würde, welche sonst an die Person des Primicerius geknüpft war.

Als Schutzheilige Venedigs werden uns der heilige Theodorus und der heilige Apostel Markus genannt. Der Erstgenannte, so wie der Löwe des heiligen Markus zeigen sich noch auf den zwei Säulen der *piazetta* gegen die Lagunen hin. Ueber die Einführung des Leichnams des Apostels berichtet die Legende Wundersames. Er ward im 9ten Jahrhundert zwischen Schweinefleisch aus Alexandrien nach Venedig eingeführt, um der Untersuchung zu entgehn. Nicht lange nachher begann man an die Stelle einer kleinern Kirche gegen Ende des 10ten Jahrhunderts den Aufbau der St. Markuskirche, im asiatischen Geschmack, einer Moschee vergleichbar. In dieser ersten der Kirchen Venedigs findet sich auch das gefeierte Urevangelium des heiligen Markus und zwar unter andern Raritäten und Antiquitäten. Durch die Länge der Zeit und durch den Frass des Wurmes ist es völlig unscheinbar, unleserlich und zu Staub geworden, und das Erkenntlichste an ihm ist der prächtige silberne Einband. Früher stritt man darüber, ob es lateinisch oder griechisch geschrieben; jetzt ist unter den Gelehrten ausser Zweifel, dass es ein Stück einer lateinischen Uebersetzung der vier Evangelien mit Uncialen sei, dessen andere Theile sich zu Prag und Friaul befinden. Solches ist nach Untersuchung von Blanchini und von Dombrowsky ins Reine gebracht. In die Bibliothek ist es nie übergegangen, demnach die Behauptung bei Blume im *iter Italicum* unrichtig ist. Der Bibliothekar Bettio versicherte mir, dass man sich wegen der Unbedeutendheit des Erwerbs darum nicht die Mühe gegeben habe. Der Vicebibliothekar Gamba hatte das Stück nie gesehen.

Nicht lange nach meiner Ankunft in Venedig machte ich mit meinem Freunde dem Professor Gross einen Besuch bei den Nepoten des Pabstes Gregor XVI., einer achtungswerthen und zahlreichen Familie. Der Vater ist Beamter und besitzt ein nicht unansehnliches Grundstück in einer der Vorstädte. Der Onkel des Hauptes der Familie, der gegenwärtige heilige Vater, früher selbst Professor in Venedig, beschenkt die Seinigen oft und reichlich. Diese Geschenke bekamen wir zu sehen. Sie bestanden für den ältesten Sohn, einen hoffnungsvollen und sehr fleissigen jungen Mann, der auch das Deutsche mit Neigung betrieb, in zwei Prachtwerken über den Vatikan, dessen Alterthümer, Geschichte und Kunstwerke, einem ältern lateinisch geschriebenen in mehrern Foliobänden und einem neueren mit herrlichen Zeichnungen und Kupfertafeln, dessen erster Band 1819 und bisher nichts weiter erschien. Auch hatte der Pabst einen Tag früher sein wohlgetroffenes Bildniss geschickt, bei dessen Eröffnung ein alter Diener des Hauses, der den Pabst oft in Venedig gesehn hatte, wahre Andacht und innere Seligkeit zu empfinden schien. Der älteren Tochter der Familie hatte der Pabst zwei schöne Ketten von römischen Edelsteinen mit einer ausgezeichneten Gemme der Madonna verehrt; ausserdem ein Mosaikgemälde, die Flucht nach Aegypten darstellend, von unübertrefflicher Feinheit, Zartheit und Vollendung. Kleine Ansichten von Rom auf schöner Marmorplatte unter Glas in Gold gefasst; ausgewählte Kupferstiche von Heiligen und dgl.

In einer, ihrer Hauptrichtung nach, theologischen Reise mag es vergönnt sein, nach der Regel des Gegensatzes auch von dem Theater, sonst der *pompa diaboli* im christlichen Sinne, zu reden. Das italiänische Theater hat einen wesentlichen Unterscheidungspunkt von dem Deutschen in der grösseren Unmittelbarkeit der Darstellung, Natürlichkeit möchte ich sie nicht nennen, wir Deutsche finden sie vielmehr sehr unnatürlich. Ich besuchte öfter die Theater von *S. Moise, S. Benedetto* und andere. Unter den Procuratien des Markusplatzes schreit man die Billets täglich Abends aus und verkauft die Logen *(palchi)*. Die Damen, besonders die ersten Liebhaberinnen, schreien, weinen, keifen. Ihre Sentimentalität ist sehr enthusiastisch; beim Anblick des Geliebten gerathen sie in Entzückung, aber es ist doch kein tiefes Herz dabei. Alles unruhig, leidenschaftlich, lebhaft gesprächig, anders als in unsern Konversationsstücken, aber ohne Zweifel nationell. Grosse Mannichfaltigkeit der Charaktere ist selten, ein Charakter herrscht vor, dem die anderen gleichsam nur dienen. In dem goldonischen Stücke, welches ich sah: „*i gemelli in Venezia*“ war die Hauptperson recht brav. Das *theatro comico*, ein Drama von Goldoni, halte ich für eine wichtige Urkunde, die alle Schauspieler, besonders in Italien, studiren sollten, um diesen wirklich grossen Mann, der Goldoni war, zu verstehen. Er liebte über Alles Natürlichkeit, und steht mir schon darum sehr hoch. Unruhe in den Logen und im Parterre, über welche sonst die Fremden meistens Klage führen, findet man bei anziehenden Stücken doch nicht. Wenn sie ist, so liegt die Schuld wohl meistens an dem Stücke, oder an den Schauspielern, das Theaterwesen ist überhaupt gänzlich im Verfall, und nicht nach unserem Geschmack. Ich hoffte in dem Theater Italiänisch zu lernen, allein es ist doch wenig zu profitiren, besonders da der venezianische ausserordentlich weiche Dialekt oft auch in den goldonischen Stücken vorkommt, der für einen Fremden viele Unbequemlichkeiten und Schwierigkeiten hat.

Die Italiäner nehmen an dem Spiele Antheil als an etwas wirklich Vorgehendem; sie beklatschen mit grosser Wärme einen guten Zug; möchten dem Unterdrückten und der leidenden Unschuld, die sie vor sich sehen, beispringen; dem Bösewichte seine Streiche verderben, kurz sie sind mit Leib und Seele dabei.

Der Italiäner verletzt sonst nicht leicht das Decorum, ist gegen die Fremden voller Urbanität, eigentliche Rohheit findet man, wenigstens in Venedig, nicht, selbst nicht unter der gemeinen Klasse. Sie rauft sich auch nicht in der Trunkenheit, wie wohl die Mailänder thun; überhaupt sieht man Betrunkene sehr selten, und sogleich ist der Ruf „*acqua, acqua*“ (Wasser, Wasser) da, wenn sich ein solcher blicken lässt.

Ich erlebte einen der grössten Feiertage, und zwar einen echt und rein venezianischen, zu Ehren der Maria *della salute*, welche einst den Lauf der Pest in Venedig hemmte. Zu ihrem Danke ward eine prächtige Kirche errichtet, in deren Sacristei, welche wir wegen des ungeheuern Menschenandranges allein sehen konnten, sich einige klassische Gemälde von **Titian** (H. **Sebastian**) und anderen Meistern finden (z. B. das grosse Blatt, die Hochzeit zu Kana darstellend; zwei kleinere Madonnen; ein vortrefflicher sprechender Bischofskopf in goldenem Grunde). Die Kirchenmusik ward präcis, leicht und gut ausgeführt. Der Vicekönig mit seiner Gemahlin und einem Gefolge kam auf buntfarbigen, mit Gold geschmückten Gondeln an, dem Gottesdienste beizuwohnen. Das Menschengedränge auf den Stufen der Kirche in der Nähe des Einganges war ausserordentlich. Hier sah man viele liebliche, blasse, aber freundliche venezianische Schönheiten. Bei Vermehrung des Andranges während der Ankunft des Erzherzogs entstand ein unglaubliches Gesurre unter dem lebhaften italiänischen Volk. Alles rief, um sich zu halten „*duri, duri*“ (hart, hart, d. h. „stehet fest“)! —

Das Lyceum zu S. Katharina hat zweckmässige, dem Umfange der Anstalt angemessene kleine Sammlungen zoologischer und mineralogischer Art, einen gut ausgestatteten physikalischen Saal und eine Bibliothek, die leider nur keine Fonds zu ihrer Fortführung besitzt. Der Professor der Physik, ein gelehrter und lieber Mann, **Marigniani** ist Aufseher der Bibliothek. Mit den Deutschen seines Fachs ist er bekannt, spricht indess selbst nicht deutsch, und in diesem Verhältniss zu unserer Sprache trafen wir viele italiänische Gelehrte.

Von der italiänischen Kanzelberedsamkeit ein gelungenes Bild zu entwerfen, dürfte keine leichte Aufgabe sein, da hier wohl der in den italiänischen Provinzen verschiedene Grad der Bildung und Aufklärung, so wie die Berücksichtigung der Individualitäten sehr verschiedene Resultate liefern dürften. Doch schimmert der italiänische Charakter auch hier überall durch. Vergebens würde man bei den meisten Predigern eine besonnene, durchdachte, gedankenreiche Predigt erwarten, wie wir sie von deutschen Meistern hinnehmen. Ich hörte einen Sonntag den Prediger des genannten Lycei, einen jungen Mann, früher Lehrer in Padua, der sich durch seine Predigtweise schon einigen Ruf erworben hatte. Aber widrig blieb der Eindruck, den sein Vortrag machte. Er sprach in der höchsten Exstase, mit beständig aufs Aeusserste gesteigertem Affekt, einem Wüthenden gleich, von dem letzten Gericht, von den Schrecken desselben, von der Verderbtheit der Generation und der Unerlässlichkeit der Bekehrung. Selbst das etwa Geschichtliche trug er höchst rhetorisch vor, und doch hatte sein Wort nicht das Erschütternde, das aus tiefer und wahrer Anrede des Herzens folgt, sondern etwas vorübergehend Bewegendes, das keine bleibenden, segensvollen Eindrücke lässt. So geht es stets mit Uebertreibungen, wenn sie ohne wahre Kenntniss des menschlichen Herzens vorgebracht werden. Es ist bekannt, dass die Fastenprediger verschrieben werden, und, wenn sie gefeiert sind, von Stadt zu Stadt ziehen. Der Tonfall dieser Prediger ist höchst einförmig, nähert sich dem akademischer Reden, wie ich eine derselben in Catanien vernahm von dem Professor der Naturgeschichte über den Fortgang der Naturwissenschaften in Sicilien. Viele Kirchen haben gar keine Kanzel; diese wird erst in den Fastenzeiten hineingestellt, wo denn Predigten und Kapucinaden täglich sich wiederholen.

Am Eingange zu dem herzoglichen Palaste vor der Riesentreppe giebt es Leute (Notare), selbst, wie es scheint, aus dem Volke, in kleinen Kathedern, die für Geld Briefe schreiben. Hier werden denn auch viele Liebesbriefe aufgetragen und gefertigt. Am ausgebildetsten ist dieses Geschäft in Neapel.

Die Kirchenmusik ist von der weltlichen, selbst von der Opernmusik oft nicht verschieden, und das Widerwärtige dabei ist das laute Taktschlagen des Dirigenten, ein Umstand, der keinen Italiäner, wohl aber alle Fremden stört. Zu Vercelli in Piemont hörten wir einmal eines Sonntags in der Kirche einen vollkommnen Opernmarsch, während welchem das Militär mit entblössten Köpfen und den Helmen in den Händen in dem Tempel paradirte. Die Kirchen der Nonnenklöster haben oft die schönsten und reinsten weiblichen Stimmen, wie zu Rom die französische Kirche *S. Trinità di Monte*, die leider jetzt durch Ungezogenheiten der

Engländer, von denen einige auf das Gitter emporklimmten, um die Sängerinnen zu sehen, für diesen Zweck nicht mehr geöffnet ist.

Das Leben in Venedig ist, wio durch ganz Italien, politisch freilich unbedeutend, doch sonst angenehm und mag noch weit angenehmer in den Zeiten der Republik gewesen sein, wo, ungeachtet der Staatsinquisition und des Senates, eine noble Freiheit der Rede herrschte, ein milderes Scepter geführt ward, als unter irgend einer europäischen Regierung. Die Dogen, wie z. B. einer der letzten Foscarini, waren wissenschaftlich gebildete, oder doch Kunst und Wissenschaft liebende Männer. Die Ballotirungen mit seidenen und tuchenen Kugeln geschahen geheim; Niemandem war gestattet zu Gunsten eines von ihm Empfohlenen einen Panegyrikus zu halten. Nur in auswärtigen Angelegenheiten, oder bei allgemeinen Staatsgegenständen, z. B. Krieg und Frieden, Auflagen u. s. w. ward die Rednertribüne bestiegen. Aber auch hier ward es nie gestattet, ausgearbeitete Reden abzulesen. Der Stegreif bildete die Redner. Jene Versammlungen des Rathes wurden meist zur Nachtzeit gehalten, wie denn überhaupt der Italiäner Nacht zum Tag und Tag zur Nacht verkehrt, denn vor 10 Uhr Vormittags beginnt das eigentliche Geschäftsleben nicht, und erst nach Mitternacht überlässt sich der Venezianer dem Schlafe. Die Theater endigen um diese Stunde. Die meisten Häuser bleiben bis dahin geöffnet. Das Leben ist hier über alle Beschreibung und Einbildung öffentlich, Alles arbeitet, lärmt und schreit in den engen Strassen, Handwerker setzen sich heraus, oder arbeiten doch bei offenen Fenstern, Esswaaren aller Art, kleine und grosse Fische, Kürbisse, Gemüsse nnd Obst sind in Fülle und mit Zierlichkeit ausgelegt, werden beständig, oft mit sehr widerlichen Tönen, ausgerufen, und schon zubereitet um einen äusserst geringen Preis vom Volke an das Volk verkauft.

Hier sieht man kleine Knaben Stückchen gebratene Kürbis auf Tischchen an das Volk verkaufen; der ganze Reichthum ist oft ein einziger Kürbis. Kurz, Venedig scheint nur ein Markt und Sammelplatz von Dingen zu sein, die den Gaumen kitzeln. Dazu das Treiben und Drängen in den engen Gassen, von denen man die engsten mit ausgedehnten Armen ermisst, Gassen in welche nie ein Pferd, nie ein Wagen sich verirrt, beides in Venedig ungesehene Dinge. Die Partie am Kanal *grande*, in welchem so viele Wohnungen und herabgekommene Paläste sich im Wasser spiegeln, welche die ankommenden und abgehenden Schiffe stets neu beleben, ist von wahren Charakterfiguren beseelt. Malerisch ist auch und vorbereitend schon auf so originelles, wenn auch tief gesunkenes Leben, die Einfahrt von Fusina in den Hafen des Kanal *grande*. Lange schwebt die Wasserstadt vor dem erregten Blick mit Palästen und Thürmen, eine uneinnehmbare Festung ohne Thore und Wälle. Die Inselgruppen vor und um die Stadt mit Thürmen und Parkanlagen geben, vom Markusthurme angesehen, das reizendste Bild.

Endlich machten wir auch an einem Weihnachtsfeiertage eine Fahrt auf das Lido, wohin ich mich so lange gesehnt hatte. So habe ich denn das Meer gesehen und das Geräusch der Brandung gehört, die sich am Ufer bricht. Es ist etwas Ehrwürdiges, göttlich Majestätisches für Ohr und Auge. Jetzt erst geht es auf, wie die alten hebräischen Dichter das Meer die Stimme Gottes nennen können. Auch bei dem ruhigsten Wasser ist das Anprallen der Wogen und ihr Getöse kräftig; in der Ferne hat das Meer das Ansehn lichter Berge oder dicht gelagerter Wolken; die Farbe grünlichbraun. Das Wetter war nicht besonders aufgeklärt, doch auch nicht allzu nebelhaft, im Vordergrunde ein Fischerkahn, der sich langsam von der rechten Seite vorwärts bewegt, im Hintergrunde ein grösseres Schiff, das nach dem Hafen steuert. Am Ufer eine Unzahl von bunten Muscheln, deren Bewohner das Meer längst ausgespült hat, ein ewiger Spielplatz für Kinder. Ich selbst las deren viele auf, um sie den Kleinen mitzubringen. An diesem Strande soll, wie man erzählt, Lord Byron oft und gern verweilt haben, und längs des Meeres auf und nieder geritten sein. Düster, schwermüthig und seltsam, wie er oft war, haben ihn die Fischer, Anwohner und Gondelführer nur den närri-

5*

schen Engländer (*l'Inglese matto*) genannt, und sich erzählt, dass er nicht ins Vaterland zurückkehren dürfe, weil er einen Menschen im Duell erschlagen. Doch haben ihn diese Leute, weil er sie immer gut bezahlt und menschenfreundlich gewesen, gern gehabt. Auf dem Lido ist auch der Judenkirchhof, auf freiem, heiteren Platze, mit Bäumen ungepflanzt; das in der Nähe stehende Häuschen ist ein Leichenhaus. Die Steine liegen platt auf der Erde mit hebräischen, zum Theil italiänischen Inschriften, die sich alle nach Osten richten. Hier war der Begräbnissort der Engländer und man findet auf einem frischen grünen Platze die nun schon verwitterten Grabsteine einiger englischen Konsuln und Gesandten der Republik Venedig, unter andern des Joseph Smith und seiner Gattin, eines edlen jungen Schotten, der in der Blüthe seiner Jahre an einem Fieber auf der Reise hier starb, und einiger Andern. Am Ufer stärkten wir uns, ehe wir abfuhren, in einer sonst schlechten und gewöhnlichen Osterie bei einem lebhaften Wirthe, der uns mit freundlichen blauen Augen und der bekannten italiänischen Wirthsmütze sehr zufrieden empfing und uns seinen freilich höchst mittelmässigen Wein mit Salamis und Semmel vorsetzte, die indessen nach diesen Wanderungen und nach der zehrenden Seeluft herrlich mundeten. — Das Lido, eine Oase in der Wasserwüste Venedigs, enthält auch die Staatsgefangenen aus der Revolution im Päbstlichen, besonders aus Bologna, die den Oestreichern übergeben wurden. Wir gingen vorüber, die Fensterläden waren fast alle geschlossen; diese Unglücklichen schienen das Licht des Tages nicht zu sehen. Nachdem wir noch einige erfrischende gebratene Kastanien mitgenommen hatten, setzten wir uns wieder in die Barke, und gleiteten, auf ledernen Federbettchen ruhend, sanft in die Stadt zurück. — Das Lido ist sonst ein Vergnügungsort des venezianischen Volks, besonders an schönen Sommertagen, wo es in grossen Zügen mit den Gondeln hinausfährt. Die Fröhlichkeit ist durchaus gutmüthig, nie zügellos wild, nie in Rauferei ausartend.

Heute am fünften December war ich mit dem evangelischen Prediger und mit einem Beamten der ungarischen

Hofkanzlei aus Wien, der, uns schon früher aus dem Speisehause bekannt, in dem Kaffeehause, in das wir uns bestellt hatten, sich zu uns gesellte, in dem Kloster der Armenier zu S. Lazaro. Ein ziemlicher Nebel lag auf den Lagunen, als wir Vormittags 10 Uhr ausfuhren. Wir besahen zuerst die Kirche zu S. Georgio von Palladio, oder doch nach dessen Zeichnung *(archetipo)* erbaut, von wunderbarer Schönheit, in Form eines Kreuzes, in sehr edlem Geschmack. Mir fiel die vortreffliche Kirche der heiligen Justina in Padua ein, gewiss eine der schönsten Italiens, nach der Zeichnung des Palladio. Die Säulenordnung hinter dem Altare, die zum Chore führt, ist höchst gefällig, und vermehrt den herrlichen Eindruck dieses schönen Tempels, von dessen klassischer Erscheinung im Inneren wie im Aeusseren ich einen recht tiefen Eindruck mitzunehmen suchte. Dieser Palladio war ein echt genialer Mensch und an den Alten gross gebildet, aber, wie schon Göthe klagt, er stand unverstanden in seiner Zeit. Man hat ihn nachgeahmt, aber diese Nachahmungen loben den Meister. Seine Bildungen haben durchaus edle Einfalt, innere Proportion und Zweckmässigkeit, etwas ätherisch Geniales, eine himmlische Leichtigkeit und Anmuth. Zu S. Lazaro empfing uns der Pater Paschalis Auger, der Bruder des gelehrten Herausgebers des eusebianischen Chronicons und einiger Schriften des Philo, mit grosser Freundlichkeit. Er selbst ist Verfasser eines armenisch - englischen Lexicons mit Grammatik, so wie einer armenischen Uebersetzung des verlorenen Paradises von Milton und eines linguistischen Probestückes der Uebersetzung einiger Gebete des Niersis, eines armenischen Patriarchen, in 24 Sprachen. Ich nahm vom letzteren ein schön gebundenes Exemplar für einen ansehnlichen Preis zum Angedenken mit. Ihre Kirche ist nicht eben schön, im gothischen Geschmack; auf eine Madonna, die gute Kopie eines Meisters (Sansovino), wird viel gehalten. In der Sacristei wärmten wir uns echt südlich an einem Kohlenfeuer, und lasen die lateinisch - armenische Inschrift eines armenischen Abtes, dessen Gebeine unter ihr ruhten.

Byron, der fünf Jahre in Venedig lebte, kam während sechs Monate täglich auf die Insel, um armenisch zu lernen, mit dem Zwecke, die armenischen Poesieen zu lesen. Er soll der Humanität dieser Väter mit grossem Lobe, und gewiss sehr mit Recht, gedenken. Wir machten, wenn gleich nur bei kurzem Aufenthalte, dieselbe Erfahrung. Desto empfindlicher gedachte unser Pater eines gewissen Kreul, eines Deutschen, der in einer Schilderung seiner Reise von dieser Gesellschaft Erdichtungen vorbringen soll, z. B. dass einer dieser Väter von ihm selbst Abends in einem Kaffeehause zu Venedig getroffen worden sei, sein Gebet lateinisch hersagend; schon darum eine lügnerische Erfindung, weil diese Männer ihren Gottesdienst durchaus in armenischer Landessprache halten. In dem Fremdenbuche hatte sich dieser Kreul hinter mehrern östreichischen Grossen und Hofbedienten, die mit ihren Titeln prangten, eingeschrieben: Kreul *rien du tout,* wohl das wahrste Wort seines Lebens.

Die Väter haben eine eigene Druckerei, die wir besuchten, und durch welche sie die Levante mit orientalischen Werken versehen, und eine Bibliothek mit erlesenen und Hauptwerken aus den Wissenschaften, gegenüber die noch kostbarere orientalische Manuscripten-Sammlung, in welcher doch zunächst und am meisten armenische Werke aufbehalten werden; nächstdem andere orientalische, besonders arabische und türkische. Eine armenische Bibel ward vorgezeigt mit schönen Gemälden, die sich besonders durch die lebhaften und wohlerhaltenen Farben, theilweise auch durch die Zeichnung bemerklich machten. Diese Bibel wird nicht älter, als das fünfte Jahrhundert geschätzt. Ein anderes armenisches Werk, das von dem Alter litt, und byzantinische Gemälde und Figuren enthielt, soll eine Geschichte Alexanders, jedoch von fabelhaftem Charakter sein. Griechische Handschriften des neuen Testamentes giebt es hier nicht, überhaupt nur sehr wenig griechische. Etwas sehr Gewöhnliches waren der Kommentar des Chrysostomus zum Matthäus und Basilius Homilien, beide von etwas jüngerem Schriftcharakter, etwa aus dem

14—15ten Jahrhundert. Sechs Jünglinge werden jetzt in der Theologie unterrichtet und für den geistlichen Stand vorbereitet. Sonst haben diese mecharistischen Brüder zu S. Lazaro eine zweite Schule, welche für jüngere Zöglinge sorgt. Die Gänge dieses Klosters für Geistliche eines gemeinschaftlichen Lebens werden sparsam belebt durch einzelne Brüder, welche sie im schwarzen Gewande mit langem Barte durchwandeln. Von einem Gange aus, der über dem Garten sich befindet, hat man eine köstliche, durch ihre Originalität unvergleichliche Aussicht auf die Lagunen, auf die geradeüber und zu beiden Seiten liegenden Inseln. Recht zu einem Sitze der Wissenschaft und heiliger Gemüthsruhe ist dieses kleine stille Eiland erlesen, mit den roth gefärbten Gebäuden und Ansiedeleien. — Die Mecharisten haben einen Bischof oder Abt mit bischöflichem Range. In der Bibliothek wird eine Mumie verwahrt, deren Perlenbekleidung mir indess trotz aller Gegenversicherung des Armeniers nicht alt genug erschien, wenn auch die Zeichnung hieroglyphisch sein mag. In der Manuscriptensammlung gab es noch einige astronomisch-physikalische Instrumente, chinesische und andere Raritäten. Das Refectorium ist unbedeutend. — Lord Byron hat auch den dritten Brief an die Korinther übersetzt; ich sah ihn nun im Original, aus welchem ihn Rinck mit Beihülfe des Vater Auger, unsres Führers, gezogen und bekannt gemacht hat. Dieser kurzen Epistel geht die Antwort der Korinther an Paulus voraus.

Der Handel dieser unirten Griechen oder Armenier mit der Levante für ihre einheimische Literatur ist sehr im Sinken. Die nicht unirten Griechen haben ihre Kirche, ihr Gymnasium und ihren Bischofssitz zu S. Lorenzo.

Die Stimmung der Katholiken ist in Venedig zwar nicht übertrieben bigott, aber am Alten aus Herkommen und Ueberlieferung haltend; ihre Ueberzeugung ist's, so schlecht oder wohl begründet sie sein mag, weil es die ihrer Väter gewesen. An gute Prediger ist höchst selten zu denken; es sind Eiferer nicht nach der Einsicht, Gesetzesprediger mit vielem Wortschalle. Heiligen- besonders Madonnenbilder von einzelnen Gläubigen gestiftet, mit künstlichen Blumen und ähnlichem Schmuck ausgestattet, sieht man häufig auf den Strassen, Abends erleuchtet, ohne dass doch die Gebildeteren Notiz davon nehmen; das Volk macht eine Reverenz und geht gedankenlos vorüber. Die Zahl der Geistlichen ist sehr gross, da es hier viele Brüderschaften giebt. Ich sah selbst, wie ein Tagelöhner dem andern den Hut vom Kopfe riss, als er vor einem Madonnenbild an der Riva der Slavonier stand. Von Anfällen aus religiöser Wuth hört man nichts mehr. Vor anderthalb Jahren (von der Zeit meines Aufenthalts im Jahr 1832 an gerechnet) ward zwar ein deutscher Zuckerbäcker aus München, ein Israelit und schöner junger Mann, der sich seit Kurzem mit Erfolg hier niedergelassen hatte, durch mehrere Wunden getödtet aus dem Kanal *grande* gezogen. Eifersucht oder Brodneid war wohl die Ursache des Mordes. Die Mörder waren damals unentdeckt, und die Polizeispione, durchaus Italiäner, gaben sich bei der Ermordung eines Deutschen wenig Mühe, ungeachtet sie sonst sehr brauchbar sein sollen.

Das, was in Venedig, wenn auch nur als ein Denkstein alter Grösse, Beachtung verdient, ist das Zeughaus, ein weitläuftiges, grossartiges Gebäude, mit wenig Leben und Arbeit im Inneren, das seinen gegenwärtigen mässigen Zwecken nicht entspricht, aber der alten Republik in ihrer Blüthe und Grösse würdig war. Jetzt sind es Trümmern alter Herrlichkeit der Meeresherrscherin, mit dem geringsten Nutzen für die Gegenwart. Die hohen gewölbartigen Anlagen mit Schwibbögen und freiem Luftzuge, unter welchen an den Schiffen gearbeitet wird, sind ein Werk des Palladio, und durch edle Zweckmässigkeit dieses Genius würdig; eben so das lange und schön vertiefte Gebäude, mit köstlicher Perspektive, für die Schiffstaue, in welchem wir auch wenig Leben und Thätigkeit fanden. Oestreich hat nur eine kleine und schwache Marine von 50 Schiffen. An Ausrüstung einer Fregatte ward seit der Zeit der Franzosen gearbeitet. Welche Langsamkeit und welche Bedürfnisse! Wir bestiegen ein mässiges Linienschiff, welches ziemlich weit vorgerückt war, und zwar zuerst das Verdeck, hierauf den zweiten Raum, der mit Batterien ausgerüstet war, endlich den letzten Raum, die Schlafstellen. Man gewann ein anschauliches Bild vom Schiffsleben, vom Thun und Treiben auf diesen den Wogen trotzenden Brettern. Die Modelle der Schiffe gingen über das Gewöhnliche nicht hinaus, doch war das Modell eines Linienschiffes genau und vollständig. Das Modell des Prachtschiffes des Dogen, der Bucentaurus, versetzt in eine an grossen Erinnerungen reiche Zeit zurück. Die Franzosen haben, ehe sie das Ganze destruirten, das Gold des Schiffes abgenommen und abgelöst. — Die Kanonengiesserei ging flau; es wurde eben nicht gearbeitet. Die zwei gefeierten Löwen im Eingange, aus dem Piräus von Athen, von weissem Marmor, der eine in sitzender, der andere in aufrechter Richtung, haben die Gelehrten beschäftiget, wie den evangelischen Prediger Rinck, der nun längst nach Deutschland zurückgekehrt ist. Einzelne Theile sind zwar eingesetzt und wohl bei dem Transport beschädiget, doch sind es im Ganzen herrliche Stücke; ein siegreicher Doge führte sie aus dem Peloponnes nach Venedig. Zur Linken stehen weiterhin noch einige kleinere löwen- oder katzenähnliche Gestalten. Die gefangenen Verbrecher in Ketten aneinandergeschlossen, welche die groben Arbeiten verrichten mussten, gaben einen traurigen Anblick. Es waren verzweifelte Physiognomien darunter. Ueberall waren Trinkgelder zu spenden, und das Arsenal ist in dieser Beziehung das Theuerste, was man in Venedig sehen kann. In dem Waffensaal zog mich besonders die durch Grösse nicht ausgezeichnete Rüstung Heinrichs IV. von Frankreich an, die er aus Anhänglichkeit und guter Freundschaft der Republik verehrte. Das Denkmal von Canova, dem Seehelden Elmo errichtet, ist zwar nach Anlage und Emblemen sehr schön, leidet aber an zu grosser Weichheit der Ausführung. Sonst enthält dieser Waffensaal grösstentheils Antiquitäten für die Geschichte des Geschützes und der Schiesskunst nicht uninteressant. Eine Feldschlange war besonders schön und leicht gearbeitet; einige türkische Fahnen interessiren.

Zahlreich sind die Paläste und Gemäldesammlungen Venedigs. Wir heben nur die vorzüglichsten heraus.

Der Palast *Pisani* enthält neben einem grossen schönen Saal, der eine glänzende Aussicht auf den Kanal *grande* hat, das berühmte Stück, die Familie des Darius vor Alexander; dieser ist mir indess zu modern und ungeachtet seiner sonstigen Jugendlichkeit durch den Backenbart etwas aus dem Alterthume herausgesetzt. Die Köpfe sind trefflich. Die Gemahlin des Darius ist ein himmlisch schönes Weib, von den weichsten Formen, mit einem seelenvollen Auge, in dem sich Ergebung und eine gewisse schüchterne Klugheit spiegeln. Die kleine Prinzessin, die sich so ungern zum Knien bequemt ist in ihrem Trotze recht markirt gezeichnet. Der Begleiter des Alexander, ein General, ist in seiner Mannheit vortrefflich. Paul Veronese hinterliess das Bild der Familie, die ihn gastfrei aufnahm.

Der Palast *Barbarigo* enthält mit einer nicht unbedeutenden Kupferstichsammlung Gemälde von Tizian, unter denen Venus mit dem Amor und die ihr gegenüberhängende Magdalene den grössten Werth haben. Diese zerknirschte und büssende Magdalene ist über allen Ausdruck schön, mit einem wahren Götterblicke; in Thränen das Gesicht gebadet sieht sie gen Himmel, wunderschönes Haar in reichen braunen Locken fliesst um ihren entblössten Nacken und um ihren weichen vollen Bussen. Auch das Kleid ist mit grosser Natürlichkeit gearbeitet; die Färbung der Landschaft dunkel, echt tizianisch; kurz nichts ist an diesem unvergleichlichen Gemälde, was nicht vollendet genannt werden müsste. Man hat das Heilige vermisst und ein Weltkind in dieser Magdalene gefunden, und allerdings ist das Heilige erst im Uebergange. Die reiche, frische Natur herrscht vor, die göttliche Reue und Traurigkeit scheint noch zu fehlen. Weder der Abdruck in Kupferstich noch eine andere Kopie, die wir in der Nähe sahen, ist gelungen zu nennen. Die gegenüberhängende Venus ist zwar ein schöner Kopf, nicht minder schön ist der Leib, im Uebrigen ist wohl mehr Ausdruck zu wünschen. Einige Portraits von Dogen, ein Christuskopf und vieles Andere von Tizian, leicht erkennbar durch seine markirte, durchdringende charaktervolle Färbung. — Dieser Palast soll jetzt in den Händen einer Frau sein, des einzigen Ueberbleibsels aus einer berühmten altvenezianischen Familie, die auch Dogen aus ihrer Mitte erzeugte. Vielleicht wird diese Sammlung bald veräussert. Einige schöne Viehstücke, rothbräunliche, *Salvator Rosa's*, mehrere andere vom *Prete di Genua*.

Am 28. November sah ich die *academia delle belle arti* und den Palast *Manfrini*. Es ist ein hoher Genuss, den man indess wiederholen muss, um seiner mächtig zu werden. Die Verklärung der Maria von Tizian; ein Meisterstück besonders in Grossartigkeit der Komposition, der Macht und des dunkeln Feuers der Färbung. Der Kopf der Madonna ist nicht heilig und verklärt genug; es ist ein volles, schönes, ruhiges Gesicht aus dem Leben, unstreitig Porträt. Unübertrefflich ist der Kopf Jesu in einer Darstellung des Bonifacio; Christus in den Abschiedsreden mit seinen Jüngern, namentlich mit Philippus „wer mich siehet, siehet den Vater.“ Es ist eine unaussprechliche Hoheit und Ueberzeugung der Gottesnähe in dem Antlitz Christi. Ausgezeichnet ist auch die Hochzeit zu Kana von Padovanino; der Christuskopf sehr edel und einfach erhaben, die Mutter spricht fast mit Furcht und einer Art verschämter Sorglichkeit die Bitte aus; das Gemälde enthält noch eine Menge guter Köpfe. Der reiche Schwelger, ein Meisterstück von Bonifacio, mit der Physiognomie voll Lüsternheit, treffend seine Hetären. Nicht minder charakteristisch der Lazarus. — In dem ersten und zweiten Saale, welcher neu zugerichtet ist und dessen Gemälde grösstentheils aufgefrischt sind, ein sehr gutes und altes Stück der Markuskirche und der Markusplatz mit einer Procession. Die Markuskirche hat in den Gemälden und sonst Verschiedenheiten, die sehr genau wiedergegeben sind. — Eine Besuchung des Tempels der Maria als Kind, von tizianischem Pinsel, wird wegen grosser Mannichfaltigkeit und Wahrheit der Köpfe, unter welchen auch vier Nobile sind, die das Bild bestellt haben, und wegen der herrlichen Tinten in dem Landschaftlichen sehr geschätzt. Ein Maler aus Regensburg, Durst, nahm eine Kopie, ein freundlicher Mann, der mit grosser Liebe arbeitete. Gegenüber in dem zweiten Saale zwei grosse Stücke von Paul Veronese und dessen Sohne, Einen Gegenstand behandelnd: das Essen Christi bei dem Pharisäer. Der Sohn des Paul starb im 25ten Jahre. Vollendeter ist das Werk des Vaters; er hat sich selbst ausgehend von der Tafel verewiget, und die Kostüme, unter ihnen auch spanisch-deutsche, nach malerischer Licenz gemischt. Eines der ersten Stücke von Tizian, eine Flucht nach Aegypten vorstellend, und sein letztes, eine Kreuzesabnahme, unvollendet; von einem andern Maler, der sich daran wagte und wohl wissen musste, was er unternahm, beendet. Viele grosse Stücke aus der venezianischen Geschichte, auch mit Lokalitäten der Stadt, schmücken den ersten Saal. Eine Verkündigung Marias von Tizian; die Maria ein schöner weiblicher Kopf, doch ohne heiligen Zug, ein ausdrucksvolles Weltgesicht. Auch ein Dupin ist hier, hingegeben von der französischen Regierung, die dafür eine Hochzeit zu Kana zurückbehielt, in welchem Gemälde jeder Gast eine Charakterfigur, und zwar dem Kopfe nach einen Fürsten der Zeit darstellt. Ein Zimmer, welches die Versuche der ältesten venezianischen Schule in ihrem Ursprunge und Fortgange enthält, die Berufung des Petrus und Andreas von Marco Basaiti sehr gelungen; die Jungfrau thronend unter einigen Heiligen von Cima de Conegliano. Den Preis erhalten nach meinem Urtheil, Tizian, Georgione und Bonifacio, alle drei wegen des himmlischen, seelenvollen Ausdrucks ihrer Köpfe, in welchen mir Georgione der grösste Meister zu sein scheint, und wegen der Macht des Brennenden und unvergleichlich Erhaltenen ihrer Farben, in welcher Hinsicht mir wieder nichts über Tizian und Georgione geht. Auch die Palma sind sehr brav; an Paul Veronese erkenne ich alles Grosse und Reiche, doch ist er nicht derjenige, den ich vorziehe. Für ein Meisterstück von Tintoretto, wovon eben ein englischer Maler eine

Kopie nahm, wird gehalten die Befreiung eines Sclaven, vor dem Fesseln und Marterwerkzeuge in Stücke fallen, durch den Evangelisten Markus vom Himmel. Leider übersehen habe ich über der Hochzeit von Kana, Franz von Assisi, Paulus und die Ehebrecherin von Bonifacio. — Die Jungfrau und das Jesuskind mit drei Senatoren von Tintoretto; Christus, der das Kreuz trägt, von Carletto Cagliari; die Mahlzeit Christi mit den Aposteln von Benedetto Cagliari. Wir sahen nicht den berühmten Johannes den Täufer von Tizian Vercellio, wohl aber einen andern vortrefflichen in einer ganzen Gruppe, ein schöner Kopf von van Dyk. Die Procession auf dem Markusplatze von Gentile Bellino, die Figuren im Kostüme der Zeit, vom Jahre 1496; auch dieses Gemälde ist restaurirt und vortheilhaft aufgehängt. Durch die Feuerbrunst von 1547 sind die hier vorkommenden Gebäude zum Theil verändert worden. — Die zweite Abtheilung, die Skulptur ist reich an Modellen besonders von Canova und an Gypsabgüssen der Originale, die sich zu Rom, Florenz, Neapel und London befinden: der sterbende Fechter, Laokoon, Apoll von Belvedere, die mediceische Venus, Aristides, Herkules im Museum zu Neapel, Ceres kolossal, wohlgelungen und bei der Feinheit des Gypses fast marmorähnlich. Unter den Modellen des Canova eine wunderschöne Kreuzesabnahme mit trefflichem Ausdruck in den Gesichtern des entseelten Christus, der Madonna, der Magdalena Das kleine Modell des Monumentes, welches Canova für Tizian erfand, und welches nun mit Veränderungen, die zum Theil nicht gut geheissen werden, in der Frarikirche sein eigenes geworden ist. Mehrere Modelle von Grabdenkmälern, die Canova errichtete, das eine seinem ersten Wohlthäter, einem venezianischen Nobile, der sein Glück begründete, und seine Studien möglich machte. Nach der Tradition war er im Dienste dieses Nobile als Küchenknabe und fertigte ein Lamm aus Butter zu allgemeiner Bewunderung; der Padron ward aufmerksam auf den Knaben.

Eine Lätitia, das Original in London; ein Christus, der erste und einzige, den ich noch von Skulpturarbeit sah, ehe ich in Rom in der Kirche *Maria sopra Minerva* einen zweiten kennen und schätzen lernte. In einem der Zimmer vor dem Versammlungszimmer, das an der oberen Kante mit kleinen Malereien von Tizian ausgeschmückt ist, wird in einer altgriechischen Urne von Porphyr, die ein kristallnes Gefäss verschliesst, die Rechte Canova's aufbewahrt, mit der Aufschrift: *dextera magni Canovae*, darunter sein Meisel. Das Zimmer ist seltsam ausgeschmückt, mit bronzenen Arbeiten, besonders Büsten venezianischer Feldherrn, die Wände mit guten Steinen und kleinen Arbeiten hie und da ausgelegt. In dem Versammlungszimmer der Akademie sieht man in der Wand das weisse, halb erhabne Brustbild des Präsidenten Cicognara, der sich schon damals von dieser Stelle, einem reinen Ehrenposten, zurückgezogen hatte, indem der Sekretär Diedo interimistisch seine Stelle versah. Dieses Zimmer enthält einen köstlichen Schatz von Handzeichnungen der ersten Meister, von Raphael, Giulio Romano, Tizian u. a. mit einer Anzahl der auserwähltesten artistischen und ästhetischen Werke. Das Herz des Canova ist in der Kirche *dei Frari*, der Körper ruht in Possagno, in einer von ihm gestifteten Kirche. Sein Bruder ist Bischof im nämlichen Orte. Auf den Fall des Eingehens der venezianischen Akademie ist die Hand des Canova der Kirche zu Possagno legirt. Zu diesem Theil der Akademie legte den Grund ein venezianischer Nobile Xav. Farsetti, um die Mitte des verflossnen Jahrhunderts. Im Vorzimmer findet man eine grosse Anzahl von Zeichnungen ansehnlicher Gebäude, und auch Studien des Menschen. Modelle und Stücke von Ghiberti, Sansovino, Michel Angnolo, Basreliefs, Büsten, Zierrathen. — Ein kleiner Saal enthält gelungene Arbeiten der neuern Mitglieder der Akademie, die den Preis erhielten (1807).

Der Palast *Manfrini* ist reich an ausgewählten Stücken aller Schulen. Der Vater des gegenwärtigen Besitzers brachte das Meiste zusammen. Der jetzige Inhaber, ein bejahrter Mann, unvermählt, lebt den grössten Theil des Jahres in Wien oder auf seinen anderweiten Besitzungen bei Treviso. — In dem ersten Zimmer die Guitarrenspielerin von Giorgione mit dem sinnigen Ausdrucke in welchem Weltlichkeit und Schwärmerei sich paart, mit dem schönen blonden Haare, daneben eine werthvolle Madonna; — in dem zweiten Zimmer drei unübertreffliche Figuren von Giorgione. Der weibliche Kopf ist der schönste, seelenvolleste, den ich je gesehn, Liebreiz in Fülle. Klassisch sind die tizianischen Portraits des Ariost und der Königin Cornaro von Cypern, einer ächten Venezianerin mit kaffeebraunen Augen und blässlichem Teint. Ceres und Bacchus von Rubens, das Ueberredende im Gesicht des Bacchus, der den Wein darreicht, enthält viele Wahrheit. Die Sybille von Benedetto Gennari kommt der genannten Figur des Giorgione an Fülle, Sinnigkeit, an unendlichem Reiz, wie an Geist, gleich. Es sind meisterhafte Köpfe. Die Kreuzabnahme Christi von Tizian, Meisterstück. Nicht minder schön das Opfer der Iphigenia von Bonifacio. Iphigenia hat schon einen tiefen Schnitt der Wunde; der alte Agamemnon, ein schöner männlicher Kopf, vom Schmerz überwältigt, wendet das Gesicht weg. Im vierten Zimmer ein schönes männliches Portrait von Rembrand, eine gute Madonna mit dem Kinde Jesu von Pietro Perugino. Vortrefflich ist auch die Gruppe, auf welcher Antonio Licinio mit dem Beinamen Pordenone mit seinen Scholaren dargestellt ist, von ihm selbst. Ein Hirtenknabe mit der Flöte von dem Spanier Morillo. Die Werke dieses Meisters sind sehr selten in Italien. In München sah ich deren Einige mit ähnlichen Süjets spanischer Knaben, von echter gelbbrauner Nationalfarbe, die Melonen verzehren, und grosse Natürlichkeit und Munterkeit athmen. Eine nackte Lucretia von Guido Reni mit dem Messer in der Linken ist unübertrefflich. Das Auge hat etwas Himmlischklagendes und Wehmuthvolles über die verlorne weibliche Ehre. Noch ist ein sehr natürliches Portrait einer Alten, mit treffendem Teint, Haut und Brustfarbe von Tizian gemalt, die für dessen Mutter gehalten wird. Die Sammlung hat noch einige andere denkwürdige Stücke, ein Kästchen in Gold, Silber und Stahl trefflich gearbeitet, einen grossen Magnet, chinesische Vasen und andere Porzellanarbeiten, einen schönen Tisch von Marmor mit florentinischen Mosaik, eine kleine Konchyliensammlung u. s. w. Treffliche italiänische Landschaften von unserm Landsmanne Dietrich's, in denen die Farbengebung geschätzt wird, durfte ich nicht übergehen, sie gehören zu den Hauptzierden dieser unvergleichlichen Privatsammlung. — Noch schmückt diesen Zauberpalast ein schöner hoher Saal, der in der Mitte, aber nur in der Mitte, ein Echo giebt, dass, wenn es durch Händeklatschen hervorgebracht wird, einem kleinen Gewehrfeuer gleicht, wie man es in der Ferne hört. — Anstossend einige schöne Gesellschaftszimmer, jetzt sehr selten gebraucht. Der Vater des gegenwärtigen Besitzers soll auf einem prächtigen Fuss gelebt haben.

Ref. bekennt, dass er von dem Technischen der Künste wenig verstehe, dass er Werke der Malerei und Skulptur lediglich nach dem einfachen Sinne auffasse, den ihm frühzeitige, lichte Studien der Alten, des christlichen Geistes und der christlichen Geschichte angebildet haben. Dabei war er der Erfahrung eingedenk, dass allzuscharfe, künstlerische Kritik nicht selten das gerade und gesunde Urtheil verderbe, und jenen inneren Zug verwische *), der das Wahre instinktmässig findet und anerkennt. Auch schrieb er nicht für Künstler, die aus ihm keine Belehrung schöpfen können, deren Zurechtweisung er vielmehr bedarf; sondern für gebildete Laien, die von Italien eine kurze Rechenschaft sich zu geben wünschen, von dem was sie sahen und genossen, oder für solche, die, ohne selbst Künstler zu sein, doch mit künstlerischer Neigung begabt, ziehen möchten nach dem unvergesslichen Lande.

Die öffentlichen Gärten *(giardini publici)*, deren wir schon oben gedachten, sind ein herrliches Plätzchen, in den Umgebungen einzig. Im Sommer soll es hier unvergleichlich sein; der Wasserspiegel, die warme Luft, und dazu das heitere Grün. Eine Oase in den Fluthen. Jetzt sieht es öde aus, da die Blätter gefallen.

---

*) Hierin stimmt ihm der treffliche und gediegene Kunstkenner Metzger in Florenz bei.

An einem Sonntage besuchte ich mit dem evangelischen Prediger den *campo Marzo*, den Uebungsplatz des Militärs, den einzigen Ort Venedigs, auf welchem Pferde vorkommen. Es herrscht eine schöne Stille gegen die Bewegung, das Lärmen und Schreien, welche Tag und Nacht in der Stadt nicht aufhören. Fast ein Halbzirkel von kleineren, unansehnlichen, beinahe ländlichen Häusern, nahe vor uns ein Kanal, der Hauptplatz eine Arena mit Gras und Bäumen bewachsen, mit einer kleinen Erhöhung. In weiterer Entfernung die Lagunen mit den Inseln, in weitester zur Rechten Venedig. Denn dieser Ort liegt am Ende der Stadt. Der Venezianer liebt ihn nicht, wir sahen Niemand. Nichts ziehet den Italiäner weniger an, als Naturschönheiten. Er hält es bei Weitem für besser, in seinem Kaffeehause in Ruhe zu sitzen, und hierin gewahren wir bereits einen orientalischen Zug, wie wir denn, je näher dem Süden Italiens, auch dem Orient in Art und Sitte immer näher rücken.

Wir waren in der Kirche *Giovanni Paolo*, ehrwürdig und majestätisch in ihrem Bau; der hintere Theil hat wohlerhaltene Glasmalereien, die indess, da sie das Licht des Tages aufhalten, der Kirche ein düsteres Ansehen verleihen, das sie schon sonst hat. Die Kapelle, noch dunkler, besitzt vortreffliche Basreliefs von weissem Marmor von verschiedenen Meistern. Die Köpfe über jede Beschreibung ausdrucksvoll, besonders in Darstellung der Geburt Christi. Die alten einfältigen Hirten versichern ihre Gottergebenheit, eine Mutter lehrt ihr Kind beten. Eine Anbetung der Magier; ein kleineres Stück, den jungen Christus im Tempel mit den Meistern in Israel darstellend; der Jesuskopf ist unsterblich. — Das berühmte *martyrium Petri* von Tizian gehört dieser Kirche. Die Farben sind brennend, durchdringend und dunkel, wie stets von diesem Meister. Das Bild ist in dieser schon sonst düsteren Kirche unvortheilhaft aufgehängt. Die Engelsköpfchen sollen schön sein; ich konnte sie nicht herauserkennen; nur den Räuber, welcher den Petrus zu Boden schlägt, musste ich als herrlich gebräunt und trefflich anerkennen. Petri Begleiter neben ihm in fliehender, zweifelhafter Stellung.

Vor jener Kirche das Monument des Generales Coleoni, das er sich selbst nach testamentarischer Verfügung setzen liess. Man tadelt an dem bronzenen Pferde, dass es gegen die Natur mit dem linken Fusse vorwärts setzt. Der Feldherr sitzt kräftig auf dem Streitrosse; sein Gesicht ist markirt. Gegen das Volk, das hier alle öffentlichen Denkmäler besudelt, hat man das genannte erst in diesem Jahre mit einem eisernen Gitter umgeben, wie die Inschrift besagt. Wie oft sahen wir auch in den Kirchen z. B. Roms, die bronzenen, stark vergoldeten Lettern der Inschriften abgelöset; ich denke zunächst an die Kirche *Maria di popolo*, am Eingange vom Norden.

Die Kirche zu *S. Redentore*, von Palladio gebauet, in Form eines Kreuzes, im edelsten Geschmack. Der Altar der Eingangsthüre gegenüber, das Chor hinter ihm ein Amphitheater. Angemessner, edler und einfacher für einen Tempel kann eine andere Bauart nicht sein. Die Kanzel ist so gut gelegen, dass Alles vollkommen hören und verstehen kann. Ueberhaupt ist überall Ebenmaass; ich habe nach meiner Ansicht des Ganzen nichts Ueberflüssiges wahrnehmen können. Dem Inneren entspricht das Aeussere; die Façade, welche leicht und genial im klassischen Geschmack heraustritt, ohne dass man Anstrengung und Mühe bemerkt, wie hingezaubert. Die Säulenordnung schön, einfach, angemessen. Ein Paar Kapuziner beteten in der Dämmerung in sich gekehrt, auf den Bänken sitzend und an ihnen hinknieend. Von den Gemälden konnten wir für dieses Mal bei eingetretener Dunkelheit nichts wahrnehmen.

Die Kirche *dei Scalzi* klein und prachtvoll. Marmor, Achate, Jaspise und andere Steine sind verschwendet. Jeder Altar kann ein Meisterstück heissen, jeder ist von einer patrizischen Familie gegründet, und opulent ausgestattet mit Bildhauerarbeit oder Gemälden. Welchen Reichthum musste Venedig enthalten! Ein wunderbares Licht fällt durch buntes Glas auf einen der letzten Altäre herab. Hier ruhet auch der letzte Doge, Manin mit Namen. Er benahm sich bei der Okkupazion feig, schützte Krankheit vor, suchte das Bette. Er ward ohnmächtig in dem Augenblicke, wo er nach' dem Frieden von Campo Formio Oesterreich den Eid der Treue leisten sollte. Sein Schmerz war gross und gerecht, seine Schwachheit flösst Mitleid ein.

Der Dogenpalast, ein reicher Bildersaal venezianischer Ereignisse und Dogen, führt die mannichfachste und reichste Geschichte vor den innern Sinn; wir scheuen uns, das oft Geschilderte abermals vorzuführen. Die Aristokratie Venedigs hatte milde Formen, ohne darum in der That weniger eigenmächtig und schrecklich zu sein; der Rath der Zehn und die Staatsinquisition waren ein Gericht, den Guten lieblich, den Bösen furchtbar. Der Löwenrachen, welcher die Billets der Denunzianten aufnahm, und somit jeder Verläumdung und Intrigue die Gelegenheit bot, ist nicht mehr; mit dem Einziehen der Franzosen ward er vertilgt; auch war es eigentlich die Oeffnung unter ihm, welche diese Pamphlets sammelte und der geheimen Staatspolizei willkommenen Stoff gab. Die Seufzerbrücke *(ponte de' sospiri)*, welche die zum Tode Verurtheilten aus dem Kerker vor das Gericht führte, ihr Endurtheil zu vernehmen, ein bedeckter über einen Kanal gewölbter Gang, ist nun ein Erinnerungsstück geworden. Die unterirdischen Löcher der dem Tode verfallenen Unglücklichen mahnen an eine drakonische Zeit mit geheimnissvollen Verhandlungen. Die Leidenschaft und Kabale hatten ununterbrochen ihre Spielplätze; ein in diesen dumpfen Kammern des Todes viele Jahre gehaltener unglücklicher Greis erblindete augenblicklich, als er nach der Einnahme der Franzosen auf dem Markusplatze an das Tageslicht gebracht, dem Leben wiedergegeben werden sollte. Der junge Adel Venedigs ermangelte der feinen Erziehung; man höre die venezianischen Lustspiele, in denen sich der Geist jener Zeit ausspricht, ihre Gondelparthieen mit den daran geknüpften platten Scherzen, die Weichheit, Eleganz und Süssigkeit der jungen Liebhaber. Selbst der, ich möchte sagen, diplomatische Reichthum ihrer Kleidung, der französische Schnitt, der an Ludwigs XIV. Zeitalter mahnt, spricht für ein Leben, in Nichtsthun hingebracht, in Unthätigkeit verloren.

6*

Dass Venedig bei einer so grossen Anzahl hochverdienter Männer sank, ist sicherlich ausser anderen äusserlich wirkenden Einflüssen der Verderbtheit und Indolenz seiner Jugend vor Allem beizumessen. Gleiches Schicksal lässt sich Frankreich weissagen.

Gegen das Ende meines Aufenthaltes in Venedig fällt meine Bekanntschaft mit dem Freiherrn von Wessenberg, ehemaligen Bisthumsverweser zu Constanz, gegenwärtigen pensionirten Domherrn zu Augsburg und Constanz. Zu Anfange des Jahres 1832 reiste er in Begleitung einer Schwester, der Frau Gräfin von Schulenburg und deren Tochter nach Rom, ward aber durch die Krankheit seiner Verwandten in Venedig mehrere Wochen aufgehalten. Hier hatte ich Gelegenheit, öfter mit ihm zusammen zu kommen und die Reinheit seiner Gesinnungen, wie den Umfang seiner Kenntnisse schätzen und verehren zu lernen. Ein äusserlich höchst einfach erscheinender Mann, hat er doch das Ansehen eines würdigen katholischen Prälaten. Längst war ich durch seine Schriften ein Anhänger und Freund seiner Denkart geworden; ich sollte es nun auch seiner Persönlichkeit werden. Ueber seine ihm angedeutete Theilnahme an den „Stunden der Andacht" lächelte er, ohne sich zu verrathen. Vor siebenzehn Jahren hatte er in Angelegenheiten des Bisthums für Aufhebung des Cölibates und der Ohrenbeichte dieselbe Reise gemacht, ohne indess zu seinem Zwecke zu gelangen. Kaum dass er bei Consalvi zur Audienz kam. Nun sah er Italien zum zweiten Male, ohne eine ernstere Absicht, als die, sich an dessen Kunstschätzen und Alterthümern zu ergötzen und zu erbauen. Gerüchte waren ihm vorhergegangen; seine Anwesenheit wurde auch von einem jungen italiänischen Geistlichen benutzt, um seine Gesinnungen zu erforschen, und Unkraut unter den Waizen zu streuen. Aber der feine und gewandte Mann, eines der würdigsten Mitglieder der badenschen Ständeversammlung, wusste diese Klippen trefflich zu meiden. Ich sah ihn in Rom wieder, und genoss mit ihm im Anschauen der Gemäldesammlungen und in der Wiederholung des Genossenen einige schöne und unvergessliche Stunden.

Eine alte Meinung ist, dass die venezinnischen Gondolieri oder Barkenführer, vertraut mit den Klassikern ihres Vaterlandes, sich daran ergötzen, im Wechselgesange Stanzen des **Ariost** oder **Tasso** zu recitiren. Sie rufen sich einander an, und singen mit Sinn und Ausdruck. Das tausendmal Wiederholte ist ihnen neu, der Fremde staunt über ihre Empfänglichkeit und ihr Talent. So die Alles verschönernde Sage der Reisenden. Die Wahrheit ist nur, dass man diese Sänger besonders bestellen und reichlich bezahlen muss, der Schauplatz ihrer Kunst ist gewöhnlich das Lido. Hier stellen sie sich in ziemlicher Entfernung von einander, und kreischen (der Ausdruck ist nicht zu stark) die verheissenen Stanzen amöbäisch ab, wobei der Zuhörer nur übel empfinden kann. Alle Einbildungskraft reicht nicht hin, das Widerliche einer solchen Scene zu entfernen. Frau von **Staël** und andere Reisende sehen freilich auch dieses poetisch an; ich kann aber nur der Wahrheit die Ehre geben. Sonst sind diese Gondelführer in ihrer Schweigsamkeit und in der Festigkeit, womit sie das Ruder führen, achtbar. Prachtvolle Gondeln dienten einst den ersten Häusern Venedigs als Equipagen, der Gondelführer war einer der ersten Diener der Familie, und oft als *postillon d'amour* gebraucht. Jetzt dienen sie dem Publikum, und besonders am Abende in einer streng geregelten Reihenfolge. Daher die oft gehörten Worte: *tocca* (es trifft dich).

Auch der Name des **Silvio Pellico** von Saluzzo knüpft sich an die Schattenseite Venedigs. Die Memoiren über seine Gefangenschaft sind ein gefeiertes, allgelesenes Buch geworden. Einer unserer ersten Theologen *) reihet an die ächt christliche Gesinnung, die sich unter den grössten menschlichen Leiden, wie aus einem lauteren Quelle, ergiesst, das Wiederaufleben eines neuen religiösen und kirchlichen Sinnes unter den Italiänern, und hält das Werk für Epoche machend in der Kirchengeschichte unserer Tage. Wenn wir auch nach unseren Erfahrungen diese Hoffnung für zu sanguinisch halten, und die Erscheinung des **Silvio**

*) Neander.

unter seinem Volke für ziemlich vereinzelt erklären müssen, so theilen wir doch unbedingt die Verehrung und Hochachtung für die Person des Verfassers. Seine Landsleute selbst sagen von ihm „er schreibe wie ein Engel" nach so unverdienten, namenlosen und langen Leiden ohne eine Spur von Bitterkeit, ohne ein Wort von Politik, die ihn in den Kerker brachte, und von der er, wie von einer untreuen Geliebten, sich losgesagt hatte, mit reinster Resignation und Frömmigkeit. Hier werde seiner gedacht, weil er unter den Bleidächern Venedigs, den peinigendsten Schwärmen stechender Insekten (Musquito's, *zanzarre*) ausgesetzt, im glühendsten Sommer mehrere Monate schmachtete, dem Tode und der Verzweiflung nahe. Wie konnte daher noch ein neuerer französischer Berichterstatter die Behauptung wagen, dass die Erzählung von der Furchtbarkeit jener Gefängnisse Erdichtung und Uebertreibung sei, und dass er manchem seiner Leser wünsche, so wohl logirt zu sein, als man es dort sei. Und dieses noch unter dem österreichischen Scepter. Sein letzter Aufenthalt auf dem Spielberge in Mähren *(carcere duro)* war freilich härter, als alles Vorhergegangene; es ist das Grösste gewesen, was der Mensch von Leiden ausdauern kann. Dennoch dichtete er im Schoosse des höchsten Kummers und Elendes, nur durch die Freundschaft eines anderen Unglücklichen, seines Maroncelli, aufrecht erhalten, viele Trauerspiele, die aber an Blüthe, Kraft und Frische seiner Francesca da Rimini, mit welcher er Italien zuerst in Erstaunen setzte und seinen Ruhm gründete, weit nachstehen. In Turin lebt er nun im Schoosse seiner Freunde, seiner hochbetagten Aeltern, dem Leben wiedergegeben, angesehen und geehrt, selbst am Hofe wohl gelitten, wenn gleich der österreichische Gesandte, der dort so Vieles gilt, die Veröffentlichung seiner so unschuldigen Memoiren, in denen eine Schule christlicher Geduld liegt, hindern wollte. Aber die schönsten Jahre seines Lebens vertrauerte und verlor er im Kerker, ohne unmittelbaren Antheil an der Politik genommen zu haben, durch die Gemeinschaft mit einigen der ersten Häuser Mailands, die im Geruch des Carbonarismus standen, in das Unglück der Zeit gezogen. Sein *discorso ad un giovine sui doveri dell' uomo* ist auch Gemeingut unserer Nation geworden, und enthält die reinste Moral, wie sie nur der evangelische Prediger geben kann, in die Gefälligkeit, den Anmuth und Zauber der italiänischen Form gekleidet. In Venedig ward ihm auf der Piazzetta das Todesurtheil angekündigt und verlesen, aber in das Kerkerthum zu Spielberg verwandelt, das wohl ein langer Tod genannt werden kann.

Das reiche Bild des grossen, nun sterbenden Venedigs, vollständig zu zeichnen, war nicht die Aufgabe, und verlangt eine andere Feder. Nur einzuführen, auch den Abwesenden, in die venezianische Welt, wie sie war und wie sie ist, ist mein nicht unerreichbarer, vielleicht auch nicht unerreichter Zweck gewesen.

Siebentes Capitel.

Ferrara. Bologna.

Am elften Januar des Jahres 1832 verliess ich das Meerumflossene Venedig, nachdem ich die letzten zehn bis zwölf Tage zunächst durch eine Erkältung, die ich mir auf der St. Markusbibliothek zugezogen hatte, mich unwohl gefühlt hatte. Leichtes Fieber, Kopfschmerz und Husten nöthigten mich, einen deutschen Arzt zu Rathe zu ziehen, und meine Tage in ziemlicher Geschäftslosigkeit zuzubringen. Die Bibliothek vermochte ich nicht mehr zu besuchen. Treue Theilnahme neuerworbener lieber Freunde erleichterte mir den Zustand des Unwohlseins.

Während es nun zur Genesung sich anliess, sagten mir doch die drückende Nebelluft und der feuchte Scirocco nicht mehr zu. Die Dünste aus den Lagunen während des Sommers sind freilich noch weit drückender. Ich sehnte mich herzlich nach der *terra ferma*, so dass mir zuletzt der wohlwollende Arzt selbst den Rath und die Erlaubniss ertheilte, abzureisen. Noch nicht völlig hergestellt, reiste ich mit dem Postschiffe in der Nacht über die ausdünstenden Lagunen, von theueren Freunden bis an das feste Land geleitet, mit der *diligenza* nach Ferrara und Bologna. Die Mitternacht hatte uns noch einmal in Venedig zu einem freundschaftlichen Abschiedsmahle vereiniget. In Ferrara war ich nur Einen Abend und noch dazu unpässlich. Ich habe nichts gesehen von dieser weitläufigen, aber recht schlecht bevölkerten Stadt, lange Zeit dem Sitze eines glänzenden Hofes, und dem Aufenthalte des unsterblichen Tasso. Das schöne Kastell erblickte ich flüchtig im Vorübergehen. Einen übersüsslichen Thee, den ich zur Magenstärkung bestellt hatte, musste ich aus dem Glase trinken.

Freitag am 13. Januar des Jahres 1832 langte ich unter Sturm und Wetter in dem päbstlichen Eilwagen zu Bologna an. Zu meinem grossen Glücke hatte mich ein sächsischer Freund, D. Härtel in L., in einen deutschen Gasthof, *pensione Svizzera*, adressirt, welches unter der Leitung eines schweizerischen Wirthes, des braven Brun, stand. Ich machte noch einige Gänge, fühlte mich aber Nachmittag oder gegen Abend unwohl, und musste mich niederlegen. Schnell verfiel ich in ein schweres hitziges Fieber, das ohne Zweifel klimatisch war, und mit welchem ich meinen Eintritt in Italien und die ungewohnte Lebensweise büssen musste. Zwei Nächte und Einen Tag lag ich ohne Bewusstsein, und nur durch schnellen Aderlass am linken Arme und am Kopfe, so wie durch Ansetzung von Blutegeln konnte ich gerettet werden. Doch dem Himmel Dank, der mich dem Leben wieder gab; es ging vom Sonntage an von Tage zu Tage besser, und die ersten acht Tage, welche ich in Bologna zubrachte, fühlte ich mich in der Reconvalescenz weit vorgerückt. Sie bestand vorzüglich in allmähliger Wiederkehr der Kräfte, indem anfangs, wie natürlich, nach dem harten Fieberanfall eine grosse Schwäche eintrat. Während der Krankheit erfuhr ich in diesem Hause, dem ich ein dauerndes dankbares Andenken schuldig bin, alle Sorgfalt und Pflege, und empfehle es daher mit aller Aufrichtigkeit und von ganzem Herzen allen meinen theueren deutschen Landsleuten, indem ich nur wünsche, dass sie nie in den Fall gerathen mögen, es in Krankheitsfällen zu erproben. Zwei italiänische Aerzte wurden gerufen, mein Banquier schickte mir den seinigen. Ungeachtet auch ich mit der den Deutschen gewöhnlichen Abneigung gegen die italiänische ärztliche Behandlung, namentlich gegen den Aderlass, hin kam, hatte ich doch alle Ursache, mit ihnen zufrieden zu sein. In den Phantasieen des Fiebers meinte ich sicherlich durch die falsche Methode der italiänischen Aerzte geopfert zu werden. Die Stösse der bologneser Vorübergehenden mit den Stöcken an die Hausthüren mit einem einförmigen widerlichen Geschrei, eine Unsitte damaliger Zeit, gemahnten mich in der Hitze des Fiebers an die ähnlich lautenden Ruderschläge der Gondelführer, welche aus Venedig die Leichname nach der Insel S. Christoforo geleiten. Eine seltsame Kombination und wundersame Todesahnung! — An freundschaftlichem, selbst theologischem Zuspruche fehlte es mir auf meinem Krankenlager nicht. Ein Prediger der nordamerikanischen Freistaaten, Jarvis, ein lieber Mann, der sich mit seiner Familie bereits über einen Monat in Bologna aufhielt, und, um seinen Kindern eine, in Amerika kaum erreichbare, bessere Erziehung zu verschaffen, Italien, England und Deutschland bereisen wollte, besuchte mich, den Theologen und Glaubensgenossen, auf meinem Lager; ja, während die Krankheit wuchs, und nach erfolgter Genesung, schloss er mich in den kleinen Gottesdienste, den er in seinem Saale für einige Engländer und für seine Familie hielt, in das gemeinsame Gebet ein. Wer jemals den Werth wahrer christlicher Theilnahme in wirklichem Unglück empfunden hat, wird es ahnen, wie dankbar ich ihm dafür gewesen. Er hatte bereits einen ansehnlichen Theil Italiens durchreiset, und lebte noch lange nach meiner Abreise in Bologna. Später traf ich ihn auf meiner Rückreise in Florenz wieder, und erneuerte das Andenken mancher heiteren Stunde, die wir zusammen genossen hatten. Sie wurde auch durch manche neue vermehret.

Auch fand sich als Freund des Wirths und lieber biederer Landsmann ein Maler Baumgarten aus Dresden öfter bei mir ein, der in Bologna schon über ein Jahr verweilte, und dort in Aufträgen eines russischen Grossen durch Vermittelung des preussischen Gesandten zu Rom mehrere Kopieen von Originalen der Pinakothek verfertigte. Und so fehlte es nicht an tröstender Unterhaltung und erheiterndem Zuspruch.

Möchten doch alle Landsleute, welche die Veränderung des Klima's und der Lebensweise als höchst nachtheilig für ihre Gesundheit fürchten, und sich gewiss häufig dadurch von einer Reise in die hesperischen Gefilde abschrecken lassen, sich belehren lassen, dass die Vermeidung dieser Nachtheile grösstentheils in ihre Hand gelegt ist. Das Suchen des Schattens während des Scirocco und der heissen Mittagsluft, das langsame Gehen, der mässige Genuss der Südfrüchte, und insbesondere des an Güte oft so verschiedenen Weines, die Enthaltung von Ausschweifungen besonders in der Liebe, welche einen sonst kräftigen Körper dort früher als bei uns zerstören, sind eben so viele sichere Mittel, einer hitzigen Krankheit vorzubeugen, die unter diesem Himmel unstreitig schneller lebensgefährlich wird und hinwegrafft, als in unserer Zone. Dem Einfluss des Klima und Erkältungen, welche bei mir die Ursache der Krankheit wurden, ist freilich schwerer zu entfliehen; insbesondere ist die Haut durch die Macht der Hitze häufigem Friesel ausgesetzt; dagegen ist auch die wohlthätige Einwirkung des milden Klima auf einen sonst robusten Körper unläugbar, und das organische Wohlbefinden steigert sich in denselben Verhältnissen, in welchen man länger in dem Lande der Orangen und Citronen verweilet. So besonders in Rom, von dem schon Göthe so wahr sagte, dass in dieser Fülle der Natur und Kunst die Seele gleichsam wie auf einem breiten Grunde ruhig und sicher wohne.

Protestanten giebt es in Bologna, den schweizerischen Wirth, und einige Engländer ausgenommen, durchaus nicht, daher ist an eine protestantische Gemeinde dort nicht zu denken. An Anfechtungen zum Uebertritt fehlte es nicht ganz; der deutsche Wirth erzählte mir von sich selbst Erfahrungen; ein Geistlicher hatte ihn mit zudringlichen Briefen und katholischen Gebetbüchern bestürmt. Allem diesem hatte er tapfer widerstanden. Seine Kinder hätte er katholisch taufen lassen müssen: wenn ihn nicht ein durchreisender Schweizergeistlicher aus der Verlegenheit gezogen hätte. Mein wider Erwarten verlängerter Aufenthalt zu Bologna zu Anfange des Jahres 1832 gab mir nicht allein Gelegenheit, diese alte ehrwürdige Stadt mit ihren Schätzen der Kunst und Wissenschaft näher und tiefer kennen zu lernen, sondern führte auch ein politisches Gemälde vor meinen Augen auf, das interessante Erscheinungen darbot. Es war die Zeit des letzten Kampfes der Romagnolen und des Einrückens der österreichischen Truppen in das päbstliche Gebiet. Traurig und kläglich war dieser Kampf, ein Zeichen der aushauchenden Freiheit. Die Bologneser und Romagnolen, welche sich gegen die Päbstlichen (spottweise *truppa papalina* oder *papalini* genannt) unfern Rimini zusammengezogen hatten, wurden von letzteren bei Cesena angegriffen und vor den Mauern der Stadt von zwei Seiten geschlagen. Verrath von Seiten des Anführers führte diese Katastrophe herbei. Die Päbstlichen waren fünftausend stark. Die Bologneser und ihre Verbündeten, unter Bedeckung von einigen Kanonen, zogen sich zurück. Zerstreuete Flüchtlinge durchirrten die Stadt. Einer meiner Aerzte, welchen mir mein Banquier *) zugesandt hatte, besuchte mich in der blau und rothen Uniform der Nationalgarde, mit silbernen Epaulets. Bald indess wich sie der bürgerlichen Kleidung. Furcht bemächtigte sich nach und nach der Gemüther, je mehr man von Aussen Unheilbringendes vernahm. Eine Deputation, an ihrer Spitze der Kardinalbischof, ging ab, um mit dem Feldherrn der römischen Kirche, dem Kardinale Albani, zu unterhandeln. Andererseits erwartete man, dass, wenn bei Bologna ein neuer ernsthafter Widerstand versucht werden sollte, die Oesterreicher, welche längst in Ferrara standen, unverzüglich einrücken würden. Die allgemeinen Klagen, welche man gegen die Regierung führte, waren gewiss bei einem so duldsamen Volke, als die Italiäner sind, gerecht, und betrafen besonders die grosse Willkühr in der Justizpflege und Unsicherheit des Eigenthums. Schlimme Beispiele sollten vorgekommen sein. Man verlangte neue, gute, dauerhafte Gesetze. Niemand konnte damals das Ende voraussehen. Viele, wie es schien, wünschten die österreichische Besitznahme, von ihr mehr Gutes hoffend, als von der

---

*) Das Haus Landi & Roncadelli.

Rückkehr der alten Ordnung. Es musste in Kurzem sich entscheiden.

Ein grosser Hass zwischen den Oesterreichern und Italiänern that sich natürlich hervor. Während die Italiäner ihre Machthaber und Zwingherren nur *Tedeschi* nannten, wurden sie von den Oesterreichern oft auf das Verächtlichste Lateiner, lateinische Hunde geschimpft. Man ward an die Zeiten des mittelalterlichen Faustrechtes und der Römerzüge erinnert.

Ich erlebte noch den tragischen Ausgang. Das österreichische Heer, vereinigt mit den Päbstlichen, zog ein, unter den Befehlen des Generales Hhrabowsky, der sich bei seinem ersten Stande in Bologna durch weise Umsicht und Nachgiebigkeit viele Liebe und Achtung erworben hatte. Kavallerie und eine zahlreiche Artillerie imponirten. Die päbstlichen Truppen, von dem Volke am meisten gehasst, waren in die Mitte eingeschlossen, und wurden in die Kasernen verlegt, vor denen die Oesterreicher, zu grösserer Sicherheit, Wachen ausstellten. Grössere Schmach konnte wohl einheimische Truppen nicht treffen. Die Oesterreicher bezogen Stadtquartiere. Eine Scheidung der Deutschen von den Italiänern zeigte sich durchaus, z. B. auch darin, dass die österreichischen Officiere niemals mit den päbstlichen in dem Gasthofe, den ich bewohnte, gemeinschaftlich speisesten. Davon war wohl auch der geringere Sold der Päbstlichen die Veranlassung. Der Kardinal Albani verlangte durch wiederholte Anschläge mit unerbittlicher Strenge unbedingte Unterwerfung und Auslieferung aller Waffen der Nationalgarde. Diesem Befehle ward langsam und mit Widerstreben Folge geleistet. Um diese Zeit reiste ich ab; aber mir blieb der wehmüthige Eindruck des von inneren Partheiungen zerrissenen Staates, dessen Angelegenheiten durch die bald erfolgte Besitznahme der Franzosen von Ankona noch mehr verwirrt werden sollten. Letzteres war eine politische Demonstration gegen die andere, die seitdem Konsistenz gewonnen hat.

An den Namen Bologna's knüpft sich der Name Mezzofanti's, einer früheren Zierde dieser Universität theils als Bibliothekar, theils als Professor der griechischen und orientalischen Sprachen, des gefeierten Sprachenforschers und Sprachenkenners, der so viele Verehrer und Freunde in Italien zählt. Sein europäischer Ruhm ist nicht von seinen Schriften, deren er, einige Piecen ausgenommen, keine verfasst hat, sondern von seinem persönlichen und lebendigen Sprachtalente ausgegangen. Ein Mann, mittlerer Grösse, etwas gebückt einherschreitend, hat er ein wohlwollendes und gutmüthiges Aeussere. Seit er an Mai's Stelle Präfekt der Vatikana geworden war, hatte ich Gelegenheit ihn täglich zu sehen. Sein Talent ist durchaus mehr Sprachfertigkeit, als tiefe Sprachkunde. An einem Vormittage im Vatikan sprach er neugriechisch mit einem eben eintretenden jungen Manne, hebräisch mit dem Rabbinen oder *Scrittore* der Bibliothek, russisch mit einem dem Manuscriptensaale zueilenden Grossen, lateinisch und deutsch mit mir, dänisch mit einem anwesenden jungen dänischen Archäologen, englisch mit den Engländern, italiänisch mit Vielen. Deutsch spricht er fein und gut, fast zu zart, wie ein Hamburger. Lateinisch redet er nicht vorzüglich, eben so mittelmässig spricht er das Englische. Etwas erinnert doch sein Wesen an den Papagei; Ideen scheint er nicht reichlich zu besitzen. Doch ist sein Talent besonders darum bewundernswerth, weil die Italiäner mit grossen Schwierigkeiten in Erlernung fremder Idiome zu kämpfen haben. Eine wunderbare Erscheinung wird dieser Mann stets bleiben, wenn auch kein Wunder im dogmatischen Sinne. Man will beobachtet haben, dass er in seinen Ideen sich sehr wiederhole. Von Mai ist er in seiner Stellung zur Vatikana besonders in der ersten Zeit des Antritts des Bibliothekariates gar sehr abhängig gewesen, und zeigte sich darin schwach. Mir hat er viel erzählt, wie er in Bologna das Russische von einem Polen gelernt habe, und daher in Gefahr gerathen sei, polnische Provincialismen in das russische Idiom einzubringen. Der Besuch der Hospitäler in den französischen Kriegen bot ihm erwünschte Gelegenheit, Menschen aller Zungen zu sehen und zu sprechen, und der Durchzug der Oesterreicher machte ihn mit der Zigeunersprache bekannt. Er ist, wie er versicherte, dreimal todtkrank gewesen, in einer Art *confusio linguarum*. Ueberhaupt ist er ein Mann sensiblen Nervensystemes und von entschiednerer und ängstlicherer Anhänglichkeit an den Katholicismus als Mai. Ausser nach Rom und Neapel ist er nie gereiset, nach Neapel ging er, um das Chinesische in dem dortigen Institute zu erlernen, wurde aber lebensgefährlich krank. Er sucht sorgfältig den Umgang mit Fremden, um mit jedem in dessen Muttersprache zu reden. Als Liebling des Pabstes erheitert er dessen Verdauungsstunden, und wird von ihm oft Nachmittags gerufen: durch sein vielseitiges Wissen, und durch seine gewinnende Urbanität ist er zum Gesellschafter des Hofes wie geboren. Bei den arbeitenden fremden Gelehrten am Vatikan gewann er Popularität durch Concedirung einiger Arbeitstage, die er nach Anfang der Ferien für die Handschriftenbeschäftigung ausserordentlich bewilligte. Man hält ihn italiänischer Seits für einen Hofmann; bei den Aufständen in Bologna eilte er nach Rom und wusste das Vertrauen des Pabstes zu gewinnen. Nach seiner Rückkehr fand er bittere anonyme Billets, die ihn der Zweizüngigkeit und Verkäuflichkeit beschuldigten, und ihn unter die Menge warfen. An seinem Zartgefühl gekränkt, verfiel er darüber in eine hitzige Krankheit. Dennoch ging er, zuerst als Hausprälat des Pabstes, nach Rom. Als Mensch ist er sehr liebenswürdig, auch gegen seine nächsten Verwandten. Seine Neigung, fremde Idiome sich anzueignen, ist so gross, dass er auch den Accent der Sprachen und Dialekte nach den Provinzen beobachtet und nachahmt. Hierin hat er es so weit gebracht, dass er z. B. das hamburgische und hannöverische Deutsch sehr wohl zu distinguiren weiss. Auch des Wendischen ist er nicht unkundig. Es ist dieses freilich eine sehr untergeordnete Gabe. Doch bleibt auch dieses ein Talent, und kann in seinen glänzenden Aeusserungen ausgeübt, in Erstaunen setzen. Mezzofanti verstehet dieses wohl. Die Italiäner bewundern diesen ausgezeichneten und demuthsvollen Mann als das achte Wunder der Welt, und glauben an seinen europäischen, ja asiatischen und afrikanischen Ruf. Er soll einige dreissig Sprachen und Dialekte, freilich nicht durchaus mit gleicher Fertigkeit, reden. Der neupersische Missionär Sebastiani in Rom, welcher in Persien eine politische Rolle unter Napoleons Regiment spielte, ward von Mezzofanti eifrig gesucht, um sich das Neupersische anzueignen. Allein Sebastiani zog sich aus Abneigung zurück, eine Sache, die Mezzofanti sehr schmerzte. Man hat Mezzofanti den *Mithridates* genannt, und ihn auch sonst sehr hoch gestellt. In geistiger Beziehung stehen gewiss viele, selbst italiänische Gelehrte, über ihm; seine Lektüre scheint, eben weil sie sich allzuweit zerstrenet hat, bisweilen seicht und flach, und es ist vorgekommen, dass er mit Fremden oft dasselbe geredet. Allein sein grosses eigenthümliches Sprachtalent, das auf einem wie besonders eingebornen Sinne zu ruhen scheint, stehet nicht abzuläugnen: seine Humanität und Gefälligkeit gegen die in der Vatikana arbeitenden Gelehrten ist sehr gross, und ich begreife daher nicht, wie Blume (*It. Ital. I.* 153.) von entgegengesetzten Erfahrungen, die man in Bologna gemacht habe, sprechen konnte. Dankbar erwähne ich seine gefällige Verwendung für den gefeierten Uncialcodex no. 1209. der griechischen Bibel in der Vatikana: zu einer Zeit, als er nicht lange das Amt der Präfektur an dieser ersten der römischen Bibliotheken angetreten hatte. Mai ein Mann, dessen grosse Verdienste um die alte Literatur kein Einsichtsvoller verkennen wird, hielt diese Handschrift zurück, auf deren erneuerte Vergleichung, die auch den neuesten Kritikern so wichtig und unentbehrlich für einen Theil der neutestamentlichen Textesrecension erscheint, ich einen grossen Theil meiner Musse in Rom zu verwenden gedachte. Nur ein einziges Mal hatte Mai die Handschrift mir flüchtig vorgezeigt und vorgeblättert, ohne dass ich der wichtigeren Stellen für meinen Gebrauch habhaft werden konnte, ungeachtet ich mit tüchtigen Empfehluugen und einem schmeichelhaften lateinischen Briefe von Professor Hermann in L. an ihn gelangte. Der erste Empfang geschah durch unsern sächsischen Agenten Platner in Rom, welcher mich in den heiteren Sälen des Vatikans einführte.

Mai, ein Mann von mehr als mittlerer Grösse, stark und kräftig gebauet, mit Adlerblick und durchdringendem, schwarzem Auge, mit dem Inkarnate eines ächten Italiäners, stand im Gespräche begriffen mit einem Geistlichen, und nahm meinen Brief anfangs mit gleichgültiger Miene auf. Während er indess ihn zu durchlesen anfing, heiterte sich sein in Falten gelegtes Gesicht bei dem vielen Verbindlichen, das er enthielt, sichtlich auf, und er rief einmal über das andere aus: *va bene, va bene* (es geht gut, schon gut!). Hierauf frug er mit Theilnahme nach dem *gran Grecista* (Prof. Hermann in L.), meinte, dass ich wohl gekommen sei, eine Arbeit zu verrichten *(per far qualche lavoro)*, und versprach mir seine Beihülfe zunächst für den *Cod.* 636. des Euthyminus Zigabenus über die paulinischen Briefe. „Wir werden sehen, ihn zu finden" war seine Rede. Bald brachte er wirklich den starken Folianten zum Vorschein; bemerkte indess zugleich, dass er nicht glaube, dass dieser Nachfolger des Chrysostomus etwas Eigenthümliches habe. Damit beruhigete er sich selbst über seine Freigebigkeit. Später erst fragte ich nach dem berühmten biblischen Codex Vatikanus, um nicht sogleich mit dem Kostbarsten und Werthvollesten herauszutreten. Hier aber fand ich bedeutende Hindernisse. Mai erklärte, dass die von ihm zu veranstaltende Ausgabe der griechischen Bibel eine *halböffentliche* sei, dass der Pabst Leo XII. ein ansehnliches Kapital darein verwendet habe, dass er selbst nicht wohl mehr zurücktreten könne, wenn gleich das Unternehmen durch die kriegerischen Rüstungen im Kirchenstaate in Stocken gerathen sei. Gleichwohl sind von dieser Ausgabe erst wenige Bogen mit neutestamentlichen Scholien gedruckt. Ohne Zweifel wird es gänzlich aufgegeben werden, ungeachtet Ruspi, ein vortrefflicher Zeichner und Mitarbeiter des archäologischen Institutes, bereits von Mai mit Aufträgen für Facsimilia versehen worden. Denn das Unternehmen ist weitläufig und kostspielig, und liegt nicht in dem nächsten Wirkungskreise Mai's, daher er auch Lust und Liebe dazu verloren hat. Hier erwähne ich diese unserem gegenwärtigen Gegenstande fremdartige Sache darum voraus, weil sie mir als Beispiel der Humanität und Inhumanität zweier Gelehrten dienet, welche einen fast gleich grossen Namen in Italien besitzen. Mai liess mir durch Mezzofanti, seinen Nachfolger, der sich für mich verwandte, den Codex *noch einmal* vor meiner Abreise besichtigen zu dürfen, heraussagen: dass er ihn mir schon öfter gezeigt habe und dass diese Handschrift sich, „in seinem Besitze befinde, ich sie also nicht erhalten könne." Mezzofanti entschuldigte bestmöglichst diese Antwort: mit der Jalousie der gelehrten Leute. Als Mons. Mai mir die Kataloge der vatikanischen biblischen Handschriften flüchtig vorblätterte, versicherte er seine Bereitwilligkeit, mir, mit Ausnahme jenes ersten und wichtigsten, alle übrigen für das Studium zu überlassen, doch mit der Seitenbemerkung: *sono Codici communi* (es sind gemeine Handschriften). Alle *inedita* wurden erst sorgfältig durchblättert, ehe sie einem Fremden überlassen wurden, und sobald irgend Bedeutendes darin vorzukommen schien, ward es zurückgehalten. — Doch es ist Zeit, ein Klagelied abzubrechen, das ich besser und passender bei Rom oder lieber gar nicht anstimmen möchte! —

Mezzofanti liebt es, sein Andenken in Gedenkblättern seinen Freunden zu verewigen. Mir schrieb er in das Stammbuch:

Ἔρχεται ἀνθρώποις λαθραίως ἔσχατον ἦμαρ·
Οἱ δὲ περὶ ζωῆς πολλὰ μονοῦσι μάτην·
Χριστὲ, σὺ μὲν πάντων ἀρχὴ, σὺ δὲ καὶ τέλος ἐσσί·
Ἔν τέ σοι εἰρήνη ἐστὶ καὶ ἡσυχίη.

Ι. Μεσόφαντος.

Die freundliche Anspielung von meiner Seite auf seinen gräcisirten Namen: *ἐν μέσῳ φαίνεται* wurde von ihm sehr wohl aufgenommen. Vielen hat er viel Freundliches in verschiedenen Zungen in Erinnerungsblättern niedergelegt; ein heiteres Denkmal lebhafter und belehrender wissenschaftlicher Unterhaltung.

Die Universität Bologna erfreut sich eines alten gediegenen Rufs. Als die erste Rechtsschule des Mittelalters, in welcher Gelehrsamkeit und Arbeit recht eigentlich zu Hause waren, galt von ihr das alte Wort: *Bononia docet.*

Ihres literarischen Namens und der geistigen Freiheit wegen, in der sie sich bewegte, führte sie das Motto: „*Libertas.*" Und obgleich Bologna niemals Residenz war, so war sie doch stets als *Mutter der Studien* belebt und besucht.

Nächst Venedig ist diese Stadt von Lord Byron allen übrigen Italiens vorgezogen worden.

Der Dialekt seiner Einwohner hat etwas Rauhes und Barsches. Er gehört zu den unangenehmsten Dialekten Italiens. Er verhält sich zu dem reinen Italiänischen, wie das Hochdeutsche zum Plattdeutschen. Dem Fremden ist er völlig unverständlich. Die Gutturaltöne sind auf eine vernehmliche Weise vorherrschend. Welche unangenehme Wege muss nicht nach den verschiedenen Provinzen die so wohllautende italiänische Sprache betreten! In Florenz hat mir ein Gelehrter versichert, dass selbst in den Vorstädten Abarten von der in der Stadt herrschenden Sprache vorkommen.

Die Universität befindet sich gegenwärtig in einem leidlich blühenden Zustande, der indess an ihren alten Ruhm nicht reicht. — Auch hat man seit den Unruhen des Kirchenstaates die Fakultäten zerstreut und sucht die Centralisation derselben zu vermeiden.

Bekanntlich ist Bologna durch gelehrte Frauen ausgezeichnet gewesen, unter denen wir nur Laura Bassi und Clotilde Tambroni nennen, von denen die letztere die Kanzel der Philosophie, die erstere die der Physiologie und Anatomie annahm. Der ersteren Portrait ist über dem Eingange zum physikalischen Kabinet. Bologna sah auch gelehrte Jesuiten, insbesondere Sprachgelehrte.

Sind gelehrte Frauen unter uns selten und oft unleidlich, so gilt diess doch in weit geringerem Grade von Italiänerinnen, welche durch die natürliche Lebhaftigkeit und Anmuth des Charakters den strengen Frost der Musen mildern. Doch auch unter uns giebt es Ausnahmen. Man denke an Luise Adelgunde Viktorie Gottsched und an die Frau des Prof. Reiske in Leipzig. Beide waren eben so liebenswürdige Gattinnen und Hausmütter als Gelehrte.

7*

Vielleicht hat gerade das etwas Düstere und wenig Einladende der Stadt auf die Assiduität der Studien wohlthätigen Einfluss geübt.

Nur die weisse, neue Farbe der Häuser verleiht ihnen einen Reiz. Die Kolonnaden sind ein angenehmer Spatziergang bei Sturm und Wetter, nur nicht belebt genug. — Sie erinnern an die Portikus der alten Philosophen, von denen Reste in Pompeji sind.

War Bologna früher durch Rechtsstudien ausgezeichnet, so ist es jetzt vorzugsweise ein Sitz der Tonkunst. — Rossini ist ein Bologneser und sein alter Vater lebte zur Zeit meiner Anwesenheit noch dort, welchen der Sohn öfter zu besuchen hinkam.

Die *Bibliothek* der Universität enthält 80000 Bände und 4000 Handschriften. — Die Ordnung war in der Zeit meiner Anwesenheit gegen Ende des Jahres 1832 erst im Werden, so dass ich sehr verschiedenartige Dinge neben einander stehen sah. — Die italiänische Bibliothekwissenschaft steht überhaupt sehr zurück; die Italiäner klassifiziren und subdividiren nicht gern und haben für die sorgsame Unterabtheilung der einzelnen wissenschaftlichen Zweige wie sie die Deutschen lieben, keinen Sinn. Alles geht nur *en gros* bei ihnen, was freilich zuletzt wieder von Unwissenheit in detaillirter Kenntniss der Fächer und von völliger Unkunde ausländischer wissenschaftlicher Einrichtungen herrührt.

Das Lokal verdankt man dem gelehrten Pabste Benedict XIV. *(Lambertini)*, dessen Bild man im Eingange gewahrt. Er hinterliess seine Büchersammlung der Bibliothek, einen Theil bei seinen Lebzeiten, den andern nach seinem Tode.

Der Kardinal Philipp Monti, Bologneser, wurde durch das Beispiel des Pabstes bewogen, Gleiches zu thun.

Lambertini ist einer der am längsten regierenden Päbste gewesen und lässt sich nach seinen Verdiensten um die Wissenschaft passend mit dem Kardinal Bessarion vergleichen, welcher für Venedig dasselbe war, was Lambertini für Bologna, seine Vaterstadt.

Da ich nach Handschriften des griechischen N. T. fragte,

so musste ich durchaus für einen Professor der griechischen Sprache gelten, und hatte die grösste Mühe, dem Bibliothekar begreiflich zu machen, dass das neutestamentliche Griechische einer Fakultätswissenschaft angehöre. Man würde nicht so urtheilen, wenn es eine wissenschaftliche Theologie in Italien gäbe. Allein daran ist nicht zu denken. Zuletzt muss man sie bei ihrem Glauben lassen, der mit ihrem ganzen Wesen und ihren Gewohnheiten zusammenhängt. Ich erklärte mich daher für einen Professor der Philologie, um weitläufigen Erörterungen auszuweichen.

Unter Philologen verstehen indess die italiänischen Gelehrten gewöhnlich auch etwas Anderes, als unsere Deutschen, nämlich die sogenannten *belle lettere*, vaterländische Literatur, Poësie, Beredsamkeit und dergleichen, nicht die altklassische Gelehrsamkeit.

Unter den gedruckten Büchern ist ein Lactantius von Subiaco ausgezeichnet 1465, ein Exemplar des Buchs Heinrichs VIII. gegen Luther, London 1521 mit der Unterschrift *Henricus rex*, gewidmet Leo X. Es enthält eine kräftige Vertheidigung des heiligen Thomas gegen Luthers Angriffe, und bewirkte die Ertheilung des Titels eines *defensor fidei* von Seiten des Pabstes an den König. — Ihn behielten auch seine Nachkommen bei, nachdem sie längst dem Romanismus den Abschied gegeben.

Unter den Handschriften bemerkt man einen kostbaren Lactantius in Uncialschrift aus dem sechsten, ja wohl fünften Jahrhundert, welche ursprünglich der Klosterbibliothek zu *St. Salvadore* zugehörig, von dieser der Universitätsbibliothek verehrt ward aus Dankbarkeit für die zur Hälfte wenigstens wiedererlangten Handschriften, welche durch Verwendung der Universitätsbehörden aus den Händen der Franzosen in das Kloster zurückkehrten.

Sodann ein armenisches Manuscript der vier Evangelisten aus dem zwölften Jahrhundert von schöner Schrift mit reizenden Miniaturen. — Es stammt aus dem Kloster des heiligen Ephraim in der Nähe von Odessa und ist in die Bibliothek Benedict des XIV. durch Abraham Neger, einen armenischen Katholiken, gekommen. Ein Manuscript der Bilder des Philostratus, geschrieben von der Hand eines unglücklichen, vertriebenen Griechen mit der Inschrift, welche auch auf andern Büchern, die er abschrieb, sich wiederholt: „der König der Armen dieser Welt hat dieses Buch geschrieben, um zu leben.“ Zwar unterstützte Bessarion bei der Flucht vieler gelehrten Griechen seine Landsleute, vermochte aber nicht Alles für sie zu thun und sie der Noth zu entreissen. Ein Riesenwerk sind die 187 Bände Manuscripte in Folio mit Noten und Material des Aldobrandi, des sogenannten Naturalisten.

Diese Ueberreste eines riesenhaft arbeitsamen, literarischen Lebens sind indess wenig beachtet, da sie in Hinsicht auf Stoff und Form wohl längst übertroffen wurden. Sie gehören aber als seltenes Denkmal eines eisernen Fleisses der Bibliothek derjenigen Universität mit Recht an, an welcher dieser Stern einst mit Recht geglänzt hatte.

Die Autographa von Marsigli, welche 444 Kartons anfüllten, sah ich nur im Vorübergehen. Marsigli ist als einer der Stifter der Bibliothek verdienstlich.

Die Briefe des Bologneser Benedict XIV. wurden uns nicht gezeigt, — man gab vor, dass sie nicht interessant und zum besten Theil nach Rom gekommen seien.

Ich fragte nach einem mexikanischen *Zodiacus* oder Kalender, von dem ich bei Scholz gelesen: aber der Assistent unter allerhand Entschuldigungen ging nicht darauf ein und schien nichts wissen zu wollen.

Ausserdem hat die Bibliothek einige schön verzierte Korans, persische Dichter und sorgfältig geschriebene hebräische Bibeln.

Der erste grosse Hauptsaal ist schön und war zu meiner Verwunderung reichlich von Studenten besetzt.

Vom N. T. konnte ich nur ein Evangelistarium sehen. — Als ausgezeichnete Docenten wurden mir genannt Bajetti, ein berühmter Advokat, für das Naturrecht, Medici als Physiolog, Coliva als Philosoph, besonders für die Ethik, auch guter Prediger.

Die Vorzimmer der Bibliothek, sowie der Hauptsaal sind reich ausgeschmückt mit Bildnissen berühmter Gelehrten, nicht bloss Bologneser, deren ernst herabsehende Blicke den Studien gleichsam auffordernde Schwungkraft zu geben scheinen.

Im Jahr 1829 war die Rede von Unterdrückung der geschichtlichen Lehrkanzel gewesen, gleichwohl hatte diese Kanzel nur alte Geschichte behandelt. Der Verdacht des Carbonarismus ruhte schwer auf der Stadt. Ein Verdacht, welchen spätere Ereignisse freilich bestätigten.

Ich besuchte bald darauf die Bibliothek von *S. Salvadore*. Ungenau ist die Nachricht Blume's *(Iter Italicum II. 161.)*, dass diese Bibliothek aufgehört habe und mit den beiden öffentlichen verschmolzen sei.

Allerdings ist sie von den Franzosen zerstreut, verschleppt und verkauft worden, da sie noch einen Reichthum von 30000 Bänden und 1000 Handschriften besass. Einiges kam allerdings in die Universitätsbibliothek, allein die Handschriften gingen sämmtlich nach Paris. Diese Notiz zog ich an Ort und Stelle ein. Nur 5—600 Handschriften, aber gerade die kostbarsten, sind zurückgekommen: und von der Bibliothek kann eigentlich nicht mehr die Rede sein. — Das Kloster besitzt nur eine kleine Handbibliothek und die genannten Handschriften in einem grossen Zimmer vereint, in welches mich die freundlichen Väter, der Abt und Superior selbst geleiteten.

Das Lokal dieses Klosters, welches von Kanonikern des gemeinschaftlichen Lebens bewohnt wird, ist ziemlich prächtig. — Die Oestreicher benutzten es bei der letzten Okkupation Bologna's zur Einquartirung der Soldaten, und in diesem Augenblicke sah es gleicher Benutzung entgegen, denn schon war der lange Korridor vor dem Eingange voll von Strohschütten für die Neuangekommenen.

Ich fand in dem Bibliothekszimmer eine Handschrift des N. T., der Evangelien und der Briefe. Nach der vorn hineingeschriebenen Vermuthung und auch nach der Beschaffenheit des Schriftcharakters und Textes aus dem elften Jahrhundert, sehr wohl erhalten, mit den Kanonen und Synaxarien. Von Scholz ist dieser Codex zwar aufgeführt, aber wohl nicht verglichen worden.

Mein erster Aufenthalt in Bologna erlaubte mir die Vergleichung noch nicht.

Die Benutzung der Handschrift ausserhalb des Klosters war eine Unmöglichkeit. — Bei meiner zweiten Anwesenheit konnte ich, unter Gegenwart und Aufsicht des Bibliothekars, Proben der Vergleichung von ihm nehmen. Eigenthümlich an ihm ist, dass auf einem Miniaturgemälde eines Blattes die Apostel Petrus und Paulus in Umarmung sich vorfinden, und dass das Abendmahl *(la Cena)* vorstellig gemacht ist. — Gegenstände, welche ich in den Miniaturgemälden neutestamentlicher Handschriften, soviel ich deren sah, nirgends fand.

Hierzu ein griechischer Codex, den Propheten Daniel und die kleinen Propheten enthaltend, den man ins zehnte Jahrhundert gesetzt hat. — Ferner viele Handschriften der Klassiker, eine nicht unbedeutende Sammlung des Cicero im Manuscript, wohl noch unverglichen. Ein Plutarch *Vitae* lateinisch, ein Josephus lateinisch, nicht vollständig; ein lateinisches schön geschriebenes Evangelistarium; ein äusserst elegant auf Pergament geschriebener Livius; eine schön geschriebene hebräische Bibel mit der kleinen Massorah am untern Rande in vier Bänden Folio, in einzelnen Blättern gebräunt und nachgedunkelt, natürlich mit vollständiger Accentuation und Interpunction.

Zuletzt machte ich noch am 31. Januar der Bibliothek zu *S. Domenico* einen Besuch, welche auch den Namen der *Kommunalbibliothek* führt. Was schon Blume *(Iter Italicum II. 155.)* bemerkt, dass die Aufstellung dieser Sammlung noch nicht vollendet sei, dieses fand ich noch, und darum die Bibliothek verschlossen; nur auf wiederholte Verwendung ward mir die Ansicht erlaubt. Die Arbeit der Anordnung rückt sehr langsam vorwärts; in den Sälen selbst, in denen noch Reihen von Büchern unter einander lagen, kaum aus dem ersten Rohen alphabetisch geordnet, sah man niemand arbeiten. Es soll da sein eine schöne Sammlung der *Aldinen* von einem Privatmanne, Magnani, dem Gründer der Bibliothek, zusammengekauft. Sie lag indess zerstreut umher nach dem Alphabet. — In der biblischen und patristischen Literatur ist die Bibliothek stark und reich; so besass man z. B. alle Polyglotten und die älteren schätzbarerern Kommentare, z. B. des Pricaeus; Buxtorfs *Tiberias* zeigte man mir spasshafter Weise als eine hebräische Bibel. Für die Naturwissenschaften und verwandte Fächer wird am meisten nachgeschafft, weil danach die meiste Nachfrage. Auch in der Heiligenliteratur schien kein Mangel, so hatte man die Werke der heiligen Theresia mehr als einmal in schönen Ausgaben; den Augustinus nach der basler Edition, Leibnitz von Dutens und Raspe herausgegeben; sonst keine deutschen Philosophen, wenn gleich der eine meiner Führer, der sich Conservatore nannte, eine grosse Neigung zu Krug offenbarte. Er fing zwar an zu zu fragen, ob dieser Philosoph in Leipzig, oder in Königsberg sei, zeigte mir aber dann ein Verzeichniss mehrerer lateinischer Programme, die er zu besitzen dringend wünschte, von denen er aber nicht wusste, wie er sie erhalten sollte, indem der Buchhandel mit Deutschland gänzlich darnieder liegt. Ich machte ihn auf Venedig aufmerksam, welches noch einige Verbindung mit Wien unterhalte, konnte ihm aber freilich nähere Mittel und Wege nicht angeben. Er beschäftigte sich mit Entwerfung des neuen Realkatalogs; Ebert's bibliographisches Lexicon war ihm bekannt, er wollte es kommen lassen, klagte aber, dass es deutsch geschrieben. Von unseren deutschen Klassikern hat man höchstens französische Uebersetzungen, z. B. von Schlossers Geschichte und Heeren's Ideen, beide kürzlich in Paris erschienen.

Neu war mir damals die Notiz einer neuen französischen Uebersetzung des A. T. durch einen Juden Cahen, zu Paris ediret. Hebräischer Text mit exegetischen Anmerkungen gesellen sich zur Version. Die Genesis war erschienen. Handschriften gab es keine; die fabelhafte des Pentateuch durch Esra, so wie des Avicenna sollen beide in Paris geblieben sein. Das Lokal ist vorzüglich; es ist ein hoher schöner Saal des ehemaligen Klosters mit Korridor, der mit Säulen geschmückt ist.

Reflexionen und gemischte Beobachtungen.

Von solchen Zügen einmal nach Hause gekehrt, schrieb ich auf meinem damaligen Standpunkte der Beobachtung Folgendes nieder, worin gewiss viele meiner Leser, welche später vielleicht mit diesem Buche in der Hand, Italien besuchen, Wahrheit finden werden.

Und so habe ich schon auf meinen bisherigen Reisen, noch ehe ich Rom und Neapel berührt, die Erfahrung gemacht, dass zu einem glücklichen Reisen in Italien gehöre ein freies, heiteres Gemüth, das sich in das Neue nnd immerdar Wechselnde bald und leicht findet, ohne doch sich je zu verlieren; ein umsichtiger und kluger Sinn, da die Italiäner beständig auf der Lauer sind, die Schwächen und die Unkenntniss der Fremden zu benutzen; eine möglichst fertige und tüchtige Kenntniss der Sprache, durch welche man viele Betrügereien von sich abwenden kann, Kenntniss der Lokalitäten und geschichtlichen Verhältnisse, durch welche ihnen Achtung eingeflösst und das Vergnügen der Reise gar sehr gesteigert wird, und endlich gänzliches Freisein von Aengstlichkeit und Unbeholfenheit auch mitten unter fremden Menschen und Verhältnissen. Niemand möge es sich z. B. gereuen lassen, seinen Guide oder die anderweiten belehrenden Handbücher, welche er auf der Reise mit sich führen kann, den Tag vorher sich dergestalt einzuprägen, dass er als ein Unterrichteter auftreten kann. Er wird nach seiner schnell erworbenen Gelehrsamkeit angestaunt werden, und sich den Umgang mit denen, die ihn unterrichten wollen, sehr erleichtern. Wer also die genannten Eigenschaften sich anzueignen vermag, kann sicher sein, in Italien sehr angenehm zu reisen. Vor eigentlichen Vertraulichkeiten, wie sie Deutsche gern, insbesondere auf Reisen, gegen einander äussern, muss man sich mit den Italiänern hüten; sie sind derselben in der Regel in dem Sinne, in welchem wir sie nehmen, unfähig; missverstehen oder verlachen sie. Das, was sie *cordialità* nennen, ist durchaus etwas Aeusserliches, und streift auf der Oberfläche. Man verwechsele Herzlichkeit nicht mit vieler Zuvorkommenheit des Wesens und äusserer Glätte. Nirgends z. B. sind Empfehlungsbriefe leichter und nachdrücklicher, als in Italien geschrieben. Jemand, den du heute vielleicht zum ersten Male gesehen, nennt dich darin sogleich seinen besten Freund und erklärt eine Zuneigung für dich, als wären Jahre zwischen euch verlebt worden. Man wird sich natürlich vorsehen, dieses für baare Münze zu nehmen, da es in gar vielen Briefen wieder kehret. Auch kontrastirt wohl bisweilen die persönliche freundliche Behandlung mit dem kalten Inhalte der Empfehlungsbriefe. Dergleichen kommt aber auch bei uns täglich vor, und ist solches, wie es ein Moralist nennt, die konventionelle Lüge des Lebens. Besonders die Geistlichen sind reich an Bonhommie und Liebesdiensten. Sie bewirthen den Fremden gern, und geben ihm über Alles, sobald er sich wissbegierig und theilnehmend zeigt, bereitwillig und vollständig Auskunft. Ihr Gespräch ist immer heiter und sorgenlos, wie ihre Existenz. Bei dem Volke gelten sie weder zu viel, noch zu wenig; sie sind eine gewohnte Erscheinung. Manche der niederen Geistlichen leben freilich in ziemlicher Dürftigkeit, sie haben eben nur das Nothwendige. Daher auch Almosen von ihnen nie oder höchst selten und mit grosser Sparsamkeit gereicht werden. Es geht sogar ein Sprüchwort, dass die Kirche nie bezahle *(la Chiesa non paga mai)*. Wenn gleich der Anblick so vieler lautrufender Gebete und AveMarias hersagender Bettler namentlich in Rom und Bologna und die stets wiederkehrende Zudringlichkeit derselben das Mitleid durch die Gewohnheit abstumpft, und auch das Herz des Menschenfreundes dort sich einschränken muss, so ist doch nichts häufiger, als die Abweisungsformel der Geistlichen an die Mendikanten; *Dio vi provveda* (Gott sorge für euch). Hört diese Worte ein Armer, so schleicht er augenblicklich zurück, weil er weiss, dass es hier unmöglich sei, etwas zu erhalten. Der Sprechende war ein Geistlicher. An der Marine zu Messina machte ein deutscher Kaufmann, um mich zu belehren, den Versuch, er war von Wirkung. Desto häufiger werden Allmosen von der Kirche als Busse aufgelegt. Für diesen Zweck vermiethet man die Plätze der

Bettler an einigen Orten z. B. in Rom. Die Zeichen, welche die Bettler am Halse tragen, sind numerirt. Der Staat thut wenig oder nichts, um der Noth abzuhelfen, den Bedürftigen Unterkommen, oder Arbeit zu verschaffen; er überlässt Alles dem Publikum.

Campo Santo. Karthäuse.

Den 29. Januar 1832. Gestern besuchte ich die ehemalige Karthäuse oder den Kirchhof zu Bologna, dessen Gründung sich erst vom 5. April 1801 datirt. Und dennoch hat er fast eben so viele Todte, als Bologna Einwohner zählt, d. h. an 70,000. Es ist eine in dieser Weise völlig einzige Anlage, gleichsam Ein grosses Denkmal, mit einzelnen Denkmälern überfüllt. Brave Bologneser und andere italiänische Künstler haben in reichem Maasse Beiträge geliefert; die Inschriften sind mit Sinn und Geschmack abgefasst, und durchaus lateinisch. Die meisten und besten derselben hat Ab. Schiassi gefertiget. Selbst Grabmäler der Kinder sind mit lateinischen Aufschriften versehen. Es hat diese Sitte etwas für sich, die Inschriften haben eine gewisse Würde und Reinheit, die in der italiänischen, so leicht übertreibenden und äusserlich hinreissenden Sprache schwer zu erreichen sein dürfte.

Vier grosse quadrirte grüne Plätze, mit Cypressen bepflanzt, sind bestimmt für die Bestattung der Männer und Weiber, männlicher und weiblicher Kinder aus dem Volke und aus den Armen, die einen namhaften Begräbnissplatz und ein Denkmal nicht aufbringen können. Die Protestanten sind, als Unreine, in einem Seitenraume durch Mauer und besonderen Eingang abgeschieden. An berühmten, besonders für die Einheimischen berühmten Namen fehlt es nicht. Mir war am anziehendsten Garatoni, der Interpres des Cicero, dessen sehr markirte und wohlgetroffene Büste über seinem Grabmale stand, und eine gelehrte Frau Tambroni, die als Professorin der griechischen und lateinischen Sprache vor etwa zwölf Jahren starb. Ihr geistreiches und offenes Gesicht drückt sich in der Büste vortrefflich aus. Es stehet nicht zu läugnen, dass man in Italien gar häufig auf gebildete Frauen trifft, welche zwar nicht gelehrt zu nennen sind, jedoch vielen Sinn für die ehemalige Grösse ihres Vaterlandes verrathen. So besonders die Römerinnen.

Immer neue Grabsäle werden ausgearbeitet und sinnvoll ausgeschmückt, es ist eine reiche Schule der Kunst. Einzelne alte Stücke, Basreliefs und Grabmonumente aus dem sechszehnten Jahrhundert sind hierher gebracht, und verleihen somit der neuen Unternehmung den Reiz des Alterthumes. Ein auf einem Kopfkissen ruhender Ritter, der sich auf seine Hüften stützt, Basreliefarbeit, in der Mauer angebracht, ist meisterhaft; in dem Gesichte eine Kraft, in dem Auge ein Leben, in dem Ganzen eine Wahrheit, wie ich sie noch nicht gefunden hatte. Er scheint jeden Kommenden anzureden und mit dem Blicke zu verfolgen. Canova hat sich von dieser Arbeit nicht trennen können, ist immer zurück gekommen, und soll halbe Stunden davor gestanden haben. Auch dieses Stück ist alt, nach dem Style des sechszehnten Jahrhunderts. Ausserdem das Monument eines berühmten Lehrers der Rechte, vom Jahre 1284, aus rothem, schlechtem Marmor mit seltsamen Thierfiguren unter dem Sarkophage, noch andere sehr alte Gräber von Geistlichen u. s. w. Zwei Freunde, wenn ich nicht irre, ein Advokat und ein Doktor, haben sich ein gemeinschaftliches Grab bereiten lassen; der zweite, der *Dottore*, ist noch unter den Lebendigen. Von den einzelnen, grösstentheils edel und geschmackvoll gearbeiteten Denkmälern zu reden, würde endlos sein. Das Ganze mit seinen Kolonnaden und Gallerieen macht einen grossartigen antiken Eindruck. Dieser Friedhof ist unstreitig der schönste Italiens; ich ziehe ihn dem pisanischen bei Weitem vor. Eine Kirche in der Nähe enthält gute Gemälde, das letzte Gericht und die zwei Heiligen, welche es begleiten, von Canuti, die Taufe Christi, im zwanzigsten Lebensjahre von Elisabeth Sirani gemahlt, der Eintritt Christi zu Jerusalem, der auferstandene Christ seiner Mutter erscheinend mit den Patriarchen von Lorenz Pasinelli, die Kreuzigung, das Gebet im Oelgarten, die Kreuzesabnahme von Cesi; einige schöne Fresken und vergoldete Verzierungen von demselben, der Christ das Kreuz tragend, halbe Freskofigur von Ludw. Caracci. — Auch die Juden besitzen auf diesem Kirchhofe ihr Quartier. Das Leichenhaus in der Nähe ist in wohlerhaltenem Zustande.

Diese Welt von Gemälden, Basreliefs, hölzernen, vergoldeten, marmornen Büsten und Statüen und anderen Gegenständen ist aus aufgehobenen Kirchen und Klöstern zusammengebracht. Die Anzahl der Inschriften ist ausserordentlich gross. An den Mauern der Gänge und Bogenhallen stehet eine Fülle von Denkmalen, Mausoleen, Sarkophagen. Viele Privatbegräbnisse sind mit eisernen Gittern eingefasst.

Sieht man die äusseren Umgebungen des Kirchhofes, so wird das Auge aufs Freundlichste wie von einem Garten betroffen. Die vier grossen Plätze dienen, wie bemerkt, für die Bestattung der Armen aus dem Volke; ohne Sarg, ohne Hülle werden sie in die Mutter Erde eingesenkt. Solches sahen wir durch ganz Italien. Dreihundert fünf und sechszig Löcher, nach der Anzahl der Tage des Jahres, nehmen die entseelten Leichname auf; die nur durch ein metallenes Zeichen am Halse wieder erkenntlich, bisweilen aus der Erde aufgegraben werden, wenn die Familie inzwischen in den Stand und die Lust gesetzt worden, bei verbesserten Vermögensumständen den Ihrigen ein Denkmal zu errichten. Am Tage aller Seelen, am zweiten November jedes Jahres, pflegen die Gräber der Entschlafenen von den Angehörigen besucht zu werden. Da nun Viele der Ueberlebenden öfter nicht genau wissen, wo die Ihrigen ruhen, so wandeln sie auf den grünen Matten des Friedhofes hin und her, und verrichten für die Ruhe aller schlafenden Brüder andächtige Gebete. In Rom ist das Begrabenwerden in den Kirchen noch immer überliefert und gewöhnlich; auch an diesen Stätten werden die todten Körper ohne Bekleidung eingesenkt, über einander geworfen in grausenhafter Verwirrung stellen sie fast den Anblick eines reich bevölkerten Schlachtfeldes dar. Nach einer Anzahl Aufgenommener werden die Oeffnungen vermauert; ist ein längerer Zeitraum verflossen, so werden die älteren Todten aus der Kirche gebracht und ausserhalb derselben verstreuet. Man versenkt nicht selten die Gebeine in die Tiber. Die Oeffnungen nehmen dann eben so bereitwillig eine neue Reihe von Todten auf. Ich erinnere mich, dass mir an einem schönen Sommerabende bei einem einsamen Besuche der Kirche in der Nähe der Bäder des Diokletian zu Rom ein verpesteter Geruch den Athem hemmte. Vergebens suchte ich die sichtbare Ursache der pestilenziösen Athmosphäre. Es waren frisch begrabene Leichname unter wohl verschlossenen Oeffnungen. In Rom und Neapel ist es auch, wo die Todten in offenem Sarge im weissen Leichenhemde, mit gefalteten Händen, unter dem Vorauszuge von Strassenjungen mit Fackeln, und unter der Voraustragung des Kreuzes in die Kirchen zur Bestattung gebracht werden. Es ist als sollten die Vollendeten noch einmal Gottes freies und wärmendes Sonnenlicht geniessen, ehe sie den dunkeln Kammern des Todes übergeben werden, aus denen keiner wieder kehret. Ein Geistlicher, den ich in dieser Weise zu Neapel den Wohnungen der Ruhe übergeben sah, trug in seinen Mienen die Spuren eines tiefen Friedens.

Ein Hauptwerk über die Denkmäler der Karthäuse zu Bologna ist das von Zanetti, welches die Geschichte dieser labyrinthischen kunstreichen Todtenstadt mit trefflichen Darstellungen begleitet.

So reihet sich an den Tod das Leben; die Opfer des Todes, gestorbene Menschen und ihre Thaten, dienen zu edlen Anstrengungen den Lebendigen, zu einer neuen Blüthe der Kunst, welche das Leben erheitert und verschönert, den Wettkampf hervorruft, schlummernde Talente weckt und das ächte Verdienst krönet.

Der König von Neapel besuchte fast alljährlich die bologneser Karthäuse, mit immer neuer Bewunderung ihres Zuwachses an Schätzen der Kunst und an anderweiter Verschönerung.

Ich selbst sah dieses ausserordentliche Denkmal nicht lange den Schrecken und Todesgefahren einer lebensgefährlichen Krankheit entronnen. Bald hätten auch mich die eisernen Pforten dieser so anziehenden Nekropolis eingeschlossen, fern von der Heimath, fern von den Geliebten, die nichts ahneten von dem, was den Bruder betroffen. Doch

„selig sind die Todten, die in dem Herrn sterben von nun an, ihre Werke folgen ihnen nach“. Noch erinnere ich mich sehr wohl des unverlöschlichen Eindrucks, den diese Worte, aus dem Munde eines innigst geliebten Vaters, in einem bedeutenden und sehr bewegten Augenblicke meiner früheren Jugend, auf mein junges Gemüth machten, wie fest sie wurzelten, und wie sehr sie die Scheu des Todes minderten.

Am 27. Januar des Jahres 1832 sah ich die Pinakothek, oder die bologneser Gemäldegallerie in der *Accademia delle belle arti*, voll von Hauptstücken der bologneser Schule, welche in der Malerei die Naturwahrheit, Ungeziertheit und Treue freilich auf Kosten des höheren idealischen Lebens herstellte. Ausgewählte Stücke von Francesco Francia, Perugino, Domenichino, Guido, den Caracci's u. A. schmücken diese werthvolle und kostbare Sammlung. Die himmlische Cäcilia des göttlichen Raphael von Urbino, welche das irdische Instrument niederhält, um die Akkorde des Himmels zu hören, das Auge unaussprechlich ideell, voller Hingebung. Der kräftige Paulus sieht ernst und sinnend herab, auf die zerbrochenen irdischen Instrumente; Johannes drängt sich voller Ausdruck und Theilnahme an Cäcilia hin, ihr zur Linken stehet Augustin, und neben ihm Magdalena, ein beruhigtes Gesicht voller Sinn und Gleichmuth, mit den schönsten Zügen. Die Farbengebung, die herabfliessende Kleidung, das Brennende, Tiefe, Durchdringende in den Charakteren, denen die Farben dienen, alles hat den Zug des Meisters. Die *Madonna di Pietà*, ein sehr grosses Stück, in zwei Theilen. Maria steht über dem Leichname ihres Sohnes mit dem Ausdrucke unbeschreiblichen mütterlichen Schmerzes. Die zweite Hälfte des Gemäldes füllen die Schutzheiligen von Bologna, die zu Madonna ihre Gebete richten; Bologna ist in Miniatur unter ihnen. — In einem Winkel eine Madonna von einem Caracci, die sehr geschätzt wird, ein liebliches, schönes Weib, aber ohne heiligen Zug. — Vortrefflich ein Stück des Guido Reni, wo die Patrone und Geistlichen Bologna's sich bei der Madonna im Himmel um Abwendung der Pestilenz verwenden. Wie ausdrucksvoll sind nicht die abgezehrten und mageren Gesichter der Flehenden! — Die *Madonna del Rosario*, ein grosses klassisches Stück, eine Allegorie. Sie trägt etwas Mysteriöses an sich, was man dem sonst so klaren Domenichino kaum zutrauet. Aus Wolken ergiessen sich Rosen auf die Gläubigen. Auch sonst findet sich die malerische Vorstellung, dass das leere Grab des Auferstandenen mit Rosen vom Himmel überschüttet und bestreuet wird. — Gegenüber die heilige Agnes, den Märtyrertod sterbend, von Domenichino, mit vortrefflichen Köpfen; wie die der ihr zur Linken stehenden Frauen, der Erlöser in den Wolken, der Mörder, die zu den Füssen der Heiligen vom Blitze getroffenen Todten u. s. w. — Ein lebensvoller sprechender Kopf des Guido in seinem Alter, von einem seiner Schüler. Von Guido ein Bischof, voller Begeisterung, den Stab in der Rechten, gen Himmel schauend, mit meisterhafter Leichtigkeit. — Ein unvollendeter Sebastian, von Guido; die Augen mit dem Ausdrucke des wahrsten Schmerzes seelenvoll aufwärts gerichtet. Die Häufigkeit der heiligen Sebastiane in der malerischen Darstellung, besonders in Italien, giebt zu Betrachtungen Anlass. Gegenstände zerreissenden Schmerzes sind im Grund unpassend für die Malerei, die christliche Kreuz- und Märtyrergeschichte in ihrem wiederkehrenden Einerlei hat gewiss manchen Freund und tiefen Kenner der Kunst entfremdet und erkältet. Der Theolog weiss das theologische und sittliche Moment zu fassen; aber das Leben ist heiter und reich, und bietet gar viele Gaben, wenn man nicht immer über seinen schwarzen Abgründen verweilet. Genrebilder gehören vielleicht zum Verfalle der Kunst, und befriedigen nur den oberflächlichen Sinn. Doch stellen sie das Leben von der niederen, fröhlichen und komischen Seite dar, welche nicht minder ihre Verehrer und Freunde hat. — Ein Perugino, Lehrer des Raphael von Urbino, neben der *Madonna di pietà*, mit schon vollendeten Köpfen, z. B. dem des Johannes. Diese Perugino's lehren, dass wie in der Welt überhaupt kein Sprung, so auch in der Kunst kein *salto mortale* statt finde. Raphael erreichte den Gipfel, und es ist keiner neben ihm in seiner

Weise; aber schon viele Stufen vor ihm waren erstiegen. — Im Eingange zur Gemäldegallerie eine Reihe von Ueberresten der venezianischen Schule, aus dem funfzehnten Jahrhunderte; viele andere Stücke von untergeordnetem Werthe. Ein Gemälde von Guido, im achtzehnten Lebensjahre verfertiget.

Die Kirchen Bologna's zeichnen sich durch hohe Alterthümlichkeit aus. Ich besuchte deren drei bei meinem ersten Ausgange nach der schweren Krankheit; die Kathedrale von S. Piedro, die Kirche des Petronius und die des Dominikus. Der Dom ist in einem neueren Geschmack, hell und freundlich, ohne bedeutende Gemälde. In den Jahren 1829—30 ward er wieder hergestellt. Dort sind zwei antike Löwen aus rothem Marmor, welche nach der Versicherung und dem freilich unverbürgten Gerede des Führers aus einem Tempel der Isis stammen. Dass sie sehr alt und aus den ersten Zeiten der ägyptisch-griechischen Kunst sind, lehrt der Augenschein. Altes und Neues ist hier in wunderbarer und und seltsamer Vereinigung. Der Pabst Benedikt XIV. (Lambertini) hat unbestrittene Verdienste um diese Kirche, deren Façade von ihm herrührt. Wie er insbesondere der Wohlthäter von Bologna war, so ist er auch derjenige Pabst, welcher die apostolische Regierung durch eine lange Reihe von Jahren am kräftigsten, sattsamsten und vielleicht auch am väterlichsten darstellte. Seine gelehrten theologischen Werke sichern ihm einen bleibenden Namen innerhalb des Kreises der katholischen Literatur, besonders der Liturgik und der Kirchendisciplin. Er pflegte zu seinem Hausprälaten, Ganganelli, (nachmaligem Pabste Clemens XIV.) zu sagen, dass er sich nun gewöhnt habe, alle Ereignisse und Vorkommnisse nur unter angenehmen Vorstellungen anzusehen, worauf jener bemerkt, dass er seinerseits es so weit noch lange nicht gebracht habe. Sein Hauptwerk über die Kanonisation der Heiligen erhielt klassisches Ansehen innerhalb des Schooses der katholischen Kirche. Im Hofe des Klosters zu *Monte-Cassino* sah ich seine Statüe in einer Nische mit grosser Naturwahrheit und Treue gebildet. Eine Vergleichung dieses Pabstes mit Heinrich IV., die ein neuerer französischer Reisender, immer voll von den Vorzügen seines Vaterlandes, anstellt, ist wohl schielend: da beider Wirkungskreis, der Erfolg ihrer Thaten ihr Sinn und Geist so unendlich verschieden waren. Er hat der Kirche grosse und seltene Geschenke gemacht; wie die Urne des Märtyrers Prokul von vergoldeter Bronze, mit Lapis Lazzuli geschmückt, und die Tapeten, auszusetzen am Tage des heiligen Peter, ausgeführt nach den Zeichnungen der Tapeten des Raphael im Vatikan. Im Gewölbe der sechsten Kapelle ist ein Freskogemälde von Ludwig Caracci, im achtzigsten Lebensjahre ausgeführt, die Verkündigung darstellend. Bewundernswerth ist die Kühnheit, mit welcher der greise Maler das gefährliche Geschäft eines Freskogemäldes am Gewölbe ausführte und vollendete; der verzeichnete und verkehrte Fuss eines Engels, der vor Maria knieet, reizte den Eifer des Malers, die fehlerhafte Stelle zu verbessern. Er wollte auf seine Kosten ein neues Gerüste herstellen lassen, was man ihm nicht gewährte. Aus Gram hierüber starb er, reizbar, wie er war, und vom Alter gebeugt. — Auch diese Kirche hat unter sich eine unterirdische, wie wir deren viele in Italien wahrnahmen, z. B. in Capua. Oft siehet man diese dunkelen unterirdischen Räume mit Säulenwerk aus heidnischen Tempeln geschmückt, gleichsam der erste Durchbruch der christlichen Zeit aus der heidnischen.

Der wahre Schutzheilige Bologna's ist indess der heilige Petronius, dessen Kirche am Markte von Aussen nicht fertig, durch eine Façade von Ziegelsteinen oder Backsteinen heraustritt. In der ehrwürdigen Stellung des Bischofs in der Mitte des Tempels ist der Heilige beschäftiget Bologna zu segnen. Die bronzene Bildsäule des kriegerischen Julius II., ein Werk des Mich. Agnolo, durch welche er sich mit seinem Herrn, nach seiner Entfernung von Rom, aussöhnte, ist bei der Ankunft der Bentivoglio und Franzosen zerschmettert worden. In dieser Kirche sieht man den berühmten Meridian von Joh. Dom. Cassini *), so-

*) Der im Jahre 1778 durch Eustachius Zanotti rektificirt ward.

8*

dann zwei Uhren, welche nur alle sechs Monate aufgezogen zu werden brauchen; sie scheinen die Norm für Bologna in dem Zeitmaasse abzugeben, in der Kirche sah ich mehrere Taschenuhren nach ihnen richten. Die eine ist nach französischer, die andere nach italiänischer (altitaliänischer) Stundenberechnung eingerichtet. Im Uebrigen ist dieser Tempel vollkommen gothisch, ohne doch einen imposanten Eindruck zu gewähren. Eine Seitenkapelle zeigt das Grab Elisa's, der Schwester Napoleons, von ihrem noch lebendem Gemahl errichtet. Ein Denkmal, von Canova gesetzt, geht auf die verstorbenen Kinder der Fürstin, ihr selbst sollte noch ein Monument errichtet werden.

Die Kirche des Dominikus ist in einem völlig gemischten Geschmack, halb modern, halb antik. Hier das Grab des Thomas Aquinas *(doctor angelicus)*, dem eine grosse lateinische Inschrift gesetzt ist; ihm gerade über ruhen die Ueberreste von K. Enzian, Sohne von Friedr. Barbarossa, der hier so lange gefangen gehalten ward, und dessen Gefängnissthurm eine Seite des öffentlichen Platzes bildet. Hier auch das Grab des Guido Reni mit seiner Gattin, welches in einer Seitenkapelle eine halbverwitterte lateinische Inschrift anzeigt. Die Kapelle mit den Ueberresten des heiligen Dominikus ist die reichste, mit einem trefflichen Freskogemälde von Guido Reni, und einigen Figuren von Michel Agnolo Buonarotti. Auch diese Kirche ist ohne Totaleindruck, man kann sie verbauet nennen. — Ich stiess auf einen Grabstein der Familie Pallavicini; der Führer versicherte mich, dass der berühmte Schriftsteller hier nicht ruhe. — Vor der Kirche zunächst eine Bildsäule von vergoldetem Kupfer, den Heiligen vorstellend; eine Säule, angeblich aus Korinth, durch die Römer erobert, mit modernem schlechten Piedestal, oben eine Madonna mit dem Jesuskinde, aus der Bronze des alten Götterbildes, das früher diesen Platz einnahm, gegossen. Nicht weit davon unter einem seltsamen Vermache, das einem kleinen Tempel ähnlich sieht, das Grab des ersten Notars zu Bologna.

Dieser angebliche Notar war kein anderer, als der gelehrte Jurist **Passagieri Rolandino**, Schreiber des Freistaates von Bologna. Er war Vesfasser der Antwort, welche dem drohenden Briefe Kaiser **Friedrich II.**, der seinen Sohn **Enzius** zurück verlangte, entgegen gesetzt ward. In der Folge stieg er zu dem Amte eines Rektors, Konsuls und perpetuirlichen Aeltesten. Im dreizehnten Jahrhunderte war diese Stelle von dem grössten Einflusse. In der Nähe ist das Grab der alten erloschenen Familie der **Foscherari**, errichtet im Jahre 1289 von **Egidio Foscherari**, geschmückt mit groben Basreliefs.

In der Kirche des heiligen Dominikus findet sich über dem Grabmale des Heiligen ein Engel, von der Hand des **Michel Agnolo**, ein Anfangsstück, das ihm mit zwölf Dukaten bezahlt ward. Eine kleine Bildsäule des heiligen Petronius, auf der Höhe desselben Denkmales, wurde ihm mit achtzehn Dukaten honorirt. Wenn der alte ehrwürdige Künstler es nie so weit brachte, als **Raphael** unter denselben Zeiten, so ist der Grund davon theils in den Verhältnissen, theils in dem Charakter und Temperamente des Mannes zu suchen. Er zerwarf sich mit seinem Gönner, dem Pabste, und kehrte erst nach wiederholter Einladung von Bologna nach Rom zurück. Auch hier hat er in seiner Stellung zu **Raphael** mehr Rivalität und dieser Gemüthsstimmung verwandten Sinn entwickelt, als sein liebenswürdiger, allgemein gefeierter und verehrter Nebenbuhler.

Nikolaus von Pisa, dessen geschätzte Werke wir am Dome zu *Orvieto* wieder trafen, hat sich auch hier durch Thaten verewiget. Es sind Basreliefs, welche die Handlungen des Heiligen darstellen.

Der Bologneser Dialekt zeichnet sich durch seine Rauheit, Härte, und ein widriges Anstossen der Zunge aus. Schon ein alter Schriftsteller konnte daher von einer *rancida Bononensium loquacitate* sprechen. In dieser Beziehung ist dieses Idiom der gerade Gegensatz des venezionischen. Mein Führer ward mir daher oft unverständlich.

Sittenlosigkeit ist in dem Staate der Kirche zwar wohl verdeckter und verschleierter, z. B. in Rom, als anderswo, aber darum nicht minder gemein und herrschend. Die *ruffiani* (Kuppler) fallen den Fremden bei einbrechender Dämmerung auf den Strassen mit ihren Gesuchen und ihrem *susurrus* an; man hat Mühe sich ihrer zu entledigen. In Bologna ward dieses in der Zeit meiner Anwesenheit, einer Zeit allgemeiner Verworrenheit und bürgerlicher Aufregung, am auffallendsten. Selbst der Italiäner schien aus seinem Charakter herauszugehen. Mordanschläge und Mordthater, von Partheiwuth entworfen und ausgeführt, waren damals nichts Seltenes; man verliess am Abend ungern seine Wohnung.

Ich wohnte gegenüber den zwei bekannten Thürmen *Asinelli* und *Garisenda*, (*torre Mozza*), von denen der letztere eine bedeutende Neigung zeigt, und daher wohl mit dem schiefen Thurme von Pisa, welcher den Einsturz drohet, verglichen werden mag, nur ist die Bauart roher und durchaus verschieden, jener aus Ziegelsteinen, dieser aus Marmor errichtet. Unter diesen Gebäuden sind Ansiedelungen von Kupferschmidten, welche mit ihren eintönigen Werkzeugen meine tägliche Ruhe ziemlich störten. Der Geschmack an schiefen Thürmen gehört in die Zeit der Spielerei mit der Kunst. Der Thurm *Asinelli* ist einer der höchsten des Landes, seine Wendeltreppe sehr halsbrechend; die Uebersicht ist reizend und angenehm; die lachende Ebene, des Apenninus waldbekränzte Hügel mit lieblichen Landhäusern welchseln vor dem Blick. Vergleichbar ist die Aussicht vom Dome zu Mailand über das Häusermeer der Stadt und die Flächen der Lombardei, so wie die von der Kuppel von St. Peter über die ewige Stadt und die Campagna.

Doch es ist Zeit, dass ich von Bologna Abschied nehme, wo ich Freude und Leid in seltsamer Mischung erfahren habe.

Neuntes Capitel.

Florenz.

Den 1. Februar 1832. Angelangt bin ich bei sehr unfreundlicher Witterung, fast unter vollem Regen, mit dem zwar sehr raschen, aber auch sehr theueren Kurier von Mantua. Nur drei Personen, mit Einschluss des Kuriers, vermag diese elegante Gelegenheit aufzunehmen.

Den Apennin passirten wir, begleitet von der Sicherheitswache eines päbstlichen Dragoners, der wohl zuerst die Flucht ergriffen hätte, wenn Noth an den Mann gekommen wäre, die Nacht unter gewaltigem Schneegestöber, so dass der Postillion oft nicht sechs Schritte vorwärts sehen konnte, und die Laternen des Wagens verloschen.

Ein Bologneser war noch, ausser dem munteren, jugendlichen und militärisch stattlichen Kurier, an meiner Seite im Wagen, ein kleiner komischer, verwachsener Mann, mit lebhaften Augen, der, so wie ich, nicht viel sprach, und, wenn er schlief, was öfter der Fall war, in eine Kugel zusammenschmolz.

Die Vegetation dieses Theiles der Apenninen ist im Sommer trocken und gelblich. Berge sind auf Berge gehäuft, ungefähr wie in der Nähe des Aetna, nur weniger grandios, imponirend und grausenhaft.

Der Boden ist unzweifelhaft vulkanisch. Die Gränze zwischen dem Kirchenstaate und Toskana bildet die Ortschaft *Pietramala*, mit einem grossherzoglichen Zollhause. Hier sieht man eine Quelle mit kaltem Wasser (*Acqua buja*), welche sich bei Annäherung eines Lichtes entzündet.

. Noch denkwürdiger ist der kleine Vulkan, *fuoco del legno* genannt, der unaufhörlich brennt, bei Tag eine blaue, bei Nacht eine rothe Flamme gebend. Ueber ihn giebt der so aufrichtige und zuverlässige schwedische Reisende Björnstähl in seinen *Briefen II.* 183 f. die beste Auskunft, eine Stelle, die, da sie wohl nicht allen unseren Lesern zugänglich sein möchte, wir hier mitzutheilen nicht anstehen.

„Der immer brennende Vulkan, (*fuoco del legno*) ist „ungefähr eine italiänische Meile vom Zollhause. Dies ist „ein sonderbarer Vulkan, die Erde brennt unaufhörlich, „ohne dass ein Loch wird, man hört nicht das geringste „Geräusch. Die Lohe brennt auf der Oberfläche, wie wenn „man Branntwein anzündet; des Nachts sieht man das Feuer „weithin; im Winter, wenn es schneiet, brennt es stärker, „eben so, wenn es regnet; löscht man die Lohe auf einer „Stelle aus, so sieht man nichts, als eine trockene schwarze „Asche, die ziemlich heiss ist; sonderbar ist's dass diese „Asche nach einem ewigen Brande nicht sehr tief gehet, „sondern nur dünne auf dem Boden liegt; auf eben der Stelle, „wo man das Feuer ausgelöscht hat, entzündet sich's nach „einer kleinen Weile mit Heftigkeit, wie Butter oder Oel „im Feuer. Die Hirten braten und kochen bei diesem Feuer „Fleisch, Eier, Kastanien und dergl., ohne dass es ihnen „etwas kostet. Die Lohe ist bläulich, mitten auf dem „Platze aber ist sie weiss und sehr stark. Es ist nicht „wahr, dass grosse Ritzen und Oeffnungen in der Erde „sind, wie viele geschrieben haben; das Erdreich ist ganz „eben, am Abschusse einer starken Anhöhe; unser Beglei„ter ging über den Platz mitten durch die Lohe; der ganze „brennende Platz kann etwa sieben starke Schritte im Viereck „haben, und rund herum ist das Erdreich kalt. Mit einem „Stocke kann man das Feuer ein Stück fortziehen, fängt „man in der brennenden Asche an zu ziehen, so folgt die „Flamme der Spur, die man macht, sogar ein Stück ausser „ihrer gewöhnlichen Stelle, verlischt sie bald. Der Geruch „dieses Feuers hat etwas von einem übelbrennenden Oele, „die schwarze Asche aber, wovon ich mit mir nahm und

„sie abkühlen liess, riecht nach nichts: diese Flamme verzehrt alles, was man hineinbringt; aber die Erde, worauf „sie brennt, bleibt wie sie ist. In starkem Winde verlischt zuweilen die Flamme auf eine kurze Zeit, greift „aber hernach desto heftiger um sich, ich versuchte sie auf „gewissen Stellen zu ersticken, allein es fing gleich wieder „Feuer. Dies ist die Sache selbst. Die Ursache dieser Erscheinung liegt in dem Bergöle, das beständig von der „Anhöhe des Berges quillt. Die Alten haben diesem Feuer, „das sie als eine Gottheit angebetet, einen Tempel und Altar gewidmet. Hier herum findet man einige Trümmern „von alten Gebäuden; man hat auch Münzen von römischen „Kaisern daselbst gefunden. Ich bin beinahe gewiss, dass „die Vesta und das beständige vestalische Feuer ihren Ursprung von diesen oder anderen dergleichen Feuern haben, „die die Aufmerksamkeit und Bewunderung der Menschen, „die sich so gern von dem Wunderbaren einnehmen lassen, „auf sich gezogen; man weiss, wie viel die Römer von „den Hetruskiern und Tuskiern oder Toskanern genommen „haben."

Sechs Millien diesseits Florenz zur Linken liegt das prachtvolle und reiche grossherzogliche Landhaus *Pratolino*, ein Werk des Grossherzogs Franz I. Sohn Cosmus I., welches er für die Aufnahme seiner Geliebten Bianca Capello mit grosser Verschwendung erbauete. Der Schöpfer dieses anmuthigen Palastes ist der florentinische Baumeister Buontalenti. Fontainen, künstliche Wasserfälle, selbst Sitze mit Springquellen, Grotten, kostbare Statüen und Gruppen in Marmor zeichnen diesen einstigen Sitz der Liebesfreuden aus. Tasso besang öfter diesen Platz. Vieles von den alten hydraulischen Kunstwerken ist verschwunden, nur die uralten herrlichen Bäume gedeihen fort. Giebt es auch Frischeres und Erquickenderes, als das kräftige, dunkele und saftige Laubwerk Toskana's! Die übertreibende Pracht des *Pratolino* brachte den wohlthätigen und hochherzigen Grossherzog Ferdinand II. auf die Bemerkung: dass man mit den Kosten, welche dieser Palast veranlasst habe, hundert Hospitäler habe erbauen können.

Die Einfahrt nach Florenz gehet neben anmuthigen Gärten, Bosquets und Landhäusern. Ein eigenthümliches Behagen wehet den Fremden an, welcher das toskanische Gebiet betritt. Reinlichkeit, Nettigkeit, Wohlhabenheit, eine gewisse Eleganz der Menschen und Sachen drücken sich überall aus, und erfüllen das Gemüth mit dem Gefühle des Wohlseins. Die reine toskanische Sprache scheint, wie schon Frau von Staël andeutet, ein Land von lauter Gebildeten zu verrathen. Man hat mein Vaterland Sachsen in Italien häufig das Toskana Deutschlands genannt. Ich kenne keinen treffenderen Vergleich. Das Leben und die Sitte sind dort schon halbdeutsch, was man zunächst von der östreichisch-deutschen Regierung ableiten muss. Zufriedenheit mit der Regierung ist, wenigstens im Vergleiche zu den übrigen italiänischen Staaten, ein Merkzeichen dieses glücklichen Ländchens. Doch sind die Abgaben, wie mir glaubwürdige Leute versicherten, nicht geringer, als anderwärts. Die beiden so liebenswürdigen sächsischen Fürstinnen, die verstorbene und die verwittwete Grossherzogin (letzterer hatte ich die Ehre bei meiner zweiten Anwesenheit in Florenz durch den preussischen Gesandten Grafen von Schaffgotsch bei einem Ballfeste im Palaste *Corsini* vorgestellt zu werden und wurde mit der grössten Leutseligkeit aufgenommen) haben durch ihre Persönlichkeit, ihre herzgewinnende Menschenfreundlichkeit und grosse Wohlthätigkeit nicht wenig dazu beigetragen, den sächsischen Namen in Toskana beliebt und angenehm zu machen. Schon in dem *buon Governo* (wie man dort die Polizei nennt) wurde ich mit günstigen Augen angesehen und ausserordentlich höflich behandelt, weil ich als Sachse und insbesondere als geborner Dresdener erschien.

Der Anblick der toskanischen Hauptstadt, mit Kuppeln und Thürmen, rings von lieblichen Weinhügeln und reizenden Landhäusern umgeben, das rothbraune Erdreich an den Gebirgen, das Kastellartige, Festungsmässige und Solide vieler Paläste, die Freundlichkeit der mit grünen Jalousieen reichlich versehenen Privatwohnungen, die vielen schönen, geistreichen und regelmässigen Gesichtszüge der Einwohner, besonders der Frauen, der zwar schmale und schmutziggelbe, aber doch belebte Arno, mit seinen Brücken und Schwibbögen, die platten Dächer, die an das Morgenland mahnen, die alterthümlichen an Schätzen der Malerei und Skulptur unendlich reichen Kirchen, die Reinheit und Zierlichkeit der Sprache, so wie die Gefälligkeit der Bewohner, das Zuströmen aller Bedürfnisse des Lebens und der Literatur mit einem gewissen Ueberflusse und mit Opulenz, die unermesslichen Schätze des Fürstenhauses und Landes in den öffentlichen Sammlungen, Alles dieses und Anderes bietet sich dem ruhigen und heiteren Beschauer mit neuen, grösstentheils freundlichen und die Einbildungskraft in ein leichtes und angenehmes Spiel versetzenden Eindrücken dar.

Florenz *(Firenze)* ist, wie schon sein alter Name andeutet, die Blumenstadt, und in der That ist keine Stadt Italiens reicher an diesen unschuldigen Erzeugnissen der Natur. Freundliche Landmädchen, nett und reinlich gekleidet, mit dunkelschwarzen brennenden Augen, und schwarzen breiten Strohhüten (Herrenwinker genannt) bieten die schönsten Sträusse um ein Geringes auf dem Platze des Grossherzogs *(Piazza del Gran Duca)* in Fülle aus, und wer möchte so anmuthigen Verkäuferinnen widerstehen?

Am 1. Februar des Jahres 1832 gegen acht und ein halb Uhr waren wir angelangt. Auf der Post konnte man die Untersuchung der Effecten mit einigen Silberstücken abwenden.

Ich ging in das Hôtel der Madame Hombert, wo ich gut, und wie es scheint, nicht allzu theuer logirt bin. Die Mittagstafel (zweimal, um zwei Uhr und um fünf Uhr gehalten) ist vortrefflich; der florentinische dunkelrothe Wein gleicht dem *vin de Bourgogne.* Das Wetter blieb abscheulich, meine Aussicht ging auf eine zwar enge, aber mit mächtigen und massiven Häusern besetzte Strasse, die ununterbrochen belebt war. Einige Zeilen aus Leipzig an einen Baron Alexander Poerio, einen reichen Privaten aus Neapel, konnte ich nicht abgeben, da der Empfänger in der Campagna war.

Abends ging ich wenigstens ins Schauspiel, und sah im komischen Theater *Cocomero* den Tasso in vier Akten. Der

Charakter des Dichters wurde weich, verzerrt und gewiss nicht natürlich gegeben, wenn gleich **Tasso** seinem Wesen nach ein zartfühlender, feiner und oft unglücklicher Mann war, so war doch dieser Schauspieler (**Baldini**) gewiss nicht sein ächtes Ebenbild. Die übrigen Schauspieler waren leidlich, ein Venezianer gut zu nennen. Auf den Ausruf des Neapolitaners, der sich als Freund des **Tasso** einführt: *vedi Napoli e poi muori* erwiederte jener passend: *vedi Venezia etc.* Die Frauen waren nur mittelmässig; die dritte Eleonore, die *camerina*, fast die beste. Es endete mit dem vierten Aufzuge, so dass **Tasso** eingeladen nach Rom geht, den Dichterlorbeer zu empfangen, von seiner Geliebten, der Marchese scheidend. In Rom stirbt er einen Tag vor der ihm auf dem Kapitole zugedachten Ehre. Der Gegner des **Tasso**, ein eingebildeter und unwissender Toskaner, der mit der *Academia della Crusca* um sich wirft, und an den Latinismen und falsch angebrachten Beiwörtern **Tasso**'s Aergerniss nimmt, wurde mit entsprechender Kälte ziemlich brav dargestellt. Das Leben am Hofe zu Ferrara erschien nicht beneidenswerth. Ich fand fehlerhaft, dass von dem Fürsten selbst bei den eigentlichen Hofumgebungen nichts zum Vorschein kam. — Die Farze, welche folgte, war in dem gewöhnlichen italiänischen Geschmack. Merkwürdig ist dabei die Stimmung der Zuschauer, welche jeden kleinen Zug mit der gespanntesten Aufmerksamkeit verfolgen.

Am 3. Februar besuchte ich zum ersten Male die *laurentianische* Bibliothek. Es werden neuntausend Handschriften als vorhanden angegeben. Sie liegen an Ketten, mit grünem Tuche bedeckt, vor ihnen giebt es Sitze von Holz, vergleichbar den deutschen Kirchstühlen. Eine ähnliche Einrichtung hat man in der Bibliothek zu Cesena. Eine jede Reihe heisst *Pluteus*. Der Virgil aus dem vierten, die Pandekten aus dem sechsten Jahrhunderte, unter Glasdeckeln, sind bekanntlich die Hauptschätze. Der zweite Theil der letzteren wurde mir doch, ungeachtet meiner dringenden Nachfrage, nicht gezeigt. Die Ordnung der Reihen mit den Anzeigen rührt von dem verdienstvollen Bibliothekar **Bandini** her. Nur ist tadelnswerth, dass die neutestamentlichen

Codices unter die patristische Literatur gemischt sind, mithin ist es für den Fremden nicht ganz leicht, sie heraus zu finden, und vollständig zu sammeln. Die älteren, von Bandini beschriebenen, sind von Birch, Scholz u. A. fast durchaus verglichen; ich hoffe indess auf Wichtiges und Neues in dem ungedruckten Supplementkataloge der Manuscripte, welcher das Werk des Dr. Furia, des ersten Bibliothekares ist.

Andere Raritäten sind: ein schön geschriebener Alkoran; die Urkunde der Vereinigung der lateinischen und griechischen Kirche nach dem florentinischen Concil vom Jahre 1439, mit den Unterschriften der griechischen und römischen Bischöfe, so wie des Pabstes Eugenius IV. und des Kaisers Konstantini Palaeologi *); ein sehr alter Homer mit Interlinearparaphrase in rother Dinte, ein schön geschriebener Cicero, eine Handschrift der Geographie des Ptolomäus mit schönen uralten Zeichnungen und geographischen Karten u. s. w. In dem Zimmer des Bibliothekars Furia, der auch mir bei meinem zweiten längeren Aufenthalte in Florenz für die Vergleichung einer sehr alten Handschrift der Vulgata aus dem Kloster vom Berge *Amiata* in Toskana viele Freundlichkeiten erzeigte, sind in Schränken viele andere später hinzugekommene Handschriften, Acquisitionen aus aufgehobenen Klöstern, aufbewahrt. — Das Abschreiben von Stücken der Handschriften muss in einem besonderen Schreiben an den Grossherzog nachgesucht werden. Die Erlaubniss wird indess nie verweigert.

Der Mangel an gedruckten Büchern, deren die *Laurentiana* keine hat, wird durch eine andere Bibliothek (*Marucelli*) ersetzt, die unter derselben Administration stehet, und aus welcher die Benutzer der *Laurentiana* Bücher durch den Kustoden erhalten können.

Die Bauart der Bibliothek, welche einer Kirche gleicht, ist nach der Zeichnung von Michel Agnolo Buona-

---

*) Es ist eine in Florenz verbreitete Sage, dass die Griechen, nachdem sie die Stadt verlassen hatten, nach der letzten Brücke feierlich protestirten und alle Koncessionen widerriefen.

rotti; das Licht fällt sparsam ein, und wird noch durch die sehr alten mit bunten Glasmalereien versehenen Fenster geschwächt. Erst Vasari vollendete im Auftrage des Grossherzogs Cosmus I. das Ganze (1571). Die Treppe ist misslungen; Buonarotti hat sie desavouirt. Das Dunkel in ihrer Umgebung trägt nicht dazu bei, sie freundlicher zu machen. Die ersten Bibliothekare der *Laurentiana* Baccio Valori und Johann Rondinelli haben die Einrichtung eingeführt, die Handschriften an Ketten zu legen. Meisterhaft und unübertrefflich steht der Bandinische Katalog da, ein Werk von vier und vierzig Jahren. Die orientalischen Kataloge sind von Assemani und Biscioni geliefert.

Ein Eigenthum der *Laurentiana*, die hinterlassenen Ausgaben Homers, Virgils, der griechischen Tragiker und des Aristophanes, über welchen Alfieri in den letzten Jahren seines bewegten und vielumfassenden Lebens mit so grosser Beharrlichkeit arbeitete, erinnert bedeutungsvoll an den Charakter und das Wesen des grossen und seltenen Dichters, der zuerst die tragische Bühne in Italien nach tiefem Verfall wieder zu Ehren brachte. Diese Werke seiner Handbibliothek sind aus den Händen seiner letzten Freundin und Geliebten, der Gräfin von Albany, in den Besitz eines Herrn Faber übergegangen, und von da in die *Laurentiana* gekommen. Florenz ward endlich der Ort, an welchem das unruhevolle Treiben des seltenen Geistes sein Ende fand. Auch der handschriftliche Nachlass des Dichters ist der mediçäischen Bibliothek vermacht. Wer das Leben des Alfieri, von ihm selbst geschrieben, kennt, weiss, wie belehrend die Art und Weise ist, von der er mit so vieler Offenheit und Unbefangenheit redet, in welcher er seine Arbeiten, besonders seine Trauerspiele entwarf. Für Werke der Beredsamkeit, mithin auch der Kanzelberedsamkeit, findet sich in ihr Nachahmbares. Er beobachtet einen dreifachen Akt, den des *ideare*, in welchem er den Plan bildet, das Thema, die Akte, die Scenen, die Personen bestimmt, und deren jeder die Handlung und den Umfang der Handlung zutheilt, die ihr zukommen soll. Es folgt hierauf das *stendere*, in welchem er in Prosa, wie es ihm einkommt, ohne einen Gedanken zu verschmähen, die Scenen und Akte ausfüllt. Hier legt er sich keinen Zaum an, und lässt seiner Begeisterung vollen Lauf. Endlich im dritten Akte setzt er die Prosa in Verse. Nach allem diesen geht er an das Feilen, Hinzuthun, Wegnehmen. Dadurch gewinnt er den grossen Vortheil, dass er von vorn herein bei Anlage des Ganzen, und bei dessen Ausführung in den Theilen durch das Versmaas nicht gebunden und gehemmt ist. Solches ist nun bei einem anderen Verfahren unvermeidlich, wenn man unmittelbar mit der Versificirung beginnt. Vielleicht lässt sich von dieser Methode eine, wenn gleich modificirte, Anwendung auf Produkte der Beredsamkeit machen *). Sicher ist, dass man auch hier bei der Ausarbeitung damit anfangen muss, seinen Geist über den betreffenden Gegenstand zuvörderst völlig auszugiessen; ehe man an eine bessernde Revision des Ganzen gehet. Alfieri pflegte den ersten Entwurf seiner Trauerspiele halb italiänisch, halb französisch zu geben, da ihm das Französische nicht minder geläufig war, denn seine Muttersprache.

Die florentinischen Pandekten wurden in früherer Zeit in der Silberkammer und *Guarda-Roba* Cosmus II. im alten Palaste aufbewahrt, und noch im vergangenen Jahrhundert nicht ohne Erlaubniss des Oberhofmarschalls gezeigt. Noch früher ging die Achtung gegen diese ältesten Reste des römischen Civilrechtes so weit, dass man sie nur mit Wachsfackeln sehen liess. Noch unter Peter Leopold hatte ein Hofbedienter den Schlüssel, und gab ihn nur unter gewissen Förmlichkeiten heraus. Die Handschrift gehört, wie ganz unstreitig ihr Schriftcharakter zeigt, dem sechsten oder siebenden Jahrhunderte an, eine Fabel aber ist eben so sicher, dass sie die Urpandekten des K. Justinian enthalte. Man denke an die parallele Erscheinung des Urevangelii des heiligen Markus zu Venedig. Nach der bekannten, indess angezweifelten Sage sind diese so alten Pandekten, jedenfalls die Grundlage aller folgenden, von Konstantinopel nach

*) Reinhard empfiehlt etwas Aehnliches in seinen *Geständnissen*.

Pisa auf dem Wege des Handels gewandert. Andere leiten sie aus dem reizenden Amalfi bei Neapel her, welches die Pisaner im zwölften Jahrhunderte (1135) belagerten. Der Schriftcharakter ist zierlich und leserlich, das Pergament sehr fein, immer ein Kennzeichen des höhern Alters. Dieses Alter gehet indess wohl keinenfalls so hoch hinauf, dass man an ein Autographum Justinian's denken könnte. Dies will gleichwohl die Bemerkung des Marsilius Ficinus sagen, welche er unter dem 9. April 1486 in das Exemplar eingeschrieben hat: *perspicuum judicamus, hoc volumen proprie fuisse ab ipso Justiniano compositum, neque solum transscriptum.* Es ward ein Gegenstand der Controverse, über welche Tanucci zu Pisa und V. Grandi Dissertationen schrieben. Eben so unhaltbar ist die Meinung, dass Tribonian der Verfasser der griechischen Vorreden sei, welche der Kommata und Punkte entbehren. Im Triumphe brachte dieses unschätzbare Kleinod des Alterthums Gino Capponi, der florentinische Feldherr und spätere Statthalter von Pisa, aus der durch Hunger bezwungenen Stadt nach Florenz. Vom Jahre 1406 an wurden die Pandekten in dem alten Palaste niedergelegt. Pisa trauerte um den Verlust eines solchen Denkmales gewiss nicht geringer, denn um die Kontributionen, welche man der Stadt auflegte. Eine Abschrift dieser Pandekten von Politianus, welcher sie auf eine gelehrte Weise korrigirte, findet sich mit seinen eigenhändigen Randbemerkungen in derselben Handschriftensammlung. Dass die florentinischen Pandekten nach Ravenna durch einen Exarchen gekommen, ist eine eben so unsichere als willkührliche Annahme.

Der florentinische Virgil, des vierten oder fünften Jahrhunderts, ist längst nach seinen Resultaten dem Publikum bekannt. Er bildet einen Quartband, während die Pandekten zwei Foliobände ausmachen. Die alte Orthographie mit *o* für *i*, *is* für *es* u. s. w. *), ist vollkommen durchgeführt, und von Heyne in seine gedruckte Ausgabe aufgenommen. Die ersten Seiten fehlten. Mons. Mai hat sie glücklich im

*) Welche man aus den Zeiten der Republik herleitet.

Vatikan aufgefunden. Schon im Jahre 1771 wurden sie durch Foggini suppliret.

Die Akten der florentinischen Kirchenversammlung (1438. 39.), von denen ebenfalls die Rede gewesen, waren früher gleichfalls ein Eigenthum der Garderobe des Palastes. Die Urschrift ist gedoppelt, griechisch und lateinisch. Das kaiserliche Siegel welches dem Titel folgt, ist von Gold, das päbstliche von Blei. Haben wohl beide die goldene und die bleierne Herrschaft vorangedeutet? Nächstdem besitzt die Bibliothek auch die Vereinigung zwischen den Armeniern und dem päbstlichen Stuhle, in lateinischer und armenischer Sprache. Sodann die Vereinigung der Jakobiten auf lateinisch und arabisch. Endlich die Vollmachten der morgenländischen Gemeinden für ihre Abgeordneten zur Versammlung.

Erst bei meinem zweiten Aufenthalte in Florenz gelang es mir, in dem Schatze *(tesoro)* der auserlesenen Handschriften, nach einem Winke des Priesters an der Kirche zu *S. Carlo di Cattinari* Ungharelli in Rom, eines unterrichteten und gelehrten Mannes, der sich mit der Kritik und der Geschichte der Vulgata beschäftigte, die sehr alte lateinische Bibel in Uncialschrift des sechsten Jahrhunderts, vom Kloster *S. Salvador* auf dem Berge Amiata bei Siena, herauszufinden. Sie wird in der Regel den Fremden nicht gezeigt, und ist gewiss auch nicht für Jeden von Interesse. Ein unmässiger Folioband enthält dieses unschätzbare paläographische Denkmal. Von Anfang bis Ende ist es wohl erhalten, die Abtheilung der Verse ist noch die alte stichometrische. Die Inhaltsanzeigen zu den Büchern des alten und des neuen Testamentes enthalten manche eigenthümliche, durch ihr Alter ehrwürdige Meinung. Die Sprache, wie der Charakter der Schrift, sind im Uebergange aus dem Griechischen in das Lateinische begriffen. Das hohe Alter des Codex beweiset der Name des Schreibers Cervandas, den man in den Annalen des Benediktinerordens bei Mabillon unter dem Jahre 541 aufgeführt findet. Das Glück gestattete mir einen zweiten längeren mehrwöchentlichen Aufenthalt zu Florenz, wo ich dann im Stande war, wenigstens für das N. T. eine vollständige Vergleichung zu nehmen.

In gleicher Verwahrung ist ein Evangeliarium mit Goldbuchstaben, mit langen Figuren der Evangelisten auf Goldgrunde, einst das Eigenthum der Kathedrale zu Trebisond. Nach der Vorrede ward es als Geschenk von Konstantinopel an Pabst Julius II. gesandt, durch den Bischof Alexis Celabene, welcher es aus der Plünderung der Stadt durch die Türken rettete. Es sollte dem Oberherrn der Kirche als Mahnung und Aufforderung dienen, sich der bedrückten, unglücklichen griechischen Christenheit anzunehmen. Die Ordnung der Evangelisten ist hier die der ursprünglichen Folge nach dem Apostelrange, so dass zuerst Johannes stehet, dann Matthaeus, Lukas und Markus folgen. Diese Folge ist auch sonst nichts Unerhörtes.

Der Finger des Galiläi zeigt sich in der Mitte des Saales unter einer Glasglocke, zierlich in Gold eingefasst mit einem sinnreichen lateinischen Epigramm. Schon oben deuteten wir an, dass er von dem Alterthumsforscher Gori seinem Grabmale zu *St. Croce* entwandt wurde. Aus dem Nachlasse dieses Gelehrten kam das kostbare Ueberbleibsel in den Besitz des Bibliothekares Bandini, von ihm im Jahre 1803 in die *Laurentiana.* Der Finger, der die Welten zeigte, ist nun verknöchert, kein Werkzeug mehr des unsterblichen Geistes, der ungemessene Bahnen freier und kühner Forschungen durchschritt, und den Zusammenhang himmlischer und irdischer Erscheinungen nachwies. Mit Verehrung und Rührung erblickt man einen, wenn auch kleinen Theil des Körpers, den eine so grosse Seele bewohnte, von dem gewiss, wenn von irgend einem, die platonische Lehre Wahrheit hatte, dass der Körper der Kerker des Geistes sei.

Ein Tacitus ist in derselben Büchersammlung, ausgezeichnet durch sein Alterthum, wenn gleich die Unterschrift, welche auf das Jahr 395 führt, unstreitig nicht ächt ist. Die Benediktiner erkennen in ihm langobardische Schrift aus dem zehnten oder elften Jahrhundert. Andere Commentatoren leiten ihn bis in das neunte, siebende, ja sechste Jahrhundert hinauf. Das Jahr 395 lässt höchstens auf eine Abschrift schliessen. Dass es bisweilen damit so gegangen, zeigen viele Beispiele, wie das des gefeierten *Cod.*

Venetus 10. des N. T.'s, einstmalen dem Kardinal Bessarion zugehörig, welcher, gleichwie die Codices 5. 6. derselben Markusbibliothek, in denen sich zugleich das griechische A. T. findet, nichts als Abschriften der hochberühmten Vatikanischen Handschrift no. 1209. sind, oder gemeinschaftlich aus einer höheren Quelle fliessen. Die zweite Handschrift desselben Schriftstellers von ungewissem Zeitalter aus dem Kloster Corbey in Westphalen ist ein Fund des päbstlichen Legaten Arcimboldi, für welchen ihm Pabst Leo X., ein Mediсäer, fünfhundert Zecchinen auszahlte. Der Codex lieferte zuerst die fünf ersten Bücher der Annalen. Auch verbessert die Handschrift mehrere Stellen der schon edirten Bücher.

Ein Eigenthum der *Laurentiana* ist auch die berühmte Kopie des *Decamerone*, im Jahr 1384 durch Amaretto Mannelli gefertigt. Er war ein Freund des Hauses Boccaccio, und diess gab Veranlassung, dass man Abschrift und Noten auf Boccaccio selbst als Urheber zurückführte; indess ohne Wahrscheinlichkeit. Es ist bekannt, dass der *Decamerone* durch die Freiheit, ja Frechheit seines Inhaltes die Aufmerksamkeit des tridentiner Kirchenrathes erregte, nachdem er lange Zeit auch noch im ersten Jahrhundert der Erfindung des Buchdruckens handschriftlich cursirt hatte. Das Concilium setzte das Buch in die verbotenen Werke. — Cosmus I., Grossherzog von Toskana, wandte sich mit Bitten an Pius V. für die Verbesserung jenes Werkes und Reinigung desselben. Dieser Pabst übertrug die Sorge einigen Theologen, welche bald Worte, bald Sentenzen, bald ganze Theile davon wegnahmen. Die Korrespondenz zwischen den von Cosmus I. ernannten florentinischen Kommissarien und den römischen Censoren wird in der *Laurentiana* aufbewahrt. Im Jahr 1571 wurde der also verstümmelte *Decamerone* nach Florenz geschickt, und die Akademie ernannte vier Deputirte, welche sich zwei Jahre lang bemühten, theils das Buch so unberührt als möglich von der römischen Censur zu erhalten, theils es zu reinigen von den Angriffen, welche es von den vorhergehenden Herausgebern erlitten hatte; für welchen Zweck sie sich besonders der

9*

Ausgabe vom Jahre 1527 bedienten, mit Vergleichung des Zeugen Mannelli. Die Ausgabe der Deputation erschien als die Frucht sechs bis siebenjähriger Arbeit im Jahre 1574, und wurde von beiden Theilen getadelt. — Am römischen Hofe behauptete man, dass Boccaccio eine strengere Censur verdient hätte, seine Bewunderer dagegen meinten, dass ihm in der Ausgabe der *Deputati* die Flügel gar zu sehr verschnitten seien.

Der Grossherzog Franz I. verordnete, dass man das Buch von neuem korrigire, und gab den Auftrag dem Salviati, welcher damals als Kritiker den ersten Rang in Florenz einnahm; und ungeachtet dieser einige Stellen korrekter gab, als sie in der Edition der *Deputati* sind, so verstümmelte er doch an andern Theilen mit der grössten Willkühr auch Stellen, an denen es der gute Sinn nicht verlangte. Da Salviati während seines Lebens den grössten Einfluss in der Literatur behauptete, so wagte Niemand etwas dagegen zu sagen; allein man rügte sein Vergehen am Boccaccio später wohl. — Der Grund dieser Verstümmelungen lag in dem Willen der Junti, florentinischer Buchdrucker, welche damit Ersparnisse, angeblich fünf und zwanzig Scudi, machen wollten. — Nach dieser Epoche bekümmerte sich niemand mehr um Verbesserung, jedermann druckte den *Decamerone* unverändert.

Es sei erlaubt, den Blick von den Bibliotheken auf das Leben zurück zu lenken.

Eines der wohlthätigsten Institute ist das der geistlichen Brüderschaften, und in der That werth aus der katholischen Kirche in die Verhältnisse der protestantischen Kirche übergetragen zu werden. In Florenz erblickten wir hiervon die ersten Spuren. — Unter ihnen zeichnet sich ein heiliger Bund aus, welcher seit 600 Jahren (1200) begründet ist, in einer Zeit, in welcher Florenz durch die Pest verheeret ward. Es vereinigten sich die ersten Bürger der Stadt zu einem Bündnisse, welches die Rettung und Hülfe jedes Hülfsbedürftigen sich zum Zweck setzte mit Aufopferung des Lebens. Eine Kasse ward schnell errichtet; Mitglieder der höchsten Stände contribuirten. Ein Mönchsanzug, gewöhnlich von schwarzer Leinwand, doch nach den verschiedenen Korporationen auch von verschiedener Farbe, ist allen gemeinsam. Er endigt in einer Kopfbedeckung oder Kapuze, welche vom Gesichte nichts erblicken lässt, als die aus aufgeschlitzten Oeffnungen herausblickenden Augen. Am gewöhnlichsten sieht man sie Todte zur Erde bestatten. Die aus der schwarzen Kleidung lebhaft hervorblitzenden Augen haben etwas Grausenhaftes. Ein einmaliger Ruf der Glocke verkündigt einen Verunglückten, der in eine hülfsbedürftige Lage versetzt worden ist. — Ein zweiter Schlag giebt das Zeichen, dass ein Kranker der Pflege und Sorge bedürfe. — Ein dritter Schlag meldet einen Sterbenden. Man eilt, den Leidenden in ein Hospital zu bringen, oder pflegt seiner auch wohl im Schoosse seiner Familie. Diess ist indess nicht die einzige Bestimmung, welche jene Brüderschaften hier und in ganz Italien erfüllen. — Sie weihen sich auch dem Geschäft, die letzten Augenblicke des Sterbenden mit Trost und Hülfe zu erleichtern. Bei Beerdigungen bleibt die Familie des Todten aus aller Bedrängniss. Im Königreiche Neapel sind diese Gesellschaften nicht minder zahlreich, stehen jedoch unter Autorisation der Regierung, welcher sie ihre Gesetze vorzulegen haben. Sie hatten früher auch die Bestimmung, Mädchen zur Ehe auszustatten, Messen lesen zu lassen, und Gefangene aus der Sklaverei zu befreien. Aber diese letztere Bestimmung ist grösstentheils verloren gegangen. Besonders ehrwürdig aber ist ihr Beruf, den zum Tode verurtheilten Missethätern auf alle Weise in den letzten Stunden ihres Lebens beizustehen. Nach Aussprechung des Urtheils weichen jene Mitglieder nicht mehr von den Unglücklichen, bringen ihnen Trost, Erquickung und Zuspruch, hören auf ihre letzten Wünsche, reichen ihnen die möglichen Erquickungen, folgen ihnen mit Tröstungen und geistlicher Zusprache zum Richtplatz, sorgen für ihr Begräbniss, helfen den hinterlassenen Weibern und Kindern, und statten ihre Töchter aus, wenn sie dessen bedürftig sind. — In diesem Berufe tragen sie gewöhnlich schwarze Kleidung. — Ich war in Rom bei der Hinrichtung zweier Verbrecher gegenwärtig, welche jene schwarze Brüderschaft unter Voraustragung des Krucifixes zur Guillotine begleitete, nachdem man sich bemüht hatte, sie in einem nahegelegenen Konventualkloster zur vollkommenen Beichte zu bringen. — Es giebt eine Brüderschaft *der Weissen (de' bianchi)*, welche einen weissen, breiten Pilgerhut auf dem Rücken zu tragen pflegen. Ihr Gesicht ist ebenfalls verhüllt.

Sehr verwandt mit dieser Einrichtung sind die Hospitäler der barmherzigen Brüder und Schwestern, welche auch im katholischen Deutschland, z. B. in Prag, in schöner Ausbildung bestehen. Man hat die Bemerkung gemacht, dass die weiblichen Hospitäler in der Regel reinlicher gehalten werden, dass es in dem männlichen dagegen zwar weniger reinlich, aber ruhiger hergehe. — Die Aufopferung ist indess in den weiblichen Hospitälern grösser, als in den männlichen, wovon wir ein schönes Beispiel in dem Elisabethinerinnen-Hospital in Prag wahrnahmen. — Zu Vercelli in Piemont trafen wir Schwestern zum heiligen *Vincentius* an, welche sich der Kranken liebevoll annahmen. Ein ähnliches, wohl eingerichtetes Institut besuchten wir zu Carpentras bei Avignon. — Es gab früher zu Neapel eine Brüderschaft zu *St. Ivo*, welche die Sachen der Armen in Civilprocessen führte. Die Armuth ist freilich zu beweisen. Ist diess geschehen, so hat ein Mitglied der Brüderschaft die Pflicht, den Rechtsstreit zu untersuchen. Er fragt sodann den Fiskal der Brüderschaft um Rath, und berichtet an die Vorsteher, welche alsobald entscheiden, ob sich die Brüderschaft der Sache annehmen könne. Die Entscheidung geschieht nach Gründen der Gerechtigkeit, und es besass diese Brüderschaft daher einen sehr guten Ruf. Diejenigen Brüder, welche die Erlösung der neapolitanischen Landeskinder aus der Gefangenschaft der Seeräuber sich zum Zwecke setzten, führten den Namen: „Brüder der Erlösung.“ — Sie waren mit reichen Einkünften ausgestattet. Vor allem kaufte man Priester und besonders Kapuziner los, sodann Frauenzimmer, Knaben von zwanzig Jahren, zuletzt erst Erwachsene. Mehrere Brüderschaften pflegten zu milden Beiträgen zusammen zu treten, und die Juden zu Livorno trieben das Zwischengeschäft mit vierzehn p. C.

Hier ist auch der passende Ort, nach eigenen Anschauungen und Erfahrungen von den Bestrebungen der Kapuziner und deren Einwirken auf das Volk zu sprechen. Dieser Einfluss ist in protestantischen Ländern nicht hinlänglich bekannt und wichtiger, als man meint. Es ist bekannt, dass die Kapuziner dem Bettelorden angehören und zwar nach der strengsten Observanz des heiligen Franciscus von Assisi. — In politischer Hinsicht sind sie besonders zu Rom und Neapel bei den neuesten Aufregungen einflussreich gewesen. Ihre Hauptwirksamkeit erstreckt sich auf das Volk; sie sind die Beichtväter und Rathgeber desselben. Dabei machen sie oft die Schiedsrichter bei Streitigkeiten und Zänkereien, suchen die Aufgebrachten zu besänftigen, sprechen ihnen zu, und werfen sich in die Mitte der Streitenden. Es gelingt ihnen um so leichter, ihre Zwecke zu erreichen, da sie selbst aus dem Volke sind, und dem Volke angehören, grösstentheils Männer aus dem Bauernstande. — Ihre Regel ist so streng, dass sie fast die Hälfte des Jahres Pönitenz thun, d. h. nichts geniessen, als Wasser und Brod. — In dem Kloster *Biscari* in Sicilien fanden wir eine Nacht eine gastfreie Aufnahme in einem Kapuzinerkloster. Dort war es, wo der Fürst dieses Namens, der gewöhnlich in Catanien lebte, ein berühmter und liberaler Alterthumsforscher, die Kapuziner zu Ausgrabungen von Alterthümern gebrauchte. — Alles geht auf Kosten der Gemeinschaft *(Communità)*; sie selbst dürfen kein Geld berühren *(toccar denaro)*. Gewöhnlich tragen sie nichts weiter, denn eine braune Kutte mit weissem Stricke und Kopfbedeckung (Kapuze). Das gesammte Corpus der Kapuziner ist in Provinzen mit Ordensgenerälen vertheilt. Der Obergeneral ist ein Kardinal, und trägt ebenfalls den langen Bart seiner Regel. Das grobe, härene Tuch ihrer Kleider ist gleichsam sprüchwörtlich geworden, und man nennt die groben sicilianischen Bauerröcke Kapuze, sowie die ähnlichen Röcke, welche man beim Besteigen des Aetna anlegt (Aetnamäntel).

Unter ihren Kleidern tragen sie in der Regel keine Wäsche weiter, und ihre Füsse sind mit groben Sandalen bedeckt. Die Schattenseite dieser Ordensschaft ist, dass sie auf das Volk auch nachtheilig einwirken, besonders durch Theilnahme an dem verderblichen Hazardspiele des Lotto, welches durch ganz Italien verbreitet ist, und vielen Aberglauben erzeugt. Man beschuldigt dieser Theilnahme besonders die Kapuziner zu *Ara coeli* auf dem Capitolium zu Rom. Ihre Klöster sind daraus leicht erkennbar, dass sie nur hölzerne Läden vor den Fensteröffnungen haben, und haben dürfen. Die Zellen führen den Namen von Heiligen z. B. St. Leo, St. Christophorus u. s. w. Ihr Leben ist fast nichts als Entbehrung. — Sie ziehen mit Küchengewächsen, den Erzeugnissen ihrer Gärten, auf Esel geladen, in den grösseren Städten, z. B. in Rom einher, und überlassen es der Mildthätigkeit der Käufer, sie zu bezahlen, da sie selbst nicht fordern dürfen. — Auch sonst betteln sie für das Kloster, selbst für Lebensmittel. Diese Beschäftigung geht die Reihe herum. Oft sieht man sie zur Beichte sitzen, und einmal gewahrte ich in einem der Beichtstühle des Lateran zu Rom, dass ein Kapuziner einen langen Stab aus dem Beichtstuhle heraussteckte, damit die Köpfe der vorübergehenden Landleute berührte, und eine Segensformel dazu aussprach.

Ihr Lager besteht aus einem harten Strohpfühl, mit einem Kissen gleichen Gehaltes. Die wissenschaftliche Bildung dieser Leute ist natürlich sehr gering, oder keine. Ihre Bibliotheken sind gewöhnlich klein, verstäubt und nie besucht. Man hat Mühe sie zu sehen, und findet in ihnen gewöhnlich nichts als alte Scholastik, Kirchenrecht, Patristik, Dogmatik und ascetische Theologie. Sie haben auch den Fond nicht, die Bibliotheken fortzuführen, und bewahren lediglich das Erbtheil ihrer Väter. Die Höfe der Kapuzinerklöster sind grösstentheils ins Gevierte gebaut, mit durchbrochenem Säulenwerke. In der Mitte steht ein Ziehbrunnen. — Merkwürdig ist die Schilderung des Vaters Christophorus, eines Kapuziners, in dem berühmten Romane des Manzoni „die Verlobten." Er erscheint als ein Mann der Aufopferung und Hingebung, der die grössten Schwierigkeiten nicht scheut und besiegt, um ein Paar aus dem Volke glücklich zu machen. Ihre Predigten, welche sprüchwörtlich geworden sind (Kapuzinaden), halten sie sehr oft unter freiem Himmel bei Lichtern, wie ich diess einmal selbst auf einem freien Platze hinter dem römischen Forum beobachtete. Sie sind nicht ohne natürliche Beredsamkeit, und wissen dem Volke an's Herz zu reden; auch gestikuliren sie lebhaft auf der Kanzel, und gehen auf ihr mit dem Krucifixe in der Hand umher, wie auf einer alten Rednerbühne. — Die übrige Geistlichkeit Italiens berührt sich mit dem Volke weit weniger. In der protestantischen Kirche giebt es kein Institut, welches mit diesem verglichen werden könnte. Am meisten noch gleichen die Kapuziner in ihrem Einflusse und Wirkungskreise unseren Dorfgeistlichen und Schullehrern.

Nächst der *laurentianischen* Bibliothek ist die *Magliabecchiana* zu erwähnen, welche nach der neuesten Zählung 150000 Bände mit 12000 Manuscripten enthält. Von jedem im Staate herauskommenden Buch muss an sie ein Exemplar abgeliefert werden. Die Manuscripte umfassen vorzüglich neuere Gegenstände, vor allem der Geschichte. — Sie trat gegen Ende des vorigen Jahrhunderts mit der *bibliotheca Palatina*, welche im Palaste des Grossherzogs stand, in Verbindung. — Der treffliche Bibliothekar Antonio Magliabecchi widmete sich erst nach dem vierzigsten Jahre, nachdem er früher das Geschäft eines Juweliers auf der alten Brücke *(ponte vecchio)* getrieben hatte, mit unerhörter Leidenschaft der Wissenschaft und Bücherkunde, und vergass hierüber fast alle menschliche Angelegenheiten. Er ward zunächst Vorsteher der *Palatina* unter dem Grossherzog Cosmus III., sammelte aber auch für sich einen grossen Schatz von Büchern und Manuscripten, die er mit Anweisung einer Summe zur Unterhaltung derselben dem gemeinen Besten hinterliess. — Geboren den 29. Oktober 1633, gestorben den 4. Juli 1714, kann sein grossartiges Wirken nicht besser bezeichnet werden, als durch die Umschrift einer bronzenen Münze, welche im Jahr 1714 auf ihn geschlagen ward: „*is unus bibliotheca magna.*“ Mit dieser Büchersammlung wurden nach und nach viele andere Bibliotheken vereinigt, wie die von *Marmi*, *Gaddi*, *Biscioni*; unter Peter Leopold die *Palatina*, *Cocchi*, die von *Georg*

Lami, ein Theil der Abtei der *Roccettini* zu Fiesole, ein Theil der Jesuitenbibliothek, der Bibliothek der *S. Maria Novella*, *Strozzi* und von *Monte Pulciano*. Zuletzt wurden noch die Bibliotheken der in der französischen Herrschaft aufgehobenen Klöster mit dieser Sammlung vereinigt. Diese indess gedenkt man zu verkaufen, um neue Bücher zu acquiriren, für welche bereits neue Säle zur Seite angelegt sind. Das Lokal ist schön, die Bibliothek durchaus stark besucht. Es scheint alles nachgeschafft zu werden, was es verdient, und ich bemerkte hier keine ängstlichen Rücksichten. Die ältesten und besten Handschriften musste freilich die *Magliabecchiana* an die *Laurentiana* abgeben. — Mir wurde ein prächtiger türkischer Codex vorgezeigt, welcher, nach von Hammers Untersuchungen, Traditionen über Muhammed enthält; sehr reich mit Gold ausgelegt. — Der erste Bibliothekar Cocchi hat den Katalog auf eine vielleicht sehr tiefe, aber wenig klare Weise geordnet nach den Worten, den Dingen und den Thatsachen, die letzteren sind ihm entweder *moralische* oder *heilige*. Mithin machte er vier grosse Eintheilungen: die schönen Wissenschaften (worunter bei den Italiänern die gesammte Philologie verstanden wird), die Philosophie mit den mathematischen Wissenschaften, die profane und die heilige Geschichte. Diese zerfiel ihm wiederum in zehn Parthieen. So beginnt die Grammatik seinen seltsamen Katalog, und derselbige schliesst mit der Bibel. — Magliabecchi unterhielt einen ausserordentlich starken Briefwechsel, von welchem fünf Bände in 8. erschienen sind. — Seine Büste befindet sich in der Bibliothek; er hat einen seltsamen Zug und das Ansehen eines in sich gekehrten Gelehrten. Seine Handschriften, deren sehr viele aufbewahrt werden, betreffen die Literaturgeschichte. Die jüngeren Manuscripte dieser Bibliothek sind besonders wichtig für die Geschichte des Mittelalters und für die neuere Literatur. Nur ein einziger Katalog ist gedruckt, welcher die Editionen des funfzehnten Jahrhunderts enthält, gefertigt vom Bibliothekar Ferdinand Fossi mit Hülfe des Abate Follini.

Von der *Marucelliana* als einer von der *Laurentiana*

abhängigen Büchersammlung ist bereits oben kürzlich geredet worden. Sie stammt aus dem Jahre 1751 her, und ist somit die jüngste unter den florentinischen öffentlichen Bibliotheken. Ihre Ueberschrift: *publicae et maxime pauperum utilitati* zeigt ihre nächste Bestimmung nach dem Willen des Stifters, eines Kardinales Marucelli, welcher schon bei seinen Lebzeiten seine Büchersammlung wenig bemittelten Gelehrten zur Disposition überlassen hatte. — Ihre Handschriften, deren nicht viele waren, gingen in die *Magliabecchiana* über; die wenigen, die sie etwa noch hat, sind literarisch und diplomatisch. Bereits seit Bandini versieht der Oberbibliothekar der mediceischen Bibliothek auch diese Sammlung, welche nur in geringer Entfernung von der ersteren ihr, wie bemerkt, mit gedruckten Büchern aushilft. — Der Unterbibliothekar ist gegenwärtig Inghirami, ein bekannter Gelehrter. Den Transport der Bücher besorgt der Bibliotheksdiener der *Laurentiana*. Schade, dass diese Sammlung nur dreimal wöchentlich geöffnet wird: Montags, Mittwochs und Freitags von morgens von 9—12½ Uhr. — Das interessanteste Manuscript ist das *Mare magnum*, eine Art von encyclopädischem Wörterbuch.

Noch gedenken wir einer wichtigen florentinischen Bibliothek, der *Riccardiana*, welche ein Eigenthum der Stadt geworden und seit 1811 eine öffentliche ist. Sie enthält 23,000 Bände mit 3,500 Handschriften. — Der Stifter war Riccardo Romulo Riccardi, Zögling des berühmten Petrus Victorius 1558. — Sehr vermehrt ward sie durch die Schenkungen des Kanonikus Gabriel Riccardi, welcher als Subdechant der Kathedrale im Jahr 1789 starb; er allein hinterliess 1800 Manuscripte. Die Familie besass zugleich durch den Stifter eine ansehnliche Antikensammlung, welche noch zum grossen Theil in dem alterthümlichen, viereckigen Hofe aufgestellt ist. — Sehr bedeutend ist die Anzahl der alten Ausgaben aus dem funfzehnten Jahrhundert, wie z. B. einer römischen Bibel von 1471 und 1472, eines Lactantius von Subiaco 1465, des Halieuticon von Oppian 1478, einer venezianischen Bibel von 1492 mit autographischen Noten des Hieronymus Savonarola. —

Eine ähnliche Handbibel, nur in zwei Bänden in 8. entdeckte ich in der *Magliabecchiana;* die übrigens sehr reichliche Schrift des Savonarola war indess so klein und fein, dass sie selbst mit Hülfe des Vergrösserungsglases nur sehr schwer und mit vieler Mühe gelesen werden konnte. — Die Handschriften gehören grösstentheils dem Mittelalter und der neueren Zeit an; indess sind einige derselben auch klassischen Inhaltes; dahin gehört ein sehr altes Volumen der Naturgeschichte des Plinius aus dem neunten oder zehnten Jahrhunderte, verstümmelt am Anfang, in der Mitte und am Ende, in neuester Zeit verglichen durch einen Professor der Geschichte zu Prag, wenn ich nicht irre, Dietz mit Namen. — Der Katalog der *Riccardiana*, ein Werk des Johannes Lami, erschien zu Livorno 1756 in Fol. Der Herausgeber hat auch das Leben des Stifters beschrieben.

Zahlreich sind auch die unedirten Briefe von Poggius Bracciolini, welche ein treffendes Sittengemälde des Zeitalters der wiederauflebenden Wissenschaften enthalten, und zugleich über die alterthümlichen Studien jener Tage mannigfaltige Auskunft geben.

Zu Anfange dieses Jahrhunderts sah sich die Familie Riccardi genöthigt, ihren Palast mit allen Schätzen zu veräussern, und gab für diesen Zweck einen Auctionskatalog heraus, welcher zu Florenz 1810 in 4. erschien. Die Regierung kaufte alles an sich, und erhielt den Gebrauch dem Publikum. Der gegenwärtige Bibliothekar ist der Kanonikus Bencini. — Die Zeit der Oeffnung stimmt mit der der *Magliabecchiana* überein.

Die Kirche von *S. Lorenzo* ist von hohem Alterthum, doch düster und nicht eben imposant. Die Pfeiler sind oben durch Querbalken gestützt, was keinen gefälligen Eindruck giebt. Dasselbe fand ich in mehreren Kirchen Italiens wieder. Der Altar kommt einst mit dem Altare der anstossenden Kapelle der Mediciäer, welche noch unvollendet ist, in Eine Richtung, und so wird eine gute Perspektive eröffnet. Diese Kirche besitzt einige gute Gemälde. Die Lorenzokapelle der Mediciäer liegt an ihrer Seite. In ihr ist die ausserordentlichste Pracht verschwendet. Unter ihr erblickt man ein Gewölbe, in welchem die Särge der Mediceer und vieler toskanischer Regenten aufgehäuft sind. Auch Prinz Clemens von Sachsen fand hier seine Ruhestätte. Die Kapelle hat die Form einer *Rotonda;* die Wände sind ganz mit Marmor, theils hetrurischem, theils sicilianischem und anderem bekleidet. Grossartige Sarkophage stehen vor den Nischen, in denselben die bronzenen Statüen toskanischer Fürsten, denen dieses Mausoleum gewidmet ist. — Die Wappen der einzelnen toskanischen Städte mit Lapislazuli und Perlmutter reich und kostbar ausgelegt, stehen rund herum. Gegenwärtig wird an der Vollendung der kostbaren Kapelle gearbeitet. Der Altar, dessen hölzernes Modell ich sah, wird im höchsten Grade reich. Die Arbeit kann indess noch manches Jahr dauern. Man arbeitete, als ich anwesend war, an einem Freskogemälde der Kuppel. Eine andere kleinere Kapelle, nach der Zeichnung des Michel Agnolo Buonarotti von Clemens VII. erbauet, enthält die Denkmäler zweier Medicis, des Julius, Bruder Leo des X., und des Lorenzo, Herzogs von Urbino, doch nicht des Grossen *(il magnifico)*, dessen Poesieen in einer Prachtausgabe, die der gegenwärtige Grossherzog veranstaltet hat, ich in der *Magliabecchiana* sah. Jener Lorenzo war der Vater Alexanders, des ersten Herzogs von Florenz. Seine Statüe von Michel Agnolo ist vortrefflich; er sitzt im Nachdenken verloren, sinniges Leben spricht aus dem Steine. Auch die übrigen Figuren von carrarischem Marmor, die Morgenröthe, den Tag, die Abendröthe, die Nacht vorstellend, sind, wenn gleich unvollendet, doch meisterhaft. — Buonarotti fertigte auch eine Madonna, vollendete sie indess nicht. — Das Grab des letztverstorbenen Grossherzogs ist provisorisch hier; er heisst einfach und schön: *optimus Princeps.*

Ueber die *Mediceische Gallerie* ist im Einzelnen nichts zu sagen, denn wer möchte den unermesslichen Reichthum an Skulptur und Malerei erschöpfen, welcher hier zu Tage liegt. Sie ist eine der ersten in der Welt. Die Vereinigung der Skulptur und Malerei in Einer Sammlung ist öfter getadelt worden, mich hat sie indess nicht gestört. Der gedruckte Guide oder

Wegführer von Florenz für diese Gallerie ist, vereinigt mit einem sehr gründlichen schriftlichen Kataloge, den man indess nur durch die Vorsteher in die Hände erhalten kann, einer der ausführlichsten, den man besitzt. — Einen imposanten Eindruck gewährt der Saal der Niobe. Diese Gruppe, welche im Alterthum unzweifelhaft vereinigt war, ist in einem grossen Zimmer vereinzelt aufgestellt, doch mit vielem Sinn, mit vieler Natur und Wahrheit, so dass, wenn man einen Ueberblick wagt, man sehr wohl einen Gesammteindruck und ein Gesammtbild gewinnt, und von ihm gewaltig fortgerissen wird. Die Mutter, die grösste und vollkommenste Statur der Gruppe, schützt ihr jüngstes Kind, das in ihrem Schoosse liegt, und die wunderbar mannigfaltigen und doch so wahren und treuen Stellungen der Söhne und Töchter drücken Angst, Besorgniss, Trotz, das Streben zu Fliehen, Bitte um Schonung und Erbarmen, Erstaunen und Entsetzen mit klassischer Leichtigkeit und hinreissender Schönheit aus. Der alte Pädagog des Hauses, treffend der Mutter gegenüber gestellt, blickt mit dem Ausdrucke des Staunens, des Zornes und Entsetzens gen Himmel nach den Pfeilen des rächenden Gottes. Wunderschön wendet sich eine Tochter in der Stellung einer Flehenden nach oben, das Unglück von ihrem Haupte zu beschwören. — Einen Sohn endlich, einen schönen Jüngling, hat der tödtliche Pfeil bereits tief in die Brust verwundet; er liegt sterbend auf dem Boden ausgestreckt, doch, wenn ich recht gesehen, nicht ganz natürlich mit dem Kopfe auf einem Kissen ruhend. — Der Pädagog gehört indess wahrscheinlich nicht zur Gruppe, und steht in der Arbeit sehr nach. Winkelmann entwarf eine Komposition der Gruppe gleich einem Walde. Sie könnte nur eine Zusammenstellung sein, da unter den einzelnen Figuren kein Zusammenhang ist. Nach der gemeinen Meinung war diese Gruppe am Frontispiz eines Hauses oder Tempels. Es ist eine wunderbare Fülle des Geistes und geistigen Lebens in diesem Ganzen. Hier ist's, wo der ewige Eindruck der Meisterschaft und Vollendung auch den Uneingeweihten ergreift, und ihn hinüberzieht in das unsterbliche Reich der Ideen, das über der Zerstörung der Zeiten waltet. Gesegnet die Meisterhand, die diese Gruppe schuf, dreimal glücklich der Genius, der solchen Geist und solches Leben in den todten Marmor hauchte. Sein Name hat die Zeit überwunden und er lebt unsterblich fort in stets frischer Anregung der besten Geister, die nach ihm schauen, was er gethan! — Vielleicht hat der Eindruck durch die Auseinanderstellung der Figuren gewonnen, wenigstens möchte es schwer sein, ein Ganzes im Sinne der Alten herzustellen. Ueber die Zerlegung der Gruppe in einzelne Figuren wusste der Kustode nichts Näheres. Eine anderweite Notiz fand ich darüber nicht.

Die Meisterstücke der Tribüne oder des kostbaren mit rothem Damast ausgeschlagenen von oben durch Oeffnungen und Fenster erleuchteten Rundtheiles, in welchem das Seltenste und Erlesenste aus Skulptur und Malerei vereinigt ist, wage ich nicht zu kritisiren, da sie grossentheils über der Kritik sind, wenn gleich bei weitem nicht alle von gleichem Werthe. Die Venus des Tizian zur Rechten mit wollüstigen, oder von Wollust gesättigten Blicken ruhend, die Geliebte eines mediciäischen Fürsten in einer mehr als natürlichen Lage. — Die zweite Venus jugendlich, aber nicht schöner mit etwas mehr brennender Färbung, Amor zu ihren Häupten; man erkennt leicht den tizianischen Styl. — Die mediciäische Venus aus mehreren Stücken zusammengesetzt, die Vorderärme neu; der Meister Cleomenes, Sohn des Apollodorus von Athen. Der Eindruck ist nicht gewaltig und hinreissend, wie wohl bei dem Apollo von Belvedere, oder bei der Gruppe des Laokoon im Vatikan. — Man findet die klassische Schönheit erst durch wiederholtes Beschauen und durch Studium. (Die Aufstellung ist nicht vortheilhaft genug). Die Lieblichkeit und Zartheit der Form giebt dem Ganzen einen fast himmlischen Anhauch. — Der herrliche Schleifer mit dem bewundernswürdigem Kopfe, in dem sich das Banausische seines Berufs so wahr und natürlich ausdrückt. Jeder kleine Zug ist sprechend, die Physiognomie meisterhaft. — Der Apollin, ein Mittelding zwischen Mann und Weib, macht auch diesen gemischten Eindruck. — Der die Becken zusammenschlagen wollende Faun ist äusserst wohl erhalten, und voller Charakter, dem der üppigsten, sinnlichsten Lust. Gewiss eine der besten Statüen des Alterthums. — Endlich die zwei kämpfenden Ringer, ein Meisterstück für die Konstruktion des Körpers. Sie verlangen vieles Studium. — Der Unterliegende mit dem Ausdrucke krampfhaften Schmerzes. In dem Siege kann ich die stolze Miene des Triumphes nicht erkennen. Sein Sieg ist noch unvollendet, ungeachtet der Besiegte am Boden liegt.

In der Gallerie die Flòra des Tizian, eines der schönsten Stücke, unvergleichlich das Haar, die geniale, leichte Bekleidung des Busens und das Seelenvolle, Schöne und Einladende des Auges. Sie ward eben gut kopirt. Ich setze sie über die Fornarina des Raphael, in der ich nicht so viel Seele finde. Die Madonna mit dem Kinde von Giulio Romano, eben neu gefirnisst, hat mich angesprochen; weit weniger die des Guido Reni, der mir zu viel Weiches zu haben scheint. Noch sehe ich überall, dass wer etwas von Kunst verstehen und verständig geniessen will, durchaus gewisse feste Punkte, Epochen und Klassification der Kunstgeschichte haben muss. Ausserdem bewirkt das viele Anschauen eine Konfusion ohne Gleichen, ein Labyrinth, aus dem man den Ausgang nicht findet. — Mein zweiter Aufenthalt in Florenz, welcher von weit längerer Dauer war, zeigte mir sehr klar, wie weit ich in Beurtheilung und Schätzung der Kunstwerke vorgeschritten war. — Auch Thorwaldsen in Rom sagte mir bei einer seiner ersten Unterredungen, dass jeden Fremden, der es redlich mit der Sache meine, vor allem in Rom unvermeidlich das Loos treffe, einer gewissen Konfusion in den ersten Wochen sich hingeben zu müssen, da die Fülle der Eindrücke in Kunst und Wissenschaft überwältiget, und den Geist erdrückt. Nur nach und nach treten die Anschauungen auseinander, und ordnen sich zu einem übersichtlichen Ganzen. — Ohne Eintheilungen der Geschichte der Kunst ist eine fruchtbare Benutzung der Denkmäler unmöglich. Man schliesse daraus auf die Früchte, welche so viele leichtsinnige und oberflächliche Beschauer von ihren Reisen mitbringen. Daher so viele falsche

Urtheile über Kunstgegenstände. Die Auswahl beim Schauen selbst ist nicht leicht; man kann sehr viele Zeit bei mittelmässigen und schlechten Objekten verlieren und an dem Besten leicht vorübergehen; denn die gedruckten Führer genügen nicht. Sehr wohlthuend ist die Leitung eines wohl unterrichteten Mannes, um heimisch zu werden in dieser reichen Welt; allein sie wird immer nur Wenigen zu Theil.

Zu den imposantesten Erscheinungen gehören die festungsähnlichen Paläste der toskanischen Hauptstadt, welche an die rohe und kühne Zeit der innerlichen Kämpfe und bürgerlichen Unruhen erinnern. Unter ihnen zeichnet sich vor allen aus der Palast *Pitti*, ein massives, sehr regelmässig errichtetes Gebäude, jenseit des Arno, welcher die Residenz, die Privatgallerie und Privatbibliothek des Grossherzogs enthält. Ich sah dieses Mal nur die unendlich reiche Gallerie mit den ausgezeichnetsten Stücken. Die Magdalena von Titian ist ein köstliches Seitenstück zu der von tiefster Reue zerknirschten Magdalena des Palastes *Barbarigo* zu Venedig. Das blondbraune Haar der Büssenden, das in langen Locken reich herabfällt, ist meisterhaft. Die florentinische Magdalena ist nicht so tief bewegt, und hat einen noch weltlicheren Ausdruck, als die venetianische bei aller übrigen Vollendung. Die berühmte Raphaelische Madonna mit dem Kinde im Arm (*Madonna della sedia*) und dem kleinen Johannes zur Seite; Cleopatra mit der Schlange von Guido Reni, von grosser Zartheit, Weiblichkeit und einem dem Tode zugewandten Blicke ohne Gleichen. Das Gewand ist leicht und schön; herrliches Seitenstück zu der Lucretia des Guido im Palast *Manfrini* zu Venedig. Von Raphael Vieles. Von seinem Lehrer Perugino eine schöne Kreuzesabnahme mit ausdrucksvollen Köpfen. Dieser zur Rechten eine Jugendarbeit Raphaels, eine Erhöhung der Madonna, in der man den Schüler Perugino's noch durchsieht. Ein Leo X. mit zwei Kardinälen, der eine sein Nachfolger Clemens VII., von Raphael: die Köpfe sprechen aus der Leinwand. Ein Kardinal von Titian, voll Charakter; zwei Madonnen von dem Spanier Morillo, von schönem, aber weltlichem Ausdruck. Von

Carlo Dolci Einiges, in dessen weicher Manier. Ein Ludwig der Heilige ist wohl der Schönste. Die Parzen, drei alte Weiber, von Buonarotti. Nie sah ich eine solche Darstellung voller Kraft und Männlichkeit. Viele Maler aus der florentinischen Schule schmücken diese Sammlung. Der Portraits von Raphael giebt es mehrere. — Zwei Geistliche (spottweise Luther und Calvin genannt) mit einem Mädchen von Giorgione; von ihm noch zwei andere Stücke. — Ich deute hier nur das Werthvolleste an. — Das Lokale ist fürstlich. — Auf dem anderen Flügel trifft man eine Reihe von Konversationszimmern und prachtvolle Gemächer zu Akademieen oder zur Aufnahme fremder fürstlicher Reisenden. Der Kaiser von Oesterreich hat hier gewohnt. In einem Rundtheil steht die schöne Venus des Canova aus Marmor, welche grosse Verdienste und Vorzüge hat; nebenbei sieht man etruskische Vasen.

Nur eilf Tage war mir vergönnt, auf der Hinreise nach der ewigen Stadt in dem sinnigen und freundlichen Florenz zu verweilen. Ich spreche daher jetzt nur von den ersten frischen Eindrücken dieser schönen Zeit und spare weitere Mittheilungen auf die Zeit meiner Rückreise, welche mir einen Aufenthalt von mehreren Wochen in der toskanischen Hauptstadt gestattete, und zugleich möglich machte, das nahe gelegene Pisa und Livorno zu besuchen. Der moralische Eindruck, den eine nur erst flüchtige Bekanntschaft mit Florenz und mit Toskana in mir zurückliessen, war das Gefühl der Wohlhabenheit, der belohnten Thätigkeit, der gerechten Anerkennung, der glücklichen Mässigung von Seiten der Regierung und der Regierten. Der rein italiänische Charakter tritt hier allerdings weniger heraus, und das deutsche Blut hat schon Mischungen erzeugt, welche der Nationalität gefährlich werden. Wir riefen dem schönen Florenz ein freundliches Lebewohl zu und schieden mit der Hoffnung des Wiedersehens. Unsere Reise ging nun am 13. Februar dem Geburtstage einer unvergesslichen Mutter, auf der gewöhnlichen Strasse über *Siena* nach der ewigen Stadt.

Zehntes Kapitel.

Reise von Florenz nach Rom über Siena.

Die Reise von Florenz nach Rom über Siena ist so oft beschrieben worden, dass ich kurz sein kann. Ich unternahm sie in Gesellschaft zweier Franzosen und eines nordamerikanischen, liebenswürdigen jungen Privatmannes, welchen ich später mit Briefen nach Venedig zu theueren Freunden von Rom aus geleitete, noch später aber im Palais royal zu Paris unverhofft wiederfand.

Die ungemessene Kargheit der reisenden Franzosen ist bekannt. Auch ich machte diese Erfahrung an meinen Reisegefährten. Die Passvisitirungen seit den Grenzen des Kirchenstaates, die sich in jedem Städtchen wiederholten, sind freilich das Lästigste, was man sich denken kann. Der beunruhigende Zuruf: *i passaporti*, *i passaporti* erneuerte sich unaufhörlich. Aber das Widerstreben meiner Mitreisenden machte das Uebel ärger. Auf Prellerei war es einmal bei den oft zerlumpten Polizeybedienten abgesehen, und ohne ein Trinkgeld *(buona mano)* ausser den Gebühren war unmöglich durchzukommen. Mit den Zeiten der eindringenden *Cholera morbus* ist diese Noth gewiss nur grösser und fühlbarer geworden.

Nichts gewöhnlicher, als dass Reisende einander geniren. Dies ist besonders der Fall bei reisenden Franzosen und Engländern, den entgegengesetztesten Charakteren, die man sich denken kann. Während jene für alles Fremde bis zum Uebermaasse entflammt sind, wenn sie auch nur nach der Oberfläche davon berührt werden, setzen ihnen diese

10 *

eine steife, eckigte Kälte entgegen. Bekannt ist der Ausruf eines Engländers, welcher beim Schlafengehen seinen römischen Wegweiser noch einmal ansah mit den Worten: Gott sei Dank, wiederum so und so viel Seiten mit so und so viel Kirchen und Palästen durchgemacht.

Die Route über Siena, dem Orte, wo bekanntlich das reinste Italiänisch gesprochen werden soll, was wir nun weiter nicht wahrnahmen, bietet im Ganzen wenig Merkwürdiges dar, Kirchen und Gemälde ausgenommen. Theilweise ist diese Strasse eine wahre Einöde, man glaubt nicht mehr in Italien zu sein. Ueber den Dom und die übrigen Kirchen Siena's und deren Kunstschulen bei einem so flüchtigen Durchzuge Neues besonders nach Rumohr sagen zu wollen, würde vermessen und vergeblich sein.

Die Einzelheiten dieser Reise sind bereits in den Hintergrund meines Gedächtnisses zurückgetreten und auf keinen Fall bedeutend gewesen. Das Reisen mit dem Vetturin ist das Bequemste und verhältnissmässig auch das Wohlfeilste, was man haben kann. Zwischen Florenz und Rom braucht man in dieser Weise fünf Tage und vier Nächte. Wir verbrachten sie recht heiter und angenehm, parthieenweise zu Fusse wandelnd.

Mit dem Vetturin akkordirt man entweder durch mündlichen oder schriftlichen Kontrakt. Von letzterer Art besitze ich noch ein Exemplar aus Neapel. Man erhält einen geräumigen Scheibenwagen, Abends eine Mahlzeit (*cena* oder *pasto*, Futter genannt) und Nachtlager. Der Vetturin isst mit, was aber keine Herabwürdigung für den Reisenden ist, wie Nikolai in seiner famösen Reise meinte, sondern eher eine Vergünstigung, indem man dabei nur desto besser bedienet ist, da begreiflicher Weise die Wirthsleute ein grösseres Interesse haben, den Vetturin, als die Reisenden bei guter Laune zu erhalten.

Nur einige Seen geben diesen Gegenden Reiz und Sinn. Einer derselben, dessen Name mir nicht gleich beifällt, hat eine paradisische Lage, links von Bergen umgeben.

In der *Campagna Romana* ist nicht viel Erfreuliches. Der Boden soll zwar tüchtig sein, aber die Menschen sind träge, und so bleibt er ohne die nothwendige Kultur. Viele sagen, dass diese wüste, öde und trümmerhafte Umgebung trefflich zu dem alten würdigen Rom und zu der ewigen Stadt passe. Neuerdings sind viele Vorschläge gethan worden, die *Campagna* anzubauen. Aber noch keiner ist durchgedrungen. Nicht ohne Grund wird von Anderen angenommen, dass der Boden doch nicht so ergiebig sei, dass er den Anbau hinreichend lohne. Ackerbau und Industrie sind im Kirchenstaate erst im Werden, bei Weitem vorgerückter in der Lombardei unter dem österreichischen Scepter. Die römischen Bauern in ihrer buntfarbigen Tracht, die wir bereits auf dieser Strasse hin und wieder trafen, mit ihren weissen Strümpfen, grossen silbernen Schuhschnallen, blauen kurzen Beinkleidern, rothen Westen mit silbernen Knöpfen und dunkeln Wämsern, in ihrer freien, heiteren Behendigkeit, Gutmüthigkeit und mit den geistreichen Zügen ihres Gesichtes, mit ihrer Freimüthigkeit, mit welcher sie den Höchsten wie den Niedrigsten im Umgange behandeln, geben einen erfrischenden und erquickenden Anblick. Zu Fusse trifft man sie höchst selten auf der Landstrasse; ein jeder reitet mit Gemächlichkeit seinen Esel *(sommaro)*, denn das Klima würde das Fussgehen im hohen Grade beschwerlich und freudenlos machen. Unter Landleuten trifft man dann nun viele Gruppen, welche zu Genrebildern vortrefflich dienen können. Wie viele heilige Familien sind von solchen Bauernzügen entlehnt, wie viele Madonnengesichter sind von römischen Bäuerinnen kopiret!

Einige aber nur kurze Striche athmen noch einen verpesteten, starken Geruch, wie aus Schwefelquellen. Man glaubt im töplitzer Schwefelbade zu seyn, oder verfaulte Eier zu riechen. Hier wäre der Ort, Heilbäder anzulegen. Aber die Römer sind dazu zu bequem, und glauben auch ohne diese zu leben.

Nichts ist sparsamer belebt, als die Gegend unmittelbar vor Rom. Man glaubt noch eine Stunde davor nicht in der Nähe einer grossen Stadt zu seyn. Wie ganz anders in den Dorfschaften vor Paris.

Freitags den siebenzehnten Februar 1832 um 10 Uhr

Morgens riefen wir zuerst von einer Anhöhe gleich Columbus, Land, Land, und sahen die Kuppel von St. Peter ziemlich deutlich und einen Theil der Stadt im Nebel. Es war ein freudiger, schöner Eindruck, wenn auch kein mächtiger und ergreifender aus dieser Entfernung. Die innere Genugthuung war desto grösser. Ich fühlte mich am Ziele meiner Wünsche. Denn schon auf dem Krankenlager zu Bologna trieb und drängte es mich, nach der ewigen Stadt zu kommen. Wie viele lassen Florenz ungenossen liegen, um ungesäumt in das Centrum der Halbinsel zu gelangen.

Wir fuhren über den *ponte molle* durch die *porta di popolo* in Rom ein, und stiegen in dem bekannten Gasthofe des Franz, eines Deutschen, ab, wo wir es in der Folge zwar gut, aber auch theuer fanden. Die Zimmer sind ziemlich düster, das Gasthaus des Damon, welches wir bei unserer Rückkehr von Neapel kennen lernten, ist in jeder Beziehung vortheilhafter und den Reisenden zu empfehlen. Der Wein ist in diesen ersten Lokanden gewöhnlich schlecht; in den Osterieen oder gemeinen Wirthshäusern (Kneipen) ist er am vorzüglichsten.

In dem Thore nahm uns die Mauth in Empfang, und geleitete uns durch einen päbstlichen Infanteristen, der auf unserm Kutschbocke Platz nahm, in die Dogana, welche sich aus den Trümmern und Säulen eines alten Tempels rechts des Corso als ein weitläufiges und stattliches Gebäude erhebt.

Ein schönes Rundtheil bildet der Platz *del popolo*, durch viele Abbildungen in Deutschland wohl bekannt. Er eröffnet Aussichten in den Corso und in die zwei Seitenstrassen, in welchem Punkte sich alles gewerbliche Leben versammelt. Links die Villa Borghese mit den öffentlichen grossartigen Spatzieranlagen.

Winkelmann ging mit starken Schritten auf und nieder, nachdem er angelangt war, und rief mit grosser Selbstbefriedigung aus: „ich bin in Rom." Welcher Deutsche hat nicht Aehnliches gefühlt, der Roms Geschichte kennt! —

Eilftes Kapitel.

Rom.

Possis nihil urbe Roma
Visere majus. HOR.

Rom in seiner ersten Erscheinung macht durchaus den Eindruck einer modernen Stadt. Das Alterthum liegt zerstreuet und zerstückelt hier und dort; auch Schmutz und Armuth fehlen nicht, besonders in der Gegend des Capitoliums und in der Judenstadt oder dem *ghetto.*

Nach und nach thut sich der Reichthum und die Fülle der Kunst und des Alterthums vor dem überraschten Blicke auf. Die Zeit zersplittert sich ungemein leicht, und man hat alle Mühe, bei so vielem Sehenswürdigen, das sich entgegendrängt, ein System und eine Ordnung festzuhalten.

Zeit, Umsicht und Kraft gehören dazu, sich zu orientiren. Die Fülle des Grossen, Neuen und Schönen überwältigt. Man lebt anfangs in einer Art von Confusion, oder in einem wirklichen *embarras de richesse.*

Bald nach den Eindrücken der ersten Tage schrieb ich nieder: Ach! ich möchte mein ganzes Leben in dieser Fülle der Dinge, der Anschauung und des Wissens seyn, und mich recht voll und satt schwelgen. Hier kann man jeden Tag grösser und stärker werden am Geiste. In so vielen männlichen, erhabenen, würdigen Umgebungen saugt jeder, dem es Ernst um die Sache ist, einen männlichen Geist ein. Und dieser ist das Schönste und Bleibendste im Leben.

Mein erster Gang in Rom am ersten Morgen war nach der Peterskirche. Der erste natürliche Eindruck, der gewiss jeden Beschauer empfängt, ist, dass sie äusserlich nicht so grossartig und umfangsreich erscheint, als schon die jugendliche, ja kindliche Phantasie, Tradition und Gewohnheit sie uns machten. Aber hingerissen wird man durch die Schönheit und geniale Leichtigkeit des Ganzen, die doppelte Säulenreihe des Bernini schliesst sich dem Hauptgebäude im einfachen Halbzirkel an; die zwei ewig springenden Fontainen, so wie der Obelisk aus ägyptischem Granit vor der Mitte der Façade, der geschmackvolle Eingang vollenden die Schönheit des Platzes. Das Innere überwiegt und befriedigt vollkommen durch das schöne Ebenmaass der Theile; und es ist daher unbegreiflich, wie der neueste Reisende, Menzel, das Ganze und Einzelne, das Innere und Aeussere geschmacklos und meschin nennen konnte. — Bei schärferer Betrachtung zeigen sich freilich eine Menge von Missverhältnissen, der Platz ist für die Façade zu gross, die Kuppeln treten beim Herannahen zurück und verbergen sich gleichsam in einander. Auch findet man Risse in der Construction der Kuppel und Fehler. Doch davon ist in den Beilagen zu dieser Reise ausführlicher gehandelt worden.

Die Miethwohnungen in Rom stehen in mässigen und niederen Preisen; die Künstler wohnen sämmtlich auf dem *Monte Pincio* und dort ziemlich wohlfeil in ihren Atteliers. Auch Thorwaldsen bewohnt seit Jahren die *casa Buti.* Ich bezog ein Privatquartier *via Felice* und später *via de' Cappucini.* Hier erfrischt eine gesunde kräftige Luft, und man fängt schnell an, sich behaglich in der reichen Fülle dieser Anschauungen zu fühlen.

Ehe wir zu dem Einzelnen fortgehen, sey es erlaubt, allgemeinere Eindrücke über Rom mitzutheilen. Bisweilen ergötzt und erbauet das frisch und unmittelbar aus dem Leben Herausgegriffene mehr, als eine geordnete, wissenschaftliche Darstellung. Wir lassen also einige Genrebilder folgen und treue aus der Gegenwart geschöpfte Darstellungen, wie sie sich aus Fragmenten der Briefe ergeben.

Rom bildet den Eindruck einer modernen Stadt. Eine gewisse Ruhe ist ihr Charakter, vor Allem im Gegensatz zu der lebensvollen Beweglichkeit Neapels. Mit Recht haben schon ältere Reisende Rom in diesem Bezuge ein Kloster genannt. Der Römer ist ohne Streit der solideste der Italiäner, ernst, gefällig, liebenswürdig, freundlich ohne Uebertreibung und fein, vereinigt er in sich alle Bestandtheile eines guten, geselligen Umganges. Er ist verlässlicher, als seine Landsleute und sehr dankbar gegen Gefälligkeiten. Trauen kann und mag man ihm viel eher, als anderen Italiänern; die niederen Classen zeichnet besonders eine grosse Gutmüthigkeit aus; die Wirthsleute *(padroni)* insbesondere der Künstler leben mit diesen auf dem vertrautesten Fusse, sind harmlos und unbefangen.

Brieffragmente.

Vom 29. März 1832. — — — — Der Wunsch einer guten Zeitung aus der Heimath ist bei uns ephemeren Deutschen in Rom nicht minder lebhaft, als es euch interessiren mag, Neues und Schönes aus der ewigen Stadt zu vernehmen. —

Ich benutze daher die freien Augenblicke, die mir heute ein römischer Regentag und die gewöhnliche Donnerstagsvacanz auf der Vaticana gewähren, um mich mit dir zu unterhalten.

Es ist ein eigenes schönes Gefühl und Bewusstseyn, durch das räthselhafte Medium der Schrift mit seinen neuesten Gedanken in so weiter Ferne ausschweifen und hinüber bis zu bekannten und befreundeten Seelen reichen zu können; und hierin möchte ein indirekter Beweisgrund für ein geistiges Fortleben nach diesem Dasein und nach diesem Wirken liegen, indem der menschliche Geist befähigt ist, schon innerhalb dieser Schranken durch die so geheimnissvolle Schrift, in so weite Ferne, sich gegenseitig theilnehmend und anregend zu machen.

Wie viele noch unbegreiflichere Berührungen sind nicht in einer höheren Sphäre und in neuen Zuständen denkbar.

Wie sehr kann nicht unter diesen Auspicien die Vermittelung erleichtert seyn. —

Seit 40 Tagen (17. Febr.) in Rom sollte ich Rom und Alles, was darinnen ist, gesehen und erkundet haben: aber diess geht nicht so schnell, als man diess in der Ferne wohl glaubt. Man hat hier so viel zu sehen, dass einem Hören und Sehen vergehen kann. — In der Nähe spielt es unterdess mit Erdbeben, die in Modena, Mailand, Assisi u. s. w. ausgebrochen sind. Und heut Morgen erst hörte ich, dass der Barometerstand bei starkem Scirocco gestern so ungewöhnlich gewesen, dass man hier einen Erdstoss gefürchtet hat.

Vom 7. Apr. Sonnabends. — — Erst heute vermag ich nach abermaliger Unterbrechung und Zerstreuung fortzufahren und das Erste, was mich seit ich diesen Brief angefangen habe, tief afficirt und stärker bewegt hat, ist die Nachricht von Göthe's Tod, die ich vorgestern in der Abendgesellschaft beim preussischen Gesandten erhielt.

So wenig unerwartet dieser Tod nach einem reichen Leben und einem glücklichen Alter erscheinen mag, so thut es doch weh, den Letzten aus der grossen alten Zeit sich entfernen zu sehen, die das ächte deutsche Dichterleben ins Daseyn rief.

Gewiss sehr wahr und rührend sagt der König von Baiern in einer Anrede seiner Gedichte an Göthe: „Wenn Du noch dahingehst, dann wird es stumm um uns her.“ —

Ihn zu den Mitlebenden zu zählen, war man von Kindheit an gewohnt, und hoffte ihn, der so lange freundlich theilnehmend gewesen, immer noch weiter sich zu erhalten. — Ich habe Göthe, gleich Vielen, nicht gleich vom Anfange verstanden: aber seit ich ihn verstanden, seit diesen Jahren verdank' ich ihm sehr viel, in der Wissenschaft und im Leben. — Er wird bleiben mit all dem Guten und all dem Bösen, was seine Schriften in die Welt getragen: denn dass auch das Letztere geschehen, wird wohl niemand bezweifeln, wenn es gleich unumstösslich ist, dass man einen Geist von so ungemessnen Kräften stets im Ganzen zu beurtheilen hat, wenn man nicht ewig fehlgreifen will. Und so betrachtet ist Göthe geworden, was er werden konnte und sollte, und es ist ihm gelungen, wie sehr Wenigen. —

Die kleinlichen Schreier und Neider seines Glücks und seiner Grösse werden verstummen, wenn sie auch vielleicht jetzt nach dem Tode des Löwen nun erst recht aufwachen, und das, was rein menschlich, ächt, gut und wahr in ihm lebte, wird über der Woge der Zeit sich erhalten. —

Zu den vielen Insinuationen gehört auch die Anklage einer bekannten Parthei, die sich nun einmal allein für etwas Rechtes hält, dass Göthe kein christlicher Mann gewesen; in ihrem allzuengen Sinne war er es freilich nicht; dazu war sein Auge zu hell und sein Geist zu hoch; aber dass er das christliche Element, wenn auch nur vorübergehend, sehr wohl anerkannte und würdigte, zeigen seine Bekenntnisse einer schönen Seele im Meister. Noch keinem deutschen Theologen ist es gelungen, das wahre Moment der Versöhnungslehre und das Ergriffenwerden unter dem Kreuze Christi mit solcher Klarheit zu entwickeln, wenn auch nicht rein nach der evangelischen Lehre, sondern mit einem etwas herrenhutischen Anstriche.

Jetzt ist er über menschliche Kleinlichkeit, Missverstand und Partheisucht erhaben und übersieht, wie wir zuversichtlich glauben, einen weiteren Kreis.

Durch die Ungefälligkeit Mai's habe ich leider nicht das erhalten, was mir zunächst das Wichtigste war: den berühmten vaticanischen biblischen Codex, unter dem Vorwande, dass er selbst vorhabe, ihn abdrucken zu lassen. — Hieran ist so viel richtig, dass er vor einigen Jahren damit angefangen oder darauf vorbereitet hat, diese so wichtige Handschrift anfangs mit Scholien, dann ohne solche abdrucken zu lassen. —

Das Unternehmen ist durch Aufhören der Unterstützung von Seiten des Pabstes ins Stocken gerathen, und ruht noch immer, gleichwohl ist er invidiös, eine neue Vergleichung den Fremden zu überlassen, die für neutestamentliche Kritik von reellem Nutzen seyn würde, indem alle bisherigen nachlässig, ungenügend, dem gegenwärtigen Standpunkte der Kritik nicht mehr angemessen, geschehen sind.

Ich habe mich noch an Geh. Rath Bunsen gewandt, und ihn um seine Vermittelung gebeten, zweifle aber, dass sie von Erfolg seyn wird.

Mai sucht Alles zurückzuhalten, worin irgend ein nicht unansehnlicher Gewinn für einen Fremden liegen dürfte, den er selbst auch machen könnte.

Eine starke Selbstsucht hängt ihm an, die mit den Jahren wächst; Vieles hebt er sich für die Zukunft auf, ohne zu bedenken, dass mehr als ein Menschenalter dazu gehören würde, dieses zu vollenden, oder verweigert es aus gelehrter Jalousie. Andere, minder wichtige Handschriften zweiten Ranges gestattete er mir ohne grosse Schwierigkeit naiv oder boshaft hinzusetzend, dass es „gemeine Handschriften“ seyen.

Auch wird nicht gestattet, die partiellen Cataloge frei durchzugehen, um zu sehen, was doch für jeden von erster Wichtigkeit ist, was die Vorgänger übersehen oder unbeachtet gelassen haben.

Unter diesen Umständen war ich daran, den Entschluss zu fassen, meine biblisch-kritischen Arbeiten in Rom aufgeben, und dafür das Alterthum an Ort und Stelle, oder christliche Inschriften zu studiren. Erwägend indess, dass es dennoch mein nächster Zweck war, in diesem Fache hier das Mögliche zu leisten, dass noch genug Gelegenheit sey, einen neuen Fund zu thun, Nachlese zu halten, eine gründlichere Beschreibung der Handschriften, für welche bisher in diesem biblischen Fache noch wenig geleistet ist, zu liefern; auch durch nähere Beachtung der Scholien, welche grösstentheils bisher noch unbenutzt gelassen wurden, und doch für die Erklärung der Bibel aus sich selbst von Wichtigkeit sind, endlich durch ordentliche und durchgängige Vergleichung wenigstens der bedeutenderen und ältesten, indem fast alle bisher nur stellenweise collationirt sind, zu nützen, beharrte ich bei der an und für sich freudenlosen und geistig unerquicklichen Arbeit. Die Jdee einer neuen kritischen oder kritisch-exegetischen Ausgabe des N. T. hielt mich aufrecht, unter vielem Bedauern besonders italiänischer Gelehrten, über so mühselige und trockene Beschäftigungen.

A. Mai lässt sich weit weniger durch das Gewicht äusserer Empfehlung, als durch eine längere und genauere Bekanntschaft bestimmen und gewinnen. Dann treten wohl auch Stunden, oder doch Augenblicke ein, in denen er liberal werden kann. Noch in der Zeit meiner Anwesenheit ward er der Präfektur an der vatikanischen Bibliothek enthoben und zum Sekretär der Propaganda ernannt. Ein durch die zahlreiche und weit verbreitete Correspondenz geschäftsvoller Ehrenposten, der indess unmittelbar zum Cardinalate den Weg bahnet.

Den exegetischen Kirchenvater *(Euthym. Zigaben.)*, den ich noch suchte, hat er mir ohne Hinderniss bewilligt; es ist ein starker Band, die Lesung desselben wegen der ausserordentlichen Abkürzungen und Verschnörkelungen so schwierig, dass grosse Zeit dazu gehört, ihn vollständig zu entziffern. Aus diesem Grunde hat auch Tholuck davon abgestanden, ungeachtet er in der Einleitung zum Römerbrief von der Handschrift spricht.

In der Mitte des Juni treten in der Vatikana die langen Ferien ein, welche bis Anfang Novembers dauern.

Deutsche, englische und französische Zeitungen sind hier seit mehreren Wochen verboten. Dieses Verbot ist bloss vorübergehend, wie die meisten römischen.

Gewöhnlich lebt man in Rom in einer totalen politischen Unwissenheit und wie es scheint, auch Indifferenz. — Von Politik ist wenig die Rede — die Römer, wie die Italiäner überhaupt, leben für die Gegenwart. Dem ungeachtet ist Rom vor andern Städten der ehrenvolle Rückzug so vieler Exilirter, Exminister, Exgenerale, Exdiplomaten, Karlisten, reicher Privatmänner, müssiggehender Gentlemen u. s. w. Die Kaffeehäuser sind von ihnen überströmt. Aber Rom ist für sich eine Welt, in sich reich und in sich genügend, so dass man über Rom das Auswärtige leicht vergessen kann.

Kürzlich wohnte der Pabst an einem Sonntage einer Ceremonie und Einsegnung ausgestatteter Jungfrauen in der Kirche S. *Maria su Minerva* bei. — In der Kirche selbst konnte man nicht viel sehen; ich stand nahe an seinem altfränkischen, aber äusserst prächtigen rothen Staatswagen mit 6 Rappen, und den in Karmoisinsammt gekleideten und mit Decken derselben Farbe behangenen Kutschern oder Kammerlakaien. — Dem Pabste wurden, ehe er in den Wagen einstieg, viele Bittschriften eingelegt und eingeworfen. — Als er endlich in geistlicher Tracht mit dem rothen Hute auf dem Kopfe ankam, zog das Volk nur den Hut, ohne sich auf die Kniee niederzulassen, wie es sonst Sitte ist. —

Aus der Menge hörte man die Stimmen einiger Weiber, welche riefen: „heiliger Vater, gieb Segen!" Hierauf ward er, der mit einer sehr ernsten Miene in den Wagen gegangen war, freundlich, nahm den rothen Hut ab, segnete mit den Fingern der Rechten das Volk, und nahm noch einige Bittschriften in die Hand, die ihm in den Wagen gereicht waren. Während noch einige Suppliken nachgeworfen wurden, fuhr er unter den etwas matten Viva's der Umstehenden, die seine Freundlichkeit hinriss, davon. —

Gregor XVI. soll ein redlicher, in der Theologie nicht ungeschickter Mann seyn, der aber die Regierungsgeschäfte auf die Schultern seines Staatssekretärs, des Kardinales Bernetti fallen lässt, und lieber Priester, als weltlicher Fürst seyn mag. — Diess ist die in Rom verbreitete Meinung. — Seine Miene ist gutmüthig und väterlich, sein Körper wohlgenährt.

Kardinal Fesch erscheint nicht mehr bei öffentlichen Funktionen. Laetitia, die alte Niobe, die nicht sterben kann, die an einem Beinbruche leidet, sieht man nirgends. Sie hat einen Palast am Corso. Eine ausserordentliche Vergünstigung ist es, wenn Franzosen ihr vorgestellt werden.

Der Prinz Rohan, Fürst und Haupt der Jesuiten war in der sixtinischen Kapelle bei kirchlichen Funktionen öfter gegenwärtig: er ist ein noch junger Mann, von angenehmem, etwas gleisnerischem, fast jungfräulichem Aeussern. Der Kapuzinergeneral und Kardinal ist ausgezeichnet durch langen grauen Bart, und ehrwürdig durch seine Sittenstrenge.

Die sixtinische Kapelle mit den erhabenen Gemälden des Michel Agnolo Buonarotti macht auf den ersten Blick den gewaltigen Eindruck nicht, den man von ihr erwartet. — Das jüngste Gericht hat durch die Wachskerzen sehr gelitten, und ist ein dunkel gebräuntes Ganze, das studirt seyn will, um in seiner Vortrefflichkeit erkannt zu werden.

Die Deckengemälde aus der biblischen Geschichte sind einfach und von alttestamentarischer Kraft und Erhabenheit, besonders die Sibyllen.

Weniger Eindruck machten auf mich die Ceremonieen der Fasten, bei welchen der Pabst unter Chorgesang sämmtliche geistliche Brüderschaften und ihre Deputirten zum Fusskusse vorlässt, und ihm die goldene Bischofsmütze, die er sich immer selbst nach hinten zu befestigte, da sie ihm zu weit war, unter vielen Verneigungen und Umarmungen der Prälaten und Kardinaldiakonen bald abgenommen, bald aufgesetzt wird. — Es glitt Alles an meiner Seele, wie an einem Wachstuchmantel herunter; zu so etwas bin ich längst nicht mehr geschaffen. Die Zeit blosser Phantasieen ist an mir längst vorüber, sie ist auch da gewesen.

Katholiken können diesen Kreis ehrwürdig finden, welchen das Haupt der Kirche mit seinem Staatsrathe bildet. Die Physiognomien der Kardinäle verriethen bald Beschränktheit und Unbedeutenheit, bald Schlauheit, bald breites Wohlbehagen. Sie sassen zur Linken des Pabstes im Hermelinmantel und im violetten Gewande mit rothem Mützchen auf dem Kopfe, und konnten auf mich in diesem Habitus unmöglich, wie auf andere, den Eindruck der Väter der Kirche machen. — Das Alles kommt mir so studirt und so präparirt vor, und stört die reine Andacht.

In Italien sieht man viele harmlose Gesichter. — Man isst gewöhnlich zwischen fünf und sechs Uhr, im Sommer auch Mittags zwischen zwölf und ein Uhr; so die Maler.

Der Kaffee wird allgemein in Italien ausser dem Hause getrunken: auch von den Haus- und Familienvätern in den Kaffeehäusern. — Nur die Fremden lassen ihn oft nach Hause kommen, um ungestörter zu arbeiten. — Die gemeinsten, wie die vornehmsten Personen werden in den Kaffeehäusern gleich höflich und zuvorkommend bedient. Ueberhaupt geht nichts über den Freimuth und die anständige Natürlichkeit, mit welcher auch der niedrigste Römer mit dem höchsten seines Volkes spricht. Der Sklavensinn des Italiäners ist durchaus nicht allgemein.

Gewöhnlich nimmt man, wie in Frankreich, noch ein zweites Frühstück vor dem Mittagsessen; Wasser- oder Milchchokolade, die hier sehr wohlfeil und gut ist. Eine Portion kostet drei Bajocci (1 Groschen sächsisch). — Sehr gewöhnlich sind auch die Kraft- oder Kräutersuppen *(Zuppa di erbe)*, und die Beefsteaks am Vormittage.

An die italiänische Küche gewöhnt man sich doch bald, und sie ist weder so unreinlich, was man sieht, noch so unschmackhaft, als man gewöhnlich sagt; doch verschieden von der unsrigen. —

Von den Künstlern kenne ich schon mehrere — es sind recht brave Leute darunter von gesetztem Wesen, Bildung und Heiterkeit, indessen herrscht doch unter der Menge nicht viel höheres Behagen; woran indess wohl die an Kunstaufmunterungen karge Zeit die Schuld trägt. — Ich habe dies gestern erst bei einem Weinschmause gesehen, den ein Freund hier gab, um in den Trinkorden der römischen Künstler aufgenommen zu werden, wozu er mich einlud.

Der Streit zwischen den Diplomaten und Künstlern über Benennung und Bestimmung der hiesigen deutschen Bibliothek war zur Zeit meiner Anwesenheit im vollen Gange, führte zuletzt zu einer Trennung oder Aufrichtung zweier Bibliotheken für Gelehrte und für Künstler. — Es ist, wie fast immer, von beiden Seiten Recht dabei. — Ich habe keinen unmittelbaren Antheil daran genommen, da ich noch nicht Mitglied war.

Museen und Privatgallerien besucht man nun wiederholt Doch geht es damit so, dass man *wiederholt* sehen und lesen muss, wenn man lernen will: überhaupht glaube ich. nicht, dass hier überall *blosser Genuss* sey.

Der erste imponirende Eindruck wird bald zur Gewohnheit, und stumpft sich ab, und zu dem wahren Genusse gehört Studium und Arbeit. — Aber alterthümliche Kenntnisse kann man hier leichter, als irgendwo, durch das stete Anschauen der Denkmäler, welche doch nur den kleinsten Theil des alten Roms zeigen, durch den Besitz eigner alterthümlicher Reste und durch Bücher erlangen. — Diese letzteren stehen indess hier bei der ansehnlichen Konkurrenz archäologischer Gelehrten und Dilettanten bei den Antiquaren im hohen Preise, und besonders die lateinischen Klassiker werden sehr gesucht.

Kürzlich hat hier die Auktion der Büchersammlung des verstorbenen gelehrten Pabstes Leo XII. angefangen, welche reich ist an archäologischen und kirchlichen Werken, die indess fast alle für ein sehr hohes Geld weggehen. — Priester sieht man am häufigsten in diesen Auktionen.

Den Auftrag eines gelehrten Freundes zu besorgen, ihm eine kleinere Schrift über den Dichter Rabirius aus einer herculanensischen Rolle von Forli in der Romagna verschreiben zu lassen, war nicht möglich, da die römischen Buchhändler, unter ihnen selbst die angesehensten, de Romanis, Scalabrini und andere, in keiner unmittelbaren Handelsverbindung mit den übrigen Städten des Kirchenstaates stehen, sondern nur mit den Haupthandelsplätzen der Literatur mit Livorno, Florenz, Mailand und Venedig. —

Mailand muss als der Stapelplatz der italiänischen Literatur angesehen werden. —

Die Verbindung mit den Seitenstädten ist sehr schwach. — Schriftsteller sehen sich in Italien sehr oft genöthigt, ihre Werke, auf eigene Kosten drucken zu lassen, und sind sehr erfreut wenn ihnen wenigstens diese Ausgaben abgenommen werden. An ein irgend bedeutendes Honorar ist selten zu denken. Der Archäolog, Canonico de Jorio in Neapel bedankte sich in einem Handbillet ausdrücklich bei einem deutschen Freunde für ein Exemplar seines Werkes über die neapolitanische Mimik, das dieser ihm aus seinem Selbstverlag abgekauft hatte.

Heute und gestern haben wir einen Regentag; sonst ist die Luft hier mild, und gegen Mittag und Nachmittags durch den oft wehenden Scirocco schon heiss. —

Das Grün ist hier so mannigfaltig und schön, wie man

es in Deutschland nirgends sieht, und in dem englischen Parke der *Villa Borghese*, die in meiner Nähe liegt, zu lustwandeln, ist sehr erquickend. — Die Mandelbäume blühen im schönen Hellroth.

Manches habe ich in Gemeinschaft angesehen: anderes und vieles auch allein. — Es ist zwar theurer durch die Douceurs, aber man hat nicht immer Gelegenheit sich zu vereinigen; und wenn ersteres mehr Geld kostet, so kostet letzteres mehr Zeit. —

Wenn man sich einmal ausgeschrieben hat, so ist man dürr für den Augenblick. — Ich sammle stets neuen Stoff. Man hat nicht viel Ruhe. —

Die heilige Woche ist nun sehr nahe, in der man das kirchliche Rom in seinem Glanze sieht. — Engländer sind hier noch immer viel: — es ist jedoch merkwürdig, dass der König von England nach den Grundgesetzen des Staats keinen Gesandten an den päbstlichen Hof schicken darf; daher die vielen currenten Angelegenheiten der fremden Engländer hier durch den hannöverischen Gesandten besorgt werden. —

Manche der jungen Reisenden in Rom, die so eifrig Gemälde und Statuen ansehen, gehören noch zu den Weltumreissern, wie sie G ö t h e einmal nennt, welche die Zeit reifen muss; auf dass sie dann leben, wie sie eben können.

14. Mai 1832. Ein dreimonatlicher Aufenthalt in Rom ist also nothwendig, ehe ich zu Mittheilungen an Sie komme, die ich schon lange im Kopfe mit mir herumtrage.

Glauben Sie gewiss, dass es aus keinem anderen Grunde geschieht, als aus demjenigen, dem alle Fremde, denen es etwas Ernst um die Sache ist, und die nicht eine Reihe von Jahren hier bleiben können, sich ergeben müssen, dass man in Rom vor Rom zu nichts kommen kann. —

Auch jetzt muss ich mich auf sporadische Bemerkungen beschränken, die Ihnen meine fortdauernde Freundschaft bezeugen helfen mögen, und die Ergänzung dieser lückenhaften Mittheilung einem späteren Zusammensein und Aussprechen überlassen. — Wenn dieses auch, was ich einerseits hoffe, andererseits als Freund beklage, erst in Jahr und Tag statt finden soll. —

Mit allgemeineren Bemerkungen wird Ihnen, dem Archäologen, wahrscheinlich nicht gedient sein: — aber ich kann Ihnen vor der Hand und bis auf Weiteres noch nichts Besseres bieten. —

Rom ist ein unermesslicher Ort, seinem innerlichen Inhalte nach, und eine Beschäftigung für tausend Jahre und weiter hinaus. Aber äusserlich macht es, gewisse Höhepunkte, die das alte und neue Rom in seiner grossen Ausdehnung und in seinen Trümmern zeigen, abgerechnet, den imposanten und grossartigen Eindruck nicht, den man hofft und erwartet. Aber wenn man erst an den inneren Reichthum kommt, der die ewige Stadt verherrlicht, dann findet man das Ende nicht. — Die Masse der Gegenstände ist erdrückend.

Zum wirklichen Orientiren gehört eine lange und gute Zeit. Ohne ernstliches Studium lässt sich auch kein wahrer Genuss der römischen Werke denken.

Ich habe schon sehr Vieles, und das Hauptsächlichste alles, und wiederholt gesehen, ohne doch sagen zu können, dass mir nicht noch gar Manches übrig bleibe.

An ein eigentliches Verarbeiten und völliges Aufnehmen der hiesigen Kunstwerke des Alterthums kann man nur erst dann gehen, oder es von sich prädiciren, wenn man das Auge und den Sinn durch wiederholtes Sehen gesättigt, geschärft und durch Studien erweitert hat. — Mich interessiren diese Dinge sehr, und in Rom muss Jeder, zumal wenn er etwas länger da bleibt, Herz und Sinn dafür bekommen, ungeachtet ich aus dem Alterthumsstudium in meiner Lage nicht meinen Lebensberuf machen kann.

Auf dem *Campo Vaccino* oder dem alten *Forum* werden jetzt um die Säule des *Phocas* neue Ausgrabungen angestellt, die, wenn ich nicht irre, zum erstenmale das alte Pflaster aufgedeckt haben. —

Früchte dieser Ausgrabungen sind unter andern gute Büsten und Kapitäle gewesen, die ich vor nun geraumer Zeit mit den Mitgliedern der archäologischen Gesellschaft ansah. —

11 *

Das Alles werden ihnen wahrscheinlich die Schriften der Bulletins der archäologischen Gesellschaft, die Sie wohl beziehen, ausführlich sagen.

Gerhard, nun in Berlin, war damals als Sekretär wohl das thätigste Glied. — Kürzlich ward das Stiftungsfest gefeiert, welcher Sitzung ich beiwohnte. — Es ist innerhalb weniger Jahre durch Unterstützung der Italiäner doch sehr viel geschehen, wie dieses Bunsen in seinem italiänischen Vortrage mit Darlegung der Urkunden und Akten entwickelte. — Die angesehensten Gelehrten und Künstler Roms sind Ehrenmitglieder, z. B. Fea und Thorwaldsen. —

Der Streit über die asiatische oder griechisch einheimische Quelle des etrurischen Alterthumes und eine sonstige leicht begreifliche Rivalität hält indess Fea und seine Schule und die hiesigen deutschen Archäologen noch auseinander. —

Fea indess wird Schuld gegeben, dass er in seinen letzten Schriften viele Missgriffe gethan, besonders aus Unkunde des Griechischen. Denn die griechischen Klassiker lieset er in lateinischen Uebersetzungen.

Diese wissenschaftliche Reibung ist indess wohlthätig, indem sie eine verständige Vermittelung nach und nach vorbereitet, die der Wahrheit am nächsten kommt. —

Das Karneval war diesesmal matt und freudenleer, ein Schatten der göthe'schen Schilderung. — Wie konnte es auch anders sein, da die Masken aus Furcht vor Meuterei und Unruhen verboten waren. — Es war noch ein frisches Gewimmel, aber die wahre Lust fehlte. — Das Pferderennen war nicht von Bedeutung. — Darum freut man sich auf den Gegensatz in Neapel, um einmal aus der Betrachtung, aus der Arbeit und dem Studium wieder in das freie und frische Leben zu kommen. —

Die heilige Woche ist ein Glanzpunkt, am meisten die Misereres, wo ich einige Stimmen vernahm, die mir noch in den Ohren wohnen und über die Erde tragen. —

Doch muss man eingestehen, dass man ähnliche Musiken auch in Deutschland kennet und leisten kann.

Bei der Fusswaschung und Speisung wurde ich für diesesmal, da der Zudrang sehr gross war, mit vielen Fremden zurückgewiesen. — Unverwüstlich sind die Engländerinnen, welche jeden Andrang vertragen, und keine Schwierigkeit scheuen, um zum Ziele zu kommen.

Die Italiäner gefallen immer mehr, je näher man sie kennen lernt. Es ist so viel Natürliches und Talentvolles unter diesem Volke. Jedes Gesicht ist ein Charakter. —

Unter den italiänischen Städten, die ich bisher sah, haben mich *Verona* und *Florenz* am meisten angesprochen, durch die Heiterkeit und Grossartigkeit ihrer Bauart, durch ihren sonstigen Inhalt und durch die Menschen.

Rom ist aber immer auszunehmen, das alte, wie das neue. Ich denke hierüber, wie einst Cicero in seinem tadelnden Urtheil über die griechischen Philosophen: *Platonem semper excipio.*

Das Gerücht von der Einnahme Ankona's durch die Franzosen war damals das einzige politische, welches Rom beschäftigte, und den päbstlichen Hof in Sorgen brachte. Die Franzosen waren daher nicht gern gesehen, und der französische Gesandte, Graf v. St. Aulaire, dessen liebenswürdige Familie einen der ersten und besuchtesten Cirkel Roms bildete, kam in ein gespanntes Verhältniss zu dem Minister-Staatssekretär Bernetti.

Der Prälat Renazzi in Rom, der mich mit Empfehlungen in den Vatikan geleiten sollte, war kurz vor meiner Ankunft gestorben.

Der edle Minister von Lindenau hatte mich mit gewichtvollem Brief an ihn addressirt. Ich kam seltsam genug wenige Tage nach seinem Begräbniss, um mich ihm vorzustellen. — Er war Geistlicher bei dem verstorbenen blödsinnigen Herzog von Sachsen-Gotha gewesen, und zog noch von daher eine Pension, für deren Fortzahlung bei dem Regierungswechsel sein menschenfreundlicher Gönner, der Minister von Lindenau sich verwandt hat.

Ich erhielt diese Notiz durch den preussischen Gesandten, Geheimen Rath Bunsen, einen wohlwollenden, angenehmen und unterrichteten Mann, der mich sehr freundlich aufnahm. Seine Verdienste um einen fruchtbaren Aufenthalt der Deutschen in Rom sind anerkannt und mit Recht gefeiert. —

Ich hatte einige Zeilen von Professor **Tholuck** in Halle an ihn. Er war einst Theolog, interessirt sich noch immer lebhaft für Theologie, wie die Herausgabe seines reichhaltigen evangelischen Gesangbuches zeugt, in welchem alle Partheien volle Nahrung für ihre christlichen Bedürfnisse finden. —

Gestern war ich zum erstenmale in seiner Donnerstagssoirée, wo es zwar sehr fein und vornehm, doch zugleich ungenirt und zwanglos zugeht, und man interessante Leute aller Nationen findet, nächst den Deutschen insbesondere Engländer, da auch die treffliche Gemahlin des Gesandten Engländerin ist.

Bisweilen werden von ausländischen Meistern Musiken aufgeführt. Die Etikette ist aus Rom verbannt. Die vornehmste Gesellschaft sieht man bei dem östreichschen Botschafter, dem ersten weltlichen Mann Roms, sowie bei dem Banquier **Torlonia**, Herzog von **Bracciano**. Doch auch hier ist das Ceremoniell gemässigt und nähert sich der englischen Langeweile in den bekannten grossen Gesellschaften des Insellandes.

Kunstgegenstände, wie die neuesten literarischen Produkte, die man hier haben kann, sind stets bei dem preussichen Gesandten ausgelegt. —

Das preussische Gesandschaftspersonale, mit Einschluss eines Predigers, damals Herrn von **Tippelskirch**, eines wahrhaft christlich begeisterten Mannes, habe ich in pleno kennen gelernt, da ich fast an alle Briefe oder Karten hatte. —

Auf den Kaiserpalästen ist eine herrliche, vielseitige Aussicht über das alte und neue Rom, und fast ebenso schön wohnt der preussische Gesandte auf dem Kapitol. —

Doch dieses und vieles Andere *primis labris tetigi.* — Ich habe mir die besten Pläne vom alten und neuen Rom und von der Umgegend gekauft, und suche mich nun mit Mühe zu orientiren.

Die Tage fangen hier schon an schön zu werden und Alles steht in der Blüthe.

Ich denke oft an Euch, soweit dieses in Rom möglich ist. — Hätte doch Jemand mitkommen und dieses Alles mit ansehen können! —

Deutsche giebt es hier sehr viele, und man muss sich nur vor zu ausgebreiteter Bekanntschaft hüten, welche die kostbare Zeit zerstückelt. —

Vor Kurzem stieg ich mit einem Schwarme deutscher Künstler in die Kuppel der Peterskirche. — Der kupferne Knopf der Kuppel ist glühend heiss. Man steigt hinein auf einer kleinen eisernen Leiter. In dem innern Theile derselben herrscht die dichteste Finsterniss und eine merkwürdige Tradition ist, dass Engländer darin Thee tranken. Die Kirche, weit mehr noch von innen, denn von aussen, ist ein erhabner Anblick. — Von aussen hatte ich mir sie durchaus grossartiger gedacht, und das ist der erste Eindruck, den alle Fremde bei ihrem ersten Anblick empfangen. — Im Innern grosser Reichthum, grosse Pracht und Schönheit mit mancher Geschmacklosigkeit.

Die Familie **Gaggiotti** nimmt sehr viele Fremde Abends bei sich auf. — Es ist eine Familie aus dem mittleren Stande, wo viele Deutsche ein- und ausgehen. — Die Frau vom Hause ist zwar nicht mehr jung, aber liebenswürdig und geistreich. Hier lernt man auch den Ton der römischen mittlern Welt kennen. Künstler und Beamte sieht man hier täglich. Erfrischungen werden, wie überhaupt hier in den meisten Abendgesellschaften, nie gereicht. Alles beschränkt sich auf eine trockene Unterhaltung. —

Die Strassen sind noch immer trotz der Polizei unsicher, man muss sich hüten an manchen Stellen Abends allein zu gehen. Dahin gehört die spanische Treppe, welche zu dem *monte Pincio* führt. Dem Unwesen sollte durch die Regierung des Kirchenstaats endlich gesteuert werden. Doch diese Hoffnung ist vergeblich.

Viele zudringliche Bettler giebt es hier, wie in Bologna, wo sie eine eigne Kaste bilden. —

Man hat hier köstliche Mosaikarbeiten in reichlicher Auswahl von neuer Hand und alten Mustern zu verhältnissmässig niedrigen Preisen.

Wunderbar ist der Eindruck einer ganz von Priestern regierten Stadt. —

Wir glauben den Umfang der römischen Schätze und des römischen Lebens, wenn auch nicht zu ermessen, was hier eine unmögliche Aufgabe sein würde, so doch vollständig anzudeuten, wenn wir die vier Hauptrichtungen verfolgen, welche hier recht eigentlich gegeben sind. *Kunst* und *Alterthum*, *Bibliotheken* und *Wissenschaften*, *Religion* und *Kirche*, *öffentliches* und *Privatleben*, und endlich die *Natur* ist es, welche wir hier in Betrachtung zu ziehen haben.

I. Kunst und Alterthum.

Für Kunst und Alterthum eröffnet sich in der That in Rom eine neue Welt, oder die alte in der neuen. Der erdrückende Reichthum lässt von dem Einzelnen fürs erste fast nicht reden. Fast alle Fremde, denen es etwas Ernst um die Sache ist, deren freilich nicht allzuviel sind, fühlen den ersten Monat in Rom eine Confusion aus *emburras de richesse*, und wissen sich nicht zu finden. Nach und nach klärt sich diese Verwirrung auf, und die Gegenstände treten im Sinn und Gedächtniss auseinander. Aber ein eigentliches selbstständiges Sichzurechtfinden ist ohne wiederholte Anschauung, verbunden mit eigenen Studien, unmöglich. Rom ist eine Welt, in der es etwas gilt, sich nur etwas umsehen gelernt zu haben. Man verlernt die Kinder- und Schulbegriffe, wird gleichsam geistig wiedergeboren, und fühlt sich seelig in der Anschauung. Was bietet nur allein der Vatikan, wie wird der Geist gesättigt, je tiefer er eindringt, was kann man da, so lange man selbst sich noch nicht rühmen kann, einheimisch zu sein in diesen Räumen, Anderes den Fernen zurufen, als was ein Philippus zu Nathanael über Jesus sagte: „komm und siehe.“ Joh. 1, 47.

Der Denkmäler der Baukunst sind in Rom weniger, als ich erwartet hatte; die wohl erhaltenen sind selten und man muss sie sehr zusammensuchen. Ueberhaupt ist nur der kleinste Theil des alten Roms in Trümmern erhalten. Die bedeutendsten und bekanntesten, von denen wir weiter zu sprechen haben, das Colosäum, die Triumphbogen des Titus, des Septimius Severus und des Konstantin, können zwar einen Begriff von der Grösse des alten Roms geben, doch gewiss nur einen unvollständigen, und nur mit Wehmuth über so vieles Verlorene kann man die Worte des Horatius wahr finden:

„possis nihil urbe Roma visere majus."

Die vieljährigen Streitigkeiten über Roms Topographie, besonders zwischen den italiänischen und deutschen Archäologen dauern fort, und sind noch in wenigen Punkten zu entschiedenen Resultaten gebracht, die auch wie die Einsichtsvolleren behaupten, fast unmöglich oder doch sehr schwierig sind, da wo noch keine Inschriften gefunden worden. Eine gewisse *invidia* ist überhaupt zwischen den beiden Partheien nicht zu läugnen, und dem Stimmführer der Einen, dem auch äusserlich ehrwürdigen Fea, so lebendig auch seine Thätigkeit noch ist, kann man nicht unbedingtes Vertrauen schenken.

Die Regsamkeit der römischen Archäologen hält mit der der deutschen, in dem bekannten Vereine der archäologischen Korrespondenz, keinen Vergleich aus.

Colosäum.

Wir beginnen mit dem Colosäum oder dem Amphitheater des Flavius Vespasianus, welches Titus einweihte, als der ältesten und denkwürdigsten der römischen Ruinen. Hier ist Altes und Neues auf eine höchst anziehende Weise vereinigt. In der Mitte dieses Denkmales alter und roher Grösse steht das Kreuz Christi, als ein sichtbares Zeichen des Sieges des Evangelii auf dem Platze, auf welchem so viele christliche Märtyrer ihr Blut vergossen. Die Küssung desselben gewährt reichliche Indulgenzen. Vor den unteren Bogen dieses Riesengebäudes erblickt man eine Reihe von Stationen, welche die Stufenfolge des Leidens Christi bezeichnen. Sehr häufig wird das Colosäum von Fremden im Mondschein besucht. Es ist ein still erhabener Anblick, die doppelten und dreifachen Bogen und Sitze scheinen endlos, und die Perspective gewinnt sehr, besonders wenn der Mond nicht klar hervortritt und doch durchscheint, wie es an einem Abende der Fall war. Deutsche Maler und deutsche Familien waren in unserer Gesellschaft und sangen deutsche Lieder in eines Sommerabends Stille von der Höhe der Ruinen herab, was einen unvergleichlichen Eindruck gab. Mächtig dringt sich hier dem stillen Beschauer auf das alte und das neue Rom, das erste in seiner hohen Grösse, das letzte in seinem Verfall. Die Geschichte des Colosäums zeigt die Veränderung der menschlichen Gesellschaft seit 18 Jahrhunderten. Unter Titus war es ein prachtvoller Circus für Gladiatoren, die hier oft ihr Leben verhauchten. Unter Diocletian ward es eine *Arena* für Märtyrer, und ist nun ein römisches Denkmal mit christlichen Inschriften, mit vielen Restaurationen und Stützen, welche die Päbste anordneten. Nach einer alten unverbürgten Tradition haben viele gefangene Juden nach der Zerstörung der Stadt an diesem Koloss gearbeitet.

Seit dem eilften Jahrhundert ward das Colosäum ein militärischer Posten und Festung, um deren Besitz sich die Familien Frangipani und Anibaldi stritten. Die letzteren behaupteten es bis zum Jahr 1312. Wie das Amphitheater zu Verona in späteren Zeiten, sah auch das Colosäum im Jahre 1332 ein prachtvolles Turnier. Bald indess verschwand diese neue Bestimmung — und etwa 30 Jahre später war es in solcher Verlassenheit, dass es zu einem Steinkeller diente. Im Jahr 1383 wurde es in ein Spital verwandelt, in einer Zeit, wo der Theil schon verloren war, welcher jetzt nach dem Celius zu fehlt. Die Barbarei des vierzehnten Jahrhunderts vergriff sich unaufhörlich an diesen ehrwürdigen Ueberresten, und mehrere Paläste Roms entstanden durch die Plünderung des Colosäums.

Paul II. erbaute aus dessen Schoosse den Palast von *Venedig*; der Kardinal Riario einige Jahre später das umfangreiche Gebäude der römischen Kanzlei. Paul III. im Jahre 1540 den prächtigen Palast *Farnese* und endlich Clemens XI. mit den Materialien eines vom Erdbeben getroffenen Bogens den Hafen von *Ripetta*.

Von dieser Zeit an versank das Colosäum immer mehr in einen Schutt- und Schmutzhaufen, in dessen Umkreise Salpeter gefertiget wurde. Pius VII. erwarb sich erst das Verdienst, das ehrwürdige Gebäude von ungehörigem Schmutz und Vernachlässigung zu retten. Durch die Restauration gegen Morgen, welche er anbefahl, erhielt es theilweise ein modernes Ansehen. In diesen Unternehmungen fuhr Leo XII. fort, welcher die Restauration gegen Abend und Mittag herbeiführte. Auch Pius VIII. war nicht müssig, und so hat erst in neuester Zeit das Colosäum die Hammerschläge zu seiner Wiederherstellung gehört, während es sie früher nur zu seiner Zerstörung vernahm. In der Zeit, als Göthe in Rom verweilte, diente das Colosäum noch zum Schlupfwinkel und Aufenthalt von Bettlern und Räubern, welche häufig dort Abends ein Feuer unterhielten, dessen emporsteigender Rauch den Besucher abschreckte. Jetzt steht eine päbstliche Schildwache davor, welche am späten Abend den Eintritt nur gegen ein Trinkgeld verstattet. Bei Mondschein halten nicht selten eine Reihe Equipagen vornehmer Fremden vor dem Riesengebäude, Musik und Gesänge werden aufgeführt, welche alle Erinnerungen der Vergangenheit vor das Gemüth führen, und den freudigen Eindruck gewähren, welcher stets mit der Ueberzeugung von dem Siege des Besseren, hier des Christenthums, über das Rohe und Formlose verknüpft ist.

Dieses erste der italiänischen Amphitheater konnte mehr als 100,000 Zuschauer enthalten, 87,000 auf den Stufen und 20,000 unter den Hallen. Die Schädelstätte, begründet durch Clemens X. und erneuert durch Benedict XIV., mit dem angemalten hölzernen Kreuze nebst Lanze und Schwamm und den 14 kleinen Kapellen, hat, von der Idee des Triumphes des Christenthums abgesehen, welche darin liegt, ein armseliges Ansehen. Zu gewissen Zeiten sieht man eine Brüderschaft von Station zu Station ziehen. Kapuziner predigen häufig im Colosäum. Die dort weilende Brüderschaft hat das gewöhnliche Kostüm, an welchem nur die Augen sichtbar sind.

Triumphbogen des Titus.

Ihm folgt der Triumphbogen des Titus, der, wie wir weiter unten sehen werden, erst nach dem Tode dieses Kaisers errichtet worden ist.

Die Basreliefs desselben gehören zu den ältesten und schönsten aus der besten römischen Zeit, sind aber stark beschädiget. Münzen giebt es leider von dem Titusbogen nicht, wie z. B. von dem Colosäum und von der Eroberung Judäa's. Letztere wird bezeichnet durch eine gebeugte weibliche Gestalt unter dem Palmbaum, mit der Umschrift: *Judaea capta S. C.* Die Darstellung auf dem ersten Basrelief umfasst die Einführung der Tempelgefässe, des siebenarmigen Leuchters, der Bundeslade, der Jobelpfeifen, der kleinen Opferbecher und römische Soldaten, welche mit Lorbeerkränzen geschmückt sind. Ein Triumphbogen, auf welchem ein Achtgespann stehet, ist das Ziel des Marsches. So findet sich also ein Triumphbogen auf dem andern in der Darstellung. Der Leuchter stimmt nicht ganz mit der Schilderung des Pentateuchs überein, und es ist eine doch indess voreilige Annahme, dass es einer von den zwei andern eroberten Leuchtern sey, welche Titus vor Einnahme des Tempels von einem jüdischen Ueberläufer gekauft habe. Viel wahrscheinlicher ist eine blos ideale Darstellung, vielleicht ohne dass der Bildner je das Original sah, als zu Grunde liegend anzunehmen.

Die tragenden Römer haben ganz nach Art der heutigen *Facchine* (römische und neapolitanische Lastträger) Stöcke in der Rechten. Man erkennt die Situation, wenn gleich die Stäbe abgebrochen sind. Seit Hadrian Reland hat sich kein gelehrter Theolog mit dem Titusbogen beschäftiget, und dieser sprach in einem gewissen Missverhältniss und mit weitschweifiger Breite zu lange von den Gefässen. Controverspuncte giebt es mehrere. Zuerst weiss man nicht recht, wann dieser Bogen errichtet wurde. Die Apotheose in der Wölbung (eine gewöhnliche Darstellung), nach welcher Titus vom Adler getragen erscheint, führt auf seinen Tod. Ein Adler trug den Ganymed in den Himmel. Adler tragen die römischen Cäsaren nach Münzen und anderen

Darstellungen empor in die Versammlungen der Götter. Auf den Tod deutet auch sein Zuname Divus, in der nach dem Colossäo gerichteten Inschrift. Dagegen fehlt es auch nicht an Stellen, in welchen das Prädikat Divus lebenden Cäsaren beigelegt wird. Sie sind aber seltener, und in sich ist diese Annahme unwahrscheinlich.

In einer Entfernung von zwei italiänischen Meilen wurde eine Inschrift aufgefunden, welche sich auf die Zerstörung und Unserjochung Jerusalems durch den Arm des Titus bezieht. Wäre diese Inschrift zum Bogen gehörig, wie man vermuthet hat, so würde der Ausdruck Divus sich allerdings nur auf den lebenden Cäsar beziehen können. Sie lautet wie folgt:

Imp. Tito. Caesari. Divi. Vespasiani. F.
Vespasiano. Aug. Pontifici. Maximo.
Trib. Pot. X. Imp. XVII. Cos. VIII. P. P.
Principi suo S. P. Q. R. Quod praeceptis. patris. consiliisque. et auspiciis. gentem. Judaeorum domuit. et
urbem. Hierosolymam. omnibus. ante. se. ducibus. regibus. gentibusque. aut. frustra
petitam. aut. omnino. intentatam deleuit. —

Die Vermuthung ist übrigens kühn und gewagt.

Sodann ist auffallend, dass Titus allein auf dem zweiten Basrelief triumphirt, während doch Vespasian an der Ehre der Eroberung Theil nahm, wenigstens an dem erstern Theile derselben. In letzterem liegt wohl eben der Grund, warum er, gegen Josephus und Sueton, nicht auf dem Basrelief erscheint. Seine Theilnahme war nur partiell. Die Göttin *Roma* mit dem Speere und Helme, eine edle Gestalt, führt das schöne, leider sehr verletzte Viergespann, und eine *Fortuna*, im Leben ein öffentlicher Sklave, hält den Lorbeerkranz über Titi Haupt. Das Volk der umstehenden Römer hält Lorbeerzweige in den Händen als *ovantes*. Unter den Figuren sind einige köstliche Köpfe, wahre Gemmen. Wie stechen die Arbeiten der zwei andern Bogen des Septim. Severus und Constantinus in der Arbeit gegen den Titusbogen ab, dessen Styl sich fast dem griechischen nähert.

Eine andere Streitfrage ist, wohin die so interessanten Spolien aus dem jüdischen Tempel gerathen seyen. Durch Procopius wissen wir, dass sie nach Afrika kamen, später wieder nach Italien zurück, und seitdem hat sich die Kunde über sie verloren. Das Gesetzbuch oder die Thorah ward im Triumph aufgeführt. Es ist indess nicht dargestellt, wahrscheinlich, weil es sich nicht als plastischen Gegenstand eignete. Es ward im *Palatio* niedergelegt, die übrige Geräthschaft im Tempel des Friedens. Endlich ist es blosse Sage, dass kein Jude noch gegenwärtig aus Wehmuth und Aerger über die vergangene Schmach unter dem Bogen durchgehe, sondern an der Seite wegschlüpfe. Hierüber wünschte ich in dem Judenquartier *(Ghetto)* Nachricht einzuziehen. Doch war das Resultat nicht befriedigend. Eben so wenig wusste mir der hebräische Scrittore der vatikanischen Bibliothek, den ich fragte, etwas darüber zu sagen. — Die *vexilla* oder Schilder, welche auf dem Basrelief getragen werden, enthielten die Namen der eroberten Provinzen, Städte, so wie der gefangenen Heerführer. Auf dem am ersten Basrelief dargestellten Triumphbogen steht in der Höhe ein Achtgespann nebst einem Krieger zu Pferde und einer weiblicher Figur in der Mitte. Vielleicht Titus mit seiner Gemahlin. Die Verzierungen zum Postamente des Leuchters stellen theils Adler, theils geflügelte Löwen dar, mehr nach freier Erdichtung, denn nach biblischer Vorschrift. —

Dieser Bogen ist nicht allein der älteste in Rom, sondern zugleich das älteste Stück, an welchem die gemischte Säulenordnung vorkommt.

Im Mittelalter diente unser Denkmal den Frangipani, welche sich dort befestigten und zur Rechten desselben, auf dem Wege nach dem Colosäum, einen Thurm aufrichteten, den man zum Theil noch erblickt. Die nördliche Seite ist die, welche mehr als die andere gelitten hat, indem nicht einmal die zwei halben Säulen ganz sind, welche sie schmückten. Die zwei andern halben Säulen aber und die zwei fingirten Fenster, welche auf beiden Theilen sie schmückten, sind nicht nur von dieser, sondern auch der andern

Seite gefallen. Diesen Bogen setzte der Senat und das römische Volk. Für Wiederherstellung desselben hat sich **Pius** VII. verdient gemacht, wie die auf der Rückseite befindliche Inschrift lehrt. Die alte Inschrift nach der Seite des Colosäums lautet:

SENATUS. POPULUSQUE. ROMANUS. DIVO. TITO. DIVI. VESPASIANI. F. VESPASIANO. AUGUSTO

Der Flussgott *Jordan* wird auf der Rückseite des Basreliefs gegen das Colosäum hin auf der Bahre im Triumphzug aufgeführt, — eine Darstellung, welche sich auch sonst häufig von dem Nil, Euphrat, Rhein und anderen Flüssen findet. Eine kolossale Statue des Nils mit umherspielenden kleinen Genien giebt z. B. auch die neue Abtheilung des Vatikans *(braccio nuovo)*.

Von diesem für den Theologen denkwürdigsten Monumente des alten Roms habe ich an Ort und Stelle durch den ausgezeichneten Künstler **Ruspi**, der auch für die archäologische Gesellschaft der Deutschen arbeitet, neue Zeichnungen fertigen lassen, die den geneigten Lesern gewiss nicht unwillkommen seyn werden. Die früheren Kopien leiden durchaus am Mangel der Genauigkeit. Täglich war ich früh auf dem *Forum Romanum*, um die Arbeit zu leiten. Die Sonne kam jedoch früh und mit ihrem Erscheinen ward es dem Künstler unmöglich, fortzuarbeiten, daher er nur langsam fortfahren konnte.

Nachträglich sey noch bemerkt, dass nach der gemeinen Meinung der Kaiser **Trajan** diesen Triumphbogen errichten liess. Man bezog darauf eine im Vatikan aufgefundene Inschrift:

D. Tito. D. Vespasiani. F. Augusto. Imp. Caes. D. Nervae F. V. Trajanus Germanicus. Dacicus. Pont. Max. Trib. Pot. Cos. P. P.

Einsichtsvollere Alterthumsforscher finden nach der Architektur, dass derselbe schwerlich in die Zeiten des Trajan, wohl aber in die des Domitian gehören könne.

Die späteren Schicksale der heiligen Tempelgefässe sind wie oben bemerkt, wenig bekannt. **Alarich**, König der Gothen, im Jahr 409-410 nach Chr., machte in Rom reiche

Beute von Gold und Silber. Genserich, König der Vandalen, im Jahr 455, ward nur durch die Bitten des heiligen Leo abgehalten, alles zu verwüsten. Die goldenen Gefässe aus dem Tempel zu Jerusalem schleppte er hinweg (Cf. Cedrenus, *Compend. histor.* I, 346. Anf.). — Die Verbrennung Roms ward durch Leo verhütet. Genserich plünderte den Palast der Cäsaren bis auf die Kupfergefässe, raubte dem Tempel des *Jupiter Capitolinus* die Hälfte der vergoldeten Bronze seines Daches, und schickte ein Schiff mit Statuen nach Karthago, das indess im Meere unterging (S. Procop. V. 189. B.). — Fälschlich hielten einige Antiquare die Statue des Alten für die Provinz Judäa, allein die Aehnlichkeit mit andern Flussgöttern und insbesondere das Füllhorn mit Wasser auf welchem der Alte ruht, so wie die Schaufel in seiner Rechten führen auf den Jordan. Der Opferzug auf demselben Basrelief ist ausgezeichnet durch die Schönheit der Figuren, insbesondere des Opferknaben, so wie durch die Drappirung der Gewänder.

Die römischen Soldaten führen auf ihrem Schilde theils den Adler, theils das Gorgonenhaupt, und sind in einer müssigen Stellung aufgeführt. Zwei derselben, welche kleine Leuchter in den Händen halten, hat man mit der Nachricht des Josephus in Verbindung gesetzt, von der Entwendung zweier kleiner Leuchter ausser dem grossen siebenarmigen. Die Opferstiere tragen die grossen Opferbinden (*vittas*). Was die Ordnung der Säulen anlangt, so ist diese eine zusammengesetzte oder gemischte. Es scheint, dass man sie besonders für die Triumphbogen gebrauchte. Die leeren Räume in den Interkolumnien (Nischen) haben als trocken und unpassend manchen Tadel erhalten. Die Profile der Basis sind mager, gleich denen der Pilaster. Die Details des Bogens, wie die Kapitäle sind nicht anmuthig genug. Zierrathe dagegen und Einschnitte hat man übermässig angewandt. Das Basrelief nach dem Colosäum zu steht wegen seiner Kleinheit und Unerkenntlichkeit in keinem Verhältnisse zu den zwei übrigen Darstellungen. Diese Fehler werden indess aufgewogen durch die vier schönen Fortunen und Genien, welche der Bogen von aussen darbietet und die sehr gelobten Hauptreliefs. Die Fortuna, wenn gleich Göttin, stehet unter dem Titus als dessen Dienerin. Gruppen und Köpfe der begleitenden Soldaten und mit Lorbeer bekränzten Bürger sind ausgewählt.

Auf dem zweiten Basrelief scheint alles zu leben, und wirklich in die Thore der Stadt einzuziehen*). Das Gewölbe hat in den vier Ecken, welche die Apotheose des Titus umgeben, grosse Rosen, die sämmtlich einander sehr unähnlich sind und daher grosse Abwechselung gewähren. Das Monument hiess auch *turris Chartaria*, nach einem in der Nähe gelegenen Archive.

Schon oben ward bemerkt, dass die Familie Frangipani sich des Titusbogens im Mittelalter als einer Festung bemächtigte, welche an die nördliche Seite des *Palatinus* stiess. Dass unter dem Bogen die *Via sacra* hinging, ist ebenfalls streitig, ja zu verneinen. Vielmehr lag er in der Nähe des berühmten *Vicus Sandalarius*, wo der Tempel des Apollo Sandalarius stand *(Suet. Aug. 57.)* mit den Buchhändlern *(Gell. noct. Att. IV. 18.)*. In der Nähe war das *Velabrum* und *Forum boarium (Martial. epigr. III. 1.)*.

In einem Manuscripte der *Bibliotheca Barberini*, dessen Nummer nicht bezeichnet ist, von einzelnen Blättern, findet sich auf dem vierten Blatte ein bunter Riss des Basreliefs mit dem Leuchter, wahrscheinlich aus dem 17ten Jahrhundert. Es ist interessant für die Geschichte des Reliefs, wiefern mehrere Gestalten als erhalten angegeben werden, die jetzt zerstört sind. Auch sind die Füsse vollständig erhalten, doch könnte dieses Phantasie seyn. Für die Erklärung enthält die alte Handzeichnung nichts Bedeutendes. Der Styl ist roh, manches unausgeführt, besonders an dem Triumphbogen. Im Winkel links steht eingeschrieben: *Romae ex arcu marmoreo triumphali Divi Vespasiani imperatoris.*

Die ehemaligen Fenster sind vermauert, die Masse soll pentelischer Marmor seyn; ist aber so restaurirt, dass man nur mit Mühe auf den Grund kommen kann.

*) S. 172. ist aus Versehen die *Bundeslade* in der Darstellung erwähnt worden. Es soll der *Schaubrodtisch* heissen.

Nach einer Sage wurden die Tempelgefässe und die Thorah zurück nach Palästina geschickt, wobei die Frage entsteht, ob man sie bei dem versuchten aber verunglückten Wiederaufbau des Tempels unter Julian gehabt habe.

In einer der ältesten Beschreibungen Roms, vom Jahre 1513 mit Holzschnitten, des Lupa unter dem Titel *mirabilia Romae* findet sich etwas über den Titusbogen unter der Aufschrift *de arcubus triumphalibus*. Es ist folgendes:

„*Arcus septem lucernarum Titi et Vespasiani, ubi est candelabrum Moysi cum archa habens septem brachia in pede turris calculatorie.*"

Unter dem Titel *ad sanctam Savam*, einer Kirche auf dem Berge *Aventinus*, liest man folgende interessante Notiz:

„*item recondita sunt in ista ecclesia corpora Titi Vespasiani imperatoris quae videri possunt quotidie. Ad quorum sepulcrum scribuntur isti versus sequentes:*

„*Conditur hoc tumulo Titus cum Vespasiano*
„*Patre felice, sed eminent prospera Titi*
„*Hierusalem premens dominique emulos fremens*
„*Aper de silva ferus singularis in hostes*
„*Expurgat vineam Sabaoth sternendo laborem*
„*Reddit et congruam vindictam populo nequam.*"

Ueber den christlichen Inhalt dieser Verse kann eben so wenig Zweifel seyn, als über deren grammatische und metrische Verstösse. —

In demselben Werke *mirabilia Romae*, das ich bei meinem zweiten Aufenthalt in Florenz in der *Laurentiana* wiederfand (*Plut.* XXXIX. inf. 41. f. 44 a.), steht nachfolgende nicht uninteressante Notiz:

„*In templo pacis juxta lateranum a Vespasiano imperatore et Tito filio ejus recondita est archa testamenti in qua sunt haec ani aurea (sic) mures aurei tabulae testamenti virga anum (Aaron?) urna aurea habens manna vestes et ornamenta Aaron candelabrum aureum cum septem lucernis tabernaculum septem candelabra septem cathedrae argenteae mensa proposita (?) sunt thuribulum aureum virga Moysi cum qua percussit mare mensa aurea panes hortacei vestis inconsuditus circumcisio sandalia vestimentum s. Joannis baptista (sic) forcipes unde fuit tonsus s. Joannis Evangelista.*"

Woher diese genaue Kunde komme, ist schwer zu sagen. Jedenfalls ist ihr kein strenger Glaube beizumessen.

In die Zeit meiner Anwesenheit in Rom, 1833, fällt der Anfang der Herausgabe des Werkes über die Triumphbogen Italiens von Luigi Rossini, in welchem der Titusbogen den Anfang macht, doch ohne erläuternden Text.

Triumphbogen des Konstantin.

Nächst dem Bogen des Titus nähert man sich der *meta sudante*, und gelangt von ihr zu dem Triumphbogen des Konstantin, welcher von dem römischen Senat und Volke zu Ehren des Sieges *ad saxa rubra* gegen den Maxentius dem Kaiser errichtet ward. Er enthält drei Wölbungen mit acht schönen Säulen geschmückt, von der korinthischen Ordnung von einem gelben Stein *(giallo antico)*. Die Basreliefs sind nach Zeit und Verdienst ausserordentlich verschieden, und es findet sich hier eine seltsame Mischung älterer und neuerer. Ein Theil derselben nämlich gehört der Epoche Konstantins an, ein anderer aber dem Zeitalter des Trajan. Die Gegenstände sind aus den kriegerischen Thaten des Konstantin entlehnt; die Einnahme Verona's, der Sieg des Konstantin bei *Ponte molle*, eine Anrede des Konstantin, die Ertheilung von Geschenken an die Soldaten sind dargestellt.

Die runden Basreliefs an der Seite des Bogens stellen Sonne und Mond dar, Victorien bilden das Fussgestell und die vier Faunen schliessen das Ganze. Alle diese Darstellungen sind aus der Zeit des gesunkenen Geschmacks unter Konstantin. Achtzehn andere sind aus dem Bogen des Trajan entlehnt und von dem reinsten Styl.

Triumphbogen des Septimius Severus.

Der dritte Bogen ist der des Septimius Severus, unmittelbar an der Treppe des Kapitols. Er steht in der

12*

Tiefe auf dem Grund der alten *via sacra.* Nach der noch vorhandenen Inschrift ward er durch den Senat und das römische Volk dem Septimius Severus und seinen Söhnen Caracalla und Geta znm Andenken des Sieges über die Parther, Araber und Adiabene errichtet. Der Name des Geta ist ausgelöscht durch seinen Nachfolger, wie denn überhaupt alle seine Bilder und Andenken vertilgt wurden. Die Basreliefs sind sämmtlich von mittelmässiger Arbeit und haben durch die Zeit gelitten. Auch der Gemahlin des Septimius Severus, Julia, ist dieses Denkmal gewidmet. Wir übergehen die für Theologen weniger interessanten Basreliefs und Darstellungen.

Forum Romanum.

Das Forum Romanum ist gegenwärtig ein unebener mit Bäumen und niedern Häusern bepflanzter Ort. Er führt den Namen *campo vaccino* und ist in der That zu gewissen Zeiten der Sammelplatz von Käufern und Verkäufern vom Lande. Ueber den Gang der alten *via sacra* ist noch immer viel Streit unter den Archäologen. Wer denkt nicht hier an die Worte des Dichters aus der Zeit des Evanders:

— — — — — *passimque armenta videbant*
Romanoque foro et clausis mugire carinis.

Die Arbeiten zur Auffindung des alten Bodens gehen langsam vorwärts. Bisweilen besichtiget sie der Pabst. *Rostra,* welche einst diesen Platz schmückten, werden nun in dem kapitolinischen Museo aufbewahrt.

Viele andere Rudera schmückten das römische Forum. Hierhin gehören die schönen Ueberreste des Tempels, dem Antonin und der Faustina von dem Senat errichtet. Zehn Marmorsäulen bilden den Eingang und die Seite. Der Marmor heisst *cippolino.* Auch dieser Ueberrest ist ausgegraben, woher das Ansehen einer kleinen Festung, die sich an moderne Häuser anschliesst. Die drei kostbaren korinthischen Säulen, nach der Meinung Vieler Ueberreste des Tempels des Jupiter Stator, bilden doch in ihrer Verlassenheit einen schönen Eindruck. Durchgedrungen scheint die Meinung der neuern Alterthumsforscher, welche darin das Ueberbleibsel der *Graecostasis* finden, eines Gebäudes, bestimmt, die Gesandten zu empfangen, und zwar zuerst die griechischen Gesandten, welche durch Pyrrhus nach Rom geschickt wurden. Es waren diese die ersten Gesandten, welche Rom betraten. In dem Plane des neuen Roms, welcher in dem Capitolio eingemauert ist, liest man an dieser Stelle die Worte *Graeco 'st* —

Seit Plinius des Aeltern Zeiten war dieses Gebäude nicht mehr. Antoninus Pius stellte es mit vielen Kosten her, und erweiterte es bis an das Comitium. Das Comitium hing aber mit der Curie nach der rechten Seite des Capitoliums zusammen, und diente zu den *comitiis curiatis* für die Veröffentlichung der Senatusconsulte und die Wahl einiger Priester, insbesondere des Flamen und *Curio maximus*. Die berühmten *fasti capitolini* wurden im sechzehnten Jahrhundert in diesem Umkreis gefunden. Unrichtig ist die Meinung Anderer, welche darin die Ueberreste eines Tempels des Castor und Pollux sehen. Denn dessen Vorderseite war gegen das Capitol gerichtet, und dessen Lage zur Linken, nicht aber zur Rechten der Curie innerhalb des *Palatinus*.

Säule des Phocas.

Die Säule des Phocas steht vor dem Bogen des Septimius Severus auf dem Boden des alten Roms.

Sie ward dem Kaiser im Jahre 608 errichtet von dem Exarchen Smaragdus nach der Inschrift, welche sich auf dem Piedestale befindet. Auch hier ward, wie auf jenem Bogen, der Name des Phocas auf Befehl seines Nachfolgers Heraclius ausgelöscht.

Früher hielt man dieses Stück für einen Ueberrest des Tempels Jupiter Custos oder der Brücke des Caligula, ohnerachtet die alten Schriftsteller versichern, dass der erste auf dem Capitol war und der zweite von dem Claudius zerstört wurde, die Säule erhob sich über eine Pyramide von Stufen, von denen noch viele erhalten sind. Das Nivell des Bodens aber war 10 Palmen tiefer, als das des Septimiusbogens. Auf der Spitze stand nach einer alten Inschrift die vergoldete Statue des Phocas. Die Säule aber, nach der korinthischen Ordnung, erscheint von viel früherer Zeit als die des Phocas, und kann nach ihrem Styl in die des Antonin gehören.

Via sacra.

Die Via sacra ist nach ihrem Gang noch nicht völlig klar, und erhielt ihren Namen bei Gelegenheit des Friedens, welcher zwischen Romulus und Tatius geschlossen wurde. Sie begann wahrscheinlich vom heutigen Colosso, ging durch die Richtung, wo später Hadrianus den Tempel der *Venus* und *Roma* bauete, begegnet der südlichen Seite des Tempels des Friedens, und trat endlich durch den Tempel des Remus, des Antoninus, der Faustina und durch den Bogen des Fabianus in das *Forum*.

Der Tempel des Romulus und Remus gehört dem Style nach in die Zeit des Verfalles, vielleicht in die konstantinische Epoche. Nur die *Cella* und zwei Säulen sind noch übrig. Eine alte Bronzethür ist merkwürdig. An diese lehnt sich die Kirche des heiligen Cosmus und Comnenus.

Tempel.

Der sogenannte Tempel des Friedens auf dem Forum unterliegt nach dieser seiner Bestimmung in seinen sichtbaren Trümmern vielen Zweifeln. Nach Suetonius errichtetete der Kaiser Vespasianus in der Nähe des Forums *dem Frieden* einen prachtvollen Tempel. Er ward 191 durch eine Feuersbrunst zerstört, den Nachrichten zufolge, welche wir bei Dionysius von Halicarnass, bei Gallenus und Herodianus finden. Der Untergang dieses Gebäudes gehört der Zeit des Commodus an. Procopius spricht von dessen Brandstätte. Es ist daher nothwendig, anzunehmen, dass er hölzerne Bestandtheile hatte, und dass insonderheit die Decke von Holz war. Unsere noch übrigen drei grossen Schwibbogen aber tragen davon keine Spur. Auch verträgt sich die Gestalt dieser Ueberreste nicht mit der Gestalt eines Tempels, da man weder das

Vordertheil, die Cella, wie so oft in den Ueberresten der pompejanischen Tempel, noch einen Säulengang sieht. Es gehört die Struktur einer spätern Zeit an, und der Styl führt ohngefähr auf das Zeitalter des Diocletian. Diess beweisen die Ueberreste und die Zierrathen, so wie der Gebrauch der unregelmässigen Ziegelsteine. Die meisten neuern Alterthumskenner halten daher das Stück für einen Theil der Basilica des Konstantin, welche in der Nähe der *horrea piperatoria* oder der Gewürzmagazine des Diocletian von Maxentius aufgeführt ward. Nach dessen Tode erhielt das Gebäude die Aufschrift:

„*Zu Ehren des Constantinus.*"

Die Zeichen der grossen Backsteine sind denen gleich, welche in den Bädern des Diocletian gefunden worden. Die Aufschrift aber: „*paci aeternae*" ist nicht aus der nächsten Nähe, sondern ward im Jahre 1547 bei dem Bogen des Septimius Severus gefunden. Wäre die Vermuthung über den Tempel des Friedens richtig, so müsste hier auch das *Aerarium* sich befunden haben, in welches die Schätze der eroberten Städte und Provinzen niedergelegt wurden.

Nicht weit davon steht der Tempel der Venus und Roma, errichtet nach der Zeichnung des Hadrian unter der Aufsicht dieses Kaisers. Diese zwei Nationalgottheiten hatten Verwandtschaft nach der Sage vom Ursprunge des Aeneas. Von diesem ehemaligen äusserst prachtvollen Gebäude sind nur wenig Ueberbleibsel gerettet. Es ist bekannt, dass Hadrian als Architekt glänzen wollte und seinen Nebenbuhler Apollodorus aus dem Wege schaffte.

Zu den interessantesten Ueberresten des alten Roms gehört der Tempel der Concordia, der im Jahre 1817 aufgegraben und durch drei Inschriften in seiner Bedeutung bestätiget wurde. Wechselvoll sind seine Schicksale gewesen. Camillus errichtete ihn zum Andenken der wiederhergestellten Eintracht zwischen Patriziern und Plebejern. Tiberius erneuerte ihn. Unter Vitellius brannte er ab. Unter Vespasianus ward er neu aufgebaut und ausgeschmückt. Bis in das zwölfte Jahrhundert hinein erhielt sich sein Andenken, wenn gleich ein Theil desselben durch die Kirche des S. Sergius und Bacchus verdrängt ward. Hier war es, wo Cicero den Senat bei der Verschwörung des Catilina versammelte und seine donnernden Philippica's hielt.

Bei diesem Tempel hat man auch Ruinen der Cella gefunden, so wie verschiedene andere Fragmente von kolossalen Statuen.

Der Tempel des Jupiter tonans wurde nach Victors Zeugniss auf dem kapitolinischen Hügel erbaut. Suetonius aber erzählt den Beweggrund seiner Erbauung. Während Augustus im cantabrischen Kriege durch Spanien reiste, fiel ein Blitz in die Nähe seiner Sänfte, und beraubte seinen Sclaven der Besinnung. Nach Rom zurückgekehrt, erbaute er diesen prächtigen Tempel dem Jupiter Donnerer, welcher später durch die Imperatoren Septimius Severus und Antoninus Caracalla erneuert ward. Die Vorderseite war nach dem Forum gerichtet und mit sechs Kolonnen geschmückt, von denen zwei nur übrig sind mit einer Seitenkolumne. Die drei schönen ausgekehlten Säulen gehören zur korinthischen Ordnung. Einige Alterthumskenner vermuthen ohne Grund, dass diese Säulen einem Tempel des Divus Julius (Cäsar) angehören.

Der Tempel der Fortuna wurde lange für einen Ueberrest des Tempels der Concordia, den Camillus errichtete, und Tiberius wieder aufbauete, gehalten. Die Lage ist indess dieser Ansicht widerstreitend. Denn nach einer Nachricht des Plutarch war der Tempel der Concordia gegen das Forum und Comitium gekehrt, und stand in der Nähe des Carcer nach einer Notiz bei Dionysius Halicarnassensis. Auch der Styl der Säulen und Kapitäle führt auf eine Zeit des Verfalles der Kunst. Ein anderer Beweis liegt in der Inschrift des Frontispices: „*Senatus Populusque Romanus incendio consumptum restituit.*" Eine andere Inschrift aber, im sechzehnten Jahrhundert aufgefunden, ist Zeuge, dass dieser Tempel hergestellt wurde als *vetustate collapsum*, durch das Alter untergegangen. Im Jahre 1817 ward endlich der wahre Tempel der Concordia, dessen wir oben gedachten, aufgegraben.

Demzufolge ist und soll dieser Tempel nach Einigen der *Juno moneta* gewidmet gewesen seyn, welchen indess die Alten auf das Schloss selbst an die Stelle des Hauses Manlius setzten. Noch Andere machten einen Tempel des Vespasianus daraus. Auch ist angenommen worden, dass es zwei Tempel der Concordia gebe von Camillus und Tiberius, von deren doppeltem Daseyn unter dem Capitol es jedoch keine Nachricht giebt. Die Meinung Marini's geht dahin, dass wir in diesen Ueberresten einen Tempel der Fortuna besitzen. In der That hat diese Göttin einen Tempel auf dem kapitolinischen Berge in der Nähe des Tempels des Jupiter tonans, welcher zur Zeit des Maxentius abbrannte und in der Folge unter Konstantin durch den Senat hergestellt ward. Der Geschmack in der Arbeit führt wirklich auf dieses Zeitalter.

Beim ersten Anschauen der Werke des römischen Alterthums dringt sich mit völliger Klarheit die Idee des Klassizität dem Geiste auf. Was Göthe in seinen Briefen anwinkt, ist sehr wahr, und auch mir vor der Lesung, wenn auch nicht zum klaren und ausgesprochenen Bewusstseyn gekommen. Erstens muss man über das trümmerhafte und in seinen Trümmern zerstreute Rom einen Ueberblick gewinnen, die Epochen streng sondern. Dieses ist der einzige Weg, die verwirrenden Eindrücke zu zerstreuen und so vielfache Gegenstände klar in das Auge zu fassen. Wer solches von Anfang unternimmt, erspart viel Mühe, gewinnt Zeit, und übt seinen Blick zur Sicherheit. Winkelmann's, Meyer's und O. Müller's Schriften sind der beste Leitstern für denjenigen, der nicht ein ganzes Leben diesen Gegenständen widmen kann. Winkelmann brach hierin die Bahn. Seine Anschauungen des Alterthums sind rein und gross, wenn er gleich vielfach irrte. Mit einem einzigen gediegenen Buche der Art und beständiger genauer Anschauung kann der Laie weit kommen.

Zweitens ist es etwas ächt Wunderbares, ein geistigar Anhauch, der uns bei den vollendeten und anerkannten Meisterwerken griechischer und römischer Kunst, wie in dem Apoll von Belvedere, der Gruppe des Laokoon entgegen kommt. Wie stehen auch die gelungensten Darstelluggen selbst Thorwaldsens und Canova's von ihnen ab! Abgesehen von aller Kritik und vor aller Kritik, erkennen wir in diesen Denkmälern das Leichte, das Geniale, das Hingeworfene und doch Unübertreffliche. Es ist die höchste Natur. Die Natur wirkt; denn der Genius ist immer die unverhüllte reine Natur.

Villa Mills.

Der Garten der *villa Mills* in der Nähe der Kaiserpaläste ist eine Zauberwelt. Sie heisst auch *vigna palatina* und führte früher den Namen *villa Spada* und *villa Magnani*. Der gegenwärtige Besitzer ist ein englischer Privatmann. Ich sah noch keine Villa von solchem Geschmack, keine, in welcher das Romantische und Südliche so verkörpert entgegenträte. Die Aussichten links über das alte, rechts über das neue Rom erheben das Ganze zu einem ohne Uebertreibung einzigen Orte der Welt. Hier ergreifen uns mächtige Ahnungen und Erinnerungen der Geschichte, hier können uns Paradieseideen ohne sie zu suchen, erfüllen, je nachdem man den Blick nach innen oder nach aussen kehrt. Weite lange Rosengänge wechseln mit Orangenplätzen in liebreizender südlicher Fülle. Schwärmerische Menschen können hier wohl einen Durst nach der Reinheit und Herzensliebe früherer Menschen fühlen, von denen Unbefangene wohl träumen. Auch für mich gehören die dort (in Gesellschaft einiger Freunde) verlebten Augenblicke zu den schönsten, die ich in Rom genossen. Das Casino oder Sommerhaus bietet einen Porticus dar, welcher von Raphael oder Giulio Romano gemalt worden ist, erneuert von dem berühmten Maler Camuccini.

Der palatinische Berg.

Die Steineiche, der Lorbeer, Epheu und Cypresse bilden die Einfassungen des Gemäldes, welches uns die Kaiserpaläste auf dem Berge *Palatinus* darstellt Sie liegen in der Mitte von Weingärten und wurden mehrmals niedergerissen, wieder aufgebauet, vergrössert und verringert durch die verschiedenen Herrscher. Die ersten Substructionen gehen bis auf Augustus zurück. Tiberius und Caligula erweiterten sie. Es folgte das goldene Haus des Nero, welches vom Palatinus bis zum Esquilinus reichte, einen solchen Umfang und eine solche innere Pracht hatte, dass nach einer Aeusserung des Tacitus das übrige Rom dagegen nur als Anhängsel erschien. Nero selbst, nachdem das Gebäude fast vollendet war, erklärte nach einer Nachricht des Suetonius, dass er nun erst wie ein Mensch wohnen werde; dessen ohnerachtet gelang ihm die Vollendung nicht. Vielmehr bestimmte der Kaiser Otho eine grosse Summe zur Ausführung des Gebäudes, und auch dessen Nachfolger gelangten erst nach mancher Veränderung zum Ziele. Augustus ward bekanntlich auf dem Palatinus geboren *ad capita Bubula*, unter dem Consulat des Cicero und Antonius. Er zeigte seine Vorliebe für diesen Theil der Stadt dadurch, dass er denselben zu seiner Residenz erhob, indem er die Wohnung des Redners Hortensius und des Catilina dazu einrichten liess, mit einem Tempel des Apollo und einer Bibliothek. Seine Wohnung führte den Namen *domus Augustana*, und ward also von Nero und Tiberius umgeschaffen. Hier geniesst man die grossartigsten Ansichten über die Stadt und das alte Rom. Ueberhaupt ist der Palatinus als der Sitz des Gründers der Stadt und inhaltreichste an Ueberresten auch der berühmteste unter den römischen Hügeln. —

Vespasian und Titus unterdrückten wieder die Vergrösserung des Nero, und baueten statt dessen das Colosäum und die Bäder. Domitian beschränkte sich auf den Palatinus, vergrösserte und verschönerte die Paläste. Unter Commodus litten sie durch eine Feuersbrunst. Zu Anfange des siebenten Jahrhunderts ward noch Kaiser Heraclius dort gekrönt. Von da ab verlieren sich die Spuren in der Geschichte. Paul III. aus dem Hause Farnese, liess in der Nähe die Villa *Farnesina* aufführen, nach der Zeichnung des Vignola. Sie gehört noch immer dem Hofe von Neapel, wie der massive Palast gleiches

Namens in der Stadt, welchen der neapolitanische Gesandte bewohnt. Die Art und Weise des Falles der Erbschaft des Hauses Farnese an Neapel ist mir nicht klar geworden. Jetzt ist die Villa in Schutt und Unreinlichkeit versunken, und giebt den Eindruck einer modernen Ruine in dem alten Rom. Ihre Gärten, jetzt schlecht unterhalten, sind auf der Stelle der alten Wohnung des Augustus, seiner Bibliothek und des angrenzenden Tempels des Apollo, so wie eines Theiles der Paläste des Tiberius, Caligula und Nero.

Zu den zwei kleinen unterirdischen Sälen, genannt die **Bäder der Livia**, gelangt man unter Fackelschein und findet dort bei ihrem Lichte Ueberreste alter Malereien und Vergoldungen von gutem Geschmack. Sie sind mit Gold getäfelt in achteckiger Form. Senkrechte Röhren zeigen sich hie und da in den Wänden, und waren vielleicht zur Ableitung des Wassers in die Wannen bestimmt. Auch diese Ueberreste sind durch die Fremden früher geplündert worden.

Bäder im Allgemeinen.

Das Nächste ist, von den römischen Bädern zu sprechen. Einrichtung und Bauart derselben verdienen einige allgemeine Bemerkungen, eine bei der Unvollkommenheit und Zerstreutheit dieser Ueberreste und dem Zweifelhaften ihrer Bestimmung nicht ganz leichte Aufgabe.

Der Luxus mit den Badeanstalten begann erst mit der Zeit der sinkenden Republik. Die königlichen und die republikanischen Römer bedienten sich lediglich der frischen Gewässer der Tiber zum Baden. Nach und nach wurden Bäder in Privathäusern gewöhnlich. Aber auch diese hatten noch grosse Einfachheit, und beschränkten sich auf ein einziges Zimmer oder Cella. In den Landhäusern der Grossen findet man sie zunächst, wie z. B. nach **Seneca** in der Villa des **Scipio** zu *Liternum*. Erst unter den Cäsaren wurden die Bäder zu wahren Luxusgebäuden erweitert, so dass das Baden nicht mehr Hauptsache war, sondern sich an dasselbe Spiele, Akademien, Spaziergänge, Bibliotheken, Rennbahnen und andere Gegenstände des Luxus und der

Erholung anschlossen. Ob auch Theater damit in Verbindung standen, ist noch zweifelhaft. Auch ward der Umfang dieser Bäder nach und nach ungeheuer, so dass mehrere tausend Personen sie auf einmal benutzen konnten. —

Viele tausend Statuen schmückten diese Plätze der Erholung, wie selbst noch aus den zahlreichen Ergebnissen der Ausgrabungen hervorgeht, welche in ihrer Nähe geschehen sind. Die meisten und besten Alterthümer rühren aus ihnen her. Den grössten Umfang scheinen die öffentlichen Volksbäder gehabt zu haben, welche man für einen Kreuzer (Horat. *quadrante lavari*) benutzen konnte.

Dass die Bäder warm waren, zeigt der Name der *Thermen*. Doch gab es auch kalte Bäder (*balinea*), ferner Schwitzbäder (*balnea laconica*). Die warmen Bäder selbst (*thermae*) waren entweder heiss (*caldaria*) oder lau (*tepidaria*), oder man unterscheidet das Schwitzzimmer (*caldarium*, *sudatio*, *laconicum*), das lauwarme Zimmer (*tepidarium*) und das Abkühlungszimmer (*frigidarium*), welches der frischen Luft innerhalb des Umkreises der Bäder ausgesetzt war. Angehängt waren die Aus- und Ankleidezimmer (*apodyterium*) und das Salbungs- oder Frottirzimmer (*elaeothesium*, *cella unguentaria*). Zu dem zweiten oder grösseren Theile der Bäder, welche die Erholungsplätze umfassten, gehörte der *Xystus*, eine offene Terrasse oder Altan vor dem Säulengange, mit Bäumen bepflanzt zum Lustwandeln; das Stadium, ein offener Raum, mit Stufen auf der einen Seite für die Zuschauer. Hier ergötzte sich nämlich das Volk mit gymnastischen Spielen, Laufen, Ringen, Diskuswerfen, Faustkämpfen, Springen und dergleichen. Dort gab es auch die Bibliotheken, welche zum öffentlichen Gebrauch dienten, die Sitze (*exedrae*) oder Halbkreise, von welchen aus Dichter, Redner, Philosophen ihre Vorträge hielten. Endlich die Pinakotheken, welche Gegenstände der Kunst, insonderheit der Malerei enthielten.

Die ältesten öffentlichen Bäder scheinen die des M. Agrippa gewesen zu seyn, von denen sich noch Ueberreste in der Nähe des Pantheon finden. Der Grundriss der Bäder ist noch sehr zweifelhaft. Zuerst stellt sich gewöhnlich ein viereckiger Raum dar, an dessen Seite die Badestuben gelegen zu haben scheinen, und zwar sämmtlich in Souterrains, welche der Lichtöffnung völlig entbehren. Lange Korridors ziehen sich bisweilen vor ihnen hin, mit Freskomalereien und Vergoldungen geziert. Es ist kaum denkbar, dass diese unterirdischen Gänge und Gemächer durchaus künstlich erleuchtet werden seyen. Gleichwohl findet sich keine andere Art der Erklärung. Man badete in metallenen oder bronzenen Wannen, deren man viele in Pompeji gefunden hat. Sie wurden wahrscheinlich durch Röhren und Kanäle aus oberhalb gelegenen Aquaeducten angefüllt. Ueber diesen Badeeinrichtungen in den Souterrains war nun im obern Geschoss eine Menge von Anstalten für Erholung und Unterhaltung, denen man sich nach dem Bade hingab. Die halbrunden Hallen in manchen Bädern dienten wohl zu den Sprechzimmern nach dem Bade. Für Theater sind sie zu klein, auch ist keine Spur für Scene und Sitze der Zuschauer da. Oft waren ihre Nischen mit Statuen ausgeschmückt.

Zu den grössten Thermen, von denen noch Ueberreste sind, gehören die des Diocletianus, welche jetzt durch die Kirche *S. Maria degli Angeli* und durch das Kloster des heiligen Bernhard ausserordentlich verbaut und zerstört sind. In den Umfang dieser weitläufigen Bäder gehören auch die päbstlichen Kornmagazine, die grosse Fontaine und andere benachbarte Häuser. Nach einer Nachricht des Olympiodorus konnten 3200 Personen darinnen baden, ohne sich zu sehen. Der Kaiser wandte sieben Jahre auf ihre Vollendung. Die berühmte Bibliothek *Ulpia* ward vom *Forum Trajanum* hieher gebracht. Auch diese Thermen besassen einen kostbaren Saal in der Mitte, welcher unter dem Namen *Pinakothek* zur Aufstellung von Malereien und Skulpturen diente.

Die Thermen des Antoninus oder Caracalla endlich, am Fusse des aventinischen Berges, von denen grossartige Ruinen übrig sind, scheinen bis ins fünfte Jahrhundert unter Theodorich im Gebrauch gewesen zu seyn. Wenigstens haben sich Backsteine mit der Aufschrift:

„Regnante Theodorico Bono Romae“ gefunden, welche durch ihre Aufschrift auf diese Zeit führen. Die einzelnen Bestimmungen der Baustücke dieser mächtigen Ruine übergehen wir hier, da über sie bereits anderwärts hinreichend gesprochen worden, und das Feld der Vermuthungen zu weitläufig ist.

Bäder des Titus.

Sie grenzten an das goldene Haus des Nero. Nur die Substructionen sind übrig, und geben einen anschaulichen Begriff von der Bauart der Alten vor dem Verfalle der Künste. Jetzt hat man die Umgebung zu einem Weingarten benutzt. Das Licht fällt durch ein grosses Fenster über der Thür. Die Gemächer stossen an einander nach Westen und Osten, so dass die Thüren immer nach den entgegensetzten Himmelsrichtungen eingerichtet sind. Ausser einigen Hauptgängen giebt es eine Reihe von Nebenzimmern und Appartements. Die in einigen Gewölben erhaltenen Deckengemälde enthalten Verzierungen, Arabesken (Adler mit Medaillen der Cäsaren), wenige Figuren oder eigentliche Darstellungen. Die letztern haben freilich durch Feuchtigkeit und Alter am meisten gelitten. Die Arabesken soll Raphael für die Logen des Vatikans benutzt haben. Aber seines Charakters unwürdig ist die Sage, dass er die Gewölbe verschütten liess, um die Spuren seiner Nachahmung den Augen Anderer zu entziehen. Denn alle diese Gänge waren noch lange nachher den Fremden geöffnet. Früher haben die Reisenden selbst mit diesen kostbaren und seltenen Ueberresten alter Malerei unverantwortlich gewüstet. Ehe noch die Substructionen völlig ausgegraben waren, stieg man mit einer Leiter herunter, beleuchtete die Freskogemälde in der Nähe, schlug oft die besten Stücke heraus, und nahm sie mit sich. Sehr merkwürdig ist das nicht gut erhaltene Gemälde eines alten Tempels, wegen des darin enthaltenen Ueberrestes der Perspective der Alten. Alle diese Malereien sind mit ächter Eleganz und Leichtigkeit ausgeführt. Die aufgefundenen Reste der Amphoren, Säulenfragmente und andere alte Scherben sind in einem der gewölbten Gänge aufgehäuft. Viele Zimmer wurden von Titus ihrer Marmorbekleidung beraubt, um den neuen Anlagen der weitläufigen Bäder zu dienen. Andere Gänge liess er verschütten, oder durch Mauern trennen, daher man in ihnen, besonders seit der Ausgrabung des Engländers Mirra, nichts von Bedeutung gefunden haben will. Eines der Gewölbe scheint als Gartenzimmer benutzt worden zu seyn. Man sieht einen runden, eingemauerten Platz, der als Fontaine diente, und etwas weiter im Hintergrunde ein Gestelle für eine Statue, das man uns als ächt und alt anpries.

Die denkwürdige Ruine der sieben Säle diente wahrscheinlich zu Wasserbehältern. Der Name ist indess nicht ganz genau, da es acht bis neun Oeffnungen sind.

Engelsburg.

An einem heitern Vormittage besuchten wir das Kastell *S. Angelo* oder das alte Grabmal des Hadrianus. Der Eingang ist formell und dem Scheine nach etwas erschwert, doch drangen wir bei dem gefälligen päbstlichen Offizier durch, indem wir unsere Namen aufschrieben. Die Substruction ist alt. Doch hat das Ganze durch die Päbste, insonderheit durch Bonifacius IX., Nicolaus V., Alexander VI., Urban VIII., und Benedict XIV. viele Veränderungen erfahren. Bonifacius IX. begann die Befestigungen mit dem Gelde, welches er von den Römern erhielt, um in Rom das Jubiläum zu feiern. Ein Vandalismus ohne gleichen war es, als die Römer bei dem Einfall und der Belagerung der Gothen unter Belisarius sich genöthiget sahen, die schönen Statuen, welche den Sims zierten, gegen die andringenden Feinde zu schleudern. Mit Unrecht zweifelt ein anderer Reisender an dem Factum, da Procopius hierüber ausdrückliches Zeugniss giebt. Aus diesem Bereiche stammt der berühmte barberinische Faun, jetzt im Besitze des Königs von Baiern, den man in der Nähe bei Ausgrabungen in den ehemaligen Gräben fand. Der Erzengel Michael von Bronze, der nun auf der Spitze stehend, das Ganze beherrscht, ist nach dem Modell des Vanchefeld, eines Niederländers, auf Befehl Benedict XIV.

gefertiget, früher von Raphael da monte Lupo. Im Innern selbst sahen wir, ausser der Anlage, die Bewunderung erregt, einen Saal des Kommandanten, geschmückt mit Gemälden auf Fresko, von denen einige nach Zeichnungen Raphaels gemacht seyn sollen. Jetzt dienen die obern Gemächer mit einer Gallerie zu Aufbewahrung der Staatsgefangenen aus dem letzten römischen Aufstande. Ein Paar junge Leute, wohl gekleidet, sahen vergnüglich herunter. Welcher Wechsel der Zeit! Hadrian errichtete dieses grossartige Werk als Grabmal für sich und seine Nachfolger, nach dem Muster des Mausoleums des Augustus. Er wollte selbst Architekt seyn. Später ward es von den Päbsten mehr und mehr zur Festung eingerichtet. Die Umgebungen sind weitläufig. Es giebt in dem Umkreis Kasernen für eine bedeutende Besatzung. Der geheime Gang, welcher den Vatikan mit der Burg verbindet, ist das Werk Alexanders VI. als Rettungsweg für die Päbste bei Belagerungen und Aufständen in Rom Das Ungeheuer Alexander VI. (Borgia), hatte wohl Ursache auf seine Sicherheit bedacht zu seyn. Bei Aufständen des römischen Volkes nach einer Pabstwahl glaubte man hier Zuflucht zu finden. Der letzte Theil ist neuerlich aufgedeckt worden. Er endiget mit einer Zugbrücke. Die Aussicht ist vortrefflich und giebt das schönste Panorama von Rom. Nirgends sieht man den S. Peter mit so vollendetem Eindruck. Die dreifache Krone *(triregno)* mit den übrigen päbstlichen Kleinodien soll hier aufbewahrt seyn. Sixtus V. legte in der Engelsburg einen grossen Schatz nieder, an dessen Daseyn indess mit Recht stark gezweifelt wird. Sonst würde der päbstliche Hof in unsern Tagen keine Anleihen eröffnet haben. Wir waren neugierig, die Stärke der Besatzung zu erfahren, doch die Soldaten waren darüber stumm. Sonst giebt es hier keine Festungsgeheimnisse. In diesem Schlosse liegt die gesammte Artillerie des Pabstes bis auf wenige Stücke, die in dem Magazine verwahrt werden. Die Kanonen, worunter einige sehr respektable waren, werden nur bei Freudenfesten gebraucht. Die meisten waren getauft und führten Namen wie *Marianna*, *Ceres*, und Inschriften wie *ultima ratio regum*. Ein Mörser hatte die Aufschrift *Dio me l'ha data, guai a chi tocca* (Gott hat mirs gegeben, wehe dem, welchen es trifft.).

Welche Statue früher auf der Spitze gestanden, konnte man an Ort und Stelle nicht erfahren. Auf der obern Gallerie spielten Kinder und Mädchen von der Bedienung des Gouverneurs. Das Ganze hatte ein friedliches Ansehen.

Nach einer, jedoch unverbürgten Sage, ist die Kolonnade, welche das Mausoleum umgab, zu den Säulen der Paulskirche verwandt worden. Nach unten zu war das Monument viereckig. Darauf erhob sich ein runder, mit Marmor bekleideter Thurm, welcher mit Statuen, Pferden und Gespannen, so wie mit einem Tannenzapfen von Bronze geziert war. Im Innern zeigte sich eine Schneckentreppe, welche so sanft und gemach sich erhob, dass man sie mit einem Wagen befahren konnte. Das Pflaster derselben ist von Mosaik auf weissem Grund und zum Theil erhalten. Die Mauern sind ausserordentlich stark, so dass das Werk wohl zur Festung dienen konnte.

Den Namen der Engelsburg erhielt das Grabmal von der Erscheinung eines Engels, welche dem heiligen Gregorius zur Zeit der Pest, während einer Prozession in der Nähe der Brücke geworden seyn soll. Ein Engel zeigte sich auf der Spitze des Grabmals, das Schwerdt einsteckend und damit das Ende der Pest anzeigend. Zum Andenken dieses Wunders diente die bronzene Engelfigur an der Spitze.

Ein vorübergehendes Interesse hat die Engelsburg im sechzehnten Jahrhundert, durch die Gefangenschaft des berühmten Künstlers Benvenuto Cellini erhalten, welcher sich auf eine unerhört listige Weise aus diesen Fesseln befreite, wie er selbst in seinem Leben erzählt. Dieser harte Charakter ist einer der denkwürdigsten jener Zeit. Er entwickelte ungeheure Kraft und führte ein Naturleben, wie es uns die Künstler jener Tage oft darstellen. Mehrere Blutschulden lasteten auf ihm. Sein Leben war war das seltsamste Gemisch von Glück und Unglück. Immer erhob sich aber aufs Neue seine Kraft zu unsterblichen Werken.

Die Uebersetzung seines Lebens durch Göthe hat das Verdienst, eine der interessantesten Erscheinungen Italiens, dem deutschen Publikum näher gebracht zu haben.

Die alte Eingangsthür des Mausoleums ist, gegen die Engelsbrücke gekehrt, aufgegraben worden. Im zehnten Jahrhundert, 985, bemächtigte sich ein gewisser Crescentius Nomentanus der Engelsburg, und vertheidigte sie eine Zeit lang gegen Kaiser Otto III. Daher auch der Name *castrum Crescentii*.

Am Festtage der Apostel Paulus und Petrus (28. und 29. Juni) pflegt von der Engelsburg ein künstliches Feuerwerk abgebrannt zu werden, genannt *la Girandola*. Während der Zeit meiner Anwesenheit fiel es weg. Man sparte diese Ausgabe zum Besten der in Calabrien durch das Erdbeben Verunglückten. Die Lage der Engelsburg ist dazu an und für sich sehr vortheilhaft. Gegen 4000 Raketen erfüllen dann auf einmal die Luft. Bisweilen wird fremden Regenten zu Ehren die Girandola abgebrannt. So z. B. vor mehrern Jahren bei der Anwesenheit unsers Mitregenten, des Prinzen Friedrich August von Sachsen.

Die Engelsbrücke oder der *pons Aelius* ist nicht minder ein Werk Hadrians. Sie bildet den Zugang zu seinem Mausoleum und zu den Gärten der Domitia. Bisweilen heisst sie auch Petersbrücke, da sie zum Dom des S. Peter führt. Der grösste Theil der Brücke, die aus fünf Bogen besteht, ist alt. Nur Nicolaus V. liess im Jahr 1450 einige Erneuerungen vornehmen. Die Statuen und eisernen Geländer sind natürlich neu. Sie wurden unter Clemens IX. von Bernini errichtet. Zehn grosse Engelsfiguren sieht man dort, welche die Passionswerkzeuge tragen und zu den manierirtesten Stücken der Berninischen Schule gehören. Vor Allem ist tadelnswerth der Engel, der das Kreuz trägt, und von Bernini selbst gearbeitet ist. Zu Anfange der Brücke stehen die Apostel Petrus und Paulus.

Wenn unser Schiller sagt:

„*Glücklicher, als wir in unserm Norden,*
„*Lebt der Bettler an der Engelspforten,*
„*Denn er sieht das ewig einz'ge Rom.*"

13*

so wird der Reisende unwillkührlich an die *blinden* Bettler erinnert, welche längs der Engelsbrücke in gewissen Abtheilungen sitzend mit ihren leeren Büchsen klappern, und die Vorübergehenden um Gottes und der Madonna willen um ein Almosen anflehen.

Diese Unglücklichen können Rom nicht sehen, und darin liegt zugleich der Beweis, dass Schiller, was sehr zu beklagen, nie in Rom war.

Aus dem Grabe der Cäsaren ist nun ein Grab der Freiheit geworden.

Vatikanischer Palast.

Der Vatikan soll seinen Namen von den *Vaticinien* führen, welche dort seit der Epoche der Etrusker und Vejenter gegeben wurden. Dieses unermessliche Gebäude hat eine Breite von 1080 und eine Tiefe von 720 Fuss. 11,000 Zimmer und Kammern soll es enthalten; nach Andern sogar 13,000 mit den Kellern und Gewölben. Nur der *Eskurial* in der Nähe von Madrid ist ihm an Umfang an die Seite zu setzen. Dieser Palast des Pabstes wird im Sommer wegen der ungesunden Luft, die den vatikanischen Berg beherrscht, verlassen, der Pabst zieht dann nach dem Quirinal, oder nach seinem Sommerpalast *Castel Gandolfo* im Albanergebirge.

Nach einer alten Ueberlieferung schenkte Kaiser Konstantin dem Pabste den Palast, welchen Nero auf diesem Platze erbaute. Karl der Grosse wurde schon im Vatikan vom Pabste bewirthet. Eugenius III. erbaute den Palast aufs Neue. Ein jeder der nachfolgenden Päbste hat etwas daran verändert oder ihn vergrössert. Die grössten Baumeister, wie Bramante, Raphael, S. Gallo, Fontana, Maderni, Bernini und andere haben einzelne Stücke daran gebaut. Das Ganze ist sehr verbaut und zeigt die verschiedenen Hände der Bauenden. Seinem Inhalte nach gehört der Palast zu den denkwürdigsten in Rom. Die Schweizer bewachen den Eingang, und man tritt durch sie in den sogenannten Hof der Logen. Er ist viereckig, ausserordentlich geräumig und enthält dreifache Arkaden. Die vierte Gallerie hat einen Säulengang. Die unterste Reihe von Arkaden hat keine Verzierung. Die zweite hat dorische Pilaster mit einem ionischen Gebälke, die dritte ionische Säulen, die vierte römische mit einem freistehenden Simse. Nur drei Seiten des Hofes werden durch diese Arkaden eingeschlossen. Die vierte ist frei und mit niedrigen Privathäusern besetzt, über welche man einen freien Anblick über die Stadt Rom erhält.

Scala regia. Sala regia.

Die grosse prächtige Treppe, *Scala regia* genannt, ist einer der berühmtesten Ueberreste des Bernini. Zur Rechten findet man die Statue Konstantins zu Pferde, in einem schlechten und manierirten Styl. Die Decke ist aufs reichste und kostbarste vergoldet. Sie führt rechts zu den grossen Frescen der *Sala regia*, welche die Triumphe der Päbste vorstellen.

Man bemerkt Karl IX. in der Mitte des Parlaments, welcher die Verdammung Coligny's rechfertiget und billiget. Coligny wird durch das Fenster geworfen in der Bartholomäusnacht. Diese Scene war es, auf welche Gregor X. im Jahre 1572 eine Münze schlagen liess, mit der Umschrift: „*Ugonotorum strages* 1572.“ Auf der einen Seite steht sein Bildniss, auf der andern der Würgengel mit dem Kreuze in der einen und dem blutigen Schwerdt in der andern Hand *).

Besonders zu beachten ist noch das Gemälde, auf welchem Gregor VII. zu Canossa im Jahre 1077 den Bann wider Kaiser Heinrich IV. in Gegenwart der Gräfin Mathildis aufhebt, angefangen von Thaddäus Zuccari, beendigt von Friedrich Zuccari. Ein Seitenstück ist der Angriff auf Tunis im Jahre 1535 von denselben Malern. Alexander III. auf dem Thron, auf dem grossen Platz von Venedig, beschäftigt, Friedrich Barbarossa zu segnen, angefangen von Cecchino Salviati, vollendet von Joseph Porta seinem Schüler. Der Pabst setzt dem

*) Wir sahen ein Exemplar dieser Münze in einer Privatsammlung zu Lyon.

Kaiser den rechten Fuss auf die Schulter. In der Regel pflegen diese Gegenstände weniger beachtet zu werden.

Sixtinische Kapelle.

Der Bau der sixtinischen Kapelle wurde von Sixtus IV. unternommen durch Baccio Pintelli. Dieser Pabst verstand sich zwar wenig auf Malerei, aber liebte die Künste. Das Hauptstück dieser Kapelle ist bekanntlich von Michel Agnolo Buonarotti, auf dunkelblauem Grunde mit massenhaften Körpern und Gestalten, welche von einem tiefen Studium der Anatomie zeugen. Die Zeichnung ist gross und kühn. Nur die Malerei lässt zu wünschen übrig. In den Verkürzungen ist er sehr geschickt. Anmuth und Lieblichkeit fehlt durchaus seinen Gestalten, und der Charakter seiner Malerei bezeichnet sich als der der Erhabenheit und Kolossalität. Paul III. (Farnese) lud ihn persönlich an der Spitze von zehn Kardinälen ein, diesen Gegenstand zu behandeln. Dante in seinen Anschauungen liegt zum Grunde, und dieses Freskogemälde hat für den gewöhnlichen Beschauer mehr Abschreckendes als Anziehendes. Die *Auserwählten* offenbaren fast eben so strenge Mienen, als die *Verdammten*. Auch sind die Studien der Natur in den Menschengestalten zu schroff und nackt, und erregen daher bei vielen Beschauern Anstoss. Das Ganze ist dunkel gebräunt und hat durch den Gottesdienst in dieser Kapelle, welcher natürlich nicht ohne Wachskerzen geschehen kann, so wie durch das Alter sehr gelitten. Auch Feuchtigkeit und Nässe haben ihr Theil daran gethan. Paul IV., aufmerksam gemacht durch einige vom Hofe, insbesondere durch den Ceremonienmeister Biaggio von Cesena, trug darauf an, dass Michel Agnolo die allzugrossen Nacktheiten des Gemäldes ändere. Der Künstler gab eine schnöde Antwort. Dennoch wurden später viele Figuren, besonders der Verdammten, bekleidet. Die Ausführung erhielt Daniel v. Volterra, dem man deshalb den spöttischen Beinamen *Hosenmacher* oder *Schneider (bracchettone)* gab.

Der Künstler arbeitete ausschliesslich allein an diesem Gemälde. Er wollte vor der Vollendung es Niemandem zeigen. Doch stahl sich einmal Raphael hinein und entnahm die Idee seines Gottes des Vaters in den Logen von Gott dem Vater, wie ihn Michel Agnolo an einem Deckengemälde darstellte. Michel Agnolo rief aus, als er das kleine Plafondgemälde in den Logen sah, Raphael hat meine Kapelle gesehen! Bramante war es, der ihn einführte.

Christus, als er die Verdammten von sich stösst, die ihm zur Linken heranstreben, hat nicht den milden Ernst, der dem Richter des Evangelii geziemt, sondern die finstere Strenge des unerbittlichen Tyrannen. Die Madonna verwendet sich fürbittend. Aber auch sie hat nicht das Holdselige, Weibliche und Freundliche, welches sonst die Mutter des Herrn in den alten Gemälden auszeichnet. Auch die Seligen haben nicht das Innige und Freundliche, welches z. B. die Paradiesesfiguren des Malers von Fiesole kenntlich macht, von dem die Sage geht, dass er über jedes Gemälde, welches er entwerfen wollte, betete. Daher auch der unbeschreibliche, wenn gleich einförmige und wiederkehrende Eindruck in seinen Engelsgesichtern. Christus steht seiner Mutter zur Rechten, und ist umgeben von den Aposteln, so wie von einer andern grossen Anzahl von Heiligen. Engel tragen oberhalb dieser Personen im Triumph die Werkzeuge des Leidens Christi. Im untern Grunde sieht man eine Gruppe von Engeln, welche in die Posaunen stossen, um die Todten aus ihren Gräbern zu erwecken und zum Gericht zu rufen.

Zur Linken des Beschauers sieht man mehrere Todte, welche ihr Fleisch wieder an sich nehmen. Einer von ihnen strengt sich an, aus der Erde hervorzubrechen, ein anderer hebt sein Haupt gen Himmel, um sich dem Gericht zu zeigen. Hierzu kommen Engel und Teufel, die ersteren beschäftigt, die Todten zu erleichtern und sie zum Himmel zu erheben, die zweiten bemüht, die Verdammten in die Unterwelt zurückzuschleudern. Aus diesem Anstreben Vieler entwickelt sich ein Kampf und entsteht eine Anhäufung der Figuren. Zur Rechten im Grunde sieht man den Charon, welcher die Seelen über den Styx führt, um sie in die Unterwelt zu bringen. Diese Darstellung ist genau nach Dante. Ein solches Hauptstück musste natürlich viele Nachahmer aufregen. Der Künstler sah dieses voraus, und bedauerte im Voraus die Ungeschicklichkeit Vieler.

Die Deckengemälde der sixtinischen Kapelle, welche sonst für die Funktionen der heiligen Woche bestimmt ist, sind ebenfalls von Michel Agnolo Buonarotti, und zwar auf Befehl des Pabstes Julius II. vom Jahr 1507 an ausgeführt. Der Künstler brauchte dazu zwanzig Monate. Die Gegenstände sind aus dem A. T. entlehnt, und enthalten eine Reihe von Propheten, Sibyllen und Patriarchen. Sie drücken eine ungemeine Erhabenheit und Kraft aus, und sind durchaus kolossal gehalten, aus der Sphäre der Menschheit gerückt. Der ewige Vater ist ein Meisterstück von Genie und Kraft. Er ist dargestellt im Augenblicke, da er die Sonne und den Menschen ins Daseyn ruft. Wir haben schon bemerkt, dass ihn Raphael in den Logen oder in der sogenannten *Bibel* des Vatikans zum Muster wählte. Adam und Eva sind voll Ausdruck und selbst Grazie, die man sonst bei diesem Künstler vermisst. Die eine der Sibyllen hat grosse Kraft, aber nur Männliches, nichts Weibliches. Jesaias, in tiefe Betrachtung verloren, wendet sich langsam einem Engel zu, der ihm etwas zuraunt. Die Gewänder sind mit vieler Kühnheit und Leichtigkeit ausgeführt. Abstossend ist für die feiner Fühlenden die Malerei dieses grandiosen Künstlers mehr, denn anziehend. Er verschmähete die Oelmalerei und erklärte sie für eine Beschäftigung für Weiber und Kinder. Daher so wenige Gemälde dieser Gattung von ihm übrig sind. Sein Studium der Anatomie und der Muskeln des menschlichen Körpers hat für den gemeinen Betrachter etwas Abstossendes und erbauet nur den Unterrichteten. Männliche Kraft und Erhabenheit gehen durch alle seine Bildwerke der Skulptur wie der Malerei, die Grazie fehlt, mit welcher in so reichem Maasse Raphael von Urbino gesegnet war. Das Harte, Störrige und Widerspenstige im Charakter des Michel Agnolo steht gewiss mit seiner Manier in Verbindung.

Die Seitengemälde der sixtinischen Kapelle sind von guten, zum Theil untergeordneten Meistern, wie von Lukas Signorelli, Alexander Filippi, Comus Roselli,

Ghirlandajo, Perugino, und Andern. Sie stellen Gegenstände der biblischen Geschichte dar, wie die Anbetung des goldenen Kalbes, die Taufe Christi, Jesus, welcher Petrus und Andreas zum Apostelamte beruft u. s. w. Zum Theile wohl erhalten und durch lebhafte Farben ausgezeichnet, treten sie doch gegen das Hauptgemälde des jüngsten Gerichts zurück.

Die obere Gallerie der sixtinischen Kapelle, schmal und kühn gebauet, ist für Schwindliche nicht wohl zu besteigen, diese bleiben zurück. Sie gewährt den Vortheil, die Freskogemälde der Seitenwände, so wie auch das Weltgericht in grösserer Nähe zu betrachten und zu studiren.

Die Musik der sixtinischen Kapelle während der heiligen Woche ist weltberühmt. Besonders die Miserere's von Allegri und von Palestrina suchen ihres Gleichen. Am meisten Aehnliches haben sie mit den Oratorien der deutschen protestantischen Kirchen.

Die päbstliche Kapelle, welche die Responsorien mit freilich einförmiger Herplärrung von Stellen aus den Psalmen bildet, besteht zum Theil aus Kastraden, welche aus dem Königreiche Neapel verschrieben werden. Gegenwärtig ist dieses Chor im Sinken. In der Leidensgeschichte des Miserere's unterscheidet man die Stimmen Christi, der Apostel, der Pharisäer, des Volkes und der evangelischen Referenten. Die Stimme des Erlösers, voller Ergebung, Ruhe und Harmonie, im schönsten, kräftigsten Tenor, hat etwas unglaublich Beschwichtigendes und Besänftigendes. Sie wird jedem Hörer unvergesslich bleiben. Nach und nach werden die Lichter ausgelöscht, bei dem letzten Lichte ertönt der herzdurchdringende Ruf um Vergebung und Erbarmen. Es ist ein grosser Augenblick. Die Toilette der Kardinäle, die hier vor den Augen des Publikums geschieht, vergisst man darüber leicht, so wie das gesammte kirchliche Ceremoniell. Den Inhalt des Miserere von Allegri wusste Mozart nach zweimaliger Anhörung zu entwenden und in sein Requiem überzutragen.

Paulinische Kapelle.

In der paulinischen Kapelle sind die zwei Buonarottischen Gemälde von dem Rauche der Kerzen, die zweimal im Jahre bei der Aussetzung des Sakramentes und am Gründonnerstage bei dem heiligen Grabe angezündet werden, sehr entstellt und verdeckt, sie bieten einen traurigen Anblick dar. Die Gegenstände sind, die Kreuzigung Petri und die Bekehrung Pauli.

Logen des Raphael.

Die Logen des Raphael sind zwar nicht durchaus von ihm, worden indess unter seiner Leitung und nach seinen Zeichnungen von seinen Schülern ausgeführt. Da sie nur Gegenstände der biblischen Geschichte betreffen, sowohl des A. als des N. T., so pflegt man sie die *Bibel* des Raphael zu nennen. Raphael begab sich oft an der Spitze von 50 Schülern in den Vatikan. Das Verhältniss zwischen Meistern und Schülern war in jenen Tagen viel inniger, vertraulicher und auch begeisternder, als es gegenwärtig ist, wo der Schulzwang und die Sucht der Akademien die freie Entfaltung des wissenschaftlichen und künstlerischen Lebens hindert. Auch im Alterthume war das Verhältniss zwischen Lehrern und Schülern öffentlicher, freier und umfassender. Für die Ausführung grosser Werke in der Kunst ist eine solche Vereinigung nicht nur nützlich, sondern auch nothwendig.

Das Gewölbe der Gallerie ist in Felder getheilt. Die sechs ersten Stücke des A. T. sind von Raphael selbst. Zuerst zieht Gott die Welt aus dem Chaos. In diesem ganz Raphaelischen Stücke, an welchem keiner der Schüler etwas ausgemalt hat, erkennt man wahre dichterische Begeisterung. Raphael gab damit seinen Schülern gleichsam ein Beispiel. Nicht minder schön ist die Schöpfung der Sonne und des Mondes. Die Sündfluth von Giulio Romano hat viel Kraft und Ausdruck. An dem Gemälde, auf welchem Adam das Feld bearbeitet, tadelt man, dass Adam ein eisernes Grabscheid in der Hand hält. Die drei Engel, welche

Abraham erscheinen, sind drei junge Männer, welche eine gewisse orientalische Pracht in Gestalt und Kleidung verrathen. Sehr gratiös ist auch die Gruppe Loths und seiner Töchter, welche der sodomitischen Feuersbrunst entfliehen. Jakob, ergriffen von den Reizen der Rahel, welcher er am Brunnen begegnet, ist ein Gemälde von Grazie und Einfachheit und die Landschaft hat viel Verdienst. Die Gruppe der Lea und Rahel in diesem Bilde ist sehr gerathen. Man sieht an ihnen Begierde, zu wissen, wer er sey. Der Urheber ist Pellegrini von Modena. Die vier Gegenstände aus der Geschichte Josephs sind von Giulio Romano gefertiget. Die Komposition ist vortrefflich und das Kolorit kräftig. — Joseph erklärt seinen Brüdern die Träume, drei derselben sind in einer schönen verschlungenen Gruppe dargestellt, die Uebrigen hören aufmerksam zu. Joseph wird von seinen Brüdern verkauft. Jede Figur ist in einer verschiedenen Handlung begriffen. In einem dritten Gemälde legt Joseph dem Pharao den Traum aus. Hier bildet die Unruhe des Pharao mit der Zuversicht des deutenden und sprechenden Josephs einen schönen Gegensatz. Moses aus den Fluthen gerettet, ist von Pierin del Vaga. Die sieben weiblichen Köpfe sind nicht ohne Schönheit. Auch der Nil hat seine eigenthümlichen Farben. Die Landschaft ist trefflich und die Abstufung der Tinten (Tonfarben) beachtungswerth. Vor Raphael wurde diese Landschaft gewöhnlich nur gezeichnet, nicht aber malerisch ausgeführt, am wenigsten nach den verschiedenen Farben bezeichnet. Moses empfängt die Getetztafeln. Die Figur ist vortrefflich; die Tafeln werden durch Gott den Vater mit vieler Würde übergeben. Auf einem andern Gemälde wirft Moses die Tafeln in Stücken. Auch hier ist die Ausführung untadelig. Noch bemerken wir unter Andern den Triumph Davids wegen der Eroberung von Syrien, welcher voller schönen Kompositionen und im klassischen Geschmack ist. Man findet im Alterthum keine schönere Darstellung eines Triumphzuges. Das Gericht Salomo's von Pellegrini von Modena hat grosse Vorzüge. Die Pantomime und stumme Sprache der beiden Weiber ist so beredt und die Gruppe der Richter schön. In der letzten Arkade finden sich zwei Darstellungen, welche Raphael selbst beigelegt werden: die Taufe Christi und das Abendmahl. In der Taufe ist die Figur Christi sehr wohl gerathen. Nicht minder die Figur eines Mannes, welcher das Hemde abzieht, um sich taufen zu lassen. Das Abendmahl ist von frischer Farbe und von guter Ausführung. Die Unterredung der Apostel unter einander ist wohl ausgedrückt. An der Figur Jesu will man Mangel an Adel tadeln. Die gesammte Ausführung ist aus der mittleren Epoche Raphaels. Noch sind die Seitenwände dieser Arkaden ausgezeichnet durch eine Reihe von Arabesken, von Früchten, Blumen und Verzierungen, welche den höchsten Geschmack verrathen, und gar vielen Nachbildungen in der neuern und neuesten Zeit zum Muster gedient haben. Sie haben noch immer eine grosse Frische und Lebhaftigkeit der Farben. Die Arabesken und Stukkaturarbeiten sind von Johann von Udine, Pierin von Vaga und andern Künstlern unter Aufsicht von Raphael gearbeitet. An dem Eingang der Logen steht die Marmorbüste des Raphael von Alexander von Este.

Stanzen des Raphael.

Die Zimmer oder Stanzen des Raphael sind für die Malerei ohnstreitig die interessantesten Zimmer des vatikanischen Palastes. Es sind deren vier ohne Meubles, mit Deckengemälden an den vier Wänden von oben bis unten versehen, von Raphael und dessen Schülern. Durch Feuchtigkeit und andere unglückliche Zufälle haben sie sehr gelitten, besonders im Jahre 1528 durch Einquartirung der Soldaten des Connetable von Bourbon, welche aus Mangel an Kaminen in der Mitte der Zimmer ein Feuer anmachten. Das geschah zur Zeit des sogenannten *sacco di Roma* (Plünderung von Rom). Durch den Rauch ward das Kolorit verdorben, so wie durch die Wärme alle Feuchtigkeit aus den Wänden getrieben ward, was ebenfalls auf die Farbengebung nur ermattend einwirken konnte. Besonders hat die Schule von Athen sehr gelitten. Jetzt sieht das Ganze, wegen der häufig dort aufgerichteten Gerüste zum

Kopiren der Gemälde, wie eine Künstlerwerkstatt mit alten Bildern aus. Die Zimmer haben etwas Düsteres und Gothithes; die Gewölbe laufen schmal zu; die Fenster aber sind klein und mit schmutzigen Glasscheiben versehen. Das Ganze dieser Zimmer verräth also nicht das Werthvolle ihres Innern. Der erste Saal, welcher früher zur Schweizerwache diente, ist mit mehrern Figuren ausgemalt, welche den Glauben, die Liebe, die Hoffnung u. s. w. darstellen; der zweite Saal enthält die zwölf Apostel, gemalt von den Schülern Raphaels, welche indess einer Erneuerung durch den Cavaliere von Arpino bedurften.

Der dritte Saal giebt die erste Raphaelische Arbeit, welche wenigstens durchaus nach den Zeichnungen des grossen Künstlers vollführt ist. Diese Zimmer waren schon zum Theil gemalt, als Raphael im 25sten Jahre vom Pabst Julius II. aus Florenz nach Rom berufen ward, um hier zu arbeiten. Diess geschah mit Unterstützung der Maler Peter von Borgo, Bramante von Mailand, Peter von Francesca, Lukas Signorelli und Perugino. Die Schlacht des Konstantin ist das grösste historische Gemälde, ein herrliches Bataillenstück, ausgeführt nach den Zeichnungen des Meisters, von dessen grösstem Schüler Giulio Romano. Diesem schönen Gemälde fehlt nur ein reiches und pittoreskes Kolorit. Die Lebhaftigkeit der Handelnden ist sehr gross. Es ist die Schlacht des Konstantin gegen den Maxentius bei dem *Ponte molle.* Die Hauptfigur des Konstantin ist glücklich gestellt. Einzelne Gruppen sind meisterhaft, wie z. B. die Figur eines jungen Kriegers, welcher die Fahne trägt, den sein Vater, ein alter Soldat, todt aufhebt. Auch Maxentius, der vom Pferde ins Wasser fällt, ist trefflich gerathen. Dieses Stück diente den Schlachtmalern sehr häufig zum Muster. Wenn gleich die Malerei nicht besonders ist, so ist doch die Zeichnung unübertrefflich. Die Haltung scheint nicht gelungen. Doch entschädigt die Lebhaftigkeit der Handlung und die Menge der Figuren.

Ein zweites Gemälde dieses Saals stellt den Kaiser Konstantin vor, welcher vor der Schlacht gegen Maxentius eine Rede an das Heer hält. In der Luft erscheint ein Kreuz von Engeln getragen. Der Kaiser ist in dem Augenblick dargestellt, wo er die Hand ausstreckend sagt: „*in hoc signo vinces.*“ Ein moderner lächerlicher Zusatz, den man bisweilen auf solchen Gemälden findet, ist der Zwerg des Pabstes Julius II., welcher einen Helm auf den Kopf setzt.

Das dritte Gemälde des Saales stellt die Taufe Konstantins des Grossen durch Pabst Sylvester vor. Das Ganze ist nach Raphaelischer Zeichnung von dem Fattore ausgemalt — einem der schwächsten Schüler Raphaels, welcher die ökonomischen Angelegenheiten seines Meisters besorgte. Dieser Maler führt den Namen Johann Franz Penni.

Das vierte Gemälde endlich stellt die Schenkung Konstantins an Pabst Sylvester dar. Zusammensetzung und Anordnung der Gruppen sind wohl gerathen. Nur an den beiden Hauptfiguren ist mancherlei auszusetzen. Ueberdiess hat das Gemälde viele gemeine Episoden. Die zwei Figuren der Gerechtigkeit und der Güte sind ganz von Raphael. Die Gerechtigkeit ist auf Oel gemalt. Man vertauschte später diese Malerweise mit der auf nassem Kalk durch Giulio Romano.

Alles, was vor Raphael in diesen Zimmern gemalt war, fand der Pabst, nachdem er den Streit über das Sacrament gesehen hatte, unter der Würdigung, und befahl, es zu vertilgen und nur Raphael malen zu lassen. Raphael aber schonte aus Pietät für seinen Lehrer Pietro Perugino ein Deckengemälde, welches von demselben ausgeführt war.

Das vierte Zimmer heisst der Saal des Heliodorus, von dem Hauptgemälde desselben. Die Erzählung findet sich 2 *Macc.* 3. Heliodorus, Statthalter des Seleucus, Königs von Syrien, wird von erzürnten Engeln in dem Augenblick aus dem Tempel gejagt, als er im Begriff steht, dessen Schätze zu plündern. Diess geschieht auf Bitten des Hohenpriesters Onias. Ein Reiter fällt ihn an, und jene zwei Engel mit Geisseln in der Hand werfen ihn zur Erde. Aus den Augen der Engel blitzt ein göttlicher Zorn. Sie sind indess immer noch edel gehalten. Der Pabst verlangte, selbst dargestellt zu werden, und seinen Bitten musste Raphael nachgeben. So erscheint er denn in moderner geistlicher Kleidung, wie er in den Tempel getragen wird. Es liegt darin eine Allegorie oder eine Andeutung der Vertreibung der Feinde der Kirche aus dem Erbtheile des heiligen Petrus. Altes und Neues ist auf diese Weise in geschichtlichen Gemälden öfters gemischt. Die zweite Gruppe mit den Frauen ist von Pietro von Cremona gemalt, dem Schüler des Correggio, das Uebrige von Giulio Romano. Das zweite gegenüberstehende Gemälde stellt den Attila, König der Hunnen vor, als ihm der heilige Leo entgegen zog, um die Plünderung der Stadt abzuwenden. Die Apostel Petrus und Paulus erscheinen in der Luft mit blossen Schwerdtern zum Schutz des Pabstes. Attila, dadurch erschüttert, kehrt schnell um. Der heilige Leo ist ein Portrait des damals regierenden Pabstes Leo X. und reitet auf einem Maulesel. Vor dem Pabste auf einem weissen Pferde reitet Perugino der Lehrer des Raphael. Die Figuren sind grösstentheils sehr wohl wohl gerathen. Vortrefflich ist auch die Haltung der Erscheinung des Pabstes, so wie auch die Verwirrung und Unruhe im Gefolge des Attila. Diese Gegensätze sind wohl zu beachten. Attila stürzt sich mit seiner Horde von dem Berge herab auf die Ebene Roms. Raphael selbst ist hier dargestellt als Träger des Kreuzes. In dem obern Raume, dem Fenster gegenüber, erblickt man das Gemälde von dem Wunder bei der Messe von Bolsena Zu Grunde liegt die Erzählung, dass ein Priester an der wirklichen Gegenwart Christi bei dem heiligen Abendmahl zweifelte, bei Consecrirung der Hostie aber gewahr wird, dass das Kelchtuch von Blut gefärbt ist. Da auch dieses Gemälde halb über einem Fenster angebracht ist, so ist die Darstellung gebrochen. Abermals erscheint Julius II. als eine überflüssige Nebenfigur im Begriff, die Messe zu hören, mit Ruhe, da er an der Gegenwart als Statthalter Christi nicht zweifeln konnte. Eben so vertrauensvoll und gläubig zeigen sich die Kardinäle. Die Schweizer drücken Verwunderung aus, behalten jedoch kaltes Blut. Der Charakter im Kopfe des Priesters ist ausgezeichnet, das Kolorit so vortrefflich als das Tizianische. Die Zeichnung ist Raphaels würdig. Die Zuhörer zeigen sich neugierig und unruhig, besonders die Frauen sind bewegt. Die päbstlichen Stallknechte aber behalten ihre Indolenz.

Das vierte Gemälde über dem entgegengesetzten Fenster zeigt uns die Befreiung des Apostels Petrus aus dem Kerker mit doppelter Handlung. Auf der einen Seite ist der Apostel unter den schlafenden Wächtern und wird von dem Engel geweckt, auf der andern Seite führt ihn der Engel aus dem Gefängniss. An diesem Gemälde ist besonders das vierfache künstliche Licht sehr zu rühmen. Auch in diesem Bilde ist eine Anspielung auf Julius II., welcher als Kardinal den Titel führte „vom heiligen Petrus in Ketten" einer Kirche zu Rom. In dem Gesichte des Apostels soll Raphael seine eigenen Züge mit denen des Pabstes gemischt haben. Das Licht ist das des Engels im Kerker, desselben ausserhalb des Kerkers, des Mondes mitten durch die Wolken und einer Fackel, welche ein Soldat in den Händen hält, die dessen Waffen auf eigenthümliche Weise beleuchtet.

Der fünfte Saal führt den Namen *della Segnatura* und enthält das grosse geschichtliche Gemälde, die Schule von Athen, welches als das umfassendste und erhabenste der Werke Raphaels anzusehen ist. Ariost soll bei der geschichtlichen Komposition dieses Stückes befragt worden seyn. Die Anordnung, Perspektive und Erfindung sind meisterhaft. Die Philosophen werden mit charakteristischen Zügen, die den Geist ihrer Lehre andeuten sollen, dargestellt. Zwei und funfzig Figuren bedecken dieses Gemälde. Der Kopf Homers ist vortrefflich, obgleich seine Büste damals noch unentdeckt war. Ihm zur Seite stehen Virgilius und Dante, als die zwei am höchsten geschätzten Dichter der mittleren Zeit. Die Scene ist ein reizender Porticus von prächtiger Baukunst, unter welchem sich über vier grossartigen Stufen in der Mitte Plato und Aristoteles zeigen, als Häupter der griechischen Philosophie. Zur Rechten und Linken zeigen sich ihre Schüler als Hintergrund. Der Anstand der beiden Philosophen ist sehr edel. Sie unterhalten sich mit einigen

Gelehrten über die Philosophie, und fern davon auf einer andern Seite spricht Sokrates mit Alcibiades, der in schöner Waffenrüstung erscheint, tief unten Pythagoras, umgeben von seinen Schülern, von denen einer eine Tafel hält, die der Philosoph mit musikalischen Noten beschreibt.

Auf der zweiten Stufe liegt Diogenes hingestreckt, mit einem Buch in der Hand und mit dem Suppennapf an der Seite. Auf seine geistreiche Weise hat der unsterbliche Künstler hier Altes und Neues wundersam gemischt, indem er die Portraits berühmter Männer seiner Zeit geschickt anzubringen wusste. Unter der Figur des Archimedes ist der gefeierte Architekt Bramante Lazzari, ein Verwandter Raphaels, verborgen. Zur Erde gebeugt zeichnet er auf eine Tafel mit dem Kompass ein Sechseck. Ein anderer Jüngling zeigt diese Figur knieend seinem Freund. Es ist der junge Herzog Friedrich II. von Mantua. Die zwei andern zur Linken des Zoroaster, welcher in goldenem Mantel gekleidet, eine Kugel in der Hand hält, sind Pietro Perugino und Raphael selbst, leicht erkennbar an der Sanftheit seiner Züge. Er trägt ein schwarzes Barett nach der Sitte seiner Zeit, der Philosoph Zoroaster aber die goldene Königskrone.

In diesem unvergleichlichen Gemälde ist die grosse Idee durchgeführt, die verschiedenen Philosophieen des Alterthums in ihren hervorstechenden Merkmalen darzustellen. An dem Kolorit ist nichts auszusetzen. Die Figuren sind voller Grazie, scharf gezeichnet und trefflich drappirt. Auch ist zu loben, dass die Episoden und Nebengegenstände mit der Hauptidee des Stückes leicht und natürlich zusammenhängen.

Diesem Meisterstücke gegenüber ist das berühmte Gemälde des Streites über das Sacrament oder die *Theologie (disputa dei dottori* oder *del S. sacramento)*. Es ist dieses eine ideale Darstellung des Conciliums zu Piacenza, auf welchem die Streitigkeiten über das Sacrament des Abendmahles oder die Eucharistie geschlossen wurden. Dieses Gemälde ist das erste der von Raphael ausgeführten, wie auch der Styl verräth, welcher noch einige Anhänglichkeit an seinen Lehrer Perugino zeigt. Um einen Altar in der

Mitte sind die ersten Kirchenlehrer versammelt. Auf dem Altar sieht man das Allerheiligste (die Hostie) in einem Gefäss. In der Glorie erblickt man die heilige Dreieinigkeit. Zur rechten und linken Seite des Altars sind die vier Lehrer der Kirche mit andern Vätern und Heiligen. Vorzüglich ausgezeichnet sind die Köpfe des heiligen Gregorius, Ambrosius, Augustinus, Hieronymus, Dominicus und Bonaventura. Umher stehen noch andere Personen des A. und N. T., sämmtlich im Streit über das tiefe Geheimniss begriffen. Unter den Theologen erscheint auch Dante nach der Meinung dieser Zeit. Die theologische Bedeutsamkeit des Dante ist überhaupt noch nicht hinreichend bekannt geworden, und es lohnte der Mühe, ihn ausführlich von dieser Seite darzustellen. Seine Schriften sind ohne Kenntniss der scholastischen Philosophie seiner Zeit grossentheils nicht verständlich, besonders das Paradies. Auch ist gewiss, dass der grosse Dichter in Paris die Philosophie und Theologie sehr ernstlich studirte. Der Ort der Handlung zeigt den Anfang des Aufbaues einer neuen Kirche. Auch hier erscheint Raphael mit seinem Lehrer, mit dem Barett jener Zeit geschmückt. Besonders gelungen ist der heilige Augustin, der einem jungen Mann etwas in die Feder dictirt.

Noch sind zwei andere Seitengemälde dieses Saales zu beachten. Ueber dem ersten Fenster sieht man den Parnass mit den berühmtesten alten und italiänischen Dichtern. Apollo spielt auf der Violine. Doch giebt es einen Kupferstich des Marco Antonio, nach einer verbesserten Zeichnung des Raphael, auf welchem die Violine in eine Lyra verwandelt ist. Eine falsche Erzählung ist, dass Raphael aus Schmeichelei gegen einen berühmten Musiker des Hofes, welcher während der Abendtafel Leo X. Gesänge der Dichter mit seinem Instrument begleitete, die Lyra in eine Violine verwandelt habe, denn dieses Gemälde gehörte dem Jahre 1511 an, in welchem Leo X. noch nicht regierte. Uebrigens ist es eine bekannte Erscheinung in der Malerei des Mittelalters, dass die Cherubim des Himmels die Violine spielen. Viele grosse Altarblätter, auch des Raphael, stellen den himmlischen Chor mit irdischen modernen Instrumenten dar. Virgil und Dante treten hier nach der bekannten Vorstellung des Mittelalters als Meister und Schüler auf. Raphael hat sich an die Seite Virgils und Homers gestellt. Der Homeruskopf ist schön. Nicht minder sinnig ist, dass Horaz sein erhabenes Muster, den Pindar bewundert. Die Musen dieses Gemäldes haben viel Verdienst, ihre Drappirung ist vortrefflich. Unter den neuern Dichtern bemerkt man Sannazaro, Boccaccio und Tibaldeo. Diesem Gemälde gegenüber sieht man die Jurisprudenz, oder Gerechtigkeit dargestellt in den drei Tugenden, der Klugheit, Mässigkeit und Tapferkeit. Zur Seite dieses Gemäldes sieht man zwei Geschichten dargestellt. Die eine Darstellung ist, wie Kaiser Justinian dem Tribonian die Pandekten überreicht. Zur Linken überreicht Gregor IX. wiederum unter der Figur Julius II. einem Consistorialadvokaten die Dekretalien. Endlich an der Decke dieses Saales sieht man vier runde und eben so viel viereckige Gemälde. Die vier ersten stellen die Theologie, Philosophie, Jurisprudenz und Poesie dar, die vier letzten Adam und Eva von der Schlange versucht, das Urtheil des Salomo, Apollo und Marsyas und die Astronomie oder Fortuna.

Der vierte und letzte Raphaelische Saal endlich enthält unter den Frescen die berühmte Feuersbrunst Borgo San Pietro *(incendio del Borgo)*. Dieses Gemälde ist voller Poesie und es scheint, dass dem Raphael das Schauspiel des brennenden Trojas dabei vorschwebte. Man bemerkt diess an mehrern Gruppen, wie überhaupt das Bild durch die grosse Anzahl der nackten Figuren, die voller Schönheit sind, wenn sie auch nicht an Kenntniss der Anatomie sich denen des Michel Agnolo gleich stellen können, grosse Berühmtheit erlangt hat. Das Geschichtliche ist, dass Pabst Leo IV. durch seinen Segen eine Feuersbrunst im Borgo di San Spirito löscht. Eine schöne Gruppe ist die, wo ein junger Mann seinen alten Vater auf den Schultern trägt, gefolgt von seinem Weibe, offenbare Nachbildung des Aeneas, Anchises und der Creusa. Sie ist ausgeführt von Giulio Romano. Dort wirft eine Frau von der Höhe der nämlichen Mauer ihr Kind in die Arme des Vaters, welcher sich auf die Spitze der Füsse erhebt, um es aufzunehmen. Die Frauen, welche das Wasser tragen, sind vortrefflich. Uebrigens hat das Gemälde durch viele schädliche Einflüsse gelitten. Auch Restauration hat ihm geschadet, das Kolorit ist dadurch zu röthlich geworden. Unter der Tribüne des Pabstes flehen einige Figuren seine Hülfe an, was sehr gelungen ausgeführt ist. Feuer, Flammen und Rauch treten nicht sehr hervor. Der moralische Eindruck des Schreckens ist sehr bedeutend.

Diesem Gemälde gegenüber zur Seite des Fensters sieht man die Rechtfertigung des heiligen Leo III. in Gegenwart Kaiser Karl des Grossen, der Kardinäle und Erzbischöfe, wie er die Falschheit der ihm gemachten Anschuldigungen beschwört. Die Zusammensetzung ist vortrefflich, die Gruppen der Bischöfe sind wohl geordnet. Auch bewundert man den Ausdruck der Köpfe und den natürlichen Wurf der Gewänder.

Auf der dritten Seite erscheint der Sieg des Pabstes Leo IV. über die Sarazenen bei dem Hafen von Ostia, von einem Schüler Raphaels, Johann von Udine. Gegenüber die Krönung Karl des Grossen von dem heiligen Leo III., ein Gemälde des Pierin del Vaga. Der Schauplatz ist die alte vatikanische Basilica. In diesem Zimmer ist die Decke von Pietro Perugino gemalt, welche Raphael aus Achtung und Liebe für seinen Lehrer erhalten wissen wollte, ohnerachtet Julius II. befahl, dass alles übermalt werden sollte.

Es ist schwer zu sagen, welches der erwähnten Meisterstücke den Preis verdient. Viele erkennen ihn der Schule von Athen zu, Andere der Feuersbrunst im Borgo. Jedes mag in seiner Art achtungswerth genannt werden, und diese Gemälde werden immer eine bildende Schule der Maler seyn.

Gemäldegallerie des Vatikans.

Sie ist ein Werk der neuern Zeit, indem erst unter Pabst Pius VII. nach Anleitung des berühmten Malers Camuccini hier die grössten Meisterstücke, welche zum Theil die Franzosen entführt hatten, vereinigt wurden. Diese Sammlung enthält nicht mehr denn 50 Gemälde, und dennoch ist sie intensiv nach ihrem Inhalte eine der ersten der Welt. Eine Inschrift im Vorzimmer zeigt an, dass Pius im 22sten Jahre seines Pontifikats diese Gemälde sammelte. Das erste Zimmer enthält das Portrait Georg IV. im Königsschmuck und in Lebensgrösse, welches er dem Pabst Pius VII. verehrte. Seltsam erscheint dieser Herrscher hier in den Vorsälen der päbstlichen Gallerien, er, der vom Glauben abgewichen ist, während er früher den Titel eines *defensor fidei* führte. Nach Beschauung der Meisterstücke der Sammlung hinterlässt dieses Gemälde einen schwachen und kleinlichen Eindruck. Der Maler heisst Lawrence. Es kann das Stück als Repräsentant der neuen Malerei gelten, die nicht mehr das Grosse, Heilige und Geschichtliche zum Gegenstand wählt.

In dem ersten Saale sieht man einige Scenen aus dem Leben des heiligen Nicolaus von Bari auf Holz gemalt in drei Abtheilungen, enthaltend die Geburt, Predigt u. s. w. des Heiligen, — ein Werk des Dominicaners von Fiesole. Die zweite Tafel enthält die Wunder des Heiligen. Das folgende Gemälde eine Pietät, der gekreuzigte Christus mit seiner Mutter, eine Arbeit des Mantegna. Ein venezianischer Doge von Tizian. Eine Madonna mit dem Jesuskinde und der heiligen Katharina von Garofalo, der einen einförmigen Typus in seinen Figuren hat. Drei halbe Figuren von Pietro Perugino, darstellend den heiligen Benedikt, die heilige Konstanze und den heiligen Placidus. Die drei theologischen Tugenden von Raphael, ferner die Verkündigung, Anbetung der Magier und Darstellung im Tempel von demselben grossen Meister,. sämmtlich Jugendarbeiten, aus denen sein erster Peruginischer Styl noch hervorleuchtet. Für die Geschichte der Malerei ist dieses Zimmer wichtig und interessant. In den Werken des Fiesole bemerkt man eine grosse Andacht und Güte. Es ist bekannt, dass er selbst die Teufelsfiguren nicht böse malen konnte, und ihr Ausdruck mehr ins Possirliche und Komische fällt. Seine Engels- und Seligenköpfe haben etwas Einförmiges, sind aber immer voller Ausdruck, Sanftheit und Zauber.

Das erste grosse Gemälde im zweiten Saale stellt die

weltberühmte Verklärung Christi durch Raphael dar, das schönste und vortrefflichste Gemälde der neuern Zeit mit einer doppelten Handlung. Christus, Moses und Elias auf dem Berge, die Apostel unter demselben und nach ihm hinaufblickend, in schönen Gruppen gelagert und menschliche Leiden durch Hülfe und Zuspruch lindernd. Es war das letzte Gemälde, was Raphael verfertigte, der Schwanengesang des im 37sten Jahre vollendeten Künstlers. Bei der Nachricht von dessen Tod soll Pabst Leo X. in die Worte ausgebrochen seyn „*ora pro nobis*," womit er ihn zum Heiligen erklärte. Er starb in der höchsten Blüthe seiner Meisterschaft, für seinen Ruhm aber, wie unser Schiller, zur rechten Zeit. Es fragt sich, wie seine Laufbahn geendet seyn würde, wenn er die 99 Jahre des Tizian oder die 90 des Michel Agnolo erreicht hätte. Nach diesem Gemälde war es ihm wohl nicht möglich, sich selbst zu übertreffen. Es war zuerst für eine kleine Stadt in Frankreich, Narbonne, bestimmt, dessen Erzbischof, Julius von Medicis, es bei Raphael bestellte. Raphael ward dafür ungefähr mit 200 Thalern unsers Geldes bezahlt. Um welchen Preis würde es gegenwärtig weggehen? Der Erlöser erscheint hier vom göttlichen Lichte umflossen als Gottmensch in der obern Höhe des Gemäldes. Nicht minder geistreich und vollendet sind Moses und Elias zu seiner Rechten und Linken. Die Landschaft ist vortrefflich und die Farbengebung meisterhaft. Das Gedoppelte der Handlung ist getadelt worden, allein mit Unrecht, da es die Idee des Künstlers gewesen zu seyn scheint, Himmel und Erde, Göttliches und Irdisches in Verbindung darzustellen.

Der untere Theil des Gemäldes zeigt uns den Apostel Johannes nach oben hinblickend, mit der Heilung eines dämonischen Knabens sich beschäftigend, den sein Vater mit ausdrucksvoller Miene der Verlegenheit und Angst herbeiführt. Die Mutter, ein schönes Weib, liegt auf den Knieen und beschwört die Jünger zu helfen. Zeichnung, Ausdruck und Neuheit der Behandlung sind gleich wohl gelungen. Nur der Fuss des einen Apostels, wenn ich nicht irre des Matthäus, ist als verzeichnet getadelt worden.

Das Kolorit hat allerdings durch die Zeit bedentend nachgedunkelt. Es ist, wenn auch nicht kräftig, doch der übrigen Haltung des Gemäldes angemessen, die Zeichnung ist richtig und das Helldunkel genau beobachtet. Die zwei Heiligen im Winkel des Bildes, von denen der eine Stephanus ist, sind wohl die Schutzheiligen des ersten Besitzers und Bestellers.

Bis zum Jahre 1797 befand sich dieses Gemälde als Altarblatt in der Kirche von S. Pietro in Montorio, hing aber dort in einem ungünstigen Licht. Die vatikanische Gallerie hat überhaupt die ersten Gemälde vieler Tempel des Kirchenstaates vereiniget, und man könnte dieses eine Plünderung nennen, wenn der Zweck nicht gut und wichtig gewesen wäre.

Das Gemälde ward bei dem Begräbniss Raphaels im Triumph getragen, als der grösste und letzte Beweis seiner Meisterschaft.

Das nächste Meisterstück ist die Communion des heiligen Hieronymus von Domenichino. An diesem Gemälde hat man zunächst das Allzunackte in der Figur des Kirchenvaters getadelt. Es tritt der abgezehrte Körper eines Heiligen uns entgegen Die Fleischparthie ist ausgezeichnet gearbeitet. Auch liegt in dem Ausdruck des Hieronymus eine Sanftmuth und Ergebung, welche man mit dem anderweitigen streitigen und störrigen Charakter des Kirchenlehrers nicht recht zu vereinen glaubte. Unter den übrig gebliebenen Gemälden der Bologneser Schule ist dieses ohnstreitig das bedeutendste. Der Charakter derselben ist Naturwahrheit und Zurückführung vom Uebernatürlichen und Verzerrten auf die freilich niedere Natur. Die Nacktheit des Heiligen ist besonders aufgefallen im Gegensatz zu den reichen Bekleidungen der übrigen Kirchenlehrer, besonders des Augustinus, welcher als ein kräftiger und ansehnlicher Bischof sich fast widerwärtig vor allen Andern vordrängt. Der Ton des Gemäldes ist etwas röthlich schwarz, welche Farbe von einer Manier der Bologneser Schule herrührt, auf etwas geröthete Leinwand gemalt, wovon sich im Verfolg der Zeit eine Einwirkung auf die dunkeln Parthieen zeigt.

Dominichino erhielt für das Ganze 50 Thaler, während ein französischer Künstler, der eine Kopie davon nahm, mit dem Doppelten honorirt ward. Mit wahrer Inbrunst nimmt der sterbende Hieronymus die Hostie aus den Händen des Priesters. Der Chorknabe, der diesem folgt, ist ausserordentlich schön. Die Schwachheit des Kirchenvaters ist so gross, dass er von zwei Personen gehalten wird. Die Scene ist in einem offenen Säulengange bei einem Garten. Die vier kleinen Engel in der Glorie sind sehr gut gerathen. Früher befand sich dieses Gemälde in einer Kirche *(S. Girolamo della Carità)*. Diese Kirche gehört einer Priesterschaft, welche sich mit den Armen beschäftiget. Die Idee des Gemäldes soll indess der Künstler von Hannibal Caracci entlehnt haben.

Im dritten Zimmer findet man als Hauptgemälde die Abnahme vom Kreuz von Michel Agnolo von Caravaggio, ein Gemälde, welches früher der *Chiesa nuova* angehörte. Ausdruck und Kraft der Ausführung sind vortrefflich. Die Köpfe Christi und der Madonna aber entbehren des Adels, da der Maler zu sehr bemüht war, die Manier zu vermeiden, ist er in das Gemeine gefallen.

Die heilige Helena, ehemals im Palast Sacchetti, ist ein Gemälde des Paul Veronese aus seiner besten Zeit. Die Auferstehung nach der ersten Manier des Pietro Perugino, an der sein Schüler Raphael mitarbeitete. Raphael ist unter der Gestalt eines schlafenden Soldaten dargestellt, von der Hand des Perugino, dieser hingegen als fliehender Soldat von der Hand des Raphael.

Die Krönung der Jungfrau inmitten der Engel, verlassen und wieder aufgenommen von Raphael, wurde erst nach seinem Tode durch Giulio Romano und den Fattore vollendet. Giulio arbeitete den obern, der Fattore den untern Theil. Die Gruppe der Apostel ist sehr mittelmässig. Das Werk war für Perugia bestimmt.

Im vierten Zimmer sieht man die Madonna zwischen dem heiligen Thomas und Hieronymus von Guido Reni, nach der zweiten hellen und durchsichtigen Manier, ein Gemälde, welches gerade nicht zu den ausgezeichneten gehört. Die

Geburt der Jungfrau von Albano; der heilige Gregorius von Andreas Sacchi, wovon eine Kopie in der Peterskirche ist; der heilige Romualdus und seine Schüler von demselben, einst in der Kirche dieses Namens bei dem Platz von Venedig. Sacchi war ein Schüler des Albano, übertraf ihn indess an Zeichnung, indem er seinen Figuren den Ausdruck einer edeln Einfalt zu geben wusste. Romualdus, der Stifter des Kamaldulenserordens, predigt seinen Priestern in der Wüste. Der Kopf des Predigers hat vorzügliche Schönheit. Er sowohl als seine Zuhörer, sind voller Andacht, Aufmerksamkeit und Ausdruck. Die Abwechselung der Farben in den sechs weissgekleideten Mönchen ist schwierig, aber wohlgelungen. Im Ganzen herrscht viel Ruhe und sanftes Kolorit.

Die Kreuzigung des Petrus von Guido Reni ist eine magische Darstellung ohne Kraft. Ueberhaupt ist wohl jeder Unbefangene gegen Darstellung von Kreuz und Martergeschichten eingenommen.

Im fünften Zimmer ist das Märtyrerthum des heiligen Erasmus von Nicolaus Poussin, eine crasse Marterscene, vor der das Gefühl zurückscheucht, jetzt nur in einer Mosaik in der Peterskirche. Der Kopf des Heiligen hat viel Ausdruck. Der heilige Thomas ist ein gutes Werk des Perugino mit korrekter Zeichnung und harmonischer Färbung. Eine Magdalene des Tizian ist nicht vorzüglich. Die Märtyrergeschichte des heiligen Processus und Martinianus ist von Valentin und gehörte vordem der Peterskirche. Es hat nachgedunkelt. Die heilige Michelina von Pesaro, ein Werk des Barocci, früher der Kirche des heiligen Franziskus zu Pesaro gehörig, lässt viel zu wünschen übrig. Die Komposition ist arm und die Zeichnung geziert.

In dem sechsten und letzten Zimmer sieht man die Krönung der Madonna von Raphael, welche einst zu Foligno war, eines der grössten Meisterstücke desselben, welches von einigen über die Dresdner Madonna gesetzt wird. Die Heiligen, welche unten stehen und zur Madonna heraufblicken, sind voller Kraft und natürlicher Wahrheit.

Ein Sekretär oder Kämmerer des Pabstes Julius II.,

Sigismundus de comitibus, hatte dieses Bild für seine im Kloster delle Contezze lebende Nichte bestellt. Maria erscheint mit dem Kinde in einer Glorie in den Wolken, welche auf einem Regenbogen ruhen. Johannes der Täufer, in schwarzbraunem Kolorit, zeigt mit dem Finger nach oben. Der heilige Franziskus ist im Gebet begriffen, ihm folgt ein knieender Kardinal und hinter ihm der heilige Hieronymus. In der Mitte hält ein kleiner Engel eine Tafel empor, und richtet seine Blicke zur Jungfrau. Auch hier ist Menschliches und Göttliches, durch die doppelte Handlung getrennt, wieder verbunden. Die Anordnung ist etwas steif, ein Fehler, welcher dem Raphael von seiner ersten Schule noch anhing. An der Drappirung ist nichts auszusetzen, ein kräftiges Kolorit geht durch das ganze Gemälde. Die Glorie ist grau in grau gemalt.

Auch an diesem Stücke haben sich viele Nachahmer versucht, und noch täglich wird es kopirt.

Wir übergehen die werthlosen oder minder werthvollen Gemälde dieser durch innern Gehalt ausgezeichneten Sammlung.

Mosaikarbeiten.

Die Hauptmosaikenanstalt ist in der Nähe des vatikanischen Palastes, an der Stelle, wo der heilige Pius V. den Palast der Inquisition aufführte. Die Hauptgemälde Roms, wie das Abendmahl des heiligen Hieronymus von Domenichino, die heilige Petronella von Guercino, der Engel Michael von Guido Reni u. s. w., sind in der Peterskirche in Mosaik aufgenommen, und einige derselben so vollendet, dass sie wohl dem Original gleich gestellt werden können. Die Arbeit ist ausserordentlich kunstreich, rückt nur langsam vorwärts, und lässt sich am besten noch mit der Schriftsetzerei vergleichen. Die kleinen viereckigen Steine, welche man dazu nimmt, sind allein nicht hinreichend, um alle Schattirungen der Farben auszudrücken. Man ist daher genöthigt, auch Glasgüsse dazu zu nehmen. Alle Kraft, Genauigkeit und Schönheit der Zeichnung wird in Mosaik wieder gegeben. Das florentinische Mosaik besteht aus wirklich ächten kleinen Steinen, die daher viel kostbarer sind. Dennoch kommt es dem römischen an Schönheit in der Ausführung nicht gleich. Man versichert, dass ein Gemälde oft zehn und mehrere Jahre Arbeit kostet. Die Sammlung der Email- und Gussarten soll an 10,000 betragen, die kleineren Mosaiken, welche man in Rom verkauft, stellen meistens Alterthumsgegenstände, wie das Colosäum und Pantheon dar, und sind wegen überfülltem Andrange in niedrigen Preisen zu haben. Seltsam ist, dass den Frauenschmuck, wie Busennadeln, Ohrgehänge u. s. w. auch diese kolossalen Dinge gemalt enthalten.

Gärten des Vatikans.

Sie sind mit Mauern umgeben, mit Belvederen oder Landhäusern geschmückt, und in einem holländischen Geschmack angelegt. So sieht man das Wappen des regierenden Pabstes mit Buchsbaum ausgeschmückt, die Namenszüge mehrerer Päbste u. s. w. — Nicolaus V. legte sie an, Julius II. verschönerte sie unter der Leitung des Bramante. Hier liess der vierte Pius die *Villa Pia* oder *casino del Papa* nach der Zeichnung des Pietro Ligorio anlegen, ein originelles, wenn auch kleines Bauwerk. Der Pabst durchwandelt diese Gärten in geistlicher Hauskleidung. Sie sind sein einziger Vergnügungsort. Bisweilen lässt er wohl kleine Unterhaltungsspiele vor seinen Augen aufführen, z. B. Esel oder Maulthiere in Säcke stecken und sich herumwälzen und Aehnliches. Ganz andere Vergnügungen hatte z. B. der wollüstige Pabst Leo X., welcher in den Höfen des Vatikans die verschiedenen Thierarten vor seinen Augen sich begatten liess, und dabei seine natürliche Tochter auf dem Schoosse hielt. Wir verbürgen indess diese Sage nicht.

Korridor der Inschriften.

Zu dem Museum des Vatikans führt ein langer Gang, welcher mit Inschriften heidnischer und christlicher Art angefüllt ist. Sie sind nach der Sitte Italiens, Frankreichs und Englands in die Wände eingemauert, die Lettern zum

Theil roth angestrichen, da wo sie von dem Alterthume allzusehr verblichen waren. Durch den berühmten Diplomaten und Alterthumsforscher Abbate Gaetano Marini wurden sie nach den Zeitaltern klassificirt und mit Ueberschriften versehen, auf Befehl des Pabstes Pius VII., eines Regenten, der sich um die Herstellung der Alterthümer viele Verdienste erworben. Die Erklärung derselben durch diesen Gelehrten ist zum Theil veröffentlicht, zuerst in dem *Giournale von Pisa* vom 12ten Theile an. Seinen Nachlass in dieser Beziehung hat A. Mai herausgegeben. Die rechte Seite enthält heidnische Inschriften nach den Zeitaltern, die linke aber ausser den ersten Abtheilungen und den Inschriften über den vereinzelten Denkmälern, welche ebenfalls heidnisch sind, christliche Inschriften, welche grösstentheils aus Katakomben oder den ersten Kirchhöfen Roms genommen sind. Die dänische Regierung bereitet auf ihre Kosten die Herausgabe eines neuen Inscriptionswerkes vor, durch den fleissigen und geschickten Secretär der deutschen archäologischen Gesellschaft O. Kellermann. Neuerdings sind ihm römischer Seits aus literarischer Eifersucht durch die vatikanische Bibliothek bei dem Kopiren der Denkmäler Hindernisse in den Weg gelegt worden. Die christlichen Inschriften verdienen um so mehr ein genaues Studium, da sie dasselbe bisher in weit geringerem Grade, als die heidnischen erfahren haben. Die christlichen Symbole sind das christliche Monogramm (☧), der Weinstock als Zeichen der innigsten Vereinigung der Gläubigen nach dem bekannten Gleichniss im Evangelio des Johannes, die Weintraube als mystisches Zeichen der christlichen Unsterblichkeit und des seligen Lebens im Messiasreiche, der Fisch nach der bekannten Deutung des griechischen Wortes in seinen einzelnen Buchstaben für Jesus Christus, Gottes Sohn, Heiland (ἰχθὺς = Ἰησοῦς Χριστὸς, θεοῦ υἱὸς, σωτὴρ), die Arche Noahs, die Taube als Zeichen des heiligen Geistes, der Anker als Sinnbild der Hoffnung, der gute Hirt, nach dem bekannten Gleichniss bei Johannes. Ritus- und Grabesformeln der alten Christen sind hier an der Quelle zu studiren. Auch für das Gemisch des Heidnischen und Christlichen sind diese Denkmäler anziehend. Vieles wird aus dem heidnischen Alterthume beibehalten. Die Geschichte des Jonas erscheint einmal in einer Darstellung als Denkmal der Auferstehung. Am belehrendsten aus den ältern Werken ist darüber das leider unvollendete Buch von F. Münter: über Sinnbilder und Denkmäler der alten Christen, mit Kupfertafeln. — Dieser grosse Gelehrte hat sich indess während seines Aufenthaltes in Rom in seiner Jugend, gleichzeitig mit Göthe, mehr mit dem heidnischen, klassischen Alterthum, denn mit dem christlichen beschäftiget. Es lohnte der Mühe, dass sich ein protestantischer Theolog mit archäologischen Kenntnissen ausgerüstet, lediglich für diesen Zweck nach Rom begäbe. Für die Kenntniss der lateinischen Sprache in ihrem Verfall sind diese Inschriften ebenfalls von Erheblichkeit. Die Consularfasten des 4ten und 5ten Jahrhunderts können durch sie erläutert werden. Fehler der Orthographie zeigen sich hier in der Zeitfolge. Die Verwechselung verwandter Buchstabenklassen beobachtet man hier deutlich, was nicht wenig dazu beiträgt, die Aussprache einiger Buchstaben, welche nicht genug unterschieden wird, anzuzeigen. Diese Inschriften, insbesondere die heidnischen, sind gesetzt Priestern und andern Dienern des Kultus, Kaisern, Magistratspersonen, Militärs, Künstlern, Handwerkern und andern Privatpersonen. Grossentheils beziehen sie sich auf Gräber und Verstorbene. Es muss diese Sammlung als eine der reichsten und bedeutendsten der Welt angesehen werden und als ein Schatz von Gelehrsamkeit. Bald zieht die verschiedene Form der Buchstaben die Aufmerksamkeit auf sich, bald die Orthographie und die Namengebung, bald das Formelwesen, bald das Epigrammatische. Auch für Kenntniss der Sitten und Gebräuche findet sich viel Brauchbares. Ausser diesen Inschriften enthält der Korridor noch eine Menge alterthümlicher Gegenstände, grösstentheils aus den Gräbern, wie Sarkophage, Traueraltäre und Trauergefässe. Auch viele Stücke der Baukunst sieht man hier grösstentheils aus den Ausgrabungen genommen. Zur Rechten bemerkt man unter andern ein Grabdenkmal, welches sich auf Lucius Atimetus bezieht. In den zwei Seiten desselben sieht man ein Basrelief ausgedrükt, von der einen den Laden eines Messerverkäufers und anderer ähnlicher Geräthschaften, von der andern den Arbeitsraum und die Schmiede für diese Gegenstände. Dieses sehr seltene Denkmal, welches über die Beschaffenheit der Schmieden im Alterthum einiges Licht giebt, soll in den Umgegenden der Kirche zur heiligen Agnes ausserhalb der Mauern gefunden seyn. In einer der Abtheilungen zur Rechten sind alle die Denkmäler epigraphischen Inhalts vereinigt, welche in den letzten Ausgrabungen bei Ostia zu Anfange des gegenwärtigen Jahrhunderts gefunden worden. Das Studiren der alten Inschriften ist keineswegs so geistlos und uninteressant, als es scheint. Es sind lebendige Bruchstücke der alten Geschichte. Trefflich bereiten sie vor auf die Anschauung der alten Kunst in den unendlichen Sälen des Vatikans, zu deren Schilderung wir nun übergehen.

Museum des Vatikans.

Das Museum *Pio Clementinum* verdankt seinen Ursprung den Päbsten Clemens XIII., Clemens XIV. und Pius VI. Der letzte kaufte über 2000 alterthümliche Gegenstände, von denen jeder einzelne seinen Namen trägt. In dem ersten Zimmer sieht man den uralten Sarkophag aus dem Grabmal der Scipionen. Er deutet hin auf Cornelius Lucius Scipio Barbatus, den Besieger der Samniter und Lucaniens. Die Inschrift enthält ein sehr altes Latein, doch noch nicht das älteste. Die Lettern sind roth angestrichen, um sie besser zu erhalten. Das Denkmal gehört in das fünfte Jahrhundert nach Roms Erbauung. Die Worte der Aufschrift sind folgende:

Gnaivod patre prognatus, fortis vir sapiensque,
quojus forma virtutei parisuma fuit, etc.

In demselben Zimmer steht der berühmte *Torso*, gefertiget von Apollonius, des Nestors Sohn, von Athen. Es fehlen diesem Stücke Kopf, Augen und Beine, der Rumpf aber und die Schenkel sind ein Meisterstück von Kraft und Studium der Muskeln und eines idealen überirdischen Baues fester Männlichkeit. Das Fleisch hat eine unvergleichliche Wahrheit. Wir haben ohnstreitig eine griechische Arbeit aus der besten Zeit vor uns. Der Körper scheint nach Winkelmanns Behauptung menschlicher Bedürfnisse los und ledig zu seyn, keine Adern zu haben und nur zum Geniessen geschaffen zu seyn. Diese göttliche Genügsamkeit führt auf den Herkules, als er nach langen Erdenmühen einen Platz in der Versammlung der Götter sich erworben hatte. Michel Agnolo studirte dieses Hauptstück mit dem grössten Fleisse und hat darnach seinen grossartigen Styl gebildet. Der heilige Bartholomäus in der sixtinischen Kapelle scheint ihm nachgebildet zu seyn. Schon alt und blind betastete er die Umrisse dieses Körpers. Früher war das Stück mit einem eisernen Geländer umgeben, jetzt steht es frei, hat indess vermittelst eines Griffes und Schrauben eine bewegliche Stellung, so dass man es nach allen Seiten hinwenden kann. Es soll in den Bädern des Caracalla gefunden seyn.

Wir berühren kurz die berühmten Statuen des Belvedere, so oft auch schon von ihnen geredet worden ist. Der *Apollo* des *Belvedere* oder *vatikanische Apoll*, welcher zu Antium gegen Ende den funfzehnten Jahrhunderts gefunden und im Vatikan von Buonarotti aufgestellt ward, ist eine Darstellung von Jugendlichkeit und ätherischer Schönheit. Er scheint im Aufschwunge seiner hohen Kraft alles Irdische vor sich niederzuwerfen. Die Situation ist zweifelhaft. Die Meisten nehmen an, dass er im Kampfe mit dem Drachen Python begriffen, oder unmittelbar nach dem Siege über dieses Ungeheuer dargestellt sey. Ein ewiger Frühling ruht auf seinem Angesicht. Er ist im Uebergange aus der Jugend in das schöne männliche Alter begriffen. Sein Schritt scheint geflügelt, wie nach einem leichten Siege. Das Ideale ist durchaus vorherrschend und die Materie nur dabei, weil sie dabei seyn muss. Göttlicher Zorn, Verachtung des Besiegten schwebt auf seinen Lippen, vermag aber nicht, den Frieden seiner Seele zu stören. Sein weiches Haar spielt von sanfter Luft bewegt um das göttliche

Haupt. Grazie und schöner Ernst sind in schöner Vereinigung; diese Statue gilt bei Vielen für eine römische Arbeit. Sie ward gefunden in den Bädern des Nero, in der Nähe von Ostia. Das römische Gepräge der Arbeit will man besonders aus den Sandalen abnehmen.

Wir fügen dazu die *Gruppe des Laokoon*, von der Lessing, bevor er sie gesehen, so viel sprach. Sie ward unter der Regierung des Pabstes Julius II. nicht weit von den Ueberresten der Bäder des Titus gefunden. Der Auffinder erwarb sich unsterblichen Ruhm. Es war ein gewisser Felix von Fredis, der die Gruppe in seiner vigna fand. Zum Dank dafür ward ihm und seinen Söhnen von diesem Pabste ein Theil der Salzsteuer am Thor des Laterans überlassen. Leo X. nahm diese Abgabe wieder an sich, überliess aber zur Entschädigung diesem Geschlechte das *officium scriptoriae apostolicae*, ein Amt, welches jetzt eingegangen ist. Auf der Grabschrift des de Fredis liest man folgende Worte:

„*Qui ob repertum divinum Laocoontis, quod in Vaticano cernis, vere respirans simulacrum, immortalitatem meruit, anno domini* 1528."

Die römischen Dichter feierten die Auffindung durch ein Fest. Man hat gezweifelt, ob die schöne Schilderung im 2ten Buche der *Aeneide* auf unsern Laokoon sich bezieht, so wie die Nachricht des Plinius, *hist. nat.* XXXVI. 5. Drei griechische Meister, Ogesander, Athenodorus und Polydorus haben an dieser Gruppe, die in Stücken gefunden wurde, gearbeitet. Ein Arm, welcher fehlte, ist von Michel Agnolo ergänzt. Die Arme der beiden Söhne sind von Corpaccini restaurirt. Ueber die griechische oder römische Provenienz dieser Arbeit ist Streit. Die Meisten setzen ihn in die Zeit der ersten römischen Kaiser. Canova hat den Kopf des Laokoon im sterbenden Centaurus seines Theseus wiederholt. Das eigene Leiden bewegt den Laokoon weniger, als die Pein seiner Kinder. Sie wenden ihr schmerzliches Angesicht zum Vater, und schreien angstvoll, vom Biss der Schlangen getroffen, um Hülfe. Aber das eigene

Leiden schwillt die Muskeln des Mannes und zieht seine Nerven an. Sein Geist ringt, die Schmerzen zu besiegen, die Brust hat einen beklemmten Athem, der Ausdruck der Empfindung wird zurückgehalten, um den Schmerz zu verschliessen, aber das bange Seufzen entkräftet den Unterleib. Die Seiten zeigen sich hohl und lassen auf die Bewegung der Eingeweide schliessen. Ein Theil des Körpers ist in natürlicher Ruhe.

Der Antinous, oder nach Andern der Mercurius in der dritten Nische, ist ein sinniger Jüngling, welcher zwischen dem Mann und der Jungfrau steht. Ihm fehlen die Arme. Der Ausdruck seines Gesichtes ist verschiedener Deutung fähig. Einige fanden darin den Akt, wie er über den Sieg über eine Geliebte nachsinnt. Der Kopf ist das Vorzüglichste, durch seine Jugendlichkeit, Unschuld und Schönheit. Füsse und Beine mit dem Unterleibe stehen in Arbeit nach. Alle Leidenschaft fehlt, der Ausdruck ist der ruhiger Sammlung. Hat man an den Antinous zu denken, so würde die Statue aus den Zeiten Hadrians herrühren, da bekanntlich der Kaiser seinen Liebling nach dessen Tode vergöttern liess, und ihm Tempel und Statuen in Fülle errichtete. Winkelmann denkt an den Meleager oder einen andern jungen Helden. Wahrscheinlich ward die Bildsäule unter Leo X. bei *San Martino de monti* in einer Gegend, welche *Adrianello* heisst, gefunden.

Die vierte Nische endlich enthält moderne Statuen des Canova, den Perseus und die beiden Ringer. Perseus ist eine der ersten Arbeiten des Canova. Man erblickt darin die Nachahmung des vatikanischen Apoll. Zur Zeit, als dieser nach Paris entführt war, setzte man den Perseus, gegen den Willen des Bildhauers, an dessen Stelle, und nannte diese Bildsäule die Trösterin *(consolatrice)*. Man wollte dadurch einen Triumph der einheimischen Kunst über die alte andeuten. Die beiden Ringer oder Boxer, Damoxenes und Creugas, haben etwas Rohes und Unvollkommenes, eine brutale Kraft. In der Darstellung ihrer Muskeln ist zwar viel Verdienstliches, aber das Fleisch liegt zum Theil kissenartig auf, besonders an der Brust.

Die Glätte des Marmors ist für die Hauptsache unbedeutend, besticht aber den oberflächlichen Betrachter.

Canova versuchte es, diesem Marmor die äusserste Glätte zu geben.

Das Museum des Vatikans ist ein Werk der neueren Zeit und nicht viel älter als ein halbes Jahrhundert. Schon nach Barthelemy waren in Rom 70,000 Statuen gefunden, was auf den Reichthum der ewigen Stadt, als sie noch in der Blüthe stand, schliessen läfst.

Den Anfang macht zwar nicht der Zeit doch der Situation nach, das Museum Chiaramonti, eine Abtheilung des Vatikans welche durch Pius VII. hinzutrat, als Anhang des ältern Museums Pio Clementino. Die Fülle der Gegenstände gestattet nicht, das Einzelne durchzugehen oder auch nur aufzuzählen. Auch hier kann nur von einem Durchgehen, nicht von einem Verweilen die Rede seyn. Zuerst also vom Korridor dieses Namens. Es giebt hier gewisse Felder und Abtheilungen nach der Architektur. Zur Rechten erblickt man das Fragment eines Basreliefs eines sitzenden Apollo, welches bei den letzten Aufgrabungen des Colosaei gefunden ward. Ihm folgt bald darauf eine schöne weibliche liegende Figur mit den Zeichen des Herbstes, welche dem Deckel eines Sarkophags anzugehören scheint. Sie wurde in Ostia gefunden. Darunter ist die Ansicht eines Grabmals, über welchem im Basrelief sich die Bilder zweier Gatten finden, mit ihrem Kinde in der Mitten. Das Kind zeichnet sich aus durch die *Bulla*, die ihm vom Hals herabhängt. Dieses Denkmal wurde zu Aquatroverso auf der via Cassia drei italiänische Meilen von Rom gefunden. Zur Linken des Eintritts findet sich ein Basrelief, welches die Spiele des Circus von Genien ausgeführt, darstellt. Die Arbeit ist zwar mittelmässig, der Gegenstand aber anziehend für Kenntniss der alten Gebräuche. In der Nähe zeigt sich ein anderes Fragment griechischen Styles mit der Minerva, der eine andere weibliche Gottheit vorausgeht, welcher indess die Kennzeichen und ein Theil des Körpers fehlen. Weiterhin, der Figur des Herbstes gegenüber eine liegende Statue mit den Zeichen des Winters ebenfalls in Ostia gefunden und zum Deckel eines Sarkophags dienend. Andere viele Büsten, des Plato, des Schlafes, des Bacchus barbatus übergehen wir hier. Die eine kleine Herme stellt zwei Bacchen dar, den alten und jungen, bekannt in den Orgien dieses Gottes unter dem Namen des Zagräus und Dionysius.

Zur Linken des Korridors geht man in das *braccio nuovo* des Museums ein. Diese köstliche Gallerie kennt an Pracht und Marmorverschwendung nicht ihres Gleichen. Der Marmor wird hier recht eigentlich mit Füssen getreten. Wer denkt hier nicht an Göthes Worte:

„Kennst Du das Haus, auf Säulen ruht sein Dach,
„Es glänzt der Saal, es schimmert das Gemach,
„Und Marmorbilder stehn und sehn mich an
„Was hat man Dir, Du armes Kind gethan?
„Kennst Du es wohl?
„Dahin, dahin,
„Möcht' ich mit Dir o mein Beschützer ziehn.“

Diese Worte aus dem 3ten Buche von Wilhelm Meisters Lehrjahren gehören einem weit gefeierten Gedichte an, welches Göthe nach der Meinung Einiger zu Messina auf der Höhe des Klosters S. *Gregorio* niederschrieb. Andere finden darin eine Schilderung Italiens lange vor dessen Anblick.

Diese köstliche Gallerie ward im Jahre 1817 von Pius VII. erbaut nach den Zeichnungen des Raphael Stern, der indess die Vollendung nicht erlebte. Der obere Rand des Saales ist mit Basreliefs aus Gyps verziert von einem italiänischen Künstler, Maximilian Labourer, jedoch von mittelmässiger Arbeit. Die Büsten sind in Formen von Säulen auf Granitblöcke gestellt. Wir zeichnen nur Einige der herrlichen Statuen aus, da es unmöglich ist, von Allen zu reden. Zur Linken, ungefähr in der Mitte des Saales steht die herrliche Bildsäule der Minerva medica von vollkommener Erhaltung, bis auf die Nase, eine seltene Sache. Denn die Nasen der alten Bildsäulen oder Büsten sind meist abgebrochen oder verstümmelt. Ihr zu Füssen liegt die Schlange, ihr besonderes Abzeichen, wie der Adler des Jupiters, der Hund

15*

der Diana, der Panther des Bacchus. Die Minerva des Parthenon zu Athen, ein Werk des Phidias hat nicht minder die Schlange zu ihren Füssen als Symbol der Weisheit. Die Drappirung des Gewandes ist meisterhaft. Adel, Würde und sinnige Schönheit liegt in dem Angesicht. Die Stellung ist ruhig und ernst. Man hat ein griechisches Werk und eine Nachahmung der Bildsäule des Phidias darin gefunden. Sie ist von Parischem Marmor, gehörte ursprünglich dem Hause Justiniani und kam in die Hände Lucian Buonaparte's, welcher sie der Regierung gegen eine ansehnliche Summe überliess. Sie ist die schönste Statue der Minerva aus dem Alterthum. In der Mitte des Saales steht die kolossale Statue des Nilgottes in ruhender Lage mit 16 Kindern oder Genien umgeben, welche 16 Kanäle andeuten, die nothwendig waren, um das Land Aegypten zu bewässern. Der Grundstein, auf welchem der Flussgott liegt, ist mit Basreliefs geschmückt, welche die Thiere und Pflanzen in der Nähe seiner Ufer darstellen. Diese Bildsäule, welche in ihrer Arbeit auf das Zeitalter Hadrians führt, wurde in der Nähe der Kirche des heiligen Stephanus *del cacco,* wo einst der Tempel des Serapis war, gefunden. Eine Statue des Mercurius mit dem Chlamys und Caducus existirte früher in dem Garten des Quirinals mit einem falschen Kopfe des Hadrianus. Da sich aber der gegenwärtige Kopf im Colosäum fand, so wurde die Bildsäule nach ihrem ursprünglichen Gegenstand hergestellt. In einer Nische sieht man eine schöne Statue des Domitian, welche ebenfalls zuerst den Justiniani's gehörte. Der kolossale Kopf eines bärtigen Sklaven in grossem Styl führt auf das Zeitalter des Trajanus und ward in der Nähe seines Fori gefunden. Ein griechischer unbekannter Philosoph hat einen Homerus ähnlichen Kopf. Der Minerva medica gegenüber steht eine andere Minerva, welche den Abstand der Kunst und des Zeitalters zeigt. Ein Aeskulapius mit der Schlange vollkommen kräftig, ist eine seltene Erscheinung. Nicht minder merkwürdig ist ein Silen oder Herkules, welchem ein Kind in den Armen liegt. In einer andern Nische sieht man die Statue der Fortuna mit einem Füllhorn. Auch an dieser Bildsäule ist nichts auszusetzen.

Reichthum und Schönheit zeichnet sie aus. Wir übergehen vieles Treffliche und bemerken nur, dafs dieser Theil die vorzüglichsten Schätze des Vatikans enthält.

Das attische und ägyptische Museum von Pius VII. enthält eine sehr ansehnliche Sammlung von Büsten, eine grosse Anzahl ägyptischer Denkmäler und die Gypsabgüsse der Skulpturen des Parthenon zu Athen, welche König Georg IV. von England dem Pabste verehrte. Das ägyptische Museum kommt an Reichthum dem Turiner nicht gleich. Der ernste und steife Charakter dieser Kunst ist auch hier unverkennbar. Unter Andern sieht man 10 Statuen in schwarzem Granit sitzend mit Löwenköpfen, welche gemeiniglich für Darstellungen der Isis gehalten werden. Andere nehmen sie für die ägyptische Venus Athor. An der Mauer sieht man ein kuphisches Epitaphium, gesetzt einem gewissen Chalaf, Sohn des Hossein, Enkel des Ibrahim, Urenkel des Ahmet mit dem Beinamen Roum (der Erhabene), welcher in der 4ten Ferie der sieben Ferien des Monates Sichebal im Jahre 454 der Hedschira oder den 14. October 1062 christlicher Zeitrechnung starb. Eine Menge kleiner Gegenstände von Holz, Stein, Porzellan füllen die Wandschränke. Man fand diese Gegenstände unter den Ruinen von Theben und in den Grabmälern an dem linken Ufer des Nils.

Die Gypsabgüsse des Parthenon beziehen sich meist auf die Panathenäen.

In dem Zimmer des Meleager bewundern wir zuerst die Statue selbst, welche eine der am vollkommensten erhaltenen Statuen des Alterthums ist. Drapperie und Füsse sind steif und hart, der wilde Schweinskopf ist vollkommen gearbeitet. Die Erscheinung ist etwas mager und dürftig. Zur Rechten sieht man in der Höhe ein Basrelief, welches die Vergötterung Homers durch die Musen darstellt. Gegenüber befindet sich ein anderes Basrelief, zwar von schlechter Arbeit, aber interessant durch die Schiffswelt. Man erhält hier einen anschaulichen Begriff von der Gestalt der Schiffe im Alterthum. Das Ganze stellt einen Hafen vor. Unter dem Stücke sieht man im hohen Relief das Bruchstück einer römischen *biremis* mit Soldaten, welche im Begriff sind, sich zu schlagen. Vor diesem Gemach ist eine Rotunda, welche in der Mitte eine grosse Schaale von Marmor, vom reinsten Geschmack hat. In den vier Nischen stehen Ueberreste zum Theil kolossaler Arbeiten, wie das, einer männlichen bekleideten Statue mit griechischen Sandalen. Gegenüber ein anderes schönes Fragment einer sitzenden Frau mit guter Drappirung. Interessant ist ein alterthümlicher Windmesser, welcher im Jahre 1779 bei dem Colosäum gefunden, auf welchem man die Namen der Winde griechich und lateinisch lieset.

In dem Hofe des Belvedere finden sich zwischen den Nischen oder kleinen Gemächern, welche die Meisterstücke des Apollo, Laokoon u. s. w. enthalten, unter den Bogengängen noch eine grosse Anzahl alterthümlicher Ueberreste, besonders Sarkophagen, welche sehr häufig Gegenstände aus den Bacchuszügen darstellen. Anderwärts bilden Genien, Nereiden und andere niedere Gottheiten die Darstellung. Besonders anziehend ist ein grosses Basrelief, welches wahrscheinlich auch die Oberfläche eines Sarkophags bildete und die Thüre des Hades oder der Unterwelt halb geöffnet zeigt, eine Anspielung auf den Tod. Wir zeichnen noch aus einen andern Sarkophag, welcher eine Schlacht gegen die Amazonen darstellt. Diese Mannfrauen liegen unter ihren Wagen, die Handlung ist lebhaft. Manche Stellungen und Lagen sind nicht ohne Verdienst gearbeitet. Das Ganze stellt ein Schlachtfeld vor. Schön ist auch der Deckel eines andern Sarkophags mit einer Frau, welche zu schlafen scheint. Die Mohnblume liegt in ihrer Nähe. Noch machen wir aufmerksam auf ein schönes Basrelief, welches Augustus darstellt, im Begriff zu opfern.

Aus dem Hof des Belvederes gelangt man in den Saal der Thiere, welcher durchaus mit altem Mosaik belegt ist. Wir zeichnen nur Folgendes aus. Die schöne Gruppe eines Löwen, welcher ein Pferd zerreisst, ein Hirsch von gesprenkeltem Alabaster, ein Greif von derselben Masse, Herkules, welcher den Cerberus gebändigt führt, zu Ostia gefunden, und unzähliges Andere.

Es scheint eine belebte und beseelte Menagerie zu seyn, in die man geführt wird.

Es folgt die **reiche Gallerie der Statuen** mit einer sehr seltenen und schönen Statue des Caligula, welche zu Otriculi gefunden ward. Eine geharnischte Bildsäule des Claudius Alpinus, die verlassene Ariadne, welche man lange für eine Kleopatra hielt, und dabei den Charakter der Letztern verkannte. Sie ist schlafend dargestellt, zu ihren Seiten zwei schöne alte Candelaber aus der Villa Hadriana. Darunter ist ein altes Basrelief angebracht, welches den Kampf der Giganten gegen Jupiter und die übrigen Götter darstellt. Eine halbe nackte Figur des Amor von griechischer Arbeit und parischem Marmor ist ausgezeichnet. Eine Pallas, restaurirt als Minerva pacifera mit entblösstem Haupte, trägt einen Helm von Bronze in der Rechten, einen Olivenzweig in der Linken. Eine köstliche Statue einer Amazone, im Begriff, den Bogen zu spannen, ist schlecht restaurirt. Eine kleine, sehr schöne Statue der Urania ist bemerkenswerth. Eine Frau mit der Schaale in der Hand, hält man für Juno. Eine Venus mit Gefäss zu ihren Füssen, wird für eine Kopie der Venus von Gnidos gehalten, die ein Werk des Praxiteles war. Wenigstens sieht man dieselbe Vorstellung auf den Medaillen von Gnidos. Die Darstellung eines Neptun ist etwas Seltenes. Apollo mit der Cyther (*Apollo cytharoedus*) ist ziemlich wohl gelungen. Der Kopf gleicht dem des Nero. Noch bemerken wir eine Statue des Septim. Severus, einen verwundeten Adonis, einen ruhenden Bacchus, und die angenehme Gruppe eines Aeskulapius und der Hygiea, eine geschürzte Statue der Diana als Jägerin mit ihrem Hunde. Vor dem Eingang in den Saal der Büsten erblickt man sitzend zwei sehr wohl erhaltene Statuen zweier komischer griechischer Dichter, des Menander und Posidippus im Augenblick des Nachsinnens dargestellt.

Es folgt das **Zimmer der Büsten** in drei Abtheilungen. Hier ist unmöglich, Alles zu verzeichnen. Wir nennen nur die Büste einer Frau, die man für Domitia hält, des Titus, des M. Aurel. Antoninus, der Julia Mammäa, des Alexander Severus, des Augustus, ein anderer Kopf, muthmasslich des Menelaus, und Anderes von grösserem oder geringerem Werth. In der Mitte des Zimmers findet sich eine Gruppe tanzender Nymphen, vielleicht der Horen, welche in den Umkreis einer Säule eingegraben sind. Die wiederholte Anschauung dieser Büsten, besonders der Cäsaren, führen mehr als man glaubt in die alte Welt ein. Sie ist gleichsam eine Wiedererzeugung derselben, indem man von den Gesichtszügen Schlüsse auf den Charakter macht, welche selten täuschen. So ist in dem Kopfe des Titus der Ausdruck der Gutmüthigkeit vorherrschend, in dem des Cäsar, der Unternehmungsgeist und die strenge Haltung. In dem Portrait des Kaiser Julianus, welches sich in dem kapitolinischen Museum einigemal vorfindet, ist unverkennbar ein gewisser Zug der Barbarei, etwas Schlichtes, ja fast Schmuziges, was zu seinem Leben wohl stimmt.

In der 2ten Abtheilung sieht man eine Büste des Septim. Severus, des Antoninus Pius, des Jupiter Serapis in Basalt, des Tiberius, des Nerva, des Claudius, eine andere des Antinous, der Sabina, des Hadrianus und den sehr seltenen Kopf des Titus Julianus.

Das 3te Zimmer enthält im Hintergrund die berühmte Statue des Jupiter mit dem Adler zu seinen Füssen, mit dem Scepter und Blitz in den Händen, welcher einst der Familie Verospi angehörte. Noch viele andere Büsten schmücken diesen Raum, unter denen wir nur die, einer verhüllten und mit Schlangen bekränzten Isis bemerken, so wie eines Faunes, einer Faunin und eines gefangenen Barbaren. Der Letztere ward in der Nähe des Konstantinusbogens gefunden. In dem Basrelief zweier Ehegatten, welche sich die Hände reichen (wahrscheinlich diente es zu einem Grabmal), ist der Ausdruck wahrer Zärtlichkeit sichtbar.

Bald darauf kommt man durch einen Zwischengang in das sogenannte Kabinet, welches zwar klein an Umfang, dennoch eine ausgesuchte Sammlung des Kostbarsten enthält. In der Mitte sind auf dem Boden die herrlichsten Mosaiken aus der Villa Hadriana zu Tivoli eingelegt. Die

Gegenstände sind theils alte Masken, theils eine Landschaft mit Ziegen und Hirten. Die Einfassung bilden Weinlaub, Früchte und Bänder. Wegen seiner Kostbarkeit ist das Mosaik mit einer hölzernen Gallerie umgeben. Die Decke ist von Dominicus von Angelis gemalt. Ariadne von Bacchus gefunden, Paris und Venus, Paris und Minerva, die Liebe der Venus und des Adonis, Diana und Endymion sind die Gegenstände. In der einen Nische erblickt man die Bildsäule eines Fauns von rothem Marmor *(rosso antico)* aus der Villa Hadriana zu Tivoli, voller Leben und Bewegung. In einer andern Nische die Bildsäule der Pallas, aus der Villa des Cassius zu Tivoli. Bemerkenswerth ist eine grosse vierwinklige Schaale von Marmor und ein durchlöcherter, schön gearbeiteter Stuhl von demselben Stein. Letzterer war ein Badestuhl des Alterthums. Auch findet man eine schöne Statue des Ganymedes mit phrygischer Mütze auf dem Haupte und dem Adler zur Seite. Diese Bildsäule ist von ausserordentlicher Zartheit und sehr wohl erhalten. Der obere Theil der Wände des Kabinets zeigt mehrere Basreliefs, grösstentheils aus der Geschichte der Thaten des Herkules. In einer der folgenden Nischen sieht man eine sehr schöne Statue, muthmasslich des Adonis oder Cupido. Endlich ist noch eine Statue der Horen tanzend zu beachten, gewöhnlich Flora genannt, aus der Villa Hadriani. Darüber ein Basrelief, welches die Sonne, die Fortuna und die kapitolinischen Gottheiten darstellt. In einer Nische findet sich eine vortreffliche Statue der Venus, welche eben im Begriff ist, sich zu baden. Darüber ein Basrelief, die Apotheose des Hadrians vorstellend. Zuletzt noch eine schöne Statue der Diana.

In dem Sale der Musen, zu den wir nun übergehen, sieht man unter andern ausgezeichneten Dingen eine sehr seltene Herme des Sophokles mit griechischer Inschrift und eine andere des Epikurus. Rings um diesen Saal sind verschiedene Hermen aufgestellt. Vortrefflich ist die des Perikles mit dem Helme auf dem Haupte, so wie eine Andere des Alcibiades und Sokrates. Auch der Redner Aeschines, so wie eine verschleierte Aspasia, verdient Erwähnung.

Vom Aeschines haben wir sonst kein Portrait übrig. Unter den Musen, welche zu Tivoli in der Villa des Cassius gefunden wurden, zeichnet sich Melpomene ganz besonders aus, deren Haupt mit Weinlaub geschmückt, vortrefflich ist. Sie trägt in den Händen die Maske und den Dolch und bazeichnet sich somit als tragische Muse. Die Muse Thalia mit der komischen Maske und dem Hirtenstabe zum Zeichen des Lustspieles und der ländlichen Dichtung. Die Bildsäule der Urania fehlte in der Villa des Cassius und ward aus dem Palast Lancelotti zu Velletri in den Vatikan gebracht. Die sitzende Statue der Calliope, der Muse des ewigen Gedichtes, steht im Begriff, ihre Tafeln zu beschreiben. Polyhymnia mit Blumen bekränzt und in einen Mantel gehüllt, ist die Muse der Erzählung, der Pantomime und des Gedächtnisses. Auch Mnemosyne, die Mutter der Musen, finden wir mit Namensunterschrift da. Clio, die Muse der Geschichte, ist sitzend dargestellt, Terpsichore, im Begriff, die Leier zu schlagen, als Muse der Lyrik und des Tanzes. Endlich erblicken wir Euterpe mit den Flöten. Unter allen übrigen zeichnen wir nur noch die sitzende Bildsäule des Apollo cytharoedus aus, im langen Gewand mit Lorbeer bekränzt. Auf seiner Lyra ist im Basrelief Marsyas dargestellt.

Die köstliche Rotunda, welche nun folgt, hat in der Mitte ihres Fussbodens eines der grössten alten Mosaike, welches zu Otriculi gefunden ward. Es stellt den Kampf der Lapiden mit den Centauren dar, sodann verschiedene Gattungen von Meerungeheuern und Tritonen. In der Mitte sieht man ein Haupt der Medusa, ausserdem manche Verzierungen. In der Mitte dieses Saales sieht man eine ausserordentlich prächtige und grosse Schaale von Porphyr, mit Füssen von vergoldeter Bronze, welche zwar neu sind, in welchen aber der alte Styl nachgeahmt ist. Unter den Darstellungen zeichnen wir vorzüglich einen herrlichen kolossalen Kopf des Jupiters aus, der zu Otriculi gefunden wurde und eine Menge Abgüsse erfahren hat. Eine kolossale Statue des Commodus ist unter der Form des Herkules dargestellt. Vorzüglich bewundernswürdig und beachtenswerth erschien mir eine kolossale Statue der Juno, welche in einem höchst reinen und kräftigen Styl gearbeitet ist. Noch viele andere vortreffliche Darstellungen schmücken diesen grossen Raum.

Es folgt der Saal in Form eines griechischen Kreuzes, einer der interessantesten und prachtvollsten des Museums, von Pius VI. Museum Pium genannt. Eine halbe nackte Figur des Augustus, in der auch der Kopf vollkommen erhalten ist, ist besonders bemerkenswerth. Auch hier ist der Fussboden grossentheils mit altem Mosaik ausgelegt. Beim Eintritte zur Rechten ist das porphyrne grosse Grabmal der Konstanza, Tochter des Konstantin, welches sich in dem Mausoleum in der Nähe der Kirche S. Agnese, ausserhalb der Mauern befand. Die Zierrathen des Basreliefs stellen Genien dar, welche Weinlese halten und andere Arabesken. Es sind diess Sinnbilder der Unsterblichkeit, welche im Alterthume mit den Zeichen des Bacchusdienstes in Verbindung treten. Gegenüber steht eine noch grössere Porphyrurne, welche das Grabmal der heiligen Helena darstellt, der Mutter des Konstantin. Die Darstellung, die fast mehr als Basrelief ist und sich zum erhabenen Relief erhebt, hat Reiterfiguren und Sklaven, so wie die Büsten der heiligen Helena und Konstantin des Grossen. Der Deckel ist mit Genien, festlichen Kränzen und ruhenden Löwen geziert.

Vor der grossen Treppe sieht man zur Rechten und Linken zwei ruhende Flussgötter, der Kopf des zur Rechten liegenden ist von Michel Agnolo restaurirt, zeigt indess nicht die heitere Ruhe und Harmlosigkeit des griechischen Meisels, sondern etwas Bewegtes, Leidenschaftliches, ja Satanisches. In dieser Hinsicht können die beiden gegenüberstehenden Statuen als Repräsentanten der alten und neuen Kunst angesehen werden.

Steigt man die Treppe hinauf, so tritt man in das Gemach der Zweigespanns *(camera della biga)*. In der Mitte nämlich steht ein altes marmornes Zweigespann, gut gearbeitet und wohl restaurirt. In der einen Nische sieht man eine Bildsäule mit grossem Bart, mit dem Namen *Sardanapalus*, den indess andere für einen bärtigen Bacchus erklären. Nahe daran ein herrlich gearbeiteter Bacchus, ein nackter Alcibiades, welcher den Fuss auf einen Helm setzt. In einer andern Nische eine verhüllte männliche Bildsäule, welche im Begriffe ist, zu opfern. Die Drapperie ist reich und von gutem Geschmack. Ein griechischer Philosoph mit dem Buch in der Linken gleicht dem Apollonius von Tyana. Anderes übergehen wir.

Den Beschluss macht die lange Gallerie der Candelabren oder antiken Leuchter. Es ist unmöglich, alle Einzelnheiten dieser an den verschiedensten Marmorarbeiten reichen Gallerie aufzuführen. Wir nennen nur einen vortrefflichen Bacchus, der sehr gut erhalten ist. Ein Mosaik, welches als Fussboden bei einem *triclinium* diente, stellt ein Huhn, Fische, Spargel und Datteln dar. Selten ist die Herme eines Bacchus mit dreifachem Kopf. Das Fussgestell eines antiken Leuchters stellt auf drei Seiten den Phallus dar, ebenfalls eine seltene Erscheinung. Ein Theil des Inhaltes dieser Gallerie ist ein Geschenk der verwitweten Herzogin von Chabres. —

Das Zimmer Borgia führt seinen Namen von Alexander VI., welcher aus diesem Hause stammte. Unter den vielen Schätzen dieser vier Gemächer zeichnen wir nur aus die alte Wandmalerei, bekannt unter dem Namen der *Aldobrandinischen Hochzeit*, früher im Besitze des Hauses Aldobrandini. Unter vielen Erklärungen ist die von der Hochzeit des Peleus und der Thetis die wahrscheinlichste. Der Werth dieses alten Wandgemäldes ist gesunken, seitdem so viele Seitenstücke sich in Herkulanum und Pompeji gefunden haben. Früher galt es als das Einzige seiner Art. Durch die Zeit, Nässe und Restauration hat es gelitten. Die Zeichnung aber ist sicherlich noch die alte. Eine Hochzeit findet man jedenfalls nach den sonstigen Darstellungen darin. Es fragt sich nur, ob es die der Stella und Violantella, welche Statius besang, oder die des Manlius und der Julia, welche wir aus Catull kennen, sey. Das griechische heroische Kostüm aber führt auf keine römische Scene. Noch andere gemalte Figuren hat man dort. In dem letzten Zimmer steht in der Mitte ein bronzenes Zweigespann, aus Stücken zusammengesetzt, neben andern Fragmenten und Darstellungen.

Somit haben wir das weltberühmte Museum des Vatikans durchgegangen. Die Aufzeichnung alles Einzelnen war unmöglich, und würde eine Arbeit von unendlichem Athem seyn. Noch während meiner Anwesenheit zu Rom ward ein ausführlicher geordneter Katalog des vatikanischen Museums vorbereitet.

Die Tapeten (arazzi) des Raphael

führen ihren Namen von der Stadt *Arras*, in welcher früher diese Arbeiten nach den Zeichnungen des Raphael verbreitet waren.

Die berühmtesten Stücke sind, zur Zeit des Raphael gefertigt, folgende: Petrus und Johannes heilen einen Hinkenden. Ein reicher Säulengang ist dargestellt, die beiden Kranken sind, so wie die übrige Gruppe musterhaft. Die Ermordung der Kinder durch Herodes hat grossen Ausdruck. Die Blendung des Zauberers Elymas durch Paulus in Gegenwart des Prokonsuls ist nur theilweise erhalten, aber vortrefflich ausgeführt. Der übrige Theil ging bei der Plünderung Roms von 1527 unter. Christus giebt dem Petrus die Schlüssel, ein Gegenstand von edler Zeichnung und Wirkung. Ananias, getroffen vom Petrus, vereinigt alle Eigenschaften einer guten Darstellung. Der wunderbare Fischfang ist ausgezeichnet durch frische Färbung und den Unterschied der Tinten. Paulus Predigt zu Athen. Glaube und Unglaube in ihren verschiedenen Stufen sind auf den Physiognomien ausgedrückt. Nicht minder trefflich erscheinen Paulus und Barnabas zu Lystra, die Himmelfahrt und die Anbetung der Könige. Hier ist besonders der Pomp in den Stoffen und das Gefolge von Elephanten und Kameelen ächt orientalisch, so wie der Gegensatz der Ruhe und Stille in der heiligen Familie. Das Kind hat zur Wiege eine Krippe. Die Kartons oder Handzeichnungen dieser köstlichen Sammlung, welche Leo X. anordnete, sind nicht mehr in Italien. Sieben derselben wenigstens sind nach England übergegangen und werden in den Gallerien des Schlosses Hamptoncourt aufbewahrt.

Nichts gleicht der Sucht, ja man kann sagen Wuth, mit welcher die Engländer Gegenstände des Alterthums und Mittelalters Italien entführen. Zwar giebt es ein Gesetz des einheimischen Eigenthumsrechtes, aber es wird eludirt. Die Privatmuseen der englischen Grossen sind reich an kostbaren Andenken an Rom und Neapel.

Neuere Kunst.

Thorwaldsen.

Die nächste Beachtung verdiente das natürliche lokale Seitenstück des Vatikans, das Capitolinische Museum. Da es jedoch dem geneigten Leser willkommen seyn wird, uns unmittelbar auf den ungeordneten Zügen durch das alte und neue Rom zu begleiten, so ist es durch Abwechselung angenehmer, die Werkstätte der neuen Künstler mit einem prüfenden Blick zu beleuchten und von ihnen zu den Privatsammlungen Roms über zu gehen. Denn Altes und Neues reichen sich in Kunst und Alterthum hier freundlich die Hand.

Wir nennen zuerst Thorwaldsen, den ja das heutige Rom als den Künstlerfürsten bezeichnet. Dieser Sohn des Nordens, ist wohl einer der grössten Günstlinge des Glückes, doch gewiss nicht minder würdig, es zu seyn. Geboren auf dem Meere zwischen Island und Kopenhagen ist er weder diesem noch Dänemark angehörig, sondern ein freier Sohn des unbeschwichtigten Elementes, der erst im tieferen Süden seine Blüthe entwickeln und Früchte tragen sollte. Seine Gesichtszüge sind einfach und würdig. Eine edle Ruhe und Haltung spricht sich in ihnen aus. Er spricht wenig und hat selbst die deutsche Sprache nicht hinlänglich in der Gewalt. Das Dänische ist sein vaterländisches Idiom. Von fremden Sprachen ist er nur des Italiänischen vollkommen und des Französischen etwas mächtig. Sein geselliger Umgang ist von natürlichem Wohlwollen begleitet. Früher war er gemüthlich, lebhaft und heiter wie ein Kind und nahm an den Unterhaltungen und Schwärmereien der jungen Künstler innigen Antheil.

In den späteren Jahren ist er zurückgezogener, ernster und wortkarger geworden, ohne dass diess doch seine natürliche Milde trübt und stört. Sein Geist ist immer sinnig und sinnend. Er verrichtet viele Geschäfte seines Berufes still für sich hin mit innerlicher Andacht. Seine Wohnung enthält eine Gallerie der neuern Maler, welche er durch seinen erworbenen Reichthum zusammenbrachte, und durch deren Ankauf er sich manches Verdienst um aufkeimende junge Talente erwarb. Seine Lebensordnung ist etwas unregelmäfsig. Er schläft lange. Wenn ihm aber dann die Ideen kommen, so steht er auch wohl mitten in der Nacht auf, und giebt sich ihnen mit ungetheilter Seele hin. Er trägt eine Welt in sich, die er immer weiter ausbaut und verarbeitet. In den reiferen Jahren der dreissig und vierzig hat er das Meiste gewirkt, ist indess immer noch unermüdlich thätig. Poesie, Lieblichkeit, Anmuth, edle Einfachheit und ein klassischer Anhauch zeichnen seine Schöpfungen aus, und werden sie über den Wogen der Zeit erhalten. Besonders stark ist er in den Basreliefs, worüber ihm das gesammte Zeitalter Zeugniss giebt, und in dieser insbesondere, so wie auch in anderer Hinsicht steht er hoch über Canova. Seine letzte Arbeit während meiner Anwesenheit zu Rom war ein Basrelief, den Parnassus vorstellend, mit Apollo, den Musen, den Dichtern und Weisen aller Zeiten. Noch war es unvollendet und ich kann nicht sagen, ob es fortgesetzt wurde. Ein näherer Umgang und eine genauere Bekanntschaft mit diesem seltenen Manne war mir und mehrern andern meiner deutschen Landsleute vergönnt und ich kann nur das allgemeine Urtheil bestätigen, dass er eben so liebenswürdig als Mensch, denn gross als Künstler sey. Seine Lebensweise ist höchst einfach. Er hat keinen Hausstand und ist nicht verheirathet. Seine einzige Tochter, die Frucht einer ausserehelichen Verbindung, ward zur Zeit meiner Anwesenheit in Rom mit dem schon bejahrten Kammerherrn von Paulsen, dem Begleiter der in Italien lebenden Prinzessin von Dänemark vermählt. In ähnlichen Verhältnissen gab es auch Canova auf, sich zu verheirathen, um ganz seiner Kunst zu leben. Die Anerkennung fast aller Fürsten

Europa's hat ihn mit ihren Orden geschmückt, die er indess niemals trägt. Hierzu gesellt sich der *Trinkorden der deutschen Künstler.* Nur wenn er die Assembleen der auswärtigen Gesandten besucht, pflegt er den Orden ihres respektiven Souveraines anzulegen. Unser Mitregent Friedrich August von Sachsen brachte ihm selbst das Komthurkreuz des sächsischen Civil-Verdienst-Ordens nach Rom. Der König von Baiern beschenkte ihn ebenfalls persönlich mit seinen Orden, und besuchte ihn jedesmal bei seiner Anwesenheit in Rom in seiner Wohnung. Abends pflegt Thorwaldsen regelmässig das Theater zu besuchen, oder andere gesellige Vergnügungen sich zu gönnen. Er lässt in drei Ateliers arbeiten, in der Nähe des barberinischen Platzes. Seine letzte grosse Arbeit ist Christus mit den Aposteln für eine Kirche von Kopenhagen, in dem sich indess die heitere Sinnlichkeit der klassischen Kunst mehr ausspricht, als das Tiefere und eigentlich Christliche. Christus selbst hat mehr die Hoheit eines griechischen Denkers, als die Erhabenheit des Gottessohnes, wenigstens möchte seine heitere und hohe Stirn mehr auf den milden Ernst und die Seligkeit der unsterblichen Götter, als auf die tiefen Leiden und den schweren Kopf des Erlösers zum Siege über die Welt, führen. Auch ist der Apostel Petrus dem Charakter nach nicht vollkommen befriedigend, wenn gleich klassisch in der Ausführung. Der Apostel Johannes erscheint als eine sanfte und heitere Seele, nicht als der Verkündiger der Lehre vom Logos, eher als ein glücklicher und heiterer griechischer Jüngling, denn als der christlich-verklärte Lieblingsjünger, der an dem Busen des Herrn gelegen hat. Vom Apostel Paulus lässt sich Aehnliches sagen. Als Grundtypus des Christlichen Charakters sollen Thorwaldsen bei dieser Gruppe die berühmten Statuen von Vischer in Nürnberg, welche für die ersten christlichen gelten, gedient haben. Die Atteliers sind voll von Büsten, grossen und kleinen Figuren, Basreliefs und anderen Darstellungen. In seiner Wohnung sieht man noch das Modell des Lord Byron sitzend, in welcher unter Andern das neuere Kostüm und der Faltenwurf sehr glücklich angebracht sind.

Byron sass ihm selbst. Sein Kopf richtet sich sinnend aufwärts, zu seinen Füssen liegen die Sinnbilder von Attica und Athen. Die drei Grazien Thorwaldsens standen in einer wohlgerathenen Kopie in seinem Atelier, welche später verkauft wurden, so wie das Modell der Venus in seiner Wohnung ausgezeichnet ist durch eigenthümliche Auffassung. Sie hält den Apfel in der Hand. Sein schwierigstes Studium sind die Pferde, in deren Bildung er Meister ist. Bei meiner Anwesenheit beschäftigte ihn das Pferd für die Reiterstatue des Max. Joseph in München ziemlich anhaltend. In einem andern Theile seiner Wohnung sieht man eine Unzahl von Masken und Studien nach den Alten. Unter andern besitzt er die Originalmaske König Karl XII. in Schweden, unmittelbar nach dessen Tode genommen. Das neueste Denkmal für Guttenberg in Mainz und für Schiller ist nach meiner Abreise zum Vorschlag und zur Arbeit gekommen. Was seinen Ruf als plastischen und komponirenden Künstler der neuern Zeit vorzüglich begründet, ist der grosse Alexanderzug nach dem Triumph über Indien, unstreitig das Hauptbasrelief unserer Tage. Es findet sich zweimal bearbeitet, zuerst für den Pabst in einem der Säle des Quirinals, wo es an den obern Kanten der Wände herumläuft. Das zweite Mal für den Sommerpalast des Marquis Sommariva am Comersee im Mailändischen. Ich sah es an beiden Orten, und vermochte keinen Unterschied in der Ausführung wahrzunehmen. Die Komposition ist ausserordentlich reich. Viel Sinn und Poesie blickt durch, edler Anstand und Haltung bezeichnet sämmtliche Figuren.

Thorwaldsen begann seine künstlerische Laufbahn mit dem Jason, welchen ein englischer Lord in Rom bei ihm bestellte, zur Zeit als er nach Rom gekommen in banger Erwartung seiner Zukunft und in pecuniärer Bedrängniss lebte. Er gerieth so wohl, dass mit diesem Anfange sein Glück begründet war, und von nun an immer mehr täglich ihm zuströmte. In seinen Reliefs wählt er öfters Gegenstände aus der griechischen Mythologie und aus der homerischen Geschichte und behandelt sie mit vieler Zartheit und Poesie. Auch Amoretten, Spiele und Scherze gelingen ihm sehr. In den Reliefs ist Canova weich, nachlässig und unvollkommen in der Ausführung der Gliedmaassen. In dieser Hinsicht hält er keinen Vergleich mit dem dänischen Bildhauer aus. Thorwaldsen und Canova waren Nebenbuhler, aber achteten sich gegenseitig. Nur ihre Schüler feindeten sich an. Thorwaldsen wird immer als der Schöpfer des gereinigten Geschmacks in der Skulptur der Neuern dastehen und als der glücklichste und genialste Nachahmer der Alten. Bei ihm lernt man, dass das Leben ernst, aber die Kunst heiter sey. Eines seiner Meisterwerke, das Grabmal Pius VII. in der Peterskirche, brachte ihm die Ehre zuwege, dass ihm, dem Protestanten, Pabst Leo XII. persönlich einen Besuch abstattete, eine Ehre, die sonst nur gekrönten Häuptern, und nicht einmal allen Prinzen von Geblüte widerfährt.

Canova.

Von Canova sah ich nichts weiter in Rom, als sein Haus, welches durch eingemauerte alte Bruchstücke kenntlich ist, und hörte von dem weitverbreiteten Rufe seines Namens. Italiäner nennen ihn den Wiederhersteller und Schöpfer einer neuen Kunstepoche, und er verdient auch diese Benennung. Sein Kunstcharakter ist gross. Weichheit, Weiblichkeit und Zartheit der Formen, unter welchen das Männliche und Kräftige sehr zurück tritt. Am schwächsten erscheint er in den Basreliefs, besonders im Vergleich mit Thorwaldsen. Die Figuren dieser Darstellung sind gewöhnlich nicht genau ausgeführt und oft nur ungeordnete Fleischmassen. Das Grabmal Clemens XIII. *(Rezzonico)* ist von ihm. Der ausgezeichnete Genius des Todes in einer wehmüthigen Lage und Stellung. Der ruhende Löwe scheint in der That Schmerz zu empfinden und zu klagen. Auch ist dieser Pabst passend in betender Stellung dargestellt, da er sehr fromm war. Die Religion, eine weibliche Figur, oder der Glaube auf der andern Seite, ist weniger ansprechend. Besonders ist das Gewand, wie die Stellung, steif. Ueberhaupt ziehen wir das Denkmal des Thorwaldsen auf Pius VII. in der Peterskirche, weit vor. Eine seiner Hauptfiguren ist die bekannte Hebe, welche er zu verschiedenen Malen ausarbeitete. Das Leichte, Graziöse und Elegante ist darin nicht zu verkennen. Der Geschmack war vor Canova tief gesunken. Die Zeitgenossen waren in das Manierirte verfallen. Canova weckte eine neue Schöpfung und Ansicht der Kunstwerke. Sein Streben fand die gerechte Anerkennung, aber es war nicht vollendet. Thorwaldsen musste die Krone aufsetzen, durch das Ernstere, Sinnigere und Poetischere in der Ausführung. Die Werke des Fleisses Canova's sind sehr zahlreich, Büsten gelingen ihm sehr wohl. Er war ein edler Mensch, wie Thorwaldsen, daher auch beide sich nicht befeindeten. Doch fand Thorwaldsens Streben anfangs viele Gegner unter den Italiänern. Das Leben Canova's ist von Missirini, Prato. 1824. und neuerdings von Quatremère de Quincy ausführlich beschrieben. Sein Glück machte ein venezianischer Nobile, in dessen Hause er als Küchenjunge arbeitete. Mehrere kleine Darstellungen aus Butter kamen auf dessen Tafel und erregten Erstaunen. Der Nobile ward auf die Talente des Knaben aufmerksam. Später erhielt er von der Republik Venedig den Auftrag, das Mausoleum des Seehelden Elmo zu setzen. Die Republik liess eine Münze zu seiner Ehre schlagen. Napoleon wollte ihn nach Paris ziehen. Er schlug aber diesen ehrenvollen Antrag aus Liebe zu seinem Vaterlande, dem Sitze der Kunst, aus, und blieb in Rom. Niemals verheirathet, hat er ausschliesslich seiner Kunst gelebt. Canova sagte zu Napoleon, als er gefragt ward, warum er sich nicht verheirathet: er habe öfter dazu Gelegenheit gehabt, aber keine Frau zu finden geglaubt, die ihn so geliebt haben würde, als er sie geliebt haben würde. Seit seinem Tod ist die Kunst weit vorgeschritten. Selbst unter den Italiänern möchten sich Künstler finden, die ihm gleich kommen oder ihm gleich kommen werden, z. B. Tenerani.

Deutsche Maler.

Unter den deutschen Malern verdient zuerst Koch genannt zu werden. Sein Verdienst als Landschaftsmaler ist weltberühmt. Er ist ein biederer, derber Tyroler von

16*

von vieler Kraft und Gesundheit der Seele, die sich auch in seinen Werken ausspricht. Seine Landschaften zeichnen sich aus durch treue Wahrheit und kräftigen Ausdruck. Doch finden sie nicht den Abgang, den er wünscht, und er besitzt einen reichen Vorrath in seinen Zimmern. Kräftigkeit und Derbheit seines Naturells haben vielleicht sein Fortkommen gehindert, wenn gleich sein malerisches Verdienst längst anerkannt ist. Den Dante versteht er gründlich und hat manche schöne Handzeichnung dazu geliefert. Sein Lieblingsgegenstand ist das Bekämpfen der Kunstakademieen und Kunstschulen, durch welche so viele mittelmässige Talente der Kunst aufgedrungen werden. Er hat darüber und über verwandte Gegenstände ein Buch gefertiget, welches die *historia scandalosa* der Kunstgaunerei, Narrheit und Noth in Rom enthält. Vieles Wahre ist hier mit allzustarken Farben aufgetragen. Ich weiss nicht, ob dieses eigentlich recht saftige Buch in Deutschland einen Verleger finden wird. Lange Stellen hat er mir daraus mitgetheilt, die ihres Eindruckes nicht verfehlen. Der Mann ist noch kräftig, wenn gleich alt. In seinem dunkelblauen Ueberrock, den Hut auf den Kopf gedrückt, die Pfeife im Munde, wandelt er bequem einher. Er ist zwar wohlbeleibt, aber noch rüstig zu Fuss, und theilt die Vergnügungen und Unterhaltungen der jungen Künstler. Als ich zu ihm kam, war er eben mit der Arbeit eines landschaftlichen Gemäldes beschäftiget, welches den Raub des Hylas durch die Nymphen darstellt. Seine Schilderungen der Scenen aus Dante, in der Villa Massimi in Fresko, tragen denselben Chrakter des Kräftigen und Markirten.

In demselben Hause, ja in demselben Stockwerke wohnt der fast achtzigjährige Reinhard, der noch die Kräfte und Rüstigkeit eines Jünglings besitzt. Seine Ausdauer, selbst in Fusspartbieen, ist bewundernswürdig. Zugleich ist er ein leidenschaftlicher Jäger. Wöchentlich geht er einige Mal mit einem Hund und einer Flinte auf die Jagd, und soll noch das schärfste Auge im Treffen haben. Seinen Landschaften ist ein stiller und tiefer Charakter eigen und die sorgfältigste Ausführung im Einzelnen.

Sein langer Aufenthalt in Rom hat ihn mit vielen der grössten Geister bekannt gemacht. Er war der Freund Schillers, Canova's, Fernows, Vernets und Anderer. Auch die Malerei der Felsen gelingt ihm sehr wohl. Er selbst hat sich bisweilen auf einigen Jagdstücken als Staffage im Jägerkostüme dargestellt. In die letzte Zeit meines Aufenthaltes zu Rom fiel die Anwesenheit des Peter Cornelius aus München, welcher von der baierischen Regierung hingeschickt ward, um ein jüngstes Gericht für die Ludwigskirche in München in Fresko zu komponiren. Es übertrifft an Grösse das jüngste Gericht des Michel Agnolo in der Sixtina. Cornelius ist seiner Natur nach heiter und lebensfrisch, ward aber durch Todesfälle in seiner Familie und andere Missverhältnisse nicht selten traurig gestimmt. Von seiner Gattin lebt er getrennt. Sie ist Italiänerin und durch Zwang an ihn gekommen. Seine Persönlichkeit hat Aehnlichkeit mit der Ludwig Tieck's. Seine Kompositionen haben einen hohen Grad von Genialität, und er hat gewiss auch durch seine Persönlichkeit eine Schule gegründet.

Ein wahrhaft christlicher Maler, vielleicht der Einzige seiner Zeit, ist Overbeck in Rom. Zartheit, Tiefe und Innigkeit zeichnen seine Schöpfungen aus. Ich sah bei ihm ein damals beginnendes Gemälde, die Zeiten der Kunst darstellend, mit geistvollen symbolischen Beziehungen, so dass ein Ganzes herauskam, bestimmt für eine Kirche seiner Vaterstadt, Frankfurt am Main. Dieser einfache, schlichte, gemüthvolle und wirklich christliche Mann, ist durch gewisse Bedürfnisse seiner Seele wahrscheinlich mit voller Aufrichtigkeit vom Protestantismus zum Katholicismus herübergezogen worden, dem er nun von ganzem Herzen anhängt. Nicht viele Proselyten möchten so achtungswerthe Gründe für sich aufführen können. Nur scheint es, dass er gegenwärtig sich allzusehr den Händen der Priester und Jesuiten hingebe. Sein Uebertritt hat mit dem des Grafen Friedrich Leopold zu Stollberg Aehnlichkeit. Er lebt still und zurückgezogen, ist verheirathet und sieht die Welt wenig. Auch malt er langsam und sehr gewissenhaft, ist immer sinnig und nachdenkend. Für den Kronprinzen von Preussen hat er er ein kleines Gemälde gefertiget, die feurige Fahrt des Propheten Elia gen Himmel vorstellend, was von unbeschreiblicher Schönheit ist. Ein anderes fertiges Gemälde stellte die Austreibung der Hagar durch Abraham und Sara vor, und zeigte von vieler Frömmigkeit in der Ausführung. Sein Hauptgemälde ist in Fresko in der Kapelle der Kirche zu Assisi, derselben Kirche, welche das Erdbeben traf und zum Theil zerstörte. Milde und Holdseligkeit zeichnen die heiligen Figuren dieses Gemäldes aus, dabei eine gewisse Frische und Jugendlichkeit der Darstellung. Das Zeitalter der christlichen Malerei ist wohl als ein vorübergegangenes zu betrachten, eine Fortbildung der Kunst in diesem Zweige nicht wahrzunehmen. Die meisten Darstellungen beschränken sich auf Kopien älterer Meister. Zwar sind auch diese Kopien dankenswerth und man kann viel aus ihnen lernen, indem sich der Kopist recht eigentlich in den Geist des alten Meisters versenkt; doch genügen sie dem aufstrebenden, selbstständigen Geiste nicht, und das fortdauernde Kopiren kann zuletzt alle Selbstständigkeit und Erhebung unterdrücken.

Ein beachtenswerthes Atelier ist auch das des Bildhauers Wagner, eines baierischen Künstlers, der die Villa di Malta auf dem Monte Pincio bewohnt. Auch er ist ein fruchtbarer Arbeiter, und das Tüchtige seines Naturells findet Freunde und manche Feinde. Seine Basreliefs sind fleissig und sorgfältig. Seine Büsten gelingen und sind nicht ohne Geist, ja Genie. Ein sächsischer Landsmann gehört zu seinen Gehülfen, der uns mit den Produkten dieses vorzüglichen Mannes freundlichst bekannt machte. Sein Name ist mir indess entfallen.

Unter den italiänischen Malern in Rom hat den grössten Ruf der Cavaliere Camuccini, der in seinem nun langen Leben Vieles gearbeitet und hervorgebracht hat. Er hat die Historienmalerei zu erneuern gesucht, und als blosser Maler angesehen mit vielem Glück. Allein die Personen und Gruppen haben viel Manierirtes und Unnatürliches, und er nähert sich darin dem Geist der französischen Maler. Vieles ist gleichsam auf einen Moment und auf

Effektmacherei berechnet. Auch besitzt er eine Gemäldesammlung der alten Schulen, die er den Fremden gern zeigt.

Unter den französischen Malern ist bekanntlich das Haupt Horatius Vernet, welcher nun Rom längere Zeit verlassen hat. Die echte Genialität seiner Werke und Person ist weltbekannt, so wie die Leichtigkeit, mit der er arbeitet. In der französischen Ausstellung sah man während meiner Anwesenheit ein interessantes historisches Gemälde seiner Hand, das sich nun in Paris in der Nationalgallerie des Luxembourg befindet, wo ich es wieder traf. Es stellt Raphael von Urbino vor, wie er im Begriff ist, mit seinen Schülern die Logen des Vatikans zu malen, und bei dieser vorzüglichen Arbeit von dem ungeduldigen Pabst Julius II. überrascht wird. Michel Agnolo erscheint auf der andern Seite mit kräftigem Ausdruck, beschäftigt, seine Maler- und Bildhauerwerkzeuge vielleicht aus der sixtinischen Kapelle zu tragen. In seinen Augen liegt der Ausdruck gewisser Rivalität und grosser Kraft. Ein schönes römisches Bauernweib sitzt im Vordergrunde, mit vieler Wahrheit und Natürlichkeit entworfen, so wie das Ganze vortrefflich gemalt ist. Bald nach meiner Abreise ward Horaz Vernet von einer französischen Flotte nach Algier geführt, um dort Bilder aus der französischen Kolonie aufzunehmen, so wie er dann auch die Belagerung von Antwerpen als französisches Nationaldenkmal zu malen beauftragt ward. Ich sah in Thorwaldsens Sammlung den Kopf eines Griechen, von ihm mit ausgezeichneter Leichtigkeit gemalt. Sein Vater ist der berühmte See- und Schlachtenmaler Vernet, der noch während meiner Anwesenheit in Rom, jedoch in Zurückgezogenheit und Ruhestand lebte.

Die französische Malerakademie zu Rom ist nicht arm an talentvollen jungen Künstlern, die indess den deutschen Malern wohl noch nicht gleich kommen. Bemerkenswerth ist, dass die Meisten derselben, ohnerachtet ihres langen Aufenthaltes in Rom, doch nur sehr mittelmässig und schlecht italiänisch sprechen, ein Beweis, wie wenig und selten sich die Franzosen der fremden Sitte und dem fremden Idiome accommodiren.

Die deutsche Künstlerwelt ist in Rom sehr zahlreich. Wir gedenken unseres lieben Freundes Senf aus Halle, eines geachteten Blumenmalers, so wie des nicht minder geschätzten Landschaftsmalers Catel. Häufig ist der Vorwurf gehört worden, dass diese Künstler allzuhäufig die Gesellschaften frequentiren, während der grösste Theil der übrigen ein freieres, fast burschikoses Leben zu führen pflegt. Ihr Versammlungsort ist die *Scozzese*, wo man sie ganz die Sitte deutscher Studenten nachahmen sieht. Einige Male des Tages, Morgens und Nachmittags vereinigen sie sich im weltberühmten Café del Greco in der via Condotti. Der Ton ist frei und natürlich. Viele derselben sind höchst tüchtige Leute, unter denen wir nur den genialen Landschafts- und Genremaler Nerli, den Liebling Rumohrs, den Maler Törmer, die Gebrüder Hottenroth aus Dresden und Andere nennen. Die Subsistenz dieser Künstler ist freilich oft sehr beschränkt, da unser Zeitalter kein Zeitalter der Kunst ist. Indess begnügen sie sich mit Wenigem, und die Freiheit von Etikette und allem Konventionellen, die man nur in Rom geniesst, ist ihnen ein Vorzug. Sie leben sehr wohlfeil und nicht selten in Gütergemeinschaft mit ihren Wirthsleuten. Die Historienmalerei ist fast verschwunden. Nur Genrebilder und Portraits sind an der Tagesordnung. Aus der Geschichte ihrer Kunst findet man selten bei ihnen Kenntnisse, ja es giebt Manche unter ihnen, welche die Gemälde Roms wenig studirt haben. Jährlich unternehmen sie ein Mal eine gemeinschaftliche Cavalcade oder Eselreiterei nach nahe gelegenen Steinbrüchen, mit einigen Schläuchen Wein versehen, und bringen einen Tag auf Rasen unter scherzhaften Gesprächen und Unterhaltungen zu. Früher schlossen sich auch Thorwaldsen und Reinhard an diesen Trupp an. Die jährlichen Ausstellungen liefern Früchte ihrer Arbeiten, welche verlooset werden.

Privatsammlungen des neuen Roms.

Die Privatsammlungen Roms, die wir folgen lassen, sind nicht unbedeutend, wenn gleich die meisten ihrer Besitzer und der römischen Paläste überhaupt von Rom abwesend leben, und selten an die Vermehrung ihrer Schätze denken. Durch einen oft unkundigen, oft lästig geschwätzigen Custoden wird man geleitet und hat dabei von Glück zu sagen, wenn der gewöhnlich sehr dürftige Guide dem Fremden nicht unvermeidlicher Weise aufgedrungen wird. Durch den Vorsaal, welchen zumeist das Familienwappen des fürstlichen oder gräflichen Geschlechtes ziert, im Hintergrunde eines Thrones oder Baldachin, geht der Weg in die einzelnen Gemächer, die oft fürstlich ausgeschmückt sind. Unbewohnt, wie sie sind, mit rothdamastenen Tapeten und Vorhängen, sind sie ein mattes Bild weiland altrömischer Weltherrlichkeit. Die Zimmer sind nicht immer vortheilhaft erhellt, so dass die Gemälde dadurch an Einsicht und guter Beurtheilung verlieren, so z. B. die ersten Zimmer der Landschaften des Palastes Doria. Man findet sich mit geringem Douceur bei dem Custoden ab, der zu fast jeder Zeit des Tages bereit ist, die Fremden zu führen. Die reichste Sammlung an Gemälden ist die des Palastes Borghese; die Skulpturarbeiten sind nie, wie z. B. in Florenz in den Ufficj, mit den Gemälden gemischt, sondern in besondern Sammlungen aufgestellt, wie in den Villen Albani und Borghese.

Der Palast Sciarra.

Der Palast Sciarra enthält eine kleine, aber ausgesuchte Sammlung. Unter den landschaftlichen Gemälden und Ansichten ist *Orizzonte* durch die Perspective ausgezeichnet. Die Both, Gebrüder, erkennen sich leicht an der dunkelroth gebräunten Färbung, wie an der Haltung des Ganzen. Die Claude haben durchaus viele Natur, Wahrheit und helle treue Farben. Auch einige Poussins sind da. Die Kopie der Verklärung von Guido ist doch sehr deutlich eben nur Kopie, das Original in München; die *untere* Scene ist zu dunkel gehalten, auch das himmlische Licht in dem Auge des Erlösers bei Raphael ist hier bei Weitem zum Ausdrucke irdischer Gutmüthigkeit herabgesunken. Nach Vasi-Nibby ist der Verfasser Valentin, diess wurde uns dort geleugnet und ist auch nicht wahrscheinlich. Das triumphirende Rom von Valentin, matt und bleichlich. Christus unter den Leiden, von Leonello Spada, aus Bologna. Eine nicht schöne *Carità* von der in schönster Jugendblüthe vollendeten Malerin Elisabeth Sirani, Schülerin des Guido. Viele Garofalos mit ihren zwar wohlgearbeiteten, aber doch immer wiederkehrenden und dadurch bewegungslos werdenden Köpfen, denen das tiefere innere Leben abgeht: z. B. die Vestalin Claudia, die Rom rettet, das Fahrzeug ans Land ziehend, welches das Pessinuntische Heiligthum enthält; Circe, welche die Menschen in Bestien verwandelt; die Samariterin und Christus. Die Cleopatra von Lanfrank, mit vieler Kraft. Ein *Ecce homo* vom Cav. Arpino, matt. S. Barbara von Pietro da Cortona. Eine Madonna aus florentin. Schule. Eine kleine Madonna. (Wohl nur angeblich von Tizian, die ich wenigstens unter seine geringsten Arbeiten setzen würde. Aber ach! mit wie vielen unächten und trügerischen Arbeiten wird dieser Name verherrlichet!) Der Simson von Caroselli ist nicht charakteristisch, der Mose von Guido allerdings kräftig, eine Manier, von welcher er später abkam. Die Jungfrau, welche aus Buonarottis Schule seyn soll, konnte mir nicht als solche einleuchten. Eine Madonna von Albano. Einige kleine Teniers. Ein *Castel nuovo di Napoli* von Carletto, durch seine Lebhaftigkeit und Frische ausgezeichnet. Ein grosses Stück, voller Figuren, mit guter Perspektive, darstellend die Heiligsprechung des Franciskus von Assisi und Ignatius von Loyola in der Kirche der Jesuiten zu Rom, ein von zwei Malern gearbeitetes Stück, die Architektur ist von Gagliani, die Figurenzeichnung von Andr. Sacchi. Die Madonna von Francesco Francia ist wohl die beste unter den kleineren, die hier vereinigt sind. Der betrunkene Noah von A. Sacchi hat viel Natur, besonders in dem üppigen Gesichte der einen davongehenden Tochter. Die heilige Familie von Innocenzo da Imola, aus der Schule des Raphael, gehört zu den besten der Sammlung. — Im folgenden Saale zwei Evangelisten, Markus und Johannes von Guercino. Der Johannes konnte mir nicht zusagen, in wie fern ich in ihm gar nichts Johanneisches fand. Seltsam ist das Gemälde von Schidoni, eine waldige Gegend darstellend, wo zwei männlichjunge Gestalten, gleichsam in den Bäumen verwachsen und in deren Dunkel untergegangen, aus ihnen hervorblicken auf einen Altar, der vor ihnen steht, und einen Todtenkopf enthält, unter welchem geschrieben steht: *etiam ego in Arcadia natus sum.* Der Custode vermochte nicht, mir über dieses Bild eine nur irgend erträgliche Auskunft zu geben. Er sagte: *si dice quegli quadro: Arcadi piangenti* (Man nennt dieses Gemälde: *die weinenden Arkadier.*). Auf jeden Fall geht dieser Künstler nicht die gemeine Strasse, und verdient mehr gekannt und hervorgezogen zu seyn; ein zweites kleines Gemälde von ihm, stellt den Säemann in der evangelischen Parabel vor, eine Scene, die mir neu schien, und in der ich viele Wahrheit fand. Die Enthauptung des Täufers von Giorgione ist besonders durch die weiblichen Köpfe, die sie enthält, ansprechend. Zu sehr der *gemeinen Natur* in den Gesichtern sich annähernd, finde ich die eheliche Liebe von A. Caracci. Zu den gefeiertsten Stücken dieser kleinen Sammlung gehört die *Eitelkeit* und die *Bescheidenheit*, von L. da Vinci, in welchem auch das Kolorit sehr gut erhalten ist. Die lächelnde Miene in dem Gesichte der Eitelkeit (etwas, was L. da Vinci eigen ist) wird gedämpft und in einen schönen Gegensatz gebracht, durch den milden Ernst und die sittliche Grazie der gegenüberstehenden Figur. L. da Vinci suchte die Originale ängstlich im Leben, während Raphael ebenfalls seine Figuren aus dem Leben nahm, aber mit dem Schleier des Geistes und der Idee umkleidete. Das berühmte Portrait des Raphael, ihn selbst als Violinspieler darstellend, hat grosse Natürlichkeit und lebhaftruhige Wahrheit. Der treffliche, in Rom erschienene Kupferstich, ist dem grossen Thorwaldsen zugeeignet. Die Jahreszahl 1518 ist für Raphael als Verfasser jedenfalls unpassend, wenn auch die Manier nicht für diese Zeit völlig unraphaelisch wäre. Raphael † 6. April 1520, geb. 1483. Der Verfasser wird also wohl unbekannt bleiben. Treffend ist das Bild „der

Spieler" von **Michelangelo da Caravaggio.** Die Charaktere der zwei Berückenden sind schön stufenweise charakterisirt, und dem Betrogenen blickt die gutmüthige Unerfahrenheit aus den Augen. Die zwei Magdalenen von **Guido** haben einen entgegengesetzten Eindruck auf mich hervorgebracht. Die zweite *delle Radici* ist gewiss die schönste, sowohl nach der Zeichnung, als der Farbengebung, nach dem Geiste und der Seele des Bildes. Die zweite oder gemeiniglich die erste erscheint gegen sie matt und wie unvollendet. — Eine Madonna von **Madurino**, Schüler des Raphael. — Ein Abriss des Martyrii des heiligen Erasmus, von **Poussin**, das Original im Vatikan, treu. — Eine heilige Familie von L. **Cranach** zeichnet sich aus durch das Helle der Farben, durch den Ausdruck der Treue und Biederkeit in den Gesichtszügen, welche augenblicklich die deutsche Schule verrathen. Schön, rein und licht, auch in dem Fleische vortrefflich ist der S. Sebastian von **Perugino.** Die Familie des **Tizian**, oder Tizian mit seinen Brüdern und einem Kinde, von ihm selbst gemalt, bleibende Porträts, denen nur die Sprache fehlt. Ein anderes Porträt führt den Namen: *bella Donna di Tiziano* und soll seine Geliebte darstellen. Wenn ich auch in ihr den tizianischen Pinsel nicht ganz erkenne, so ist doch die Aehnlichkeit des geistreichen und anziehenden Gesichtes mit den sonsther bekannten und sicheren Abbildungen der tizianischen Schöne unverkennbar.

Der Palast **Sciarra** ist einer der kleineren Roms, und bietet sonst keine anziehenden Dinge dar. Diese Sammlungen waren die Schatzkammer der einstigen römischen Grossen, wie die Garderoben der morgenländischen Herrscher es sind und waren. Jetzt ist, wie bemerkt, der Sammler Fleiss erkaltet und auf die Fremden übergegangen. Rom kennt wenig inländische reiche Mäcenaten der Kunst.

Der Palast Fesch.

Neulich sah ich in Gemeinschaft mit Herrn von **Wessenberg**, den ich in Rom wieder zu treffen das Glück hatte, mit dessen Schwester, der Frau Gräfin von Schulenburg und deren Tochter, einem jungen liebenswürdigen Fräulein, die Gallerie Fesch. Der alte Kardinal Fesch, einer der ehrwürdigsten Napoleoniden, war schon zur Zeit meiner Anwesenheit in Rom selten sichtbar; nur mit seiner Schwester, Lätitia, der Mutter des Kaisers, welche erst vor wenig Monaten endlich der Tod dem grössten Leid der Erde entrückt hat, das sie mit männlichem Geiste trug, pflog er den alten Umgang. Neuerlichst ist denn auch mit den Familienporträts der Madame Lätitia von David, Gérard und Andern die schöne Gallerie Fesch vermehrt worden. Ein Bild Carl Buonapartes, des Vaters Napoleons, ist als eine grosse Seltenheit besonders erwähnenswerth. Die Mutter des Kaisers gestattete nie, es zu kopiren. Die Glieder der kaiserlichen Familie, der Kaiser, Hieronymus, Ludwig, Joseph, Lucian, Hortensia, Karoline, umgaben im Bildniss die letzte Wohnstätte der seltenen Frau, welche ein Geschlecht von Königen aus sich hervorgehen sah. Der Kardinal ist als Kunstkenner in Rom bekannt. Seine Gemäldesammlung ist eine der reichsten der ewigen Stadt, nur verstellt, und in einem nicht durchaus günstigen Lokale. Am Eingange des Palastes empfangen uns im geräumigen Hofe einige muntere springende Rehböcke mit leuchtenden Augen. Die Fremden werden zuvor angemeldet, von Bedienten und dem Führer höflich in französischer Weise empfangen. Nach einer indess doch wohl sehr übertriebenen Mittheilung des französischen Führers sollen im Ganzen 17,000 Gemälde seyen, von denen 12,000 noch unaufgestellt seyen. Auch war er mit Austheilung von Raphaels, die oft gewiss nur Kopien waren, sehr freigebig. Unter den unzähligen Gegenständen können wir nur wenige auszeichnen. Eine Kreuzigung in der ersten Manier des Raphael, wo der Perugino noch hervorblickt, ein Bild von ihm im 12ten Jahre gemalt; viele Niederländer; die Himmelfahrt der Madonna von Guido (auch in München), eines seiner schönsten Bilder; französische wenig bedeutende Stücke; ein treffliches Gemälde von Giorgione, ihn selbst männlich zärtlich vor seiner Geliebten darstellend. Eine niederländische unwürdige Farçe,

Christum vorstellend, der in der Mitte von Bauern sitzt, und dem die Dornenkrone angeheftet wird, ein Fastnachtsspiel. Ein Mädchen, in der Mitte ihrer Gespielinnen, welcher ein Brief von einem etwas stupiden oder betroffenen Diener überreicht wird. Eine Madonna mit dem Jesuskinde im Himmel, von den vier ersten Kirchenlehrern auf der Erde umgeben, von Tizian. Die männlichen Köpfe sind trefflich und kraftvoll, die Madonna hat nichts Heiliges, auch der kleine Christus kann, wenn man den Charakter auffasst, nicht gefallen, die Malerei ist vollendet. Politische Notabilitäten, besonders die Büste des Kaisers und Lätitia's, schmücken die Zimmer, und gern stellen sich die Engländer nach ihrem rein politischen Charakter, zu diesem *hors d'oeuvre*, um eine Theilnahme zu zeigen, die noch würdigeren und bedeutenderen Gegenständen der Kunst gewidmet seyn sollte.

Villa Farnesina.

In der im klassischen heiteren Style erbauten Farnesina beschauet man die Freskodarstellungen von Raphael, oder doch nach dessen Zeichnungen die Geschichte des Cupido und der Psyche. Es eröffnet sich hier die Fülle eines reichen, schönen Naturlebens der Götter. Hundertmal sieht man diese Darstellungen mit erneuertem Vergnügen. Ausgeichnet ist der Cupido, der vom Vater Zeus geschmeichelt wird, bedeutend tritt der Unterschied zwischen Venus und Psyche in Schönheit, Jugendlichkeit und Kindlichkeit heraus. Das Fleisch, vielleicht zu hochroth, ist in dieser Steigerung eine Folge der Restaurationen. Das Zusammenseyn der Götter bei der Vermählung des Cupido und der Psyche ist eine sehr durchdachte Gruppe. Ueberall derselbe Raphael. Giulio Romano vollendete diese heitern und gediegenen Darstellungen. In dem Seitenzimmer der Kopf des Alexander, nach der Sage von Buonarotti, der ihn aus langer Weile, auf einen Schüler wartend, hinzeichnete, mit den Merkmalen der Kraft. In diesen Räumen soll Raphael die geliebte Fornarina bei sich gehabt haben; der Besitzer brachte sie in seine Nähe, da Raphael zu oft seine Arbeit verliess, um dem Wunsche seines Herzens nachzugehen. Die Galatea von Raphael in dem zweiten Zimmer kann ich nicht so schön finden; vielmehr hat sie in ihrem Blicke etwas Bedeutungsloses. Raphael selbst war mit seinem Erzeugnisse unzufrieden; nach einer bekannten Stelle seiner Briefe schwebte ihm bei diesem Stücke die Idee eines schönen Weibes vor, die er vergeblich zu verwirklichen trachtete. Man scheidet aus diesem reizenden Landhause mit voller Erinnerung an die schönen heitern Tage der klassischen Kunstthätigkeit, wo halb Rom eine Malerschule, Gunst und Geschick der Künste aufs Höchste gestiegen waren.

Palast Ruspigliosi.

Im Sommersalon dieses Palastes die berühmte Aurora von Guido Reni. Nichts Schöneres lässt sich sehen, als diese Komposition; wenn gleich Guido kein Schüler Raphaels war, so lebt doch darin raphaelischer Styl und Geist. Unendlich oft ist diese heitere geniale Gruppe in Abdrücken vervielfältiget. Auch hier merkt man ein zu hohes Inkarnat. Rechts und links in den Seitenzimmern manches Sehenswerthe. Adam und Eva von Domenichino haben zu weisses Fleisch; die übrigen Parthien des Gemäldes sind zu dunkelgebräunt, recht wie in dem jüngsten Gericht des Michel Agnolo. Einige schöne Büsten der Cäsaren, der Messalina, der Sappho, aus den Bädern des Konstantin in der Nähe. Andromeda und Perseus von Guido Reni mit durchsichtiger, blasser, luftartiger Färbung. Ein vortreffliches grosses Stück von Guercino oder Domenichino, David, nach dem Siege über Goliath, mit Kraft, Wahrheit und ohne Ueberladung. — Durch einen heitern Orangengarten traten wir in dieses Heiligthum der Kunst ein, und trafen in dessen Mitte zwei ernste Engländerinnen, auf Stühlen sitzend und das Deckengemälde des Guido lorgnirend. Nichts geht über die Kälte der englischen Beschauer und deren Oberflächlichkeit.

Villa Borghese.

Die Villa **Borghese** besitzt eine reiche und köstliche Sammlung in Skulpturarbeiten. Die Gemäldegallerie der Villa war damals noch nicht geöffnet. Einzelne Stücke, wie der Meleager im ersten grossen Saale, der altgriechische Altar in einem der nächstfolgenden Zimmer, die Ceres, der Bacchus, Pluto haben allgemeine Berühmtheit. Der Decius (so heisst er wenigstens), der sich dem Haupteingange gegenüber auf dem Pferde zeigt, ist, wenn gleich Vieles an ihm neu, doch von grosser Kühnheit. Der schlafende Hermaphrodit ist ein schönes Seitenstück zu dem florentinischen. In unserer Zeit, in den jüngsten Tagen, wollte man in Neapel diese Erscheinung als Naturspiel gefunden haben. Der borghesische Fechter, einst ein Eigenthum dieser Gallerie, ist von dem Fürsten nach Paris verkauft worden. Ueberhaupt war diese reiche Sammlung durchaus nach der Hauptstadt Frankreichs gewandert. Schon aber hat eine neue sich gebildet, welche für den unerschöpflichen Reichthum des klassischen Landes an alten Bildwerken Zeuge, und in einem reizenden Sommerpalaste aufbewahret ist. Dieser ist auf Befehl des Kardinal Scipio Borghese unter dem Pontifikate Paul V. erbaut, nach den Zeichnungen des Johannes Vansanzio, genannt der Flammländer. Fürst Marc. Antonio Borghese zu Ende des verflossenen Jahrhunderts hat die Villa ansehnlich vermehrt, nach den architektonischen Entwürfen des Antonio Asprucci, und in neuester Zeit ist sie ungemein verschönert nach den Zeichnungen des Luigi Canina, durch den letzten Fürsten Camillo, der während meines Aufenthaltes in Rom zu Florenz starb, und in den Zimmern des Palastes Borghese innerhalb der Stadt mit dem *castrum doloris* ausgestellt ward.

Die Villa Borghese, im grossartigsten altenglischen Geschmacke angelegt, ist der Lieblingsaufenthalt des römischen Volkes, vergleichbar dem Prater in Wien, oder dem Coventgarten in London. Die innere Einrichtung zeigt von grosser Munificenz, von Reichthum der Erfindung in den Anlagen, und von der heiter kräftigen Natur des römischen Baumwuchses. Die Pinien dieser Villa sind weltberühmt. Die lateinischen Haine konnten keinen erfrischenderen Aufenthalt gewähren, als ihn diese Villa, jetzt der Sammelplatz aller müssigen römischen Fremden in den schönen Morgenstunden zu Wagen und zu Fuss, von vielen Seiten darbietet. Hier schöpft man, in der Nähe so grossartiger Umgebungen, den wahren Lebensodem. Schön ist ein abgeschnittener kleiner Raum, der eine anmuthige Insel, von Schwänen umgeben, dem Auge gar einladend eröffnet. In der Mitte des festen Landes steht ein Tempel der Gesundheit mit einer neueren Statue des Aeskulapius mit dem Zeichen der Schlange und folgender sinnigen Inschrift:

Maximus aegris
Auxiliator adest, et festinantia sistens
Fata, salutifero mitis Deus incubat angui.

Der Altar in der Mitte ist von neuerer Arbeit. Zwei Ziegen weideten in den Umgebungen dieses einladenden Stilllebens. Uns ist dieser römisch-englische Park hier nennenswerth, wegen seiner Kunstsammlungen, wenn er gleich auch als ein Muster gelten mag des Schönen, Erhabenen und reizend Abwechselnden in dem Lande, wo die Citrone blüht. In der Nähe stehet die Villa des Raphael, jetzt *Villa Nelli* genannt, geschmückt durch einige, wenn gleich durch die Zeit beschädigte Fresken von ausgewähltem Geschmack, die Hochzeit Alexanders und der Roxane darstellend, von der Hand des Meisters. Als Urbild schwebte ihm vor die lucianeische Schilderung des griechischen Gemäldes durch den Pinsel des Aetion.

Palast Borghese.

Er ist einer der festesten und solidesten in Rom und gleicht hinsichtlich seiner festungsmässigen Bauart am meisten dem Palaste Pitti in Florenz, welchen der Grossherzog bewohnt. Der Baumeister war der alte Martin Longhi. Vollendet ward das Gebäude unter dem Pontifikate Paul V. (Borghese). Den Anfang der Erbauung hatte Kardinal Dezza im Jahre 1590 gemacht. Die Leitung des Ganzen bis zum Ende übernahm Flaminius Ponzio. Seine Gestalt gleicht einem Clavier, daher der Name *il cembalo di Borghese*. Der Hof ist in das Gevierte gebaut und hat zwei Stockwerke Bogengänge, mit Granitsäulen, welche sehr geschätzt werden. Auch sieht man hier drei kolossale Statuen, welche *Julia pia*, eine *Sabinerin* und eine *Ceres* darstellen.

Die Gemäldegallerie, im Parterre in eilf Zimmern aufgestellt, ist eine der reichsten und ausgewähltesten Roms. In jedem Zimmer empfängt man ein auf Pappe gezogenes Verzeichniss dessen, was darin enthalten, wodurch man der lästigen Erklärung des Führers (Cicerone) überhoben wird.

Unter den ausgezeichnetern Stücken nennen wir vor allen die gefeierte Kreuzesabnahme von Raphael, ein Meisterstück, welches er in seinem 24sten Jahre vollendete. Der Ausdruck der Zärtlichkeit und des Schmerzes bei den Theilnehmenden, so wie die Grazie der Komposition und der hohe Adel in der Ausführung sind es, die diesem Gemälde einen so unwiderstehlichen Reiz verleihen. Selbst die gemeinen Henkersknechte sind edel gehalten. Nur blicken auch hier italiänische Köpfe und Figuren durch und der palästinische Typus ist nicht festgehalten. Der Ausdruck des mütterlichen Schmerzes ist edel und vortrefflich.

Eine andere Kreuzesabnahme von Garofalo steht dieser, wenn gleich sonst vorzüglich, sehr nach.

Ein anderes Zimmer ist mit nichts als mit Abbildungen der Venus, von dem härtesten bis zum weichsten Styl und in den lüsternsten Stellungen, angefüllt.

Die Jagd der Diana, von Domenichino, von sehr lebhafter Ausführung. Einige Nymphen verdienen besonderes Lob durch die Frische und Leichtigkeit der Bewegung. Von demselben Meister die Sibylle von Cumä, ein schönes Seitenstück zu der persischen Sibylle des Guercino. Der heilige Antonius, welcher vor den Fischen prediget, einem stummen Auditorium, von Paul Veronese; doch scheinen die Fische aufgeregt und Aufmerksamkeit zeigend. Von demselben Meister, Johannes der Täufer in der Wüste. Die Landschaft ist nur flüchtig entworfen; die Türken, welche unter seinen Zuhörern sich befinden, sind von den frischesten Farben.

In dem zweiten Zimmer befand sich sonst eine kostbare Urne von Porphyr, welche indess nun in die Villa Borghese übergegangen ist, wo eine ausgewählte Sammlung von Porphyren aufbewahrt wird. Sie soll einst die Asche des Kaisers Hadrianus verwahrt haben, und in seinem Mausoleum, der heutigen Engelsburg, gefunden worden seyn, wofür es indess keinen Beweis giebt.

Auch eine Kopie der Geliebten des Raphael oder der Fornarina von Tizian kann diese Gallerie aufweisen. Die Fornarina war ein Bäckermädchen, und ist in sehr abweichenden Portraits vorhanden. Wie so verschieden ist die der Gallerie in Florenz von der des Palastes Barberini in Rom. Nicht minder schön ist die tizianische Darstellung der Rückkehr des verlorenen Sohnes. Von ihm ist auch das Gemälde der himmlischen und irdischen Liebe und das sehr ausgezeichnete der drei Grazien. Von Raphael soll seyn ein schönes Porträt des Cäsar Borgia. Eine Danaë des Correggio hat vieles Verdienst. Viele andere Meister zweiter Grösse übergehen wir hier, da die Aufzählung des Einzelnen ins Unendliche gehen und uns hier zu weit führen würde.

Palast Doria.

Er besteht in drei Abtheilungen, welche gemeinschaftlich einen der grössten und prächtigsten Paläste Roms bilden. Die Zeichnung ist von Borromini oder richtiger von Pietro von Cortona. Die Gemäldesammlung dieses Palastes ist eine der ansehnlichsten Roms, und besonders durch treffliche Landschaften ausgezeichnet, unter denen die des Gaspar Poussin die meiste Beachtung verdienen. Nur das Lokale ist diesen Meisterwerken nicht vortheilhaft, indem das Licht spärlich hereinfällt, und die an der Wand zwischen den Fenstern aufgehängten Gemälde desselben fast gänzlich entbehren. Unter den Poussinschen Gemälden ist vorzüglich nennenswerth die Brücke von Lucano auf der Strasse von Tivoli. Auch findet man häufige Bilder von

17*

Salvator Rosa, dessen abentheuerliche und kühne Manier besonders von den Engländern geschätzt ist. Eine Kreuzesabnahme von **Paul Veronese** ist beachtenswerth; von Tizian aber seine Geliebte und einige andere Porträts; die berühmten Bilder des **Bartolus** und **Baldus**, zweier gefeierten Rechtskundigen von **Raphael**; die Köpfe sind ausserordentlich kräftig und sprechend. Vorzüglichen Ruhm hat auch das Bildniss **Johanna's II.**, Königin von Neapel, von **Leonardo da Vinci** erlangt; es hat Aehnlicheit mit dem raphaelischen Style, zeichnet sich indess durch grössere Lebhaftigkeit und durch eine gewisse Natürlichkeit aus. Auch findet sich ein Gemälde, welches Luther, Calvin und Katharine von Bora darstellen soll, und eine Kopie des Gemäldes von **Giorgione** im Palast Pitti zu Florenz ist. Ueber dieses Gemälde wird von Seiten der Italiäner oft gespottet, als ob es Luthern in seiner Schwachheit mit einem Mädchen darstelle. Nichts gewöhnlicher in Italien, als die Verläumdung, dass Luther lediglich aus sinnlichen Gründen, um sich verheirathen zu können, oder weil man ihm einen Bischofsstab oder Kardinalshut abgeschlagen habe, die grosse Störung und Trennung von der herrschenden Kirche veranlasste. Vollständige Aufzählung aller Stücke einer so reichen Sammlung kann auch hier der Zweck nicht sein; vielmehr nur Aushebung des Bemerkenswerthesten und Originelleren. Das Anschauen so vieler Gegenstände der Malerei ist für Sinn und Auge angreifend, und lässt ohne Unterscheidung der Schulen nur gleichsam schwimmende Eindrücke in der Seele zurück. Viele Fremde verlieren daher ihre Zeit mit Anschauen, ohne davon bleibenden Gewinn zu ziehen; viel nützlicher würde es seyn, wenn ihnen ein kunsterfahrener Mann zur Seite stände, der sie auf das Bessere aufmerksam machte und das Schlechtere vorübergehen lehrte. Aber Wenigen wird es so wohl; sie sind gleichsam in einem Irrgarten und kehren von ihren Wanderungen oft verworrener zurück, als sie kamen. Die Privatgallerien der römischen Fürsten und Grossen werden, wie schon oben bemerkt, selten vermehrt. Im Palaste Doria steht der Baldachin des Hauses in einem der Gemäldezimmer verödet da; nur ein kleiner Flügel des Gebäudes wird bewohnt; der alte Glanz des Hauses ist längst erloschen.

Das Vorzimmer enthält, wie gewöhnlich, eine Art von Thron oder Baldachin mit dem fürstlichen Wappen des Hauses und die Bedienten. In der Nähe sieht man Ueberreste des letzten Abendmahles, mit den Stiefeln oder Kleidungsstücken des Besitzers. Die Führer sind ebenfalls Diener des Hauses und für ihre Mühwaltung mit einem sehr mässigen Trinkgelde abgefunden. Ihre Begleitung ist indess bei sehr geringer Kenntniss der Sache öfter eher lästig, als förderlich. Erfreuliche Bekanntschaften mit Fremden werden auf diesen Kunstwanderungen geschlossen. So verdanke ich einer solchen im Palaste Doria die Freundschaft des Dr. Sillem aus Hamburg mit seiner liebenswürdigen Familie. In Neapel sahen wir uns in dem Hause Fellinger und Aselmeyer*) häufig wieder. An den Palästen der römischen Grossen ist neben dem Familienwappen immer das Wappen des Pabstes aufgehängt, daneben auch wohl das Wappen des fremden Souveränes, wenn derselbe in irgend einer Beziehung, entweder durch einen verliehenen Orden, oder in einer geschäftlichen Verbindung mit dem Fürsten des Hauses stehet. Jeder dieser Grossen sucht sich wenigstens mit fremden Federn zu schmücken, wenn ihm das Vaterland Anerkennung und Auszeichnung versagt. Nur wenige grosse Staatsämter, wie das des Majordomus, des Generales der Kirche (ein solcher ist der Fürst Barberini), werden durch römische Grosse versehen. Spärlich sind die Einkünfte dieser Nobili. Der römische Hof ist zwar der glänzendste seinen Umgebungen nach, indem sämmtliche Kardinäle einen fürstlichen Rang und Charakter haben; indess sein Adel ist verarmt und selbst in der übrigens harmlosen Herablassung, welche ihm eigen ist, erkennt man den deprimirten Stolz, der sonst wohl noch ein Kennzeichen des Römers war. Die Leutseligkeit dieser römischen Fürsten gränzt an Geschwätzigkeit; ihr tägliches Leben ist ein systematisirtes Nichtsthun.

*) Das letztere ist durch seine Gediegenheit und ächte Religiosität besonders achtungswerth und ehrwürdig.

Palast Farnese.

Er ist einer der solidesten und festungsartigsten Roms, und von den Trümmern des Colosäi gebaut. Der Hof von Neapel hat ihn im Besitz, wegen seiner alten Verwandtschaft mit dem Hause Farnese. Das Gebäude ist gegenwärtig der Sitz der neapolitanischen Gesandtschaft bei dem päbstlichen Stuhle. Manche gute Malereien und Bildhauerarbeiten zeichnen diesen Palast aus, wiewohl es nur Ueberreste dessen sind, was einst in ihm war. Er verdankt seine Entstehung drei Baumeistern ersten Ranges; den Anfang der Erbauung machte Paul III. als Kardinal nach der Zeichnung des Antonius von St. Gallo; beendigt ward er vom Kardinal Alexander Farnese, dem Neffen des genannten Pabstes, unter der Leitung des grossen Michel Agnolo Buonarotti und von Jakob della Porta; das erste Stockwerk des Hauses aber ist von Vignola. Die Grundsteine dieses Gebäudes sind, wie schon bemerkt, theilweise aus dem Colosäum entlehnt, welches man in jenen Zeiten für Gründung christlicher Kirchen und Paläste zu plündern anfing. Doch ist unwahr, dass Paul III. vorzugsweise die Barbarei trieb, die Alterthümer Roms für neuere Zwecke zu verwenden. Derselbe Pabst machte mehrere Anordnungen zur Erhaltung der Antiquitäten, und ernannte den Juvenal Mannetto zum Aufseher des alten Roms mit sehr ausgedehnter Vollmacht. Der Hof bildet ein klassisches Viereck und ist ein Meisterstück der Architektur mit der dorischen, ionischen und korinthischen Säulenordnung. Die berühmten Meisterstücke dieses Palastes, wie die colossale Flora, der farnesische Herkules, ein Werk des Atheniensers Glykon, und die Gruppe der Dirce oder der farnesische Stier sind nach Neapel in das königliche Museum der Studien gewandert, als Besitzthum des königlichen Hauses von Bourbon. Vormals schmückten sie den Hof dieses vortrefflichen Palastes; nur ein Stück ist übrig unter dem Porticus, ich meine den Marmorsarkophag der edlen Caecilia Metella, Gemahlin des Crassus; er ward in dem Grabmale dieser Römerin ausserhalb des Thores von S. Sebastiano gefunden. Eine schöne und weite Treppe führt zuerst in den Korridor oder die Gallerie, welche von den beiden Carracci's, Hannibal und Augustin, nebst ihren Schülern, in Fresko ausgemalt ist. Die Ausführung dieser lieblichen und zum Theil klassischen Gemälde kostete dieser Malerschule nahe an acht Jahre Arbeit, und wurde nur mit 500 Golddukaten bezahlt. Unter die vorzüglicheren dieser Darstellungen gehört der Triumph des Bacchus und der Ariadne, welche auf Wagen einherziehen, an welche Ziegen und Böcke gespannt sind. Die Figur des Silenus auf dem Lastthiere ist vortrefflich, so wie auch die Gruppe der Faune, Satyren und Bacchanten, welche den Zug umringen, vieles Leben hat. Die zwei Seitengemälde stellen den Gott Pan vor, welcher der Diana die Wolle seiner Ziegen anbietet, und Merkurius, welcher den goldenen Apfel dem Paris zuträgt. Von den andern vier grossen Gemälden, welche um die Decke sich ziehen, stellt eines die Galatea vor, welche auf einem Meerungeheuer in Begleitung anderer Nymphen, fliegender Liebesgötter und Tritonen die Fluth durchschneidet, während einer der Amoren ihr einen Pfeil nachschiesst. Das gegenüberstehende Gemälde stellt die Aurora dar, welche den Cephalus raubt; auf dem dritten erblickt man den Polyphem, welcher auf der Hirtenschalmey bläst, um die Galatea anzulocken; das vierte endlich zeigt wiederum den Polyphem, während er einen Felsen dem Acis nachwirft, der mit der Galatea flieht. Unter den vier Gemälden in der Mitte stellt der erste Jupiter dar, welcher Juno in sein eheliches Lager aufnimmt; auf dem zweiten sieht man Diana, welche dem Endymion liebäugelt, und zwei Liebesgötter zwischen dem Gebüsch, die sich ihres Triumphes über Diana freuen. Auf dem dritten Gemälde erscheinen Herkules und Jole, eine Darstellung, die auch in einer niedlichen alten Marmorarbeit der Studien in Neapel sich findet. Herkules, in weiblichen Kleidern, spielt eine Handtrommel; Jole mit der Lämmerhaut umhangen, hält die Keule des Herkules in der Hand. Das vierte Gemälde zeigt uns den Anchises, welcher von dem Fuss der Venus den Kothurn wegnimmt. Auf zwei andern kleinen Gemälden ist Apollo dargestellt, welcher den Hyacinthus raubt, und Jupiter, welcher den Ganymed in der Gestalt eines Adlers entführt. Noch giebt es in diesem Saale viele niedlich gemalte Medaillons mit verschiedenartiger Darstellung aus der Mythologie; das kleine Gemälde von Domenichino, welches ein junges Mädchen darstellt, das ein Einhorn liebkoset, ist durch Grazie vorzüglich ausgezeichnet. Beachtung verdient auch die Darstellung der Andromeda, welche durch Perseus befreit wird, an der Seitenwand dieser Gallerie. Ein anderes Zimmer ist von Hannibal Carracci ganz und gar gemalt; in der Mitte der Decke erblickt man Herkules am Scheidewege; auch andere Gemälde schmücken diese Zimmer.

Beachtungswerth erschien uns noch ein Saal, ganz und gar in Fresko gemalt von Franz Salviati, Taddäus Zuccari und Georg Vasari; zwei Gegenstände sind es, deren Darstellung die Aufmerksamkeit erregen, der Abschluss des Friedens zwischen Kaiser Karl V. und Franz I. von Frankreich, und die Disputation Dr. Martin Luthers mit dem Nuntius Cajetanus. Andere Geschichten aus dem Hause Farnese schliessen sich an.

Wir durchstrichen einen grossen Saal mit Gypsabgüssen, theils des Farnesischen Herkules, theils anderer gefeierter Kunstwerke; auch sieht man dort Stücken von Tafelwerk, welche aus den Farnesischen Gärten vom Berge Palatinus herkommen.

Der Palast Farnese steht in einem ziemlich abgelegenen Theile Roms, und beherrscht gleichsam diese Gegenden. In seiner Nähe ist die bekannte römische Perlenfabrik, welche vielen Absatz durch deutsche Reisende findet. Die Masse besteht in einem Gusse, der den orientalischen Perlen an Reinheit sehr nahe kommt. An liebe Freunde und Freundinnen nahmen wir Andenken mit, die in Deutschland so geschätzt werden. Mädchen und Frauen betreiben geschäftig die Verarbeitung und den Verkauf. Der Preis ist niedrig gestellt. Natürlich finden diese Gegenstände mehr Käufer, als die theueren Mosaik- und Muschelarbeiten, welche in grosser Anzahl in glänzenden Gewölben ausgestellt sind, und in der That oft wirklich klassische Darstellungen, mit vielem Geschick ausgeführt, geben. Auch Thorwaldsens Arbeiten sieht man nicht selten hier im Kleinen wiederholt.

Palast Barberini.

Unter den Palästen Roms, welche Auszeichnung verdienen, ist der des Fürsten Barberini vor andern nennenswerth. Nicht allein eine gute Gemäldesammlung zeichnet ihn aus, sondern eine an Manuscripten reiche, wenn gleich in der Verwaltung höchst verwilderte Bibliothek. Hier war es das erste und einzige Mal, wo der so dienstfertige Unterbediente mir Handschriften der Sammlung unter dem Vorwande, dass sie ihm eigen gehörten, und dass er für Frau und Kinder zu sorgen habe, mit listig gutmüthiger Miene zum Verkauf anbot. Er trat mit ihnen in mein Zimmer ein, es waren einige lateinische und griechische theologischen Inhaltes. Auch ein neutestamentlicher Uncialcodex in Fragmenten war ihm verkäuflich. Kein Zweifel, dass er mit dem Bibliothekar, einem intriguanten und herzlosen Exjesuiten, im Einverständnisse handelte. Bedeutende Lücken finden sich in dieser schönen Privatsammlung; und es steht zu fürchten, dass sie mehr und mehr an Umfang abnehme.

In dem Bibliothekarzimmer des Hauses, wo ich mit einigen deutschen Freunden arbeitete, traf ich das erste Mal mit dem liebenswürdigen, schon oben charakterisirten, Abbate Mezzofanti, der in schlichter geistlicher Kleidung neben dem Bibliothekar sass, zusammen. Von den Römern wird er hoch gehalten, und stets mit Auszeichnung begrüsst. Sein so mannichfaltiges, weit verzweigtes Studium führt ihn auf Gegenstände oft mehr der gelehrten Neugierde, als der Forschung. Sogleich ergriff er die Gelegenheit, um mit den in seiner Nähe beschäftigten Fremden deutsch zu reden. Die unordentliche, ja man kann sagen, liederliche Oeffnung dieser Bibliothek am Montage und Donnerstage jeder Woche stand indess einer andauernden Bekanntschaft mit diesem anziehenden Gelehrten, der alle Fremden mit grosser Freundlichkeit bewillkommnet, entgegen. Nächst dem nun auch verewigten **Fea**, dem Nestor der römischen Archäologen, und dem ränkevollen **A. Mai** gehört er unstreitig zu den bedeutendsten wissenschaftlichen Notabilitäten des heutigen Roms.

Der Fürst **Barberini** ist einer der ersten Grossen des römischen Hofes und gegenwärtig General der Kirche *).

Die kleine Gemäldesammlung zeigt unter andern die **Fornarina** des Raphael, als ein kräftiges, natürliches, sinnliches Mädchen, mit halbentblösstem, vollem Busen, nichts Ideales in den braunen, natürliche Lebensfülle aussprechenden Augen. Das Gemälde ist von dem Meister selbst, aber mit dem der Tribüne zu Florenz, welches denselben Namen trägt, nicht zu vereinigen. Keine Frage wohl, welche den Vorzug verdiene.

Das Deckengemälde im Vorsaale des Palastes von **Pietro von Cortona** dienet die Geschichte dieses alten Hauses zu verherrlichen. Es enthält eine grosse, halb heidnische, halb christliche Allegorie, besonders mit Anspielungen auf Züge aus dem Leben des Pabstes Urban VIII. aus dem Hause **Barberini**. Reichthum und Grossartigkeit zeichnen diese Komposition aus.

In der kapitolinischen Gemäldesammlung bemerken wir ein ähnliches grosses Stück, den Raub der Sabinerinnen, das wir am liebsten mit dem des barberinischen Palastes in Vergleichung stellen. Im Ganzen erinnert freilich diese Freske an den Perrückenstyl. Urban VIII. ist Gegenstand der Verherrlichung, der Sieg des Ruhmes ist ausgedrückt durch die Attribute des Hauses **Barberini**. Die Decke hat fünf Abtheilungen, oder Felder. In der Mitte stehen

---

*) Nach den neuesten zuverlässigen Nachrichten vom Mai 1830 ist endlich dem Unwesen im Gebrauche der barberinischen Bibliothek gesteuert. Der Fürst ist von der langen Veruntreuung, nachdem noch neuerlich ein Einbruch in die Handschriften geschehen, benachrichtiget, der gewissenlose Aufwärter, der die Handschriften öfter verschacherte, zur Strafe der Galeeren verurtheilt, der Bibliothekar **Rezzi** aber tödtlich krank geworden. Die unangenehmste Seite der Sache ist, dass der Zugang zu den römischen Bibliotheken überhaupt den Fremden nach diesem eklatanten Beispiele überaus erschwert worden ist.

die Wappen des Hauses Barberini mit den Bienen, zum Himmel gehoben von den Tugenden, in Gegenwart der Vorsehung, umgeben von der Zeit, von den Parzen, von der Ewigkeit und von einigen Gottheiten. Ausserdem noch einige Seitengemälde, mit folgenden Darstellungen: Minerva, welche die Giganten mit dem Blitze erschlägt; im Centrum des zweiten Gemäldes sind dargestellt, die Religion und die Treue, zur Seite die Wollust und ein Silen. Das dritte Gemälde stellt in der Höhe dar: die Gerechtigkeit und den Ueberfluss; in der Tiefe die Barmherzigkeit und Herkules, welcher die Harpyen erlegt, mit Anspielung auf die Züchtigung der Frevler. Im Centrum des vierten Gemäldes sieht man die Kirche und die Klugheit, in der Tiefe die Küche des Vulkan, und den Frieden, welcher den Tempel des Janus schliesst. Ein gewisser lästiger, drückender Ueberfluss, und eine eben so sehr heraustretende Verworrenheit sind inzwischen allen grossen allegorischen Deckengemälden aus den Zeiten des Perrückenstyles eigenthümlich.

Wenn gleich dieser Palast nach den Zeichnungen des Karl Maderno angefangen, von Borromini fortgesetzt ward, so ist er doch erst vom Cav. Bernini vollendet. Einer der schönsten Ueberreste aus dem Alterthum ist der herrliche Löwe, welcher auf der Haupttreppe des Palastes eingemauert sich darstellt. Fürwahr ein vollendetes Stück. Ruhige Würde spricht aus ihm, er scheint das Werk eines edlen griechischen Meisels.

Die Kreuzesabnahme von Michel Agnolo ist noch nach ihrer Aechtheit Zweifeln unterworfen. Christus und Magdalene von Tintoretto sind nicht eben vorzüglich. Das kleine Gemälde der Jungfrau und des Jesuskindes von Andrea del Sarto ist lieblich und korrekt, wie alle Gemälde dieses angenehmen Meisters. Wir dachten gern an die Madonna *del sacco* in Florenz zurück, da unser Auge schon mehr zur Sicherheit in Erkennung der Schulen geübt war.

Die fünf Portraits des Tizian gehören nicht zu seinen vorzüglichsten. Ein anderes hat Leonardo da Vinci zum Urheber. Auch hier zeigt sich die lächelnde Manier des Meisters. Ein anderes Gemälde des Herzogs von Urbino von Barocci.

Eines der merkwürdigsten Stücke dieser Privatsammlung ist der Kopf der gefeierten Cenci von Guido Reni, in dessen erster Weise; die Heldin ist in dem Augenblick dargestellt, in welchem sie das Schaffot ersteigt, und die kräftigen, ächt römischen Worte zu dem Henker ausspricht, welcher kam, ihr die Hände zu binden: „Du bindest den Körper zur Todesstrafe, und lösest die Seele zur Unsterblichkeit.“ An den Gesichtszügen ist eine leichte Koketterie nicht zu verkennen; der Haarputz ist mit Sorgfalt gearbeitet.

Dergleichen historische Gemälde fesseln vorzüglich, und haben für Gegenwart und Vergangenheit einen unschätzbaren Werth. — Der berühmte Andreas Corsini, der Heilige, von Guido, ist eine beachtenswerthe Erscheinung.

Palast Colonna.

Der Palast Colonna ist das Werk des grössten Mannes dieses Hauses, des Pabstes Martin V. Die Nachfolger, zum Theil Kardinäle und Fürsten, haben ihn erweitert und beendiget. Der Palast liegt am Fusse des Quirinalischen Berges. In dem Saale, welcher an die Gallerie grenzt, bemerkt man die herrlichen Portraits Luthers und Calvins von Tizian; ein vortreffliches Gemälde von Paul Veronese; eine heilige Familie des Bonifacius, des venezianischen Malers; Jesus Christus mit zwei Engeln von Bassano und Anderes. Den Durchgang zur Hauptgallerie zeichnen mehrere Landschaften aus von Nicol. Poussin und von Orizzonte, Schlachten aus der flammländischen Schule und andere Darstellungen. Von da begiebt man sich in die Gallerie, welche die prächtigste, höchste und ausgeschmückteste in Rom ist. Nichts gleicht diesem riesenhaften Saale, als etwa die Gemächer mancher Paläste in Genua, oder ein Spiegelsaal des Fürsten Pallagonia bei Palermo, welchen ich später zu sehen Gelegenheit hatte. Die zahlreichen Familienbilder des Hauses sind durchaus von einem würdigen Aeusseren, und passen wohl zu diesem höchst würdigen Lokal. Wir stiessen zuerst auf vier Portraits, welche in ein Ganzes vereiniget sind, von Giorgione, in der bekannten bewundernswürdigen Manier dieses Meisters; der Evangelist und der Täufer Johannes von Salvator Rosa, in der kühnen Manier dieses Malers, die von den Engländern so geschätzt ist; ein *Ecce homo* von Albano ist von geringer Bedeutung; mittelmässig auch die Magdalene von Hannibal Carracci aus der bolognesischen Schule. Nennenswerth durch ihre Schönheit sind die Gemälde des Petrus im Kerker von Lanfranko und des Hieronymus von Spagnoletto. Klassisch ist das Bildniss Friedrich Colonna's von Justus Suttermans. Die sogenannte *Carità Romana* von Jordaëns dem Aelteren verdient Aufmerksamkeit, so wie Adam und Eva von Salviati. Eine Familie von Scipio Gaetano hat den kraftvollen Styl aus der Schule des Buonarotti. Eine Venus mit Satyrn und einem Knaben von Bronzino hat besondern Werth durch die grosse Schönheit der Satyrn. Wir bemerken auch ein niederländisches Bild der Lucretia Tomacelli Colonna. Das sehr vorzügliche Bildniss von Jacob Sciarra Colonna von Giorgione; der Schlaf des Hirten von Nicol. Poussin; der heilige Sebastian von Guido Reni nach dessen erster Manier, ein Meisterstück; endlich der Friede zwischen Sabinern und Römern von Dominicus Ghirlandajo, dem Lehrer des Michel Agnolo Buonarotti. Im oberen Stockwerke gab es früher eine Reihe von Gemälden, die nun abhanden gekommen sind. Wir zeichnen unter den noch übrigen nur wenige aus, wie eine sehr schöne heilige Familie von Giulio Romano, den schönen Moses von Guercino, und im letzten Zimmer Paul V., fälschlich Martin V. genannt, von einem gleichzeitigen Maler.

Anstossend an den Palast ist der Garten, welcher zwei kostbare Ueberreste eines alten wohlgearbeiteten Frontispiciums enthält, die man entweder von einem Tempel der Sonne, oder der Gesundheit herleitete; die Masse besteht aus weissem Marmor. Ausserdem sieht man verschiedene

Ueberreste der Bäder des Konstantin. — Das Haus Colonna war eine Zeit lang Gegnerin des päbstlichen Einflusses; daher in der berüchtigten Nachtmahlsbulle *in coena Domini* die Mitglieder dieser Familie neben den protestantischen Ketzern und Seeräubern verflucht werden. Das Haus hat einigen Antheil an der Lateranskirche; und die Ueberreste des heiligen Abendmahltisches in Gold und unter Glas gefasst, werden dort von den Mitgliedern verwahrt. Das steinerne Denkmal aber Martins V. aus demselben Hause, der auf dem Concilium zu Costnitz blühete, erhebt sich in der Mitte des Laterans.

Villa Albani.

Die Villa Albani ausserhalb der Thore der Stadt ist eine kleine Kunstwelt; sie enthält die reichsten Schätze des Alterthums und war der Lieblingsaufenthalt des grossen Winkelmann, der unter dem Schutz seines Gönners, des Kardinals Alexander Albani, den reichen Inhalt dieser Villa sammelte und ordnete. Es ist bewundernswürdig, wie weit ein römischer Privatmann in der Sammlung alterthümlicher Werke kommen konnte, welche das Museum eines jeden Königs vollkommen ausfüllen würden. Dafür ist auch der letzte Besitzer in der Zeit meiner Anwesenheit in Rom, der nun verstorbene Kardinal Albani, während des Aufstandes in Bologna Befehlshaber der Truppen für die Romagna, todt für alle Erweiterung und Verschönerung dieses vortrefflichen Besitzthumes gewesen. Man warf ihm Geiz und Habsucht vor selbst gegen seine nächsten Anverwandten.

Die Sammlung befindet sich theils im Freien, theils unter den Kolonnaden und in den Gemächern eines Sommerpalastes. Statuen, Büsten, Basreliefs, Urnen, Inschriften und andere alte Marmorwerke verherrlichen diese Villa, deren Garten sich durch Regelrechtigkeit fast dem holländischen Geschmack annähert.

Der Deutsche sucht hier Winkelmanns Schatten und findet sich reichlich belohnt durch den grossen Ruhm, dessen dieser unsterbliche Genius der Kunstgeschichte noch immer in Italien geniesst. Sein Indifferentismus für die äusseren Religionsformen, welcher ihn zum Uebertritt in den Schooss des Katholicismus bestimmte, ist in jener Zeit wohl natürlich, wenn auch nicht verzeihlich. In Deutschland hatte er, an das Leben in Kunst und Alterthum gewöhnt, an den Brüsten des Grossen und Schönen gross gezogen, keine Ruhe mehr gefunden; er eilte daher mit wahrem Heimweh nach Italien zurück, und würde dort noch manche neue Schöpfung und Ansicht im Gebiete der Alterthumswissenschaft hervorgerufen haben, wenn ihn nicht das Mordmesser eines habsüchtigen Banditen vor der Zeit in Triest ereilt hätte. Was an ihm noch immer Bewunderung verdient, ist seine reine Anschaung des Alterthums ohne Affectation und Ueberladung. Die Epochen der Kunst hat er freilich noch wenig geschieden; aber sein Takt leitet ihn ziemlich sicher und seine Begeisterung ist nachhaltig und gediegen. Er führte auf die Natur zurück, und fand in der alten Kunst die idealisirte reine Natur. Mit Recht gilt die Villa Albani für das reichste Museum neben dem vatikanischen und kapitolinischen, und Winkelmann konnte für Beschreibung desselben einen grossen Theil seines Lebens aufwenden.

Unter dem Hauptcasino findet sich ein grosses Zimmer, unter welchem von der Seite des Gartens her ein prächtiger, mit Bildsäulen geschmückter Säulengang steht. Unter den Statuen zeichnen sich nur aus, ein Wettkämpfer, eine römische Frau in der Gestalt der Ceres, eine Nymphe und ein angeblicher Brutus, von Andern für den Harmodius gehalten, der wahrscheinlich nur einen Schauspieler darstellt. An den obern Wänden sieht man drei kolossale Masken, eine der Medusa, die andere des Bacchus und Herkules.

Auf einer Treppe, welche nicht minder in ihrer Umgebung Alterthümer zeigt, gehen wir zu dem grossen Saale hinauf. Auf diesem Wege erblickt man ein schönes Basrelief, die triumphirende Roma neben andern halberhabenen Darstellungen. Auf einem alten Gemälde sieht man eine weibliche Person im Begriff zu opfern; man glaubt, dass es Livia sey, welche dem Mars ihr Opfer bringt. In den

Wänden findet man verschiedene Basreliefs und alte Köpfe eingemauert. Die Söhne der Niobe, von den Pfeilen der Diana getroffen, sind eine vortreffliche Darstellung. Philoctet auf der Insel Lemnos mit zwei Bacchantinnen ist beachtenswerth. Wir übergehen mehrere Zimmer mit Gemälden und Alterthümern reichlicher oder sparsamer gefüllt. Unter die vielfach erklärten Stücke gehört der *Apollo Sauroktonos*, oder der Eidexentödter, eine der seltensten Statuen dieser Villa; das berühmte Basrelief des Herkules in der Ruhe, mit griechischer Unterschrift. In einem der nächst folgenden Zimmer macht einen blendenden Eindruck das unvergleichliche Basrelief des Antinous, eines der ausgezeichnetsten des gesammten Alterthumes von wunderbarer Schönheit. Doch ist der Kranz, mit welchem das Haupt geschmückt ist, neu. Von da kommt man in die grosse Gallerie, welche mit Pilastern geschmückt ist, von denen acht mit Mosaik, und zehn andere mit verschiedenen Marmorararten bekleidet sind. Unter den Basreliefs dieser Gallerie ist besonders Herkules und die Hesperiden vortrefflich; anschaulich aber die Scene mit Daedalus und Ikarus, wo Dädalus, gleich einem Schmidt, dem Ikarus die Flügel auf-arbeitet; Alexander und Bucephalus, sodann der Tempel von Delphi, nach seinem Umkreise, und Hebe, welche dem Apollo, der Diana und der Latona Nektar einschenkt. Sehr vorzüglich erschien mir auch die Darstellung des Marcus Aurelius mit seiner Gemahlin Faustina, welcher den Caduceus in der Hand, dasitzt. Man sieht eine Statue des Jupiter und eine andere vorzügliche der Pallas. Das Deckengemälde dieser köstlichen Gallerie ist ein Hauptstück des Cavaliere Raphael Mengs, eines kunstgerechten Malers, an dem nur alles Feuer und aller Genius vermisst wird; es stellt dar den Parnass mit Apollo, Mnemosyne und den Musen. Mengs beging den grossen Fehler, dass er die Eigenschaften aller grossen Maler in sich aufnehmen und vereinen wollte, wodurch er allen Charakter verlor, wie wenn ein befähigter Kopf nicht aus sich selbst heraus dichten, sondern die dichterischen Eigenschaften Göthe's, Schiller's, Klopstock's und anderer in sich aufnehmen und vereinigen wollte. Das Halbdunkel in der Umgebung dieses Gemäldes ist von **Nicolaus Lapiccona.** In einem der folgenden Zimmer sieht man ein schönes griechisches Basrelief, welches Orpheus, Eurydice und Mercurius darstellt.

Der Garten dieser unschätzbaren Villa ist mit den verschiedenartigsten und anmuthigsten Anlagen und Parthieen übersäet. Er ist eine kleine Welt und ein reiches Vorrathsbehältniss auch des ägyptischen Alterthumes. Statt diese unermesslichen Einzelnheiten hier prüfend zu durchgehen, womit der Geduld des Lesers zu Viel zugemuthet seyn möchte, erscheint passender, eine Vergleichung zwischen der alten und neuen römischen Villen einzuschalten, wie sie sich im Betrachten der Villa Albani von selbst dem Sinne aufträgt.

Während die Villen der alten Römer sich durch Waldanlagen, Fischteiche, Portikus, Sammlungen griechischer Alterthümer, und andere Schätze auszeichneten, sind die der heutigen Italiäner und insbesondere der Römer verfallende Erinnerungen alter Grösse. Kunst und Alterthum dienen in ihnen der Schaulust wissbegieriger Fremder, selten dem ernsten Studium der gegenwärtigen Besitzer. Letztere begnügen sich mit dem überkommenen Gute ihrer Vorfahren und sind auch wohl engherzig genug, den Genuss desselben, wie z. B. Fürst **Ludovisi**, Ausländischen vorzuenthalten. So viele Blumen und Blüthen alterthümlichen Geistes und Sinnes werden in schlechten Zucht- und Treibhäusern aufbewahrt. Wenn gleich der italiänische Gelehrte noch verhältnissmässig zu den übrigen Wissenschaften mit dem regsten und lebendigsten Interesse die einheimischen Ueberreste alterthümlicher Grösse betrachtet, so hat er doch nicht den detaillirten Sinn der Deutschen für gründliches Auffassen derselben. Es ist ein eitler Prunk, ein Besitz ohne wahre tiefere Lust und Freude an ihnen.

Unzweifelhaft ist, dass die wiederholte Anschauung der bildenden Kunst des Alterthums recht eigentlich und ausschliesslich in die alte Welt einführe, dass sie das förderndste Mittel sey, mit den äusseren Gesichtszügen grosser

Menschen, z. B. in den Büsten eines Titus, Cäsar, Trajanus, auch deren Character sich einzuprägen und in ihnen geistig mitzuleben, auch endlich aus diesen schwachen Bruchstücken ahnungsweise sich das übrige alte Leben in seiner Höhe und Breite zusammenzusetzen. Nirgends erhielten wir dazu würdigeren Anlass, als bei Besichtigung der mit Recht weltgefeierten Villa Albani.

Capitolinischer Berg.

Der capitolinische Berg führte zu verschiedenen Zeiträumen verschiedene Namen. Der fabelhafteste ist der des saturninischen von Saturnus, welcher eine Stadt Saturnia anlegte. Romulus Zeitalter gab ihm den Namen des tarpejischen Hügels, und noch immer nimmt der tarpejische Felsen, wenn gleich jetzt der unansehnliche Theil eines kleinen Küchengartens, eine erinnerungsreiche Stelle des Capitols ein. In seiner Nähe sind nun die Versammlungen des deutschen so thätigen Vereins für archäologische Korrespondenz. Erst unter Tarquinius Superbus erhielt der Berg den Namen des capitolinischen, wie gesagt wird, von dem menschlichen Haupte, welches bei Grundlegung des Tempels des Jupiter gefunden ward, als ein Vorzeichen künftiger römischer Grösse. Nun ist aus dem vormaligen Haupte der Welt ein Oelfeld (*Campi d'Oglio* oder *Campidoglio*) geworden. Das Capitol war der Sammelpunkt des freien Roms, wie der Palatin der des kaiserlichen. Der ernste, strenge Anblick des alten Capitols ist in einen freundlichen und angenehmen verwandelt worden. Die zwei Seitengebäude sind zum Theile nach den Entwürfen des Michel Agnolo Buonarotti aufgeführt, auch ist die grosse Aufgangstreppe nach seinen Rathschlägen gebaut. Paul III. Farnese hat hierin das meiste Verdienst; er war es auch, welcher die äussere Fronte des senatorischen Palastes zu erneuern befahl.

In der Mitte des capitolinischen Platzes bewunderten wir die kolossale Reiterstatue aus vergoldeter Bronze des Markus Aurelius, die eben so sehr der Person als dem Thiere noch kräftig und vollendet dastehet. Michel Agnolo Buonarotti lernte daran Anatomie, und der starke Muskelausdruck des Pferdes war ganz nach seinem Sinne und Geschmack. Edle und natürliche Majestät zeichnet den Herrscher aus. Nur das Haupt hat noch die Vergoldung behalten, und es ist damit ergangen, wie mit den genialen Rossen der St. Markuskirche zu Venedig, welche durch jüdische Hände gingen und somit ihr Gold verloren. Die Züge des Mark Aurel haben den Ausdruck ruhiger Milde und edler Herrscherwürde. Wo diese in ihrer Art einzige Bildsäule gefunden wurde, ist nicht klar. Bis in die mittlere Zeit stand sie in der Nähe des lateranischen Palastes, Sixtus IV. liess sie aus ihrer Verborgenheit auf dem Platze St. Johann am Lateran aufstellen. Wiederum nach Anordnung Paul's III. Farnese geschah es, dass sie auf dem Capitolsplatze aufgerichtet ward. Michel Agnolo verfertigte zu ihr das Fussgestell von einem einzigen Stück Marmor aus einem alten Ueberreste des Forums Nervae. Dem Pferde ist eine gewisse Schwerfälligkeit eigen; auch tadelt man von Seiten der Kunstkenner sein Vorschreiten.

Der senatorische Palast stösst den grossen Aufgangstreppen entgegen, an deren Ende sich zwei schöne Löwen von schwarzem Granit befinden. Es ist eine ägyptische Arbeit. Sie strömen Wasser aus dem Rachen und waren ursprünglich ein Besitzthum der Kirche des heiligen Stephanus del Cacco. Vor dieser Kirche waren sie aufgestellt, dort sind sie auch wahrscheinlich gefunden worden, früher die Zierde eines Serapistempels, welcher dort gefunden ward. Pius IV. befahl ihre Aufstellung am Fusse des Capitols.

Der Palast ist ein Werk Bonifacii IX., über den Trümmern des alten *tabularium*. Buonarotti begann den Vordergrund mit einer korinthischen Säulenordnung zu schmücken, beendiget nach derselben Zeichnung von Jakob della Porta. Eine prachtvolle Treppe führt in das erste Stockwerk hinauf, von zwei Seiten sich öffnend, welcher zum Schmucke drei grosse Bildsäulen dienen. Die Säule

18 *

in der Mitte, von weissem Marmor, mit Porphyr umhüllt, stellt eine sitzende, verstümmelte Minerva dar, genannt das triumphirende Rom. Sie ward zu Cora in Etrurien aufgefunden. Der Character des Hauptes und die furchtbare Aegide lassen keinen Zweifel, dass die kriegerische und ernste Tochter Jupiters gemeint sey. Die Göttin Roma wird kein Alterthumsforscher hier wieder erkennen. Daneben sieht man die Bildsäule des Niles und der Tiber, ruhend, von weissem Marmor, auf dem Quirinal gefunden. In aller Weise hat man gestrebt, den Eingang des Capitols durch die kräftigste Erinnerung zu verherrlichen.

Von der Treppe gelangt man in den grossen Saal, welcher für die Sitzungen des Senator und der Richter des Tribunales bestimmt ist. Hier ist es, wo die jüdischen Abgeordneten der Stadt Rom noch jährlich dem Senate den Eid der Treue leisten, eine Ceremonie, welcher wir selbst beiwohnten. Ihre Privilegien werden ihnen dann erneuert, aber es ist falsch, dass noch andere unwürdige Gebräuche damit verknüpft wären. Der Senator erscheint, wie am römischen Carneval, in altspanischer Tracht. Ueberhaupt haben die Juden auch innerhalb ihres Ghetto nicht mehr den Druck auszustehen, der früher auf ihnen lastete. Der römische Senat hat überhaupt eine kleine Gerichtsbarkeit und mehr einen glänzenden Namen, denn ein umfangreiches und weitverzweigtes Amt. Nur wenige Mitglieder bilden ihn. In älterer Zeit krönte man im Saale des senatorischen Palastes die ersten vaterländischen Dichter, auch dem vielgeprüften und vielbewegten Tasso sollte diese Ehre widerfahren, aber er starb eine Nacht früher, und somit gebrach ihm die grösste Freude des Lebens. Auch die Künstler, welche die Akademie zu S. Luka, jetzt bedeutend im Werthe gesunken, des Preises würdig erklärte, wurden hier mit dem Lorbeerzweige gekrönt; gegenwärtig waren das heilige Collegium der Kardinäle und die Arkadier, welche mit Gedichten, mit prosaischen Aufsätzen und mit allegorischen Gesängen die Ruhmliebe entzündeten und nährten. Drei kolossale, plump gearbeitete Bildsäulen fallen hier in die Augen, die eine Pabstes Paul III. Farnese, die

21

zweite Gregors XIII., die dritte Karls von Anjou, Königs von Neapel und Senators von Rom im dreizehnten Jahrhunderte.

Aus diesem Saale stiegen wir mit lieben Freunden auf den Thurm des Capitols, welcher die glänzendste und weiteste Aussicht über Rom eröffnet. Man hat den Anblick des alten Roms unter sich, das Forum Romanum in kleinster Erscheinung und die weiteren Parthieen. Berühmt ist die Glocke des Capitols *(Paturina)*, welche in einem der Städtekriege des Mittelalters den Viterbensern als gute Beute entrissen und im Triumphe heimgeführt ward. Der Tod des Pabstes wird durch sie der ewigen Stadt verkündiget, Kouriere tragen die Nachricht von dort in alle Theile der katholischen Welt. Das freudigste Ereigniss der römischen Zeit, der Carneval, hat nicht minder seine Ankündigungen in der Capitolsglocke. Auf der Spitze des Capitols sieht man die Bildsäule des christlichen Roms, mit dem Kreuze in der Hand; die Höhe beträgt zweihundert neunzig Fuss sechs Finger pariser Maass über der Meeresfläche.

Das höhere Stockwerk wird ebenfalls von einer römischen Akademie der *Lyncei* eingenommen, der ältesten der physikalisch-mathematischen Gesellschaften. Ihr Gründer ward Anfang des siebenzehnten Jahrhunderts der römische Fürst Friedrich Cesi, ihr Wiederhersteller der Abbate Scarpellini, ein ausgezeichneter Astronom.

An dem oberen Ende der Capitolstreppe treten heraus die bekannten kolossalen Statuen des Castor und Pollux, im Begriff die neben ihnen stehenden Streitrosse aufzuzäumen. Die Masse ist pentelischer Marmor. Als griechische Trophäen geben diese kostbaren Stücke dem römischen Capitolium eine schöne Verherrlichung. Man fand sie im Zeitalter Pius IV. auf einem kleinen Platze des Ghetto; erst Gregor XIII. liess sie hierher bringen.

In der Nähe erblickt man zwei schöne Trophäen, gewöhnlich die des Marius genannt. Die Sage will, dass sie ihm zu Ehren nach dem Siege über die Cimbern und Teutonen errichtet wurden. Kaum glaublich, dass Sylla diese Siegeszeichen unberührt liess. Der Styl führt eher auf das Zeitalter des Augustus oder des Trajanus. Andere setzen sie bis in die Tage des Septimius Severus herab. Wenigstens hat die Manier keine Aehnlichkeit mit der Skulptur der Trajanssäule, welche zum Andenken des dacischen Krieges errichtet ward. Wie denn die Alterthümer Roms öfter von Platz zu Platz wanderten, so waren auch unsere Trophäen anfangs der Schmuck eines grossen Springbrunnens des Julischen Wassers auf dem esquilinischen Berge, von welchem Sixtus V. sie an diesen Ort bringen liess. Dieser für das öffentliche Bauten- und Alterthumswesen in Rom, wie für Verbesserung der Bibelübersetzung gleich verdiente Pabst liess an denselben Ort die Bildsäulen Cäsars und Konstantins bringen, welche auf dem quirinalischen Berge, in den Bädern des Konstantin gefunden wurden. Den Beschluss machen zwei Säulen in derselben Richtung, von denen die eine einen alten römischen Meilenzeiger mit der Ziffer I. andeutet, als die erste Meile auf der appischen Strasse, mit einer zwar alten, aber nicht darauf gehörigen goldenen Kugel; die zweite ist modern um der Symmetrie willen gestellt.

Ehe wir zu dem capitolinischen Museum übergehen, gedenken wir freundlichst der Wohnung des preussischen Gesandten, links im Winkel des Aufganges. Hier war es, wo wir zuerst mit einigen Freunden einen freieren und grösseren Anblick über Rom gewannen. Noch steht mir jener unvergesslich heitere Morgen vor der Seele, an welchem ich, geführt von Bunsen, auf einer der Gallerien des Palastes Caffarelli, zum erstenmale des Blickes über das alte Rom und einen Theil des neuen genoss. Das Forum liegt, wie auf dem Capitolsthurme, vor uns. Immer erschien mir diese Seite des Capitols als der Sitz des römischen Protestantismus.

Ein Kind des Verdienstes und Glückes, Bunsen in Rom, würdiger und liebenswürdiger Nachfolger des grossen Niebuhr, den er selbst so dankbar und aufrichtig verehrt, ist mit Recht als Wiederhersteller des protestantischen Cultus der Deutschen in Rom anzusehen. Bereits Niebuhr war für die Befestigung der kleinen protestantischen Hauskapelle sehr thätig, doch hat er keine theologische Richtung entschieden herausgebildet und vertreten. Ein ächt evangelischer, einfacher Gottesdienst war ihm die Hauptsache. Spionirerei von Seiten der italiänischen Umgebungen wusste er aufs das Nachdrücklichste zu begegnen, ja mit Gewalt und mit dem Faustrechte zurückzuweisen. Seine Protestanten kannte er an der Anzahl und der Sprache nach sehr wohl; wer also nicht deutsch sprach, und hörbegierig hinzutrat zu dem Häuflein der Gläubigen, ward ernstlich abgewiesen. Die neue Liturgie erhielt den Beifall der preussischen Behörde, in ihrer von Manchen sogenannten Ueberschwenglichkeit athmet sie doch unstreitig den Geist der älteren christlichen und englischen Symbole und Liturgieen. Schwerlich konnte ein besonnen Urtheilender glauben, dass ein Mann von Bunsens Ernst, Selbstständigkeit und theoretischen Einsichten, in der Auswahl der kirchlichen Erbauungsgegenstände darin andern als den Bedürfnissen seines Geistes und Herzens folgen werde. Der Eindruck, der dadurch auf manche vorübergehende, ja vorübereilende Fremde hervorgebracht wird, ist freilich nicht durchaus der günstigste; ich hörte manche nicht unbedeutende sich dahin äussern, dass ihnen die Sitte des wiederholten Niederknieens in einer protestantischen Kapelle des katholischen Roms sehr anstössig gewesen, und dass sie lieber deshalb der Wohlthat des evangelischen Hausgottesdienstes entbehrt, und sich mit Predigtlesen begnügt hätten. Wir lassen hier jedem seinen Glauben wie sein Gefühl, und wollen darüber nicht in Streit eingehen. Andererseits hat man indess geltend gemacht, dass gerade die Nähe des ceremonienreichen römischen Gottesdienstes in den Augen der phantasievollen deutschen Kunstjünger einen gewissen Ersatz dafür rechtfertige und gut heisse; so dass der Uebergang von dem der Einbildungskraft und den Sinnen schmeichelnden Katholicismus zum bilderlosen und verständigen Protestantismus nur sehr allmälig geschehen dürfe. Uns will bedünken, als könnte dieses Häuflein protestantischen Gläubigen in der Zerstreuung Gotte am würdigsten dienen, wenn es den evangelischen Cultus so einfach als möglich, etwa in der

Weise der **Reformirten**, darstellte, und dabei die unterscheidenden Grundlehren des protestantischen Lehrbegriffs so klar und oft als möglich heraustreten liesse. Hierdurch würde theils den Bedürfnissen derer ein Genüge geschehen seyn, welche die Einfachheit des Cultus in unserer Kirche über alles stellen, theils auch den Anforderungen der polemischen Naturen, welche im Sitze des Pabstthumes eine kräftige Behauptung der protestantischen Freiheiten mehr denn anderswo fordern und erwarten.

Capitolinisches Museum.

Das **capitolinische Museum** war für mich lange eine etwas verschlossene Welt, nachdem ich in dem vatikanischen Heiligthume bereits etwas heimisch geworden war. Die Oeffnung findet ebenfalls zweimal wöchentlich, Montags und Donnerstags statt.

Mehrere Päbste, wie Clemens XII., Benedikt XIV., Clemens XIII. und Pius VII. haben sich um Aufführung und Erweiterung des capitolinischen Musei Verdienste erworben.

Der äussere Eindruck ist bei Weitem nicht jener prachtvolle und unvergleichliche der vatikanischen Sammlung. Kleine Stiegen führen zu grossen und kleineren Zimmern. Ueberhaupt sind die Räume, auch im Innern, vernachlässiget. Daher allerdings dieser Schatz, im Vergleich mit dem Vatikan, in geringerem Maasse besucht und bewallfahrtet wird.

In der Mitte des Hofes sieht man die berühmte kolossale Statue genannt des **Marforio**, vom Forum des Mars, oder Augustus. Es ist zweifelhaft, ob sie den Oceanus oder den Rhein darstelle, und einen Theil des Denkmales gebildet habe, welches dem Domitian zusammt einer bronzenen Statue auf dem Forum errichtet ward. Es ist bekannt, in welchem geistreichen Wechselspiele noch bis auf die neueste Zeit bei den launigen Römern **Pasquino** und **Marforio** zu einander standen.

Zwei Satyrn in Form von Caryatiden oder tragenden

Gottheiten stehen zur Seite der angedeuteten Statue des Marforio.

Der berühmte capitolinische Fechter ist ein Meisterstück der Naturwahrheit. Wer erkennt nicht in ihm den Barbaren, der mit dem Ausdrucke des Schmerzes und hoher Kraft zusammenstürzt. Das Haar ist nicht römisch, die Muskelspannung klassisch. Dass ein alter Gallier der Gegenstand sey, gehörig zu einer Gruppe, welche auf den Feldzug der Gallier in Griechenland hindeutet, ist eine voreilige Annahme. Sein Ausdruck deutet allerdings auf ein Hinsterben. Er ruht auf dem Schilde, auf die rechte Hand gestützt, um den Hals einen Strick, strengt er die letzte Kraft an, um sich empor zu heben. Nach der Meinung Einiger sind Kopf und Hand angesetzt, und das Uebrige soll der Körper eines auf seinem Schilde liegenden, verwundeten Kriegers seyn. Diese Bildsäule gehörte früher dem Hause Ludovisi. Der rechte Arm und ein Theil der Grundlage ist restaurirt von Michel Agnolo Buonarotti. Das Fussgestell ist modern. Dass ein Gladiator gemeint sey, ist darum nicht wahrscheinlich, weil, nach den Berichten der Alten, erst unter Commodus dieser Stand zu einigem Ansehen gelangte. Gleichwohl scheint die Arbeit eine rein griechische.

Die capitolinische Venus, im Begriff aus dem Bade zu steigen, ist eine der schönsten Darstellungen des Alterthumes. An Grösse, Naturwahrheit und Fülle der Formen der mediceischen Venus weit überlegen, steht sie ihr doch an Zartheit und gleichsam ätherischem Hauche weit nach. Das Schwimmende oder Liebesfeuchte (τὸ ὑγρὸν) in dem Auge der Venus wird an der capitolinischen vermisst. Auch sie wanderte nach Paris. Nichts Ideales ist an ihr wahrzunehmen, wohl aber eine edle und volle Natürlichkeit. Das Salbengefäss steht zu ihren Füssen. Sie ward in einem Hause in der Nähe der Suburra gefunden, und steht über einem alten wohlgearbeiteten Altare mit Inschrift.

Derselbe Saal enthält die halbkolossale verhüllte Bildsäule der Juno, einst ein Eigenthum der Familie Cesi. Das Gewand oder die Drapperie hat grosses Verdienst.

Die Juno des Vatikans in der Rotonda ziehe ich ihr indess unbedingt an Schönheit und Majestät vor. Wie Pallas zu sehr selbstgenügsam, in ihrer Schönheit ruhet, um Männerliebe zu erwecken und fodern zu können, so ist auch Juno nur kühn und gross, nicht liebreizend. Die Königin der Himmel ist zu erhaben, als dass ein irdischer Mann oder Held ihr zu nahen, sich erdreisten dürfte. Die Grundlage ist ein runder Altar, auf welchem Stierhäupter, Fruchtkränze, Blumen und andere Zierrathen eingegraben sind.

Eine herrliche Gruppe ist auch Amor und Psyche in zärtlicher Umarmung. Die Grösse ist natürlich. Das Tiefe dieses sinnigen Mythus der Alten, nach welchem Liebe und Empfindung sich begegnen und umarmen, ist wohl bei Beurtheilung der Kunstwerke noch nicht hinlänglich beachtet worden. Die Seele erhält Flügel durch den Drang der himmlischen Liebe, des Seelenlebens und der Seelenvereinigung, und findet sich dann erst in ihrer wahren Heimath. Die Erde sinkt und der Himmel öffnet sich für die wahrhaft Liebenden. Amor und Psyche sind die Verklärung des irdischen Daseyns. Das heitere, freie Leben der Griechen kannte keine höhere Stufe des Menschlichen, als den Genuss treuer Liebe im reinen Bunde der Gemüther. Auch in der christlichen Welt steigen nach der Ankunft des Heilandes Engel vom Himmel auf die Erde nieder, und von der Erde zum Himmel auf. Aber das Band ist ein geistliches, ein Leben in der sittlichen Welt und für dieselbe ist beabsichtiget. Die Zahl der Christusverehrer ist Gott näher, als die grosse Zahl der Ungläubigen. Aber der harmlose Glaube der Griechen erfasste das Leben um seiner selbst willen, man umschlang die Erde mit allen Banden des Daseyns, ohne in den Himmel zu blicken.

— — Hier wurden wir von der Betrachtung abgerufen, und erst ein wiederholter Besuch der capitolinischen Schätze machte uns in dieser Welt recht einheimisch. Mannichfaltige Studien kamen dazwischen, und da ein Reisejournal einmal eine Welt bunter Eindrücke ist, aus welcher jeder nach Belieben und Bedürfniss nehmen mag, was ihm zusagt: „so ist es vielleicht gestattet, einige dieser Eindrücke aufs Neue hervorzurufen, und mitzutheilen, was als Reflexion über Wissenschaft und Leben damals zum Theil unser Herz bewegte. Vielleicht dass doch Mancher ein gutes Weizenkorn findet. Ein Intermezzo in den Verhandlungen über Kunst und Alterthum Roms ist dem Reisenden und Reisebeschreiber um so leichter vergönnt, als die alte Welt so leicht von der neuen und von der Gemüthswelt abzuziehen drohet, je mehr sie in Einem Zuge und gleichsam in Einem Athem betrachtet wird. Oefter durch die Macht der vielen und grossartigen Anschauungen am Abend überwältiget und einer andern Arbeit unfähig, suchten wir uns selbst wieder zu finden, in Reflexionen über das Ganze.

Aphorismen.

Oft fühlt der Gelehrte das Bedürfniss, seinen Geist über die wissenschaftliche Forschung zu erheben, ihm einen freieren Gang zu gestatten.

Die besten Gedanken sind oft die ungesuchtesten.

Jacobis Tiefe ist nur Wenigen zugänglich; er musste der am meisten misszuverstehende Philosoph werden. Aller Auszeichnung werth sind seine Aphorismen im sechsten Bande seiner Werke.

Die Menschen wollen verschieden behandelt seyn. Um auf sie zu wirken, muss man sie nehmen, wie sie sind, nicht wie sie seyn sollen.

Die Wahrheit hatte von jeher ein kleines Publikum.

Das Höchste im Leben ist Kraft, Herzhaftigkeit und Muth. Gesellt sich hierzu Reinheit in Wort und That, so ist man unüberwindlich.

Wie Göthe, hat kein Dichter das Ideale mit dem Realen vermählt, die Treue des letztern im Gewande der Dichtung bewahret. Er wird gelesen werden, so lange Menschen Menschen sind.

Im selbstständigen geistigen Schaffen fühlt der Mensch erst das Leben.

Keine Geschichte bietet vielleicht mehr Ekel erregende Gräuelscenen des Familienlebens dar, als die Geschichte des herodäischen Hauses.

Denke nicht mehr an die Vergangenheit, die in dem Leben jedes Menschen voller Mängel ist; nütze die Fülle der Gegenwart, und bewahre einen kräftigen und heiteren Blick in die Zukunft.

Was aus innerster Seele gedacht und geschrieben worden, ergreift die innerste Seele unwiderstehlich. — Es giebt keine wahre Beredtsamkeit, ausser der Beredtsamkeit des Herzens.

Besonnenheit ist der Schlüssel zu jeder Tugend und zu jeder tieferen, innigeren Freude des Lebens.

Lass das Leben an dir vorübergehen, wie einen schönen Traum, und bewahre Reinheit und Unschuld, und du hast Alles, was ein Mensch haben kann.

Wohl ist des Menschen geistiges Schaffungsvermögen von der Aussenwelt, von der Natur und ihrer Erscheinung abhängig. Ein freundlicher Herbsttag kleidet alle Gedanken und Empfindungen in ein freundliches Gewand.

Ruhe der Seele fasst alle Güter in sich. Die äusseren Schläge des Schicksals vermögen nur dann niederzuschmettern, wenn das Bewusstseyn der Schuld hinzutritt, das selten fehlt.

Es ist schon viel vergeltender Gerechtigkeit auf Erden.

Am besten erhält man einen Schwung der Seele sich durch Umgang mit den edelsten unseres Geschlechts, durch Lesen ihrer Biographieen, ihrer Briefe. Man erblickt sich in seiner Kleinheit und dämpft die Eigenliebe.

Man kann leicht ein ganzes Leben in einem Wahn, in einer seligen Selbstbefangenheit zubringen.

Wer die Klarheit nicht liebt, hat die wahre Wissenschaft noch nicht erfasst. Sehr viele Schriftsteller geben sich nicht die Mühe, klar zu seyn. Die Klarheit ist nichts Leichtes. Eigentlich hassen kann sie Niemand. — Die sie verläughen, treibt sehr oft Selbstsucht, schriftstellerische Politik, oder in gutem Falle die Ueberfülle eines reichen Herzens und Geistes.

Die Hypochondristen leiden oft an Eigensucht, oft am Bewusstseyn geheimer Schuld, oft an Mangel wahrer Lebenskenntniss. Noch öfter findet sich alles Dreies an einem Subjekte zusammen. Für solche Kranke giebt es freilich nur Palliative; am besten wirkt augenblickliche Befriedigung der Eigenliebe und Eitelkeit.

Auch glücklich zu leben ist eine Kunst.

Wer tugendhaft lebt, ist der wahre Weise, der wahre Glückliche. Es ist eine alte Sache, die doch Niemand recht durchfühlt und durchschauet. Den vollen Genuss des Daseyns hat man nur durch sie. Sie lehrt leben. Also Lebenssüchtiger! wende dich zur Tugend, und du wirst ewigen Genuss finden. — Ein Leben in Ideen kann jeder leben, wenn er will. — Die Stärke des Geistes bleibt freilich die Hauptsache.

Tiefe Wahrheiten aus dem Munde eines nicht Geistvollen klingen wie hohle Worte; aus dem Munde des Genies scheint auch das oft Gehörte eine neue Seite zu haben, und nun erst klar zu werden. Die Form und der Geist thun Alles.

Die Aussenwelt ist ein harter Feind, und muss den Gemüthreichen oft hart und schwer anlassen; aber der ärgste Feind sind wir uns selbst, wir gönnen uns kein wahres Glück, indem wir stets dem Glücke nachjagen.

Geniesse dich selbst, deine Vorzüge und Talente, und du wirst sie am besten und reinsten geniessen, wenn du sie Andern auch geniessen lässest. Der Egoismus ist eine ewige Selbsttäuschung.

Rücke deine geistigen Freuden mit Besonnenheit immer näher zusammen, und beherrsche dein Leben mit Freiheit; so wirst du selig seyn können, auch unter Schlechten. Läutere und reinige deinen Willen, deine Thaten. Ohne Reinheit und Wahrheit nimmer Glück.

Die sittliche Verfassung thut auch in scientifischer Hinsicht das Meiste. Halte dich rein, so kannst du mit gediegenem Muthe und frischem Sinne (dem höchsten Erdenglück) das Unmögliche leisten.

Halte dir ringsum offene Augen und Ohren, dann bist du körperlich und geistig gesund.

Lebe (im guten Sinne) in den Tag hinein, grüble nicht zu viel. Die Einsicht kommt am besten mit den Jahren. Fülle jedes Lebensalter im schönsten Sinne aus, und erhalte dir eine ahnende Phantasie.

Das übermässige Betrachten (oder Beraisonniren) Eines Gegenstandes erfüllet die Seele mit Ekel. — Nichts kann der Mensch weniger, sagt tief und wahr Jacobi, als Maass halten, als in der Mitte bleiben.

Schreiben Sie sich gesund, sagt einmal Herder in

einem Briefe in Jacobi's Briefwechsel, wie wahr und treffend. Tausend Gedanken haben wir so rein, so wahr, so tief als Andere, in deren Schriften wir sie suchen. *Sapere aude*, möchte man den Menschen beständig zurufen!

Diejenigen Naturen, auch in den Verwandschaften, welche nicht zusammengehören, sollten sich nicht zusammen zwängen wollen, sondern jeder seinen Gesellen suchen. Diese Quälerei tödtet beiderseits Geist und Herz.

Das beste Mittel, unlautere Begierden zu vertreiben, den Willen zu reinigen, die That zu kräftigen, ist tägliches Zurathegehen mit sich selbst.

Ernster Wille und Ausdauer nach Grundsätzen sind und bleiben die Hauptsache im Leben; dies sollte man sich täglich, stündlich sagen.

Die Religion bleibt ein verschlossenes Buch für den Selbstsüchtigen.

Die orientalischen Sprachen sind bis jetzt noch nicht mit Ahnung ächter Kritik betrieben worden; ja fast liesse sich dasselbe von dem A. und N. T. sagen.

Schreibe auf von deinen Ideen so viel du nur kannst, was dir nur einkommt. Auch für die unbedeutendste kommt die Zeit, wo dir die Vorarbeit wichtig und angenehm erscheint.

Wenn wird man aufhören, sagt de Wette trefflich, das Wissen von dem Charakter im Manne zu trennen. Nämlich Wahrheitsliebe gehört zum Charakter, und ohne diese kein wahres Wissen.

Das Leben im literarischen Strudel ist das schönste. Das Leben ist schön, die Wissenschaft ist schön, das Leben in der Wissenschaft aber ist das schönste.

Wie lange dauert es, ehe die religiösen Gefühle im Boden des Gemüthes wahrhaft aufgehen, und ins Leben treten. Bei den meisten liegen sie fast immer im schlummerähnlichen Zustande.

Die Politik theilweise studirt, ist ein Unding; Hieroglyphen ohne Schlüssel.

Redlichkeit; fester Sinn, Unbescholtenheit, mit einem Worte Solidität, auch ohne alles geistreiche Wesen, ohne alle sogenannte höhere und feinere Bildung wird doch in der Welt überall äusserst hoch geachtet. Ein Beweis, dass es dessen nicht zu Viel giebt. — Wo sich diese zwei Gattungen der Vorzüge vereinen, da ist das Höchste erreicht.

Lies nichts, was deinen Studien fern liegt, wovon du nichts zu verarbeiten hoffen darfst; so wirst du immer ruhiger, gehaltener in dir selbst werden.

Suche historische Tiefe und Gründlichkeit mit dem Geiste, der über dem Wasser schwebt, zu vereinen.

Bilde dein Leben aus nach allen Seiten, ohne dich selbst zu verlieren.

Das Studium vieler Exegeten über einzelne Stellen ist sehr bildend, nirgends zeigt sich klarer, wie Wenige auf eigenen Füssen stehen, nirgends tritt wahre Gelehrsamkeit und Gründlichkeit gegen Scheinbarkeit und augenblickliches Ausschmücken und Formgeben klarer hervor.

Auch Selbstachtung kann nicht ohne einen gewissen Muth zum klaren Bewusstseyn gebracht werden. — Suche das Glück nicht zu ängstlich, es könnte dich dann leicht fliehen, oder du könntest das in der Nähe stehende leicht übersehen.

Rückfall in jeder Beziehung ist halber Tod, Fortschritt allein wahres Leben.

In der beharrlichsten Unterscheidung zwischen Buchstaben und Geist, Begriff und Idee ist die schönste Auflösung der grössesten Schwierigkeiten in der Grundansicht des Christenthumes, ist die Vereinigung von tausend Widersprüchen, ist die Vereinigung zwischen Vernunft und Glauben gefunden.

Ein stets richtiges Urtheil, ein heller Blick, ein freier Geist, eine durchaus rein erhaltene, in ihrer Reinheit entwickelte, ausgebildete, veredelte Phantasie sind die höchsten Güter des Lebens. Die letztere insbesondere verschönt jedes Lebensverhältniss und bewirkt, wenn sie mit tüchtiger Lebenskenntniss in Verbindung tritt, und mithin vor schmerzlichen Täuschungen wahrt, das Höchste, was der Mensch erreichen kann.

Jeder noch so kleine Kreis lässt sich pflegen, erweitern und zu einem Paradies schaffen.

Ohne philosophischen Geist, der stets über dem Stoffe steht, kein wahrer Gelehrter.

Entwickele ein (für deine Persönlichkeit) vollkommenes, vielseitiges Leben.

Keine Lektüre ohne (oft) unbewussten Einfluss auf das Gedankensystem. Versteht sich zwar von selbst, wird aber nicht immer erkannt.

In Göthe's Tasso ist dargestellt der Kampf des Realismus mit dem Idealismus im Dichtergemüthe. Tasso in seine Ideale vertieft, wird an Allem um ihn her irre, er verkennt nach und nach die, welche ihn lieben, und in seinem Umgange das höchste Glück finden. Seine südliche Natur, sein ungemässigtes Feuer, lässt ihn die wirkliche

Welt ununterbrochen in der Farbe seiner erhöheten Stimmung erblicken. Ein Missverständniss reisst ihn zu dem andern fort, sein Gemüth wird verstört und verwirrt. Dies würde schlimm enden, und der Dichter lässt uns fast in Ungewissheit über den Ausgang. Endlich sucht und findet er eine Stütze, an einem Freunde, der die Welt kennt, und der kurz vorher ihm der ärgste Gegner war. An ihn lehnt er sich, und so schliesst das Stück. Göthe schrieb es in Italien, oder in Deutschland kurz nach der Rückkehr, mit einer von italiänischen Erinnerungen erfüllten Seele. Auch diese Darstellung ist ein Fragment aus seinem Leben.

Die „Lebensläufe in aufsteigender Linie" (von Hippel) sind ein Lebensbuch. In ihnen wohnt eine Fülle der natürlichsten, kräftigsten Gedanken, die durch ihre Feinheit bisweilen über die Menschensphäre hinaus zu gehen scheinen. Ueberall die tiefste, durchdringendste Natur und Wahrheit. Die dort gezeichneten Christen sind Originalchristen, einheimisch in dem Leben des Gemüths, haben Welt und Tod überwunden. Jede Idee weckt eine Reihe verwandter, die in den Tiefen der Seele schlummern. An diesem Buche lernt Niemand aus, es enthält einen frischen Lebensquell, und führt himmelan. Es spricht „gewaltiglich" von Gott und göttlichen Dingen.

Nur in Luthers Schriften findet sich wahre Kraft und Demuth im schönsten Vereine.

Das wüthende Genie ist ein furchtbarer Anblick.

Heeren im Leben Heyne's empfiehlt dessen Gewohnheit, seine Gedanken und Empfindungen, besonders die letztern, aufzuschreiben. — Dies muss auf der Stelle geschehen, denn nie kehrt ganz dieselbe Reihe zurück.

Augenblicke göttlicher Ruhe hat jedes menschliche Leben, so wie heilige Stunden.

Die beste Arznei gegen die aufsteigende Sinnlichkeit und die Genusssucht ist ein arbeitsvolles Leben; besser als aller Ideenkram, die wahre Stimmung verleihend. Das „in den Tag hinein leben" in edlem Sinne.

Alles hat seine Grenze; diese zu finden, ist das Geheimniss des Lebens, der Wissenschaft und der Kunst.

Besonnenheit mit Jugendlichkeit gepaart ist das Herrlichste im Leben.

An dem ersten palästinensischen Evangelium scheinen allerdings jüdische Hände nicht ohne tieferen Plan gearbeitet zu haben. Darum gilt hier vor Allem, wie jedoch überall, in den christlichen Urkunden, der Unterschied zwischen Buchstaben und Geist, und das ausschliessliche Festhalten des letzteren.

Eine unablässige Lektüre ist verführerisch, aber verderblich. Der Geist entwickelt sich nie selbstständig; er verwandelt Wenig in *succum et sanguinem*, die empfangenen Bilder und Eindrücke fliegen an der Seele vorüber und haften nicht, weil sie nicht durch freie Thätigkeit erneuert, wiedererzeugt und in die vorhandene Summe der Gefühle und Gedanken verwebt werden.

Ein mit Thaten ausgestattetes Leben ist allein ein wahres Leben, ein männliches, ohne leidende Hingebung an Reize und Klippen der Sinnlichkeit, der Rangsucht, des Ehrgeizes, der Habsucht.

Auch die Romanenwelt hat ihre Grenzen, Ausmessungen und inneren Wiederholungen.

Es ist gut, in seinen Arbeiten möglichst einfach und ordnungsvoll bis ins Kleinste zu erscheinen, so dass sich möglichst viele kleine Ganze aus Einem Geschäft entwickeln, die man leichter und klarer überschauet.

19*

Liess nicht zu Viel und besonders nicht schnell auf einander, sondern suche das Gelesene bald mit Klarheit, Freiheit und Eigenthümlichkeit zu läutern, zu entfalten, anzuwenden.

Continuität der Arbeiten, mit Mässigkeit verbunden, ist zum Gedeihen das Nöthigste. Liess nichts Anderes, Unbezügliches dazwischen, wenigstens nur das Leichteste zur Erholung, nicht solches, was das Gemüth aufregt, und auf andere Gedankenreihen leitet. Dieses Opfer bringt grossen Lohn.

Der dauernd glücklichste Mensch ist doch der Besonnene, mit tiefem Gefühl Ausgestattete.

Jeder ächte Gelehrte sollte in einer doppelten Welt leben — in der wissenschaftlichen Sphäre, die allen seinen Ernst, und seine ruhige Forschung anspricht, und in der freieren geistigen, welche durch heitere Geselligkeit erweitert wird. Das zweite Gebiet sollte alle Blüthen und Früchte seines Geistes zeigen. Recht und tief gefasst kann das erste durch das Nebenseyn des zweiten nicht verlieren, nur gewinnen. Ist das zweite lange nicht angebaut worden, so ist es darum nicht ausgerottet oder verwüstet, sondern macht seine Rechte durch die Gelegenheit geltend und durch die Umgebungen.

Jedes volle Herz sollte sich nicht blos aussprechen, sondern ausschreiben. Wie viel klarer und entschiedener treten dadurch die innersten Regungen, Berührungen, Verhältnisse hervor. Ich habe diesen Vorsatz gefasst, und werde ihn halten, auch für den scientifischen Theil. Besonders im Zustande unbehaglicher und gefährlicher Regungen ergreife die Feder. — Wir lesen Viel zu Viel, besonders Unnützes, und kommen somit von selbstständiger Produktivität stets wieder ab.

Eine lange Jahresreihe, in einer wissenschaftlichen Anstrengung und Beschäftigung verlebt, deren Impuls Wahrheitsliebe ist, verleiht eine Ruhe, Objectivität der Stimmung und innere selige Befriedigung, die auf keinem andern Wege gleich gut erworben oder erhalten werden.

Auf Objectivität kommt doch zuletzt Alles zurück; aber sie will bei den gewöhnlichen Menschen gleichsam ihre Zeit haben, sich aus der Subjektivität zu erheben (Geschichte zu werden). Wir mögen es nicht leiden, wenn sie bei ausgezeichneten Menschen zu rasch sich zeigt, und das augenblickliche Gefühl des Ergriffenseyns von dem Zustande, in dem wir uns befinden, durch Betrachtung und Erhebung über denselben verdrängt oder zur Seite rückt. Daher Menschen dieser Gattung in der Gesellschaft, die von den gegenwärtigen Eindrücken zehrt, und nicht sogleich über dieselbe bald nach ihrem Empfange reflektirt, nicht gern gesehen werden.

Der Stern der Liebe leuchtet durchs Leben — durch die Liebe wird das Auge des Geistes offen und klar — die Liebe erkennt die Menschheit.

Blosse Gelehrsamkeit füllt nicht aus, wenn sie nicht von einem höheren Geist durchdrungen und regiert wird.

Leidenschaftliche, geniale, von der Idee durchdrungene Menschen behalten meist etwas Kindliches.

Ziehen sich die zwei Gegensätze der verruchten, neiderfüllten Welt und eines schönen himmlischen Gemüthes auch über das Leben hinaus fort, nur unter freieren Verhältnissen und mit glücklicheren Erfolgen! — Wir können uns Leben nur als Erzeugniss eines Kampfes vorstellen.

Sapere aude ist der Wegweiser zu allem Ruhm.

Erwarte überall Feinde, sobald du etwas Grosses und Rechtes willst, aber halte unverrückt beides im Auge, auch unter den kleinsten Handlungen, auch unter den leichtesten Gedanken. „Sey nur brav, nichts ficht dich an.“ Göthe.

Schöne Liedersprüche, oder Bibelverse hielt Semler wiederholt sich vor, in der Einsamkeit, in entscheidenden Lebensmomenten. Sie sind eine liebe Gesellschaft, Göthe (im Divan) beneidet die Theologen und Gottseligen, die diese Gesellschaft so oft um sich versammeln können.

Es ist Schade, wenn eine vorhandene Kraft sich nicht bald findet und entwickelt.

Christi Reden bei Johannes deuten an ein Scheiden, nahes Wiederkehren, Ansichziehen der Seinen, Erhobenwerden zum Vater, Rückkehr zu dem, der ihn sandte. Er empfiehlt die Seinen Gott, wird aber bald wieder von ihnen gesehen werden. Er sendet den Geist christlicher Wahrheit, der vom Vater ausgeht, der Sohn nimmt von dem des Vaters, denn Alles, was des Vaters ist, ist auch sein. Der Hingang ist ein Glück für den Sohn, und auch für dessen Vertraute, denn ohne ihn würde der Geist der Wahrheit ihnen nicht das Gehörte „die Aufträge" erklären. Dieses Kommen ist im Dunkel gehalten, der Erfolg desselben ist, die Jünger und christlichen Herzen zu gleicher Seligkeit mit dem Meister emporzuziehen, das Wenn ist unbestimmt gelassen, von einem sichtbaren, glorreichen zweiten Einzuge auf die Erde, unter Geleitung und Beihülfe der Engel kein Wort. Diese Worte sind bei anderer Veranlassung gesprochen, als die längeren letzten Reden Jesu in den synoptischen Evangelien, allein doch zu denselben Personen, zu den Aposteln. Und die Inhaltsverschiedenheit ist so stark, dass sie nicht einer messianischen Person an dieselben Vertrauten beigelegt werden zu können scheinen. Die Differenz scheint nicht lösbar, wenn nicht der Einfluss jüdischer Hand nach den Messiasideen der Zeit bei dem palästinensischen oder historischen Evangelium angenommen wird. Die Art der Seligkeit, welche der Messias verleiht, ist bei Johannes nirgends geschildert, beginnt in der Zeit, und strömt ununterbrochen in das ewige Leben. Nirgends ein Bild, das an die jüdischen Mahlzeiten im messianischen Reiche erinnert, nirgends eine auf sinnliches Wohlleben und Herrschlust beschränkte Ansicht für die Ausdauer in der dem Messias gehaltenen Treue. Der Apostel hat die Lehre der messianischen Rückkehr vergeistigt durch seine Hand gehen lassen, geraume Zeit nach Christi Tod, oder es hat Jesus zu verschiedenen Stunden verschieden in geistiger und sinnlich jüdischer Weise von diesem Faktum gesprochen, oder die Synoptiker haben Christi Reden nach der Weise der jüdischen Messiasideen conformirt, so dass kürzere, dunkel oder zweideutig gehaltene Sprüche darüber das Aechte sind.

Glücklich wer sich selbst ganz gefunden hat.

Der wahre Gelehrte muss jeden gesunden Augenblick Geschmack an seiner Wissenschaft finden können, und nicht nöthig haben, zu belletristischen Ergötzungen seine Zuflucht zu nehmen. Augenblicke der Abspannung durch die Arbeit selbst sind ausgenommen.

Wer immer geistreich zu seyn strebt, kömmt mir vor, wie Einer, der stets Aquavit trinken will und niemals ein Glas Wasser.

Werthers Gemüth entbehrt der höheren sittlichen Kraft, welche die Stürme des Lebens beschwichtigend, sich erhebt über Leid und Freude der Erde im Bewusstseyn unendlicher Bestimmung. Er vermag nicht die Macht der Verhältnisse zu übersehen und zu beherrschen, und sich selbst wieder zu finden aus den Qualen seines Herzens. Das innerste leidenschaftlichste Gefühl ist in ihm zur Herrschaft gelangt und zerstört die Kräfte seines Wesens. Wir weihen ihm Thränen inniger Liebe und Antheiles, aber seine That bleibt lasterhaft und verwerflich, welche Verkettung der Verhältnisse sie auch nahe gebracht habe. Er giebt sein Köstlichstes auf, und folgt dem wilden und blinden Zuge eines zerrissenen Gemüthes. Viele Kraft war in dem Manne für die Ideale des Gemeinlebens, der Wissenschaft und der Kunst. Zu ihnen sollte sich seine Liebe wenden, das Leben war mit solcher Liebe zu ertragen. Sein Gemüth hätte sich gewöhnt an ein hohes Ziel, und beruhigt, es wäre geheilt zurückgekehrt in die Arme seliger Freundschaft. Die sittlichen Gesetze soll der Mensch ehren und festhalten, wie und wann auch das Welträthsel sich ihm enthülle, in ihnen wurzelt seine Natur, und kein drückendes Verhältniss, kein Leid mag ihn lossprechen. W. leitet ihre glänzende Sophisterei über sich selbst und des Menschen Loos und das Unwiderstehliche des Geschickes. Die höhere, reine Liebe zu Lotte konnte er wahren und nähren, auch wenn sie eines Andern war, sein von Religion durchdrungener Geist hätte diese Liebe geadelt und erhoben über irdische Verbindung. Aber diese Saite lässt er zu selten in seinem Innern anklingen, auch in L. Zuredungen findet sich Wenig oder Nichts der Art. Seine Geschichte ist der treue Abdruck einer falschen sentimentalen Stimmung einer Zeit, in welcher auch bei den bessern Gemüthern das Höhere, Göttliche, wahrhaft Kräftige über die Gewalt unsicheren und irrenden Gefühles noch nicht zur Herrschaft durchgedrungen war. Ein thatenvolles, in treuer Aemsigkeit des würdigen Berufes geführtes Leben hätte ihn gerettet, allmälig dem Frieden seiner Seele, der Welt, seinen Freunden wiedergegeben. So erscheint er als ein Gemisch des edelsten Gefühles, reiner aber wüthender Leidenschaft, und feigherzigen, unmännlichen Sinnes. Seine Beschönigung des Selbstmörders durch das Bild des nachsichtigen, gütigen Vaters, der auch den gegen seinen Befehl zu früh heim kehrenden Sohn nicht von seiner Wohnung ausschliessen werde, erscheint als traurige Selbsttäuschung und als der Trugschluss eines kranken Herzens. Wie, hat schon ein Weiser dagegen erinnert, der in demselben Bilde fortfuhr, wie wenn der sonst liebevolle Vater den Widerspänstigen, der die ihm angewiesene Stellung verliess, ehe er gerufen ward, und seiner Pflicht Genüge that, in eine härtere Schule nimmt, und ihn durch schwerere Prüfung gläubigen Gehorsam lehret! — Das menschliche Urtheil bleibt, dass, wer sich schuldlos fühlet, den ersten Stein auf ihn werfen möge, aber die Gesetze der Sittlichkeit, tief in des Menschen Brust gegraben, Gottes Stimme im Menschen, sind unantastbar und ewig.

Jacobi's Woldemar ist in mehrerer Beziehung ein räthselhaftes Produkt, welches sich nach der ersten Lesung durchaus nicht in seiner Einheit und nach seiner Hauptrendenz erkennen lässt. Die Uebermacht der Gefühle und der Drang eines edlen Inneren, aus welchem die Schrift hervorgegangen zu seyn scheint, hat der Klarheit des Vortrages und der Harmonie des Ganzen an vielen Orten Eintrag gethan. Man spürt keinen bleibenden Totaleindruck nach vollendeter Lektüre. Ja die unendliche Reizbarkeit des Geistes und die höchste Zartheit der Empfindungen, die sich in diesem Werke auf jeder Seite kund thut, ist für das geordnete und unbefangene Gemüth des Lesers sehr oft mehr peinlich, als wohlthuend. Auch Woldemar scheint eine fast verzeichnete Gestalt zu seyn. Seine Aeusserungen über Tugendfertigkeit, über sittliches Genie, über die freie, vom todten Gesetze unabhängige Eigenthümlichkeit eines von Natur gut gearteten, seinem innern Triebe ausschliesslich folgenden Wesens enthalten sehr viel Wahres, aber auch sehr viel Irriges, Blendendes und Verführerisches. Die übrigen Personen sind wohl nicht immer mit gehöriger Sorgfalt hingestellt und hervorgehoben. Von Karolinens und Luisens wahrem Wesen erfährt man nichts oder wenig, sie scheinen blosse Figurantinnen zu seyn. Dorenburgs Eigenthümlichkeit tritt auch gegen Biederthals Charakter nicht hinlänglich hervor. Am meisten durchgeführt sind unstreitig Hornich, Woldemar, Henriette. Letztere besitzt weit mehr männlichen Sinn und ruhige Geistesklarheit, als Woldemar selbst und ist die Krone des Ganzen. Meisterhaft sind die Schilderungen einiger Naturscenen, die Darstellung des inneren Adels und der Würde der Menschheit; auch einige geschichtliche Episoden. Für wissenschaftliche Philosophie, namentlich für Aufstellung einiger wichtigen Punkte der Ethik finden sich herrliche Bruchstücke. Dass das Ganze aus einem Gusse sey, lässt sich indess nicht sagen. Die Natur der Freundschaft und Liebe, besonders der ersteren, wird mit wahrer, voller und gediegener Begeisterung dargestellt.

Capitolinisches Museum.

Wir nehmen den abgerissenen Faden wieder auf, den wir, zerstreuet durch anderweitige, wenn auch etwas fremdartige, Beobachtungen und Erfahrungen, fallen liessen.

Ein Faunus von Praxiteles, in natürlicher Grösse, gefunden in der Villa Este. Er ruhet über einem Steine mit Inschrift, gesetzt dem Probus Petronius, und gefunden auf dem *Monte Pincio* im Jahre 1744.

Unter den Statüen des Antinous, welchen wir in Italien begegneten, zeichnet sich die des Capitols auf das Vortheilhafteste aus. Nur das Basrelief der Villa Albani ist an Schönheit vergleichbar. Der Cultus des Antinous in Aegypten unter Hadrian war unendlich verbreitet; daher die grosse Anzahl Ueberreste dieser Gattung. Die Knabenliebe der Griechen erreicht wohl in dem Antinous ihren Gipfel.

Noch müssen wir der lachenden Flora gedenken, in natürlicher Grösse, gefunden unter den Ueberbleibseln der Villa Hadriana zu Tivoli im Jahre 1744. Sie ist verhüllt und in dieser Verhüllung trefflich gearbeitet. Die kolossale Statue der Flora in den Studien zu Neapel ist ein Seitenstück, das ich indess nicht vorziehe. Die erstgenannte ruhet auf einem Grabdenkmale mit Innschrift.

Ein edler und würdiger Kopf des Markus Brutus ruhet auf einem Felsen von Marmor. Die Büsten dieses nervigten Römers sind sehr selten, die hier erhaltene ist sprechend.

Ein anderer Antinous hat Aehnlichkeit mit dem ägyptischen Idol, in welchem Hadrian ihn vergötterte. Diese halbkolossale Statue ward zu Tivoli in der Villa Hadriana im Jahre 1788 gefunden. Man erkennt den ältern Antinous in der Verkleidung.

Die kostbare Sammlung der Köpfe der Cäsaren hat mich stets mit dem höchsten Interesse erfüllt. Nirgends sieht man die Vergangenheit anschaulicher vor sich, als in diesem lebendigen Geschichtssaale. In der Mitte erblickt man die Agrippina, in Lebensgrösse, sitzend auf einem römischen Lehnstuhle, in bewunderungswürdiger Ruhe mit über einander gelegten Händen. Eine andere Agrippina von gleichem Werthe bieten die Studien in Neapel dar. Unter den Büsten verdient besonders die des Julius Cäsar durch ihren scharfen Character Beachtung. Es folgen: Tiberius, Drusus, sein Bruder, Antonia, Gemahlin des Drusus, Caligula, Messalina, Nero, dessen Züge Tyrannei und Laune athmen, Poppäa, Galba, Otho, Vitellius, Julia, Tochter des Titus, Plotina, Gemahlin des Trajan, Marciana, Schwester des Trajan, Matidia, Tochter des Trajan, Hadrianus, Julia Sabina, seine Gemahlin, Commodus, Crispina, Gemahlin des Commodus, Pertinax, Septimius Severus, Julianus in dessen Gesichtszügen wir etwas Herbes und Unelegantes, neben grosser Ehrlichkeit zu gewahren glaubten. Das Unmittelbare, was sich in allen diesen Gestaltungen ausspricht, ist im Charakter der alten Kunst, und die Leichtigkeit der Arbeit ist schwer von den Neueren nachgeahmt worden. Unter den Basreliefs in der Höhe zeichnen wir aus Andromeda, von Perseus befreiet, und Endymion, auf einem Felsen schlafend mit seinem Hunde.

Das Zimmer der Philosophen ist nur ungenau so genannt worden, da auch Dichter und Geschichtschreiber in diesem Kreise nicht fehlen. Der Homeruskopf ist ehrwürdig, ausdrucksvoll und verräth die tiefe Weltanschauung in dem Innern des unsterblichen Dichters. Ueber die sieben Köpfe des Plato herrscht bekanntlich ein noch nicht beendigter Streit, man ist geneigt, sie für *Bacchi barbati* oder indianische Götter zu halten. Die Büste des Cicero ist sehr bedeutsam, gut und gediegen gearbeitet. Andere sehen darin ohne hinreichenden Grund den Mäcenas. Aspasia findet sich noch ein Mal, doch mit merklich verschiedenen Zügen, im Vatikan. Die Mitte des Zimmers schmückt eine herrliche kleine Bronzestatue des Camillus, eines jungen Opferdieners, mit grosser Leichtigkeit und Liebe gearbeitet. Andere Büsten sind nicht ohne Verdienst, wie Epikurus, Seneka, in dessen strengen Zügen man das Ueberspannte, Rigoristische leicht wahrnimmt, eine Tugend, die sich selbst verzehrt, in Bedenklichkeiten aufreibt, und des Gewandes der Liebenswürdigkeit gänzlich entbehrt. Sappho ist eine oft wiederholte, aber immer reizende Darstellung. Anderes müssen wir vorübergehen.

In dem grossen Saale finden sich vortreffliche Stücke. Jupiter ist eine achtungswerthe Statue. Er hält den Blitz in der Hand. Das Postament bildet ein runder Altar, auf welchem in halberhabener Arbeit ein Priester, Apollo und Diana Lucifera eingegraben sind, fast altgriechischen Styles. Beide Denkmäler wurden in dem Hafen von Antium gefunden. Der Vater der Götter und Menschen mit der ewig heiteren Stirn strahlt das glückliche Alterthum wieder, in welchem ohne tiefere und höhere Kenntniss im Reiche der göttlichen Dinge doch harmlos und leicht im sinnlichen und schönen Lebenskreise die Menschen ihre Tage verlebten. Aeskulap, ebenfalls in Antium ausgegraben, ist eine seltenere Erscheinung. Der Grund ist wiederum ein runder Altar, mit einem Opferzuge geschmückt, der aus sechs Figuren bestehet. Beide Bildsäulen sind von schwarzem Marmor, in dessen Behandlung man sich in spätern Zeiten gefiel. Zwei treffliche Centauren derselben Marmorfarbe sind nennenswerth. Sie stammen aus Villa Hadriana zu Tivoli und Kardinal Furietti war der glückliche Finder. Der eine derselben hält einen Hirtenstab in der Hand. In der Basis des einen dieser Werke sieht man die Namen der Meister Aristeas und Papias eingegraben, mit griechischen Buchstaben. Wie sich Menschen- und Thierwelt in den ersten sinnlichen Anschauungen des Menschen gemischt haben, zeugen diese plastischen Darstellungen. Die zwei Stücke führen den Namen der Centauren von Furietti. Herkules als Kind, von grünem Basalt, ward auf dem Berge Aventinus in der Vigna von Monsignore Massimi gefunden, und für tausend Dukaten vom römischen Senate acquirirt. Die Bildsäule ist kolossal. Diese Darstellung ist nicht eben häufig. Denkwürdig aber ist der viereckte Altar, aus weissem Marmor, auf welchem die Statue ruhet. Er enthält in guten Basreliefs die Geschichte der Geburt, der Erziehung und Vergötterung Jupiters, seine Ernährung, Verbergung und Erhebung auf den Thron des Saturnus, seines Vaters. Wir können uns eine vollständige Mittheilung nicht versagen. Auf der hintern Seite sieht man Rhea auf der Erde hingestreckt, ihrer Entbindung nahe, in Geburtsschmerzen mit bittendem Ausdrucke, dass die Geburt glücklich von Statten gehen möge. Auf der zweiten Seite erscheint Rhea von Neuem, in Begriff, ihren Gemahl Saturnus zu täuschen, indem sie ihm einen in Windeln gewickelten Stein statt des neugebornen Jupiter darreicht, ihn zu verschlingen. Auf der vordern dritten Seite ist die Ernährung Jupiters ausgedrückt, die Ziege Amalthea säugt den jungen Gott, zwei Corybanten tanzen mit ihren Waffen in der Nähe, und verhüten durch ihr Geräusch, dass das Geschrei des Kindes nicht gehört werde; in der Ferne steht die schüchterne, sorgsame Mutter, weinend aus Furcht, dass ihr Kind entdeckt werde. Auf der letzten Seite endlich sitzt Jupiter auf dem Thron, mit Scepter und Blitzen, den Erdball unter seinen Füssen, umgeben von den vorzüglichsten Gottheiten, welche ihn als ihren Herrscher anerkennen. Dieser merkwürdige Altar stammt aus Albano.

Bemerkenswerth sind drei Amazonen, über natürliche Grösse; zwei verwundet, nicht ohne Ausdruck, die dritte im Augenblick, wo sie den Bogen ergreift.

Eine Gruppe in natürlicher Grösse, gewöhnlich Vetturia und Coriolan genannt, doch ohne Beweis. Es sind zwei unbekannte römische Porträts, unter den Gestalten von Venus und Mars. Man fand sie in der *Isola sacra*, welche der Tiberfluss in der Nähe des Meeres bildet.

Eine alte Hekuba, in Verzweiflung, wehklagend um ihre Kinder Polydorus und Polyxena, meisterhaft gearbeitet, indem jeder Nerv Ausdruck ist. Gewiss mit Unrecht hielt man diese Bildsäule für die Darstellung eines jener bezahlten Klageweiber *(praeficae)* bei den Leichenbegängnissen der Alten. Dafür ist zu viel besonderer Ausdruck darin.

Eine kolossale Büste Trajans mit der Bürgerkrone von Eichenlaub verdient Beachtung.

Hadrianus, über natürliche Grösse, in heroischer Tracht, mit Schild und kleinem Schwerte, ward zu Ceprano gefunden.

Einen seltsamen Eindruck macht die Bildsäule des Herkules von vergoldeter Bronze im Hintergrunde dieses Saales.

Sie ist künstlerisch betrachtet nichts weniger als ein Meisterstück, auch ist sie nicht massiv, sondern hohl gearbeitet. Herkules hält die Keule und die Aepfel in den Händen. Diese Bildsäule ward im 15ten Jahrhunderte auf dem *Forum boarium* in der *Ara maxima* gefunden, und zeugt vom Verfall und von Spielerei in der Kunst. Sixtus IV. brachte sie auf das Capitol, aber erst durch Pius VII. ward sie im J. 1816 aus dem Palaste der Conservatoren in die Sammlung versetzt.

Sehr wohl drappirt ist auch die Bildsäule der Julia Pia, Gemahlin des Septimius Severus, in Gestalt einer Vesta. Die Grösse geht über die natürliche. Einen stillen würdigen Eindruck nimmt man hinweg.

Lucius Antonius, Bruder des Triumvir, oder nach Andern Cajus Marius in consularischer Kleidung, eine Rolle in der Linken, verdienstlich.

Eine Isis, von herrlicher Drappirung, mit der Lotusblume auf dem Haupte, das Sistrum in der Rechten, gehört dem Zeitalter des Hadrianus an. Ein vortrefflicher Harpokrates, Gott des Stillschweigens, die Lotusblume im Haar, ein Horn in der Linken. Er ward in der Villa Hadriana zu Tivoli im J. 1744 gefunden. Den Schluss möge machen neben so manchem Trefflichen, was wir unerwähnt lassen müssen, ein Jäger, das Werk des Freigelassenen Politimus, welcher im Begriff steht, mit Selbstgefälligkeit die Beute seiner Jagd, einen Hasen, aufzuheben. Der Name in der Basis könnte indess eben so leicht den Gegenstand als den Bildhauer bezeichnen. Auch dieses heitere Stück ist bereits im Jahre 1747 in der Nähe der Mauern von *porta Latina* gefunden worden.

Wir gelangen in das Zimmer des Faunes von rothem Marmor, als der Hauptfigur, welche in der Mitte stehet. Diese Figur ist sprechend, mit lebensfroher Lüsternheit und einem ächten Faunenlächeln blickt er auf die Trauben, welche er in der Hand hält, den Hirtenstab in der andern. Eine Ziege zu seinen Füssen, neben welcher ein Korb mit Trauben steht, blickt mit instinktartiger Sehnsucht zu ihm auf. Auch diese Gruppe verdankt man der Villa Hadriana.

Dieses Zimmer enthält viele nach der Sitte Italiens eingemauerte alte Inschriften, deren Hauptgegenstände über ihnen angedeutet sind. Vor allen ist die Denkschrift in Bronze zu erwähnen, welche die sogenannte *lex regia* darstellt. Sie enthält einen Theil des Senatsbeschlusses, kraft dessen die kaiserliche Machtvollkommenheit dem Vespasianus übertragen wurde, in denselben Maassen, in welchen sie seine Vorfahren Augustus, Tiberius und Claudius geübt hatten. Der berühmte Volkstribun Nikolas von Rienzo, ein zweiter Catilina des Mittelalters, liess dieses Dekret zu St. Johannes im Lateran anschlagen.

Nennenswerth ist ein Sarkophag, an dem wir sinnend verweilten, die Liebe Dianens und Endymions darstellend. Arbeit und Ausdruck sind vollendet. Zur Linken erblickt man den Schlaf mit Schmetterlingsfittigen, zur Seite den Berg Latmus, durch eine kleine Figur angedeutet. Endymyon schläft darunter. Diana steigt aus dem Gespann, begleitet von einigen Liebesgöttern. Ein geflügelter Genius mit Blumenkrone in der Rechten, welcher die Rosse bändiget, ist eine der Horen, welche den zwei leuchtenden Gestirnen des Tages und der Nacht dienen. Ueber den Rossen zeigt sich die Nacht, welche aus den Scheeren eines Krebses hervorsteigt. Noch sieht man einen Hirten mit seiner Heerde auf einem Berge, auf welchem ein Altar dem Gotte Pan gewidmet ist, anspielend auf das Hirtenleben Endymions. Es folgt Diana, welche ihren Wagen besteigt, und davon eilt, gedrängt von Leukothea, der Morgenröthe des kommenden Tages, sie ist jenes weibliche Wesen, welches aus der Erde steigt, Lucifer gehet ihr vorauf mit der Fackel. — Der Deckel des Grabdenkmales ist nicht zu ihm gehörig; man sieht die drei Parzen, und zwei Gatten, welche sich bittend zu ihnen wenden. Es folgt eine Seele, welche scheu sich nach Pluto und Proserpina hinbewegt, die auf einem Throne sitzen, während ihnen ein Liebesgott Geschenke darreicht. Hierauf erscheinen Merkurius, der Führer der abgeschiedenen Seelen, und zwei Gatten auf dem Thalamus. Zur Seite ein Landmann mit seiner Heerde. — Dieses interessante Denkmal fand man in der Kirche zu St. Eustachius bei Herstellung des Hauptaltares.

Nächstdem ein Altar, auf welchem die Büste eines Unbekannten steht, der Isis gewidmet, mit Basrelief von allen vier Seiten. Auf der vorderen ist die mystische *Cista* eingegraben, zur Linken erscheint Gott Anubis mit Palme und Caduceus; auf der hinteren Seite Opferinstrumente und zur Rechten Harpokrates, Gott des Stillschweigens mit dem Füllhorn in der Linken und der Lotusblume auf dem Haupte. Dieses seltene Stück ward im Jahre 1719 bei Grundlegung der *Bibliotheca Casanatensis* aufgefunden.

Ein schönes Kind, welches mit einer Maske des Silvanus spielt. Ein Mädchen mit einer Taube in der Hand scherzend.

Ein anderer Sarkophag stellt trefflich im Basrelief dar den Kampf des Theseus und der Amazonen gegen die Athenienser. Ausführung und Erhaltung sind bewundernswerth. Theseus fasst Antiopa, Schwester der Hippolyta, Königin der Amazonen, bei den Haaren, um sie gefangen zu machen, nachdem er ihre zwei Gefährtinnen getödtet und entwaffnet hat. Von allen Seiten erhebt sich der Kampf zwischen den Amazonen und den Griechen, den Begleitern des Theseus. Den Schluss bilden zwei Siegesgöttinninen, dem Theseus geweihet. Auf dem Deckel sind dargestellt die gefangenen Amazonen, von erstaunenswerthem Ausdrucke des Schmerzes. Das Stück ward zu Salone im Jahre 1744 bei einer Sitzung des Capitels von *S. Maria Maggiore* gefunden.

Ein Kind, welches einen Schwan herzt, in Lebensgrösse, gefunden auf der breiten Strasse von *S. Croce in Gerusalemme*. Es ruhet auf einem Altar, der der Sonne gewidmet ist. Im vorderen Theile ist ein Kopf des Apollo eingegraben, der über einem Adler ruhet, zur Rechten die halbe Figur des verhüllten Saturn mit Sichel in der Hand, zur Linken Apollo auf einem Viergespann, gezogen von vier Hippogryphen, und gekrönt von einer Siegesgöttin. Eine lateinische und angeblich palmyrenische Inschrift sind dabei.

Somit gehen wir aus dem capitolinischen Museum in den Palast der Conservatoren über, welcher nicht minder

minder reiche Kunstschätze enthält. Seinen Namen führt er von den Magistratspersonen, welche hier ihre Sitzungen halten. Ihre weltliche Macht dauert sechs Monate; drei an der Zahl, bilden sie, in Verbindung mit dem Senator von Rom, der auf Lebenszeit gewählt ist, den römischen Senat. Sie haben eine Wache und Livreebediente; aber ach, wie wenig sind diese den römischen Liktoren vergleichbar! Bei öffentlichen Aufzügen und Ceremonieen tragen sie einen langen, goldgestickten Purpurmantel, der Senator von Rom erscheint in spanischer Tracht, mit langer, blendend weisser Cravatte. Sie tragen das alte *S. P. Q. R. (senatus populusque Romanus)* gestickt, welches Niebuhr so bitter und schonungslos durch die Worte wiedergab: *sentina populi quondam Romani.* Noch immer liest man diese Buchstaben über manchem der römischen Thore. Leichter zu tragen ist die Deutung jenes Franzosen: *Si peu que rien,* oder gar der skurrilen und unlateinischen Römer selbst: *Senatus populusque rovinatus.* Kann es eine ärgere Selbstironie geben!

Palast der Conservatoren.

Unter dem Porticus beim Herausgehen zur Linken gewahrten wir die Bildsäule Julius Cäsars, das einzige authentische Bild des grossen Mannes. Innerhalb des Hofes sieht man allerhand Bruchstücke kolossaler Statuen theils von Marmor, theils von Bronze. Frei, der Witterung ausgesetzt, ist die Gruppe eines Löwen, der ein Pferd zerreisst; die Wiederherstellungen und Ausbesserungen werden dem Michel Agnolo Buonarotti zugeschrieben. Sie ward hinter dem Almone, einem kleinen Flusse, vor dem Thore *S. Paolo* gefunden. Tausendmal drängt sich dem Nordländer in Rom die Bemerkung auf, dass man in der ewigen Stadt kostbare Ueberreste des Alterthumes allen schädlichen Einflüssen der Witterung Preis gegeben sieht, die man in Deutschland mit der grössten Sorgfalt unter Dach und Fach pflegen würde.

Protomoteca.

Das deutsche Walhalla in Baiern, das französische Pantheon zu St. Genofeva in Paris lassen sich wohl mit der Protomoteca grosser Italiäner auf dem römischen Capitole vergleichen. Aber noch hat unser geliebtes deutsches Vaterland keinen würdigen Sammelplatz seiner grossen Geister, ein Saal sollte seine Helden in Büsten zeigen, aufgestellt von deutscher Nation zur Ehre deutschen Verdienstes, und nur den wahrhaft Würdigen sollte der Eintritt nach ihrem Scheiden, nach dem schiedsrichterlichen Ausspruche der Besten unter den Mitlebenden, eröffnet werden. Hier könnte das heranwachsende Geschlecht sich nähren und stärken an dem, was geschehen und geleistet, für das, was zu thun und zu leisten noch übrig ist. Bleibe es kein frommer Wunsch, keine leere Hoffnung!

Acht Zimmer sind für die Verewigung grosser Italiäner bestimmt und eingerichtet. Seit länger denn zwei Jahrhunderten war es Sitte, den gefeiertsten Namen Italiens im Pantheon des M. Agrippa Denkmäler aufzurichten, damit nicht bloss ihr Andenken, sondern auch die äussere Gestalt, unter welcher sie in der Menschenwelt wirkten, unsterblich fortlebe. Bald reichte dieser durch sein Alterthum ehrwürdige Ort nicht mehr hin, das wachsende Verdienst in seinem Schoosse aufzunehmen. Pius VII., selbst ein Unsterblicher, befahl daher, alle Büsten des Pantheons in das Capitolium überzutragen, und von nun an in diesen neuen Räumen alle diejenigen aufzunehmen, welche dieser Ehre durch triftigen Richterspruch würdig erachtet seyn würden. Eine lange lateinische Tafel im ersten Zimmer giebt in sechs Artikeln die Grundsätze dieser neuen Einrichtung an. Erstens ist dieser ehrwürdige Raum bestimmt, durch gebührende Ehre das Andenken ausgezeichneter und erlauchter Italiäner zu verewigen. Zweitens: die Bildnisse berühmter Männer, welche im Pantheon des M. Agrippa aufgestellt waren, sollen hier ihren Platz finden; gleichermassen sollen diejenigen, welche später dieser Nationalehre würdig erachtet werden, hier eine Aufnahme finden. Drittens: nur Geister und Verdienste des ersten Ranges treten in diese Reihen, und niemals vor ihrem Tode. Viertens: die drei Conservatoren Roms nehmen die Vorschläge zur Aufnahme an, und werden das Urtheil der verschiedenen bestehenden Akademieen über diesen Gegenstand einziehen. Sie werden hierauf bestimmen, ob die Vorgeschlagenen dieser Ehre würdig zu halten seyen. Die letzte Entscheidung ist dem Monarchen vorbehalten. Bei Meinungsverschiedenheiten wird der Pabst Richter erwählen. Im Falle, dass ein Urtheil auszusprechen seyn dürfte in einer Wissenschaft, welche den Akademieen fremd ist, sollen dazu Männer berufen werden, welche in jener Disciplin die nothwendige Erfahrung besitzen, nach der Wahl des Fürsten. Die Ausführung des Dekretes bleibt den drei Conservatoren vorbehalten. Fünftens: die aufzustellenden Bildnisse können keine andere Form haben, als nach Belieben die der Büsten oder der Hermen. Jede andere Form ist untersagt. Die Büsten werden aufgestellt nach den Dimensionen des Leonardo da Vinci, die Hermen nach der des Galilei; der Marmor darf kein anderer seyn, als der von den Bildhauern gebrauchte. Sechstens: mit der Beaufsichtigung und dem Schutze dieser ehrwürdigen Anstalt sind die drei Conservatoren Roms beauftragt. Sie haben die Pflicht, über die Beobachtung der vorgeschriebenen Gesetze zu wachen, und keine Abweichung von denselben zu gestatten.

An dieser Anordnung ist mit Fug auszusetzen, dass zu Vieles in die Hände der drei Conservatoren, welche gewöhnlich Fürsten oder sehr hochgestellte und daher meist unwissenschaftliche Herren sind, gelegt ist. Die Akademieen sollten ein gewichtigeres Stimmenrecht haben, und kein blosses Consultum abgeben. Man weiss, durch welche Triebfedern öfter dergleichen Entscheidungen herbeigeführt werden.

Derselbe erste Saal enthält die Büsten von fünf Ausländern, welche bereits im Pantheon aufgestellt waren. Sie sind in Italien einheimisch geworden; die schöne Halbinsel hatte ihre Studien angeregt, belebt, zur Reife gebracht, mit Ehren, Würden und Ansehen gekrönt. Den grössten

20*

Theil ihres Lebens brachten sie in Italien, vorzüglich in Rom, zu und erhielten dort jede Aufmunterung des Genies. Es ehrt Italien, dass man diesen grossen Fremden den Vortritt liess in diesem erlauchten Gedenksaale einheimischen Verdienstes.

Wir nennen zuerst Nikolaus Poussin, von Andeli in der Nähe von Paris. Ihm setzte dieses Denkmal Johann Baptist von Agincourt, der berühmte Geschichtschreiber der Kunst. Er betrieb im 17ten Jahrhunderte malerische Studien in Rom nach den Mustern Domenichino's, Raphael's und anderer Alten. — Raphael Mengs, von Aussig in Böhmen, hob die Malerei aus tiefem Verfall in Italien, besonders durch ausgezeichnete Korrektheit, blühend im achtzehnten Jahrhunderte. Wenn gleich kein hoher Genius in ihm war, und er besonders durch allzugrosse Glätte, die an Geistlosigkeit gränzt, beschwerlich wird, wenn er gleich, seltsam genug, verschiedenartige, ja widersprechende Eigenschaften grosser Maler in sich aufnehmen und vereinigen wollte, so hat er dennoch genützt, besonders durch bessere, naturgetreue und genaue Zeichnung. Die Büste setzte ihm Nikolas von Azara. Das Verdienst dieses Malers ist überschätzt worden, neuerdings aber in die rechten Schranken zurückgewiesen. — Johannes Winkelmann, der unsterbliche Genius in der Geschichte und Würdigung alter Kunst, gebürtig aus Stendal in der alten Mark Brandenburg. Aechte und gediegene Begeisterung, so wie tiefe Kenntniss der Antike, ein wahres Einheimischseyn in der klassischen Welt, erheben ihn zum Wiederhersteller der Archäologie. Die ihn überflügelten, stehen auf seinen Schultern; für neu eröffnete Gebiete des Alterthums, die sein Zeitalter noch nicht kannte, ist er nicht verantwortlich. Sein Wirken im achtzehnten Jahrhunderte ward gewaltsam verkürzt. Die Büste, von Doel gearbeitet, ward ihm vom Rathe Johann Friedrich Reiffenstein gesetzt. — Angelika Kauffmann, eine deutsche, gleich sehr durch ihre Kunst, wie durch ihr Gemüth und ihre Lebensschicksale ausgezeichnete Malerin, von ausserordentlicher Leichtigkeit und Fruchtbarkeit in ihren Schöpfungen, blühte im achtzehnten

Jahrhunderte und zu Anfange des unsrigen. Ihre Büste stellte auf Johannes Kauffmann und dessen Erben. Ein nicht minder bleibendes Denkmal setzte dieser liebenswürdigen Künstlerin Göthe in seiner italiänischen Reise. — Endlich Joseph Suevée, Direktor der französischen Akademie zu Rom; gestorben 1807.

Der zweite Saal enthält nun die Büsten gefeierter Italiäner des dreizehnten, vierzehnten und funfzehnten Jahrhunderts, fast sämmtlich auf Kosten Canova's gesetzt. Wir heben die vorzüglichsten aus, deren Erwähnung dem geneigten Leser gewiss nicht unwillkommen ist, und begleiten sie mit einigen biographischen Notizen. — Filippo di Ser Brunelleschi, Florentiner, als Architekt ausgezeichnet, Erbauer des Domes zu Florenz, über welcher Arbeit er starb, ohne die Kuppel vollendet zu haben, für welches Meisterstück er indess die Zeichnung hinterliess. Dem Dome gegenüber ist seine Bildsäule aufgerichtet, sinnend blickt er, den Cirkel in der Hand, auf zu seinem Werke, das seinen Namen unsterblich macht. Er erneuerte in der Baukunst, als ein treuer Nachahmer der alten Griechen und Römer, den Gebrauch der antiken Gesimse. Er brachte die etrurische, korinthische, dorische und ionische Säulenordnung wieder in Aufnahme. Auch in der Bildhauerkunst und in der Perspektive war er tüchtig. Seine Blüthe fällt in das funfzehnte Jahrhundert. Die Büste arbeitete Alexander von Este aus. — Nikolaus von Pisa in einer Herme, von demselben Künstler gearbeitet. In die Bildkauerkunst des 12ten und 13ten Jahrhunderts versetzt, riss er sich los von dem gothischen, groben und barbarischen Style, welcher damals überhand genommen hatte, und folgte seinen Meistern, den Griechen. Sein unsterblichstes Werk sind die Basreliefs der heiligen Geschichte am Dome zu Orvieto. Seine Verdienste als Architekt sind nicht unbedeutend. — Die Herme des Giotto, von Alex. von Este. Im dreizehnten und vierzehnten Jahrhunderte trat Giotto als Maler, Bildhauer und Architekt auf, in jenen glücklichen Tagen, in welchen noch Ein Geist mehrere Künste in sich aufnehmen und in ihnen mit Erfolg seinem Lebenszwecke nachstreben konnte. Cimabue war sein Lehrer; er verliess die rohe, steife und plumpe Manier der Zeit, und legte sich mit allem Fleisse auf die Nachahmung der Natur und der Wahrheit. Was konnte ehrenvoller seyn, als der Beiname des Schülers der Natur, den er sich errang? Das Heilige, Sanfte und Ausdrucksvolle, das, wodurch der Geist in die Natur heraustritt, gelingt ihm vorzüglich. Vieles wird ihm in Italien beigelegt, was seiner Schule oder seiner Manier angehört. Wir freueten uns seiner Schöpfung im Dome zu Assisi. — Andreas Orcagna, florentinischer Maler, Bildhauer und Architekt. Seine Herme, von Maximilian Laboureur, eine mittelmässige Arbeit. Seine Verdienste sind am bedeutendsten in der Malerei. In der Skulptur ward er ein glücklicher Nachahmer des Nikolaus von Pisa. In der Architektur hat er das Verdienst, den gothischen Spitzbogen entfernt, und den runden Bogen eingeführt zu haben. Seine Blüthezeit fällt in das vierzehnte Jahrhundert. — Die Herme des florentinischen Malers Masaccio aus dem funfzehnten Jahrhunderte von Carlo Finelli. Als tüchtiger Nachahmer und Jünger der Natur nennenswerth; seine Werke dienten als Muster den grössten Geistern, wie dem Fra Bartolomeo von S. Marco, Leonardo da Vinci, Buonarotti und Raphael von Urbino. Die kräftige und naturreiche altflorentinische Schule hat an ihm einen ihrer trefflichsten Vertreter. — Die Herme des sel. Bruder Johann Angelico von Fiesole, eines Dominikaners und Malers, der im funfzehnten Jahrhunderte blühete, eine Arbeit des Leandro Biglioschi. Dieser fromme Mann ward wegen seiner seltenen stillen Tugenden heilig gesprochen. Seine malerischen Arbeiten begann er stets mit inbrünstigem Gebet. Er malte nur heilige Gegenstände mit einer unglaublichen Wahrheit und himmlischen Einfalt. Seine Seligen und Erlösten sind wahrhaft verklärt und schmecken die Kräfte der unsichtbaren Welt; seine Teufel und bösen Geister dagegen sind freilich possirlich und mehr lächerlich, denn satanisch. Es war eine engelreine Seele in ihm. Ein Grabdenkmal von ihm enthält die Kirche von S. *Maria sopra Minerva*. — Die Herme des Florentiners

Lorenzo Ghiberti, eines Malers und Bildhauers aus dem funfzehnten Jahrhunderte. Arbeit von Carl Finelli. Ihm verdankt man die mit historischen Gemälden reich verzierten Bronzethüren des Baptisterii zum heil. Johannes in Florenz, eine Arbeit, die durch ihre Wahrheit und Trefflichkeit schon die Bewunderung Buonarotti's erregte. Dieses einzige Werk, die biblischen Geschichten vorstellend, war hinreichend, seinen Namen unsterblich zu machen. — Donato Bardi, genannt Donatello, florentinischer Bildhauer und Maler des funfzehnten Jahrhunderts, eine Herme von der Hand des Joh. Ceccarini. Seine kräftigen Werke haben besonders in den Basreliefs ausserordentliches Verdienst, und erreichen die besten griechischen und römischen Darstellungen. Vieles von ihm hat die grossherzogliche Gallerie der Uffícj zu Florenz. Sein Name wird sich über den Wogen der Zeit erhalten.

Das dritte Zimmer enthält zunächst das Brustbild Pius VII., mit Zartheit von dem Meisel Canova's ausgeführt, zugleich mit einer ehrenvollen Denkschrift. Auch die übrigen Büsten der Künstler des funfzehnten und sechszehnten Jahrhunderts sind, mit Ausnahme der des Raphael, auf Kosten Canovas gesetzt. — Wir nennen Tizian Vercellis von Venedig, gehörig dem funfzehnten Jahrhundert, Büste von Alex. von Este. Er ist Meister und Schöpfer der venezianischen Schule, und der Erste in der Farbengebung oder im Kolorit. Auch hat er das unsterbliche Verdienst grösster Naturwahrheit und Treue; er starb im höchsten Greisenalter, reich an Thaten und Werken. — Leonardo da Vinci, venezianischer Maler. Büste von Filippo Albacini. Blühend im vierzehnten und funfzehnten Jahrhunderte, erfüllte der Ruf seiner Grösse den jungen Raphael, und trieb ihn an, nach Florenz zu eilen, um seine Manier zu studiren. Raphael überflügelte zwar unendlich weit seinen Lehrer, doch sind Vinci's Arbeiten noch immer mit Recht hochgeschätzt und an der lächelnden Miene, die er vielen seiner Personen einhaucht, leicht erkennbar. Sein Abendmahl in Fresko im Dominikanerkloster zu Mailand ist weltbekannt und das vollendetste seiner übrig gebliebenen

Werke. Christus hat einen himmlischen Zug, die Composition ist sehr vorzüglich. — Michel Agnolo Buonarotti, Maler, Bildhauer und Architekt des funfzehnten und sechszehnten Jahrhunderts. Büste von Alex. von Este. Dieser Riesengeist, dem jedoch die Grazie fehlte, übertrifft in diesem Kleeblatt der Künste alle seine Zeitgenossen. Er heisst der Vater der florentinischen Schule; aber nur ein Geist, ähnlich dem seinigen, vermochte ihn nachzuahmen. Sein unliebenswürdiges Wesen stiess Manchen ab, aber grosse Biederkeit, Redlichkeit und derbe Offenheit auch gegen die höchsten Personen im Bewusstseyn seines Verdienstes und Werthes begleiteten ihn in die Gruft. Sein grossartiger Styl scheint über der Menschenwelt erhaben. — Ein liebenswürdiger und klassisch heiterer Genius ist Andrea Palladio, Architekt von Vicenza, blühend im funfzehnten und sechszehnten Jahrhunderte. Büste von Leandro Biglioschi. Dem Studium der alten römischen Gebäude sich hingebend, zeigte er die wahren Regeln und richtigen Gedanken einer Kunst auf, welche durch den gothischen Geschmack seit langer Zeit in tiefen Verfall gerathen war. Viele seiner Meisterwerke schmücken seine Vaterstadt. Schade, dass er so wenig Nachfolger und seiner würdige Anerkennung fand. — Dem funfzehnten und sechszehnten Jahrhunderte ist auch angehörig Fra Bartolomeo da S. Marco, florentinischer Maler. Büste von Domenico Manera. Die Grazie und Kraft seines Kolorits ward selbst von Raphael geschätzt. — Andreas Montagna, mantuanischer Maler des funfzehnten und sechszehnten Jahrhunderts. Seine Herme ist das Werk des Rainaldo Rainaldi. Ariost setzt ihn neben Leonardo da Vinci; er war Urheber der Verkürzungen in der Malerkunst, oder der Malerei ins Kurze. — Die Herme des Lukas Signorelli von Cortona, aus dem funfzehnten und sechzehnten Jahrhunderte, gefertiget von Pietro Pierantoni. Die Freskogemälde im Dom zu Orvieto allein sind vermögend, diesem Maler die Unsterblichkeit zu sichern. Er ist ein tüchtiger Vorläufer der grössten Meister dieser Tage. — Die Herme des Pietro Perugino, aus dem funfzehnten Jahrhunderte, ist eine Arbeit von Raimondo

Trentanove. Dieser fromme, fleissige Mann von stillem, sanftem Geiste, der sich in allen seinen Werken ausdrückt, übertraf alle seine Vorgänger in der Zeichnung wie im Kolorit, bei einer gewissen Steifheit der Komposition. Zu seinen zahlreichen Schülern gehört der göttliche Raphael, der in seinen ersten Arbeiten noch deutlich die Manier seines Lehrers an sich hat. Nach und nach entfaltete er die Fittige seines Geistes freier und erreichte, bei trefflichen Vorgängern, den Gipfel der Kunst. — Andrea del Sarto, florentinischer Maler von Antonio von Este. Im sechszehnten Jahrhunderte entwickelte dieser Künstler eine schöne, grossartige, durchdringende und zarte Weise. Gern kommt man auf die Schöpfungen dieses genialen Mannes zurück. Seine menschlichen Gestalten sind besonders durch das Durchdringende und zugleich Sanfte der Augen ausgezeichnet. — Marco Antonio Raimondi von Bologna, als Kupferstecher des sechszehnten Jahrhunderts unsterblich. Raphael liess einige seiner Werke durch ihn verewigen. Noch immer sind Marcantonio's Stiche unschätzbar. Seine Herme von Maxim. Laboureur. — Die Büste Raphaels von Urbino, des göttlichen Malers, gesetzt auf Kosten Karl Maratts. Die Unterschrift ist die, welche, wenn ich nicht irre, vom Kardinal Bembo herrührt:

Hic est ille Raphael, metuit quo sospite vinci
Rerum magna parens, et moriente mori.

Grazie, Anmuth, Zeichnung, Ausdruck, Malerei sind in diesem Genius, den die Natur zu ihrem Liebling ersah, aufs Vollkommenste vereiniget. Der schaffende Geist wollte zeigen, wie einst bei Alcibiades, was er in einem Individuum hervorzubringen vermöge, aber der Himmel beneidete der Erde diesen reichen und liebenswürdigen Genius, und rief ihn im sieben und dreissigsten Jahre, in der Blüthe seiner höchsten Leistungen zu sich zurück. Die Nachwelt weiss, was er war, und blickt mit bewundernder Liebe zu ihm auf. Er hinterliess eine Schule, die leider nur zu bald von ihm abwich. Seine besten Schüler umgaben ihn täglich, er entwarf Vieles, was sie ausführten; dennoch müssen wir seine ausserordentliche Thätigkeit nicht minder, denn sein

Talent anstaunen. Das Vollendete ist das Zusammenströmen aller nothwendigen Elemente zur Harmonie der Schönheit, wir finden solches bei Raphael in unvergleichbarer Weise; das herrlichste Ebenmaass durchdringt seine Schöpfungen, kein Zug zu wenig, keiner zu viel; alle edleren und sanfteren Empfindungen der Seele werden beim Anschauen seiner Werke in ein leichtes Spiel versetzt. Das ist, was auch in dem Laien von der Meisterschaft bewirkt wird. — Antonio Allegri de Correggio, Maler der lombardischen Schule des funfzehnten und sechszehnten Jahrhunderts. Büste von Filippo Albacini. Das Helldunkel gelingt diesem Meister trefflich; die berühmte „Nacht“ in der königlichen Gallerie zu Dresden ist hiervon einer der unwidersprechlichsten Beweise; seine Manier ist grossartig, seine Physiognomieen haben grossen Reiz und ausgezeichnete Grazie und Lieblichkeit, auch kleine Gemälde gelangen ihm in dieser Beziehung sehr wohl. Die herzogliche Gemäldegallerie zu Modena besass die vorzüglichsten seiner Werke, welche König August von Polen als Kronprinz in Italien für die dresdner Sammlung acquirirte, und nur Kopieen, wie ich mich selbst an Ort und Stelle überzeugte, sind in Modena zurückgeblieben. — Paul Veronese, venezianischer Maler des funfzehnten Jahrhunderts. Büste von Domenico Manera. Reichthum der Komposition, Anmuth des Kolorits erwarben ihm einen grossen Ruf. Eine gewisse Trockenheit und Mangel des tieferen inneren Lebens sind an ihm indess wohl mit Recht zu rügen. Geschichtliche Darstellungen gelingen ihm vorzüglich, bei denen er sich indess viele Verstösse gegen Zeit und Kostüm nachsieht. — Bramante Lazzari von Urbino, Architekt des funfzehnten und sechszehnten Jahrhunderts. Seine Büste eine Arbeit Alex. von Este. Wenn gleich kein Stern erster Grösse in seiner Kunst, hat er doch einen achtungswerthen Namen hinterlassen. Er hat die Erfindung gemacht, die Wölbungen oder Decken mit Kalk zu bewerfen und die Stukkaturarbeit im Sinne und Geiste der Alten erneuert. — Den Beschluss macht Michele Sanmicheli von Verona, Architekt. Seine Büste bearbeitete Domenico Manera. Er blühete im funfzehnten Jahrhunderte. In der militärischen Architektur erwarb er sich einen ausgezeichneten Ruf; er ist der Erbauer vieler Festungen seiner Zeit gewesen.

Das vierte Zimmer zeigt uns vorzügliche Künstler des sechszehnten, siebenzehnten und achtzehnten Jahrhunderts. Die Reihe beginnt Francesco Marchi, Militärarchitekt von Bologna. Büste von Leandro Biglioschi, auf Kosten Canova's gesetzt. Das Hauptwerk des Mannes handelt von militärischer Architektur in vier Büchern, reich und tief. Er blühete im sechszehnten Jahrhunderte. — Die Büste des bolognesischen Malers Hannibal Caracci, auf Kosten Karl Marattis gesetzt. Im sechszehnten Jahrhunderte ward er das Haupt der bolognesischen Malerschule. Aus tiefem Verfalle führte er die Kunst nach den Mustern Raphaels, Michel Agnolo's, Tizians, Correggio's und der Alten auf Naturwahrheit und Treue zurück, ohne sich doch zum Idealen erheben zu können. Daher haben seine Werke zwar Verdienst, ohne indess den ganzen Menschen zu befriedigen. — Giulio Pippi aus Rom, genannt Giulio Romano, Schüler Raphaels, und zwar einer der gediegensten. Seine Darstellung der Vermählung Amors und Psyches in der Farnesina athmet einen frischen, lebendigen, kräftigen und klassischen Geist, den selbst sein Lehrer bewunderte. Er steht auch als Architekt nicht unbedeutend da. Seine Büste fertigte Alex. von Este auf Kosten Canova's. — Von seinen Freunden gesetzt ist die Büste des Marko Benefiale, eines römischen Malers, eines der besten seiner Zeit im achtzehnten Jahrhunderte. Indess, da sein Name in die Zeiten des Verfalles der Kunst gehört, erscheint er dieses Platzes kaum werth. — Polidoro Caldora da Caravaggio, aus raphaelischer Schule des sechszehnten Jahrhunderts. Herme des Max. Laboureur, auf Kosten Canova's. Dieser Maler war tüchtig, besonders im Helldunkel und in einer Art der Freskomalerei *(sgraffito)*, übrigens ein Stern zweiter Grösse. — Von demselben Künstler die Herme des venezianischen Malers Sebastiano Frate del Piombo, des sechszehnten Jahrhunderts. Er verdankte dem Buonarotti Viel, und erhob sich nach Raphaels

Todo auf eine gewisse Höhe der Kunst. — Benvenuto Tisi, genannt Garofalo, ferraresischer Maler, des sechszehnten Jahrhunderts, fruchtbar, jedoch einförmig in seinen Schöpfungen, ein gewisser fester, seelenloser Typus in seinen Köpfen lässt ihn leicht wieder erkennen. Herme von derselben Künstlerhand. — Von demselben auch die Herme des Ridolfi Brigoldi, eines florentinischen Malers, genannt Ghirlandajo, Zeitgenosse Raphaels, der ihm in Florenz, bei seiner Abreise nach Rom die Vollendung eines seiner Werke überliess. Tüchtig und brav. — Von derselben Hand Giovanni Nanni da Udine, Maler des sechszehnten Jahrhunderts, in gewissen niederen Kreisen seiner Kunst sehr vorzüglich. Laubwerk, Vögel, Früchte, Geflügel, Blumen gelingen ihm in hohem Grade, die Malerei auf Gyps oder die Stukkaturarbeit und das Grotteske hat er erneuert. — Die Herme des Domenico Zampieri, des sechszehnten und siebenzehnten Jahrhunderts, eines bolognesischen Malers, Schülers von Hannibal Caracci. Er war trefflicher Nachahmer der Natur. Herme von Alex. von Este, auf Anordnung und Kosten Canova's. — Flaminio Vacca, römischer Bildhauer des sechszehnten Jahrhunderts, eine Herme auf Kosten seiner Freunde gesetzt; wir besitzen von ihm das Werk: *la Memoria di varie Antichità di Roma*, das noch immer Werth hat. — Pierino del Vaga, genannt Buonaccorsi, florentinischer Maler, dem sechszehnten Jahrhunderte angehörig, von seinen Verwandten in einer Büste verewigt. Er diente seinem Lehrer Raphael als geschätzter Dekorationsmaler für Figuren und anderen Schmuck. — Taddeo Zuccari, Maler von Santagnolo in Vado, des sechszehnten Jahrhunderts. Sein Bruder Federico liess ihm eine Büste setzen. Ein verdienstlicher Maler im Beginnen des neuern Verfalles der Kunst. — Bartolomeo Baronino, guter Architekt des siebenzehnten Jahrhunderts. Büste gesetzt von seinen Brüdern.

Das fünfte Zimmer enthält die Büste des Giovanni Pickler, eines gefeierten römischen Gemmenschneiders des verflossenen Jahrhunderts. Er war ein sehr glücklicher Nachahmer der Alten, seine Büste von Kewetson gearbeitet, ward ihm von seiner Tochter Therese gesetzt. — Gaetano Rapini, Jngenieur, höchst thätig bei Austrocknung der pontinischen Sümpfe, welche im vorigen Jahrhunderte Pius VI., ein erleuchteter und wohlwollender Pabst, anbefahl. Für jene Zeit ein höchst unterrichteter und brauchbarer Mann. Seine Büste ward auf Kosten seines Sohnes Francesco von Vincenzo Pacetti gefertiget. — Camillo Rusconi, mailändischer Bildhauer des achtzehnten Jahrhunderts. Ein bei dem Verfalle der Kunst in seiner Zeit nicht werthloser Künstler. — Pietro Bracci, römischer Bildhauer des achtzehnten Jahrhunderts. Die Figuren der Fontana Trevi sind eines seiner besten Werke, aus denen sich auf seinen Standpunkt schliessen lässt. Seine Büste setzte Vincenzo Pacetti auf Kosten des Sohnes Virginio. — Pietro Berettini von Cortona, des siebenzehnten Jahrhunderts. Er erwarb sich einen grossen Ruf durch seine grandiosen geschichtlichen und allegorischen Gemälde, verfiel indess in Manier, und entfernte sich von der Einfachheit und Wahrheit, die seinem Jahrhunderte noch fremder werden sollte. Seine Herme ist das Werk des Pietro Pierantoni, auf Kosten des Cav. Domenico Venuti gesetzt. — Giovanni Battista Piranesi von Majano, Architekt und gefeierter Kupferstecher. Seine Manier ist eigenthümlich und unnachahmlich, jetzt indess weit übertroffen; seine besten Arbeiten sind die Ansichten über römische Alterthümer. Er blühete im achtzehnten Jahrhunderte. Seine Herme ist die Arbeit des Antonio von Este; auf Kosten Canova's ausgeführt.

Im sechsten Zimmer treffen wir zuerst die Büste des grossen Florentiners Dante Alighieri, gesetzt, wie alle Büsten dieses Saales, mit Ausnahme des Annibal Caro, Trissino und Metastasio, auf Kosten Canova's, diese durch den Meisel Alex. von Este. Die Bildnisse Dante's sind sehr verschieden gerathen, nach den Stufen seines Lebensalters. Ehe noch Gram, Sorge, und Verbannung seine Lebenskräfte erschüttert hatten, waren seine Züge zwar kräftig und ernst, aber nicht streng und herbe. Das Mürrische und vielleicht Bittere seines Wesens, was einige Zeitgenossen an ihm rügen, findet in dem Gange seiner spätern Lebensschicksale vollgültige Entschuldigung. Dieser Stern erster Grösse nicht allein des dreizehnten*), sondern aller Jahrhunderte hat eine Schule um sich gesammelt, die durch das gesammte Mittelalter mit unglaublich weit verbreitetem Einflusse wirkte; der Text der *divina Comoedia* wird fast erstickt durch die Wolke der Commentatoren. In diesem unsterblichen Werke, durch welches Dante grösser erscheint, als Homer, ja als alle Dichter des Erdkreises vor und vielleicht nach ihm, ist ein sittliches Lehrgebände aufgeführt, das durch die Weite seines Gesichtskreises in Erstaunen setzt und seines Gleichen nicht hatte. In Hinsicht der ausserordentlichen Einwirkungen der Poesieen Dante's lässt er sich wohl mit Homer vergleichen. Denn bereits im Jahr 1373 ward in Florenz, im Jahr 1376 aber in Bologna ein Lehrstuhl für Erklärung der göttlichen Komödie errichtet. Den erstern bestieg G. Boccaccio, den letztern Benvenuto de Ramboldi da Imola, dessen Commentar besonders geschätzt wird. Dass Dante gegenwärtig von wenigen Italiänern gelesen, von noch wenigern tüchtig verstanden wird, davon ist der Grund theils in der veralteten, zwar schönen, aber doch eigenthümlichen und mit Latinismen reichlich verflochtenen Sprache, die ein eigenes Studium verlangt, theils in der Tiefe der Gedanken, Zusammenstellungen und Betrachtungen zu suchen, welche ohne Bibel, klassisches Alterthum, Scholastik und Zeitgeschichte nicht erfasst werden können. Eine ehrenwerthe Gesellschaft gelehrter Männer hat sich in Halle für die Lesung des grossen Dichters vereiniget, zu welcher Theologen, Rechtsgelehrte und Philologen Beiträge aus den Schätzen ihrer Gelehrsamkeit liefern. Dieses *Collegium Dantescum* ist gewiss einzig in seiner Art, und ich bezweifle, dass Italien ein ähnliches besitze. Dass indess unter den Literatoren der Halbinsel das ernste Studium des Dichters noch nicht ausgestorben sey, beweiset unter Andern, dass über die einzige Stelle aus der gefeierten Darstellung

*) Dante geb. 1205; st. den 14. Sept. 1321.

des Ugolino mit seinen Kindern im Kerker (*Inf.* c. 33. v. 75.)

„Poscia più che il dolor potè il digiuno“

nur allein im Jahre 1826 sechs bis sieben Streitschriften in Pisa, Florenz, Livorno und Rom von Gelehrten erschienen. — Die höchsten Aufgaben des Lebens stellte sich Dante in diesem allegorisch-epischen Lehrgedichte von hundert Gesängen in *Terze Rime.* Das innerste geheimnissvolle Wesen des Menschen zeigt der Dichter auf, so wie das Streben des endlichen und beschränkten Menschen nach dem Unendlichen und Ewigen. In verschiedenartigen Abstufungen oder Kreisen veranschaulicht die Hölle die Sündhaftigkeit und Verderbtheit der Menschen; die Lasterhaften aller Gattungen werden durch dasjenige bestraft, was sie am meisten verwundet, die Geizigen durch Entziehung ihres Schatzes, die Verschwender durch das Loos des Darbens, die Ehrsüchtigen durch Wegnahme der Achtung und Ehre u. s. w. Kein Stand und kein Geschlecht wird geschont, selbst der prunkhafte und stolze Bonifacius VIII. als gottvergessner Statthalter Christi, wird wohlverdienter Strafe übergeben. Die Ueberschrift über die Wohnorte der unwiederbringlich Verdammten:

Lasciate ogni speranza, voi chi entrate!

(Lasset alle Hoffnung zurück, ihr die ihr hier eintretet!) ist furchtbar und durchdringend. Falsch und unwahr würde das Urtheil seyn, dass Dante ein Antipapist gewesen. Er hielt mit unerschütterlicher Strenge an der Einheit und Machtvollkommenheit der römisch-katholischen Kirche fest, und wünschte nichts sehnlicher, als dass jeder römische Bischof des Stuhles Petri würdig regieren und die gläubigen Schaafe recht weiden möge. — Das Fegefeuer versinnlicht die Reinigung und Genesung der kranken Seele durch Gottes endlose Liebe verstattet, der Schmerz der Reue ergreift das kranke Gemüth sammt der Sehnsucht nach dem Höheren. Dieser Theil enthält viele gelehrte Abschweifungen und Ausführungen. — Im Paradiese, vor dem Virgilius, der Führer des Dichters, als Heide zurückbleibt, und das Dante'n allein zu betreten und anzuschauen vergönnet wird, erfolgt für den Gläubigen himmlische Seligkeit. Beatrice, die erste und wahre Geliebte des Dichters, welche im fünf und zwanzigsten Jahre dahin starb, ist zur Gestalt der Theologie verklärt, in die Räume des Paradieses aufgenommen. Die Vereinigung der göttlichen und menschlichen Natur in Christo nach der damaligen Kirchentheologie wird symbolisch dargestellt, das Gedicht endiget in der Spitze und Krone des Ganzen, in dem ewigen Vater. — So durch alle Sphären des menschlicheu Daseyns, Strebens, Wirkens und Leidens führt uns der grosse Dichter bis zur höchsten Vollendung des Menschlichen im Aufgehen zum Göttlichen nach christlich kirchlichen Gedanken. — Als Staatsmann war D. in die Kämpfe der Guelfen und Ghibellinen aufs Lebendigste verwickelt, was seine Verbannung aus seinem Vaterlande Florenz zur Folge hatte. Er lebte als Exilirter am längsten in Verona am Hofe des Can Grande, und zuletzt in Ravenna, das seine Asche aufnahm. Vergebens, dass die Florentiner, später ihr Unrecht fühlend, die Gebeine des grossen Todten von dem Pabste durch feierliche Gesandtschaft zurück verlangten. Er verweigerte sie und hielt den Ort, der dem Dichter das letzte Mal einen gastfreien Empfang bereitet hatte, für werth, seine sterblichen Ueberreste zu bewahren. — Es folgt die Büste Giovanni's Giorgio's Trissino's von Vicenza, blühend im sechszehnten Jahrhunderte (geb. d. 8. Juli 1478, † 1550.), gefertigt von Fabbris auf Kosten der Grafen Trissino. Unter seinen poetischen Werken hat ihm das grosse epische Gedicht in 27 Gesängen von reimlosen Jamben: „Italien befreit von den Gothen“ den grössten Ruhm erworben. Er war ein ausgezeichneter Gelehrter und setzte mehrere Buchstaben zu dem italiänischen Alphabete. Als Liebling des Pabstes Clemens VII. aus dem Hause Medici, der ihn zu seinem Ehrenbegleiter auf dem Zuge zur Kröuung Karls V. in Bologna erwählte, hatte er die damals bedeutende Auszeichnung, ihm die Schleppe zu halten. Familienleiden und Unannehmlichkeiten verbitterten die letzten Jahre seines Lebens. Er war kein glücklicher, noch auch immer geschmackvoller Nachahmer Homers, wie ihn schon Voltaire richtig zeichnet;

an die Stelle Jupiters setzte er den ewigen Vater. — Torquato Tasso, von Sorrent, in der Büste Alex. von Este (geb. 1544, † 1595.), der gefeierte oft unglückliche Dichter des sechszehnten Jahrhunderts, dessen „befreites Jerusalem" in Hinsicht auf Technik, Metrik und Gehalt als das erste epische Gedicht der italiänischen Nationalliteratur angesehen wird. Am Ziele einer durch sein Zartgefühl, durch seine hohe Bildung, und Missverhältnisse am Hofe zu Ferrara oft gestörten, doch immer glänzenden und ruhmvollen Laufbahn sollte ihm der Lorbeerkranz des Capitols und der laute Beifall seiner Nation endlich zu Gute kommen. Allein auch dieses so wohl Verdiente und redlich Errungene schien ihm das neidische Geschick nicht zu gönnen. Er starb an der Schwelle seines Glückes, wenige Tage vor seiner Krönung. — Vittorio Alfieri von Asti, im Piemontesischen, als Dichter des achtzehnten Jahrhunderts blühend. (geb. 1749, † 1803.) Seine Büste ward auf Kosten Canova's von Domenico Manera gefertiget. Seine Jugend verlebte dieser stolze, schroffe und doch edle und erhabene Geist auf weitläufigen und grossen Reisen im Norden und Westen Europas und unter zerstreuenden, oft nichtigen Beschäftigungen. Sodann wirkten verschiedene Zweige der Literatur auf sein weiter vorgerücktes Leben ein. Es war vielleicht nothwendig, dass er das menschliche Daseyn nach seinen so verschiedenartigen Richtungen kennen lernte, um den wahren Beruf zu finden. Nach vielfachen Bestrebungen und Fehlgriffen fand er sich endlich in der tragischen Poesie und ward hier Schöpfer eines edleren und reineren Geschmackes nach tiefem Verfalle. Seinen Personen fehlt es indess an Natürlichkeit und lebendiger Wahrheit, seine Maximen sind vielleicht zu allgemein, zu abstrakt und zu wenig praktisch. Doch blickt überall ein edler und einfach erhabener Charakter hindurch; so dass auch hier gilt, was schon öfter bemerkt worden, dass jeder Schriftsteller, vorzüglich aber der Dichter, in gewisser Beziehung ein Abdruck seiner Individualität genannt werden müsse. Etwas zu grell Ideelles, man möchte es etwas Hölzernes nennen, ist hie und da in den Zügen seiner Personen und Sentenzen nicht zu verkennen. Am wenigsten gelungen sind seine Lustspiele, denen Einfachheit und Wahrheit gänzlich abgehen. Seine übrigen Schriften, besonders die Satyren, athmen oft den Geist leidenschaftlicher Bitterkeit. Als ein in den höheren Ständen der Gesellschaft unter günstigen Verhältnissen geborener Mensch betrachtete er alle Demokratie und Gewaltregierung mit Abscheu; daher seine Urtheile über die erste französische Revolution und über die Franzosen. Sein persönliches, oft missverstandenes Benehmen erweckte ihm viele Feinde unter den gewöhnlichen Menschen; nur seine letzte Geliebte und Freundin, die Gräfin Albany, begriff ihn vollkommen, wiewohl auch sie bisweilen Furcht vor ihm hatte. Seine Grabschrift, die er sich selbst setzte, beweiset, dass er sich vollkommen kannte. Sie lautet:

Quiescit hic tandem
VICTORIUS ALFERIUS ASTENSIS
Musarum ardentissimus cultor
veritati tantummodo obnoxius
dominantibus idcirco viris
peraeque ac inservientibus omnibus
invisus merito
multitudini
eo quod nulla unquam gesserit
publica negotia
ignotus
optimis perpaucis acceptus
nemini
nisi fortasse sibimet ipsi
despectus
vixit annos etc. etc.

(Hier ruhet Victor Alfieri von Asti, der feurigste Verehrer der Musen, nur der Wahrheit unterthänig, eben daher den Herrschenden, den Bettlern und allen Dienenden mit Recht verhasst, der Menge, da er niemals öffentliche Aemter verwaltete, unbekannt, bei Wenigen und den Besten beliebt, von Niemand, ausser vielleicht von sich selbst verachtet. Er lebte so und so viel Jahre u. s. w.

Für seine Geliebte aber schrieb er folgende Denkschrift:

Hic sita est
Aloysa e Stolbergis
Albaniae Comitissa
genere, forma, moribus,
incomparabili animi candore
praeclarissima
a Victorio Alferio
iuxta quem sarcophago uno)*
tumulata est
annorum .... spatio
ultra res omnes dilecta
et quasi mortale numen
ab ipso constanter habita
et observata
vixit annos etc. etc.

(Hier ruhet Aloysa aus dem Hause Stolberg, Gräfin von Albany, ausgezeichnet durch Rang, Schönheit, Sitte und unvergleichliche Güte des Herzens, von Vittorio Alfieri, neben welchem sie in Einem Grabmale ruhet, in einer Reihe von .... Jahren über alle menschliche Dinge geliebt, und wie eine irdische Gottheit werth gehalten. Sie lebte ..... Jahre u. s. w.)

Alfieri gehörte einem Zeitalter an, dem er nicht ganz gewachsen war, weil er den unaufhaltsam vorwärts sich bewegenden Gang der Weltgeschichte nicht ehrte. Er würde jetzt noch vereinzelter stehen und sich vielleicht unglücklicher fühlen. Wenn gleich vornehmer Haltung und vornehmen Charakters, hat er doch in manchem Bezuge die auffallendste Aehnlichkeit mit Seume, durch seinen Hass gegen Gemeinheit, Willkührregierung und Sklavensinn. — Francesco Petrarka, von Arezzo in Toskana (geb. 1304, † d. 18. Juli 1374). Seine Büste ist das Werk des

*) Auf den Fall, dass seine Freundin vor ihm stürbe, hatte Alfieri diese Worte so abgeändert:

qui iuxta eam sarcophago uno
conditus erit quam primum

(Der neben ihr in Einem Grabmale bald bestattet werden wird.)

21 *

Carl Finelli. Er wirkte mit seinem Freunde Boccaccio Ausserordentliches für Wiederherstellung der altclassischen Literatur in Italien, zur Zeit des Aufganges der Morgenröthe der Wissenschaften. Daher seine vielen rhythmischen und prosaischen Werke in lateinischer Sprache. Seine Briefe und geschichtlichen Sachen sind wohl vergleichungsweise von dem meisten Werthe. Einen unsterblichen Namen errang er sich als Dichter. Seine Liebe zu Madonna Laura war freilich „ein ewiger Charfreitag," indessen ward sie ein poetisches Thema seines Lebens. Aehnliches lässt sich von Klopstock und Fanny sagen. Seine italiänischen Reime, Sonnette, Canzonen, allegorisirenden Trionfi und andere lyrische Kunstdarstellungen athmen tiefe und zarte Empfindung und gelten als Meisterstücke in Ausdruck und Versbau. Unerschöpflich ist sein Talent in Verewigung desselben Gegenstandes. Er lebte geraume Zeit in Bologna, sodann in der Provence, wo zuletzt das Thal Vaucluse bei Avignon sein Lieblingsaufenthalt ward. Ein freisinniger und edler Bekämpfer der Gebrechen seiner Zeit, hat er die Päbste nicht geschont. Bei seinem mehrjährigen Aufenthalte zu Avignon lernte er besonders unter dem Regimente des habsüchtigen und geizigen Johann XXII. alle glänzende Laster und die vollkommene Auflösung der Zucht am damaligen päbstlichen Hofe kennen,, da er selbst wegen der Feinheit seiner Sitten und der Anmuth seines Geistes in die ersten Kreise eingeführt war. Unmittelbar nach der Wahl Clemens VI. übernahm er mit Rienzi die Gesandtschaft nach Avignon, um den Pabst zur Rückkehr nach Rom zu bewegen. Die Unternehmung blieb zwar ohne Erfolg, Petrarka aber predigte unerschrocken manche grosse Wahrheit über Verfassung, Kirchenregiment und Päbste. Damals, unter den freisinnigern Italiänern, gingen zwei Unbilden im Schwange, eine abgöttische und schwärmerisch zügellose Verehrung der Schriften des Aristoteles und Averroes, und eine nicht minder kühne Verlästerung des Christenthumes und der Bibel, hierzu gesellte sich ein schon tief gewurzelter Aberglaube im Gebiete der Arzneiwissenschaft und Sternkunde. Diesen Gespenstern seiner Zeit trat Petrarka fest und kühn entgegen, und lehrte das Wahre in der rechten Mitte finden. Sein Vater, ein angesehener Notar, der sich, aus Florenz durch die Parthie der Weissen zugleich mit Dante vertrieben, bald in Arezzo, bald in Livorno, bald in Pisa, zuletzt im südlichen Frankreich, zu Avignon und Carpentras mit seiner Familie aufhielt, sandte den jungen Petrarka auf die Universität zu Montpellier, wo indess nicht das Recht, das er zu studiren bestimmt war, am wenigsten das kanonische, in welchem er den barbarischen Styl der Dekretalen hasste, sondern Rhetorik, das klassische Alterthum, Philosophie und Beredtsamkeit sein Lieblingsstudium ward. Besonders wurden Cicero und Virgilius seine täglichen Vertrauten. Sein Vater Petracco, der davon Kunde erhielt, eilte herbei, und warf die vom Rechte abziehenden Bücher, deren geheimen Aufbewahrungsort er kannte, ins Feuer; doch, von Mitleiden gerührt, gab er sie dem wehklagenden Sohne halbverbrannt zurück. In Bologna verfolgte er eben so eifrig mit dem Dichter Cino von Pistoja seine poetischen Pläne und Neigungen, als sein Widerwille gegen das Studium des positiven, und vorzüglich des kanonischen Rechtes, gewachsen war. Sein Rock war bisweilen ganz mit Sonnetten und Canzonen beschrieben. Plato starb schreibend, Petrarka starb lesend. — Ludovico Ariosto aus Reggio, geb. 1474, † 1533. Weniger gelesen, als gepriesen, wie Klopstock und Johannes Müller unter den Deutschen, besass er ein unvergleichliches Talent für verschiedene Zweige der Poesie. Er war gleich gross in der epischen Dichtung, wie in der komischen und satyrischen. Alles gelang ihm und gestaltete sich unter seiner Hand zu einem trefflichen Bilde. Allem wusste er Leben, Feuer und Geist einzuhauchen. Das Reich der sinnlichen und der übersinnlichen Welt war ihm gleich unterthänig. Torquato Tasso, sein Nebenbuhler und Zeitgenosse, vergleicht ihn daher mit Dädalus, der die Bildsäulen zu beleben verstand, die er schuf. Er führt aus seinen Werken die gefeierte Stelle an, wo Angelika und Olympia vor Schmerz stumm erscheinen; so dass der Zuschauer ungewiss bleibt, ob es wahre und fühlende Frauen sind, oder buntgefärbte unbewegliche Bildsäulen. So war er nicht minder stark im Lebengeben den unbeseelten Gegenständen, als im Lebennehmen den beseelten. Sein Hauptwerk „der rasende Roland" führt in alle Theile des Reiches der Einbildungskraft. In seinen fünf Lustspielen schwebten ihm die römischen des Plautus und Terentius als Muster vor, er erscheint durch sie als der Schöpfer des neueren komischen Theaters der Italiäner. Man nannte sie *Commedia erudita* (gelehrte Komödie) im Gegensatze der *Commedia dell' arte* (Komödie der Kunst) mit vier bestehenden Masken. Seine Satyren sind den horazischen nachgebildet. Büste von Carlo Finelli. — Carlo Goldoni aus Venedig (geb. 1707, † 1793). Seine Büste gefertigt von Leandro Biglioschi. Als Hersteller und Schöpfer des neueren komischen Theaters der Italiäner ist er unsterblich geworden. Seine zahlreichen Stücke, zum Theil im venezianischen Dialekte verfasst, der freilich immer mehr im Aussterben sich befindet, haben eine gewisse sittliche Absicht, verbunden mit ästhetischer Regelrichtigkeit. Er hob das altitaliänische komische Theater aus seinem Verfalle, ohne doch dessen Eigenthümlichkeit zu verwischen. In seinem *teatro comico*, selbst einem Lustspiele, hat er die Regeln der dramatischen Kunst mit höchster Natürlichkeit entwickelt, und es sollte daher dieses Drama, als eine wichtige Urkunde, von allen Schauspielern, besonders Italien's, studiret werden. Die Charaktere seiner Stücke sind nicht mannichfaltig, vielmehr bisweilen wiederkehrend. Eine gewisse allzugrosse Abgeschliffenheit und Glätte der Sprache ist an ihm wahrzunehmen, so dass man immer gewissermaassen voraus weiss, was kommen werde. Er erhebt sich selten über die niederen Lebenskreise, und bleibt im Tone der Conversation und des alltäglichen Treibens, das er indess mit vieler Wahrheit schildert in einer gereinigten und passenden Sprache. Daher mit Recht das Studium seiner Stücke den Anfang macht in Behandlung der italiänischen Sprache. Sie ist in ihrer Reinheit hier erschienen, nur bisweilen nähert sich das allzu Abgerundete dem Platten. Seine Gesichtszüge haben nichts Edles, eher etwas Mohrenartiges. — Büste des Pietro Metastasio von

Rom, gefertiget von Ceracchi auf Kosten des Kardinals Riminaldi. Metastasio (geb. 1698, † 1782) war Meister im prosaischen, brillanten, nur etwas weiten und üppigen Style, als Dichter in musikalischer Lyrik hoch gefeiert, seine Opern sind die besten der Zeit. Doch ist er nicht frei von dem wuchernden Schwulste und der exorbitanten Höflichkeit der neueren Italiäner, wie besonders sein bekannter Brief über seine Aufnahme bei Kaiser Karl VI. als Hofdichter bezeuget. Manche hielten ihn daher für ein kriechendes Genie. Sein Hauptcharakter ist der des Prächtigen. — Hannibal Caro von Civita nuova in der Mark Ankona († 1566). Er war ein meisterhafter Uebersetzer der virgilianischen Aeneis in reimlosen Versen. Seine familiären Briefe sind Musterbriefe dieser Gattung. Seine Herme gefertiget von Antonio von Este auf Kosten der kunstsinnigen Herzogin von Devonshire, aus deren Schätzen auch Reichliches in den Vatikan gekommen ist.

Das siebente Zimmer enthält die Büste des berühmten Giovanni Battista Bodoni von Saluzzo, Typographen, ein Werk des Alex. von Este, auf Kosten der Wittwe des grossen Künstlers, Margaretha dall' Aglio (d'Allalio). Im achtzehnten Jahrhunderte fertigte er Werke der Druckerkunst zu Tage, die Europa bewunderte. — Ridolfino Venuti aus Cortona, Alterthumsforscher des achtzehnten Jahrhunderts. Büste von Pierantoni auf Kosten des Domenico, seines Enkels. Sein Werk über die Alterthümer Roms erwarb ihm zu seiner Zeit einen grossen Namen. Er ward zum Präsidenten bei den Ausgrabungen und Alterthümern Roms ernannt, eine Stelle, in welcher ihm auf kurze Zeit Raphael, lange nachher Fea und Andere folgten. — Die Herme des Christoval Columbus aus Genua, von Raimondo Trentanove (geb. 1445, † 1506). Er entdeckte (den 12. Oct. 1492) die Indien als eine neue Welt. Die nautischen Kenntnisse des grossen Mannes brachten ihn auf den Gedanken, dass im Westen Europa's ein anderer Welttheil liegen müsse, den Europäern unbekannt, aber für das Gleichgewicht der Erde nothwendig. Nachdem er einige Höfe um Unterstützung seines Vorhabens vergebens angegangen hatte, rüstete ihm endlich Königin Isabella von Kastilien im Jahre 1492 drei Schiffe aus, mit denen er zur Entdeckung des neuen Welttheils auslief. Er ward Vicekönig und Statthalter der neuentdeckten Länder. Seine Ausdauer und sein grosser Sinn sind für alle Zeiten bewundernswerth. — Aldus Pius Manutius, gefeierter Buchdrucker zu Bassiano († 1515), geb. zu Rom. Seine Herme gefertigt von Therese Benincampo, auf Kosten Filippo's de Romanis. Es war das erste Bildniss, welches in der Protomoteca im Jahre 1821 aufgestellt ward. Manutio war eifriger Freund, Kenner und Förderer griechischer Sprachstudien, gründete zu Venedig die gefeierte Akademie der Wissenschaften, und erwarb sich einen ansehnlichen Namen durch den Druck vieler griechischer und lateinischer Werke, deren Freunde er um sich versammelte. — Galileo de Galilei, Pisaner (geb. 1564, † 1642). Herme von Domenico Mañera. Seine mathematischen, philosophischen, physikalischen, geographischen, astronomischen und mechanischen Forschungen haben ihm Unsterblichkeit erworben. Er entdeckte die Theorie der Bewegung, vervollkommnete das Teleskop und Mikroskop, und den Gebrauch des Penduls, erfand den Proportionalcirkel, begründete die wissenschaftliche Statik und Hydrodynamik. Kirchliche Verfolgungen verkümmerten sein Leben; denn noch im siebenzigsten Jahre musste er, fast erblindet und durch Arbeiten geschwächt, vor dem Ketzergerichte zu Rom sich stellen (1633) und die Lehre von der Bewegung der Erde um die Sonne abschwören. — Ludovico Antonio Muratori von Vignola († 1750). Dessen Herme von Adamo Tadolino. Er verfasste eine Reihe von Werken, unter denen seine *Annalen Italien's* das Bedeutendste sind. Als Sammler von Inschriften ist er nicht minder, denn als alterthümlicher Forscher und Historiker thätig gewesen. — Herme des grossen Anatomen Giovanni Battista Morgagni von Forli, auf Kosten Domenico Manzoni's von Tadolini gefertiget. Viele Akademieen ernannten ihn zu ihrem Mitgliede. Er lehrte in Bologna und Padua (geb. 1681, † 1771). Pathologie und Therapie waren noch seine Fächer. —

Girolamo Tiraboschi aus Bergamo, Verfasser der mit Recht berühmten italiänischen Literaturgeschichte, blühete im achtzehnten Jahrhunderte. Ohne seine trefflichen Vorarbeiten und Grundlagen hätte das Werk von Guinguené, das nun als das vollendetste dasteht, und doch einen Ausländer zum Verfasser hat, nicht hervorgehen können. Seine Herme ist die Arbeit Antonio's von Este. — Endlich die Herme des Mailänders Alessandro Verri, der in der griechischen und lateinischen Literatur höchst erfahren und bewandert war. Daher seine glücklichen Nachahmungen der Alten in den Romanen „Sappho" und den berühmten „römischen Nächten bei dem Grabmale der Scipionen," in denen indess ein gewisser Schwulst nicht zu verkennen ist. Das Bildniss ward gesetzt von Antonio von Este, auf Kosten seiner Verwandten Vincenza Melzi und seines Enkels Gabrielle Verri.

Das letzte Zimmer enthält die Büsten der berühmtesten musikalischen Meister. Domenico Cimarosa, in heiliger und weltlicher Musik fast gleich ausgezeichnet. Ausdruck, Anmuth, Reiz, Lieblichkeit und Neuheit liegt in seinen Schöpfungen.. Von ihm unter Andern das in Deutschland am Meisten bekannte *Matrimonio segreto*. Seine Person, die dem achtzehnten Jahrhunderte angehört, ist auf Kosten Consalvi's von Canova gearbeitet. — Antonio Maria Gaspare Sacchini, aus Neapel, einer der ausgezeichnetsten musikalischen Künstler des vergangenen Jahrhunderts. Er wusste einen sehr verschiedenartigen Charakter anzunehmen und den Völkern sich anzupassen. Seine Büste auf Kosten des Antonio Berto Desfebues Dannery gefertiget. — Arcangelo Corelli von Fusignano, Musikmeister, im Violinspiel gross. Seine Büste auf Kosten des Kardinal Pietro Ottoboni gesetzt, er blühete im verwichenen Seculo. — Giovanni Paisiello von Tarent, unserm Jahrhunderte angehörig, vortrefflicher Musiklehrer, klar, harmonisch, gefühlvoll in der Vokalmusik. Herme von Pietro Pierantoni auf Kosten seiner Schwester Maria Saveria. — Benedetto Marcello, venezianischer Patrizier, gefeierter Musikmeister, besonders im heiligen Style, seine Psalmen enthalten eine harmonieenreiche, ernste, solide Musik. Schon zu Anfange des achtzehnten Jahrhunderts war er in der Blüthe. Seine Herme rührt von Domenico Manera her. —

Dass Canova selbst in diesem Pantheon grosser Italiäner nicht fehlen werde, konnte jeder Kenner seines Verdienstes erwarten. Seine Büste ist das Werk des Cincinnato Baruzzi.

In der Zeit meiner Anwesenheit in Rom ward das ihm von Leo XII. in der Protomoteca ausserordentlicher Weise dekretirte Denkmal vollendet, eine Arbeit des Cavaliere Fabris. Ich sah es, konnte es indess nicht bewundern.

In dem Hauptsaale der Protomoteca werden die Versammlungen der Arkadia gehalten, eine Vergünstigung, die man Leo XII. verdankt.

In den Reigen grosser Italiäner durch kurze Vergegenwärtigung ihres Lebens und ihrer Verdienste eingeführt zu haben, wird dem unbefangenen Leser nicht unwillkommen gewesen seyn; scheelsüchtige oder oberflächliche Recensenten aber mögen eingedenk seyn, dass es sich von einer Reise und deren wechselnden Gegenständen, nicht aber von einem systematischen Werke hier handele.

Treppe der Conservatoren.

Hier sieht man, in die Mauer eingelegt, eine moderne Nachahmung der berühmten *Columna rostralis*, welche dem Konsul C. Duillius errichtet ward. Die Inschrift ist alt, oder doch Abschrift der alten, somit eines der wichtigsten Denkmäler der ältesten Sprache. Es war der erste Seesieg (492), welchen die Römer über Karthago erfochten. Ursprünglich waren die Schiffsschnäbel (*rostra*) von Metall und von den feindlichen Schiffen genommen. Auf dem Forum, in der Nähe des Septimiusbogen, ward dieses Bruchstück gefunden.

Vier vortreffliche Basreliefs aus der Geschichte Mark Aurel's, auf dem ersten Absatze oder dem kleinen Hofe nach der Treppe, sind ernstlich auszuzeichnen. Sie gehörten zu seinem Triumphbogen, den Alexander VII. zerstören liess, um den Korso zu erweitern. Mark Aurel in priesterlicher Kleidung, empfängt von Roma den Erdball, als Sinnbild der kaiserlichen Macht; in derselben Tracht opfert er vor dem Tempel des Jupiter Capitolinus zum Danke für die erfochtenen Siege; er triumphirt auf einem Viergespann über seine Feinde; endlich zu Pferd ist er dargestellt mit dem Prätor zu seiner Linken, welche von ihm Frieden verlangt für die Germanen oder Parther, die sich zu seinen Füssen geworfen haben.

Höher hinauf auf einem zweiten Absatze treffen wir auf zwei andere Basreliefs derselben Geschichte und Herkunft. Mark Aurel auf der Rednerbühne, im Begriff, die Bittschriften des Volkes zu lesen. Auf dem zweiten siehst du Faustina die jüngere zum Himmel getragen, mit Hinblick auf ihre Vergötterung. Ein geflügelter Genius erhebt sie aus dem brennenden Scheiterhaufen, M. Aurelius sitzt dabei, sein Kopf ist indess modern.

Anderes nicht Unebene übergehen wir, dem Gesetze der Sparsamkeit folgend, das durch die ganze Natur herrscht, und treten sogleich ein in den

Saal der Conservatoren.

Der erste dieser Säle heisst der des Cav. Arpino, welcher in Fresko die Gegenstände der ältesten römischen Geschichte gemalt hat, wie die Auffindung des Romulus und Remus durch den Hirten Faustulus, am Fusse des palatinischen Berges; Romulus, welcher den Pflug führt, um mit der Furche den Umfang von Rom zu bezeichnen; den Raub der Sabinerinnen; das Opfer Numa's mit den Vestalinnen; das Gefecht zwischen Römern und Vejentern; den Kampf zwischen Horaziern und Curiaziern. Die Statüen der Päbste, die Basreliefs und Büsten von Christina von Schweden und einigen Alten übergehen wir. Wo so vieles Vortreffliche, da schweigt das Mittelmässige.

Die Freskogemälde des ersten Vorzimmers von Tommaso Laureti, einem sicilianischen Maler, Fortsetzungen der römischen Geschichte, enthalten nichts Ausgezeichnetes.

Ausser einigen modernen Bildsäulen von Generalen der Kirche, Verwandten der Päbste und anderen Darstellungen finden wir hier die alten Maasse des Kornes, Weines und Oeles, die einen bleibenden Werth für Erklärung der Alten haben.

Die Malereien des Frieses des zweiten Vorzimmers sind von Daniel von Volterra, aber verblichen, sie versinnlichen den Triumph des Konsul Marius, nach der Niederlage der Cimbern.

In der Mitte dieses Zimmers die metallene Wölfin, welche Romulus und Remus säugt; die Kinder sind neu. Die Wunde an den Hinterfüssen ist unverkennbar. Es ist ein kostbares wohlerhaltenes Denkmal. Grosser Zwist erhob sich unter den römischen Alterthumskennern, ob es das nämliche Thier sey, welches am Todestage Cäsars vom Blitze getroffen ward, welches Cicero in den catilinarischen Reden und in seinem undichterischen Gedichte über sein Konsulat verherrlichte. Ob Cicero von jener Wölfin als in seinen Tagen nicht mehr vorhanden rede, bleibt höchst zweifelhaft. Der Ort der Auffindung, unterhalb des palatinischen Berges, zwischen den Kirchen von S. *Maria Liberatrice* und S. *Teodoro*, in der Nähe des *Fico Ruminale* soll nach Einigen auf die Wölfin deuten, welche im Jahre 438 der Erbauung Roms von den Aedilen Cnejus und Quintus Ogulnius errichtet ward, von welcher Livius und Dionysius reden, als noch vorhanden in ihren Tagen. Partheigeist und vorgefasste Ansicht trübt gewöhnlich diesen Meinungsstreit namentlich zwischen den italiänischen Gelehrten, die unbefangener Abwägung der Gründe für und dawider selten fähig sind. — Eine liebliche Bronzestatue eines Jünglinges, welcher sich etwas aus den Füssen, etwa einen Dorn, zieht. Ohne hinreichenden Grund hält man ihn für den Hirten Marcius. Die Meinung Anderer, dass der Jüngling beschäftiget sey, sich mit einer Badestriegel zu reiben, ist gewiss die unwahrscheinlichste. — Unter andern erscheint uns nur nennenswerth eine prächtige Büste des C. Junius Brutus. — Ein Basrelief eines alten Sarkophages, wo unter den Genien der Jahreszeiten die Thüre des Hades halbgeöffnet dargestellt ist, hat seines Gleichen im Vatikan.

Im dritten Vorzimmer genüge die Erwähnung der *Capitolinischen Consularfasten* in Marmor, die man auf dem Forum Romanum wiederfand. Altersher mussten sie in den Comitien oder in der Curia Hostilia aufbewahrt werden. Diese kostbaren Bruchstücke geben einen Begriff von der Grösse Roms. Für die Zeitrechnung wegen der Folge der römischen Konsuln und anderen Magistratspersonen von unberechenbarem Werthe.

Das folgende Audienzzimmer hat einige Vortrefflichkeiten. Die heilige Familie, eine raphaelische Kopie, vielleicht, aber nur vielleicht von Giulio Romano. — Die Büste des Michel Agnolo, Bruststück von schwarzem Marmor, Kopf von Bronze, ist, von ihm selbst gearbeitet oder nicht, ein Meisterstück. — Zwei Gänse von Bronze erinnern an deren Heldenthat bei der Capitolsbestürmung. — Ein Kopf des Scipio Afrikanus ist jedenfalls selten, eben so ein anderer des Königes Philipp von Macedonien, und eine Büste des Appius Claudius, von rothem Marmor *(rosso antico)*. Doch kann da Manches noch angezweifelt werden.

Das sechste Zimmer oder das sogenannte Thronzimmer mit Gemälden des Hannibal Caracci, die Thaten des Scipio Afrikanus darstellend. An der Seite Tapeten *(arazzi)*, gefertiget im Hospitium von S. Michele zu Rom, Thaten und Personen aus der ältesten und älteren römischen Geschichte darstellend. Andere alte Büsten.

Das letzte Zimmer angeblich mit den Statuen Virgils und Cicero's, wohl Consularbildsäulen, und andere. Die Freskogemälde von Pietro Perugino, Kämpfe der Römer mit den Puniern darstellend, in einem sonderbaren, nichts weniger als militärischen Style.

Die Kapelle angrenzend mit guten Gemälden: die Evangelisten von Caravaggio, der ewige Vater und andere Figuren der Decke, von den Caracci's. Madonna von Pinturicchio und Anderes.

Ehe man an die Gemäldegallerie gelangt, sieht man auf dem Durchgange die modernen Fasten der Conservatoren von Rom, und eine alte Inschrift aus der Zeit des Commodus.

Gemäldesammlung des Capitols.

Diese Säle wurden auf Befehl Benedikt XIV. Lambertini, zum Besten der Malerschule, eingerichtet.

Die Büste dieses Pabstes ist im ersten Saale mit der Pius VII. aufgestellt. Letzterer liess einige Veränderungen vornehmen.

Die meisten Stücke sind nicht vom ersten, sondern vom zweiten, auch wohl dritten Range, doch finden sich einige Meisterwerke.

Im ersten Saale ein Frauenportrait von Giorgione, vortrefflich. Das Opfer der Iphigenia von Pietro da Cortona, reich, aber nicht durchaus gefällig. S. Lucia von Benvenuto Garofalo, in einem Style, der mit der sonstigen steifen und niedrig gehaltenen Manier dieses Meisters aussöhnt, aber Zweifel an der Aechtheit verräth. Die Madonna in Glorie, umgeben von Lehrern der Kirche, von demselben, von ihm auch zwei heilige Familien. Das Portrait von Guido, von ihm selbst gemalt. Der Raub der Sabinerinnen, von Pietro von Cortona, ist ein grosses dunkelgebräuntes Stück von guter Composition und kräftiger Ausführung. Ein männliches Porträt, vortrefflichen Kolorits, von Diego Velasquez zeichnet sich aus. Das Sposalizium der heiligen Katharina von Garofalo, kein werthloses Bild, das wir indess von Correggio in den Studien zu Neapel auf eine weit lieblichere und zartere Art ausgeführt sahen. Katharina als die Braut Christi wechselt mit dem Jesuskinde die Ringe. — Auf der zweiten Seite unter Anderen die Abreise Hagars und Ismaels aus dem Hause Abrahams, ein schönes Gemälde von Franz Mola. Christus vor den Pharisäern im Tempel, das eine Mal aus der ferraresischen Schule, das andere Mal von Dosi von Ferrara, das letztere lieblich und angenehm. Die gefeierte persische Sibylle von Guercino, ein schöner, wohlgemalter Kopf, die Kleidung phantastisch und morgenländisch, das Ganze kaum angemessen genug dem erhabenen Charakter einer Sibylle, welchen man erst in den grandiosen Figuren des Buonarotti in der Sixtina wieder erkennt. Bacchus und Ariadne auf der Insel Creta, gewöhnlich für ein Werk des Guido Reni angesehen, der zwei Manieren, eine stärkere und eine schwächere hatte. Die Jungfrau, die heilige Cäcilie, und ein heiliger Karmeliter von Hannibal Caracci, von demselben eine Madonna mit dem Jesuskinde und S. Francesco. Ein Doppelgemälde, wenn ich nicht irre, auf Holz, verdient Aufmerksamkeit, auf der Vorderseite eine heilige Familie, von Garofalo; hinterwärts die Beschneidung Christi im Umrisse. Eine kostbare Madonna von Albano, der Meisterschaft in lieblichen Gruppirungen und Naturscenen hat. Eine werthvolle büssende Magdalena von Tintoretto. David mit dem Haupte des Goliath zu seinen Füssen von Francesco Romanelli. Esther in Ohnmacht vor dem Könige Ahasverus, gutes Gemälde von Francesco Mola. — An der dritten Seite Jesus Christus mit den Lehrern im Tempel, herrliches Stück von Valentin. Die cumanische Sibylle des Domenichino, eine weit vorzüglichere besitzt der Palast Borghese. Magdalena, mit dem Kreuze in der Hand von Guido. Die Göttin Flora auf einem Triumphwagen mit vielen Figuren, kleinen Genien und Nymphen, welche Blumen sammeln und pflücken, von Nikolaus Poussin, vielleicht nur Kopie des französischen Musei, könnte eben so wohl als Original gelten. Beachtenswerth Johannes der Täufer von Guercino. Amor und Psyche von Luti, in gutem Geschmack. Joseph von seinen Brüdern an ismaelitische Kaufleute verkauft, von Pietro Testa, eine gute Gruppe. Der Triumph des Bacchus, mit Silenus, Satyren und Bacchanten von Pietro da Cortona ist ein Prachtstück. S. Cecilia von Romanelli nicht eben vorzüglich. Aus der Schule des Coreggio die Madonna, das Jesuskind, zwei heilige Jungfrauen und Märtyrer. Die himmlische oder verklärte Seele von Guido, schmächtig und durchsichtig, die Erfindung ist nicht glücklich zu nennen. — An der vierten Seite mehrere männliche Porträts; neben manchem Andern das prächtige, volle, lebenskräftige Gemälde des Rubens: Romulus und Remus darstellend von der Wölfin gesäugt, von Faustulus aufgefunden. Ein vortrefflicher bärtiger Kopf von Giorgione. Rahel, Lea und Laban von Ciro Ferri. Ein guter Bischofskopf, vielleicht der heilige Nikolaus, von Joh. Bellino. Anderes Vorzügliche können wir hier mit Recht übergehen, da das blosse Aufzählen der Gemälde mit kurzen, wenn auch noch so treffenden Bemerkungen, doch zuletzt den Leser, der nicht zugleich Anschauer ist, ermüdet.

Der zweite Saal enthält nennenswerthe Stücke. Zuerst die Ankunft des heiligen Geistes in dem Betsaale über Madonna und die Apostel von Paul Veronese. Eine im gewöhnlichen Geiste dieses Malers gelungene Darstellung. Folgt bald die Himmelfahrt Christi von demselben Meister. Zwei schöne Landschaften von Claude Lorrain, aus denen der Frühling eines schönen Gemüthes und ein göttlicher Frieden wiederstrahlen. Eine Ehebrecherin von Tizian, der diesen Gegenstand öfter in der Darstellung wiederholte. — Eine Reihe trefflicher Ansichten von einzelnen Theilen Roms von Gaspare Vanvitelli. — Europa und Polyphem, von Guido Reni, in blasser, etwas kraftloser Manier. — Judith mit dem Haupte des Holofernes von Giulio Romano, ein vorzügliches Bild. — Die Darstellung Christi im Tempel, Gemälde dem Fra Bartolomeo da S. Marco wohl mit Grunde zugeschrieben. — Viele Andere von Garofalo, dessen Manier für die Länge einförmig, ja Ekel erregend wird, da seine Sujets fast immer dieselben sind, von den Caracci's und Anderen. Wie oft ist der heilige Franciscus, der abgemagerte fromme Mann, in dieser Schule, und allerdings oft vortrefflich dargestellt; wie oft die heil. Familie unter verschiedenen Modificationen von Garofalo! — Man muss hier grössere Mannichfaltigkeit, grössere Berücksichtigung der profanen Geschichte und ihrer würdigen Gegenstände wünschen. Die heilige Petronilla, an der zweiten Seite, grosses Meisterstück des Guercino, das erste Gemälde des Capitol, mit zwei Scenen und Zeiten. Der untere Theil stellt vor, wie der Leichnam der Heiligen ausgegraben, und ihrem Verlobten, einem jungen römischen Edelmanne Flacco gezeigt wird. An dem oberen Theile sieht man die Seele der Heiligen, welche, von Ruhm umgeben, sich zum Himmel erhebt. Dieses riesenhafte Stück stand einst in der Peterskirche, ging nach Frankreich und kehrte mit einem Gemälde des Albano, die Geburt der Madonna vorstellend, zurück.

Beachtenswerth: eine Zigeunerinn, welche einem Jünglinge sein Schicksal ankündiget, von Caravaggio. Treffliches Porträt eines Mannes mit schwarzer Kapuze, von Joh. Bellino. Meisterhaftes, kräftiges und lebenvolles Porträt des Michel Agnolo Buonarotti, von ihm selbst. Christus in Glorie gekrönt vom ewigen Vater, Gemälde des vielthätigen Bassano. S. Sebastian, von C. Caracci, Lieblingsgegenstand. Die Unschuld mit der Taube, halbe Figur, von Francesco Romanelli. Ein guter S. Sebastian, von Guido. Grosses Stück: der Raub der Europa, von P. Veronese, noch einmal im Dogenpalaste zu Venedig. Eine heilige Cecilia, die die Orgel spielt, von C. Caracci. Tityus, an seinen Felsen gekettet, gute, venezianische Schule. Die Königin Saba, welche den Salomo aufsucht, von Allegrini, nicht übel. Die Mahlzeit bei dem Pharisäer, Magdalena zu den Füssen des Herrn, von Bassano.

Auffallend ist gewiss bei dieser Fülle bildlicher Darstellungen in Rom, dass noch niemals der Wunsch einer gestrengeren Anordnung nach den Schulen, der so natürlich aufsteigt, in Erfüllung gegangen ist. Museen, wie das Dresdener und Berliner, gewinnen durch diesen Vorzug mehr, als man glaubt, und was könnte Rom mit seinen Schätzen hier für Licht verbreiten! Allein es fehlt für solche Umänderungen dort theils an Talent, theils an Lust, theils an Kenntnissen. Schaaren von Fremden würden dadurch erleuchteter und unterrichteter in ihr Vaterland zurückkehren, während ihnen jetzt zugemuthet wird, sich in solchem Chaos selbst Licht zu verschaffen. In der Malerei ist solches noch schwieriger als in der Skulptur, in welcher letzteren die Unterschiede und der Verfall der Kunst gleichsam mehr plastisch und mit Händen begreiflich heraustreten.

Wer mag und kann mit dem alterthümlichen und künstlerischen Rom fertig werden! Wir schliessen daher für jetzt, vielleicht nicht ohne Zustimmung der ermüdeten Leser, diese Darstellungen über Kunst und Alterthum. Bei unserer zweiten Anwesenheit, welcher der nächstfolgende Band, nebst der Rückreise, gewidmet seyn soll, wird das noch Uebrige leicht zu behandeln und zu beseitigen seyn. Ein gnädiges Geschick gönnte uns auch zum andern Male einen mehrmonatlichen Aufenthalt in der ewigen Stadt.

Göthe trat uns öfter bei ernsten Studien der Alten in Rom vor die Seele, mit dem trefflichen Ausspruche; dass man in Rom die Klassiker nicht in sich hinein, wie bei uns im Norden, sondern aus sich heraus lese. Geht man nach der Lektüre des Livius in die römische alte Welt hinaus, so treten uns Bruchstücke seiner Geschichtsdarstellungen entgegen, die uns wohl mit seltener Freude erfüllen, aber auch schmerzlich so Vieles vermissen lassen.

II. Bibliotheken und Wissenschaften.

Das Gelehrtenleben in Rom, so wie überhaupt in Italien, ist von dem deutschen wesentlich verschieden. Die deutsche Gründlichkeit findet man selten, die deutsche Tiefe sucht man vergebens. Der deutsche Fleiss ist dem Italiäner fremd, und wird daher von ihnen so hoch geachtet und bewundert. Drei bis vier Stunden des Tages anhaltend gearbeitet zu haben, gilt dort für Viel und für fleissig. Ihr *otium* ist dort keineswegs immer *cum dignitate*.

Kein Gelehrter versäumt so leicht, seine Villeggiatur zu machen, d. h. die Tage des Monates October und eines Theiles des November auf dem Lande unter ländlichen Freuden und Erholungen zuzubringen. Hier überlässt er sich gern dem Menschlichen; denn bei keinem italiänischen Gelehrten hat der Pedantismus leicht so überhand genommen, dass das rein Menschliche dabei untergegangen wäre. Der Italiäner ist überhaupt ein natürlicher und besonders liebenswürdiger Mensch, und dieses ist auch an den Gelehrten zu rühmen. Ihre Polemik ist freilich bitter und leidenschaftlich, indess nicht so tief verletzend und gleichsam schneidend, als die mancher deutschen Wächter Zions.

Selten besitzen die römischen und überhaupt die italiänischen Gelehrten grosse Privatbibliotheken; es ist auffallend, dass viele derselben überhaupt nur in den öffentlichen Bibliotheken arbeiten und diese wie ihre eigenen benutzen. Ihre Arbeitszeit beschränkt sich daher auf die Zeit, binnen welcher jene Sammlungen dem Publikum geöffnet werden.

Hierzu kommt, wie schon oben bemerkt ward, dass die meisten Schriftsteller Italiens den Selbstverlag ihrer Werke übernehmen müssen. Nur A. Mai (den auch gute deutsche Schriftsteller, wie z. B. Wachler, fälschlich Majo, nach dem Ablativ der lateinischen Flexion nennen) macht davon eine Ausnahme, indem er die Druckerei des Vatikan als seine eigene benutzt. Die jungen italiänischen Dichter und Geschichtschreiber finden wohl einen Verleger, aber selten unter günstigen Bedingungen.

Die Buchläden Roms, und überhaupt Italiens enthalten nur brochirte Bücher, meistens aus der vaterländischen oder französischen Literatur. Die deutsche Literatur ist fast ganz verbannt, weil ungekannt. Wie gering der Commerz der Bücher, namentlich mit den kleineren Städten sey, ist schon oben bemerkt worden. Der *Index librorum prohibitorum* ist zu Rom ein Gespenst und eine Farce, indem er so gut wie gar nicht beachtet wird. Ganz unschuldige Bücher stehen darin, wie z. B. *Gramberg liber Genescos*, während andere höchst verdächtige fehlen. Bei Auktionen sind in den Katalogen die verbotenen Bücher mit Sternchen bezeichnet, und sollen nach einer vorhergehenden Notiz erst nach erhaltener Erlaubniss von Seiten des päbstlichen Majordomus *(praefectus s. magister s. Palatii)* ausgegeben werden; allein es ist dieses blosse Form, kein Mensch richtet sich danach, und namentlich den Fremden werden sie ohne Anstand überliefert.

22*

Die alten, besonders italiänischen Klassiker werden immer neu aufgelegt, und sind höchst wohlfeil zu haben. Ihrem Inhalte nach sind sie indess keineswegen so unter dem Volke verbreitet, als man gewöhnlich meint. Sonst ist freilich einheimische Literatur das, was am meisten betrieben wird. Die Gesänge der Barcajuolen oder Gondelführer in Venedig sind abgekommen und elend, ihre Reminiscenzen aus Tasso erkünstelt und kläglich vorgetragen. Den Dante verstehen die heutigen Italiäner darum so selten, weil ihnen die damalige Zeitgeschichte fremd ist. Unter *filologia* oder *belle lettere* verstehen sie eben die Kenntniss der italiänischen Literatur.

Einheimische Alterthümer sind gleichfalls ein Lieblingsgegenstand der Beschäftigung. Aber auch darin werden sie von den Deutschen übertroffen.

Ob Rom in dem Grade Mittelpunkt für Literatur und Kunst in Italien sey, wie Paris für Frankreich ist, kann bezweifelt werden. Das Sprüchwort: *Paris c'est la France*, ist bekannt, gilt auch in politischer Beziehung. Florenz tritt als Nebenbuhlerin auf, auch Mailand hinsichtlich des wissenschaftlichen Verkehres und der wissenschaftlichen Freiheit. Die wissenschaftlichen Fremden sind freilich in Rom am zahlreichsten.

Der Schulunterricht der Stadt im *Collegio Romano* ist wiederum gänzlich in den Händen der Jesuiten. Nach den neuesten Nachrichten haben sie auch die Leitung der Propaganda übernommen. Ob ihre Methode wissenschaftlich haltbar und brauchbar sey, wage ich indess nicht zu entscheiden. Sie sind im gebildeten Publikum nichts weniger als beliebt; doch erkennt man ihre höflichen Formen und feinen Sitten an. Aeusserlich werden sie leicht an der doppelten, breitgedrückten Krempe ihrer Hüte erkannt.

Dass in der Theologie wirkliche Aufklärung durch Gelehrsamkeit unter dem niederen Klerus nichts weniger als geliebt und gefördert werde, ist natürlich und erklärlich. Das Studium der griechischen und orientalischen Sprachen ist daher vernachlässiget. Wir haben in den „theologischen Reisefrüchten, Bd. I." mitgetheilt, wie Lanci wegen seines

Werkes über hebräische Alterthumskunde verketzert worden, und mit wie scheelen Augen Sarti, ein talentvoller Scriptor der Vatikana, angesehen wird, weil er sich im Griechischen und Orientalischen auszeichnet. Die Propaganda sollte zwar hier durch ihre Pflanzschule der morgenländischen Sprachen kräftig einwirken, allein es geschieht nicht in dem Grade, als man voraussetzen möchte. Grammatiken und Lexika sind in schlechtem, ja erbarmungswürdigem Zustande. Ueber Propaganda zu sprechen, wird später nähere Gelegenheit seyn.

Das juridische Studium wird in einer von den übrigen wegen des Karbonarismus gesonderten Fakultät betrieben, wenigstens zu Bologna und zu Rom. Dass das kanonische Recht in diesen Kreisen sehr hervortritt, ist natürlich. Die Advokaten stehen in Rom in grossem Ansehen, und sind die einzigen tüchtigen Gegner des Despotismus oder der Ränkesucht der Regierung. Doch würde man bei ihnen die grosse Rechtlichkeit des grössten Theiles dieses Standes in Deutschland vergeblich suchen. Die meisten oder doch viele, besonders politische und staatsrechtliche Schriftsteller, sind diesem Stande angehörig, und bewegen sich in solchem Kreise mit ungleich grösserer Freiheit, als die übrigen. Das natürliche Talent der Italiäner begünstiget auch ihr Rednertalent vor den Gerichtshöfen, zumal dieselben grösstentheils durch des Rechtes höchst unkundige Kardinäle und Prälaten präsidirt sind. Auch das, was bei uns den Namen Sekretär führt, heisst in Rom Advokat. Viele Schreiber der Curie oder Curialen schmücken sich mit diesem Titel. Bekanntlich war auch der verstorbene Fea Advokat. Die so verwickelten administrativen und finanziellen Verhältnisse Roms machen immer eine Menge von Advokaten nothwendig. Zudem ist das Processiren eine Leidenschaft der Italiäner; die bedeutenden und grossen Familien liegen fortwährend im Streite. Zur Zeit meiner Anwesenheit war der berühmte Erbfolgestreit zwischen den Häusern Cesarini und Torlonia in vollem Gange und beschäftigte viele Zungen und Gemüther. Bekanntlich lieben auch die Klöster, besonders die Benediktiner, unter einander die-

Rechtsstreitigkeiten sehr, und so giebt es immer Futter für die Rechtsanwälde. Die jungen Rechtsstudirenden machen ihre theoretischen Studien auf der Universität, ihre praktischen allein bei den Advokaten. Nicht gar selten sind aus Advokaten Kardinäle, ein Mal sogar ein Pabst geworden, Benedickt XIV. (Lambertini). Bisweilen werden Rechtsstreite dermassen trainirt, dass eine Generation den Ausgang nicht erlebt, eine indess auch unter uns nicht ganz seltene Sache. Die Advokaten betreiben ihre Rechtsstreite bei den Richtern mündlich und instruiren dieselben. Bei dieser Gelegenheit bedienen sie sich noch der alten Tracht, die auch sonst vorkommt, des Schulmantels oder Talares und des Spitzhutes. Die *ruota Romana*, der höchste Justizhof oder das römische Oberappellationsgericht, ist mit sieben Prälaten besetzt, denen mehrere Räthe *(consiglieri)* beigegeben sind. Viel wird indess über Willkühr und Langsamkeit der Entscheidungen geklagt.

Die Advokatur, anfangs, wie bei uns, zum Lebensunterhalt geübt, führt später öfter zu einfluss- und gewinnreichen Aemtern. Das Bittere und Rechthaberische, welches sich bei vielen italiänischen, doch auch gewiss bei deutschen Gelehrten findet, soll auch den Advokaten dort besonders eigenthümlich seyn. Schleichwege und Winkelzüge werden nicht selten angewandt.

Die Notare, die man ja durch Karrikaturen aus den italiänischen Schauspielen kennt, sind die Vermittler in Geldinteressen und Geldangelegenheiten. Sie lesen stotternd und unvernehmlich. In einer kleinen italiänischen Stadt, ich entsinne mich nicht mehr wo, sah ich das Modell eines italiänischen Notars, mit Kupfernase und Alongenperücke, in schwarzer, dürftiger Kleidung, über die Strasse gehen. Ich glaubte im Schauspiele zu seyn. Es sind widrige Naturen. Sie hintertreiben ein Anzeigeblatt, oder Anfragebüreau, weil sie sich gern selbst mit Geschäften dieser Art befassen, auch vermitteln sie häufig Heirathen.

Die freieren Theile der Rechtswissenschaft, wie Naturrecht, Staats- und Völkerrecht, werden nach der Natur der Sache kümmerlich angebauet, und sind nur dem

Namen nach vorhanden. Das System der Regierung stehet entgegen. Die jungen Leute, welche nach vollendetem juristischen Lehrkursus zu den Advokaten gehen, und bei ihnen zu arbeiten, gelten für die freisinnigsten, nur sind sie freilich oft voreilig und unerfahren freisinnig.

Die Aerzte haben natürlich ihre eigene Behandlungsweise; doch ist sie wesentlich verschieden und nothwendig verschieden von der nordischen, und man muss sich sehr hüten, hier aburtheilen zu wollen. Die entzündlichen Fieber machen wiederholten Aderlass unentbehrlich. Die Wechselfieber nehmen leicht einen entzündlichen Charakter an. In den siphylitischen Uebeln dagegen, die auch in Rom unter den höheren Ständen nicht selten sind, rühmt man die römischen Aerzte nicht, und es soll der nun verstorbene Arzt, Dr. Robbi, unser Landsmann, in diesem Zweige der Arzneiwissenschaft bedeutende Kuren vollbracht haben.

Die medicinische Bildung geschieht durch Assistenz in den Spitälern, z. B. in dem Spitale zum heiligen Geiste, ähnlich wie bei uns. Von da wird er praktischer Arzt. Eine ähnliche Bahn durchlaufen Wundärzte, Geburtshelfer und Apotheker.

Die Konsultationen sind nicht beliebt und gewöhnlich, gegen Neuerungen ist man misstrauisch, wie denn auch die Italiäner unter einander leicht zum Misstrauen sich stimmen. Die Orthodoxie der Aerzte wird freilich bezweifelt, indess jeder Italiäner, Kardinal wie Lazzarone, liebt das Leben, und lässt daher diese Kaste gewähren. Der italiänische Arzt ist billig, übertheuert nicht, vermehrt nicht unnöthig die Zahl seiner Besuche, und zieht die Krankheit nicht absichtlich in die Länge. Ich erfuhr selbst nach einer hitzigen Krankheit, die mir in Bologna zustiess, dass zwei italiänische Aerzte mit einem mässigen Douceur, das sie erhielten, ausserordentlich zufrieden waren. Die Homöopathie ist bis nach Neapel vorgedrungen und hat nicht unbedeutenden Anhang gefunden, die Einfachheit der Arzneimittel empfiehlt sich den ohnehin nicht sonderlich besetzten italiänischen Apotheken. Die Charlatanerie ist von den römischen Aerzten ferne, wie sie denn überhaupt nicht im römischen Charakter liegt. Humanität kann man den italiänischen Aerzten nicht absprechen.

Die Wundärzte dagegen sind in Rom selten, seltener als man glaubt. Die Kriege bilden den Stand der Chirurgen aus, diese aber haben Italien in weit geringerem Grade, und in keinem Falle so beharrlich heimgesucht, als Deutschland. Die chirurgischen Instrumente sind nicht zu dem Grade der Vollkommenheit gediehen, denn in unserem Vaterlande. Auch die Accoucheurs haben nicht den Grad der Meisterschaft, als die unsrigen. Doch behauptet man, dass im Süden die Geburten leichter seyen.

Die Apotheken sind nach dem Urtheile aller Sachkundigen in einem unvollkommenen, ja knabenhaften Zustande. Die gläsernen Büchsen, mit denen sie ausgestattet sind, haben ein eleganteres Ansehen, als bei uns, und erinnern fast an die schweizerischen Zuckerbäcker. Der Theriak wird noch unter feierlichen Anstalten, nachdem die Aerzte die unzähligen Ingredienzien untersucht haben, wie es auch die älteren deutschen Pharmakopöiien z. B. Würtembergs und Sachsens vorschrieben, als ein Universalmittel oder eine Panacee bereitet; doch ist er wenig gebraucht und verdirbt meistens. Die Medicamente sind einfach, man giebt oft Arzneien aus ohne Recepte, die Apotheker selbst dispensiren öfter, und die Arzneien werden, wenn sie unverfänglich, unversiegelt abgeliefert. Hierdurch mögen wohl manche Versehen, vielleicht sogar Vergiftungen, vor sich gehen.

Die Philosophie ist natürlich nur so weit angebaut, als sie sich mit dem Kirchenglauben verträgt und eine Magd der Theologie ist. Der alte Scholasticismus ist keineswegs ausgetrieben. Realismus und Nominalismus herrschen noch vor. Von Staatswissenschaften und Staatslehre kann natürlich innerhalb des päbstlichen Bereiches nicht die Rede seyn. Die Vorlesungen geschehen noch lateinisch, auch wird lateinisch dictirt, mit italiänischen Erläuterungen. Es lässt sich diess vergleichen mit der gelehrten Sitte mancher deutschen Akademieen, die Dogmatik in lateinischen Paragraphen vorzutragen, mit deutschen Ausführungen. Seltsam und charakteristisch ist, dass die Philosophie jetzt, seit den Unruhen von 1830, in ein Dominikanerkloster von *S. Maria sopra Minerva* verlegt ist.

Die Geschichte ist wenig angebauet, am meisten noch die vaterländische oder einheimische, von der ausländischen ist kaum die Rede, und es herrscht darin, so wie im Statistischen des Auslandes eine in der That bodenlose Unwissenheit. Ein Klosterbibliothekar zu S. Filippo Neri in Neapel, der aus Neugierde über meine Herkunft gern Nachrichten haben wollte, fuhr, als ich ihm Leipzig als meinen Aufenthaltsort nannte, fort zu fragen: *non è vero, Lipsia è in Francia* (nicht wahr, Leipzig liegt in Frankreich). Das französische Reich ist ihnen von der Invasion der Franzosen her noch am meisten bekannt. Darin sind sie nicht ganz Fremdlinge. Hierzu kommt, dass französische Literatur bekannt und geschätzt ist. Auch übt der Name „Paris" *(Parigi)* einen gewaltigen Eindruck. — Die Finanzwissenschaft liegt ganz danieder; die wiederholten Anleihen des Kirchenstaates könnten in dieser Beziehung eine praktische Schule werden. — Eines der bedeutendsten historischen Werke, was der Nationalliteratur Ehre macht, ist das des Micali in Florenz: „über die Völker und Eroberungen Italiens vor der Herrschaft der Römer." — Einzelne italiänische Städtegeschichten erscheinen nicht selten, gewöhnlich von einem gelehrten Mitbürger, und werden dann den durchreisenden Fremden nicht ungern mitgetheilt. Ich besitze viele solcher Andenken, besonders aus Piemont und Sicilien. Denn der Selbstverlag ist leider vorherrschend. — Aus diesen Specialdarstellungen liesse sich am besten eine tüchtige italiänische Volks- und Reichsgeschichte bearbeiten, deren wir übrigens schon mehrere vortreffliche besitzen; wie denn auch für den gebildeten Fremden die *Guide's* der einzelnen Städte viel unterrichtender sind, als ein allgemeiner Wegweiser über Italien.

Die Naturwissenschaften haben Sammlungen und Apparate, die nicht zu verachten sind. Die Universität zu Bologna z. B. ist gut versehen, besonders in der Anatomie besitzt sie eine ausgezeichnete Schädelsammlung. Der Astronomie scheint man nicht sonderlich gewogen. Man spricht auch noch von einer heiligen Physik. Italien hatte indess fast immer einige treffliche Physiker.

Die mechanischen Wissenschaften und Gewerbe sind nicht sehr ausgebildet, hierin gehen Deutsche, Franzosen und Engländer unendlich vor. Die Galanterie- und feinen Stahlwaaren sind selbst in Rom (und Venedig) grösstentheils pariser oder englische Arbeit.

Die Universität in Rom führt den Namen der *Sapienza* (Weisheit). Sie ist ein altes russiges Gebäude, unfern des Pantheon. Nur die theologische Fakultät ist noch darin, die übrigen Fakultäten sind zerstreuet in verschiedenen Stadttheilen. Dies ist, wie bekannt, seit dem Aufstande im Jahre 1830 geschehen, um das Anhäufen und sich Zusammendrängen der Studirenden an Einem Orte zu verhüten. Die Sammlungen sind, so viel ich mich erinnere, noch in der Sapienza.

Die Studirenden sind meist dem Kirchenstaate durch Geburt angehörig. Ihre Anzahl mag ungefähr 900 bis 1000 betragen. Die katholische Religion ist nothwendig zur Aufnahme; auch wird die Ohrenbeichte verlangt, und keinesweges so vernachlässiget, als manche Priester solchen, die sie gern zu Proselyten machen möchten, vorspiegeln. Corsen und Abbruzzesen sollen unter den Proselyten vorkommen. Die Ideen der Einheit Italiens haben auch die akademische Jugend angesteckt, wenn gleich keine Duelle, Schlägereien, Burschen- und Landsmannschaften existiren. Alle Vorlesungen sind öffentlich und unentgeldlich. Die Polizei ist hier dieselbe, wie bei den übrigen Einwohnern der Stadt; es giebt keine akademische Gerichtsbarkeit. Die Einkünfte der Professoren sind, wie auf vielen deutschen Universitäten, gering; doch stehen ihnen Nebenämter und Pfründen offen. Ueberzählige Professoren ohne Besoldung giebt es allerdings, sie rücken später ein, und versehen bis dahin das Fach, das ihnen angewiesen wird. In Abwesenheit des Lehrers wird ein Supplent gesetzt, wie in den französischen Collegien *(suppléant)*.

Die Ferien dauern drei Monate, vom August bis zum

Feste Allerheiligen. Die Bibliotheksferien in der Vatikana erstrecken sich bekanntlich vom Ende Juni's bis Anfang Novembers. Bei Anfang der Vorlesungen muss das Glaubensbekenntniss abgelegt werden, was sich mit der Sitte der sächsischen Fürstenschulen vergleichen lässt, zu Anfange der Lektionen zu beten, eine Sitte, welche auch in der der theologischen Fakultät zu Genf entgegen gesetzten evangelischen Fakultät herrscht.

Die Grade *ad honorem* werden unentgeldlich gegeben. Auch muss der Doctorand einen mündlichen Vortrag halten, wie indess auch in manchen Fakultäten Deutschlands.

Einmal (Donnerstag den 28. Mai 1833) hospitirte ich mit dem Bar. Stach von Goltzheim aus Aachen, meinem Reisegefährten in Etrurien, in einer theologischen Vorlesung der Sapienza. Ein wohlbeleibter, gutmüthiger, freundlicher und wohlwollender Professor, in geistlicher Kleidung (da die theologischen Professoren durchaus ordinirt seyn müssen), trug Dogmatik in lateinischer Sprache ziemlich fertig und frei vor, und sprach in behaglicher Breite über die Sacramente nach den Kirchenvätern und der Scholastik. Es fehlte ihm aber alles Anregende. Seine Zuhörer waren junge Abbati, in Schulmäntel gekleidet mit dem dreieckigen Hute. Nach dem Vortrage fing der Lehrer an zu examiniren, wobei es denn sehr schüler- und knabenhaft herging. Lange stritt ein junger Mann (Abbate) mit dem Lehrer über das Oel, was es ungeweihet sey. Er schloss sich an die Rede eines Zuhörers, in so heulendem Tone vorgetragen, und so unbedeutend, dass wir uns wegschlichen.

Nachträge zu der Geschichte der einzelnen Bibliotheken Roms mögen rein gelehrten Werken, nicht gemischten Reisebeschreibungen vorbehalten bleiben. Der fremde Gelehrte besucht täglich, mit Ausnahme Donnerstags, von 9 bis 12 Uhr die Vatikana; in den Nachmittagsstunden aber die Dominikanerbibliothek von *S. Maria sopra Minerva*, welche für gedruckte Bücher die reichhaltigste ist. Nächstdem werden die *Angelica* und *Barberina* am meisten frequentirt.

Liberal ist man im Ganzen wohl, indessen in Rom doch vielleicht weniger, denn anderwärts. Die Dominikaner in der Minerva, halten streng an dem Index ihrer verbotenen Bücher. Mai war bekanntlich in der Vatikana der engherzigste Mann hinsichtlich der Herausgabe unbenutzter Handschriften.

Die Klosterbibliothekare sind in der Regel die freigebigsten, weil sie nicht wissen, was sie besitzen. Doch, wie bemerkt, jene Dominikaner in *S. Maria sopra Minerva* machen davon eine Ausnahme. Sie verweigerten mir sehr entschieden und etwas barsch den Gebrauch des *Gregorio Leti Vita di Sisto V.* (G. Leti's Leben Sixtus des V.), unter dem gewöhnlichen Ausspruche: *è proibito* (es ist verboten). Dagegen bot man mir den völlig legitimen *Tempesta* an, der in der Vorrede sein Werk ganz und gar dem untrüglichen Urtheile des römischen Stuhles unterwirft, und damit beginnt, dass er die Ehre habe, der Geschichtschreiber Sixtus des V. zu seyn.

III. Religion und Kirche.

Ein weites Feld für einen protestantischen Theologen in Rom! — Wenn schon Italien den Eintretenden befremdet mit seinen Sitten und Bewohnern; so noch weit mehr die kirchliche Regierung und das Pfaffenthum. Wir leiten auch in diese neue Welt mit abgerissenen Bemerkungen ein.

Die Kirchenthürme verschwinden mehr und mehr, je weiter man sich von der Lombardei entfernt. Insbesondere werden die Spitzthürme immer seltener, die man in Venedig häufig erblickt. An die Stelle treten Kuppeln. Den Grund des Tausches muss man in Erdbeben suchen, welche den Kirchenstaat, Neapel und neuerlichst auch die Lombardei heimsuchen. In Messina sahen wir an der Marine aus gleichem Grunde die Wohnungen niedrig gehalten. Ein Haus steht noch vereinzelt aus jenen Schreckenstagen, in Trümmern da. Das untere Stockwerk ist von Handwerkern aufs Neue in Besitz genommen, und nach Möglichkeit ausgebauet.

Im St. Peter zu predigen ist eine Unmöglichkeit, da auch die eherne Stimme eines homerischen Helden nicht hinreichen würde, solche Räume zu füllen. Nirgends sieht man eine Kanzel, ausser in der Kapelle des Chores zur Linken des Einganges, welche den Domherren, Kanonikern und Beneficiaten zur täglichen Versammlung dient. In den Fasten wird täglich geprediget; man verschreibt zu dieser Zeit die gefeiertsten Redner, wie im katholischen Deutschlande. Ich hörte an einem Vormittage die Fastenpredigt eines berühmten Redners in der Kirche zu S. *Lorenzo in Damaso*, am Tage des heiligen Joseph. Die Vorhänge der ohnehin nebelhaft düsteren Kirche wurden nach und nach zugezogen; heiliges Dunkel umhüllte die zahlreichen Gläubigen, unter denen Frauen den grössten Theil ausmachten. Diese sitzen gewöhnlich auf gemietheten Strohstühlen im Schiffe der Kirche. Der Prediger, ein angesehener Prälat, dem das Domkapitel andächtig zuhörte, besass eine ausgezeichnet kräftige, sonore Stimme, die er wohl zu artikuliren verstand. Besonders in die Endsilben legte er viel Deutlichkeit. Bei all dem war doch sein Vortrag, der Form nach, monoton und ermüdend; dem Inhalte nach unerbaulich, ja langweilend. Er sprach mit unerwecklicher Langsamkeit und Breite von den stillen Tugenden des heiligen Joseph, über welche die Geschichte schweigt. Dabei brauchte er nicht eben christliche Bilder, wie das der Aurora. Erquickendes und sittlich Stärkendes konnte ich in dem Vortrage, so weit ich ihn vernahm, nicht spüren. Ich hielt nicht aus.

Die Predigt ist hier Nebensache. Ritus und Sakramente sind und bleiben das Erste. Der Priester erscheint als Mittelsperson zwischen Gott und Menschen, nicht als Verkündiger des göttlichen Willens. Bei nur mässig guten Predigern sind auch die katholischen Kirchen überfüllt, wie die unsrigen. An mehreren Orten Italiens, an denen es eine evangelische Gemeinde und evangelische Prediger giebt, wie in Venedig, werden letztere mit Vorliebe auch von katholischen Mitbürgern gehört. Das Klima thut etwas. Italien musste zu aller Zeit einen sinnlicheren Gottesdienst haben, als Deutschland oder Schweden. Für vernünftige Aufklärung ist der Italiäner inzwischen eben so empfänglich, als der Nordländer. Aufgeklärte und freisinnige Männer des funfzehnten und sechszehnten Jahrhunderts, durch das Studium der Alten genährt, traten in Italien auf. Die Reformation erfreute sich vieler Anhänger. Das alte Vorurtheil ist mit der weltlichen Macht des Pabstes verwachsen. Fällt diese, so muss Wiedergeburt und Umgestaltung des Kirchenwesens folgen. Manches ist vorbereitet. In der Kirche bemerkt man viele Indifferentisten, unter den Eingeborenen, freilich nirgends ein gutes Zeichen. Das Kirchengehen ist liebgewordene Gewohnheit, die Kirche ein Schauspiel, das sich jedes Jahr aufs Neue darstellt. Mit weltlicher Heiterkeit wird die Kirche von Vielen besucht, mit weltlicher Heiterkeit von Vielen verlassen. Die Geistlichen treiben des Lateinischen Viel, das Griechische selten, das Hebräische noch seltener. Sie sondern die biblischen Grundsprachen von der theologischen Bildung und weisen sie der Linguistik zu, können also bei dieser Methode nie zu einer begründeten selbstständigen Einsicht in die christlichen Urkunden und zu einer Verbesserung des herrschenden Lehrbegriffs gelangen. Angelo Mai sprach einmal gegen Schreiber dieses die Behauptung an, dass Joh. Dav. Michaelis, einst in Göttingen, den er übrigens hoch verehrte und wegen seiner Gelehrsamkeit anstaunte, in den letzten Jahren seines Lebens zur *Vulgata* (d. h. auf römisch Bibelglauben) zurückgekehrt sey.

Es giebt Unterrichtete unter den Deutschen, welche durch längeren Aufenthalt in Italien einheimisch, aus der italiänischen Kanzelberedtsamkeit Vieles machen, und ihr grossen Werth beilegen. Man suche desgleichen in Deutschland vergeblich. Ich empfand daran übel die übertriebene Gestikulation und die schauspielartige Deklamation. Den

Nationalen fallen diese Fehler nicht auf; sie sind ihnen Vorzüge. Bombast und Schwulst ist nichts für den verwöhnten gemüthreicheren Deutschen. Redetalent ist dem Italiäner angeboren; man sieht es an den gestikulirenden sprechenden Kindern. In der östreichischen Nationalkirche S. *Maria dell' anima* wird von dem deutschen Geistlichen, der im Rufe eines argen Proselytenmachers stehet, sonntäglich geprediget, eine für Rom seltene Erscheinung.

Marheineke's System des Katholicismus studirt sich hier an der Quelle am fruchtbarsten. Lebhaft bemerkt man dabei den Unterschied der Theorie von dem Leben, der Idee von der Erscheinung. Wer die höhere Vernunfterkenntniss verläugnet oder nicht aufkommen lässt, findet in diesen, die Sinnlichkeit und sinnliche Frömmigkeit so ansprechenden Dingen reiche Nahrung. Der logische Verstand wird durch die freilich lückenhafte Consequenz des Systemes befriediget. Ein Studium des kanonischen Rechts erinnert nämlich an die päbstlichen Widersprüche *(bella papalia)*. Jede Verordnung in Rom hat, nach der Versicherung des preussischen Gesandten, selten länger als vierzehn Tage Gesetzeskraft. Im *Café del Greco, via Condotti*, ist es in der Zeit meiner Anwesenheit öfter vorgekommen, dass die fremden Zeitungen, englische und französische Blätter, von Zeit zu Zeit, wenn politische Katastrophen in Frankreich eingetreten waren, für die vorderen Zimmer verboten waren, während man sie zumal als Fremder im Hinterstübchen ungestört lesen durfte. *Sancta simplicitas!*

Toleranz gegen die Fremden ist von der Klugheit geboten, da ein Theil der Römer von ihnen lebt. Aber sie wird auch den liberalen Römern und noch mehr den Römerinnen leicht. Die Vorliebe für die Deutschen *(Allemanni)* ist auffallend. Mancher Römer ergiesst doch bisweilen in vertrauten Privatcirkeln sein protestantisches Herz. Bei Anwesenheit eines Priesters schweigt er. Die Priester stehen in dem Rufe, dass sie sich alle Freiheiten, auch Ungerechtigkeiten ungestrafter als Andere gestatten. Wer in einen Process mit Geistlichen geräth, behält gewiss Unrecht.

Die Kirchen dienen noch häufig als Rendezvous, und sind, namentlich in den Mittagsstunden, spärlich besucht. Die Tagelöhner gehen am Morgen hinein, und verrichten ihr Gebet. Am Abend, zum Rosenkranz und Avemaria, trifft man vorzüglich das weibliche Geschlecht darin. Die Decenz ist ziemlich gross; nur nach beendigtem Kinderunterrichte dienen die Kirchen den Kleinen öfter als Spielplatz. Auch vermisst man bei der Katechese die Andacht und Feierlichkeit der protestantischen Einrichtungen.

Wie viele Kirchen in die Basiliken eingebauet sind, und wie viele auf Trümmern der alten Tempel ruhen, ist bekannt. Das alte Rom steckt auch in diesem Bezuge in dem neuen.

Die Katzen gehören in mancher Beziehung recht eigentlich zu den Bewohnern der italiänischen Kirchen. Man findet sie häufig als Lieblingsinventarienstücke in den Wohnungen einsam lebender Geistlichen und in den Klöstern.

So viel auch Aberglauben, namentlich in dem Seelen- und Leib verderblichen Lotto im Schwange gehet, so bemerkten wir doch nirgends Gespensterfurcht in Italien. Die Heiterkeit des Südens und die frische Lebenslust, selbst der Aermsten im Volke, lässt keinen Raum dazu. Vom Teufel ist im Leben oft die Rede, der Italiäner flucht bei ihm, schwört bei seinen Heiligen und bei der heiligsten Madonna. Eben so oft schwört er bei dem Blute Christi, und bei dem eines todten Hundes. Ein Ueberbleibsel aus dem Heidenthume ist der so gewöhnliche Schwur bei Bacchus *(per Bacco)* oder bei der Diana *(per la Diana)*. Letzteren hörten wir in Venedig.

Selbstmorde sind sehr selten, besonders verglichen mit Frankreich. Der Italiäner begreift nicht, wie man ohne gezwungen zu seyn, aus dem schönen Leben abtreten kann.

Heute, auf dem Petersplatze, fuhr es mir wie ein Blitz durch den Kopf, dass die Unterscheidungslehren des Katholicismus und Protestantismus nicht die der guten Werke und des Glaubens seyen, wie ich lange mit vielen Theologen geglaubt habe, sondern der Autoritätsglaube und der Schriftglaube; das Princip der freien Forschung in der heiligen Schrift nach bestem Gewissen, und das Princip menschlichen Ansehens des Pabstes, der Concilien, der Väter in Glaubenssachen. Denn dass gute Werke ohne den Glauben angenehmer seyen, als mit ihm, lässt sich auch nach der römischen Lehre nicht annehmen.

Es ist hier während der Fastenzeit eine Sekte der Flagellanten in der Kirche des *P. Caravita* am Corso. Sie castigiren sich, Männer und Weiber, im Dunkeln mit Geisseln, unter Anrufung der Maria und vieler Heiligen. Die Lichter sind vorher ausgelöscht worden. Fremde haben diesem Greuel öfter beigewohnt. Es erinnert solches an den Unfug der Mucker in Königsberg und an das „Engelchen greifen.“ *Quantum religio potuit suadere malorum!*

Heute hörte ich wieder etwas in der Chorkapelle des St. Peter von einer Fastenpredigt, aber ich kann nicht ausdauern. Die italiänische Kanzelberedtsamkeit widersteht dem Deutschen, auch wenn sie lokal noch so angemessen seyn mag. Indessen schliesst dieses doch nicht aus, dass es auch damit besser werden könne. Eine Eintönigkeit und innere Magerkeit in diesen Vorträgen wird von den Protestanten sehr bald wahrgenommen und entfremdet die Seelen.

Da es am besten ist, unmittelbar so zu schreiben, wie die Sachen auf uns einwirken, so erwähne ich noch eine Katechismuslehre, die ich während der Fasten in der Kirche des *P. Caravita* am Corso mit anhörte. Es war eine Auseinandersetzung der Pflichten der Kinder gegen ihre Aeltern. Die Rede war, wie gewöhnlich, populär und praktisch. Der Redner hob sich von Zeit zu Zeit, sprach zwar nicht gründlich und umfassend, aber für einen Italiäner verständig und nützlich. Hier konnte man erst recht das hier zu Lande herrschende Verhältniss zwischen Aeltern und Kindern kennen lernen. Der Redner ging in die gemeinsten Verhältnisse des Lebens ein, berührte das Ausgeben, die Verschleuderung der Zeit an öffentlichen Orten und die daraus entstehenden Unordnungen. Das Ganze hatte einen herzlichen Geist und war ansprechend. Die grosse Kirche war gedrückt voll. Der Redner sprach vom Billard, vom Rosoglio (Liqueur), von Kaffeehäusern und dergleichen. Das Volk stimmte dann das Glaubensbekenntniss an, welches der Priester am Altare vorsprach. Ueber die klägliche Unwissenheit des Volks klagte der Sprecher gewaltig. Mich erfreuete das Frische und Wahre in dem Vortrage; der zwar lose war, aber des Talentes nicht entbehrte.

Die Hinrichtung der Delinquenten hängt zu sehr mit Religion und Kirche zusammen, als dass ich hier von meinen Erfahrungen schweigen sollte. Vor einigen Wochen wohnte ich einer Hinrichtung bei, nahe der Kirche *bocca della verità*. Es war auf freiem Platze ein Gerüst in Form eines Galgens errichtet, von dessen oberstem Ende das geschliffene Richterschwert herabhing. Das Volk zur Rechten und zur Linken drängte, doch schien das Schauspiel ein gewöhnliches zu seyn, man sprach gleichgültig darüber. Soldaten umgaben das Schaffot und bildeten Hayen. Die beiden Delinquenten kamen auf Karren angefahren, einer nach dem andern. Schwarze Brüder, Mitglieder der Ordensschaften, sassen neben ihnen, hielten das Crucifix vor, und sprachen geistlichen Trost zu. Es war ein Mann von sieben und zwanzig Jahren, der seine Frau umgebracht hatte, mit dem Ausdrucke wilder Leidenschaft. Schwarzer Bart, rüde Physiognomie. Sodann ein junger Mensch von drei und zwanzig Jahren, der als Faktionär einen dem heiligen Stuhle sehr ergebenen Mann, zu Meldola in der Romagna meuchlings erschossen hatte. Ihre Hände waren gebunden. Sie wurden vorerst in ein Haus der Convertiten in der Nähe gebracht, dort zu beichten. Man erfordert hier das Geständniss nicht als unumgänglich nothwendig; eine Zeit wird abgewartet, vor Sonnenuntergang müssen die Verbrecher abgethan seyn. Endlich wurden beide Unglückliche, einer nach dem andern, herausgebracht, mit entblösstem Nacken und Haupte, gleich dem Viehe, unter vieler Begleitung von Soldaten und vermummten Gliedern der Brüderschaft zum Schaffotte geschleppt, und mit dem Nacken niedergelegt, über welchen ein Querholz gespannt ward. Jetzt fiel das Schwert, vom Henker gezogen. Alles war todesstill, beim Fallen des Schwertes kreischten die Weiber. Als die Köpfe gefallen waren, griff der Henker herunter, fasste sie, brachte sie herauf und zeigte sie rund herum dem Publikum. Nach der Hinrichtung machten sich die Henker im Angesichte des Publikums noch viel mit den Kadavern zu schaffen, reinigten das Schwert und Schaffott vom Blute, wuschen sich, zogen ihre Oberkleider wieder an, und marschirten hierauf mit den Soldaten ab. Es wurden kurze Berichte über die Verbrecher um einen Bajocco ausgerufen und verkauft. — Auf mich machte das Ganze den widerwärtigsten Eindruck; ein sittlicher Hebel lag darin gar nicht, man ging stumm und wegspuckend aus einander. Vieles in diesem traurigen Processe sollte eine andere Gestalt haben, und zu grösserer Erweckung der Gläubigen dienen.

Der akademische Lehrer, insonderheit der Theologie, hat als nach dem Höchsten zu streben, dass er eine Quelle des Lebens und innerer Seligkeit für seine Zuhörer werde. Sie müssen in ihm Genüge finden und Fülle für jugendlichen Durst und Hunger. Er muss ein Ganzes seyn, einen Mittelpunkt haben, für ihn, in seiner Stellung, ist es vielleicht selbst vortheilhaft, über den Systemen zu stehen, und sie geschichtlich zu betrachten. So behält er am leichtesten die unentbehrliche Unbefangenheit des Urtheils. Die Verschiedenheit der Ansichten vom Christenthum hängt unstreitig mit von Subjektivitäten und Individualitäten ab. Verschiedenheit der subjektiven Bestrebungen und der daraus sich entwickelnde Kampf ist Bedingung alles religiösen Lebens. Es muss auch einige Geister geben, die die Einseitigkeit jedes theologischen Systemes erkennend, Salz darauf streuen. So Schleiermacher. Der praktische Lehrer darf indess nicht Futter für die seiner Ueberzeugung entgegenstehende Ansicht suchen; er würde sich sonst zerstreuen und seinem inneren Leben schaden. Der theoretische Lehrer muss gegen beide Denkweisen gerecht seyn. Doch auch er hat religiöse Bedürfnisse für sein Herz, er ist nicht Indifferentist, und manche Worte eines frommen Predigers sind ihm goldene Aepfel in silbernen Schaalen. Auch er bleibt Mensch, und die Wissenschaft dienet zuletzt der Menschheit.

Die gänzliche Verderbtheit der menschlichen Natur als dogmatischer Lehrsatz sollte im Grunde ein Erfahrungssatz seyn. Jeder, der das männliche Alter erreicht hat, das Leben kennt und die Geschichte, wird darüber etwas zu sagen wissen, besonders wenn er vielen Umgang gehabt hat. Doch sind die Menschen wahrscheinlich weder so gut, noch so schlecht, als man oft gemeint hat. Die Gutmüthigkeit Vieler aus der niederen Klasse, die das Volk ausmachen, ist doch nicht wegzuläugnen. Viele, ja die meisten Menschen sind gut, wenn sie gut und ordentlich behandelt werden. Zur Bewahrheitung einer allgemeinen Verderbtheit der Menschen ist nothwendig, ein Herzenskündiger zu seyn. Spricht man dem Menschen alle Anlage zum Guten ab, so raubt man ihm Lust und Freudigkeit, das Gute zu wollen und zu vollbringen. Kein Mensch ist fehlerfrei, Mancher hat sich Viel vorzuwerfen; in Anderen wohnt aber dennoch lebendige Liebe des Wahren und Guten. Jene Annahme widerstrebt dem natürlichen Gefühle. Selbst die Aussprüche der Schrift sind hierin schwankend. Das Alte Test. sagt: das menschliche Herz sey böse von Jugend auf, sey ein trotzig und verzagt Ding, aber eben so: dass Gott den Menschen nur um ein Geringes schlechter gemacht, als die Engel. Das Laster macht sich laut, nicht die Tugend; letztere wird daher oft übersehen. Die stille häusliche Tugend vieler Frauen kommt oft gar nicht in das Publikum. Nur Skandal wird besprochen. Christus fand, neben Widerstand und Hass, vielen Anhang. Seine Freunde blieben, wenn sie gleich im schweren Augenblicke erbleichten und flohen.

Die St. Paulskirche wird jetzt, mit Unterstützung von Europa, wieder gebauet, ein thörichtes und überflüssiges Werk, da Rom Kirchen genug hat. Der Grund ward gelegt von Konstantin, auf Bitten des Pabstes Silvester. Der Platz soll ursprünglich ein Landgut der Lucina, einer Römerin, gewesen seyn. In diesen Gränzen gab es einen christlichen Kirchhof, in welchem nach der Sage die sterblichen Ueberreste des Apostels der Heiden niedergelegt waren. Das grosse Mosaik, in dem letzten grossen Bogen, stammend aus den Zeiten des heiligen Leo (440) ist von dem grossen Brande, nicht ohne Beschädigungen, übrig. Viele Päbste besserten an dieser Kirche. Ihre Bildnisse, von Leo dem Heiligen bis auf Pius VII. sind bei dem Brande verloren gegangen, vielleicht auch gestohlen worden. Nach Pius VIII. Willen soll der Tempel in der alten Form hergestellt werden. Säulenstücke kamen auf der Tiber an, und wurden von Verbrechern transportirt, die wir Baugefangene nennen würden. Einige Marmorreliefs aus den Zeiten Hadrians sieht man zur Seite. — Ein Altar aus Bruchstücken von St. Paul ist dem Fürsten Metternich zu Königswart vom Pabste verehrt worden. — Ueber die zwei anderen Hauptkirchen, so wie über die Hauptfunktionen der heiligen Woche ist in den „Reisefrüchten" gesprochen worden.

Die Ceremonieen der heiligen Woche haben viel Einförmiges, das Herz bleibt kalt. Die Verwandtschaft der Werkheiligkeit des Judenthumes und des Katholicismus steht doch nicht zu läugnen. Und wie drängt und treibt sich Alles, um etwas mit anzusehen, wobei es doch wahren Genuss nicht hat!

Am 6. Juni 1833 besuchte ich die Bibliothek des *Collegii Romani* der Jesuiten und fand eine freundliche Aufnahme. Das Gebäude ist massenhaft und stattlich, wie alle Jesuitengebäude, sie baueten für die Nachwelt. Die weiten

Höfe mit Säulengängen, und grosse dauerhafte Säle erfüllen mit Achtung. Die Bibliothek war sehr reducirt und in einem nicht grossen Zimmer. Da ich nach Handschriften der Bibel fragte, so wurde ich mit misstrauischen Augen von dem Bibliothekar angesehen, und mein Freund und Begleiter Hauthal, der nach Codices des Horaz sah, gab sich alle Mühe, durch eingeleitete gleichgültige Gespräche die Aufmerksamkeit von meinen Studien abzulenken. Ein Katalog der Handschriften existirt nicht, selbst keiner der gedruckten Bücher. Mehrere Tausende sind durch Vernachlässigung abhanden gekommen, als das Institut in die Hände der Weltgeistlichen gerieth. Jetzt ist die Bibliothek nicht öffentlich. Sehr reich ist sie an chinesischen Büchern, seit der Zeit der Missionen in China, die nun längst sistiret sind. Die griechischen Handschriften liegen ungeordnet in Einem Schranke. Was ich flüchtig lustrirend wahrnahm, war nichts Neutestamentliches. Eine lateinische, schön geschriebene Bibel ohne kritischen Werth. Sonst zwei alte Handschriften des Chrysostomus, in zwei Bänden, fol., vielleicht aus dem zwölften Jahrhunderte, Homilieen über Matthäus enthaltend, nicht vollständig, gehend bis *καὶ οὐ βουλόμενος ἐπί-τιμα* bei Chrysostomus *ed. Montf.* p. 468. v. 38. T. VII. Ein anderer starker Folioband enthaltend *Comm. gr. in Act. Apost.* angeblich des eilften Jahrhunderts, zwei Columnen, unvollendet. Eben so Chrysostomus XXX. *hom. in Gen.* gehend von den Fasten bis zu Anfang der heiligen Woche. Ausserdem ein italiänisches handschriftliches Leben Sixtus V. kl. 8., ohne Namen des Verfassers. Noch ein Commentar des Titus Bostrensis über den Lukas, fol. und ein anonymer Scholiast zu Markus.

Wir sahen die Jugend herausströmen, die hier den Stadtunterricht empfängt.

Am 19. Juni in der Propaganda, geführt von dem österreichisch-deutschen Prediger, einem katholischen Erzeiferer, der religiöse Aufklärung wie die Sünde hasst, und hier viele gläubige Seelen sucht und findet. Seine Sophismen zeugen von grosser Kurzsichtigkeit und Beschränktheit.

Wir wurden empfangen nach langer Unterredung mit einem unteren Diener über viele Gegenstände des Institutes von dem Rektor, einem Grafen Reisach. Er war ein junger, sehr freundlicher und angenehmer Mann, der das Kirchenrecht docirt. Einige sechzig Zöglinge werden unterhalten. Jeder Lehrer hat täglich eine Stunde zu unterrichten. Ihr monatlicher Gehalt beträgt zehn Scudi, der der Lehrer an der Sapienza fünf und zwanzig, wofür auch mehr Arbeit ist. Die Propaganda geht im Sommer einige Monate nach Tivoli, wo sie eine schöne Villa hat. Die Druckerei hat jetzt wenige Beschäftigung. Für die Missionen wird gearbeitet, jetzt ist dieser Zweig gesunken. Auch Elementarbücher werden dort ediret. Die Bibliothek ist anziehend durch Raritäten und Kostbarkeiten im morgenländischen Fache. Vier neutestamentliche Handschriften fielen mir in die Hände, die eine vollständig mit Apokalypse; die übrigen sind Evangelistarien. Ausserdem viele chinesische Sachen, besonders Bücher. Einige indianische Hausgötzen oder Tempelchen sind bemerkenswerth. Herrliche Malereien sieht man in einem päbstlichen Missalbuche, wie ich sie noch nie in den Handschriften wahrnahm. Der Bibliothekar (Dronck), ein Franzose, sprach vollkommen gut deutsch, und war ausserordentlich gefällig, schaffte Alles herbei, und zeigte durch die That, dass er sich Viel mit hebräischer, besonders rabbinischer Literatur beschäftige. Ein Stammbaum der Sephiroth ward uns gezeigt, auf Pergament. Eine gewisse gutmüthige Selbstgefälligkeit zeigte sich auch hier in Allem, was man zeigte und erzählte. Der Pabst theilt zu gewissen Zeiten in Person die Prämien aus, die in Münzen mit seinem Bildnisse und dem der Propaganda bestehen.

Einmal war auch ich dem Bekehrungsversuche eines römischen Priesters ausgesetzt. Doktor Robbi aus Sachsen, der vermöge seines ärztlichen Berufes, siphylitische Krankheiten zu heilen, in die *chronique scandaleuse* des neuen Roms ziemlich eingedrungen war, und von seiner Kenntniss der inneren Familienverhältnisse der ewigen Stadt oft einen sehr indiskreten Gebrauch machte, suchte mich mit einem Priester aus dem Kirchenstaate an der Gränze Toskana's bekannt zu machen, der ihm eine interessante Persönlichkeit schien. Den Grund seiner Anwesenheit in Rom wusste niemand, das Schlaue und Falsche in seinen Gesichtszügen konnte ein nur leidlicher Menschenkenner nicht verkennen. Er ging frei und öffentlich mit vielen Protestanten um, diesen Zug deutete Dr. Robbi gewiss richtig, dass man von Seiten der päbstlichen Regierung wohl wisse, was er im Schilde führe und ihn deshalb gewähren lasse. Als ich ihn einmal in der Wohnung meines Landsmannes antraf, lud er mich ein, über eine disputable theologische Materie zu streiten, und schlug dazu das Abendmahlsdogma vor. Ich vertheidigte die protestantische Meinung mit Eifer, ohne doch die lutherische Ansicht unbedingt zu acceptiren, mehr im calvinischen Sinne; er seinerseits suchte die Transsubstantiationslehre zu rechtfertigen. Ein anwesender, freilich katholischer Schweizer, wurde aufgefordert, den reformirten Lehrbegriff wenigstens scheinbar in Schutz zu nehmen, damit man vollständige Repräsentanten aller Hauptmeinungen habe. Er schlug indess den Antrag theils aus Schüchternheit, theils aus Klugheit ab. Die Beharrlichkeit in Festhaltung meiner Meinung gefiel ihm, und er sagte wiederholt, ich streite wie ein wahrer Professor *(come un vero professore)*. Seine Argumente waren natürlich sämmtlich aus der Vulgata entlehnt, da er des Griechischen, wie fast alle Priester, nicht mächtig war. Das Gespräch zerging, wie gewöhnlich, ohne Resultat; jeder blieb bei seiner Meinung. Nicht lange, so traf ich ihn wieder beim Zurückgehen aus dem Vatikan. Er begann nach meinen Verhältnissen in der Heimath zu forschen, beklagte, dass man nicht genug für die Wissenschaft und deren Pfleger thue oder thun könne, meinte, dass denn doch die Aussichten in Rom viel vortheilhafter und lukrativer seyen, und dass alle Fremde, welche Talente besässen, in Rom eine Rolle spielen könnten *(tutti i forestieri, che hanno talento, fanno figura in Roma)*. Als ich ihm darauf ruhig und unbefangen erwiederte, dass denn doch die katholische Lehre Mancherlei habe, worüber man nicht so schnell sich hinwegsetzen könne, wie z. B. die Ohrenbeichte; so entgegnete er darauf schnell, dass dieses bei Weitem nicht so arg sey, als der Fremde gewöhnlich meine. Mit der Ohrenbeichte könne man es halten, wie man wolle; die Priester sähen darin sehr gern nach, es gäbe Viele, die gar nicht beichteten, und deshalb nichts weniger als scheel von ihren Oberen angesehen würden, wenn sie nur sonst den Geist ihrer Kirche verstünden. Was mich anbelangt, fügte er lebhaft hinzu, so bin ich ein ganz Anderer als Priester vor dem Altar oder als Mittelsperson zwischen Gott und den Menschen, ein Anderer zu Hause ausserhalb der Kirche und in meinen vier Pfählen. Hier lebe ich wie ein gewöhnlicher Mensch und lasse mir in keiner Beziehung etwas abgehen. Sie könnten es auch so machen, wenn Sie wollten, es hängt bloss von Ihnen ab. Besuchen Sie mich auf Ihrer Rückreise auf meinem Landsitze an den Gränzen Toskana's, dort wollen wir weiter mit einander darüber reden, oder auch hier schon, wenn es Ihnen genehm ist. Da hierauf ich keine weitere Neigung bezeigte, mich ihm anzunähern, und er dieses zuletzt wohl bemerkte, so kamen wir endlich aus einander.

Die Exegese scheint mir einer neuen Behandlung fähig und bedürftig, und ist bei der im Ganzen doch geringen Concurrenz ächter Exegeten Vieles Wünschenswerthe zu leisten übrig geblieben. Hier in Rom hat man natürlich davon keine Ahnung. Es ist auch seltsam, wenn ein protestantischer Theolog in Rom darüber nachdenkt. — Ich meine die innere Construirung der Reden Christi, der Apostel und des Volkes aus sich selbst. Hier ist möglich, eine neue Bahn zu brechen, und den Charakter der Sprechenden genauer zu entfalten. Solches will sagen, dass die Auslegung der Schrift anfangen muss, aus einer äusserlichen eine mehr innerliche zu werden. Welches dogmatische Resultat herauskomme, ist dabei vor der Hand gleichgültig. Man wird bei diesem noch wenig erkannten Verfahren am leichtesten wahrnehmen, dass die Vernunft ihre Rechte behaupte. Es ist dieses ein etwas dunkeles

Feld, was tiefere Augen verlangt. Die Streitfrage zwischen **Rationalismus** und **Supranaturalismus** würde sich dann anders stellen. Beide Denkarten erscheinen dann nicht mehr in solcher Entfernung. Es ist in diesem dunkeln Gebiete vielleicht nicht möglich, klarer zu sprechen; aber ich glaube zu wissen, was ich will und etwas Bestimmtes zu wollen.

Die Processionen der heiligen Woche lassen kalt; es ist Alles Eine Uniform, Commiss. Hat man Eine Procession gesehen, so hat man alle gesehen. Ueber den poetischen Sinn der einzelnen Ritus mitten im Aktus selbst nachzudenken, will mir nicht gelingen. Selbst das Miserere ist überschätzt worden; sehr volle, reine, kräftige Stimmen kommen vor, aber dergleichen hat man auch in Deutschland, besonders in unseren schönen Oratorien. Die Funktionen des heiligen Vaters, das Herumgetragenwerden auf dem Baldacchin, das Seegenertheilen aus den Logen, das Messelesen am Altare Petri, das Aus- und Ankleiden, oder das Toilettemachen der Kardinäle und des Pabstes im Angesichte des Publikums in der Kirche oder Kapelle; dieses und Anderes wirkt durch die Macht der Gewohnheit und der Einbildungskraft auf ein ganz sinnliches Volk, desgleichen das italiänische ist. Mich lässt es unbeschreiblich leer; ja es erkältet meinen religiösen Sinn. Rom ist in dieser Hinsicht ein gutes Mittel gegen das Proselytenmachen.

Sollte es nicht ein glücklicher Gedanke seyn, eine Reihe **theologischer Briefe** mit Episoden herauszugeben, in denen ein Denker dargestellt wird, der alle Erscheinungsformen des positiven Christenthumes durchlebt, und alle theologischen Systeme, welche die jetzige Zeit erfüllen, durchgeprüft hat. Er hat durch diese Bildungsstufen mit redlichem Eifer und mit Wahrheitsliebe sich Bahn bereitend, endlich dem Ziele sich genähert, welches den Menschen innerhalb dieses Daseyns vorgehalten ist. Er hat, wenn nicht Seligkeit, so doch Ruhe gefunden, und erwartet ergeben das Kommende. Der schwierigste Punkt ist, die Versöhnungslehre dergestalt in sich aufzunehmen, dass er diesen Glauben als ewig gültige objektive Wahrheit, nicht bloss als historische, bewahret und gleichsam täglich stehet unter dem Kreuze Jesu. Die verschiedene Lehrform darüber bei Christo und den Aposteln erscheint nicht als wesentlich verschieden. Die Lehrtropen sind nur scheinbar und treten bei tieferer Betrachtung des Ganzen zurück. Jene Zeit, hat man von der anderen Seite entgegnet, war gewöhnt an die Ideen von Opfer, Busse und Darbringung eines fremden Blutenden, an das damit verknüpfte Priesterwesen. Christo war das Versöhnungswerk nur Mittel zum Zwecke der Anbetung Gottes im Geiste und in der Wahrheit. Allein man kann entgegnen, dass Christus in Lehre und Leben die Versöhnungsgedanken seiner Zeit durch stellvertretende Opfer berücksichtigen musste, diese Gedanken selbst, weiter abwärts verfolgt, sich als allgemeines Erzeugniss der menschlichen Hülfsbedürftigkeit offenbaren, oder auf einem tieferen Grunde der Menschheit ruhen. Inzwischen ist dieser Weg, zum Frieden mit Gott wegen der nun einmal begangenen und nicht ungeschehen zu machenden Sünden zu gelangen, auch im Alterthume keineswegs der allgemein und ausschliessend verfolgte gewesen. Viele der geachtetsten Philosophen dachten gering von den bestehenden Opferanstalten, und lehreten, dass man den Göttern besser diene, durch Handlungen der Gerechtigkeit, Mässigung und Uneigennützigkeit, hervorgegangen aus dem Quelle eines reinen Willens. Dass dieser Wille lauter gewesen, wird freilich von den strengen Vertheidigern der Versöhnungslehre geläugnet und die Bejahung als selbstgefälliger Eigendünkel dargestellt. Allein erstlich ist dieses, allgemein genommen, eine unentscheidbare Sache, da Niemand in des Anderen Herz sehen kann, zweitens wird mit dem Obigen nicht behauptet, dass jener Wille immer rein, ohne subjektive Trübung, Entstellung, momentane oder längere Entstellung gewesen. Dieses aber wird damit entschieden behauptet, dass ein guter Kern in jenen ausgezeichneten Männern gewesen, welche, unabhängig von positiven Opferideen ihrer Zeit den Göttern, oder, wie einige unter ihnen, dem höchsten Gotte durch Sitteneinfalt und Gerechtigkeitsliebe zu dienen bemüht waren. Wirft man aber ein, dass diese von ihnen geübte Tugend keine rechte Tugend war, weil ihr der Glaube mangelte, dass rechtschaffene Handlungen derselben, auch wenn wir sie nicht glänzende Laster nennen wollen, doch eben nur Akte der Legitimität waren, ohne Weihe und Salbung, ohne höhere Einheit, dass ihnen der letzte lautere Lebensbrunn verborgen geblieben; so lässt sich hierauf Manches antworten. Zuerst, dass ihre glaubenslose Tugend überhaupt keine Tugend gewesen, ist offenbar zu Viel gesagt, denn Tugend ist eine beharrliche, von innerer Ueberzeugung geleitete Richtung auf das Sittliche, oder Liebe des Sittlichen. Dass diese an und für sich in keiner menschlichen Brust Wurzel fassen, und Wohnung machen könne, ist eine unermessliche, trostlose und unerwiesene Behauptung. Wir geben aber zu, dass die des Glaubens entbehrende Tugend nicht die Freudigkeit, innere Sicherheit und gleichsam die höheren Schwingungen habe, welche derjenigen eigen ist, die, aus dem Glauben geboren, durch den Glauben gekräftiget, sich in einer Fülle des höheren geistlichen Lebens ergiesst. Sodann dürfte schwer zu erweisen seyn, dass religiöser Glaube überhaupt den alten Philosophen fehlte, wenn er ihnen auch in christlicher Art und Gestalt fehlte. Auch sie reden von einem geistigen Anschauen und Erfassen des Göttlichen mitten in dem ungöttlichen Wesen, von einer richtigen sicheren Bahn durch die Anfechtungen und Umstrickungen der Aussenwelt. Diese schwachen, vereinzelten Glaubensstrahlen kommen freilich gegen das volle Licht des Christenthumes nicht in Anschlag; doch wir wollten gerecht seyn.

Ich machte die Bekanntschaft Wisemans, eines jungen, talentvollen Exegeten, Rektors des englischen Collegii zu Rom. Bei ihm fand ich eine gute deutsche theologische und orientalische Bibliothek, und Sinn für deutsche Art und Forschung. Er sprach deutsch, englisch und italiänisch, ist ein Liebling des Pabstes, aufgeklärt genug, aber vorsichtig, klug und gewandt. Auch er hat indess Anfechtungen seiner Bibelforschungen wegen erlitten. Zunächst beschäftigte ihn eine geschichtliche Untersuchung über die *Itala*, oder die lateinische Uebersetzung der Bibel vor Hieronymus für ein englisches Journal. Die afrikanischen Väter, meinte er, stimmen mit Augustin überein, der diese Uebersetzung als Feind des Hieronymus von Italien, zunächst von Mailand, nach Afrika brachte und dort bei Ehren erhielt. Auch ein Priester zu *S. Carlo a Cattinari*, Ungharelli, mit dem ich bekannt wurde, beschäftigte sich etwas mit Exegese und orientalischen Sprachen. Er wollte eine Geschichte der Verbesserungen der Vulgata herausgeben. Die drei besten hieronymianischen Vulgaten liegen nach ihm zu *Cordova* in Spanien, zu *Florenz* in der *Laurentiana* (dieselbe, welche ich später als *Biblia Amiatina* collationirte), und zu *S. Paolo fuori di mura* in Rom oder vielmehr in dem Filialkloster zu *S. Callisto* jenseits der Tiber. Vorhieronymianische Stücke giebt es nur in den Schriften der afrikanischen Kirchenväter. — Die Schrift: *horae Syriacae* haben dem genannten Wiseman auch einigen Ruf in Deutschland verschafft. Dieses Werk ist polemisch, gerichtet gegen Horn, einen englischen Gelehrten, der in einer biblischen Einleitung die Transsubstantiationslehre aus syrischen Sprachgründen angegriffen hatte. Ausserdem schrieb er in italiänischer Sprache ein Buch über die Dürftigkeit der protestantischen Missionen zu Gunsten der katholischen Anstalten. Uebrigens ist er geborner Engländer und leitet die Studien seiner Landsleute für den geistlichen Stand. Seine Schlauheit lässt ihn denn bisher immer den Gefahren glücklich entrinnen, die seinen helleren Ansichten drohen. — Eine andere theologische Curiosität in Rom ist der Bibliothekar des Klosters zu *S. Croce in Gerusalemme*, Leonardo da Corriere, ein junger, ziemlich blühender Mann, der nur bisweilen an Krämpfen litt. Es war ein Kreuz, diese Bibliothek zu besuchen, da sie in der Nähe des Lateran liegt, und man über einen grossen grünen Plan in grösster Sommerhitze wandeln muss. Die Mönche sind Cisterzienser. Der Prior, der mich freundlich empfing, hiess Gari und war Sicilianer. Die sicilianische Mundart hat einen so singenden, gutmüthigen Accent, dass sie sich sogleich heraus erkennen lässt. Lebhafte, angenehme, leichte und natürliche Gestikulationen begleiteten die Rede. In dieser Bibliothek sollte nun ein Raub von Büchern, fünf und zwanzig tausend Scudi an Werth, begangen worden seyn. Sie ist daher nicht mehr öffentlich. Der Bibliothekar war das erste Mal abwesend zu *S. Pietro*, wo er Freunde hatte. Zum zweiten Male an einem heissen Nachmittage angekommen, ward ich herzlich bedauert und mit Limonade bewirthet. Ich dachte damals an die Limonade in Kabale und Liebe, unterdrückte aber, wenn gleich von Herzen Protestant, sogleich ein so unbegründetes Misstrauen. Jener Bibliothekar Leonardo stand nun ebenfalls in der Gunst des Pabstes hoch, und gab mir zuerst einige Auskunft über das von so vielen deutschen Gelehrten ersehnte, aber nur von Pertz allein aufgeschlossene vatikanische Archiv. Er hatte es öfter gesehen, und bestätigte mich in der Meinung, die ich von Anderen aufgenommen, dass es in geschichtlicher Beziehung fast den Schlüssel des Mittelalters enthalte. O wie viele Deutsche würden nach Rom strömen, wenn ihnen diese Schätze geöffnet würden! Die Urkunden und Fragmente sind in Schränken aufbewahrt, mit den Aufschriften: *ecclesia Gallica*, *Germanica*, *Hispana*, *Anglica* u. s. w. M. Cav. Marini arbeitet fast allein darin, auch er nicht immer; nur bei Requisitionen von Seiten des päbstlichen Stuhles für einen bestimmten Zweck wird darin herumgestöbert. — Jener Bibliothekar hatte nun unter den Handschriften, von denen er einen Katalog beabsichtigte, wenn die Druckkosten durch Subscription gedeckt würden, auch ein *Enchiridion Augustini*, wie es fälschlich genannt wurde, gefunden, welches aber nichts anderes war, als eine kurze Zusammenstellung der dogmatischen Glaubensartikel oder eine kleine biblische Theologie nach Bibelstellen aus der Uebersetzung der Itala vor Hieronymus. Dieser Codex hatte bei seiner Seltenheit unschätzbaren Werth für Kritik und für Sprache, aber der Bibliothekar war klug genug, ihn nicht herauszugeben, und dabei stehen zu bleiben, dass er selbst die Edition beabsichtige, wenn gleich dieses, wie fast alle Arbeiten italiänischer Gelehrten, gute Weile hat. Denn sie arbeiten nur gezwungen, oder für ansehnlichen Geld- und Ruhmerwerb, wie z. B. A. Mai. Dagegen fand es dieser hellsehende Bibliothekar Leonardo nicht unter seiner Würde, einige Stücke des Kreuzes Christi, die in diesem Kloster, welches davon seinen Namen hat, aufbewahrt werden, als ächt zu vindiciren, in einer gelehrten Gelegenheitsschrift, die zu Rom in der Propaganda erschienen ist.

Da das höhere, geistliche und religiöse Leben in Rom erstorben, so begnügt man sich mit Supplementen und freuet sich dessen, was man noch hat, ohne es für jetzt ansehnlich vermehren zu können. Wie viele Müssiggänger nähren noch immer die Klöster! Rom, sagte mir einmal ein Kapuziner, sey ausgezeichnet durch die Heiligkeit *(per la santità)*, wie Neapel durch das Leben *(per la vita)*. Die langen Gänge der weiten Klöster werden sparsam belebt durch einherwandelnde kummerlose, in schwarzen Talar gekleidete Mönche, die oft nicht wissen, wie sie den Tag hinbringen sollen, nicht alle den Geruch der Heiligkeit haben, und sich oft in kleinlichen Intriguen statt würdiger Beschäftigungen abmühen.

Einmal hörte ich eine Kappuzinade unter freiem Himmel in den Strassen hinter dem Forum. Es wurde ein kleiner Tisch herumgetragen, mit zwei Lichtern, da bereits Dämmerung eingetreten war. Den Standort wechselte der Redner etwa nach einer Viertelstunde und sprach salbungsvoll über die Nothwendigkeit der Busse und Bekehrung. Einstimmiges Bravo folgte seinen Ermahnungen.

Am 17. Mai 1833 machte ich einen Besuch zu *S. Callisto*, einem Filialkloster der Kirche St. Paul, ausserhalb der Mauer. Ich wurde in die verödete Bibliothek geführt. Das Anziehendste war eine lateinische Handschrift der Bibel, mit Miniaturen, dem neunten Jahrhunderte angehörig. Das erste Kupfer stellte dar das Porträt Karls des Grossen mit seiner Gemahlin und dem Hofstaate. Die Miniaturen vor jedem biblischen Buche hatten eine grosse Rohheit und einen gleichförmigen Typus. Man sieht die Ausgiessung des heiligen Geistes, die Befreiung Petri, mehrere Zeitakte neben einander, und die einzelnen Evangelisten. Die berühmte Stelle von den drei Zeugen im ersten Johanneischen Briefe fehlt, eine Stelle, worauf vor Alters alle Bibliotheken, die ihren Fremden etwas Interessantes zeigen wollten, ihre Aufmerksamkeit in den Handschriften richteten, und welche besonders von allen reisenden englischen Geistlichen mit grösstem Eifer fixiret ward. Dem hundert und funfzigsten Psalm ist ein Danklied Davids nach dem Siege über Goliath angehängt. Dieses copirte ich. Der Codex enthält zwei Columnen, in klein Folio, ein sehr leserliches Cursiv, einen römischen Schriftcharakter, der im Uebergange stehet zu dem langobardischen. Kleine Lebensbeschreibungen vor den Evangelien, die Vorreden des Hieronymus, allgemeine Charakteristiken von Paulus, Inhaltsverse vergnügen Sinn und Auge, letztere mit Goldschrift auf dunkelfarbigem Grunde. Der bezweifelte Abschnitt am Schlusse des Markusevangeliums fehlt hier nicht. Der gefällige Bibliothekar Battunati versicherte mir, dass die Bibliothek früher funfzehn tausend Bände betragen, dass sie von den Franzosen weggeschleppt worden, nun in Confusion gerathen sey, dass man einen Katalog zwar angefangen, aber nicht vollendet habe. Einige deutsche Schriften entdeckte ich doch in dieser Wüste. — Die Mönche sind Benediktiner.

IV. Oeffentliches und Privatleben.

Das öffentliche Leben in Rom ist mit Religion und Kirche aufs innigste verflochten. Dieses ist stets der Fall in einem hierarchischen oder Priesterstaate.

Da auf der Erziehung alles öffentliche Wohl basirt ist, so sollte diese den wichtigsten Theil der Sorgen der Regierung bilden. Allein in dieser Beziehung liegt Rom im

Argen, und ist unendlich zurück gegen andere Staaten, selbst Italiens. Man kann wohl sagen, dass Florenz und die Lombardei grössere Schritte darin gethan haben. Die Knaben z. B. sind in gemischter Gesellschaft vorlaut, mischen sich ungefragt und unbescheiden in die Gespräche der Erwachsenen, und sind oft ein Gegenstand der Eitelkeit für die Aeltern. Von gründlichem Fleisse ist die Rede nicht. Die guten Italiäner staunen, wenn sie hören, was die deutschen Kinder Alles lernen und lernen müssen. Der musikalischen Ausbildung wegen werden sie häufig nach Neapel gesandt, wo gute Anstalten blühen. Doch hörte ich selbst von einer geistreichen italiänischen Dame, dass sie danach trachte, ihren Sohn theils dem Studium der Musik, theils dem des Rechtes zu widmen; sie hielt eine solche völlig gleichmässige und gleichzeitige Ausbildung nicht für etwas Unmögliches. Die Mädchen werden in der Erziehung sehr streng gehalten, eine Verführung ist ohne nachfolgende Heirath fast unmöglich. Ihre erste Jugendzeit bringen sie oft in Klöstern zu, wo des Geklatsches und der Redseligkeit kein Ende seyn soll. Leichtsinnig sind sie wohl, doch fehlt ihnen nicht natürliche Grazie und Sinn für äusseren Anstand. Ihr Gespräch ist lebhaft und natürlich; aber eben so oft gehaltlos; über Geschlechtsverhältnisse, die im Norden nach der Sitte der Gesellschaft mit der grössten Vorsicht verschleiert, und im Gespräche kaum berührt werden, sprechen sie mit der grössten Freiheit und Unbefangenheit, aber darum mit nicht grösserer Schuld, als vielleicht manche unserer äusserlich sittsamen Landsmänninnen. Es ist ein allgemeiner Glaube, dass die Italiänerinnen dem Blumengeruch sehr abhold seyen, weil er ihre Nerven zu empfindlich angreife, und deshalb aus einem Zimmer, das mit Blumen angefüllt sey, sogleich flöhen. Ich habe dieses mehrere Male zu beobachten Gelegenheit gehabt. Die stillen und unschuldigen Freuden an der Natur, die wir Deutsche kennen, sind ihnen fremd; und sie ergiessen sich bei solchen Veranlassungen leicht in fade und leere Redensarten. Die häuslichen Tugenden der deutschen Hausfrauen kennen die Italiänerinnen nicht; ihre Lieblingsneigung geht auf äusserlichen Eklat, auf ein freies Leben mit Geliebten oder Cicisbeos während der Ehe, auf ein Mitmachen der öffentlichen Vergnügungen, auf ein Paradiren unter den Equipagen des Corso, auf Theilnahme an den Conversationen und am Theater. Sie sind freilich in mancher Beziehung liebenswürdiger, als die Frauen anderer Völker. In geselligen Kreisen entfalten sie eine lebhafte ungezwungene Heiterkeit, und können nicht müde werden, nach den Sitten und Gewohnheiten der Frauen anderer Länder und Völker zu fragen. Die Zurückhaltung der soliden Engländerinnen ist das gerade Gegenspiel dazu. Eine italiänische Dame, Signora Angelina Gaggiotti, in deren Hause man immer viele Deutsche fand, hatte eine grosse Vorliebe zu dieser Nation gefasst, wie sie sich ausdrückte, wegen ihrer Solidität, ihrer Ruhe und ihrer Biederkeit. Sie wollte ihren Sohn auf eine gelehrte deutsche Schule bringen, und frug deshalb mehrere Deutsche um Rath, die ihr aber aus Gründen abriethen. Bei dieser Gelegenheit erklärte sie mit südlichem Feuer, dass sie sich die Haare ausraufen würde, wenn ihr Sohn es zu Nichts brächte, dass sie Hoffnungen von ihm hege, und Alles an ihn setzen werde, ungeachtet sie kein Vermögen weiter besitze. Ihr Mann, ein Beamter, lebte von seiner Besoldung, und schwieg dazu still. Er schien nicht die Herrschaft zu haben, war aber auch nicht zärtlich gegen seine Gattin, die als Gesellschafterin unvergleichlich, bei den Abendversammlungen die Hauptrolle spielte. Italiänische Kinder würden sich an die deutsche Zucht höchst schwer gewöhnen, und gewiss nicht gern gesehen, mit deutschen Ideen angefüllt nach dem Kirchenstaate zurückkehren, um in dieser Heimath eine Anstellung zu suchen. — Die römischen Weiber sind übrigens die kräftigsten und gesündesten in Italien, und übertreffen in dieser Beziehung das Männergeschlecht, welches zahme Sitten hat und auf Höflichkeit ohne Charakter gerichtet ist. So die meisten der sogenannten römischen Stutzer. Ein junges Frauenzimmer, damals von neunzehn Jahren, die Tochter Thorwaldsens, sagte mir einmal mit Stolz: ich bin eine Römerin *(io sono Romana)*, und mit welcher

Sicherheit und mit welchem Selbstgefühl schreiten die römischen Frauen auf dem Corso einher! — Eine andere Dame erklärte, dass man nur in Rom italiänisch rede, mit Seitenblicken auf den florentinischen und mailändischen Dialekt, und dass keine Stadt so voll an Erinnerungen grosser Thaten sey, als Rom. Eine dritte Dame erklärte ihrer Mutter: schaffe mir einen Mann, oder ich sterbe; lauter kurze Züge, welche den Charakter der Römerinnen ins Licht setzen.

In fremden ausländischen Dingen herrscht grosse Unwissenheit bei dem männlichen, wie bei dem weiblichen Geschlechte. Geographie, Statistik, nichtitaliänische Geschichte sind ihnen böhmische Dörfer. Sachsen, Preussen, Baiern, Oesterreicher gelten ihnen leicht für Völker verschiedener Zunge. Ueber die gemeinsame deutsche Sprache sind sie durchaus nicht im Klaren. Auch fühlen sie bei ihrer, man darf es vielleicht ohne Blasphemie sagen, göttlichen Selbstgenügsamkeit kein Bedürfniss, ausser etwa das einer flüchtigen Neugierde, sich über ausländische Gegenstände zu unterrichten, und man wird bisweilen versucht, sich im Stillen zu gestehen, dass sie darin für ihr Lebensglück vielleicht Recht haben. Dagegen sprechen sie auch mit hoher Achtung von den wissenschaftlichen und sonstigen Verdiensten der Deutschen.

Der vornehme Stand ist am meisten gesunken. Er enthält wenig mehr als fade Zeitverderber, die hinsichtlich ihres Namens vom Ruhme ihrer Vorfahren zehren. Das Cicisbeat ist etwas aus der Mode, wenigstens hinsichtlich der Formen; der Cavaliere servente dient der Dame seines Herzens auf dem Corso, in der Equipage, in den Logen des Theaters während der unendlich oft wiederholten Oper, und zu Hause. Der Ehemann sucht sich zu entschädigen, leidet selten, schweigt still, kennt den Gang der Sache und hat Alles voraus gewusst.

Das sittliche Element ist in der Jugend Italiens sehr gesunken. Doch möchte sie noch etwas höher stehen, als die Jugend Frankreichs, welche oft im fünf und zwanzigsten Lebensjahre schon alle Lebensfreuden erschöpft hat und mit Selbstmord endiget. Gutmüthigkeit und Dienstfertigkeit

24 *

ist das Hauptsächlichste, was wir den Italiänern zugestehen müssen, auch findet man, bei ordentlicher Behandlung, ihren oft gerügten Eigennutz durchaus nicht so grell, und im Grunde nicht viel stärker, denn in anderen Ländern. Zuverlässigkeit fehlt freilich öfter und Haltung der Versprechungen.

Man kann nicht genug hervorheben, wie wesentlich die Einrichtung der Ohrenbeichte in das römische Leben, wie in das italiänische überhaupt eingreife. So manche Verschwörung ist schon durch sie verrathen, so mancher Aufstand verhütet und unterdrückt worden. Wenn der päbstliche Officier bei Göthe die Privatbeichte der Protestanten so unpassend und ungenügend fand, dass er sie mit der Beichte verglich, die man vor einem Baume ablege; so können wir mit gleichem Rechte entgegnen, dass uns die Herzählung aller einzelnen Thorheiten, Fehler und Vergehungen vor den Ohren des Priesters als etwas erscheine, dass dem Staats- und Familienglücke nothwendig den Untergang bereiten müsse. Die Priester, von der natürlichen menschlichen Neugierde getrieben, und vom Interesse bestärkt, werden in alle Geheimnisse eingeweiht, über welche sie frei schalten und walten. Die Empörung, welche für den Carneval von 1831 verabredet war, wurde aus dem Beichtstuhle geplaudert und noch zu rechter Zeit unterdrückt. Die Priester machen sich frei, aber den Laien wird darin wenig nachgelassen. Rom weichet nicht, heisst es auch hierin. Verdächtige Geistliche werden entfernt, und man kennet, wie es in den Psalmen heisst, plötzlich ihre Spur nicht mehr. Oefter kommen sie in den Palast der Inquisition hinter der Peterskirche und führen dort ein kümmerliches dunkeles Leben. Von dem heiligen Officium hört man übrigens in Rom wenig.

Hierbei möge et uns gestattet seyn, stehen zu bleiben.

Alle übrige Bemerkungen über römische Art und Sitte seyen der Rückreise aufgespart, wo unser Blick reifer und sicherer geworden war. Eben so haben wir

IV. die Natur

das heisst, das schöne Albaner- und Sabinergebirge erst bei unserer Rückkehr kennen gelernt und verweisen auf diese wohlwollende Leser.

Zwölftes Kapitel.

Reise von Rom nach Neapel.

Brieffragmente.

Neapel 1. Aug. 1832.

Beinahe drei Wochen in den Armen der glücklichen Parthenope, habe ich unter den beständigen Zerstreuungen des Neuen und Anziehenden noch keinen ruhigen Augenblick finden können, um Euch Nachricht von mir zu geben. Die Reise von Rom war zwar schnell, da ich, um mit einem Bekannten, Dr. Gaye, einem Dänen, zu reisen, eine Privatunternehmung mit Postpferden, die hier bestehet, benutzte, aber im Ganzen angenehm. Von dieser Reise, deren Einzelnes ich in meinem Tagebuche verewigt habe, habe ich nicht eben Ausgezeichnetes zu berichten. Den interessantesten Punkt, Mola di Gaeta, welches auf der einen Seite das Meer mit dem Golf von Neapel und dessen Inseln und Kastellen, auf der andern den freundlichen, waldbekränzten Bergort selbst darbietet, sahen wir leider nur des Abends, zum Glück bei einer mondhellen Nacht. Ueberhaupt war unsere Reise dieses Mal nicht von den besten Sternen begleitet. Es waren zwei Wagen nach einander; in dem meinigen waren zwei Italiäner, leidliche Menschen, Negocianten, wie es schien, mit einem Knaben. Doch ist mit diesen Leuten, besonders auf der Reise, nie Viel anzufangen, sie stehen uns zu fern, und haben einen eignen Sinn, z. B. eine ungeheure Sparsamkeit. Man muss sich diese Entfremdung nicht weiter merken lassen, und mit ihnen auf eine unbefangene Weise umgehen, wobei man dann auch mit ihnen auskommt. Zwischen Albano und Rom brach an dem ersten Wagen ein Rad und die Deichsel, wir mussten in Albano lange auf die Ankunft und Reparatur warten. Albano und seine Umgebungen *(Alba longa)* waren mir bekannt von dem ersten Streifzuge, den ich in Gesellschaft vieler Deutschen von Rom aus unternahm. Hier in dem Sitze der schönen Weiber, deren Reize nur durch die der Bewohnerinnen des Sabinergebirges übertroffen werden, bot ein schönes Mädchen mit herrlichen schwarzen Augen Feigen aus, die ersten frischen, die ich sah; von denen eine Vorübergehende sagte, dass noch nicht die Luft (*aria* = Zeit) für sie sey. Gonzano, Velletri sahen wir im Fluge. Ueberall zeigt sich die Gegend vulkanisch. Cisterna, ein unbedeutender Ort, soll das *Tres Tabernae* der Apostelgeschichte seyn, bis wohin dem Paulus römische Christen entgegen kamen. Bei *Torre dei tre Ponti* beginnt die *Linea Pia*, eine herrliche, mit Bäumen bepflanzte Strasse, welche Pius VI. zwischen den pontinischen Sümpfen anlegte. Die Umgegend sind kahle Berge; doch spürt man nichts von *mal' aria*, ausser an wenigen etwas dumpf und faul riechenden Stellen. Ein Kanal zur Rechten von Rom aus, mit bald stehendem, bald mehr flüssigem und klarem Wasser. Viele schwarze Büffel weiden seitwärts in den gras- und schilfreichen, sonst unbebaueten Gegenden. Eine Gruppe von Fischern lag schlafend am Ufer. Der Nachmittag war glühend, wir litten sehr vom Staube, am meisten in der Nähe Neapels. Terracina, die letzte Stadt im Kirchenstaate, das alte *Anxur*; hier zuerst wieder das blaue Meer *(caeruleum mare)* seit Venedig. Hohe Felsenmassen mit Ruinen, z. B. einem halben Thurme am Thore. Das Meer ist weniger rauschend, als am venetianischen Lido, es schlägt keine Wellen an. Die Berge zur Rechten in aschgrauer, duftiger Ferne. Ein milderes Seyn beginnet mit der kühleren Tramontana. Mit ihren zweirädrigen Wäglein beleben die Landleute, in der leichtesten Kleidung, halb nackt, die Strasse. In einer dürftigen *locanda* erquickte uns ein Seekrebs *(ragusta)* mit schlechtem Weine. Bei Portello, der ersten neapolitanischen Dogana, welche das

Königreich von der römischen Kampagna scheidet, folgte die Untersuchung der Pässe. In meinen französischen konnte sich der Expedient nicht finden; ich musste ihn ausführlich spiegiren. Die Ignoranz in solchen Dingen ist hier zu Lande unglaublich gross; wie man sich aber zuletzt an Alles gewöhnt, so gewöhnt man sich auch hieran. Das Meer bleibt rechts; es ist ein vortrefflicher Punkt. Bergschlösser auf imposanten Punkten sieht man hier oft; so auch hier ein gewisses *Epitaphie*. In der Hauptdogana zu Fondi mussten wir ein scharfes Examen bestehen. Man wunderte sich über meine Bücher, die hier nach Neapel schwer einpassiren; störte in meinen Manuscripten und kritischen Papieren herum. Letztere sah man einzeln mit gewichtiger Miene durch; wurde aber natürlich aus diesen Abkürzungen und griechischen Buchstaben nicht klug; zuletzt, da ich ihnen mit ernsthafter Miene demonstrirte, dass ich *Dottore*, und nicht *mercante* sey, passirte Alles. Einige Kappuziner, die mit uns waren, wurden unerbittlich angehalten, auch ihre Herrlichkeiten zu offenbaren; die in einigen Rosenkränzen, kleinen Gebetbüchern und anderen kleinen Utensilien bestanden. In Molo di Gaeta hielten wir die *cena*. Von den zwei Kappuzinern in dem zweiten Wagen bemühte sich der Eine, einer wohlbeleibten Frau mit einem Kinde, die nicht mehr jung war, aber noch sehr liebesbedürftig schien, den Hof zu machen. Eine ältliche hässliche Frau aus Neapel (wie sie es denn hier fast alle sind) sass an der Spitze der Tafel, die besonders mit gebackenen Fischen besetzt ward. Die Einfahrt in Capua imponirt sehr; wir sahen in Eil die unterirdische Kirche der Kathedrale mit einem alten Basrelief der Phädra und des Meleager, das jetzt zum Taufstein dienet. Die Lebhaftigkeit der Strassen, und die Zudringlichkeit der Lazzaroni und Facchine wird nun schon sehr arg, und den Fremden lästig und beschwerlich. Unglaublich viel Bettler und zudringliche Menschen. In einem viereckigen Raume der unterirdischen Kirche sahen wir noch die marmorne Statue des liegenden Erlösers von Bernini, in einem manierirten Style. Nach Capua auf der staubvollen Strasse lösete sich unser Wagen aus den Federn, und sank.

Wir mussten wieder Geduld üben. Je näher Neapel, desto lebhafter wird die Strasse; ganz verschieden von der Einfahrt in Rom aus dem Norden her. Und so präsentirte sich endlich zu unserer Linken der Vesuv, mit dem neuesten Lavaausflusse, und wir sahen die Ebene, welche Neapel einnimmt. — So weit einige Details von der Reise; die Euch in der Ferne gewiss nicht uninteressant sind, wenn sie auch sonst nichts Neues enthalten. —

Von Neapel selbst soll ich Euch nun erzählen. Aber wo anfangen in dieser Mannichfaltigkeit? Was zuerst meine Arbeiten an der Bibliothek in den sogenannten *Studj* anlangt, so habe ich ziemlichen Vorschub gefunden. Zwar ist nöthig, um in dem Zimmer der Bibliothekare in den Handschriften zu arbeiten, eine Erlaubniss von dem Minister des königlichen Hauses. Diese erhielt ich ohne Schwierigkeit nach Verlauf von fünf Tagen durch die Verwendung unseres Generalkonsuls, des Finanzrathes Just. Für meine Zwecke habe ich nun nicht allzu viel vorgefunden. Es giebt hier nur eine geringe Anzahl neutestamentlich griechischer Codices; ich habe deren sieben verzeichnet gefunden, von denen noch dazu die meisten bis auf zwei, die eine durchgängige Collation verdienen, gewöhnlich, ohne namhaften kritischen Werth und sehr jung sind. Nur einer in zwei Columnen eingerichtet, soll nach einer Notiz gegen das Ende von Evagrius nach einem Exemplar aus der uralten christlichen Bibliothek des Pamphilus zu Cäsarea verfasst seyn; er enthält die Apostelgeschichte und die Briefe. Interessant und instructiv sind auch die Proömien zu den einzelnen Briefen. Diese Handschrift ist zwar von meinem Vorgänger Scholz angesehen und gepriesen; aber in den Prolegomenen zum N. T. oder in der Aufzählung des kritischen Apparates hat er sie gänzlich übergangen; woraus mehr als gewiss zu schliessen, dass er sie gar nicht verglichen hat. Dergleichen Fälle sind bei ihm überhaupt nicht selten, und Alle, die sein kritisches Arbeiten näher kennen, klagen über theilweise Unzuverlässigkeit. Jedenfalls ist eine neue Vergleichung ein wirklicher Gewinn. Mit den übrigen Handschriften werde und kann ich mich hier bedeutend kürzer fassen; da sie nicht von Bedeutung sind. Uebrigens giebt es hier zwar noch einige öffentliche Bibliotheken, die aber keine Manuscripte, am wenigsten biblische darbieten. Meine ganze übrige Zeit werde ich daher auf das Studium der Alterthumsgegenstände, die hier in den Studien vereinigt sind, und die ich bereits einmal perlustrirend durchgesehen habe, anwenden. Die Bibliothekare Janelli und Cyrillo habe ich bereitwillig und gefällig gefunden.

Doch nun etwas von den herrlichen Umgebungen Neapels, die Euch mehr interessiren werden, als das Bisherige. Ich habe schon mehrere Ausflüge in der Umgegend gemacht, grösstentheils in Begleitung zweier Naturforscher, des, leider nun verstorbenen, Professor Hoffmann aus Berlin, und seines Gefährten eines Schweizers Escher aus Zürich; derselben, welche die in der Nähe Siciliens neuentstandene und wieder untergegangene vulkanische Insel zuerst näher untersuchten und aufnahmen. Ich lernte sie bei Tisch bei dem preussischen Gesandten, Grafen Lottum kennen, an welchen ich von Rom aus durch seinen Collegen Bunsen Empfehlungsbriefe hatte. Sie haben Sicilien sechszehn Monate lang durchreist, und sich auch hier besonders des Vesuvs wegen für mineralogische Forschungen und Sammlungen lange aufgehalten, gedenken aber nun nächstens nach Deutschland zurückzugehen. Ihr Umgang war mir recht erwünscht und angenehm, und auch belehrend. Escher ist ein biederer offener Schweizer. Vorige Woche machten wir eine Parthie in das reizende Sorrent, zu einer ihnen befreundeten Schweizerfamilie Fellinger, wo wir wider unsern anfänglichen Vorsatz fünf Tage sehr vergnügt verlebten; es war eine Kaufmannswittwe mit vielen Kindern, eine Familie, in welcher ein offener, zutraulicher und mit Anstand ungenirter Ton herrschte. Ich kann wohl sagen, dass ich noch nie in meinem Leben so leicht, glücklich und herzlich vergnügt gelebt habe, als in diesen wenigen Tagen. Sorrent, in einer sehr anmuthigen und doch dabei einfachen Lage dicht am Golf von Neapel, ist ganz und gar mit Orangen- und Citronenhainen bewachsen; hier ist das eigentliche Vaterland der Orangen, die nun schon grossentheils abgenommen waren. Das Ufer ist an mehrern Stellen durch hohe Felsenwände sehr schroff und steil. Doch dieses Alles lässt sich nicht schildern, nur sehen. Die Vorstadt, wo die meisten Villeggiaturen der Neapolitaner sich befinden, hat durchaus enge Gänge und Mauern zwischen den Orangengärten, welche einen seltsamen Kontrast zu der freien Aussicht bilden, welche fast jedes Haus von seiner Loggie (Balkon) aus über das Meer gewährt. Bei der Ueberfahrt nach Sorrent, die übrigens nur wenige Stunden dauerte, und von sehr günstigem Winde begleitet war, fühlte ich zum erstenmale die allerdings sehr widrige Seekrankheit; besonders da das Schiff, wie gewöhnlich, schief zu gehen anfing. Auf dem Rückwege sahen wir Castellamare, Pompeji und den Vesuv. Der Vesuv hatte lange nichts gemacht (neapolitanischer Ausdruck), gab selbst keinen Rauch oder doch nur sehr wenig von sich, den Fremden wurde daher gerathen, ihn jetzt nicht zu besteigen. Bei unserem Aufenthalte in Sorrent fing er wieder an, etwas auszuwerfen, und als wir Abends im Wagen zurückfuhren, wurde dieses Werfen immer stärker und schöner, so dass wir beschlossen, diese jetzt seltenen Augenblicke zu benutzen und den Berg in der Nacht zu besteigen. Wir herbergten inzwischen bei dem Capo Cicerone, dem gefeierten Salvador Madonna in Resina, der mit den Naturforschern wegen der Steine in fortdauerndem Commerz steht, assen und schliefen etwas, und einige Stunden nach Mitternacht setzten wir uns auf Eseln in Bewegung. Der Weg bis zum Eremiten ist mitunter steinigt und uneben, beträgt wohl ein Paar Stunden, und wird für die Hälfte gerechnet. Bei dem Hause des Eremiten ist ein guter Ruhepunkt mit einer vortrefflichen Aussicht. So lange geht der Weg grossentheils zwischen Weingärten und Weinpflanzungen, auf Lavasandboden, der sehr fruchtbar ist. Vom Eremiten weiter kann man noch eine grosse Strecke reiten; dann aber kommt das beschwerliche Aufsteigen zwischen dickem Lavasande, und zerbrechlichen Lavastücken zu Fusse. Mich, der ich von der schlaflosen Nacht, und von den Fatiguen der vorhergegangenen Tage sehr erschöpft war, strengte es ausserordentlich an, und ich keuchte gewaltig an dem Riemen meines Führers, der über des ersteren Rücken befestiget, von dem Reisenden festgehalten wird, und ihm dergestalt als Leitseil dienet. Die Sonne war indessen längst aufgegangen, und es war heller Tag geworden, als wir an den Berg gelangten. Aber in den Kegel selbst, in die Nähe der Auswürfe zu gehen, die eben heftig und feurig waren, war diesesmal nicht möglich. Wir sassen in dem Krater, breiteten unser Frühstück aus, das unsere Begleiter mitgenommen hatten, und sahen dem wunderbaren Schauspiele zu. Auf etwas älterer Lava gelagert, sahen wir einen glühenden Lavastrom nur wenige Schritte vor uns langsam sich senken; er verbreitete eine Hitze um uns, ungefähr wie in einer Backstube, die aber, wenn man sich daran gewöhnte, nicht unangenehm war. Unsere Cigarren zündeten wir an diesen frischen natürlichen Kohlen an, und freueten uns der Ruhe. Der Kegel, in noch gehöriger Entfernung, warf unterdess, mit einem dem Donner ähnlichen Geräusche, glühendrothe grosse und kleine Steine und dergleichen aus, und die Flamme stieg dunkelroth oft in gerader Richtung auf, was einen sehr schönen Eindruck machte. Vor uns lagen lange Lavafelder, die noch gar nicht alt waren. Es ist eine wunderbare Umgebung. Den Umfang des Berges hatte ich mir so bedeutend durchaus nicht vorgestellt. (Eben ist hier officiell eine Karte des Vesuv erschienen, die sehr gut seyn soll.) Wir gingen noch weiter rechts über einen vom Winde sehr bewegten Berg, von wo ich aber bald umkehrte und es den beiden überliess, noch etwas weiter vorzudringen; bis zum Höllenkessel konnte man doch heute ohne Gefahr sich nicht wagen. — Zurück ging es im Galopp Arm in Arm mit dem Führer auf den Hacken der Füsse im dichtesten Sande den Berg hinunter.

Vorher sahen wir Pompeji. Eine völlig aufgedeckte alte Stadt, mit Strassen, die eben von einer Feuersbrunst heimgesucht erscheinen, ohne Dächer die Häuser, sonst in den Hauptformen wohl erhalten, Tempel, nicht sehr bedeutend, mehrere ansehnliche öffentliche Plätze, wie das Forum, die Basilika, völlig erhaltenes Pflaster mit den Wagengleisen, Stadtthor,

Grabmäler vor demselben in der Gräberstrasse, im Innern eine grosse Anzahl interessanter Gegenstände (die nun alle längst in dem Museum zu Neapel aufbewahrt werden) — und zu dem Allem keine lebendige Seele, kein Tritt eines Bewohners; es überrascht, bewegt und durchschauert. Auf der andern Seite giebt es den festen und gewissen Eindruck, dass das Leben der Alten dem heutigen, und besonders dem italiänischen Leben viel näher stand, als man nach den Vorurtheilen der Jugend, nach den alten Schriftstellern allein und in der Entfernung zu glauben verführt war. Ueber Einzelnes unter dem Unzähligen nach einmaliger Ansicht Bericht abstatten zu wollen, wäre thörigt und sehr beschwerlich. Es sind drei Theater, das sogenannte Amphitheater liegt entfernt, und ist ein wohlerhaltenes Denkmal, das einen guten Eindruck im Ganzen giebt. Das neue grosse Mosaik in der *casa di Fauno* oder *di Goethe* (die Schlacht zwischen Darius und Alexander darstellend, verdient den Ruf, den es schon hat; doch ist es nicht vollständig erhalten. — Herculanum hatte ich über eine Woche früher gesehen; es ist bekanntlich, da die früheren Ausgrabungen unter Karl III. wieder zugeschüttet sind, in Hinsicht des Umfanges und auch des Interesses mit Pompeji nicht zu vergleichen. — Nun könnte und sollte ich noch über Puzzuoli, Posilippo, mit der wunderbaren Felsengrotte, das Grab Virgils, Bajä und einiges Andere schreiben, was ich gesehen; aber meine Feder wird matt, und mein Geist vor ihr. Ueber dieses also entweder ein anderes Mal, oder mündlich, wenn Gott will. Vieles habe ich auch noch nicht gesehen.

Die Hitze hier war in den ersten Tagen unerträglich und mir höchst drückend. Jetzt ist es etwas milder und, indem ich dieses schreibe, hat ein tüchtiger Regen uns erquickt. Ich nehme öfters in Gesellschaft Seebäder in der villa Reale, die mir wohl thun. Ueber die Reise nach Sicilien weiss ich noch nichts Bestimmtes; ich habe Hoffnung zu einem Reisegefährten, einem Banquier Scheidler aus Berlin, auf jeden Fall will ich erst die Hitze abwarten, und werde vor Mitte Septembers nicht reisen.

Von dem Leben in der Hauptstrasse Toledo, und an

der Chiaja, der Passage am Meere, hat man keinen Begriff, wenn man es nicht sah. Ich lebe hier möglichst diät, wie dies für alle Fremde, auch für starke Naturen, nöthig ist, um gesund und vom Fieber verschont zu bleiben. Von einer kleinen Unpässlichkeit, als Nachwehen der Sorrenter und Vesuvparthie, bin ich ganz hergestellt. — Das Neapolitanische ist mir noch ein unverständlicher Jargon.

Erste Beilage.

Auszüge

aus

dem Tagebuche eines Reisenden.

Lacava. — Kloster della Trinità. — Mönchsleben. — Noviziat. — Archiv. — Entdeckung griechischer Urkunden.

Lacava im October 1832.

Endlich habe ich das geräuschvolle Neapel verlassen, um einige Tage die villeggiatura [1]) zu geniessen. Ein zweisitziges Fuhrwerk, auf zwei Rädern ruhend, ähnlich unsern Halbkutschen, führte mich pfeilschnell auf der mit grossen Lavaplatten gepflasterten Strasse nach torre del Greco hin. Die Strasse zieht sich dem Meeresufer entlang. Sie gewährt dem Reisenden das Vergnügen, den reizenden Golf von Neapel von verschiedenen, jeden Augenblick sich ändernden Standpunkten aus zu überschauen. Kaum ist man der Stadt mit ihren langen Vorstädten, die sich gleich Polypenarmen am Ufer hin ausdehnen, entronnen, so wird Sorrent, zwischen Orangenpflanzungen versteckt, dem spähenden Auge sichtbar. Dann erscheint Capri (hier nur Carpi genannt) mit seinen Felsen, in Nebel gehüllt, dessen verschiedene Farben den Schiffern ein untrügliches Zeichen des kommenden Ungewitters sind. Nachher tritt hinter dem Vorgebirge von Misenum der Spitzberg von Ischia hervor. Und es eröffnet sich zugleich eine bezaubernde Ansicht auf Neapel, dessen unebene Lage endlose Häusermassen, die sich im Spiegel der blauen Meeresfluth verdoppeln, dem Blicke des Reisenden zuführt.

Hinter Torre dell' Annunziata nimmt die Gegend einen andern Charakter an. Man durchschneidet ein breites Thal; die Aussicht wird durch sanfte Hügel, die sich weiterhin in steile Berge verwandeln, scharf begränzt. — Lacava zieht

1) Landleben.

sich in einem kesselförmigen Thale längst der Heerstrasse hin. Es war meine Absicht, noch denselben Abend, wo ich angekommen, das Kloster della Trinità zu besuchen. Der Führer, der mich geleiten sollte, sagte mir aber seine Dienste auf, weil er sich al buio [1]) nicht zu gehen getraue. Sey es nun, dass er, ein grosser starker Mann, dem man weiter nichts, als eine braune, durch Sonnenstrahlen und Schweiss bereits zur Hälfte gelb gewordene Zwilligmütze abnehmen konnte, in einer Gegend, wo man seit den letzten Unruhen nichts von Räubern und Dieben gehört hatte, Abends um 8 Uhr einen Weg, der zwei Städte verbindet [2]), zu betreten fürchtete; oder, dass die gefällige Wirthin mit ihm Unterhandlung gepflogen, um sich einen Ingrese [3]) nicht entgehen zu lassen: kurz ich musste mich für diese Nacht entschliessen, den reichen Schatz meiner Gasthauserfahrungen noch um Eins zu vermehren. Ein altes, schon halb verfallenes, einstöckiges Haus am Ende der Stadt mit zerbrochenen Fensterscheiben und ausgehobenen Thüren wurde mir als die vorzüglichste Locanda bezeichnet. Natürlich. Denn es ist die einzige. In der Küche, welche in diesen Gegenden zugleich das Gesellschaftszimmer ist, fand ich zwei Damen in traulichem Gespräche, beide hässlich, wie die Nacht, jede ein Kind auf dem Schoosse haltend, das sie unter Schmeichelworten und Liebkosungen von überflüssiger Bevölkerung, welche sie zwischen den Zähnen zerknackten, befreiten. Eben trat der Cameriere [4]), das Factotum der italiänischen Gasthäuser, herein, halb entblösst, mit der Zwilligmütze auf dem Kopfe, und erkundigte sich mit: comanda Eccellenza? [5]) nach meinem Begehren. Zum Abendessen, meinte er, ammazzeremo un pullo [6]). Und dabei machte er mit den Händen eine sehr bezeichnende Bewegung, gleich als hätte er das Huhn schon in der Hand, dem er den Hals umdrehen wolle. Ge-

1) In der Dunkelheit.

2) La Cava und corpo di Cava.

3) Neapolitanischer Ausdruck für *Inglese* (Engländer).

4) Der Kellner.

5) Befehlen, Ew. Gnaden?

6) Wollen wir ein Hühnchen schlachten.

angt, gethan. In 5 Minuten war das Huhn am Bratspiesse. Statt der Butter diente ein altes Stück Speck, das an einem ziemlich unsaubern Faden befestigt, seinen wohlthätigen Inhalt auf das, von den Kindern mit sehnsüchtigen Blicken gemusterte, Huhn herabträufeln liess, und, damit der ganze Braten diese Wirkung gleichmässig empfinde, wie ein Pendel hin und her geschwungen wurde.

Den andern Morgen trappte ich auf meinem Tschutschu [1]) den Berg hinan dem berühmten Kloster zu. Es liegt mitten auf dem Berge in einer Schlucht, gebildet durch den Monte di Metello. Die waldige Umgebung entzieht es dem Anblick des Wanderers lange Zeit; erst wenn man den Anblick der Stadt ganz verloren hat, zeigt sich die Façade des Klosters. Ich war von Sabiaco aus an den Padre Cellerario [2]) *Granata*, einen Sicilianer, addressirt. Da dieser nicht zugegen war, übernahm der Abt, der letzte Sprössling eines sicilianischen Fürstenhauses, *Villaraut* [3]), die Eröffnung des Briefes und die Bewillkommnung des Fremdlings. Mit ächt-italiänischer Höflichkeit und im reinsten toscanischen Dialect nöthigte er mich, die Chocolate bei ihm einzunehmen, gab inzwischen seinem Pagen im sicilianischen Jargon den Befehl, mich beim heiligen Petrus einzuquartiren. Jedes Zimmer des Klosters ist nämlich nach einem Heiligen benannt, und gerade einem eretico [4]) musste das Glück zu Theil werden tout court, ohne das Fegefeuer zu passiren, bei'm Himmelspförtner einlogirt zu werden.

Das äussere Leben im Kloster ist sehr einförmig. Mit dem Glockenschlage bringt der Cameriere den Caffee, mit dem Glockenläuten des Mittags geht man zum pranzo [5]), des Abends zur cena [6]). Um 6 Uhr des Morgens wird das

---

1) Neapolitanischer Ausdruck für das *Saumthier*.

2) Cellerario heisst der *Küch-* und *Kellermeister* im Kloster.

3) Nach brieflichen Nachrichten, die ich später, als diese Zeilen geschrieben sind, erhalten habe, ist derselbe nach seinem Vaterlande abgegangen, wo er als Abt von Monte reale fungirt.

4) Ketzer.

5) Mittagsmahl.

6) Abendessen.

25 *

Klosterthor geöffnet, um Ave Maria [1]) geschlossen. Das Ora [2]) geht nach der Stunde; vom *Labora* [3]) ist nur in der regula die Rede. Man isst, trinkt und schläft viel. Diess und die wenige Bewegung, welche die Mönchsbäuche sich machen, ist wohl der Hauptgrund, warum sie zu einer ungewöhnlichen Dicke sich neigen. Ein Umstand, der wohl dazu Veranlassung gegeben hat, dass sie, wie mir Einer naiv genug versicherte, in der ganzen Umgegend porci del Signor Iddio [4]) heissen. Wahrscheinlich nur eine Anwendung des

Epicuri de grege porci.

Freilich giebt es davon auch rühmliche Ausnahmen. Die Bibliothekare, hier archivari genannt, sind gewöhnlich sehr dürr. Nicht desshalb, weil sie durch ausserordentliche Arbeit und Anstrengung ihrer Kräfte Körper und Geist in einer Art von Wechselwirkung zu erhalten wüssten, sondern, weil ihr Amt ihnen die Verpflichtung auferlegt, aller acht Tage mit einem riesenmässigen Borstbesen den überflüssigen Staub von den Bücherreihen abzukehren. Eine Arbeit, welcher sie sich, um sich die lange Weile zu vertreiben, in der Regel in Person unterziehen, und welche den traurigen Schlachtopfern der Gelehrsamkeit zum grössten Theile Brustkrankheiten zu Wege bringt.

Der Fremde, welcher in das Kloster sich für einige Zeit begiebt, muss sich für dieselbe ebenfalls den eisernen Regeln des Thorwärters unterwerfen. Mit Ave Maria muss er zu Hause seyn; sonst findet er das Klosterthor gesperrt, und die ehernen Pforten der Unterwelt öffnen sich für Niemand trotz alles Pochens und Klingelns. Der Auszeichnungen geniesst er im Kloster wenig. Nur von den Betstunden ist er dispensirt, am Mittag und Abend hat er eine

1) Ave Maria bedeutet das Abendläuten, und beschliesst nach den Ansichten der Italiäner den Tag. Le venti tre (23) bedeutet eine Stunde vor Nacht. Le venti quattro (24) sagt man nicht, sondern anstatt dessen all' Ave Maria.

2) Das Beten.

3) Das Arbeiten.

4) Schweine des lieben Herrgottes.

besondere Tafel (seconda tavola), das heisst, erst, wenn die übrigen Bäuche im Kloster gesättigt sind, kommt auch der Fremde an das Essen. Wenn der Abt sich bereits auf das Ohr gelegt hat, um die lange Verdauungszeit zu verschlafen, läutet erst für den Fremden das Glöckchen, welches ihm die Stillung seines bescheidenen Appetites vergönnt. Auch an der zweiten Tafel fehlt es an Unterhaltung nicht. Der Italiäner lebt nur für die conversazione [1]) und, da an der ersten Tafel, welche durch feierliches, lautes Gebet eingeleitet und beschlossen wird, ähnlich dem in unsern Judenschulen, das Silenzio [2]) herrscht, das heisst, jeder der Essenden erst dann berechtigt ist, mit seinem Nachbar ein Wörtchen zu wechseln, wenn es dem Herrn Abt gefallen hat, das Knarren seiner bewegten Kinnladen durch einen organischen Laut zu unterbrechen: so ist es wohl nicht zu verwundern, wenn ein grosser Theil der Klosterbrüder sich wo möglich dem ersten Tische entzieht, um mit mehr gastronomischen Vergnügen und unter lebhafterer Unterhaltung am zweiten Tische Theil zu nehmen. Einige thun diess, weil sie sich durch ihr Amt dazu berechtigt glauben. Dahin gehört der Kellner (padre cellerario primo), dessen Auszeichnung darin besteht, dass, während die Andern allemal nur eine halbe Flasche Wein erhalten, er sich einer ganzen erfreut, die er in der Tasche, wo der Jurist das Evangelium bei Geistlichen und Mönchen vermuthet [3]), mit grosser Kunstfertigkeit zu bergen gewusst hat. Dahin gehört ferner der Küchenmeister (padre cellerario secondo), welcher den Fremden dadurch auszeichnet, dass er ihm zu den Maccheroni, die bei einem Mittagsessen fast nie fehlen, ein Glas Malaga servirt und ihn dann lehrt, wie man die Maccheroni nach neapolitanischer Sitte essen müsse. Diess Gericht kommt nämlich nach altem Brauche in nicht zerschnittenen Stücken, deren Windungen denen der Uhrfedern gleichen, auf die Tafel, und es gehört gewiss eine nicht geringe Fertigkeit

1) Die gesellschaftliche Unterhaltung.

2) Das Stillschweigen.

3) Bei der Ableistung des Eides.

dazu, das eine Ende derselben, welches über den Teller herausragt, ohne die Finger zu brauchen, mit dem Munde zu erfassen, und zugleich den Rest des ganzen Stückes allmählich nachzuziehen, bis sich auch die letzte Spur desselben den Augen des staunenden Fremden entwindet. Bei dieser Operation würde man es für ein Zeichen einer schlechten Erziehung halten, wollte man Messer, Gabel, Löffel oder vollends gar die Hände brauchen. Die Maccheroni werden deshalb den Einheimischen immer ohne die erst genannten Instrumente servirt, und nur bei Fremden macht man, weil man solche Kunstgeschicklichkeit bei ihnen noch nicht vermuthet, zuweilen eine Ausnahme. Ausser den beiden Cellerari's, welche die beständige Tischgesellschaft des Fremden an der zweiten Tafel ausmachen, findet sich noch ein Schwarm von bereits gesättigten Bäuchen dabei ein, welche besonders dazu beordert zu sein scheinen, den armen Fremden mit Fragen über Tische zu quälen. Nähme sich dieser die Mühe, allen diesen lästigen Fragern, die ihn wie Ungeziefer peinigen, zu antworten, so müsste er mehr den hundert Zungen und ein eisernes Organ haben. Und selbst dann würde er das Uebel nur vergrössern, da jeder Antwort zwei neue Fragen unmittelbar folgen. Man denke sich nur den Fremden an der einen Seite des schmalen Tisches im refettorio sitzend. Gegenüber stehen drei von den bemerkten Fragezeichen:

1. Di che paëse siete?	Was für ein Landsmann?
2. Di che religione siete?	Was für ein Glaubensgenosse?
3. Christiano non siete?	Katholik wohl nicht?
1. Siete della religione di Berlino?	Dem Glauben von Berlin zugethan?
2. I Prussiani son tutti brava gente, ma credono un cazzo.	Die Preussen sind alle brave Männer, glauben aber an Nichts.
3. Chi è il vostro Santo?	An welchen Heiligen glauben Sie?
1. Sarà il benedetto Lutero?	Das ist wohl der gute Luther?
2. Quello chi sposò la monaca?	Der, welcher die Nonne heirathete?

3. Quel, chi fece la guerra al papa per non essere stato fatto cardinale?	Der, welcher den Pabst bekriegte, weil er ihn nicht zum Cardinal gemacht hatte?
1. Siete battezzato?	Getauft sind Sie?
2. Da voi i preti sposano le donne?	In Ihrem Lande heirathen die Priester?
3. Ma come si fa questo?	Aber wie geht es dabei zu?

Hat der Fremde diess schwere Examen glücklich überstanden, so begleitet man ihn in die Zelle des Cellerario primo. Dieser bewirthet seine Gäste mit Zimmtliqueur und lässt darauf den Kaffee folgen. Das Gespräch wird allgemein, die lästigen Frager verlieren sich nach und nach, und es folgt eine, vom Herrn der Zelle geleitete Unterhaltung, wie man sie in den besten Häusern Neapels zu finden gewohnt ist, über Neuigkeiten des Tages, über die ältere und neuere Litteratur Italiens und über die verschiedenen Sitten und Gebräuche verschiedener Völker. Gespräche, in denen ich manchesmal Gelegenheit gehabt habe, die Belesenheit der Mönche in den ältern und neuern Classikern ihres Volkes und die eben so witzigen als geistreichen Urtheile zu bewundern, welche sie über ganze auswärtige Völker fällten nach den Symptomen, die sie an den einzelnen Individuen derselben, welche ihnen in den Wurf gekommen waren, gleichmässig wahrgenommen hatten. Nach drei Uhr des Nachmittags ging die Gesellschaft gewöhnlich auseinander; wer die Woche hatte, verfügte sich auf das Chor, um die herkömmlichen Gebete nach der alten Leier halb schlafend abzusingen; die andern verfügten sich in ihre Zellen, um in den Armen des Morpheus frische Kräfte zu sammeln, damit sie den noch übrigen Theil des Tages die Einförmigkeit des Klosterlebens ertragen könnten. Gegen vier Uhr holten mich in der Regel zwei sehr liebenswürdige Bekannte, Don Granata, der Bruder des Cellerario, und Don Bisignani [1]), beide Sicilianer, zum Spazierengehen ab. Unser

1) Von diesen beiden Männern ist nur der erste noch in Lacava; der zweite hat sich bereits 1834 in sein Stammkloster bei Catania in Sicilien begeben.

Weg führte uns entweder den Berg hinab nach Lacava, wo wir mehrere Messineser Familien besuchten, die sich daselbst angesiedelt hatten; oder nach Pietra santa, einem durch den Monte Metello gebildeten Felsenvorsprung, von wo aus man eine der reizendsten Aussichten über das Thal von Lacava und einen Theil des Salerner Busens geniesst. Den Namen des Orts hat man daher leiten wollen, weil er von den ersten Gründern des Klosters eine besondre Weihe empfangen. — Der Abend wurde gewöhnlich mit Schach oder Kartenspiel, selten mit ernsthafteren Unterhaltungen verbracht. Um neun Uhr und ein halb hat sich ein Jeder in seine Zelle zurückgezogen; die Lichter verlöschen nach und nach; nur mich erwartet beim heiligen Petrus noch ein ganz eigenthümliches Concert. Es ist nämlich hier im Kloster Sitte, dass Jeder der Mönche sich Katzen hält. Der Abt hat deren nicht weniger als sechs; der Prior vier, der Novizenmeister drei; jeder der Decanen zwei. Wer diese Würden noch nicht erreicht hat, darf nur Eine Katze halten. Gewiss hat man nur aus Irrthum bis jetzt angenommen, dass diesen liebenswürdigen Thieren auf Erden kein Eden beschieden sey. Und wenn dem Ochsen bei den Aegyptern, den Eulen bei den Athenern, den Gänsen bei den Römern eine besondere Verehrung zu Theil wurde, warum sollten nicht auch die Katzen ihr Paradies haben? Ich glaube dasselbe im Kloster della trinità entdeckt zu haben. Denn erstens wird hier von keiner Katze verlangt, dass sie Ratten oder Mäuse fange. Wenn die Mönche und die Fremden abgespeist haben, so wird noch einmal für die Katzen aufgetragen. Naschen und stehlen können sie ungestraft. Wehe dem, der es wagen würde, die Freiheitssphäre dieser geschwänzten Gäste zu beschränken! Unwiederbringlich würde er die Gnade dessen, dem sie zugehören, verscherzt haben. Dagegen gelten sie aber auch als Empfehlungsbriefe, um Gnadenbezeugungen von ihren Herren zu erlangen. Kein Supplikant kommt vor den Abt, ohne dass er in dessen Vorzimmer eine von den Katzen streichelte und liebkoste. Bemerkt diess sua Eccellenza, so kann der Bittsteller einer günstigen Antwort im Voraus versichert seyn. Durch dieses tägliche Beisammenseyn haben nun diese lieben Thiere auch manche Eigenschaften ihrer Herren angenommen, besonders den Trieb derselben nach conversazione. So versammeln sie sich fast täglich um 11 Uhr des Nachts unter meiner Zelle auf dem Dache, welches das vereinzelt stehende refettorio vor Wind und Wetter schützt, und erinnern mich, der ich den Schlaf suche, durch ihr grauses Geheul des Dichters, der da singt:

Hinz, des Murner's Schwiegervater,
Schlug den Takt erbärmlich schön;
Und zwei abgelebte Kater
Quälten sich ihm beizustehen.

Die zweifüssige Bevölkerung des Klosters zerfällt in Herren und Diener. Die ersten sind durch den Titel *Don* erkenntlich, die letztern durch den Titel *Fra*. Will man höflich seyn, so giebt man den Herren den doppelten Titel Signor Don. Das Individuum bezeichnet man dann nur mit dem Vornamen, z. B. Signor Don Mauro, Signor Don Remigio. Die Familiennamen werden nur im Briefstyle genannt. Diese Sitte wird auch gegen die Fremden beobachtet. Die Familiennamen werden gar nicht abgefragt; nur mit dem Vornamen werden sie bezeichnet. Und es ist mir selbst vorgekommen, dass man sich allgemein darüber wunderte, dass ich von einem Don Antonio, und von Don Giovanni, meinen Landsleuten, die angeblich im vorigen Jahre Lacava besucht haben sollten, nichts wusste. — Die Zahl der Diener ist bedeutend stärker, als die der Herren. Sie legen das Gelübde nicht ab, und treten nur auf beiderseitigen Widerruf in die Dienste des Klosters. In der Regel bleiben sie indess auf Lebenszeit in demselben; nur, wer grobe Verschuldungen begeht, wird sofort und für immer der Dienste entlassen. Ihr Treiben im Kloster hat viel Aehnlichkeit mit dem Schiffsleben. Denn gleichwie am Borde des Schiffes jedes einzelne Handwerk durch einen Stellvertreter repräsentirt wird, eben so hat auch jeder der Frati im Kloster einen ihm ausschliesslich angewiesenen Geschäftskreis. Der Eine ist Schneider, der Andre Schuster, der Dritte Bäcker und desgleichen. Schon durch die Kleidung sind sie von den Herren zu unterscheiden. Während diese nämlich ausser dem Unterkleide noch einen Ueberwurf von schwarzem Baumwollenzeuge tragen, haben jene nur das ebenfalls schwarze Unterkleid. Als Kopfbedeckung dient beiden ein dreieckiger Hut mit nach oben hin umgestülpten Krempen, luminetto genannt; die Tradition sieht in dieser Form eine Andeutung der Dreieinigkeit. Von dieser schwarzen Kleidung haben sie auch in den Umgegenden den Namen corvacci (Rabenaas) erhalten.

Zu den Herrenstellen werden in der Regel die nachgebornen Söhne adelicher Familien ernannt, deren Existenz den Glanz der Erstgebornen nicht verdunkeln soll. Doch müssen sie wenigstens hundert Ducati [1]) jährliche Einnahme von aussenher haben: sonst sind sie nicht wahlfähig. Vom Kloster erhalten sie eine gewisse Geldsumme alljährlich, mit der sie ihre Kleidung und ihre sonstigen Bedürfnisse bestreiten. Was sie nun von zu Hause her erhalten, verwenden sie auf Ankauf von Büchern, von Backwerk und zu ihren sonstigen Vergnügungen. Ich habe mehrere von ihnen kennen lernen, welche ihre Zimmer mit modischen und theuern Möbeln versehen hatten, und sich herzlich freuten, wenn man ihnen bemerklich machte, dass sie da cavalieri [2]) eingerichtet sein. Alles, was sie sich bei ihren Lebzeiten angeschafft haben, fällt nach einem alten Brauche mit ihrem Tode dem Kloster zu. Und so erklärt es sich denn von selbst, woher es komme, dass man die Klosterbibliotheken recht reichlich ausgestattet findet, und doch in deren Anlage keinen festen und durchgreifenden Plan vorwalten sieht.

Die Beschäftigungen der Don's sind nach den Aemtern, die sie verwalten, sehr verschieden. Der Abt und der Prior haben nichts zu thun, als vornehme Fremde zu empfangen und zu bewirthen. Der Novizenmeister (il padre maestro) ist im Kloster dem Fremden wenig sichtbar. Er ist dem

1) Der Ducato di Napoli beträgt ohngefähr 1 Thlr. 6 Gr. Preussisch Courant.

2) Als Edelleute.

Range nach im Kloster der Dritte, und wird, gleichwie die beiden erstern und der Cellerario primo, von der Synode der Aebte, die sich zu diesem Zwecke alle 5 Jahre in einem von den Stammklöstern (archimonasteri) versammeln, durch Stimmenmehrheit ernannt, während die übrigen Stellen im Kloster nur entweder vom Abte allein, oder unter Mitwirkung des Kapitels vergeben werden. Der Geschäftskreis des Novizenmeisters ist nicht sowohl der, die Novizen zu unterrichten, sondern vielmehr nur der, über ihre Aufführung zu wachen und für ihre Bedürfnisse zu sorgen. Diese wohnen in einem abgesonderten, dem Fremden völlig unzugänglichen Theile des Klosters (il noviziato). Die innere Einrichtung des Noviziats hat manche Aehnlichkeit mit der der deutschen Fürstenschulen. Der Novize ist an die vier Mauern des Noviziates gebannt. Verlassen darf er dieselben nie, ausser mit ausdrücklicher Bewilligung des superiore [1]) und auch dann nur in Begleitung eines padre lettore [2]). Nur den Mittagstisch und das Abendessen halten sie in Gemeinschaft mit den übrigen Mönchen im refettorio an der ersten Tafel. Fremde werden dabei nie zugelassen. Die Schlafstellen sind in Einem grossen Saale des Noviziats vereinigt. Kein Mönch darf sich daselbst einfinden. Nur der padre maëstro hat in der Nähe des Saales seine Zimmer. Die Novizen legen, sobald sie das Kloster betreten, die Mönchskleidung an, damit sie sich auch im Aeussern bei Zeiten der eisernen regula unterwerfen lernen. Fürwahr, es macht auf den Fremden einen sonderbaren Eindruck, wenn er die frischen, vollwangigen Gesichter, aus deren Augen ihm heitere Lebenslust entgegenstrahlt, bereits in der Blüthe der Jahre in die Leichentücher des Mönchthums, welche die Ansprüche der Jugend auf Lebensfreude und Lebensgenuss zu verhöhnen scheinen, eingehüllt erblickt. — Der Unterricht wird den Novizen von den Mönchen ertheilt. Verwaltet ein solcher das Lehramt, so erhält er den Titel padre lettore. Die Gegenstände des Unterrichtes sind ausser

1) Des Vorgesetzten.

2) Eines Lehrers.

den Elementarkenntnissen die lateinische Sprache, die Logik, die Rhetorik und Philosophie, unter welchem Namen man hier die Kunst versteht, sich deutlich und fasslich in Prosa auszudrücken; ferner Poesie, d. h. die Kunst, seine Gedanken in Reime zu bringen; endlich Theologie, d. h. die Kunst, andern Leuten das glaubhaft zu machen, was man selbst nicht glaubt und Andern Grundsätze als Norm ihrer Handlungen zu empfehlen, die man bei der ersten, besten Gelegenheit als unnütze Bürde von sich stösst und mit Füssen tritt. Dabei kommt denn natürlich auch die Lehre von den Ketzern vor, und man ermangelt nicht, die künftigen Strafen derselben pathetisch und im hellsten Colorite der Jugend vor die Augen zu führen. — Der Lehrplan, welchen man bei der Ertheilung des Unterrichtes befolgt, ist auf eine Zeit von 5 Jahren berechnet. Wer den Cursus vollendet, aber das Alter noch nicht erreicht hat, wo ihm verstattet wird, das Gelübde als Mönch abzulegen, bleibt noch im Noviziate, aber als Gehülfe der padri lettori. Ich selbst habe mehrmals zugehört, als dergleichen ältere Novizen den jüngern Unterricht ertheilten. Ein Amt, das sie mit Liebe und Gewissenhaftigkeit verwalten, um so mehr, da sie durch dasselbe gewisser kleiner Auszeichnungen theilhaftig werden, welche den Ehrgeiz des Knaben anspornen, und ein gewisses Selbstgefühl in ihm rege machen.

Was aber den Geschäftskreis der übrigen Don's anbelangt, so besteht derselbe ausser dem oben erwähnten Unterrichte in Wissenschaften, welchen sie den Novizen ertheilen, hauptsächlich im Messelesen. Der frommen Idee des Mittelalters, dass man durch Schenkungen zeitlicher Güter an Klöster und andre fromme Stiftungen sein ewiges Seelenheil erkaufen könne, hatte das hiesige Kloster den grössten Theil seines Grundbesitzes zu danken. Enthüllt man die halb vermoderten oder mit Staub bedeckten Pergamenen, die im Archive des Klosters zum ewigen Andenken der Grösse des ihm früher durch die Franzosen [1]), jetzt durch

1) Wie gross der Grundbesitz des Klosters vor dem Jahr 1798 gewesen, kann man daraus abnehmen, dass die Wirthschaftsbücher dieser Zeit

die Regiernng entrissenen Eigenthums in kostbar verzierten Nussbaumschränken aufbewahrt werden, so findet man fast in jeder an das Kloster gemachten Schenkung den Grund der Schenkung einfach mit den Worten ausgedrückt: pro sa-

eine jährliche Einnahme von 80,000 Scudi (den Scudo zu 1 Thlr. 11 Gr. Pr. Courant gerechnet) besagen. Als in der Folgezeit der Freiheitsschwindel auch der leichtfertigen Neapolitaner sich bemächtigte, wurden alle Klöster aufgehoben, das Eigenthum derselben wurde Nationalgut, und jeder einzelne Mönch mit einer kleinen lebenslänglichen Pension abgefunden, welche kaum zureichte, um das Nothdürftige ihm zu verschaffen. Das Archiv des Klosters wurde nun archivo publico, blieb aber im Kloster und stand unter der Aufsicht der früheren Archivare, welche im Kloster wohnen blieben, aber zu öffentlichen Staatsbeamten erklärt wurden. Seit der Restauration der Klöster im Königreich Neapel (1818) entstand nun eine neue Gemeine der Klosterbrüder, zusammengesetzt aus den Individuen, welche die Schreckenszeit überlebt hatten, und einzelnen Recruten, die theils aus der Umgegend, theils aus Sicilien dahin verschrieben worden waren. Auch Basilianermönche hat man dazu genommen. Von den frühern Gütern des Klosters, welche nach der Wiedereinsetzung der Bourbonen, dem König als Domainen zugefallen sind, hat das Kloster ohngefähr den vierten Theil zurückerhalten, wiewohl der von Neuem errichtete Orden, besonders mit Hülfe des römischen Stuhls, keine Mühe und keine Bestechung gescheuet hat, um die Herausgabe des Ganzen zu erzwingen. Die jetzige Einnahme des Klosters berechnet man auf 18,000 bis 20,000 Scudi alljährlicher Einkünfte. Das Archiv ist dem Kloster aber nicht förmlich zurückgegeben worden, und die Regierung verfügt über dasselbe, wie über andres königliche Eigenthum. Es befindet sich jedoch noch heute im Kloster selbst, und steht zunächst unter der Verfügung des padre archivario, welcher alle 5 Jahre vom jedesmaligen Abte von Neuem ernannt wird. Diese Maassregeln überheben nun einerseits die neapolitanische Regierung der Verpflichtung, besondre Beamte für das Archiv von Lacava zu besolden, anderntheils haben sie aber auch den Nachtheil, dass oft sehr unwissende Leute zu Archivaren ernannt werden, und tüchtige Archivare, sobald sie sich in ihrem Fache orientirt haben, des Amtes entsetzt werden, um zum Priorate oder zur Abtei befördert zu werden. Denn man wählt zu diesen Stellen in der Regel die gelehrtesten Glieder des Ordens, und so hat sich die Ansicht verbreitet, dass die Archivarstelle der Uebergangspunkt zu den höhern Würden des Ordens sei. Daher kommt es auch, dass die trefflichen Vorarbeiten des Blasi zu einem catalogue raisonné über das Archiv ganz unbenutzt liegen, da dem Verfasser selbst sehr zeitig ein höherer Wirkungskreis zugewiesen worden ist, und keiner seiner Nachfolger sich die Mühe gegeben hat, einer mehr als fünfjährigen Arbeit sich zu unterziehen.

lute animae meae dono. Fast eben so gewöhnlich ist aber auch die Bemerkung in diesen Denkmälern der Vorzeit, dass so und soviel Messen alljährlich für den Schenker gelesen werden sollen. Solche Verpflichtungen, welche das Kloster in Menge übernommen hat, werden nun von den einzelnen Mitgliedern, in so weit es denselben möglich ist, gewissenhaft erfüllt. Kaum hat der Don in behaglicher Muse seinen Kaffee zu sich genommen, so rüstet er sich bereits zu der Messe. Mit grosser Behaglichkeit hängt er sich das Chorhemd und die Stola um, mit ernsten Schritten durchschreitet er die Sacristei, mit ruhigem Anstande betritt er den Altar. Sind die Chorknaben, deren Anwesenheit der uralte Brauch der katholischen Kirche bei Abhaltung des Messopfers verlangt, noch nicht gerüstet, so stört diess doch nicht die andächtige Haltung des Priesters. Wird ihm dabei die Zeit lang, so benetzt er einstweilen die Lippen mit dem Kelche geweihten Weines, um sich zur Ausführung des grossen Vorhabens zu ermuthigen. Solche Andachtsübungen stärken nicht allein die feisten Mönche an Geist und Körper zu ihrem Tagewerke, sondern sie dienen zugleich dazu, um der Umgegend Beweise der Heiligkeit der guten Väter zu geben. Schon mit dem Grauen des Tages versammelt sich zu erbaulichen Zwecken ein bestimmtes Publikum in der Kirche. Alte Weiber sieht man knieend ihre Sünden dem Himmel abbitten; Bettler und Tagediebe, in Lumpen gehüllt, verrichten in andächtigem Schweigen ihren Gottesdienst; doch wird derselbe durch die Stiche der schwarzen Blutsauger, die man ungeachtet der Heiligkeit des Ortes nach allen Seiten hin aufjagt und im Betretungsfalle knackt, manches Mal auf komische Weise unterbrochen. Für dieses sorgfältige Ausharren in so löblichen Beschäftigungen wird dann jedem Einzelnen Speise und Trank von Seiten des Klosters gereicht. Der Don hingegen, welcher der Hauptacteur des Drama's ist, erhält für seine Mühe einen verhältnissmässig weit geringern Lohn. Ihm fallen nämlich die Wachskerzen, die bei der heiligen Handlung angezündet worden sind, als Eigenthum zu; und kaum hat er das Gebet beendet, so löscht er auch die Lichter aus, und practizirt die Wachskerzen in seine Taschen. Ich habe bei mehreren derselben eine Art von Wachskerzenmagazin angetroffen. Der Erlös dieser Kaufwaaren füllet dann von Zeit zu Zeit den leergewordenen Säckel der Mönche. — Ueber die Zahl der gehaltenen Messen wird von den Sacristanen genau Buch und Rechnung geführt. Dabei tritt nun gewöhnlich am Schlusse des Jahres der Fall ein, dass, obschon jedes einzelne Individuum sich alle ersinnliche Mühe gegeben hat, den Verpflichtungen des Klosters zu genügen, doch noch eine Anzahl Messen zu lesen übrig bleibt. Aber auch dafür hat die Sinnigkeit der Mönche ein Auskunftsmittel erfunden. Der Sacristan, welcher die Jahresrechnung abschliesst, macht hier im Buche einen gewaltigen Strich, und schreibt unter denselben eine Generalquittung für alle fehlenden Messen im eignen Namen; fängt für das neue Jahr ein neues Blatt im Buche an und bemächtigt sich anbei der für die zu halten gewesenen Messen angekauften Wachskerzen, welche ihm als gute Prise zufallen.

Das Vernehmen der Mönche unter einander richtet sich nur äusserlich nach den Regeln der Subordination, wie sie die regula vorschreibt. Kein Mitglied darf das Kloster, wenn auch nur um Spazieren zu gehen, verlassen, ohne dass der padre abbate davon benachrichtigt worden sey. Die Meldung geschieht gewöhnlich vermittelst einer Kniebeugung vor dem Abte, welche wiederholt wird, sobald der, welcher das Kloster auf einige Zeit verlassen hat, in dasselbe zurückkehrt. Wer über Thorschluss (Ave Maria) ausbleiben will, bedarf der ausdrücklichen Erlaubniss des Kapitels. Förmlichkeiten werden beobachtet, wenn die Gemeine (il commune) sich zu der Tafel in das refettorio begiebt. Der Abt geht voran. Bevor er einen Bissen angerührt, wird kein Mönch sich unterfangen, die aufgetragenen Speisen zu geniessen. Derselbe giebt auch das Signal zu der Unterhaltung. Hört er auf zu speisen, so müssen auch die übrigen Klosterbrüder satt seyn. Niemand wird sich unterstehen, die Kinnladen noch ferner des Essens halber in Bewegung zu setzen, wenn die des Abtes bereits in Ruhestand versetzt worden sind. — Wenn aber das äussere Leben im Kloster vielen Ceremonieen und Rücksichten gegen Rang und Stand unterworfen ist, so darf man gewiss auch mit Recht behaupten, dass innerhalb der vier Pfähle, wo auch der Mönch die Mönchskutte ablegt und alle Rücksichten schwinden, die derselbe auf den Orden oder wenigstens auf den äussern Anstand des Ordens zu nehmen hat, der Mönch zwanglos und gewissermassen als Freidenker erscheint. Er überlässt sich dann, wenn er glaubt nicht missverstanden zu werden, ganz dem Drange seines Herzens nach Unterhaltung, und lässt sich manchesmal zu Aeusserungen verleiten, die dem Fremden unvorsichtig scheinen werden, wenn er sich nicht bereits an die naive Offenherzigkeit des italiänischen Umganges gewöhnt hat. Eines Abends, als ich in Begleitung mehrerer Sicilianer, welche mich besonders zu begünstigen schienen, nach dem Meere hin spazieren ging, forderten mich dieselben auf, einen Augenblick mit ihnen in einen nahen Weinberg zu treten, welcher dem Kloster eigenthümlich zugehört. Wir fanden in demselben ein junges Mädchen arbeitend, die Tochter eines Winzers. Eine schöne, schlanke Gestalt, deren reizende Umrisse des Pinsels eines Tizian würdig gewesen wären, ein wohlgeformter Mund und zwei Gluthaugen, aus denen das verlangende Feuer der südlichen Liebe zu sprechen schien, zwangen auch meinen Begleitern ein unwillkührliches Lächeln der Wonne ab. Und einer gab mir den Schlüssel zum Verständnisse der Scene mit den Worten: questa non si fa pregare! [1]) Freilich ohne zu verrathen, welche Rolle er in diesem Lustspiele übernommen habe. Der Andere, die Unvorsichtigkeit des Begleiters bemerkend, gab dem Gespräche eine allgemeinere Wendung durch die Bemerkung:

Casta est, quam nemo rogavit.

Ein ander Mal, als der Prior, welcher dem grössten Theile der Mönche verhasst ist, dem Einen der Mönche wegen eines unbedeutenden Versehens einen scharfen Verweis gegeben hatte, wandte sich der Gescholtene zu seinen Freunden, und ich hörte ziemlich laut die Worte: meriterebbe colpi di

1) Diese da lässt sich nicht bitten!

coltello [1]). Eben so naiv sind die Aeusserungen der gebildetern Mönche über Gegenstände religiöser Unterhaltung. Ich entsinne mich mancher sehr angenehmen Stunde, die ich unter Gesprächen dieser Art mit ihnen verplauderte. Einzelne Theile der Kirchengeschichte, besonders die der lutherischen Ketzereien, scheinen ihnen sehr geläufig zu seyn. Freilich kommt ihnen dabei auf einen falschen Namen oder eine falsche Jahrzahl mehr oder weniger eben so wenig etwas an, als dem heiligen Vater auf eine benedizione [2]), womit er die um Geld und Brod schreiende Jugend Rom's zur Ruhe verweist. Noch immer herrscht unter ihnen der Glaube, dass Luther geschwiegen haben würde, wenn der Pabst ihm bei Zeiten ein gutes Stück Geld in die Hand gedrückt, und den Cardinalshut auf den Kopf gesetzt hätte. Noch immer schildern sie ihn als einen Meineidigen, der das Gelübde der Keuschheit, was er bei'm Eintritt in den Augustinerorden abgelegt, durch die Heirath der Nonne auf frevelhafte Weise gebrochen habe. Noch immer finden sie es unerklärlich, wenn Fremde ihnen entgegnen, dass der im 16. Jahrhunderte besonders in Deutschland sich verbreitende Eifer für Litteratur und Wissenschaft doch auch, wenn Luther geschwiegen hätte, früher oder später einen Glaubensbruch herbeigeführt haben würde. Am sonderbarsten kommt es ihnen aber vor, wenn man von den Verhältnissen der protestantischen Geistlichen zum Staate und zu der Kirche spricht. Vor allen finden sie es unbegreiflich, wie dieselben sich in den Stand der heiligen Ehe begeben können, ohne dass diess ihren Gemeinden anstössig erscheine; und wie es der Zweck so mancher eifrig studirenden Theologen seyn könne, die Pfarre durch die Knarre, oder im schlimmsten Falle die Knarre ohne Pfarre zu erhalten. In Bezug auf die Kirche aber betrachten sie die protestantischen Pfarrer als Nutzniesser von Pfründen, die der Weltkirche diebischer Weise oder durch räuberische Hand entrissen worden seyn. Weit entfernt ihre vormaligen Ansprüche auf dieselben auf-

1) Er verdiente Messerstiche.

2) Auf eine Segnung.

geben, zweifeln sie nicht einen Augenblick, dass dieselben der allein selig machenden Kirche in Zukunft wieder angehören werden. Eine Grundidee der jetzigen katholischen Kirche, die sich nicht allein in der Wahl der episcopi in partibus infidelium[1]) sehr deutlich ausspricht, sondern auch in besonderer Anwendung auf das Mönchthum von Wichtigkeit erscheint. Noch heut zu Tage werden alle Abteien, die dem Orden irgend einmal in Frankreich und Deutschland angehört haben, und jetzt theils wegen der verschiedenen Religionsbekenntnisse der einzelnen Völker, theils wegen veränderter Sitten und Ansichten der Landesbewohner, theils endlich wegen der verschiedenen Tendenz der Politik des Mittelalters und der unserer Zeiten für den Orden unwiederbringlich verloren zu seyn scheinen[2]), dem Namen nach gewissenhaft aller fünf Jahre mit neuen Aebten besetzt. Und daher kommt es, dass, da keiner von diesen Würdenträgern es wagt, von den seiner Verwaltung anvertrauten Pfründen Besitz zu nehmen, eine Menge dieser Nominaläbte in ein einziges Kloster friedlich zusammen gepfärgt werden, ohne dass die Wirksamkeit des Einen die Rechte des Andern beschränkt, und die äusserlichen Ehrfurchtsbezeigungen, die man der Würde eines jeden zu zollen verpflichtet ist, dadurch vermindert würden. In Lacava sind nicht weniger, denn vier solcher Nominaläbte; sie gelten im Kloster, so lange sie noch nicht ihr Amt antreten können, der Idee nach als Gastfreunde (ospiti), und sind deshalb von einer Menge verdriesslicher Geschäfte entbunden, welchen sie sich nicht entziehen könnten, wenn sie Stammbrüder des Klosters wären. Zu diesen Ehrenstellen befördert man in der Regel ältere Personen, welche im Dienste des Ordens wegen Kränklichkeit nicht mehr activ seyn können und durch diese Auszeichnung in einen ehrenvollen Ruhestand versetzt

1) Bischöffe ohne Pfründen.

2) Der Leser wird gebeten, sich zu erinnern, dass diese Zeilen 1832 geschrieben worden sind, also zu einer Zeit, wo der Reisende unmöglich glauben konnte, dass die Politik deutscher Staaten im 19. Jahrhundert es für räthlich halten würde, die Ansichten des frommen Mittelalters zu Gunsten des Ordens wieder aufzunehmen.

werden. Zugleich benutzt man diesen Umstand dazu, um sich der wirklich fungirenden Aebte, welche ihr Amt nicht zur Zufriedenheit des Ordens verwaltet haben, entweder auf immer oder wenigstens auf fünf Jahre (denn nach Ablauf dieser Zeit sind sie von neuem wahlfähig) zu entledigen. Man macht sie zu Aebten in partibus infidelium, eine Auszeichnung, zu welcher sie sich aus mehr als einer Ursache nicht Glück zu wünschen pflegen. Am unglücklichsten fühlen sie sich aber dann, wenn sie durch den Ausspruch des Ordens verurtheilt werden, ihre Nominalabtei in dem Kloster zur Schau zu tragen, wo sie früher unbeschränkte Gebieter gewesen und Alles vor ihrem gewaltigen Scepter sich gebeugt hat. Nicht nur, dass sie dann das Stichblatt der muthwilligen Scherze der Jugend werden, welche in Italien schon von Altersher[1]) dem greisen Haupte nur zu wenig Ehrfurcht zu bezeugen pflegte, sondern es wird ihr Aufenthalt im Kloster ihnen besonders durch die unaufhörlichen Zänkereien der Alten verbittert, welche den Unmuth über die schmachvolle Sklaverei, welche sie früher erduldet, bei jeder Gelegenheit über den Urheber derselben in vollem Maasse ausschütten, und auf diese Weise eine kleinliche, wenn schon zu entschuldigende, Rachelust an den Tag legen. Und was es heisse, von Mönchen gequält zu werden, zeigt die Geschichte der christlichen Kirche auf jeder Seite, ohne dass man nöthig hätte, sich noch auf die Erfahrung zu berufen, dass dergleichen unglückliche Schlachtopfer ihrer Herrschsucht den eigenen Fall nur kurze Zeit überleben.

Wenn ich das Kloster als Gesellschaft betrachte, so scheint mir das Urtheil, welches ich bei mehreren Reisenden vorgefunden, übereilt, dass nehmlich das Kloster nur eine grosse Maschine sey, deren einzelne Glieder durch eine äussere Kraft getrieben, gleich den Rädern einer Uhr, sich nur in dem ihnen vorgesteckten Kreise unfreiwillig bewegten. Mit mehr Recht könnte man wohl die klösterliche Verfassung in Bezug auf die Dons einer kleinen Republik vergleichen, da jeder Einzelne an der Regierung des Ganzen durch seine

1) Man denke an die senes de ponte deiiciendi des Varro.

Stimme im Kapitel Antheil nimmt, und der regierende Abt zwar nicht als eine von der Gemeinde der Klosterbrüder, aber doch von der Synode der Aebte gewählte Obrigkeit erscheint. Je einfacher und beschränkter aber der Kreis ist, in welchem sich jedes einzelne Mitglied des Klosters bewegt, desto deutlicher und erkennbarer treten nun auch in jedem Individuum dessen Licht- und Schattenseiten hervor. Nur auf sich allein hingewiesen, fern von allen Verwandten und Freunden sieht der Klosterbruder sein Leben unter Beschäftigungen dahin fliessen, welche dem feurigen Sinne des Italiäners wenig entsprechen. Kein Wunder ist es also, wenn er auf der einen Seite jede Gelegenheit gierig nutzt, welche die Einsamkeit und die Einförmigkeit des Klosterlebens durch den Reiz der Gesellschaft und der Abwechselung erträglicher zu machen im Stande ist, und auf der andern Seite den Eigennutz zu alleinigen Triebfeder seiner Handlungen macht, um so mehr, da er auch sich von seinen täglichen Umgebungen nur als Mittel zur Erreichung ihrer individuellen Zwecke betrachtet sieht. Aus dem zuerst angegebenen Grunde entspringt die Gastlichkeit der Mönche gegen Fremde, welche ihre Einöde besuchen. Zwar ist ihnen dieselbe bereits durch die Regeln als Pflicht geboten [1]), allein an die Ausübung dieser Pflicht würde Niemand denken, wenn der gebildete Fremde nicht als ein passatempo [2]) den Mönchen

---

1) Drei Tage soll der Fremde nach der Regel des heiligen Benedikt im Kloster beherbergt werden. Allein diess leidet manche Einschränkung; erstlich dadurch, dass man es nur auf Fremde von Distinction, die an das Kloster von guter Hand empfohlen sind, anwendet; zweitens dadurch, dass man den Tag der Ankunft und der Abreise als volle Tage gelten lässt. Ist diese Zeit um, so weiss man dem Fremden, welcher seinen Aufenthalt zu verlängern wünscht, durch die Blume zu verstehen zu geben, dass die jetzigen Einkünfte des Klosters nicht mehr ausreichen, um die Pflicht der Gastfreundlichkeit länger an ihm zu üben. Von dieser Zeit an lebt der Fremde im Kloster zwar ungestört, aber von seinem eigenen Gelde. Ist er Katholik, so bezahlt er täglich ein mässiges Kostgeld, ist er Ketzer, so bezahlt er das Doppelte. Es scheint demnach, dass die in Italien allgemein verbreitete Idee, nach welcher man die, diess Land bereisenden Fremden als eine Kaufwaare ansieht, die auf jeder Station einen Transitozoll entrichten müsse, auch auf die Klöster zurückgewirkt habe.

2) Zeitvertreib.

erschiene. Andere Fremde werden kurz abgewiesen. Aus dem zuletzt angegebenen Grunde aber erklären sich die vielen Partheiungen im Kloster. Am auffallendsten von allen Klöstern, die ich besucht habe, erscheint mir diess in Lacava. Die Dons zerfallen in Neapolitaner und Sicilianer. Diese letztern halten, da sie sich als Fremdlinge wenig beschützt finden, durch die Noth gedrungen, eng zusammen. Sie finden an dem regierenden Abte, welcher selbst ein Sicilianer ist, eine bedeutende Stütze. Die andere Parthei dient zum Stützpunkt dem Prior, einem Mann, welcher unter einer unscheinbaren Hülle einen grossen Ehrgeiz zu bergen weiss. Die Reibungen dieser Partheiungen werden auch dem Auge des Fremden sichtbar, theils dadurch, dass er Aeusserungen beider Partheien vernimmt, theils dadurch, dass er die Befehle des Prior und die Gegenbefehle des regierenden Abtes beobachtet. Was der Eine will, bestellt der Andere ab, und von dem, wogegen der Eine sich erklärt hat, kann man annehmen, dass der Andere es billige. Diese Partheiungen werden durch den bekannten Nationalhass der Sicilianer und Neapolitaner[1]) gegen einander noch mehr angefacht, und brechen in dem Kapitel öfters in lautes Murren gegen die Befehle der Obern aus.

Gegen die äussern Umgebungen beobachten die Mönche von Lacava eine grosse Gleichgültigkeit, die an das englische Phlegma grenzen würde, wenn man ihr nicht gleich ansähe, dass sie nur erkünstelt ist. Sie bezwecken dadurch nicht sowohl den Anschein zu gewinnen, als ob sie durch Beschäftigung mit himmlischen Dingen sich so vom Irdischen abziehen liessen, dass sie für das Irdische keinen Sinn, kein Gefühl mehr zu haben scheinen, (und das würde auch ein sehr überflüssiges Bestreben seyn, da man sich in Neapel, gleich wie in andern Gegenden Italiens, nun endlich überzeugt hat, dass Mönche auch von Fleich und Blut sind, wie

---

1) Den Neapolitaner bezeichnet der Sicilianer mit verächtlichen Spitznamen, z. B. maniamaccheroni, cacaporti. An einem und demselben Vormittage warnte mich der Neapolitaner des Klosters vor der Tücke der Sicilianer, und der Sicilianer vor der Treulosigkeit der Neapolitaner.

andere Menschen); sondern es ist diess nur die Einwirkung der durch ganz Italien verbreiteten Sitte, den vornehmen Mann dadurch zu spielen, dass man sich in allen Beziehungen nach Aussen hin den Sitten und Gebräuchen der Engländer anschliesst. Unterstützt durch ein grosses Talent zur Mimik und durch eine feine Beobachtungsgabe weiss sich der gewandte Italiäner alle Eigenheiten des stereotypen Insulaners anzueignen, und der Fremde, welcher weniger mit den Manieren des erstern vertraut ist, wird öfters in die Verlegenheit kommen, die Kopie für das Original zu halten. Auch die Mönche von Lacava sind von dieser Anglomanie angesteckt, doch tritt sie bei ihnen, da sie viel weniger, als die in den Hauptstädten lebenden Italiäner mit stolzen Britten zusammentreffen, viel schroffer, viel erkennbarer hervor. Nur mit wenigen von ihren äussern Umgebungen leben die Mönche in freundschaftlichem Verhältnisse. Doch bezieht sich auch dieses mehr auf Bezeugungen von Gastfreundschaft unter einander, als auf den gegenseitigen Austausch der Ideen und die Erhöhung der Reize des geselligen Umganges. So haben die Mönche in Lacava, in Neapel und in mancher andern Stadt des Königreichs Absteigequartiere auf ähnliche Weise, wie der vornehme Römer des Alterthumes fast in jeder Provincialstadt seinen hospes[1]) fand. Diese Gastfreunde heissen mit dem allgemeinen Namen amici del monastero[2]), und ihre Vorrechte bestehen vorzüglich darin, dass, wenn sie in das Kloster kommen, ihnen gleiche Gastfreundschaft gewährt wird, und dass das Kloster in Processen, welche das Interesse der Gastfreunde berühren, sehr leicht Parthei für sie nimmt. Diese letztere Vergünstigung wird zwar nicht im Königreich Neapel, wohl aber im Kirchenstaate für die Gegner im Prozesse sehr drückend, da in dem Letztern die Maxime von den Gerichten festgehalten wird in dubio pro pia caussa respondendum esse[3]).

1) Gastfreund.

2) Freunde des Klosters.

3) Dass man im Zweifel zu Gunsten der frommen Stiftungen entscheiden müsse.

Im September und October, welchen der Neapolitaner gern zu der villeggiatura benutzt, ist ein solcher Zusammenfluss von befreundeten Italiänern im Kloster della trinità, dass die Anzahl der Mönche oft von der der Gastfreunde überstiegen wird. Ich machte dadurch die interessante Bekanntschaft des Cavaliere de Marinis, eines wohlhabenden Neapolitaners, welcher theils unter der französischen Herrschaft, theils nach der Wiedereinsetzung der Bourbonen bedeutende Aemter im Staatsdienste verwaltet, und besonders, wie ich höre, als Intendant von Salerno oftmals Gelegenheit gehabt hat, die Interessen des Klosters gegen fremde Eingriffe zu schützen. Jetzt lebt er, in den Privatstand zurückgezogen, in der Hauptstadt. Er war mit seiner ganzen Familie nach corpo die Cava gekommen, um den schönen Herbst zu geniessen. Er selbst und sein ältester Sohn wohnten und speisten im Kloster. Seine liebenswürdige Gattin, die nach der strengen Regel des heiligen Benedikts im Kloster nicht aufgenommen werden darf[1]).

1) Für die Frauen ist das Innere des Klosters unsichtbar; nur bis in die Mitte des ersten Kreuzganges dürfen sie kommen. Ihr weiteres Vorschreiten wird durch ein hölzernes Gitter gehindert, welches das Allerheiligste des Klosters vom minder Heiligen scheidet. Doch ist gleich rechts vom Eingange ein Zimmer für sie bereitet, mit der Ueberschrift foresteria delle donne (Gesellschaftszimmer für Damen), in welchem Damen von Stande von den Mönchen empfangen und mit dem Nöthigen bewirthet werden. In demselben aber zu übernachten, wird keiner Dame gestattet. — Eine junge Engländerin soll vor einigen Jahren, als Mann verkleidet, in das Kloster gekommen, jedoch erkannt, und für ihre Neugierde bestraft worden seyn. Als sich davon die Kunde in Neapel verbreitete, soll das Kapitel, durch solche Gerüchte verletzt, daran gedacht haben, die Folgen eines so sündhaften Frevels vom Kloster abzuwenden. Es wurde ein Fackelzug der Mönche veranstaltet. Voran ging die Monstranz und das Kreuz. Dann folgten alle Mönche im Büsserhemde, die angezündeten Fackeln in den Händen haltend. So nahete sich der Zug dem Eingange des Klosters. Hier wurde Halt gemacht, und jeder einzelne Stein, auf welchen das Füsschen der liebenswürdigen Brittin getreten seyn mochte, durch die niedergehaltenen Fackeln gereinigt und dann mit Weihwasser besprengt. Es lässt sich vermuthen, dass durch diese Feuertaufe wohl auch die geringste Spur der sündlichen Fusstritte im Kloster vernichtet, nicht aber das Andenken der genossenen Stunden aus dem Gedächtnisse der Glücklichen verlöscht worden sey.

bewohnt ein Landhaus dicht am Kloster, und jeden Morgen und jeden Abend versammeln sich um sie die jüngern und ältern Mönche, um ihr den Aufenthalt in Lacava so angenehm als möglich zu machen. Auch ich habe leicht in diesem Hause Eingang gefunden, da ich im Kloster bereits ein Noviziat von vier Wochen bestanden habe, mithin schon halb und halb als Mönch angesehen werde. Ich verdanke der Güte dieser lieben Familie nicht allein vielfache Belehrungen über Sitten und Gebräuche Neapels, sondern auch manche Erheiterungen, deren ich gerade jetzt, von litterarischen Arbeiten ermüdet, sehr bedarf. Eine besondere Auszeichnung des Fremden in solchen Soiréen ist es, dass man in Bezug auf ihn, welcher des örtlichen Dialekts in der Regel wenig kundig ist, nur toskanisch spricht. Nur die gebildeten Neapolitaner verstehen toskanisch und müssen sich diese Kenntniss auf eine mühsame Art erwerben, da dieser Dialekt im gesellschaftlichen Umgange nicht gesprochen wird, und erst auf grammatikalischem Wege, gleich als sey er eine ganz fremde Sprache, von den Eingeborenen erlernt werden muss.

Nachschrift.

Leipzig im Januar 1836.

Die grösste Zierde des Klosters Lacava ist das an Urkunden so reiche Archiv, dessen Wichtigkeit für die Geschichte des Mittelalters seit Pertz'ens [1]) und Blume's [2]) Forschungen auch in Deutschland anerkannt wird. Ein dreimonatlicher Aufenthalt in diesem Kloster hat mich in den Stand gesetzt, über die Geschichte und die Wichtigkeit dieser Sammlung mehrere Bemerkungen zu geben, welche andern Reisenden entgangen seyn dürften. Das Archiv des Klosters umfasst nicht allein die Urkunden, welche Lacava unmittelbar betreffen, sondern auch die einer Menge, jetzt

---

1) Archiv der Gesellschaft für ältere deutsche Geschichtskunde, Bd. V. S. 16.

2) Iter Italicum, Bd. 4. S. 65—67.

spurlos verschwundener, Abteien und Prioreien Unteritaliens. Es hatte nämlich Lacava eine Menge von andern Klöstern unter sich, und die Urkunden, welche die letztern betreffen, sind bei dem Verschwinden derselben in das Archiv unsers Stammklosters gebracht worden. Eine bedeutende Vermehrung seines Archivs verdankt Lacava auch der durch das ganze Mittelalter hindurch sich ziehenden Idee, dass Urkunden in die Hände der Mönche und Priester mit grösserer Sicherheit niedergelegt werden, als in die von Privatleuten, deren Hab und Gut der Willkühr der feodalischen Beherrscher eben so, wie der Raubsucht der Krieger Preis gegeben zu seyn schien. So bildete sich denn allmählig dieser für die Geschichte von Unteritalien unerschöpfliche Schatz von Pergamenen, welcher, von der Hand der halbgelehrten Archivare treulich gepflegt, noch Jahrhunderte hindurch deutschem Fleisse und deutschem Sinne Stoff zur Bearbeitung der Geschichte bieten, und die durch die Mangelhaftigkeit der mittelalterlichen Chroniken in den Quellen, welche uns für die Geschichte dieser Zeiten fliessen, entstandenen Lücken auf eine glänzende Weise ausfüllen wird. Selbst für die Geschichte des römischen Rechtes im Mittelalter, welche durch die gründlichen Forschungen von Savigny's erst jetzt eine wissenschaftliche Grundlage erhalten hat, bietet unser Archiv nicht unerhebliche Beiträge, welche um so weniger verachtet werden dürfen, je sparsamer die Nachrichten sind, welche uns über die Gültigkeit des römischen Rechtes in Unteritalien belehren. Schon die Menge von Urkunden [1]), welche der gelehrte Salvator Maria De Blasi [2]) seinem Werke über die longobardischen Fürsten, welche zu Salerno regiert haben, als Anhang aus dem

---

1) Appendix monumentorum quae in dissertatione citantur. Seite CLXXIV.

2) Series principum | qui | Langobardorum aetate | Salerni imperitarunt | ex | vetustis sacri regii coenobii Trinitatis Cavae | tabularii membranis eruta | eorum annis ad Christianae aerae annos | relatis | a vulgari anno DCCCXL. ad annum MLXXVII. | per | D. Salvatorem Mariam de Blasin Panhormitanum Casinatem | eidem archivo praepositum | Neapoli | MDCCXXXV. | ex typographia Raymundiana. | *Superiorum permissu.* | Das Format ist Folio.

Archive von Lacava beigefügt hat, hätten in dem klassischen Werke Herrn von Savigny's benützt werden können. Auch neuerdings sind mehrere Urkunden aus diesem Archive durch den Druck bekannt gemacht worden. Nicht sowohl, um die wircklichen Schätze dieses Archivs dem Geschichtsforscher in zusammenhängender Reihe vor die Augen zu legen, sondern um partielle Untersuchungen neapolitanischer Gelehrter über die ältere Geschichte Unteritaliens zu unterstützen. Ein bedeutendes Verdienst hat sich in dieser Beziehung Domenico Ventimiglia erworben, welcher in seinen Forschungen über die Schicksale dieses Landes im Mittelalter einzelne Stücken dieses Archives mit viel Glück zu benutzen gewusst hat. Am interessantesten erschien mir der geographische Theil seiner Forschungen, welchen er in folgender Schrift niedergelegt hat:

> Notizie storiche | del | Castello dell' Abbate | e de' suoi casali | nella Lucania | raccolte e pubblicate | da *Domenico Ventimiglia* | Napoli | presso la vedova di Reale e figli | 1827.
>
> Das Format ist in quarto. Seiten 102. Dann folgt die appendice dei monumenti. Seiten LXVI. Den Schluss des Werkes bildet glossario | delle parole oscure, e delle frasi, che ne' nostri | monumenti s'incontrano, e mancano | nel Du-Cange | e talune, che vi sono, più ampiamente si dichiarano. | Seiten 56.

Ein andres, ebenfalls für Lacava nicht unbedeutendes Werk desselben Gelehrten, führt den Titel:

> Di | S. Venera o Veneranda | virgine e martire delle Gallie | da' Greci appellata | S. Parasceue. | Dissertazione | di | *Domenico Ventimiglia* | Napoli | da' torchi di Gennaro Palma | 1831. |
>
> Das Format dieses Werkes ist ebenfalls in quarto. Seiten 54. Angehängt ist appendice dei monumenti. Seiten VII.

Die Benutzung dieses Archivs wird durch die ausserordentliche Güte und Gefälligkeit des Abtes und des Archivars gegen fremde Gelehrte erleichtert, und ich kann in dieser Hinsicht wohl versichern, nirgends mehr, als hier, Vorschub für meine litterärischen Arbeiten gefunden zu haben. Wer nur etwas dem Einen oder dem Andern der Mönche empfohlen ist, erhält sogleich Zutritt zu den litterärischen Schätzen des Klosters. Aber um so mehr ist es zu bedauern, dass das Archiv jetzt und vielleicht noch für einen Zeitraum von 20 Jahren dem Fremden, der sich nur kurze Zeit in La-cava aufhalten kann, durch einen widerwärtigen Thatumstand fast ganz unbrauchbar geworden ist. Es fehlt nämlich an einem Verzeichniss der Urkunden, welches den Ort, wo die Urkunde liegt, genau bezeichne. Zwar haben wir bereits durch Muratori [1]) ein gedrucktes Verzeichniss von mehreren Urkunden des Archivs erhalten; zwar liegt im Archive selbst ein Urkundenkatalog in 6 Bänden, von einem gewissen Augustinus in der ersten Hälfte des 17. Jahrhundertes angefertigt; zwar hat der bereits oben genannte Blasi in der letzten Hälfte des 18. Jahrhundertes sehr schöne Vorarbeiten für die Bearbeitung eines neuen Kataloges bei seinem Abgange nach Sicilien dem Kloster handschriftlich hinterlassen. Aber alle diese Arbeiten sind jetzt nutzlos geworden, seitdem ein gewisser Rossi, welcher nach Blasi's Abgange die Stelle eines Archivars übernommen hatte, die Idee gefasst hat, die herkömmliche Ordnung der Urkunden mit einer neuen zu vertauschen. Seine Absicht war dabei darauf gerichtet, alle Urkunden der Zeitfolge nach zusammenzustellen, damit man besser übersehen könne, was für die Geschichte dieses oder jenes Jahrhundertes vorhanden sey. So löblich nun ein solches Unternehmen an sich ist, so hat er doch dabei übersehen, dass derselbe Zweck auf eine viel einfachere Weise hätte erreicht werden können. Es hätte nämlich nur der Anfertigung eines chronologischen Urkundenregisters aus dem Kataloge des Augustinus, welcher im Archive jedem zur Einsicht bereit liegt, bedurft, um mit einem Blicke die Schätze des Klosters übersehen zu können. Rossi hat nun die herkulische Arbeit, das Archiv umzuordnen, wirklich begonnen, aber leider unvollendet gelassen. Denn noch war er mitten in der Arbeit be-

1) Antiquit. Italiae diss. 68. tom V. p. 775.

griffen, als ihn der einmüthige Beschluss der Synode der Aebte zum Priorate berief, und ihm somit einen ganz neuen Wirkungskreis ertheilte. Längst schon war er der Arbeit überdrüssig geworden, und er benutzte somit die ihm dargebotene Gelegenheit, sich einer ihm bereits seit geraumer Zeit beschwerlich gewordenen Bürde zu entledigen. Seine Nachfolger im Amte haben die von ihm angefangene Arbeit theils aus Hass gegen Rossi, theils aus Trägheit nicht fortsetzen mögen, und somit ergiebt sich denn für den arbeitslustigen Gelehrten das traurige Resultat, dass jetzt zwar alle Urkunden des Archivs nach chronologischer Reihefolge geordnet sind; aber es fehlt der Schlüssel zum Archive, nämlich ein nach dieser neuen Anordnung gefertigter Katalog der einzelnen Pergamenen. Daher kommt es, dass man heut zu Tage zwar nach jeder einzelnen Urkunde fragen und deren Platz in der alten Anordnung des Archivs nachweisen kann; dass man aber bei genauerer Nachsuchung nach dem Originale die lakonische Antwort erhält: c'è, ma non si trova [1]). Ich habe nun zwar während meines Aufenthaltes in Lacava dahin zu wirken gesucht, dass einer oder der andere der jüngern Mönche sich der Vollendung der Arbeit und der Anfertigung eines neuen Kataloges unterziehen möchte. Allein umsonst. Einige schützen ihre Unkenntniss der alterthümlichen Schriftzüge als Ausflucht vor; andere meinen, die Arbeit sey zu gross, und könne von einem Einzigen nicht gewältigt werden; noch andere berufen sich auf ihr Lehramt, was ihnen genug zu thun gäbe; die meisten aber sagen, sie seyn nur als Fremde im Kloster, und die Verlängerung oder Verkürzung ihres Aufenthaltes hänge nicht von ihnen, sondern von der Synode der Aebte ab. Bei diesem Zustande des Archivs wird es nun wohl auch leicht begreiflich, woher es komme, dass auch die Originale der von Blasi bereits herausgegebenen Urkunden für jetzt nicht mehr aufgefunden werden können, und dass es mithin unmöglich sey, die Abschriften des Blasi, welche mit grosser Sorglosigkeit gefertigt zu seyn scheinen, durch wiederholte Vergleichungen zu controlliren.

1) Sie ist wohl da, man kann sie aber nicht auffinden.

Vom Daseyn griechischer Urkunden in diesem Archive hat, wenn ich nicht irre, noch Niemand etwas verlauten lassen. Auch mir wäre die Existenz derselben ganz unbekannt geblieben, hätte ich nicht zufälliger Weise durch einen neapolitanischen Offizier, den ich in Folge des mir für einige Zeit überlassenen Amtes der Schlüssel im Archive herumführte, eine kurze, wenn schon sichere Notiz davon erhalten. Als Grieche von Geburt unterhielt er sich mit mir angelegentlich über die Schicksale der byzantinischen Griechen in Unteritalien während des Mittelalters, und bemerkte sehr richtig, dass auch in diesem Bezug das Archiv des Klosters von grosser Wichtigkeit sey. Als ich ihm mein Erstaunen über diese Bemerkung zu erkennen gab, führte er mich sogleich zu einem Kasten, in welchem er griechische Urkunden bei seinem vorletzten Besuche im Kloster gesehen zu haben versicherte. Wir fanden einige neunzig Urkunden, alle in griechischer Sprache ausgefertigt, deren Zahlen darauf zu deuten schienen, dass sie schon früh von den übrigen abgesondert und wahrscheinlich der unverständlichen Schriftzüge halber vernachlässigt worden seyn. Die fortlaufende Zahlenreihe derselben wird durch einige Defekte unterbrochen. Als ich mich, um über dieselbe Aufschluss zu erhalten, an die ältesten Leute im Kloster wendete, erhielt ich durch den Padre priore Morcaldi, welcher unter der Franzosenherrschaft die Stelle des Archivars bekleidet hatte, die Nachricht, dass ein gewisser Bassi, Neapolitaner von Geburt, schon am Ende des 18. Jahrhundertes den Plan gefasst habe, diese Denkmale des Mittelalters zu copiren, mit einer lateinischen Uebersetzung und erläuternden Bemerkungen zu versehen. Zu diesem Zwecke habe er sich mehrere Monate im Kloster aufgehalten, und zuletzt bei seinem Abgange die Erlaubniss erwirkt, einige dieser griechischen Urkunden mit sich nach Neapel nehmen zu dürfen. Schon sey das von ihm projektirte Unternehmen so weit gediehen, dass er Manuscript in die Druckerei gegeben habe. Allein die politischen Umwälzungen des Königreiches hätten nicht allein den Abdruck verhindert, sondern der Verfasser selbst sey, weil er als Aristokrat bekannt gewesen, mit all' seinem Hab und Gut ein Opfer der Volkswuth geworden. Unter seinen Papieren, welche gleich dem übrigen Vermögen desselben der Nationalkasse verfallen seyn, hätten sich noch mehrere dieser griechischen Urkunden aus Lacava befunden, welche ihrer Seltenheit halber sorgfältig aufbewahrt, und später der königlichen Bibliothek im Museo Borbonico einverleibt worden seyn. Diese Nachricht ermuthigte mich, dem Daseyn dieser Urkunden in Neapel nachzuforschen. Ich wandte mich desshalb an den sonderbaren Bibliothekar Cataldo Janelli, welcher jüngst durch einen schlecht gearbeiteten Katalog der handschriftlichen Schätze, welche in der königlichen Bibliothek aufbewahrt werden, auf eine sehr zweideutige Art der gelehrten Welt bekannt geworden war, und zu den Gelehrten gehört, welchen, wie Lessing sagt, erst nach ihrem Tode widersprochen werden kann. Er leugnete mir auf meine Anfrage wegen der Urkunden aus Lacava ihre Existenz mit einem lakonischen: non c'è niente [1]) kurzweg ab, und versicherte mir auf meine Gegenvorstellungen ganz unumwunden, dass wir Prussiani alle curiosi [2]) seyn. Das, meinte er, hätte er längst von Niebuhr und Gerhard gesagt, und von Champollion habe er dasselbe Urtheil vor Kurzem schriftlich abgegeben. Nun ging er auf die Hieroglyphen über, und erzählte mir fast eine ganze Stunde lang von seinen Großthaten auf diesem Felde der Litteratur. Als der beredte Mann endlich auf den Horus Apollo gekommen, verlor auch ich die Geduld, und liess ihn mitten im Satze stehen. Welche Pein für einen Gelehrten, wenn er für den Eifer in seinen Nachforschungen sich noch mit Grobheit und Ungezogenheit dieser Art behandelt sieht! Verdrüsslich ging ich nun an den Präfekt der griechischen Handschriften, den mürrischen, kleinlichen Cyrillo. Allein auch dieser leugnete mir das Daseyn der gedachten Urkunden zwar höflich, aber

1) Sie sind nicht da.

2) Curioso ist ein Ausdruck, welcher im Munde des Italiäners eine ganz eigenthümliche Bedeutung hat. Man bezeichnet damit Leute, welche mehr Gefälligkeiten und Dienstleistungen von Andern erwarten, als diese leisten wollen.

doch entschieden ab. Nun blieb mir weiter nichts übrig, als an den Oberaufseher der königlichen Bibliothek, den Monsignore Scoti, welcher vor Kurzem zum Erzieher der Prinzen auserkoren worden, meine Zuflucht zu nehmen. So ungünstig auch der Eindruck ist, welchen das gleisnerische Benehmen dieses Scheinheiligen auf mich gemacht hat, so muss ich doch gestehen, dass seine Verwendung, unterstützt von einem Handschreiben des königlich sächsischen Generalagenten, *Just*, dessen freundschaftlicher Güte ich so vieles verdanke, mir endlich die gewünschte Ansicht der Urkunden aus Lacava erwirkte. Es sind drei an der Zahl, aber sämmtlich von geringer Bedeutung. Die eine enthält ein Testament, die andern beiden sind Kaufinstrumente. Abschrift von denselben zu nehmen, ist mir, trotz meiner wiederholten Bitten, nicht gestattet worden. Denn die Erlaubniss des Monsignore Scoti wurde von den ungefälligen Bibliothekaren nur auf die Ansicht der Urkunden bezogen, und die wenigen Tage meines Aufenthaltes in Neapel reichten nicht zu, um durch einen Befehl der Regierung der kleinlichen Eifersucht der Bibliothekare entgegenzuwirken. Es ist fast unglaublich, welche Ränke man in dieser Beziehung gegen auswärtige Gelehrte anwendet. Nicht allein, dass es verboten ist, ohne ausdrücklichen Befehl der Regierung eine Handschrift zur Einsicht vorzulegen, sondern man schiebt die Beantwortung des Gesuches auf so lange Zeit hinaus, dass der Befehl, diese oder jene Handschrift vorzulegen, gewöhnlich *erst* am Tage der Abreise des Fremden oder nach derselben bei den Bibliothekaren eintrifft. Macht man aber Anstalt, dem erlangten Befehle gemäss, aus der Handschrift, welche er betrifft, etwas zu copiren, so sind die Bibliothekare, welche mit neidischen Augen jeden Federzug des Fremden belauern, durch das Gesetz ermächtigt, alle Papiere des Fremden sofort in Verschluss zu nehmen, und sie demselben so lange vorzuenthalten, bis ein zweiter Regierungsbefehl, welcher die Benutzung der Handschrift erlaubt, ausgewirkt seyn wird. Fragt man nach dem Zwecke aller dieser Vorkehrungen, so erhält man die naive Antwort: per seccare i forestieri [1]). — Nichts desto weniger hat Monsignore Mai aus Rom auch diesen Bibliothekaren eine Nase zu drehen gewusst. Denn, als er bei einer zufälligen Anwesenheit in Neapel von den Bibliothekaren bei Entzifferung eines Palimpsestes, welcher einen unbekannten lateinischen Schriftsteller über Feldwirthschaft enthält, zu Rathe gezogen wurde, wusste er trotz aller von den Bibliothekaren angewendeten Vorsichtsmassregeln eine Abschrift des Palimpsestes nach Rom zu befördern, und den Druck derselben im Vatikan beginnen, bevor die neapolitanischen Gelehrten die erste Seite der Handschrift zu entziffern im Stande gewesen.

Das Alter der in Lacava noch jetzt befindlichen griechischen Urkunden reicht nicht über das 10. Jahrhundert hinauf. Die spätesten derselben fallen in das 13. Jahrhundert. Es ist nicht ohne Interesse für den Geschichtsforscher, den Gebrauch der griechischen Sprache in Unteritalien selbst unter normännischen Fürsten und deutschen Königen vermöge dieser Urkunden nachweisen zu können. Und der Umstand, dass keiner von allen lateinische Uebersetzungen beigefügt sind, dürfte die Vermuthung begründen, dass der Gebrauch dieser Sprache in diesen Gegenden fast ausschliesslich gewesen. Selbst die Zeugen und die Notare unterzeichnen sich in griechischer Sprache, und die Formen der Urkunden ist ganz dieselbe, wie man sie in andern, welche zweifelsohne Ländern griechischer Zunge angehören, anzutreffen gewohnt ist. Durch diese einfache Bemerkung haben wir nun zugleich den Grund davon aufgefunden, dass die Gesetze der lombardischen Könige, welche in diesen Gegenden als Gesetzbuch galten, schon bei Zeiten in's Griechische übersetzt worden sind [2]). Einige dieser Urkunden gehören den Zeiten an, in welchen die Küsten Unteritaliens noch dem byzantinischen Kaiser unterworfen waren, und enthalten manchen schätzbaren Beitrag zu der Geschichte Ita-

1) Die Fremden abzuschrecken.

2) Fragmenta versionis graecae Rotharis Longobardorum regis edidit Ed. Zachariae. Heidelberg 1835. 8.

liens unter der Herrschaft der Griechen. — Die eine der Urkunden ist ein Palimpsest. Die untere Schrift, welche dem 8. Jahrhunderte angehört, bietet einige Fragmente theologischen Inhaltes, welche Herr Professor Fleck, in so weit sie durch Galläpfeltinktur lesbar gemacht werden konnten, bekannt zu machen beschlossen hat.

Ventimiglia. — Neuentdeckte Verse der Aeneide. — Herculanum. — Accademia Ercolanese. — Pompei. — Museo Borbonico. — Monte Casino.

Monte Casino im November 1832.

Durch die Güte meiner Freunde, die ich von meinem Wunsche, Monte Casino zu besuchen, benachrichtigt hatte, erhielt ich in Neapel mehrere Adressen an Domenico Ventimiglia, einen neapolitanischen Gelehrten, von dem ich gehört hatte, dass er mit den Mönchen dieses Klosters in genauer Verbindung stehe. Jüngst hatte sich derselbe einen bedeutenden Ruf dadurch erworben, dass er mehrere von Virgil in der Aeneide unvollendet gelassene Verse, — offenbare Anzeigen davon, dass diess herrliche Heldengedicht vom Verfasser unvollendet gelassen worden, — aus den Handschriften der Universitätsbibliothek zu Neapel ausgefüllt, ohne sich weiter darum zu bekümmern, ob diese Ausfüllungen, welche durch die ältesten Handschriften des Werkes nicht bestätigt werden, die Ausgeburt eines mittelalterlichen Gehirns, oder die Missgeburt eines müssigen Römers gewesen. Erzählen uns doch die Grammatiker, welche das Leben Virgils beschrieben haben, dass Virgil, als er sein Heldengedicht seinen Freunden vorlas, dergleichen Lücken aus dem Stegreife ausgefüllt, und dadurch dem Ganzen das Gepräge der Vollendung zu geben gewusst habe. Wollte man aber glauben, dass dergleichen aus sehr jungen Handschriften geschöpfte Ergänzungen, die sich selbst grossentheils widersprechen, der Hand des Dichters selbst angehören, so müsste man eines Theils demselben viele matte, zum Theil auch ungereimte Gedanken zutrauen; andern Theils könnte man mit demselben Rechte die meisten römischen

Dichter mit einer Menge mittelalterlicher Verse bereichern, die sich in manchen spätern Handschriften derselben gleichmässig vorfinden. Trügen dergleichen untergeschobene Kinder in unsern kritischen Ausgaben der römischen Dichter nicht gleich vom Anfange herein das Kainszeichen an der Stirn, so könnte bald wieder der Fall eintreten, dass, wie es bei den anakreontischen Oden geschehen ist, man die ächten Bruchstücke nach den unächten beurtheilt, und der Nachwelt gerechte Ursache an die Hand giebt, sich über die Leichtfertigkeit unserer Zeiten zu verwundern.

An Ventimiglia fand ich einen Mann, der nach einer in Saus und Braus verlebten Jugend in seinen ältern Tagen, wo der Lebensquell zu versiegen anfängt, mit dem Himmel sich auszusöhnen wünscht, und sich, um sein Leben gewissenhaft zu beschliessen, in die Arme der Geistlichkeit und des Mönchthums wirft. Seine Jugend hatte er als fungirender Sekretär des neapolitanischen Gesandten am Hofe des Pabstes in der Weltstadt hingebracht, und durch diese beständige Berührung mit geistlichen Kutten so viel von ihnen angenommen, dass ihm selbst zum vollendeten Mönch nichts als das Habit zu fehlen schien. Ein lebendiges Beispiel von der Wahrheit des bekannten Sprichwortes: l'abito non fa il monaco[1]) im buchstäblichen Sinne. Jetzt lebt er in Neapel zurückgezogen vom Ertrage eines Amtes, welches man ihm, wie er mir sagte, zur Anerkennung seiner Verdienste um das jetzige Königshaus gleichsam als Pension im Ruhestande verliehen hat. Er ist almoseniere del re. Mit Zuvorkommenheit nahm er den Fremdling auf, und schlug mir gleich bei der ersten Zusammenkunft vor, ihm auf seinem Ausfluge nach Monte Casino Gesellschaft zu leisten. Er unterhandelte hierauf mit einem Vetturino, der nach San Germano, einem gleich unter dem Kloster gelegenen Städtchen, wöchentlich mehrere Male abfährt, bestimmte mir Tag und Stunde der Abreise, und bat mich dringend, ja keinen Aufenthalt bei der Abreise zu verursachen. Meine

1) *Der Schein trügt.* Wörtlich übersetzt heisst es: das Kleid macht den Mönch noch nicht.

sieben Sachen waren bald gepackt, und ich erwartete mit der dem Reisenden eigenen Ungeduld die Stunde der Abfahrt. Erst spät am Abend des festgesetzten Tages erhielt ich von meinem Reisegefährten die Nachricht, dass unser Vetturin uns komischer Weise im Stiche gelassen, und es vorgezogen habe, mehrere Russen nach Rom zu fahren, als zwei Halbmönche nach dem weltberühmten Stammkloster der Benediktiner zu befördern. Vor solchen Treulosigkeiten der italiänischen Vetturinis kann sich der Fremde bei der schlechten Einrichtung der dasigen Polizei [1]), die den Einheimischen gegen die Fremden gewöhnlich in Schutz nimmt, nur dadurch schützen, dass er sich vom Fuhrmann, den er dingt, ein Aufgeld (caparra) geben lässt, das der Fuhrmann verliert, wenn er seinen Kontrakt nicht hält, und der Fremde doppelt herausgiebt, wenn er von seiner Seite einen Bruch des Kontrakts herbeiführt. Mit Staunen habe ich manches Mal bemerkt, dass Vetturine, die ihren Landsleuten nicht einen Bajoccho anvertrauen würden, Fremden, die sie zum ersten Male sahen, nachdem sie dieselben zur Festsetzung des dreifachen Betrags des gewöhnlichen Fuhrlohns bewogen, fast die ganze Summe als caparra ohne Weigerung hingaben, nur um gewiss zu seyn, dass der Vogel, welcher sich in ihre Netze verstrickt hat, ihnen nicht entwische. Dazu kommt, dass man von den Fremden im Allgemeinen voraussetzt, dass sie Leute von Wort (galantuomini) und zu Bübereien unfähig sind. Man giebt ihnen deshalb gleich vom Anfange der Unterhaltung her eine Menge Beweise von Vertrauen und Freundschaft, um, wenn man dadurch ihr Vertrauen gewonnen, sie desto harmloser betrügen zu können. Die gewöhnliche Art, Bekanntschaft mit Fremden zu machen, ist die, dass man in den Kaffeehäusern das, was sie genossen, hinter ihrem Rücken bezahlt. Ruft man nun den russigen bottega [2]), um die Zeche zu

1) Der Name buon-governo (Polizei) ist seit der französischen Usurpation durch ein neu-italiänisches Wort polizzia ersetzt worden, die Aehnlichkeit mit dem Worte pulizzia (Reinlichkeit) hat den Italiänern Veranlassung zu der Bemerkung gegeben: la polizzia è una porcheria.

2) So heissen die Marqueurs in den Kaffeewirthschaften.

berichtigen, so tritt er mit blendend weisser Schürze, welche zu dem braunen Teint des Gesichtes und dem schwarzen der Hände einen auffallenden Kontrast bildet, zu dem Fremden, und bemerkt mit grinzend freundlicher Miene: è pagato [1]). Wollte der Fremde dieser Landessitte sich nicht fügen, oder vielleicht, wie es in Deutschland geschieht, dem grossmüthigen Spender eines halben Carlin zarte Vorwürfe wegen seiner Aufmerksamkeit machen, so würde er in dem einen Falle für stravagante [2]), im andern für originale [3]) angesehen werden. Das Ganze ist eine Höflichkeitsbezeugung, und bedeutet ein potenzirtes: ho piacere di fare la vostra conoscenza [4]). Und es ist dieser Gebrauch um so bezeichnender, als der Italiäner es für das erste Gesetz der Freundschaft hält, so wenig wie möglich für Freunde auszugeben. Ein Grundsatz, den mich zuerst ein alter Militär aus den napoleonischen Zeiten lehrte, welcher, als ich ihm für eine Menge Gefälligkeiten, die er mir auf meiner Reise von Ferrara nach Bologna erwiesen, beim Abschiede herzlich dankte, ganz trocken zur Antwort gab; ah, Signore, cosa vuole? queste cose non mi costano niente [5]).

Ich benutzte die wenigen Tage, welche jenes unvorhergesehene Ereigniss meinem Aufenthalte in Neapel zugelegt hatte, um die Aufgrabungen von Herculanum und Pompeji wiederholt in Augenschein zu nehmen. Der schönste Morgen begünstigte unsern Ausflug. In Resina, welches am Fusse des Vesuvs liegt, wurde Halt gemacht, um die scavi nuovi, die erst seit einigen Jahren eröffnet worden, genauer zu untersuchen. Resina steht auf der Lavadecke des alten Herculanums, und ist aus den Lavablöcken gebaut, welche der rauchende Vesuv mit unendlicher Freigebigkeit den Bewohnern dieser Gegend als Baumaterial zuführt. Was Tausenden von Menschen den Tod gebracht, was blühende Städte begraben, das dient, wenn es erkaltet, der

1) Es ist bezahlt.

2) Gegen die feine Lebensart verstossend.

3) Querköpfig.

4) Es freut mich, Ihre Bekanntschaft zu machen.

5) Was wollen Sie, mein Herr? Das kostet mir ja Nichts.

Sinnigkeit des Menschen, um da wieder neues Leben hervorzurufen, wo jede Spur der Civilisation im Feuerstrome auf Jahrhunderte hin vertilgt zu seyn schien. Ein lebendiges Bild der ewig wechselnden und durch den Wechsel sich verjüngenden Natur. Vielleicht spricht sich auch nirgends die Idee eines provisorischen Besitzthums stärker aus, als in diesen Gegenden, deren Bewohner, grösstentheils bettelarm, nur der Gegenwart zu leben scheinen, in harmloser Freude geniessen, was sie geniessen können, und, wenn der alte Herr, ich meine den Vesuv, einmal Anstalt macht, ihnen das Wenige, was sie haben, zu entreissen, zu den Madonnenbildern, welche, gleich Theaterzetteln, Anfang und Ende jeder Strasse zieren, ihre Zuflucht nehmen, frisches Oel auf die halbverlöschten Lämpchen, welche die Heiligenbilder umstehen, giessen, und die Vasen, welche einen Hauptbestandtheil des Heiligencultus ausmachen, mit neuen Blumen füllen, während der Pfarrer im Vereine mit der in Lumpen gehüllten Schuljugend im Gefolge des Kreuzes mit donnernder Stimme ein ave Maria oder pater noster absingt, und dann nach beendigter Feierlichkeit im Kreise der reuigen Sünder unter freiem Himmel in Ermangelung einer Kanzel auf dem Obertheile einer Tonne Platz nimmt, um seinen Beichtkindern ihre Sünden zu Gemüthe zu führen, und ihnen mit lebendigen Farben die Strafen der ketzerischen Ingresi zu schildern, durch deren täglichen Umgang eine gewisse Lauigkeit in Bezug auf religiöse Form und Denkweise gäng und gäbe geworden ist. Da nun die meisten Landgeistlichen (curati) von Seiten der Kirche einen verhältnissmässig nur geringen Gehalt beziehen, und grösstentheils auf die Freigebigkeit, d. h. auf den Beutel ihrer Beichtkinder angewiesen sind, so haben sie natürlich doppelten Grund, auf religiöse Denkweise bei ihren Untergebenen zu halten, indem sie bei der religiösen Freidenkerei eines Theils mit ihren Formen selbst zum Gespötte werden, andern Theils die Spenden ausbleiben, durch deren Eingehen allein sie in den Stand gesetzt werden, ein behagliches und sorgenfreies Leben zu führen. Man denke sich den Bussprediger nicht, wie den Philosophen des Alterthums, in der

Tonne, sondern auf derselben sitzend, in der Hand statt des Evangeliums die Tabaksdose haltend, aus der er, wenn ihm die Gedanken ausgehn, sich neuen Stoff zu seiner Predigt holt, oder, wenn er die Theilnahme seiner Zuhörer bis zum Affekte gesteigert hat, plötzlich inne hält, und, während der die Aufmerksamkeit spannenden Pause behaglich eine Prise nehmend, mit einer Stentorstimme, die selbst einen Lazarus auferweckt haben würde, den oben abgebrochenen Gedanken fortsetzt. Die Gestikulation ist affektvoll, das Mienenspiel dem des besten Schauspielers zu vergleichen; selbst die Füsse müssen das Ihrige dazu beitragen, um die Kraft des Redners zu mehren, und den Eindruck der Worte auf die Gläubigen zu vergrössern.

Die Lavadecke, welche Herculanum verhüllt, ist nicht auf Einmal entstanden. Man bemerkt, wenn man die Brüche derselben ansieht, gegen 4 verschiedenartige Lavamassen, welche wahrscheinlich nur durch spätere Ueberströmungen entstanden sind. Die Aufgrabungen liegen nach der Meerseite zu dem Auge des Beschauenden im hellen Tageslichte vor. Diesen Theil derselben bezeichnet man mit dem Namen scavi nuovi. Die Arbeiten werden noch jetzt durch Soldaten fortgesetzt, welche die Regierung auf diese Weise fortwährend zu beschäftigen sucht. Die Arbeit ist sehr beschwerlich, da die Lava steinhart, und in alle Gemächer der verschütteten Gebäude gedrungen ist. Zu sehen giebt es hier ausser den leeren Wänden nicht viel. Nur hier und da hat sich an den Gypswänden noch eine Malerei erhalten, deren verwischte Züge das Kennerauge des geübten Antiquars eben so, wie die Blicke des neugierigen Reisenden anziehen. Hier und da bemerkt man leere Stellen, durch das Aussägen der Wandgemälde veranlasst. Denn, was nur irgend von Bedeutung schien, hat die Regierung nach einem gewiss sehr lobenswerthen Plane durch Künstlerhand abnehmen, und in das museo Borbonico zu Neapel bringen lassen. Eine Arbeit, welche von Seiten des Künstlers eine grosse Behutsamkeit verlangt, indess durch die Härte des Gypses, womit die Wände beworfen sind, bedeutend erleichtert wird. Die Stuccatur der aufgegrabenen Zimmer ist gewöhnlich braun; nur wo die Hitze der Lava darauf eingewirkt hat, ist sie roth geworden. Und die Abwechselung beider Farben ist auf denselben Wänden oft so überraschend, dass man bis auf die Linie die Wirkung der Lava mit blossen Augen unterscheiden kann. Die Fussböden der aufgedeckten Zimmer sind meist Mosaik, aber von grober Arbeit. Es wäre bei der Fortsetzung dieser Arbeiten zu wünschen, dass man sich nicht der Stollen bediente, um Kostbarkeiten zu entdecken, sondern dass man, wie es am Anfang der scavi nuovi geschehen, sein Augenmerk nur auf die Wegnahme der Lavadecke richtete. Denn durch das Treiben der Stollen werden eine Menge alter Wände, welche schöne Malereien enthalten können, unnützer Weise durchbrochen, und die vom Aufseher getroffene Verfügung, dass jeder Soldat das, was er beschädigt, aus eignen Mitteln wieder herstellen lassen solle, erinnert nur an einen ähnlichen Befehl des kunstsinnigen Mummius, welcher seinen Soldaten bei Fortschaffung der corinthischen Kaufwerke auf dieselbe Weise Vorsicht und Behutsamkeit zu empfehlen gedachte. — Von da wendet sich der Blick des Reisenden nach dem noch jetzt mit dichter Lavahülle überdeckten Theile der alten Römerstadt. In einer Entfernung von ohngefähr 400 Schritten, von den scavi nuovi an gerechnet, steigt der staunende Fremde in eine Art von Keller, und befindet sich, nachdem er mehrere in Lava gehauene Gänge durchlaufen, plötzlich am Eingange des so herrlich erhaltenen Theaters. Zerbrochene Säulen, umgestürzte Wände erinnern an die Grossartigkeit des alten Baues. Man durchläuft eine Menge breiter Corridore, welche dazu bestimmt scheinen, die Sitzreihen für die Zuschauer zu tragen. Von da steigt man mehrere Stufen in die Höhe, und befindet sich sogleich auf den Sitzreihen, welche in der Form eines halben Mondes die Bühne umgeben zu haben scheinen. Am unteren Ende der Sitzreihen steigt man auf die orchestra, dem Sitze der vornehmern Bürger, herab, von woher man die beste Aussicht auf die Bühne (scena) haben mochte. Diese, die Bühne, reicht über die Sitzreihen bedeutend hinaus und scheint als ein Parallelogramm sich dem durch die Sitzreihen gebildeten Halbmonde unmittelbar angeschlossen zu haben. Von den Bühnenzimmern sind die meisten gut erhalten, besser, als die des Theaters zu Pompeji. Nur Schade, dass bei der grossen Dunkelheit, welche den grössten Theil des Theaters bedeckt, es dem Scheine der Wachsfackeln, deren grelles Licht sich auf die verschiedenartigste Weise an den Lavawänden bricht, nicht gelingen will, dem neugierigen Auge des Reisenden eine befriedigende Uebersicht über das ganze Theater mit einem Male zu verschaffen. Der Totaleindruck geht durch diesen Umstand ganz verloren, nur Einzelhheiten ist es möglich durch den Fackelschein zu beleuchten. Eben so störend wirkte auf mein Gemüth der Umstand, dass man die alten Inschriften, die man im Theater vorgefunden, weggenommen, und durch neuere Copien derselben ersetzt hat. Zwar verkenne ich dabei nicht die gute Absicht der neapolitanischen Regierung, uns die Originale aufzubewahren, allein ich halte es für unzweckmässig, dass man die Neugierde der Fremden, besonders der Engländer, durch solche facsimilia zu befriedigen gedenkt. Denn eines Theils lassen sich manche leichtgläubige Fremde dadurch verführen, einige dieser Inschriften im Wahne, sie seien ächt, zu copiren [1]), und Gott weiss, bei welchen Antiquaren als Kontrebande einzuschwärzen; andern Theils sieht man bei genauerer Betrachtung derselben recht wohl, dass es dem geldhungrigen Steinmetz nicht darum zu thun gewesen, seine Originale treu wiederzugeben, sondern dass er manches Mal bei seiner Arbeit Sylben weggelassen, öfters auch einige italiänische Endungen in die lateinischen Worte hat einfliessen lassen. — Im Hintergrunde der Bühne bemerkt man eine kleine runde Oeffnung nach oben, welche mit unsäglicher Mühe durch die Lavadecke des Theaters hindurch gebrochen worden ist. Das durch diese Oeffnung hereinfallende Tageslicht scheint dazu bestimmt, die Augen des Beschauers zu blen-

1) Man erzählt z. B., dass ein Engländer, der die an den Mauern Pompeji's zur Warnung für die schmutzigen Eingebornen angeschriebenen Worte für Latein gehalten, und wegen der Seltenheit von alten Inschriften dieser Art durch den Druck bekannt gemacht habe.

den, und ihm die Empfindungen und Gefühle des Alterthumsforschers zu vergegenwärtigen, welcher durch die Entdeckung der unteridischen Stadt über so viele Theile der Wissenschaft ein zu helles Licht sich verbreiten sah, als dass er es im ersten Augenblicke der Beschauung zu fassen im Stande gewesen. Die Sage erzählt: der Eigenthümer eines Hauses in Resina habe einen Brunnen [1]) graben wollen, und (wunderbar genug) sey er gerade beim Graben auf einen alten, mit einem viereckigen Steine verschlossenen, Brunnen gestossen. Eine Entdeckung, die er, als Anhänger der Utilitätstheorie, nur dazu benützt habe, um seine Arbeiten abzukürzen, und dem Bedürfnisse nach reinem Quellwasser, was in diesen Gegenden gar oft mit Geld aufgewogen wird, zunächst abzuhelfen. Doch bald verbreitete sich nach Neapel hin das Gerücht von dem sonderbaren Begebnisse. Der Fürst Elbeuf, der erst gegen das Jahr 1707 nach Neapel gekommen ist, erkaufte 1709 eine kleine Villa in diesen Gegenden, welche noch heute den Fremden gezeigt wird, und anjetzt dem Könige beider Sicilien eigenthümlich zugehört. Dieser, ein begüterter Mann, hatte, wie so viele kleine Fürsten dieses Landes, deren Besitzthum kaum mit dem eines leidlich begüterten Barons in Deutschland verglichen werden könnte [2]),

1) Der Brunnen heisst heut zu Tage pozzo di Enzecheta, benannt vom Eigenthümer des Hauses, welcher zuerst an dieser Stelle einschlagen liess.

2) Bekanntlich theilen sich die Bewohner Neapels und der Umgegend in Eccellenze und solche, die es nicht sind. Eccellenza heisst hier jeder, der einen Carlino Trinkgeld geben kann. Eine solche Ausdehnung des ursprünglichen Begriffs auf alle Begüterten kann in diesen Gegenden um so weniger Wunder nehmen, da eines Theils Neapel von einer Menge Adeliger aller Art (conti, marchesi, principi e simile cattiva gente, wie der ehrliche florentinische Chronist berichtet) strozt, und fast jeder von ihnen in den Umgegenden der Hauptstadt ein Landhaus besitzt, andern Theiles die Hoffnung, eine kleine mancia (Essgeld statt Trinkgeld) zu erhalten, den Neapolitaner anreizt, jeden nur halbweg anständig gekleideten Mann mit diesem Ehrentitel zu begrüssen. Und dass sie dadurch manches Mal zu ihrem Zwecke gelangen, bezeugt die bekannte Geschichte jenes Russen, welcher dem Cameriere, der ihn mit *comanda Eccellenza?* anredete, auf der Stelle ein Paar alte Beinkleider als Gegengeschenk für so viel Aufmerksamkeit und Höflichkeit verehrte.

die bizzare Idee, für den Bedarf seiner villa eine neue Art von Stuccatur anfertigen zu lassen, um durch die Neuheit dieses Unternehmens die Blicke des Publikums auf sich zu richten. Zu diesem Zwecke kaufte er in der Umgegend eine Menge Marmorstücke auf, welche er pulverisiren, und zu Mörtel verarbeiten liess. Unter den angekauften Stücken fanden sich auch eine Menge Trümmer von alten Säulen, Capitelle und dergleichen. Diess reizte die Neugierde des Fürsten. Auf weiteres Befragen deutete man ihm den oben erwähnten Brunnen an, aus dessen Innern man eine Menge Kostbarkeiten dieser Art zu Tage förderte. Bei weiteren Nachgrabungen fand man Stücken ähnlicher Art, ja ganze Statuen, von denen der Fürst einige an Freunde verschenkte. Nun erst kamen die Fiscalbeamten beim Könige mit einer Vorstellung ein, worin sie den Wunsch ausdrückten, dass Alles, was sich bei diesen Nachgrabungen als bedeutungsvoll herausstellte, der königlichen Kasse als gute Beute verfallen möchte. Die lakonische Antwort des Königs: se troverà un tesoro, spetterà al rè, ma il resto no [1]) beschwichtigte zwar für einige Zeit die Habgier der Beamten doch wirkten ihre wiederholten Vorstellungen endlich dahin, dass an den Fürst das Gebot erging, die Nachgrabungen einzustellen. Nun übernahm der König Carl der Dritte im eignen Namen die Fortsetzung der Arbeiten, und bestimmte, durch den glänzenden Erfolg derselben angefeuert, ein Zimmer im Palast Caramanica zur Aufbewahrung der nur etwas werthvollen Stücke, welche sich als Ausbeute der unablässig fortgesetzten Nachgrabungen darboten. Doch ergab sich sehr bald der Uebelstand, dass die von den alten Mauern abgesägten Fresken dadurch, dass sie mit der äussern Luft in Berührung kamen, an Farbenfrische bedeutend verloren. Was unter der Lavadecke so frisch, als ob es gestern gemalt worden wäre, sich erhalten hatte, das litt durch den Zutritt des in der Atmosphäre enthaltenen Sauerstoffgases so augenscheinlich, dass der Glanz der Tinten sichtbar erbleichte. Doch auch diesem Uebelstande wusste die Kunst-

1) Wenn er einen Schatz findet, so gehört er dem König; alles Uebrige verbleibt dem, der es aufgefunden.

erfahrung eines Sicilianers, Moriconi, Inhabers einer Offizierstelle bei der Artillerie, zu steuern. Er erfand einen Lack (vernice), mit welchem er die Fresken frisch, wie sie aufgefunden wurden, überstrich, und sich durch den glänzenden Erfolg seiner Bemühungen einen gerechten Anspruch auf den Dank der Nachwelt erwarb. Zu gleicher Zeit sah die Regierung sich auch nach einem Manne um, welcher die neu aufgefundenen Schätze des Alterthums beschreiben und zur Kenntniss eines grössern Publikums bringen könnte. Zuerst dachte man an den gelehrten Mazzocchi, welcher sich bereits durch die Herausgabe und Erklärung der Tafeln von Heraclea grossen Ruhm erworben hatte. Allein theils sein vorgerücktes Alter, theils die diesem herrlichen Gelehrten eigenthümliche, grosse Bescheidenheit verursachten, dass er einen eben so ehrenvollen, als glänzenden Antrag zum Nachtheile der Nachwelt auszuschlagen sich entschloss. Nun kam die Reihe an Monsignor Bayardi, einen bisher wenig bekannten Alterthumsforscher, welcher noch dazu erst vor Kurzem nach Neapel gekommen war. Dieser, ein von Natur eben so feuriger als ehrgeiziger Mann, übernahm die Ausführung des königlichen Auftrages mit der grössten Bereitwilligkeit; zeigte indess im Fortgange des Unternehmens, als er die damit nothwendiger Weise verbundenen Schwierigkeiten genauer kennen lernte, nicht den Eifer und die Beharrlichkeit, welche man von ihm erwartet hatte. Zwar gab er die Einleitung in die Alterthümer Herculanums, Neapel 1752, heraus, aber ganz gegen alle Erwartung des Hofes mit nur wenig Kupfertafeln. Vielleicht giebt es kein glänzenderes Beispiel von unzweckmässig verwendeter Gelehrsamkeit und prunkender, aber im Grunde nichtssagender Citate, als das, was Bayardi in diesem Werke der staunenden Mitwelt aufstellte. Im ersten Bande sprach er von weiter nichts, als den Maassen der alten Griechen und Römer, und erst am Ende des zweiten Bandes, nach 1100 Seiten, kommt der wortreiche Gelehrte auf das Thema, worüber er zu schreiben gedachte. Und selbst am Schlusse des Werkes hat er die Geschichte Herculanums erst bis zu der Mythe, welche den Herkules die

Unterwelt betreten lässt, um den Theseus aus den Händen des Pluto zu befreien, erzählt. Nach solchen glänzenden Vorgängern kann es den Fremden nicht Wunder nehmen, dass Martorelli ein Werk in zwei Quartanten zur Erläuterung eines alten Dintefasses schrieb. Ein Werk, welches auf das Achttheil seines Gehaltes reducirt, eine recht interessante Abhandlung über die Bibliographie der Alten geworden wäre; in seinem jetzigen Umfange aber nicht einmal dem Gelehrten vom Fache brauchbar erscheint. Für solche Ausgeburten der klassischen Alterthumskunde würde es das Beste seyn, die Kataloge der Bibliotheken noch mit einer neuen Rubrik zu bereichern, deren Ueberschrift ohngefähr so lauten könnte: de re omni scibili et quibusdam rebus aliis. — Nach dem Schiffbruche, welchen Bayardi's Gelehrsamkeit an den Klippen der öffentlichen Meinung erlitten, wandte sich der König, unzufrieden mit dem geringen Erfolge seiner bisherigen Bemühungen, an die einheimischen Gelehrten, denen man auch hier nach dem Sprichworte „der Prophet gilt nicht in seinem Vaterlande" den Ausländer vorgezogen hatte, und begründete durch die Stiftung der accademia Ercolanese einen dauernden Verein der tüchtigsten und geschicktesten Alterthumsforscher, deren nächster Zweck es war, die Alterthümer Herculanums genau abstechen zu lassen, und kritisch zu beleuchten. Angespornt durch das königliche Vertrauen, und entflammt von einem heissen, nur den Südländern eigenen Patriotismus, das Land, wo sie geboren, zu verherrlichen, begannen die biedern Akademiker die antichità di Ercolano, ein Werk, welches zweifelsohne eine neue Bahn gebrochen, und der dankbaren Nachwelt bewiesen hat, was unmittelbare Anschauung des Alterthums, wenn ihr Pfad durch die Fackel der Kritik erleuchtet wird, im Gebiet der Kunst und Wissenschaft vermögen. Und, gleichwie im Gebiete der philosophischen Wissenschaften es zu den glänzendsten Verdiensten der neueren Zeit gerechnet wird, dass die besten Köpfe unsers Jahrhunderts den Widerspruch, der zwischen Schule und Leben obzuwalten schien, aufzulösen, und den Schleier der Unverständlichkeit und des scholastischen Formelwesens mit starker Hand zu lüften versucht haben, eben so muss auch das Verdienst derer anerkannt werden, welche durch vortreffliche Benutzung der nur zufälligen Entdeckungen in Herculanum der Alterthumswissenschaft eine tüchtigere Basis zu geben wussten. Freilich erscheint dieses Verdienst jener Biedermänner nur ephemer; denn bald kamen neue Entdeckungen hinzu, welche die früheren übertrafen, und es fehlte auch nicht an Männern in und ausser Italien, welche den gelehrten Akademikern manchen Verstoss im Einzelnen nachwiesen, oder das von ihnen benutzte Materiale im Detail besser, als sie, zu bearbeiten wussten. Aber Niemand wird es wagen, den thätigen Forschern den Lorbeer zu entreissen, welchen die dankbare Mitwelt um die Schläfe dieser verdienstvollen Gelehrten gewunden hat.

Schon bedeckte die Nacht mit ihrem schwarzen Gewande Resina, als wir dem Theater Herculanums entstiegen. Da wir nun die Wahl hatten, entweder denselbigen Abend nach Neapel zurückzukehren, oder den folgenden Tag auf die Untersuchung der Alterthümer Pompeji's zu verwenden, so entschied die Stimmenmehrheit endlich dahin, dass wir die Nacht in Resina bleiben und den andern Morgen bei Zeiten nach Pompeji aufbrechen sollten. An ein Wirthshaus ist in Resina nicht zu denken, und, um diesem Mangel wenigstens in etwas abzuhelfen, forderte ich die Reisegefährten auf, mich zum Salvadore, dem bekannten Vesuv-Führer, zu begleiten. Schon seit 36 Jahren hausst derselbe in Resina, und hat durch das Geschäft des Cicerone, was er seit langen Jahren getrieben hat, eine solche Bekanntschaft mit der Oertlichkeit dieser Gegend erlangt, dass allgemein behauptet wird, kein Stein, welcher auf dem Vesuv liege, sey ihm entgangen. Jetzt treibt er sein Metier en gros. Er hält 18 bis 20 junge Leute, welche unter seiner Leitung und Aufsicht das Terrain bereist und untersucht haben. Diese giebt er den gewöhnlichen Fremden als Vertreter seiner eignen Person mit auf den Weg; er selbst verrichtet nur die Obliegenheiten des maitre d'hotel, indem er die Fremden, welche den Vesuv zu besteigen wünschen, empfängt, mit Limonade bewirthet, Kontracte mit ihnen abschliesst, und ihnen kleine Sammlungen von Lavasteinen, die im schönsten Farbenspiel die Edelsteine zu übertreffen suchen, zum Verkaufe anbietet. Es giebt wohl selten einen Fremden, der diese Gegenden besucht, welcher sich nicht durch die gutmüthige Geschwätzigkeit unsers Salvadore ein solches, wohlgeordnetes Kistchen Steine aufhängen liesse, die er dann bei der Abfahrt von Neapel des zu theuern Porto's halber im Gasthause verdrüsslich stehen lässt. Kaum kamen wir — drei Mann hoch — bei Salvador an, als im Nu auch schon 4 Saumthiere für uns bereit standen, um uns und ein Nachtessen zum Eremiten des Vesuvs zu tragen. Nur mit dem Zeichen des äussersten Verdrusses zog der kleine Bursche, der uns zum Cicerone bestimmt war, seine Tschutschu's wieder in den Stall, als ich bei meinem alten Bekannten die Anfrage um Nachtquartire anbrachte. Er nahm uns freundlich auf, und versprach sogleich, uns in einem Privathause unterzubringen, da in seiner Wohnung nur Platz für seine Tschutschu sey. Gesagt, gethan. In wenig Minuten waren wir bei seinem Nachbar eingemiethet; aber das Abendessen wurde bei unserm Salvadore bestellt. Zwar war es ein giorno di magro[1]), und im ganzen Hause weiter nichts als Eyer, Salat, und Fische vorräthig. Doch eilte unser gefälliger Wirth mit der Bemerkung, dass wir *Prussiani*[2]) von dem Fasten nicht viel wissen wollten, sogleich in das Dorf, um uns den Fleischbedarf zum Nachtmahle einzukaufen. Bald kam er mit vollen Körben zurück, indem er uns lachend ein Papier mit den Worten entgegenhielt: ecco, la licenza! [3]) Auf unser Befragen, was es mit dem Stückchen Papier für eine Bewandtniss habe, versicherte er uns, dass es den Eingebornen verboten sey, an Festtagen Fleisch zu kaufen, und dass er, da ihm der Fleischer auf sein Verlangen kein Fleisch habe geben wollen, zu seinem buon 'amico gelaufen sey, um sich von ihm die Erlaubniss zu erbitten,

1) Festtag.

2) Preussen.

3) Siehe da, die Erlaubniss.

welche dem Privilegirten das Recht ertheilt, auch an Festtagen Fleischspeisen zu geniessen. Sein Freund habe aber die seinige nicht finden können, und ihm zu demselben Zweck einen Ablassbrief für 3 peccati mortali [1]), der ihm gleich in die Hände gefallen, gegeben. Selbige habe er beim Fleischer vorgezeigt, und so sey er endlich in den Stand gesetzt worden, unsre Wünsche zu befriedigen. Aber, fügte er freundschaftlich hinzu, un' altro peccato mortale non faccio, che per voi [2]). — Nachdem wir einige piatti [3]) maccheroni und eine Schüssel spiriti santi [4]) verzehrt, und unsre trockenen Gaumen mit angeblichen Lacrime und etwas Malvasier-Wein angefeuchtet hatten, gingen wir aus, um die sternenhelle Nacht noch etwas zu geniessen. Salvadore begleitete uns. Am Meeresufer nahmen wir eine Barke, deren rüstige Ruderer uns mit wenigen Stössen aus dem Bereiche des Ufers brachten. Kein Lüftchen regte sich. Der Schwüle des Tages war eine laue Nachtluft gefolgt, wie man sie nur in den südlichern Theilen Italiens einzuhauchen gewohnt ist. Lächelnd lauschten wir dem Spiele der Wellen, welche, durch die Ruderschläge unsrer Barke hervorgerufen, die Eintönigkeit des Meeresspiegels unterbrachen, und, durch das Sternenlicht nur sparsam erleuchtet, in schwarzen Umrissen die Gestalten der Ruderer mit ihren Bewegungen abspiegelten. Bald bemerkten wir in geringer Entfernung von uns Lichter auf der See, die gleich Irrwischen am Horizonte hin- und herfuhren, bald erloschen, bald plötzlich da, wo man es am wenigsten erwartet hatte, aus dem Meere wieder auftauchten. Wir wunderten uns, eine solche elektrische Erscheinung auf dem Meere zu erblicken, als uns Salvador mit der Bemerkung: „*sono pescatori*" [5]) aus un-

---

1) Todsünde.

2) Aber eine andre Todsünde begehe ich für Niemand, als für Sie.

3) Teller.

4) Ein bildlicher Ausdruck, mit welchem man im gewöhnlichen Leben *Tauben* bezeichnet.

5) Es sind Fischer.

sern physiologischen Betrachtungen weckte. Auf unser gemeinsames Verlangen, diesen uns räthselhaften Umstand aufzuklären, ruderten unsere Bootsleute in die Nähe der Lichter. Bald bemerkten wir ein Boot, auf dessen Vordertheile ein helles Feuer aufloderte. Neben dem eisernen Heerde, welchem die Flamme prasselnd entquoll, sahen wir einen Mann, mit dem rechten Fusse auf den hohen Rand des Bootes gestützt, in aufmerksamer Stellung, gleich als ob er auf dem von der Flamme beleuchteten Meeresspiegel etwas ausspähe. In der Hand hielt er eine Art von Harpune, welche er mit ausserordentlicher Geschicklichkeit nach den Fischen schleuderte, welche der Lichtglanz des Feuers auf die Oberfläche des Meeres gelockt hatte. Im Nu hatte er den vom Eisen getroffenen Fisch auch schon in den Kahn geschleudert, und harrte sehnsuchtsvoll der ferneren Beute. Zwei kräftige Ruderer lenkten das Boot und sorgten für die Aufbewahrung der gefangenen Fische. Lange begleitete unser Nachen die sonderbaren Fischer, lange ergötzten wir uns an der Gewandheit des Fängers, lange vergnügten uns die immer wechselnden Schattenbilder der Ruderer, welche, gleich Nebelgestalten, manches Mal aus dem Meere aufzutauchen schienen, manches Mal bei unerwarteten Wendungen des Bootes unsern Blicken ganz und gar entschwanden. Man sagte uns, dass diese Art zu fischen, vor der mit Netzen und Angeln bedeutende Vorzüge habe, und dass sie bei schwülem Wetter am ergiebigsten sey.

Den andern Morgen fuhren wir wohlgemuth dem Städtchen Torre dell' Annunziata zu, von welchem Pompeji nur einige Büchsenschüsse entfernt liegt. Da wir recht wohl wussten, dass in Pompeji für uns kein Mittagsessen bereitet werden könne, bestellten wir das unsrige im Gasthofe des Städtchens, und wollten, um vor Prellereien der ziemlich beleibten Wirthin sicher zu seyn, nach der, den Fremden eben so, wie den Einheimischen, eigenthümlichen Sitte, über den Preis desselben im Voraus accordiren, als die Frau, welche durch solches Beginnen ihre Ehre gekränkt glaubte, auf die Seite sprang, und aus dem schmutzigsten Winkel der Küche ein grosses, mit Oel und Russ bedecktes Buch, wie im

Triumphe, uns überbrachte, in welchem wir bei einigem Blättern eine Menge Fremden-Attestate in allen Zungen erblickten, dass sie eine ehrliche Frau, und besonders bei den artisti [1]) beliebt sey. Reste ehemaliger Schönheit, welche sie trotz des vorgerückten Alters bewahrt, liessen uns diess einfache Faktum keinen Augenblick bezweifeln, und wir sahen diessmal uns genöthigt, uns ihr auf Gnade und Ungnade zu ergeben, weil wir, hätten wir anders gehandelt, der ganzen Klerisei des hochgeehrten Artistenordens Hohn gesprochen hätten, und unfehlbar ein Opfer der künstlerischen Nemesis geworden wären. Mit Freuden erzählte uns die durch unsre Nachgiebigkeit zutraulich gewordene Wirthin, wie oft sie den Künstlern als Modell zur Venus und zur heiligen Jungfrau gedient habe, und schien fast belei-

1) Diess ist der allgemeine Name für die Fremden, welche in Italien wenig zu verthun, aber desto mehr zu sehen haben. Die vielen Landschaftsmaler, welche das Land der Kreuz und Quer durchziehen, um aus den besten points de vue ihre Studien zusammenzusetzen, haben Veranlassung zu der Ansicht gegeben, als ob alle Fremden, die das Land in wissenschaftlicher Hinsicht bereisen, ebenfalls zur Kaste der artisti zu rechnen seyen. Es ist nicht zu leugnen, dass die jugendlichen, lebenslustigen Gesichter der deutschen und französischen Künstler selbst bei ihren auffallenden Trachten der harmlosen Fröhlichkeit der Eingebornen viel mehr zusagen, als die steifen Engländer, welche, mit dem Buche in der Hand, stolz vor den Natur- und Kunstschönheiten dieses Landes vorbeigehen, und höchstens bei Beschauung alter Statuen die Eingebornen fragen: chi l' ha fatto? (Wer hat diess gearbeitet?) oder bei Betrachtung neuerer Gemälde mit sinnvoller Miene fragen: dove fù trovato questo quadro? (Wo ist diess Gemälde aufgefunden worden?) *Artista* ist in Italien das Losungswort für Jeden, welcher wohlfeil und gemüthlich leben will. In jeder Stadt, in jedem Dorfe findet er wenigstens Ein Haus, wo die artisti gern gesehen sind. Und wie leicht wird es nicht dem Fremden bei längerem Aufenthalte in diesen Gegenden die angenehmsten Bekanntschaften unter den Eingebornen zu machen, welche, frei von den Einflüssen des gesellschaftlichen Zwanges und der Mode, dem, welcher ihnen freundschaftlich entgegenkommt, die grössten Beweise von Vertrauen und aufrichtiger Freundschaft geben, den Fremden, wenn sie ihn nur halbweg kennen, sogleich in ihren Familienkreis einführen, und es sich zur Pflicht zu machen scheinen, selbst das nordische Phlegma für die Schönheiten ihres Landes zu begeistern. Ah, che bel paëse è la nostra Italia!

digt, als wir nicht eben Miene machten, ihren Reizen dieselbe Gerechtigkeit widerfahren zu lassen. Vielleicht war es nur die Sehnsucht, die alte Römerstadt zu betreten, welche uns hinderte, die uns umgebende Gegenwart zu geniessen.

Ein in Lumpen gehüllter Cicerone (hier nur antiquario genannt) führte uns dem Allerheiligsten entgegen. Unbeschreiblich sind die Gefühle, welche mit tobender Gewalt unsre Brust bestürmten, als wir, ganz der Gegenwart entrückt, uns in den Hallen des Alterthums erblickten. Kein Flug der Phantasie vermag es, die Empfindungen zu schildern, welche dem freudigen Herzen entquollen, als die ehrwürdigen Reste der Vorzeit uns in die Blüthe der Römerzeit versetzten. Ein Nichts erscheint die Geschichte mit allen ihren darin verzeichneten Grossthaten, wo die lebendige Anschauung des Alterthums uns zur Begeisterung hinreisst, und die Gefühle, gleichwie durch Bezauberung, an die Kreise der Vergangenheit bannt.

Es würde eine vergebliche Mühe seyn, wollte ich in die nachfolgenden Zeilen das zusammendrängen, was wir bei der Beschauung der Einzelnheiten Pompejis gesehen, gelernt haben. Nur kurze Andeutungen mögen denen, welchen es vom neidischen Schicksal bisher noch nicht vergönnt war, diess hehre Denkmal des Alterthums in Augenschein zu nehmen, sagen, was sie von einem künftigen Besuche zu hoffen, zu erwarten haben.

Pompeji liegt am südlichen Fusse des Vesuvs, in geraumer Entfernung von Herculanum. Der Theil der Stadt, welcher bis jetzt aufgegraben ist, liegt auf einer unebenen Gegend, welche sich nach dem Meere zu abdacht. Das Material, welches die blühende Stadt begraben hat, scheint nicht Lava, sondern vielmehr Staub und Asche gewesen zu seyn. Wenigstens stösst man hier auf keine steinharte Lavakruste von der Art, wie die, welche Herculanum bedeckt, sondern nur auf Erdtheile, Schlacken, Steine und dergleichen. Ein Umstand, welcher die Bemühungen, die unterirdische Stadt von ihrer Erdhülle zu befreien, viel belohnender gemacht hat, als die, welche man zu gleichem

28*

Zwecke bei der Enthüllung Herculanums angewendet. Plinius der Jüngere, welcher uns in seinen Briefen den Ausbruch des Vesuvs, der beiden Städten Tod und Verderben gebracht, ausführlich beschrieben, erwähnt namentlich des Aschenregens, welcher die Atmosphäre verdunkelt, den Tag in Nacht verwandelt habe, und, mit Steinen und ausgebrannten Schlacken, untermischt, in der Gegend von Stabiae so dicht niedergefallen sey, dass man, wie im winterlichen Schneegestöber, nicht im Stande gewesen sey, die nächsten Gegenstände zu unterscheiden. Stabiae scheint nach den Untersuchungen der besten Alterthumsforscher ohngefähr an der Stelle gelegen zu haben, wo heute Castellamare liegt. Eine gerade Linie, welche man von Stabiae nach dem Gipfel des Vesuvs ziehen möchte, würde Pompeji unmittelbar durchschneiden. Mithin scheint es glaublich, dass bei jenem Ausbruche des Feuerbergs ein das Erdbeben begleitender Orkan die dem Flammenschlunde entsteigende Aschensäule dem Süden zugetrieben habe, und die Ursache davon geworden sey, dass aus dem Grabe der blühenden Stadt nach mehr denn 16 Jahrhunderten ein lebendiges Bild des Alterthums der staunenden Nachwelt entsprossen ist.

Die Aufgrabungen werden jetzt auf königliche Kosten fortgesetzt. Man sagt, dass jährlich sechs bis sieben Tausend Ducati zu diesem Zwecke verwendet werden. Eine Angabe, welche indess schon deshalb dem Zweifel unterliegen möchte, weil die Arbeiten lange Jahre hindurch geruht haben. Erst in neuerer Zeit hat man sie wieder aufgenommen, um die in Friedenszeiten nur zu sehr arbeitscheuen Soldaten vor den übeln Folgen des erschlaffenden Müssigganges zu bewahren. Sichtbar ist bis jetzt kaum das Drittheil Pompejis, und man kann daher nicht ohne Grund vermuthen, dass vielleicht noch zwei Jahrhunderte vergehen werden, ehe es den Bemühungen der Regierung gelingen wird, die unterirdische Stadt in ihrer ganzen Ausdehnung zu enthüllen. Bis jetzt kennen wir sichtbare Spuren von nur zwei Thoren Pompejis, das östliche, von der Nähe Herculanums porta di Ercolano genannt, und das nordöstliche, welches man mit dem Namen porta di Nola bezeichnet, weil es die Umgebungen Nolas beherrscht. Beide sind gut erhalten. Der Eingang der Thore ist nicht eben hoch. Thürme scheinen denselben beschützt zu haben. Von den Befestigungswerken der Stadt sieht man wenig; am besten präsentirt sich der Theil der Stadtmauer, welcher gegen Osten nach dem Amphitheater sich hinzieht. Es scheint, als ob dieselben, nachdem sie von Sulla von Grund aus zerstört worden, von Neuem wieder aufgebaut worden seyen. Dass sie aber jetzt grösstentheils dem Auge des Forschers entschwunden, das hat wahrscheinlich das Zusammenwirken mehrerer Umstände veranlasst. Ein Theil derselben mag wohl durch das Erdbeben, welches den Ausbruch des Vesuvs begleitet hat, vernichtet worden seyn; ein anderer Theil ist vielleicht mit Fleiss von den Einwohnern zerstört worden, um das durch das Niederreissen der Mauern gewonnene Baumaterial zu andern Zwecken zu verwenden. Eine Vermuthung, welche auch durch die Bemerkung unterstützt wird, dass Italien, seitdem Augustus mit mächtiger Hand die Zügel der Regierung an sich gerissen, des tiefsten Friedens, der sorglosesten Ruhe genoss, und dass mithin die Befestigungswerke der italischen Städte unnütz und bedeutungslos erscheinen mussten. Hierzu kommt noch ein Umstand, welcher für die Richtigkeit dieser Ansicht zu bürgen scheint. Durch das ganze römische Alterthum nämlich zieht sich die Idee hindurch, dass der die Stadtmauern von Innen und von Aussen umgebende Raum bis auf eine gewisse Strecke von Gebäuden frei bleiben müsse [1]). Diesen freien Raum nannte man pomoerium. Offenbar verdankt diese Ansicht dem Vertheidigungssysteme der Alten ihren Ursprung. In Pompeji findet sich nun gerade das Gegentheil. Gleich das erste Haus, welches dem Fremden, wenn er durch die porta di Ercolano das Innere der Stadt betritt, auf der rechten Seite entgegenstösst, ist mit den Ueberresten der Stadtmauer so verbunden, dass jede Spur des pomoerium nach Innen zu

1) L. 8. §. 2. Dig. I. 8. *Marcianus lib. 4. regularum.* In municipiis quoque muros esse sanctos Sabinum recte respondisse Cassius refert, *prohiberique oportere, ne quid in his immitteretur.*

vertilgt scheint. Man muss demnach wohl glauben, dass die Zwecklosigkeit der Befestigungswerke schon bei Zeiten den Einwohnern Pompejis einleuchtete.

Ehe man die porta di Ercolano betritt, durchwandelt man die Strasse der Gräber. Die alte mit Lavaplatten gepflasterte Strasse, welche vom Thore aus nach Herculanum führt, ist an beiden Seiten mit Grabmälern geziert, welche den Wanderer an die Vergänglichkeit des Irdischen erinnern. Weithin erstrecken sich diese ehrwürdigen Reste des Alterthums mit ihren bleichen Inschriften und ihren grösstentheils gut erhaltenen Aschenkrügen. Neben dem prächtigen Monumente des mächtigen Duumvir, des geachteten Quinquennalen steht einfach und schmucklos der Aschenkrug des armen Bürgers und des Freigelassenen. Lange Titel verkünden die Ehrenbezeugungen, womit die dankbaren Bürger den Wohlthäter ihrer Stadt beschenkt haben, während das nächste Monument nicht einmal den Namen des Abgeschiedenen bezeichnet. Besonders interessant erschien mir das Denkmal des Caius Munatius Faustus. Es enthält eine Grabstube, in welcher man 9 zur Aufnahme von Aschenkrügen bestimmte Nischen erblickt. Ueber der Grabstube erhebt sich ein marmorner Grabstein, in der Form eines Altars. Die Vorderseite des Grabmals zeigt eine Inschrift, welche besagt, dass eine Freigelassene, Naevoleia Tyche mit Namen, diess Grabmal für sich und den Caius Munatius Plancus bei ihren Lebzeiten errichtet habe. Zugleich wird bemerkt, dass der Municipalsenat mit Uebereinstimmung des Volkes dem Munatius das bisellium durch gemeinsamen Beschluss ertheilt habe. Ueber der Inschrift steht das Bildniss der Tyche. Unter dem Bildnisse finden sich bassirilievi, welche Bestattungsgebräuche der Alten darstellen. Daneben ist eine Barke mit ihrem Zubehöre abgebildet. Auf dem Hinterdecke derselben erblickt man einen Mann, welcher das Steuerruder regiert. Auf den Masten sind mehrere Kinder sichtbar, welche das schwellende Segel zu spannen versuchen. Wie nahe liegt da nicht die Vermuthung, dass Munatius Seehandel betrieben? Nach der Seite hin, welche die Strasse berührt, ist auf dem

Denkmale eine sonderbare Sculptur sichtbar. Ein auf 4 Füssen ruhendes Gestelle, welches unsern Bänken nicht unähnlich ist, trägt ein Kissen, welches zwei Sitze zu begrenzen scheint. Diese Figur hat sich vor der Entdeckung Pompejis auf keinem alten Bildwerke vorgefunden. Sie wiederholt sich auf dem Grabmale des Caius Calventius Quietus, von welchem ebenfalls eine ehrenvolle Inschrift besagt, dass auch ihm durch einmüthigen Beschluss des Senates und des Volkes wegen seiner Freigebigkeit gegen die Stadt die Ehre des bisellium verliehen worden. Aus der Uebereinstimmung dieser beiden Denkmale ergiebt sich nun wenigstens so viel als unbezweifelt, dass die genannten Sitze das bisellium vorstellen sollen. Selbst die Ableitung des Namens scheint dafür zu sprechen, da bisellium ursprünglich nur ein Gestelle bedeuten kann, auf welchem zwei Sitze zu unterscheiden sind. Dadurch ist nun zugleich auch der grosse Streit der Antiquare entschieden, was, und von welcher Gestaltung das bisellium gewesen? Wer mit dieser Auszeichnung beehrt worden war, erhielt dadurch das Recht im Senate, im Theater und bei allen öffentlichen Feierlichkeiten auf diesem Ehrenstuhle Platz zu nehmen. Eine Idee, welche erst dann recht klar wird, wenn man sich daran erinnert, dass die sella curulis, ein elfenbeinerner, auf gewundenen Füssen ruhender Sitz, bei den Römern zu den Abzeichen der höchsten Staatswürden gehörte. Gewiss muss das bisellium in den römischen Municipalstädten eine geachtete, persönliche Auszeichnung gewesen seyn, da die Hinterlassenen es nie unterlassen haben, dasselbe neben den Aemtern, welche die Verstorbenen verwaltet, ausdrücklich zu erwähnen. — Ganz nahe am Eingange der porta di Ercolano stehen zwei runde Grabmäler von geringem Umfange, welche die Gestaltung der mittelalterlichen Wartthürme im verjüngten Maassstabe wiederzugeben scheinen. Sie sind nach der Strassenseite zu offen, so dass man mit Bequemlichkeit das Innere derselben betreten kann. Gewiss würde die Vermuthung unsers geistreichen Cicerone, welcher sie für die Schilderhäuschen der alten Römerstadt ausgab, sehr viel Wahrscheinlichkeit für sich haben, wenn man nicht aus handschriftlichen Notizen über die Provenienz der von Pompeji nach Neapel gebrachten Stücke sich leicht darüber belehren könnte, dass in diesen Gebäuden Graburnen gefunden worden sind. — Die schönste Zierde der Gräberstrasse Pompejis scheinen mir die Ueberreste der prächtigen Villa zu seyn, welche man dem Diomedes zuzueignen pflegt. Dieses Gebäude, mit seinen ungeheuern Trümmern, mit dem geräumigen Hofe und dem so schön erhaltenen Säulengange, ist eins von den wenigen Denkmälern des Alterthums, welche uns einen Begriff von der bürgerlichen Baukunst der Alten zu geben im Stande sind. Die regelmässige Bauart derselben zeugt von der Geschicklichkeit des Baumeisters; die weithin laufenden Anlagen und Nebengebäude der Villa lassen auf den Reichthum des Besitzers schliessen; die schönen Ueberreste alter Mosaiken und halb verwischter, halb verwitterter Gemälde lassen einen gewissen Kunstsinn bei dem vermuthen, welcher in der Wahl seines Landsitzes so glücklich und in der Verschönerung desselben so verschwenderisch gewesen. Das Wohngebäude der Villa wird erst sichtbar, wenn man die Stufen, welche von der Gräberstrasse auf den Hof führen, erstiegen hat. Es umfasst die eine Fronte des viereckigen Hofes, und zeigt noch jetzt im Zustande der Zerstörung Ueberreste von wenigstens zwei Stockwerken. Die Mitte des Hofes, ziert ein impluvium, d. h. ein Behälter, in welchem das Regenwasser sich sammelte, und von wo aus es durch Röhren in einzelne Theile des Hauses geleitet werden konnte. Die Villa liegt etwas höher, als der Fahrweg, welcher durch die Gräberstrasse sich hindurchzieht, und lehnt sich an einen nur allmählich sich erhebenden Hügel. Man bemerkt unter den Säulengängen, welche das Wohngebäude mit der Fronte der Villa verbinden, eine Art unterirdisches Geschoss, welches theils zu häuslichen Verrichtungen, theils zur Aufbewahrung des Weines und Oeles gedient haben mag. Dass auch dieser Theil der Villa mit der Strasse zusammenhing, sieht man aus einer kleinen Seitenthüre, welche denselben mit der letztern unmittelbar in Verbindung setzt. In diesem unterirdischen Stocke der Villa sieht man noch heute eine Menge

Wein- und Oelkrüge aus gebrannter Erde, welche die ursprüngliche Bestimmung dieses Ortes anzudeuten scheinen, wenn man nicht mit Andern annehmen will, dass dieselben erst bei der Annäherung der Gefahr von den Besitzern des Hauses aus den obern Stockwerken in das untere gebracht worden seyen. Diese Villa liegt genau zwischen der Stadt und dem Vesuve, und scheint daher auch das Gebäude gewesen zu seyn, welches die Wirkungen des Ausbruches zuerst und am heftigsten empfunden. Vom Holzwerke, welches zum Ausbau des Hauses verwendet worden, ist keine Spur mehr vorhanden. Nur an einigen Stellen, wo die hölzerne Treppe des zweiten Stockes in die Mauer eingelegt war, finden sich noch spärliche Ueberreste von Holzkohlen. Nach den bereits oben erwähnten Berichten über die Ausbeute, welche aus den Aufgrabungen zu Tage gefördert worden, sind in und nahe bei dieser Villa nicht weniger als 19 verkohlte Menschenskelette gefunden worden, 17 im unterirdischen Stockwerke des Hauses, 2 an der Hinterthüre des Wohngebäudes nach dem Meeresufer zu. In der Nähe der letztern, welche man bald als Personen männlichen Geschlechtes erkannte, fand man eine Menge Silber- und Goldmünzen; ja das eine der Skelette soll sogar einen Schlüssel in der verkohlten Hand gehabt haben. Man vermuthet demnach, dass es der Eigenthümer des Hauses und ein zur Fortschaffung der Kostbarkeiten beorderter Sclave gewesen sey, welche mitten auf der Flucht von dem Ungewitter ereilt, ein Opfer ihrer zu grossen Sorglosigkeit geworden seyen. Die Skelette, welche sich im unterirdischen Stockwerke der Villa vorgefunden, sollen alle auf einem Haufen, eines über dem andern, gelegen haben. Unter ihnen befanden sich mehrere Kinder, von deren Haaren sich noch einige Locken erhalten haben. Da man mehrere von diesen verkohlten Gerippen für Personen weiblichen Geschlechtes erkannt hat, so hat sich die Sage gebildet, dass, als der Hauseigenthümer mit seinen Kostbarkeiten sich durch die Flucht zu retten gesucht habe, die Tochter des Hausherrn mit ihren Verwandten und Sclaven, um sich der hereinbrechenden Gefahr zu entziehen, in die Keller des Hauses geflüchtet sey, wo sie zwar Schutz vor dem Aschenregen, aber keinen vor dem durch die wenigen Oeffnungen eindringenden Schwefeldampfe gefunden. Schauder ergreift das Gemüth, wenn man die Verzweiflung der Hülflosen, das Ringen der in der Todesqual Ersterbenden sich denkt. Aber mit wie verschiedenen Gefühlen betrachtet man die verkohlten Körper, welche zum Andenken der Entdeckung Pompejis im museo borbonico zu Neapel aufbewahrt werden! Hier, wo die nächsten Umgebungen nicht an Pompeji erinnern, betrachtet man die Ueberreste der sterblichen Hüllen nur mit dem Auge der Neugierde. Noch jetzt zeigt man allda einen herrlich erhaltenen Abdruck eines weiblichen Körpers, welcher angeblich aus der Villa des Diomedes stammt. Die Masse, welche den Abdruck umschliesst, besteht nach dem Gutachten der Naturforscher aus feinem Staube und Asche, welche sich an die Skelette, gleich Atomen, nach und nach angesetzt, und durch die Einwirkung der Feuchtigkeit verhärtet haben. In diese Masse, welche, gleich dem zartesten Wachs, die Glieder der Entschlafenen umgeben hat, finden sich Kopf, Nacken und Busen mit solcher Feinheit eingedrückt, wie man es von der geübtesten Künstlerhand zu erwarten berechtigt ist. Selbst von dem Gewande und den Ketten, welche die Schönheit der Abgeschiedenen erhöhen sollten, zeigen sich deutliche Spuren dem Auge des Fremden, ohne dass es nöthig wäre, denselben erst darauf aufmerksam zu machen. — Den Namen, welche die Villa jetzt führt, hat sie nur durch Zufall erhalten. Man entdeckte nämlich gleichzeitig mit derselben ein ihr gegenüber liegendes Grabmal, welches den Namen des Marcus Arrius Diomedes nennt. Er wird auf demselben als Freigelassener bezeichnet, und zugleich wird von ihm berichtet, dass er diesen Ort zur Grabstätte für sich und die Seinen ausgewählt. Daneben finden sich noch andere Gräber der Arrier, und diess hat die Archäologen zu der damals, wo man keine andern Grabmäler in der Nähe der Villa kannte, nicht unwahrscheinlichen Vermuthung veranlasst, dass der Herr der Villa und der auf jenem Grabsteine genannte Freigelassene ein und dieselbe Person gewesen. Seitdem man aber andere Todensteine auf beiden Seiten der Villa aufgefunden und entziffert hat, hat man sich bald von der Unhaltbarkeit jener Hypothese überzeugt; doch lebt der einmal in Aufnahme gekommene Name noch jetzt in dem Munde der Ciceroni und in den neuesten Beschreibungen der Ruinen Pompejis fort.

Tritt man durch das Thor von Herkulanum in das Innere der Stadt, so zeigt sich gleich rechts über der Thüre des ersten Hauses der orthodoxe Phallus, das Sinnbild der Fruchtbarkeit und des häuslichen Gedeihens bei den Alten, welches man mit derselben Andacht der Thürschwelle vorgesetzt haben mag, mit welcher man heut zu Tage in Deutschland drei Kreuze den Stall- und Scheunenthüren einzubrennen pflegt. Sinnreich ist die Vermuthung der gelehrten antiquari, welche die neugierigen Engländerinnen nur durch die Bemerkung zu beruhigen wissen, dass man auch bei den Alten die Häuser nach Nummern gezählt, und daher gleich das erste Haus am Thore mit numero Eins bezeichnet habe. Eine Vermuthung, welche sich freilich nicht dadurch bestätigt, dass man diese verdächtige Eins fast an jeder pompejanischen Hausthüre links und rechts, bald mehr, bald weniger das Geheimniss der bacchischen Feste bezeichnend, erblickt. — Die Fahrstrasse ist innerhalb des Thores gegen 20 Fuss breit; nach dem Innern der Stadt zu wird sie schmäler, und beträgt kaum über 10 Fuss. Vom Thore an heben auch die für die Fussgänger bestimmten Trottoirs an, welche dem Fahrwege von beiden Seiten parallel laufen, und selten die Breite von zwei bis drei Fuss überschreiten. Diese Trottoirs sind höher gelegt, als der Fahrweg, wahrscheinlich um die Fussgänger vor der Berührung der Wagen zu sichern. In der Mitte des Fahrweges bemerkt man hier und da eingelegte Schrittsteine, welche mit den Trottoirs gleiche Höhe haben, und wohl dazu gedient haben mögen, um den Fussgängern die Passage von einem Trottoir zum Andern zu erleichtern, und auch die Wagen in ihrem Laufe nicht aufgehalten haben können, weil sie die Wagengleise von beiden Seiten nicht berühren. Das Pflaster der Strassen besteht aus ungleichen, aber künstlich zusammengefügten Lavastücken, welche da, wo sie durch die Länge der Zeit schadhaft geworden sind, durch Einfügung von Eisenplatten und Haken, wovon sich noch manches Ueberbleibsel erhalten hat, ausgebessert worden sind. Noch jetzt sieht man die dem Fahrwege durch die Wagenräder eingedrückten Gleise, deren Spuren viel breiter sind, als die unsrer Halbchaisen. Und es lässt sich aus der fast überall gleich weiten Entfernung dieser Wagenspuren von einander nicht ohne Grund vermuthen, dass das Fuhrwerk der Alten in Bezug auf die Breite eine grössere Gleichförmigkeit gehabt habe, als wir es in unsern Zeiten zu finden gewohnt sind. Wo die Strassen enge sind, bemerkt man in der Regel nur Eine Wagenspur; wo sie breiter sind, finden sich deren mehrere vor, von denen manche Eindrücke in das alte Pflaster bis zur Tiefe von 3 Zoll hinterlassen haben.

Höchst belehrend sind in anderer Beziehung die Mauerschriften, von welchen sich hier und da sehr schöne Ueberreste erhalten haben. Auf nackten, nur mit weissem Kalk übertünchten Wänden, zeigen sich ganze Reihen grosser schwarzer Buchstaben, welche, in zusammenhängender Reihe gelesen, gewöhnlich Begrüssungsformeln oder öffentliche Bekanntmachungen enthalten. Sie sind noch jetzt für den, welcher auf den Trottoirs steht, zum Theile lesbar, und haben insofern einige Aehnlichkeit mit unsern öffentlichen Anschlägen, als sie gerade das Wort, welches Aufschluss über die ganze Aufschrift gewährt, vor den übrigen durch grössere Buchstaben auszeichnen. Es kann nach diesen Bemerkungen wohl keinem gegründeten Zweifel mehr unterliegen, dass diess eine bei den Alten sehr gewöhnliche Art der öffentlichen Bekanntmachung gewesen, und dass die Stellen der Alten, welche von der Mauerschrift reden, nicht desshalb, weil man bisher kein Beispiel derselben aufgefunden, für unglaubwürdig gehalten werden dürfen. Selbst für Juristen ist diese Entdeckung nicht ohne Interesse; denn es erhalten dadurch die Nachrichten der Alten, welche die Bekanntmachung des Prätorischen Ediktes in den älteren Zeiten mit der Mauerschrift in Verbindung setzen, unfehlbar ein neues Licht, und sie bietet mithin jungen Schriftstellern in diesem Fache eine erwünschte Gelegenheit, ihre Gelehrsamkeit und ihren Scharfsinn am Prätorischen Edikte mit eben dem Rechte zu versuchen, mit welchem man darüber, ob die 12 Tafeln auf elfenbeinernen oder Erztafeln geschrieben worden, mehr denn hundert akademische Dissertationen geschrieben hat.

Das Innere der Privatwohnungen in Pompeji bietet den Augen des Beschauers eine gewisse Gleichförmigkeit dar, einige Veränderung im Einzelnen abgerechnet, welche theils durch die individuellen Neigungen der Besitzer, theils durch den mehr oder minder beschränkten Bauraum veranlasst zu seyn scheinen. Die gewöhnlichen und durch den Gebrauch gleichsam geheiligten Eintheilungen derselben wiederholen sich fast in jedem einzelnen Wohnhause, und zwischen den Wohnungen der einzelnen Bürger scheint nur der Unterschied obgewaltet zu haben, welchen der Luxus im Gegensatze des Bedürfnisses erzeugt. Wenn ich es nun versuche im Allgemeinen einige Bemerkungen über den Häuserbau dieser Stadt zu geben, so darf man doch nicht überall Wiederholung derselben Phänomene erwarten; auch scheint es nothwendig, Alles, was Geschmacks- und Grillensache der Eigenthümer war, von diesen Bemerkungen auszuschliessen. Die Ruinen Pompejis erheben sich selten über die Höhe von 12 bis 14 Fuss, von der Erde an gerechnet. Dieser Umstand hat den Gelehrten Veranlassung zu der Vermuthung gegeben, dass kein einziges Wohnhaus im Innern der Stadt über das Parterregeschoss hinausgereicht habe. Allein diese Meinung wird theils durch die Ansicht der Villa des Diomedes, welche sichtbare Spuren mehrerer Stockwerke zeigt, erschüttert, theils durch die Entdeckung von Treppen, welche in das obere Geschoss mancher Wohnhäuser geführt haben mögen, völlig widerlegt. Seit dieser Entdeckung, welche wir dem gelehrten Architekten Mazois verdanken, ist nun, wie es in wissenschaftlichen Dingen zu gehen pflegt, gerade die umgekehrte Ansicht Mode geworden, dass fast jedes Wohnhaus im Innern der Stadt ein oder mehrere Stock gehabt habe. — Jedes nur etwas bedeutende Haus theilte sich in zwei durch schroffe Gegensätze scharf begränzte Partien. Die eine, welche für den öffentlichen Gebrauch bestimmt ist, umfasst die Strassenthüre, den Vorhof und das impluvium. Sie ist, ganz ihrem Zwecke entsprechend, dem Fremden sogleich, wenn er die Schwelle des Hauses betritt, sichtbar, und dient denen, welche zu dem hinteren Theile des Hauses gelangen wollen, zugleich als Durchgang. Die andere Abtheilung des Hauses, welche nur für die Privatzwecke des Eigenthümers bestimmt ist, enthält alle Bequemlichkeiten des Herrenhauses, Speisezimmer (triclinia), Schlafzimmer (cubicula), Bäder (balnea), Balkons zum Luftschöpfen (exedrae) und dergleichen, Alles in einer fast überall gleichförmig wiederkehrenden Ordnung. Die Fronte der Häuser, nach der Strasse zu, besteht gewöhnlich aus mehreren niedrigen Zimmern, welche an beiden Seiten des Haupteinganges angebracht, und durch besondere Thüren, deren sich da, wo zwei Strassen zusammentreffen, öfters zwei vorfinden, mit der Strasse in Verbindung gesetzt sind. Das Holzwerk, welches diese Nebenthüren verschloss, ist natürlich im Laufe der Zeit verschwunden, doch sind in vielen der steinernen Thürpfosten noch oben und unten Einschnitte sichtbar, welche offenbar dazu bestimmt waren, die Angeln der Thüren, womit dieselben nach oben und unten zu in der Schwebe gehalten wurden, in sich aufzunehmen. Da sich nun dieselbe Erscheinung auch an der andern Seite der Thüre zeigt, so scheint die Vermuthung nahe zu liegen, dass dergleichen Boutiquen durch Flügelthüren geschlossen, und durch daran von Innen her befestigte Querhölzer vor dem Aufbruche geschützt werden konnten. Im Innern dieser Boutiquen haben sich viele Oel- und Weinfässer (dolia), und in manchen auch Oefen und steinerne Bänke vorgefunden. Einige dieser dolia sind sogar eingemauert. Das Zusammentreffen dieser Umstände hat Veranlassung zu der Vermuthung gegeben, dass diese Boutiquen zum Verkauf von Ess- und Trinkwaaren bestimmt gewesen. Ja solche, in welchen man Oefen vorgefunden, hat man unbedenklich für Garküchen ausgegeben. Doch widerlegt sich diese Meinung vielleicht schon durch die grosse Anzahl solcher Behältnisse, von denen drei auf die Zahl von 5 Häusern kommen würden. Man müsste denn der Ansicht der gelehrten ciceroni beitreten, welchen es beliebt, ganz Pompeji für eine grosse Garküche auszugeben.

An den Hauptthüren der Wohnhäuser empfängt uns gewöhnlich das gastfreundliche, mit grossen Buchstaben auf die äussere Mauer geschriebene „salve".[1]) Der Eingang ist, wie die geringe Breite derselben hinlänglich bezeugt, nur für Fussgänger berechnet; selten, höchst selten sieht man ein Wagenthor. Das einzige Beispiel, dessen ich mich jetzt entsinnen kann, ist die bereits oben erwähnte Numero Eins. Und diese Eigenthümlichkeit des Hauses hat die antiquari, welche überall sich leicht zu helfen wissen, vermocht, dasselbe für eine römische Schenke auszugeben, und zugleich die Veranlassung dazu gegeben, dass man, um die Täuschung zu vollenden, der Thüre eine Krone als Wirthshausschild angefügt hatte. Ein Abzeichen, welches man indess in den neueren Zeiten wieder weggenommen hat, aber doch noch jetzt den Fremden auf ihr Verlangen gegen eine mässige mancia als Seltenheit zeigt. Steinerne Bänke sieht man nur selten vor den Thüren, und zwar nur da, wo die geringe Breite des Bauplatzes die Anlegung eines mit Säulen gezierten Atrium verbot. Vielleicht entschädigten dieselben dann den Hausherren mit seiner Familie für den ihnen durch ihre Vermögensumstände nicht gestatteten Gebrauch eines Atrium, in welchem bekanntlich die Alten einen guten Theil des Tages zuzubringen pflegten, um frische Luft zu schöpfen, und sich eben so vor den Sonnenstrahlen, wie vor den Einflüssen ungünstiger Witterung zu schützen. Die auf der Thürschwelle angeschriebenen Worte „cave canem" mahnen den Eintretenden zur Vorsicht gegen den klaffenden, knurrigen Wächter des Hauses. Hat man den schmalen Eingang durchschritten, so befindet man sich in der Halle, von den Alten Atrium genannt, welche gewöhnlich mit Säulen, die im Quadrate den Hofraum umgeben, geziert ist. Nur wenig Bei-

1) Sey gegrüsst!

spiele finden sich in Pompeji, wo die Hallen dieses schönen Schmuckes entbehren. Von den Dächern, welche sich über dem Atrium wölbten, ist keine Spur mehr vorhanden, nur von den Säulen ist der Fries mehr oder weniger gut erhalten, Kapitelle liegen in wilder Unordnung durcheinander, und das Ganze bietet ein trauriges Denkmal der alles zerstörenden Zeit. In der Mitte des Atrium, auf dem der freien Luft allein zugänglichen Platze, bemerkt man fast immer eine Vertiefung, welche dazu bestimmt war, das von den Dächern herabträufelnde Regenwasser aufzunehmen, und in der Kunstsprache der Alten impluvium heisst. — Nahe an das impluvium, welches nach den Ansichten der Alten für ein Heiligthum galt, versetzen die römischen Dichter den gastlichen Heerd, welcher den Laren gewidmet war, und in Pompeji gewöhnlich durch eiserne Kohlenpfannen, die noch heute im museo borbonico gezeigt werden, repräsentirt wurde. Die Vorderseite des Atriums hat nach der Strasse zu gewöhnlich einige Thüren, welche in die Zelle des Pförtners und in die für die Aufnahme von Gastfreunden bestimmten Zimmer führten. Die erste ist gewöhnlich sehr niedrig, und hat gleich den letztern weiter keine Oeffnung, als die Thüre. Dadurch würde eine vollkommene Dunkelkeit im Innern des Gemaches entstehen, wenn nicht ein gleich über der Thüre angebrachtes, mit Holz oder Eisen verwahrtes Gitterfenster, dem für die Bewohner der Zimmer so nothwendigen Tageslichte Eingang verschaffte. Der Fussboden des Atrium besteht in den Häusern der weniger angesehenen Personen aus fest geschlagener, hier und da mit Backsteinen untermischter Erde; in den Häusern der Vornehmern hingegen ist er mit Marmorplatten bekleidet, oft auch mit Mosaik verziert, dessen grobe Arbeit freilich nur durch Haltbarkeit sich empfiehlt. Scheint es doch, als hätten auch die Alten bei der Ausschmückung ihrer Wohnhäuser die Zweckmässigkeit der Zierrathen nie ganz aus den Augen verloren. Denn, während man die Wohnzimmer des Herrn mit den schönsten Mosaiken und Gemälden geziert sieht, bemerkt man in solchen Theilen des Hauses, wo der Verkehr lebhafter und der Schmuck mehr, als anderswo, der Vergänglichkeit trotzen sollte, gröbere Formen in den Zierrathen und dauerhaftere Arbeit in der Ausführung derselben. Der Zwischenraum, welchen die nur vereinzelt stehenden Säulen gelassen, ist fast immer durch Mauerwerk ausgefüllt, in welchem sich nicht selten Oeffnungen finden, die, wie die Tradition sagt, durch Glasfenster ausgefüllt worden sind. Allerdings scheint die Annahme, dass auch die Alten Glasfenster gekannt, deshalb nicht ohne Bedenken zu seyn, weil weder römische noch griechische Schriftsteller ausdrücklich davon Zeugniss ablegen. Allein da sich, wie Hirt in seinem trefflichen Werke über die Baukunst der Griechen und Römer gezeigt hat, keine einzige Stelle findet, welche dieser Annahme geradezu widerspräche, und sich bei den Ausgrabungen Pompejis unläugbare Spuren von Glasfenstern gefunden haben, endlich das museo Borbonico in Neapel noch jetzt Reste alter Glasscheiben aufbewahrt, welche, den auf der königlichen Bibliothek befindlichen Protocollen zufolge, aus Pompeji stammen, so scheint die Meinung der Gelehrten gerechtfertigt, welche annehmen, dass der Gebrauch der Glasfenster den Bewohnern von Pompeji nicht unbekannt gewesen. Dass sie sich aber in der alten Römerstadt seltener, als man erwarten durfte, vorfanden, das hat seinen Grund wohl eines Theils in dem herrlichen, fast immer warmen Klima Unteritaliens, welchem die rauhen, kalten Stürme des Nordens unbekannt sind, theils in dem Umstande, dass ein guter Theil dieser Glasscheiben bei der Ueberschüttung Pompejis durch die brennend heisse Asche des Vesuvs geschmolzen worden seyn mag. So viel man nach den Resten, welche jenes Museum uns aufbehalten hat, zu urtheilen vermag, so sind die einzelnen Glasscheiben der Alten viel dicker, als die unsrigen, gewesen, so dass sie selbst unser Spiegelglas bedeutend übertreffen. Sey es nun, dass die Alten die Kunst, Glas durch Diamant zu schneiden, noch nicht gekannt, oder dass sie es nicht verstanden, die Glastafeln in breite Formen zu giessen, räthselhaft bleibt immerhin der Umstand, dass die gedachten Ueberreste meistens nur in kleinen Stücken auf uns gekommen sind, deren zum Theil zackige Ränder mehr auf Bruch, als auf Schnitt zu deuten scheinen. — Den Fond des atrium nehmen gewöhnlich drei von einander abgesonderte Zimmer ein, von denen die, welche die Ecken begrenzen, in der Kunstsprache alae [1]) heissen; das aber, welches beide Eckzimmer von einander trennt, mit dem Namen tablinum bezeichnet wird. Man muss sich dasselbe als einen nach der vorderen Seite zu offenen Saal denken, in welchem die in Wachs poussirten Ahnenbilder aufgestellt waren, und wo der Hausherr Audienz zu ertheilen pflegte. Nur, wenn die geringe Ausdehnung des Hofraums die Geräumigkeit jener drei Zimmer zur Ungebühr zu beschränken drohte, brachte man das tablinum auf einem von den beiden Seitenflügeln des Hofes an. Ein oder zwei auf der Seite des tablinum gelegene Korridore (fauces) führen den Fremden aus dem atrium in den zur Wohnung für den Hausherrn und dessen Familie bestimmten Theil des Hauses. Dieser, unfehlbar das Prachtgeschoss der pompejanischen Häuser, bildet ein Viereck, dessen äussere Umgebungen mit den schönsten Säulen geschmückt sind, und nach den Verhältnissen des Bauplatzes bald die gleichen Seiten des Quadrates, bald die ungleichen des Parallelogramms wiedergeben. Gewöhnlich liegt dieser Theil des Gebäudes gerade hinter dem atrium; nur, wo der Bauplatz fehlte, ist er an der Seite angebracht. In der Mitte des peristylium (denn so heisst der so eben genannte Säulengang in der Kunstsprache der Alten) befindet sich gewöhnlich ein xystus, d. h. ein kleines vom Erdboden sich erhebendes Gerüste, auf welchem schöne Blumen und wohlriechende Pflanzen gestellt zu werden pflegten. Die Mitte des xystus nimmt in manchen Häusern ein kleiner Springbrunnen ein, dessen spielende Strahlen die Augen des Eintretenden ergötzten, und der Anlage zugleich eine gewisse Kühlung verschafften. Der Wasserbedarf wurde gewöhnlich dem öffentlichen Aquäduct in eisernen oder bronzenen Röhren entleitet, und der Strahl der Fontainen entquoll Sta-

1) Flügel.

tuen von Faunen, Satyrn oder bronzenen Theatermasken. Manches Mal ist die Fontaine mit einem grossen, ziemlich tiefen Wasserbassin (piscina) in Verbindung gebracht, dessen marmorne Einfassung vom Reichthum des Hauseigenthümers noch heute Zeugniss abzulegen scheint. In manchen Häusern, wo der Raum zu sehr beschränkt war, als, dass man eine offene Terrasse hätte anlegen können, sieht man die untere Wand des peristylium, welche dem vom atrium her Eintretenden entgegenstösst, mit Bäumen und Pflanzen in Naturgrösse bemalt, und es boten sich mithin Natur und Kunst schwesterlich die Hand, um das Auge des Beschauers, wenn auch nur für Augenblicke, durch die lieblichsten Eindrücke zu überraschen. Um das peristylium liefen nun die Zimmer in bunter Reihe herum, welche zum Privatgebrauche des Hausherrn bestimmt waren. Am Ende der Säulenhalle ist die Küche gelegen; der Esszimmer (triclinia) finden sich in den meisten Häusern Pompejis zwei, ein bedecktes und ein unbedecktes. Das erste scheint für den Winter, das zweite für den Sommer bestimmt gewesen zu seyn. Kenntlich sind die triclinia sogleich durch die drei gemauerten Ruhebänke, welche mit den Kissen und Gewändern belegt wurden, und zur Aufnahme der Gäste bestimmt zu seyn scheinen. Diese Esszimmer sind gewöhnlich klein, aber reichlich mit Malereien und musivischer Arbeit geziert. Sie scheinen nur zur Aufnahme kleinerer Gesellschaften bestimmt, so wie es denn überhaupt mehr im Sinne der Alten gedacht ist, sich im Kreise weniger Freunde angenehm zu unterhalten, als durch Berufung vieler Gäste das gesellschaftliche Vergnügen zu stören. Der innere Ausbau des Herrenhauses entspricht weniger den Regeln der Baukunst, als dem Bedürfnisse des Eigenthümers. Daher die wenige Symmetrie in den Fensteröffnungen, daher die grosse Unregelmässigkeit in der Höhe der an einander stossenden Zimmer, daher endlich die oft unverhältnissmässige Dicke der Fussböden. Im atrium herrscht Symmetrie vor, im peristylium das Bedürfniss; im atrium findet man wenig Ausschmückung, und auch dann nur von grober Arbeit, innerhalb des peristylium aber ist

Alles vereinigt, was der Eleganz und dem Luxus des Eigenthümers entspricht; im atrium herrscht die Sitte, im peristylium die Mode. Im Parterregeschoss des peristylium, öfters noch etwas tiefer, liegen die zum Privatgebrauche der Familie bestimmten Bäder. Gewöhnlich steigt man zu denselben auf mehreren Stufen hinab. Ob sie, wie die öffentlichen Bäder der Alten, die Sonnenstrahlen zuliessen, ist unter den Akademikern streitig. Die fast unterirdische Lage derselben spricht allerdings nicht dafür, doch zeigen sich noch hier und da in der Höhe Fensteröffnungen, welche wenigstens dem Tageslichte Eingang verschafften. Herrlich sind die Ausschmückungen dieser für die Gesundheit der Alten so nothwendigen Anstalten. Fussboden und Decke der Badezimmer zieren Mosaikgemälde, welche die Gestalten der Tritonen und Nereiden mit unbeschreiblicher Grazie wiedergeben. An den Wänden bemerkt man Fische, mit welchen kleine Meergötter muthwilligen Scherz treiben. Auch die Marmorbecken (labra) sind in manchen Bädern gut erhalten. Bronzene und kupferne Hähne werden sichtbar, welche das dem Aquäduct durch eiserne Röhren entströmende Wasser den Bädern zuführten. Gewöhnlich finden sich zwei solcher Hähne, von welchen der eine zur Einführung des kalten, der andre zu der des warmen bestimmt scheint. Diese Privatbäder unterscheiden sich von den öffentlichen dadurch wesentlich, dass das zur Erhitzung des Wassers nöthige Feuer nicht, wie bei diesen, unter den Badestuben, sondern neben denselben angebracht zu werden pflegte. Wenigstens findet sich unter den letztern kein Feuerheerd, nicht einmal ein leerer Raum, wo derselbe füglich hätte angebracht werden können.

Der Schmuck der Wohnzimmer besteht am Fussboden gewöhnlich in Mosaik, an den Wänden in Mauergemälden; über den der Decken lässt sich nach den wenigen nackten, uns erhaltenen Mauerresten nicht urtheilen. Von den Bildwerken der erstern Gattung haben sich einige ausgezeichnete Stücke erhalten, welche bald Thiergruppen, bald Guirlanden, bald Muster, bald historische Darstellungen enthalten. Herrlich ist die Schlacht der Macedonier gegen die Perser, welche Cataldo Ianelli mit vieler Wahrscheinlichkeit für den Kampf am Issus ausgiebt. Dräuend sucht in muthiger Kampflust der macedonische Held, welchem im Gewühle der Schlacht der Helm entfallen, den auf dem erhabenen Streitwagen vor Allen kenntlichen Perserkönig. Darius wendet die Pferde ab, um dem Sieg strahlenden Blicke Alexanders zu entgehen. Muthig stürzen sich die Getreuen des Königs, um ihn der drohenden Gefahr zu entreissen, zwischen die Kämpfer; viele haben ihre Treue mit dem Leben bezahlt; furchtbar ist die Verheerung, welche die macedonischen Lanzen in den Reihen der persischen Krieger angerichtet. Dieses Gemälde ist erst vor einigen Jahren in Pompeji aufgegraben worden, und steht noch jetzt an der Stelle, welche es ursprünglich eingenommen. Nur eine leichte Linnenplane schützt es vor den widrigen Einflüssen des Wetters. Im Ganzen ist es herrlich erhalten, fast kein Stück von Bedeutung ist durch den Zahn der Zeit beschädigt worden. Nur die äussere Einfassung, welche eine Art erhöheten Randes bildet, hat den Aexten und Spaten der Grabenden nicht widerstehen können. Schade, dass die vielen Fremden, welche Pompeji zu besehen eilen, solche Kunstwerke des Alterthums nicht gehörig schonen, und durch unvorsichtiges Auftreten Manches beschädigen, was dem Zahne der Zeit glücklich entgangen ist. Ganz unausstehlich ist aber das Betragen der Engländer, welche die Feilheit der Aufseher benutzen, um einzelne, vom Ganzen abgetrennte Stückchen solcher Kunstwerke widerrechtlicher Weise an sich bringen; wahrscheinlich um nur zu Hause sagen zu können, dass sie den Ruin der schönsten Alterthümer befördert. Gewiss, wenn die neapolitanische Regierung nach solchen Vorgängen allen Fremden den Eintritt in die Ruinen Pompejis untersagen lässt, so haben dieselben es sich nur selbst zuzuschreiben, da sie die von der erstern ertheilte Erlaubniss auf so muthwillige Weise gemissbraucht haben. Die Wände der Zimmer in Pompeji bieten gewöhnlich in enkaustischer Malerei Scenen aus der Fabelwelt, Arabesken, Tänzerinnen, Landschaften, alles Gegenstände, welche den verschiedenen Bestimmungen, die der Hausherr den einzelnen Zimmern zugewiesen, mehr oder minder zu entsprechen scheinen. Dahin gehört die Bemerkung, dass in Küchen Fische, Vögel, Wildpret angemalt wurden, und dass die Kunst selbst dazu dienen musste, um das Handwerk des Hausherren zu verherrlichen. So erblickt man im museo Borbonico einen viereckigen Mauerpfeiler, auf welchem das Handwerk der Gerber und Walker in wenig charakteristischen Zügen besser bezeichnet ist, als in den vielen Pandektenstellen, welche den Zubehör der fullonicae bis auf das Kleinste beschreiben. Schade, dass es noch keinem Alterthumsforscher eingefallen ist, diese alten Gemälde zur Erklärung der genannten Stellen zu benutzen. Auf einer andern, aus Pompeji stammenden Freske bemerkt man auf der rechten Seite zwei Frauen, die um Tuch feilschen, in der Mitte einen Kupferschmid, dessen Lehrling auf einem beweglichen Ambos einen kupfernen Kessel mit dem Hammer bearbeitet. Nervig ist der Arm des Jünglings, und die Ausführung des Ganzen so gut, dass man sich unwillkührlich die Ohren zuhält, um dem prasselnden, gellenden, allen Gesetzen der Harmonie Hohn sprechenden Ton des gehämmerten Kupfers zu entgehen. In andern Gemälden können Liebhaber von Kuchen und warmen Getränken die Art ihrer Bereitung eben so, wie die Feinschmecker-Mienen der Geniessenden beobachten. Auf einer andern Wandtafel erblickt man einen Blinden, von dem einzigen treuen Gefährten seiner Noth, seinem Hunde, geleitet, welcher vorwärts nach zwei Frauen hin schreitet, um aus ihren mit Lebensmitteln reich versehenen Körben die milden Gaben in Empfang zu nehmen. Höchst komisch ist das unter dem Namen maëstro di scuola [1]) bekannte Stück. Die Scene spielt im Innern eines Wohnzimmers. Auf der rechten Seite sitzt ein Mann mit einem langen Barte, dessen ernsthaftes, aber sprechendes Gesicht schon an der Magistermiene den Schulmeister erkennen lässt. Zum Bilde des Philosophen, wie es die Alten zu entwerfen pflegen, fehlt ihm nur noch der Ehrfurcht gebietende Stock. Eben er-

1) *Der Schulmeister.*

füllt er die wichtigste seiner Amtspflichten, indem er die Execution eines armen Sünders durch seine Gegenwart verherrlicht. Zu vornehm, als dass er selbst Hand an das Werk legen sollte, lässt er dem Schuldigen durch seine Mitschüler, welche im concreten Falle das Amt der Lictoren zu verwalten scheinen, die Strafe aufzählen. Zwei Kameraden halten den durch seine Gestrengen Verurtheilten an beiden Seiten fest, während ein Dritter ihm mit freigebiger Hand die besten Stockprügel zutheilt. Ruhig erträgt der Geschlagene seine Schmach; in seinem Gesichte ist mehr Muthwillen, als Reue zu lesen, und sein Mienenspiel scheint die Wiederholung der Uebelthat bei der ersten besten Gelegenheit zu versprechen, wenn er glücklich genug ist, dem prüfenden Blicke seines Herrn und Meisters zu entgehen. Die andern Schüler, in verschiedenen Stellungen, scheinen vom Unglücke ihres Kameraden gerührt. Mehrere von ihnen halten in sitzender Stellung auf ihren Knieen kleine, wahrscheinlich zum Schreiben bestimmte Täfelchen. Ein Umstand, welcher die Vermuthung unterstützen möchte, dass die Nemesis den kleinen Sünder in der Schreibstunde ereilte. Solche Gemälde, welche man zum Theile wohl auch dazu benutzte, um den Vorübergehenden das anzuzeigen, was sie im Innern der Boutiquen zu erwarten hätten, nennt man nach dem Vorgange der Alten rhyparographische. Noch heute hat sich der Gebrauch in Neapel und dessen Umgegenden erhalten, das, was man im Innern der Häuser verkauft, durch an der äussern Mauer angebrachte Fresken dem Publikum bekannt zu machen, fast auf dieselbe Weise, wie in Deutschland bemalte Wirthshausschilder den durstigen Wanderer zur Stärkung seiner müden Glieder einzuladen pflegen. Eine ganz verschiedene Tendenz haben die in den Boudoirs (venerea) aufgefundenen Fresken. Es finden sich nämlich in vielen Privatwohnungen neben den Gemächern, welche zu den Bädern des Hausherrn und seiner Familie bestimmt waren, kleine viereckige, nur selten mit Fensteröffnungen versehene Zimmer, welche, da sie nur obscöne Darstellungen enthalten, der Vermuthung Raum geben, dass sie zu der Verrichtung der φιλοτήσια ἔργα ursprünglich bestimmt waren. Die Süjets solcher Gemälde sind meistens der Mythenwelt entnommen, und die Ausführung derselben so natürlich, dass man über ihren Sinn nicht im Geringsten im Zweifel seyn kann. Dahin gehört der stattliche Krieger, welchen der eifersüchtige Vulkan in der zu traulichen Umarmung seiner theuern Ehehälfte überrascht. Dahin gehört die jungfräuliche Minerva, welche dem nur zu hässlichen Vulkan den Liebesdienst, um den er gebeten, versagt. Dahin gehört endlich die keusche Diana, welche, um den spähenden Blicken des Helios zu entgehen, die Nacht abwartet, um ihren theuern Schäfer zu überraschen. Alles Gegenstände, welche sich in den verschiedenen Wohnhäusern Pompejis mehrfach wiederholen, und die Alles modernisirenden antiquari veranlasst haben, fast jedes einzelne Haus der Stadt für ein Bordell auszugeben.

Die einzelnen Wohnhäuser Pompejis haben ihren jetzigen Namen meistens nur zufälligen Umständen zu verdanken. Das eine wird zum Beispiele von der breiten Hausflur die Schenke (la locanda) genannt; das andre heisst von den darin entdeckten Gemälden, welche meistens nur Scenen, die den Tragödieen der Griechen entlehnt sind, enthalten, das Haus des tragischen Dichters; ein drittes wird nach einem grossen Geldkasten, den man im atrium desselben vorfand, mit dem Namen des quaestor bezeichnet, die Villa des Diomedes hat ihren Namen von dem ihr gegenüberstehenden Grabmale des Arrius Diomedes und seiner Familie erhalten u. s. w. Wer noch nicht an die Freigebigkeit gewöhnt ist, mit welcher gelehrte und ungelehrte Neapolitaner, den aufgegrabenen Ruinen dergleichen Spitznamen zu ertheilen pflegen, den könnte leicht der Wahn befallen, dass wir von Pompeji mehr wissen, als wir den obwaltenden Umständen nach füglich wissen können. Ueberhaupt wirkt auf den geraden Sinn des Deutschen nichts störender, als das leichtfertige, unkritische Verfahren der modernen Erklärer Pompejis, welche durch die glänzenden Entdeckungen des eben so gelehrten, als scharfsinnigen Mazois angefeuert, zehn Vermuthungen in das Blaue hinein wagen, um endlich die eilfte, gleich einem château en Espagne, darauf zu setzen, und somit vor den Augen der staunenden Menge ein Prachtgebäude aufzuführen, welches bei dem ersten Windstosse, gleich einem Kartenhause, zusammenfällt. So hat z. B. del Jorio in einer Brochüre den Beweis geführt, dass die Mimik der heutigen Bewohner Neapels ganz dieselbe mit der der Alten gewesen sey. Fragt man nun mit ächt-deutschem Pedantismus nach den Gründen einer so seltsamen Behauptung, so findet man weiter nichts, als folgende Schlussform der neapolitanischen Logik: einige von den Gesten, welche die Hefe der jetzigen Bewohner Neapels zur Bezeichnung einzelner Handlungen oder Zustände anzuwenden pflegt, finden sich auf den alten Wandgemälden Pompeji's wieder, z. B. das Aufstützen des Armes, um den Schlaf zu bezeichnen; das Anlegen des rechten Fingers an das Eine Auge, um den Einäugigen oder den moralisch-Hässlichen zu charakterisiren. Also ist nichts natürlicher, als anzunehmen, dass auch die Alten dieselben Handlungen mit denselben Gesten bezeichnet haben, und dass die neapolitanische Mimik, wie so manches seltsame Dogma der katholischen Kirche, gleichsam durch Tradition auf uns gekommen ist. Sind aber die Gelehrten des Landes so leichtfertig in ihren Vermuthungen, was Wunder, wenn die ungelehrten antiquari Thee- und Kaffeetassen der alten Pompejaner aufzeigen, oder den in grobes Gewand gehüllten Vulkan für einen Kapuziner erklären? Traute ich doch meinen Ohren kaum, als ich eines Tages mehrere dieser nur von dem Fleische der Fremden lebenden, ewig heisshungrigen Wölfe in einem Kaffeehause traulich über den Verfall ihrer Speculationen also räsonniren hörte:

1. Il maledetto libro!	Das verwünschte Buch!
2. Lo pigliano tutti i foresti.	Alle Fremden kaufen's.
3. E noi, ne abbiamo un cazzo.	Und wir verdienen dabei kein Trinkgeld.
4. Cazzacci, che voi siete, le daremo altri nomi a tutte le cose, allora non si potranno servire del libro.	O, ihr Dummköpfe, lasst uns nur alle dem Zeuge andere Namen geben, dann müssen sie uns doch haben, das Buch hilft ihnen dann zu nichts.

Zu den anziehendsten Partien der alten Römerstadt gehört unstreitig das forum, welches bei weitem besser, als das zu Velleja erhalten ist. Tritt der Fremde nämlich durch die porta di Ercolano in die Stadt, und durchschreitet er die zuerst gerade, dann nach der linken Hand zu sich krümmende Hauptstrasse, so gelangt er unmittelbar auf das forum, zu welchem er auf mehreren, durch einen Ziegelbogen hindurchführenden Stufen hinabsteigt. Die Gestaltung des forum ist die eines Parallelogrammes. Ruinen von eingestürzten Mauern, Tempeln, Triumphbögen bezeichnen fast jeden Schritt des Beschauers; umgestürzte Kapitäle, weithin zerstreut liegende Säulenfriese geben nur ein schwaches Bild von der ehemaligen Pracht der Zierrathen. Unwillkührlich bemächtigt sich des Fremden eine weichere Stimmung. Erinnerten doch auch die „sepolta urbium cadavera" den Servius Sulpicius, als er die Fluthen des Meerbusens durchschnitt, an die Vergänglichkeit irdischer Grösse! Und wenn schon zwei Jahrhunderte hinreichten, um dem gemüthvollen Römer die zerstörende Kraft der Zeit fühlbar zu machen, warum sollte der Fremde der Wehmuth sein Herz verschliessen, wenn er, selbst eine exotische Pflanze auf dem Boden Italiens, die grossartigen Ruinen der alten Römerzeit erblickt? So viel man nach den wenig sichern Spuren, welche dem Zahne der Zeit entgangen sind, zu urtheilen vermag, so scheint um das ganze forum herum eine Säulenhalle (porticus) herumgelaufen zu seyn, mit Ausnahme des Theiles desselben, welcher an die Ruinen des sogenannten Jupitertempels gränzt. Diese, die nördliche Seite, scheint wegen des weit in das forum hineinragenden Tempelgebäus dieses Schmuckes entbehrt zu haben. Die Halle ist auf ebener Erde angelegt, und nicht durch Treppen mit dem forum in Verbindung gebracht. Nur da, wo die Säulenhallen der an das forum stossenden Gebäude die wahrscheinlich nur einstöckige porticus überragten, scheint die Linie derselben unterbrochen, und durch Treppen, von welchen sich noch hier und da unläugbare Spuren finden, mit dem Vorsprung verbunden worden zu seyn. Die schönste Zierde des forum sind die herrlichen Trümmer des sogenannten Jupitertempels, welche fast die ganze Nordseite desselben einnehmen. Es ist eine von den besten Alterthumsforschern bestätigte Behauptung, dass sich die Tempel Pompejis von denen der Griechen dadurch unterschieden, dass sie alle auf einer erhöheten Grundlage (podium) erbaut sind, während die letztern gleich vom Boden aus das Tempelgebäude anheben lassen. Eine, wenn auch nur flüchtige, Beschauung der Trümmer von Paestum kann jeden Fremden von der Wahrheit der gemachten Bemerkung überzeugen. Das Charakteristische der erstgenannten Bauart liegt offenbar darin, dass die an und für sich nur kleine Tempelzelle dadurch bis zu dem Standpunkte der Augen emporgehoben, und somit der Eindruck der Tempelfronte auf den Beschauer bedeutend vermehrt wird. Noch sind Reste von steinernen Treppen vorhanden, welche die Andächtigen in das Innere der Zelle führten. Die Zelle des Tempels stützt sich unmittelbar auf die Basis desselben, und besteht in der Fronte aus 6 korinthischen Säulen. Doch scheint der Säulengang nicht um den ganzen Tempel herumgelaufen zu seyn, sondern nur ein Dritttheil desselben auf jeder Seite eingenommen zu haben. Wenigstens steht die Zelle des Tempels im Verhältnisse zu den Säulen zu weit vor, als dass man annehmen könnte, dass mehr denn vier Säulen auf jeder Eckseite vorhanden gewesen seyen. Die Säulen stehen fast nirgends gleich weit von einander ab, und diess in Verbindung mit dem bald grösseren, bald minderen Durchmesser derselben scheint bei der grossen Sorgfalt, mit welcher die Alten die Verhältnisse der Zwischenräume der einzelnen Säulen zu behandeln pflegten, auf eine gewisse Sorglosigkeit im Tempelbaue hinzudeuten. Dass aber das Innere des Tempels bemalt gewesen sey, wie es in vielen Tempeln der Griechen geschehen ist, davon finden sich wenigstens jetzt keine sichern Spuren mehr vor. Wohl möglich, dass der Zutritt der äusseren Luft noch die wenigen Farbenreste, welche bei der Aufgrabung Pompejis sichtbar waren, gebleicht, und uns somit die Stützen der Mazois'schen Vermuthung für immer entzogen hat. Der Fussboden des Tempels scheint in der Mitte aus Marmorplatten bestanden zu haben; um dieselben lief wahrscheinlich ein breiter Saum von grober Mosaik herum, in deren Resten man noch jetzt die Farben der schwarzen und weissen Steine deutlich unterscheidet. Vom Dache ist im Laufe der Jahre jede Spur verschwunden, und, wenn manche gelehrte Akademiker den Tempel für hypäthrisch halten, das heisst, glauben, dass die Tempelzelle nach oben zu frei und unbedeckt gewesen, so haben sie allerdings den Umstand für sich, dass sich das Gegentheil den vorhandenen Umständen nach durchaus nicht erweisen lässt. Fragt man nach den Gründen, warum diess Prachtgebäude den Namen des Jupitertempels erhalten, so lässt sich weiter nichts für diese Vermuthung anführen, als dass man glaubhaften Berichten zu Folge auf dem Fussboden desselben Trümmer einer kolossalen Statue gefunden hat, von welchen freilich Niemand mit Gewissheit behaupten kann, dass sie eine Statue des Jupiter gewesen. — Dass aber andere Gelehrte in abweichender Meinung das fragliche Gebäude für einen zu den Rathssitzungen bestimmten Ort (senaculum) ausgeben, dürfte, ausser der vielleicht nur zufälligen Lage desselben auf dem forum, eben so wenig Wahrscheinlichkeit für sich haben, selbst, wenn man davon absehen wollte, dass die Versammlungen des Rathes bei den Römern auch in Tempeln der Götter gehalten zu werden pflegten. Unmittelbar an den Tempel stossen die Ueberreste eines alten Ziegelbogens, welcher durch eiserne Klammern mit der Tempelmauer in Verbindung gebracht worden ist. Nach der Meinung der Akademiker war diess der Eingang zu den öffentlichen Gefängnissen Pompejis, und diess wird durch den Umstand bestätigt, dass innerhalb der durch das Erdbeben zerstörten Mauern einige in den eisernen Fesseln verkohlte Menschenkörper entdeckt worden sind. Noch heute sieht man diese Skelette in Verbindung mit den gleich gut erhaltenen Beinschienen im museo Borbonico zu Neapel. — Die dem Jupitertempel entgegenstehende Seite des forum zeigt Spuren von drei Gebäuden, deren Bestimmung man nicht zu ermitteln vermag, obschon sie die Erklärer Pompejis für den öffentlichen Schatz (aerarium) und zwei Curien ausgeben. Wenig sicherer sind die Vermuthungen über die Bestimmung der Gebäude, welche die langen Seiten des forum einfassen. Gleich auf der andern Seite des Jupitertempels, den Gefängnissen gegenüber, stösst man auf einen kleinen Tempel mit einem Altar in der Mitte, welchen zwölf zu Statuen bestimmte Gestelle umgeben. Man nennt ihn gewöhnlich Pantheon, weil man vermuthet hat, dass die genannten Postamente für Statuen der zwölf grossen Götter bestimmt gewesen seyen. Andere halten ihn für den Versammlungsort der Augustalen, d. h. eines zu Ehren des Augustus gegestifteten Ordens, dessen einzelne Glieder bestimmte Auszeichnungen vor den übrigen Municipalbürgern genossen, und sich wohl an festgesetzten Tagen zur Abhaltung feierlicher Opfer versammeln mussten. In Pompeji finden sich viele Spuren von ihrem Daseyn, und diess in Verbindung mit der Nachricht, dass ihr Versammlungsort, wo sie ihren Mitbürgern Mahlzeiten zu geben pflegten, nahe am forum befindlich gewesen sey, hatte den berühmten Architekten Carlo Bonucci veranlasst, die eben gedachte Vermuthung über die Bestimmung des sogenannten Pantheons aufzustellen. Die Fronte des Tempels nach dem forum zu nehmen sieben Boutiquen ein, welche man für Kaufläden gehalten und den öffentlichen Banquiers (argentarii), die allerdings auf dem forum ihren Wechseltisch (mensa argentaria) hatten[1]), zugewiesen hat. Der Umstand, dass man steinerne Tische in denselben angetroffen, und eine bedeutende Anzahl eherne Münzen vorgefunden, kann zur Unterstützung dieser Ansicht benutzt werden. Nach der Nordseite hin wird der Tempel durch andere Boutiquen, welche zugleich die eine Seite einer erst seit 1821 aufgegrabenen, auf das forum auslaufenden Strasse bilden, begrenzt. Eine Menge trockener verkohlter Früchte, wie Oliven, Limonen und dergleichen, welche man in diesen niedrigen, kaum der Manneshöhe entsprechenden Zimmern gefunden, haben der neu entdeckten Strasse den Namen der strada dei frutti[2]) zu Wege gebracht. Einzelne von diesen Früchten, welche schwerlich

1) Daher der Ausdruck: foro cedere, vom forum entweichen, in Concurs gerathen.

2) Strasse der Früchte.

an Alter ihres Gleichen finden dürften, hat man der Seltenheit halber im museo Borbonico aufbewahrt. Die Oliven, von denen einige noch die Stiele, womit sie an den Zweigen hingen, bewahrt haben, sind von schwarzbrauner Farbe, und haben eine grössere Peripherie, als man sie bei den gewöhnlichen Stücken dieser Art zu erwarten gewohnt ist. Nicht, als ob die Alten eine grössere Art von Oliven, als wir, gehabt hätten, sondern es scheint, als ob die trockenen Früchte durch die Einwirkung der Gluth an Umfang gewonnen hätten. Diess bestätigt sich auch durch die Vergleichung anderer aus Pompeji stammender vegetabilischer Substanzen, an welchen dasselbe Phänomen bald in höherem, bald in minderem Grade wahrzunehmen ist. — Ueber dem Pantheon nach Süden zu stehen mehrere Gebäude, deren Bestimmung uns gänzlich unbekannt ist. Das am nächsten gelegene hält man für ein senaculum, das folgende für einen Tempel des Merkur. Ueber diesen Tempel hinaus nach der Strasse der Silberschmide zu, liegt die schön erhaltene Säulenhalle der Eumachia, welche, wie eine daselbst gefundene Inschrift besagt, die Stelle einer öffentlichen Priesterin bekleidet, und diess Prachtgebäude in ihrem und ihres Sohnes Namen auf eigene Kosten erbaut, und der Concordia Augusta geweihet hat. Die Steinschrift erwähnt namentlich chalcidicum cryptam porticum, als einzelne Theile des Baues. Wahrscheinlich sind die letzten beiden Worte als Theile Eines Begriffes anzusehen. Sie scheinen das, was von manchen römischen Schriftstellern mit Einem Worte cryptoporticus genannt wird, mit zwei Worten zu bezeichnen. Und so haben vielleicht die Erklärer Pompejis nicht Unrecht, wenn sie diess Beispiel benützen, um richtigere Ideen über die Bedeutung des alten Kunstausdruckes aufzustellen. Sie verstehen darunter eine Säulenhalle, welche nur nach der einen Seite zu Säulen zeigt, während auf der andern der Mangel der Säulen durch mit Fenstern versehene Mauern ersetzt wird. Die area der Halle hat die Form eines Vierecks, welches die Kolonnaden in regelmässiger Ordnung umlaufen. Die eine Seite der area enthält die Statue der Eumachia, von welcher die noch jetzt gut erhaltene Basis besagt, dass sie der Erbauerin der Halle von den Walkern (fullones) errichtet worden sey. — Die westliche Seite des forum nach Süden zu nehmen die Reste einer herrlichen Basilica ein. Durch fünf Eingangsthore, welche im Nothfalle verschlossen werden konnten, gelangt man auf mehreren Stufen zur area derselben. Acht und zwanzig Säulen, welche, wie man aus den herabgestürzten Kapitellen vermuthen kann, der jonischen Bauart angehörten, scheinen das Dach des Riesengebäudes getragen zu haben. In die unbedeckte area fiel das Licht von oben herein, während die zwischen den Säulen und den äusseren Mauern befindlichen bedeckten Zwischenräume den Auf- und Abgehenden erwünschten Schutz vor Wind und Wetter geboten haben mögen. Am äussersten Ende des Gebäudes sieht man einen erhöbten von kleineren Säulen eingefassten Platz, zu welchem man wahrscheinlich auf mehreren Stufen gelangte, das vermeintliche tribunal der duoviri iure dicundo [1]). Die Spuren einiger Gemächer, welche sich daselbst vorgefunden haben, hat man darauf gedeutet, dass sie dazu bestimmt gewesen seyen, um die Kleider und Insignien der Magistrate, nachdem sie ihre Function verrichtet, aufzubewahren; freilich ohne zu bedenken, dass die römischen Magistrate die Abzeichen ihres Amtes nicht erst vor der Function anzuziehen und nach derselben, gleich Schauspielern, auszuziehen pflegten. Sogar zwei runde im Fussboden des tribunal angebrachte Löcher, wodurch zwischen dem Erdgeschosse und dem oberen Theile des Richterplatzes eine Art von Kommunication hervorgebracht werden konnte, hat man zur Unterstützung der eben genannten Ansicht benutzt, indem man die Meinung aufstellte, dass die Befehle des Richters, die Gefangenen, welche im Erdgeschosse einquartirt wurden, vorzuführen, durch dieselben hindurch dem betreffenden Gerichtspersonale ertheilt worden seyen. Auf

1) Der *Zweimänner, welche das Richteramt verwalteten.* Sie wurden jährlich gewählt, und hatten in den Colonien und Municipien Italiens, ausser dem gedachten Wirkungskreise, auch noch die Verpflichtung, die Verwaltungsangelegenheiten zu leiten, den Senat (curia) zusammenzuberufen u. dergl.

beiden Seiten des sogenannten ribunal bemerkt man einzelne, vom übrigen Theile der Basilika abgeschlossene Gemächer, von denen es ungewiss ist, wozu man sie gebraucht habe. Die grossen Säulen, auf welchen das Dach der Basilika geruht zu haben scheint, sind gerieft, und aus Ziegeln und Tuffstein, welchem man durch einen Gypsüberzug eine glatte Aussenseite gegeben hat, zusammengesetzt. Hier und da haben sich an den inneren Wänden der Mauern, welche nach Aussen zu glatt, aber unpolirt sind, Spuren von Farbe erhalten, wodurch man wahrscheinlicher Weise der die Ziegel deckenden Gypsbekleidung das Ansehen von Marmorwänden zu geben versucht hat. Die ganze Länge der Basilika beträgt über 200 Fuss, die Breite über 70. — Die beiden andern Gebäude, welche ausser der Basilika die westliche Seite des forum begrenzen, sind zu beschädigt, als dass man ein sicheres Urtheil über ihre ursprüngliche Bestimmung fällen könnte. Die der Basilika zunächst nach Norden zu gelegenen Trümmer hat man für die Ueberbleibsel eines alten Tempels gehalten, und die antiquari fügen noch gründlicher Weise hinzu, dass es der Tempel der Venus gewesen. Allein es lassen sich weder dafür, noch für die Ansicht derer, welche das nächstfolgende Gebäude zu einem Getreidemagazin gemacht haben, nur etwas erhebliche Gründe beibringen. Unmittelbar daran stossen die öffentlichen Gefängnisse, von denen schon früher die Rede gewesen ist.

Den Freund des Alterthums werden gewiss auch die wenigen Ueberreste öffentlicher, in der Nähe des forum aufgegrabener Bäder interessiren, obschon ich gestehen muss, dass ihr Anblick mich, nachdem ich die grossartigen Ruinen der Bäder Roms zu wiederholten Malen in Augenschein genommen, nicht eben befriedigt hat. Man vermisst hier die dem Auge so kühn entgegentretenden Steinmassen der Bäder des Caracalla, die grossartigen und doch so fein ausgeführten Verzierungen der Bäder des Titus, die kolossalen Umrisse der Bäder des Diocletianus und Constantinus, und es tritt dem Fremden, welcher die Ueberreste dieser Anstalten in Pompeji mit jenen vergleicht, sehr leicht das

si parva licet componere magnis,

störend entgegen. Die Mauern derselben ragen nicht 16 Fuss über den Erdboden hervor; sie bestehen aus blossen Ziegelwänden ohne Säulen und Marmorschmuck. Ueberhaupt zeigt die ganze Anlage derselben, dass man bei ihrer Erbauung mehr das Bedürfniss, als den Luxus im Auge gehabt. Sechs verschiedene Eingänge führen zu denselben. Ob Männer- und Frauenbäder, wie man gewöhnlich vorgiebt, wirklich von einander getrennt gewesen sind, lässt sich nicht ermitteln. Die Bäder sind wahrscheinlich erst kurz vor der Verschüttung Pompejis erbaut worden. Denn eines Theils finden wir die ersten Spuren öffentlicher Bäder in Rom erst seit den Kaiserzeiten, andern Theils wird die aufgestellte Behauptung durch eine im Innern des Bäderhofes entdeckte Mauerschrift, in welcher eine auf Veranlassung des Cnaeus Alleius Nigidius Maius zur Einweihung der Bäder veranstaltete Thierhetze und Athletenkämpfe ausgeschrieben und zur Kenntniss des Publikums gebracht werden, auffallend bestätigt. Die Bäder und die Brunnen der Stadt scheinen ihr Wasser, das ihnen wahrscheinlich durch Aquäducte zugeführt wurde, vom Flusse Sarno her erhalten zu haben. Doch ist grosser Streit darüber unter den neapolitanischen Gelehrten entstanden, von welcher Seite her es ihnen zugeführt ward, und es lässt sich nach den jetzigen Umständen die ursprüngliche Lage der Aquäducte um so weniger mit Sicherheit ermitteln, je weniger sichtbare Spuren davon vorhanden sind. Dazu kommt, dass der grösste Höhepunkt des Wassers im Sarno zu sehr von dem Niveau des Terrains, auf welchem Pompeji liegt, abweicht, als dass man glauben möchte, er habe die Fontainen der Stadt mit Wasser versehen können. Daher kommt es, dass der gelehrte Mazois in Bezug auf den jetzigen Niveau des Sarno die Möglichkeit, dass derselbe das zur Bewässerung der Stadt nöthige Wasser hergegeben, ausdrücklich in Abrede gestellt hat. Und so kam man auf die Vermuthung, dass Pompeji sein Wasser vom Monte di Castellamare, welcher Stabili beherrschte, erhalten habe. Doch hat Iorio in den neueren Zeiten nicht ohne Grund behauptet, dass der genannte Gegengrund mehr scheinbar, als wahr sey. Denn eines

Theils ist in geringer Entfernung von Pompeji nach Westen hin der Niveau des Sarno so bedeutend, und der Fall desselben im Fortgange seines Laufes so sichtbar, dass man wohl annehmen darf, dass die Bewohner Pompejis viel eher ihr Wasser aus dieser Quelle, freilich vermittelst einer nicht unbedeutenden Verlängerung des Aquäducts, erhalten, als dass sie mit einem Aufwande von mehr als doppelten Kosten dasselbe von Stabiä her bezogen haben; anders Theils finden sich aus dem 16. und 17. Jahrhunderte unzweideutige Zeugnisse vor, welche die Existenz eines alten Aquäducts nach der westlichen Seite hin vollständig erweisen. Was liegt nun wohl näher, als die Vermuthung, dass dieser im Laufe der Zeiten ganz verschwundene Aquäduct der von Pompeji gewesen, zumal, da keine andre grössere Stadt in der Nähe liegt, welcher man ihn mit nur einiger Wahrscheinlichkeit zuschreiben könnte? Dabei bleibt es indess noch sehr zweifelhaft, zu bestimmen, auf welche Weise die Einleitung des nöthigen Wassers in die Bäder verwirklicht worden sey; ob von Oben herein, das heisst, *durch* gleich mit dem Aquäduct in Verbindung gesetzte Kammern, (so wie es wahrscheinlich in den römischen Bädern der Fall war), oder, ob das Wasser vielmehr die unter die Erdoberfläche gelegten Röhren durchströmt und durch den Fall auf der einen Seite ein Emporsteigen auf der andern Seite bewirkt habe, gerade so, wie es bei der Anlegung von Fontainen noch heute zu geschehen pflegt. Allerdings haben sich Spuren unterirdischer Röhrenzüge in den Bädern vorgefunden; aber ihr Durchmesser ist zu gering, als dass sie die nöthige Wassermasse in wenig Minuten herbeizuführen vermocht hätten, und es scheint mithin wahrscheinlicher, dass sie zur Unterhaltung von Springbrunnen, deren man so viele in den öffentlichen Bädern der Alten antrifft, gedient haben. — Dass öffentliche Bäder in Pompeji waren, wusste man aus einer alten Inschrift bereits seit dem Jahre 1749. Die Entdeckung der Anstalt selbst fällt erst in das Jahr 1824, da man sie bisher an einem ganz andern Orte suchte, als wo sie wirklich liegen.

Wendet man sich von der westlichen Seite des forum

durch die Strasse der Silberschmidte nach dem Theile Pompejis, welcher die Theater umfasst, so stösst man im Vorübergehen auf die Reste eines kleinen Tempels, zu welchem, da auch er, wie die übrigen Tempel Pompejis, auf einer erhöhten Grundlage erbaut ist, eine aus neun Stufen bestehende Treppe führt. Die Zelle, zu welcher man auf diesem Wege gelangt, ist eng und mit einer viersäuligen Vorhalle geziert. Man hält ihn für den Tempel des Aesculap, weil man in demselben eine Statue dieses Gottes und der mit ihm verschwisterten Göttin der Gesundheit (ὑγίεια) aufgefunden hat. Nur eine schmale Passage trennt diess Heiligthum von dem so wohl erhaltenen Tempel der Isis, deren Cultus in Pompeji wohl durch den lebhaften Seehandel der blühenden Colonie veranlasst und durch den Eifer der Verehrer, welche in der Isis die Panacee für alle Uebel und den Talisman gegen alle Gefahren zu erblicken wähnten, weiter verbreitet worden ist. Das Ganze des Tempels ist von roher Arbeit, gewährt aber dem Freunde des Alterthums den Genuss, das im Kleinen vereint zu sehen, was er im Grossen aus den spärlichen Ueberresten der übrigen Tempel nur durch den kühnsten Schwung der Phantasie zu construiren vermag. Die Treppe und die Säulenhalle sind gut erhalten. Die corinthischen Säulen, aus denen sie besteht, sind aus Ziegelsteinen erbaut, und scheinen in ihrer künstlichen Uebermalung die Marmorsäulen übertreffen zu wollen. Das Innere der Zelle, welche einsam sich auf einer erhöheten Grundlage erhebt, ist auf wunderliche Weise ausgemalt und durch Stuccaturarbeit verziert. Den hinteren Theil der Zelle nimmt ein von dem Innern derselben abgetrenntes Gemach ein, welches durch in der Zwischenmauer angebrachte Löcher mit dem Theile der Zelle, wo die Statue der Göttin gestanden haben mag, in Verbindung gesetzt ist. Man vermuthet, dass man durch dieselben auf die Statue einzuwirken pflegte, wenn man die Andacht der Betenden durch sinnliche Zeichen und Wunder zum Enthusiasmus habe steigern wollen. Gleich hinter dem Tempel wird ein grosses Zimmer sichtbar, in welchem man, glaubwürdigen Nachrichten zufolge, ein Menschenskelett und um dasselbe die Reste einer

30*

Mahlzeit in bunter Unordnung herumliegend gefunden hat. Wohl möglich, dass der plötzliche, unerwartete Ausbruch des Feuerberges die sinnlichen Priester der Isis im besten Lebensgenusse überrascht, und ihnen die Flucht schon eher unmöglich gemacht hat, als sie daran dachten, das leckere Mittagsmahl im Stiche zu lassen. An den Säulen, welche die Treppe, auf der man zum Tempel hinaufsteigt, umgeben, waren zwei marmorne Kessel befestigt, welche heute im museo Borbonico gezeigt werden, und vielleicht das den Verehrern der Isis so nothwendige Nilwasser enthielten. Unglaublich ist der Reichthum dieses Tempels an Gemälden, welche ein glänzendes Licht über die einzelnen Bestandtheile des Isiscultus verbreitet haben. Jetzt sieht man allda nur noch die nackten Mauern, da fast alle Stücke, welche nur einige Bedeutung zu haben schienen, sofort ausgesägt und in das Museum gebracht worden sind. Dass aber der Tempel der Isis angehört, bezeugt nicht allein die im Vorhofe desselben gefundene Statue der Göttin, sondern auch eine über dem Eingange angebrachte Inschrift, welche besagt, dass ein gewisser Popidius Celsinus den Tempel, nachdem er durch ein Erdbeben völlig ruinirt worden, von Grund aus auf eigne Kosten wiederhergestellt habe. Diesem Wiederaufbau verdankt der Tempel höchst wahrscheinlich die Gestaltung, in welcher er sich heut zu Tage dem Auge des Beschauers darstellt.

Die beiden Theater, welche nächst dem Isistempel gelegen sind, gehören unstreitig zu den schönsten Denkmälern des Alterthums. Eins derselben soll für die Tragödie, das andere für die Komödie bestimmt gewesen seyn. Die Bauart derselben hat unter sich viele Aehnlichkeit. In einem Halbzirkel, welcher die Bühne begrenzt, sieht man eine Menge von Sitzreihen in immer weiter sich dehnenden Räumen sich auf einander thürmen, gleich den Wellen, die durch den Ruderschlag erregt, immer weitere Kreise beschreiben, je mehr sie sich von ihrem Anfangspunkte entfernen. Jede Reihe der Sitzbänke schliesst sich genau an die andere an, und nur hie und da sieht man die langen Reihen derselben durch Zwischenstufen (praecinctiones) von einander geschieden. Diese Stufen, welche offenbar in der Absicht angebracht wurden, um die einzelnen Theaterräume genau abzugrenzen, laufen im ganzen Halbzirkel gleichmässig herum, und werden nur selten von Zwischentreppen unterbrochen, welche die Kommunikation mit den durch jene abgetrennten Sitzreihen erleichtern. Durch diese in gleichweitem Abstande von einander angebrachten Unterbrechungen, welche, je weiter der Sitzkreis sich ausdehnt, desto mehr nach oben hin divergiren, gewinnt nun das Ganze des für die Zuschauer bestimmten Sitzraumes das Ansehen von keilförmig abgetrennten Massen, und diess hat zweifelsohne die Veranlassung dazu gegeben, dass dieselben bei Zeiten den Namen cunei (Keile) erhalten haben. Den Sitzreihen schloss sich als Parallelogramm die Bühne mit der sie begrenzenden scena an, unter der man sich eine hohe Mauer zu denken hat, welche den Blick der Zuschauer scharf begrenzt, und indem sie die Tiefe der Bühne bestimmt, zugleich den zu derselben bestimmten Raum zu einer Einheit erhebt, und ihm das Gepräge eines in sich abgeschlossenen Ganzen verleiht. Sie war gewöhnlich mit kunstreichem Schnitzwerke verziert, und mit dem Raume hinter der Scene (postscenium) durch 3 Thüren in Verbindung gesetzt, von welchen man in den verwitterten Mauern des grossen Theaters noch jetzt deutliche Spuren zu erkennen glaubt. Hinter dem postscenium befand sich gewöhnlich eine Säulenhalle, welche zugleich dazu diente, den durch das Ungewitter auf den Schausitzen überraschten Zuschauern für den Augenblick Schutz und Obdach gegen Wind und Wetter zu gewähren. Im Ganzen bieten die Ueberreste beider Theater dem Beschauer fast den nämlichen Anblick; in beiden bemerkt man dieselbe Anordnung der Sitzreihen; in beiden schliesst sich die Bühne der Orchestra an, nur mit dem Unterschiede, dass der Bühnenraum des grossen Theaters in den Verhältnissen zum Ganzen viel beschränkter erscheint, als der, welcher im kleinen zu dem nämlichen Zwecke bestimmt war. In beiden findet man die Abtrennung der Orchestra von den übrigen Sitzreihen, ganz so, wie man sie auch in andern Theatern des Alterthums zu bemerken gewohnt ist. Indess zeigen sich bei genauerer Betrachtung auch manche unterscheidende Merkmale in der Anlage des ganzen Theaterbaues. Die Sitzreihen des grossen Theaters gleichen einer Hemisphäre; die des kleinen werden in ihren weiteren Ausdehnungen durch die Linien eines Viereckes begrenzt, welches ihre nach der Bühne zu sich schwingenden Linien nach Aussen hin scharf abschneidet, und dadurch dem Ganzen das Ansehen eines in rechten Winkeln angelegten Gebäudes verschafft. Das grosse Theater ist wahrscheinlich ganz mit Marmor bekleidet gewesen, auf ähnliche Weise, wie man heut zu Tage weniger kostbare Hölzer mit Mahagonyplatten zu belegen pflegt. Die Bänke der Cavea, die Orchestra und selbst die Bühne zeigen noch heute, obschon verhältnissmässig nur wenige, Spuren dieser herrlichen Verzierung. Ein Umstand, welcher wohl nur durch die Bemerkung erklärt wird, dass der Marmorstein grosser Hitze nicht leicht widersteht. Auf der ersten Stufe der Orchestra befand sich eine mit bronzenen Buchstaben in den Marmor eingelegte Inschrift, deren Eindrücke auch nach der Wegnahme des Metalles sichtbare Spuren im Steine hinterlassen haben. Sie erwähnt einen Marcus Holconius Rufus, welcher zum fünften Male das Amt der duoviri iure dicundo und zum andern das des quinquennalis bekleidet habe. Darf man nach der Stellung der Buchstaben urtheilen, so scheint an diesem Orte eine Statue des Holconius gestanden zu haben, welche die dankbare Stadt ihrem Wohlthäter errichtet haben mag. Die Basis, auf welcher die Statue geruht hat, ist jetzt verschwunden. Doch zeigen sich noch jetzt Spuren der Klammern, womit sie an den Fussboden befestigt war. Das Theater liegt unter freiem Himmel. Von einer Ueberdeckung desselben findet sich auch nicht das geringste Anzeigen vor, wenn man nicht die steinernen, aus der innern Seite der Mauer hervorspringenden Ringe darauf deuten will, von welchen manche Gelehrte vielleicht nicht ohne Wahrscheinlichkeit annehmen, dass sie zur Stütze der Balken, welche das Zeltgewebe trugen, bestimmt gewesen seyen. Und es war allerdings bei den Alten Sitte, Theater und Amphitheater an heissen Tagen mit Tüchern (vela) zu überdecken, um den Zuschauern Schutz gegen die brennenden Sonnenstrahlen zu gewähren. Auf einer in den öffentlichen Bädern gefundenen Wandschrift, welche die Einweihung dieser erst neu errichteten Anstalt verheisst, werden Thier- und Fechterspiele angekündigt, und dabei wird ausdrücklich bemerkt, dass das Amphitheater überdeckt seyn werde (vela erunt). Ein Gleiches müsste man wohl auch von dem kleineren Theater annehmen, wenn man dasselbe nach den uns erhaltenen Trümmern beurtheilen und eine daselbst gefundene Inschrift übersehen wollte, welche besagt, dass die Zweimänner (duoviri), Caius Quinctius und Marcus Porcius, es auf den Beschluss des Municipalsenates mit einem Dache hätten versehen lassen. Sey es nun, dass das Dachgebäude von Holz gewesen, und deshalb der Einwirkung des Feuers nicht hat widerstehen können; sey es, dass irgend ein andrer, uns unbekannter Thatumstand uns jede Spur dieser Vorrichtung für immer vertilgt hat; immerhin bleibt es eine seltsame Erscheinung, unter so vielen Resten alterthümlicher Theater eins mit einem Dache zu besitzen. Das grosse Theater scheint gegen fünf Tausend Menschen gefasst zu haben, das kleine nicht viel mehr als zwei Tausend.

Den Schluss der Sehenswürdigkeiten Pompejis bildet gewöhnlich das Amphitheater, zu welchem man auf einem Wege gelangt, welcher mitten durch Maisfelder und Weinberge sich hindurch schlängelt. Es liegt am südöstlichen Ende der Stadt, und ist, wie die meisten Denkmäler dieser Art, in den Abhang eines sanften Hügels hinein gebaut. Ein Umstand, welcher sich wohl daraus erklärt, dass die unebene Lage des Bodens den Einbau bedeutend unterstützte, und den grössten Theil der Kosten ersparte, welche bei Amphitheatern, die auf ebenem Boden aufgeführt wurden, angewendet werden mussten. Die äussere Form des Amphitheaters ist, wie gewöhnlich, oval; die grösste Länge desselben beträgt vierhundert Fuss; die grösste Breite im Durchschnitt beträgt über dreihundert dreissig Fuss. Auf die untersten Sitzreihen, deren Benutzung für ein Vorrecht der angesehenern Bürger gehalten wurde, gelangte man durch die durchbrochenen Arkaden des untersten Ranges; zu den obern Sitzen, welche der gewöhnliche Versammlungsort für die minder Begüterten war, stieg man auf Treppen, welche von dem Hügel, der dem Gebäude zum Stützpunkte dient, herunter führen, hinab, oder man stieg zu denselben in dem Theile des Amphitheaters, welcher an den Bergabhang nicht angelehnt ist, von den unteren Sitzen aus hinan. Die Anzahl der Sitzreihen, von welchen die unterste sich auf einer über die den Sandplan umgebende Ringmauer bedeutend hervorragenden Grundlage erhebt, beträgt vier und zwanzig. Gelehrte, welche den ganzen Sitzraum haben ausmessen lassen, versichern, er betrage über zwanzig Tausend Fuss. So dürften denn, wenn man den für eine einzelne Person erforderlichen Sitzraum zu zwei Fuss anschlägt, leicht zehn Tausend Menschen im Amphitheater Platz gefunden haben. Auf manchen Sitzstufen haben sich zu der Zeit, wo diess Gebäude aufgegraben worden, Reste von Inschriften und Freskomalereien gezeigt. Die ersteren machten der duoviri namhaft, welche den Vorsitz bei einzelnen Schaustücken geführt haben. Die letzteren stellten einzelne, im Sandplane vorkommende Scenen dar, z. B. den Kampf des Tigers und des Stieres mit dem Eber. Andere Gemälde schilderten die Art und Weise der Palmenvertheilung unter die Sieger im Zweikampfe. Doch leider! sind alle diese Gegenstände spurlos verschwunden, seitdem sie dem Zutritt der freien Luft ausgesetzt worden. Habe ich doch selbst das sichtliche Erbleichen der unter der Erddecke so frisch erhaltenen Farben beim Aufgraben neuentdeckter Zimmer in Pompeji mit eignen Augen beobachten können!

Fragt man die Ruinen Pompejis, was sie uns für ein Bild von einer italischen Municipalstadt des Alterthums gewähren, so muss das Resultat, welches die Gesammtheit aller bis jetzt zu diesem Zwecke gemachter Aufgrabungen uns bietet, sehr überraschend erscheinen. Ein forum, acht Tempel, eine Basilika, drei öffentliche Plätze, zwei Theater und ein Amphitheater reichen hin, um die gewöhnlichen, dem Glanze solcher Orte nicht eben günstigen, Ideen zu berichtigen, und uns einen Begriff von der Wohlhabenheit und intensiven Grösse des römischen Weltstaates zu geben.

Der, welcher die Ruinen Pompejis mit Ernst beschaut, kann sich der Wehmuth nicht erwehren, welche den Freund des Alterthums nur zu oft beschleicht, wenn er die Reste desselben mit so viel Gleichgültigkeit oder falschem Interesse behandelt sieht. Dem Neapolitaner, welchem Alles auf der Welt feil ist, weil er im Gelde das einzige Mittel erblickt, sich alle nur denkbaren Lebensgenüsse zu verschaffen, betrachtet die Alterthümer Pompejis als eine reiche, nie versiegende Erwerbsquelle, welche ihm schaulustige Fremde, den einzigen Gegenstand seiner, nur auf die gefüllten Geldbörsen gerichteten, Spekulationen schaarenweise zuführt. Der Franzose durchläuft die Strassen der alten Römerstadt mit einem selbstgefälligen Lächeln, erkundigt sich hier und da nach der Bedeutung von Gegenständen, die seiner Newgierde auf den ersten Anblick auffallen, und spottet mitleidig der sonderbaren Ansichten des Alterthums. Der Engländer schreitet ernst und bedächtig, den Plan Pompejis in der Hand haltend, auf den Lavaplatten der alten Strasse einher, und scheint mehr in das Lesen der Beschreibung, als in das Anschauen der Ruinen vertieft. Ihm ist es nur darum zu thun, um, nachdem er die grosse Reise durch Deutschland, Italien und Frankreich vollendet, in London sagen zu können, dass er in Pompeji gewesen. Gleich den Kisten, welche vom Nord dem Süden zugeschickt werden, eilen die meisten dieser Reisenden, wie im Fluge, durch die paradiesischen Gegenden Italiens hindurch, verschlafen die schönsten Genüsse auf dem Kourriere, und kehren nach einer zwei- bis dreimonatlichen Abwesenheit mit denselben Prätensionen und derselben Unwissenheit, welche sie auf ihren Reisen ganz offen zur Schau tragen, in ihre Heimath zurück. Nur dem sinnigen Deutschen scheint es vorbehalten zu seyn, die herrlichen Reste des Alterthums der Aufmerksamkeit, welche sie in so hohem Grade verdienen, zu würdigen. Wohlunterrichtet betritt er die gleichsam dem Grabe erstandenen Ruinen Pompejis.

Zuerst sucht er sich einen Ueberblick über die Sehenswürdigkeiten der alten Römerstadt zu verschaffen; dann erst beschaut er Alles im Einzelnen, prüft und forscht, so viel seine Kräfte vermögen, und kehrt, an Erfahrung und Kenntnissen bereichert, in das Vaterland zurück, um das, was er in den Gefilden Hesperiens gesammelt, gleich den Bienen, die aus jeder der Blumen Honig zu saugen wissen, mit Muse zu verarbeiten, oder um mit freiem, an den Blüthen des Alterthums erstarkten Geiste den Standpunkt im bürgerlichen Leben zu erringen, welcher seinen Wünschen und Neigungen entspricht. Diese, wenn schon nicht von Allen gleich deutlich ausgesprochene Ansicht vom Reisen ist dem Scharfsinne der gebildeten Italiäner ganz und gar nicht verborgen geblieben. Wie oft hört man nicht im traulichen Gespräche von ihnen die Aeusserung: voi altri Prussiani viaggiate filosoficamente; guardate tutto e dopo andate via [1]).

Es ist ein wenigstens wohlgemeinter Rath für Alle, welchen es vergönnt ist, Neapel und seine Umgebungen zu geniessen, aus dem Kreise ihrer Untersuchungen das museo Borbonico bis dahin auszuschliessen, bis sie die Ruinen Pompejis durch eigne, wo möglich wiederholte Ansicht, kennen gelernt haben werden. Der grösste Theil der so reichen Schätze dieses Museums erhält erst durch die unmittelbare Anschauung des Alterthums seine Bedeutung; nichts ist dann ganz ohne Interesse; und selbst die geringen Beobachtungen, welche fast jeder Fremde auf den Ruinen Pompejis zu machen pflegt, reichen hin, um über manchen, an und für sich unbedeutend scheinenden Gegenstand durch die Beziehung auf das Leben und Treiben des Alterthums Licht zu verbreiten. Beim Eintritte in den grossen, eine ganze Strasse bildenden Palast gelangt man, wenn man sich nach der rechten Seite hin wendet, in die Zimmer, in welchen die den alten Römerstädten entnommenen Wandgemälde aufbewahrt werden. Aus den alten Steinwänden ausgesägte Fresken zieren in ununterbrochenen Reihen die kahlen

1) Nur Deutsche verstehen die Kunst zu reisen. Sie prüfen Alles, und behalten das Beste für ihre Heimath.

Wände des Palastes, und gewähren in bunter Ordnung und im hellsten Kolorite dem neugierigen Auge des Fremden eine nicht geahnete Ansicht des alterthümlichen Lebens. Darstellungen aus der Mythenwelt wechseln mit Scenen des täglichen Lebens auf überraschende Weise ab; heilige Opfer werden durch die jugendlich schönen Gestalten der schlanken Tänzerinnen unterbrochen; Landschaften hängen mitten unter dem Schlachtgetümmel der Centauren; Athleten rüsten sich durch Salbung zum bevorstehenden Kampf, während der bärtige Schulmeister zur Seite den jugendlichen Muthwillen seines Zöglings bestraft; der blinde, nur von seinem treuen Hunde geleitete Bettler hängt neben dem rüstigen, den Hammer mit kräftiger Hand führenden Kupferschmidt; Kinder beschäftigen sich mit Fischfang und Jagd, während andre die noch jetzt so beliebte blinde Kuh spielen. Die meisten Stücken sind von buntem Kolorit, Monochromen [1]) finden sich nur selten. Mit wenigen, aber kräftigen Zügen sind die Gestalten der Männer bezeichnet; Liebreiz strahlt aus den Augen der Frauen; herrlich sind die Kontoure der Tänzerinnen, und in den Gegenständen der Thier- und Pflanzenwelt spricht sich eine Wahrheit aus, wie sie nur von der Zeichnung nach der Natur erwartet werden kann. Störend ist indess der an so vielen Stellen sichtbare Mangel an Perspektive, und die vielleicht absichtliche Vernachlässigung der minder wesentlichen Theile der Gemälde; und, wenn schon diese Ueberreste des Alterthums deshalb unschätzbar erscheinen, weil es uns erst durch sie möglich geworden ist, ein Urtheil über die Malerei der Alten zu fällen, so kann ich doch denen nicht beistimmen, welche, vielleicht nur von einer zu grossen Vorliebe für das Alterthum bestochen, diese Stücke weit über die Leistungen unsrer Zeiten in der Kunst zu setzen wagen. Aber so viel scheint aus der Anschauung dieser Denkmäler des Alterthums als unbezweifelt sich zu ergeben, dass, wenn in den Zimmergemälden der Alten, welche doch nur von Sclaven und andern feilen Miethlingen gemalt wor-

1) Gemälde von nur Einer Farbe.

den sind, so viel Kraft, so viel Wahrheit sich allenthalben ausspricht, die Kunst der Malerei bei ihnen nicht auf der niedern Stufe gestanden haben kann, welche muthwillige Verächter der Vorzeit ihr anzuweisen belieben. — Einzig in ihrer Art ist die gleich daran stossende Sammlung der Statuen und Brustbilder in Bronze, welche in der Kunstsprache der Palastdiener bronzi grandi heissen. Aus einem Zeitalter, von welchem ein geachteter Schriftsteller des Alterthums berichtet, dass die Kunst, Erz zu giessen, ihm fremd geworden, finden wir hier eine Menge Bildwerke, welche ähnliche Leistungen unsrer Zeiten nicht allein an Regelmässigkeit der Zeichnung, sondern auch an Zartheit der Form bei weitem übertreffen. Ein unbeschreiblicher Ausdruck der Lust spricht aus dem lachenden Gesichte des trunkenen, auf die Thierhaut hingestreckten Faunes. Sich auf den Weinschlauch, den er bereits zur Hälfte geleert hat, stützend, verräth er sein Behagen durch das Schnippen der Finger auf dieselbe Weise, wie es noch heute im Kastagnettentanze vorkommt. Kunstkenner bewundern an der Statue auch den glücklichen Ausdruck des von dem genossenen Weine angeschwellten Leibes. Durch grosse Zartheit der Form zeichnet sich der sitzende Merkur aus, und die Reinheit des Styles, die Wahrheit der Ausführung erhebt ihn zu den werthvollsten Stücken des ganzen Museums. Höchst anziehend war für mich auch die kleinere, aber so gut gearbeitete Statue des tanzenden Faunes. Die Munterkeit des von einem Kranze von Eichenlaub beschatteten Gesichtes, die lebhaften Gestikulationen der Hände und die mit denselben übereinstimmende Bewegung der Füsse wissen auch dem ernsten Sinne des Mannes ein unwillkührliches Lächeln abzunöthigen. Von geringerer Bedeutung sind die Portraits von Königen und Kaisern, mit Ausnahme des, welches man für das des Ptolemaeus Apion hält. Vorzüglich nimmt die Fülle des Haupthaares, welches in langen Ringellocken, die auf der Stirn durch ein breites Band zusammen gehalten werden, nach der Erde zu herabwallt, die Aufmerksamkeit des Beschauers in Anspruch. Unter den übrigen minder bedeutenden Stücken zeichnen sich noch zwei Diskobolen [1]) aus, beide von gleicher Gestaltung. Der Oberkörper ist nach Vorne hin gebeugt, und die fas stieren Augen scheinen die Wurfscheibe, die sie so eben geschleudert, in ihrem Laufe zu verfolgen. Die ungewisse Haltung der Arme scheint das Verlangen zu bekunden, die Kraft des Wurfes selbst dann, wenn diess unmöglich geworden, zu verstärken, um den Gegner im glorreichen Kampfe zu besiegen. Gewiss eine der schwierigsten Aufgaben der bildenden Kunst, deren befriedigende Lösung ohne Zeichnung nach der Natur undenkbar erscheinen muss. — Im Saale der Mosaiken erblickt man mehrere, höchst interessante Stücke. Das eine stellt eine Katze in Lebensgrösse vor, welche eine Wachtel in ihren Klauen hält, und, während sie einen andern Vogel, von welchem kaum noch die Beine sichtbar sind, verschlingt, mit dem erstern ihr grausam Spiel treibt. Anziehend ist auch der Mosaik, welcher den Namen il mosaico dei pesci (der Fische) trägt. Auf demselben werden eine Menge Seefische dem Auge des Beobachters sichtbar. An der einen Klippe des Ufers erblickt man eine halbgeöffnete Muschel, auf einer andern sitzt ein Seevogel, welcher nach den Fischen hin, die er zur Beute zu machen gedenkt, den Hals streckt. Von ausgezeichneter Arbeit ist auch die Tafel, welche den kleinen mit Epheu und Blumen bekränzten Weingott, einen gefüllten Becher in der Hand haltend, mit dem ihm schmeichelnden Panther darstellt. — In den Hallen, welche zur Aufnahme der Marmorstatuen bestimmt sind (stanze dei marmi), erblickt man mit innigem Vergnügen mehrere Stücke von guter Arbeit. Besondere Erwähnung verdienen die schönen aus Herculanum kommenden Statuen der Familie Balbus. Kräftig sitzt der jugendliche Sohn auf dem schön gearbeiteten Pferde, welches er, wie die angezogenen Zügel bezeugen, mitten im Laufe anzuhalten im Begriffe steht. Die linke, mit einem Ringe geschmückte Hand hält die Zügel, die rechte erhebt sich in freier Bewegung nach Oben zu. Das kurze Unterkleid und der noch kürzere Brust-

1) Jünglinge, welche die Wurfscheibe werfen.

barsisch, lässt das Wehrgehänge hervorblicken; um die linke Schulter windet sich flatternd das römische Kriegskleid. Der Kopf der Statue ist aus mehreren Stücken künstlich zusammengefügt. Eine Kanonenkugel, welche in das Museum zu Portici, wo die Statue früher aufgestellt war, einschlug, hat ihn zerschmettert; doch ist es dem kunstfertigen Brunelli gelungen, die einzelnen Stücke zu einem Ganzen zu vereinen, und die Statue somit aus sich selbst zu ergänzen. Von den übrigen Statuen, welche aus dem Hause Farnese durch Erbschaft an das Königshaus gekommen sind, verdient noch eine besondere Erwähnung die kolossale, durch den Faltenwurf des Kleides so bekannte Flora. Blumen, Kopf, Hals und Füsse sind restaurirt, und diess giebt Veranlassung genug, die Wahrheit der Benennung zu bezweifeln. Ferner die Venus victrix und Kallipyx, beide stark beschädigt, und, wie es scheint, ganz gegen den Charakter der alterthümlichen Reste restaurirt. Vom jugendlichen Dorso Farnese und der sitzenden Agrippina kein Wort, da sie bereits von Poussin und Winkelmann hinlänglich gerühmt worden. Die grösste Zierde des Museums ist die Statue der jugendlichen Psyche, welche man theils wegen der Zartheit der Formen, theils wegen des so sinnigen Ausdrucks des Ganzen zu den besten Werken der griechischen Kunst rechnen möchte. Schade, dass die Arme beschädigt sind, allein selbst im defekten Zustande zieht sie durch ihre Schönheit sogleich die Augen des Kunstfreundes auf sich. Ihr Verdienst ist lange nicht genug gewürdigt, und das ist wohl auch der Grund, warum sie noch jetzt in einem, ihr wenig günstigen Lichte und an einem Orte, wo man ein Kleinod der Art nicht vermuthet, aufgestellt ist. Nur Millingen hat in den neueren Zeiten auf sie die Aufmerksamkeit der Kunstfreunde gerichtet. Sie stammt aus dem Aphitheater von Capua, wohin sie wahrscheinlich erst von Griechenland her versetzt worden war. Eine seltene Zierde der Sammlung ist die Darstellung der Scylla. Sie hat Kopf, Brust und Leib des andern Geschlechtes, und endet in die Gestalt eines Fisches mit zwei Schlangenschwänzen. Unter dem Schuppen- und Laubwerk, wovon der untere Theil des Leibes bedeckt ist, ragen drei Hundsköpfe hervor, welche Arme und Füsse eines unglücklichen Schlachtopfers ihrer Mordlust verzehren. Scylla hält es mit dem rechten Arme an den Haaren gepackt. Die rechte Hand, der linke Arm und einer der Hundsköpfe sind restaurirt. Neben ihr steht ein Centaur, welcher in der linken Hand eine Rohrpfeife (σύριγξ) hält. Centaur und Scylla sind nach Virgil Wächter am Eingange der Unterwelt. Wohl möglich, dass diese seltsamen Gestalten einem Grabmale, dessen Charakter sie so gut bezeichnen, entlehnt sind. Interesse erwecken auch die Basreliefs, in welchen die Bedeutung des Ganzen durch einzelne, über den dargestellten Figuren stehende Namen bezeichnet ist. Nach einer Verordnung des Monsignor Scoti sind jetzt alle nackten Statuen aus dem Bereiche des Museums entfernt und in verschlossene Zimmer gebracht worden, zu welchen man indess durch die Spende einer geringen mancia an den Aufwärter baldigst Zutritt findet. Ein Beweis von der engherzigen Ansicht dieses Aufsehers, welcher in den hehren Denkmälern des Alterthums nur Verführer der leichtsinnigen Jugend sieht, und nicht bedenkt, dass er gerade dadurch die schönsten Stücke den Augen des Fremden entrückt. Ich spreche mit Fleiss nur von Fremden; denn von Neapolitanern habe ich in der Reihe von Monaten, welche ich in Neapel verbrachte, fast keinen einzigen gesehen, der es der Mühe werth gehalten hätte, sich diese Kunstwerke der Vorzeit anzusehen. — Im gabinetto delle cose riservate [1]) findet man einige interessante Darstellungen aus der Mythenwelt. Von sehr guter Arbeit ist die kleine Statue des Satyrs, welcher mit dem Bock sein muthwillig Spiel treibt. Die Haltung des Ganzen ist der Denkart des Alten angemessen, und liefert einen natürlichen Kommentar zum Verse Virgil's:

vidimus et qui te, transversa tuentibus hircis.

Der Eintritt in diess Gemach ist Damen schlechthin untersagt, und Männern nur gegen die Vorzeigung von Billeten,

---

1) Im Saale der den Augen des Publikums entzogenen Sachen.

welche sie auf der Direction des Museums lösen können, gestattet. Bei so viel Vorkehrungen, solche Gegenstände den Augen des Publikums zu entziehen, sollte man ganz andere Scenen darin erwarten, als sich darin wirklich vorfinden. Allein es erklärt sich diese Vorsicht einfach dadurch, dass der Palast des Museums zugleich als Universitätsgebäude benutzt wird, und dieser Umstand muss auch dem Monsignor Scotti zur Entschuldigung dienen, wenn er den öffentlichen Gebrauch des Museums in den neueren Zeiten durch gewisse Vorkehrungen, an welche seine Vorgänger im Amte nie gedacht, zu beschränken gesucht hat. — Im ersten Stockwerke des Palastes ist die Bildergallerie, welche früher das Lustschloss Capo di monte zierte, im günstigsten Lichte aufgestellt; den einen Seitenflügel des Stockwerkes nimmt die Sammlung der hetrurischen und griechischen Vasen ein; den andern zieren die bronzenen Geräthe aus Herculanum und Pompeji, in der Kunstsprache der Palastdiener bronzi piccoli genannt. In wilder Unordnung erblickt man hier alterthümliche Lampen von der verschiedenartigsten Gestaltung neben kleinen Armleuchtern und kolossalen Fackelhältern; grosse Thiergestalten neben unbedeutenden Amuletten; Schlüssel und Siegelstöcke, von denen noch einige den Namen des Eigenthümers tragen, neben Schallglocken, womit man die Sclaven zu berufen pflegte; bronzene Theatermasken neben Tritonen und Satyrn, denen der Wasserstrahl der Fontainen entquoll; Wasserhähne aus Bädern neben künstlich gearbeiteten Helmen; mit chirurgischen Instrumenten angefüllte Etuis neben dem alterthümlichen Schreibzeuge; die sella curulis neben dem feingearbeiteten bisellium; Kochgeschirre neben Maschinen zur Bereitung des Glühweins; Wurfspiesse und Säbel neben der heracleischen Gesetztafel. Man kann sich schwerlich eine Vorstellung von dem bunten Gewühle der Alterthümer in diesen Zimmern machen; Alles scheint darauf berechnet die Uebersicht des Ganzen zu erschweren, und selbst nach oft wiederholten Besuchen wird es dem Fremden nur mit Mühe gelingen, den Reichthum dieser Zimmer im Detail kennen zu lernen. Dazu kommt, dass man bei der Beengung des Raumes und der fast täglich sich mehrenden Entdeckungen gezwungen ist, grosse Umstellungen der Einzelsachen vorzunehmen. Ein Umstand, der es hinlänglich erklärt, wenn man das, was man in den früheren Tagen genau besehen, an den folgenden aller angewandten Mühe zum Trotze nicht wiederfinden kann. — Unter den interessanten Gegenständen, welche der Reichthum des museo Borbonico dem Blicke des Fremden beut, zogen mich besonders die alten in Herculanum aufgefundenen Papyrusrollen an. In den Zimmern, welche zur Aufbewahrung derselben bestimmt sind (stanze dei papiri), sieht man eine Menge verkohlter, cylinderförmiger Rollen, deren dunkle Farbe jede Spur der Tinte vertilgt zu haben scheint. Wie angenehm wird man aber überrascht, wenn man die bereits aufgerollten Theile derselben, welche an den Wänden der Zimmer unter Glastafeln aufgehängt sind, aufmerksam betrachtet! Auf dunkelbraunem Grunde zeigen sich hier auch dem nicht bewaffneten Auge ganze Reihen von Buchstaben, deren schwarze, zum Theile glänzende Farbe ganze Wörter ohne grosse Schwierigkeit entziffern lässt. Wie Schade, dass ohngeachtet der grössten Sorgfalt, welche man auf die Entwickelung der Rollen gewendet, es doch nicht hat gelingen wollen, einige Seiten ganz ohne Lücken zu entrollen! Lücken, welche die Nothwendigkeit der Konjecturalkritik auf schlagende Weise darthun, aber doch nicht ohne genaue Kenntniss der Oertlichkeit ausgefüllt werden können. Gleichwie nämlich bei der Behandlung von alten verstümmelten Steinschriften alles darauf ankommt, zu wissen, wie viel Buchstaben aus dieser oder jener Zeile verloren gegangen sind, wenn man die Ausfüllung der Lücke mit nur einigem Glücke versuchen will, eben so dürfte es auch die erste Pflicht des Gelehrten seyn, welcher sich mit der Entzifferung dieser verkohlten Schriftzüge beschäftigt, auszumitteln, wie viel Buchstaben in der fraglichen Zeile verloren gegangen sind. Auch fehlt es nicht an Merkmalen, welche die Grösse der Lücken auf unzweideutige Weise besagen. Denn ausser dem Zusammenhange des Ganzen giebt schon die Regelmässigkeit der wiederkehrenden Zeilen, welche selten über den Rand hinauslaufen, einen sichern Beweis für die Zahl der fehlenden Buchstaben ab. Hierzu kommt, dass die einzelnen Buchstaben, welche in den Zeilen sichtbar sind, fast alle von gleicher Grösse und Dicke sind, und dass die, welche diese Rollen geschrieben, augenscheinlich sich viele Mühe gegeben haben, die Buchstaben der nächsten Zeilen den der vorhergehenden genau anzupassen: so dass die Anzahl der Buchstaben in den einzelnen Zeilen fast überall die nämliche ist. Auch die Seltenheit der Abkürzungen, welche sich in spätern Handschriften so oft wiederholen, bürgt für die Sicherheit des auf diese Weise einmal gewonnenen Resultates. Die Schriftzüge, welche sich auf diesen Rollen finden, gehören der sogenannten Uncialschrift an, welche sich von der Kapitalschrift, deren man sich auf Steinen zu bedienen pflegte, bekanntlich durch die Rundung der obern Theile der Buchstaben unterscheidet. Von dieser Bemerkung sind jedoch die Rollen auszunehmen, welche Schriften in lateinischer Sprache enthalten. Diese bieten die sogenannte Kapitalschrift, deren eckige Obertheile unverkennbar den Charakter der lateinischen Steinschriften an sich tragen. Höchst belehrend wird in dieser Beziehung die Vergleichung der Steinschriften, welche sich aus dem Augusteischen Zeitalter erhalten haben. Aus der genauen Uebereinstimmung beider Schriftzüge muss man vermuthen, dass die sogenannte Kapitalschrift dieser Zeiten nicht, wie man gewöhnlich annimmt, eine von der Uncialschrift verschiedene, sondern vielmehr die allgemein gewöhnliche Schriftart jenes Zeitraumes gewesen, und dass die Uncialschrift der Römer erst aus einer allmäligen Umbildung der Kapitalschrift in die dem Auge gefälligere Form der Rundung unter den Händen der Schreiber entstanden sey. Das Material, welches diese Schriftzüge enthält, verdankt bekanntlich dem Pflanzenreiche seinen Ursprung. So unzureichend auch die Nachrichten der Alten über die Art und Weise sind, wie sie diess Material aus der Papyrusstaude gewannen, so scheint doch soviel aus der genauern Betrachtung unsrer Rollen hervorzugehen, dass man weder die Blume, noch die Wurzel des Papyrus zu diesem Zwecke verwendete. Vielmehr scheint es, als habe man, nach Absonderung der äussern unbrauchbaren Theile, den Stiel der Pflanze der Länge nach zerschnitten und unter Beschwerung von Gewichten, auf dieselbe Weise, wie man heute Rosenblätter in Büchern aufzubewahren pflegt, getrocknet. Das somit breitgedrückte Blatt leimte man mit andern Blättern, welche der Quere nach darauf gelegt wurden, zusammen, um der Substanz grössere Dicke und Festigkeit zu geben; dann trocknete man das Ganze mit einem wollenen Lappen ab, und gewann somit ein Schreibmaterial, welches unserm Papiere weder an Festigkeit, noch an Haltbarkeit nachstehet. Wollte man den Papyrus zu Büchern benutzen, so leimte man so viel Stücke desselben an einander, als man zur Abschrift des Werkes für nöthig erachtete. Das Ende zierte gewöhnlich ein Stab, um welchen man den übrigen Theil der Rolle spiralförmig herumwickelte. Dieser Stab, welcher gleichsam die Rolle zusammenhält, heisst umbilicus (Nabel). Die Rückseite des Papyrus wurde gewöhnlich nicht beschrieben; daher man es für ein Zeichen von Geiz hielt, angefangene Briefe auf der Kehrseite zu beenden. Die herculanischen Rollen enthalten kein dieser allgemeinen Gewohnheit widersprechendes Beispiel. Bei dem Aufwinden der Rolle um den umbilicus sah man darauf, dass die Schrift nach innen zu gekehrt war. Eine Vorkehrung, welche die Schriftzüge vor dem Zutritte der äusseren Luft und vor dem Schweisse der Hände gleichmässig bewahrte. Ja man ging in der Vorsorge für die Erhaltung der Schrift noch weiter. Am Anfange und Ende der Rollen leimte man nämlich grosse Stücken unbeschriebenen Schreibmaterials an, welche bei der Zusammenrollung die ersten Seiten der Schrift mit doppelter oder dreifacher Hülle umgaben, und dem Fremden, wenn er noch nicht mit diesem Phänomen bekannt ist, glauben machen, dass die ganze Rolle unbeschrieben sey. Die einzelnen Rollen sind nicht der Länge, sondern der Breite nach beschrieben. Die Zeilen gehen nicht, wie man wohl glauben könnte, durch die ganze Breite der Rolle hindurch, sondern bilden kleine Absätze, die man in einem Augenblicke übersehen kann. Diese Absätze haben sehr viel Aehnlichkeit mit der Schrift in doppelten oder dreifachen

31*

Kolumnen, sowie man sie in den ältesten Handschriften zu finden gewohnt ist. Hatte man nun die eine Kolumne gelesen, so wickelte man eine andere Kolumne auf, während man das, was man bereits beendet, auf der entgegengesetzten Seite wiederum aufzurollen pflegte. Zu diesem Zwecke hatte man öfters am Anfange der Rollen einen zweiten umbilicus, um welchen das bereits Durchlesene herumgewickelt wurde. Wollte man nun das Durchlesene von Anfang wieder lesen, so musste man erst den umbilicus, welcher am Ende des Werkes befindlich war, wieder umrollen, auf dieselbe Weise, wie man ein Knaul Garn von einem Wickel auf den andern zu übertragen pflegt. Noch heute bemerkt man auf mehreren Rollen, die entwickelt worden, nicht den Anfang, sondern das Ende des Werkes, ein untrügliches Zeichen, dass sie kurz vor der Verschüttung Herculanum's gelesen, aber nicht wieder in die alte Lage versetzt worden sind. Seit der Auffindung dieser Papyrusrollen hat man lange Zeit hindurch vergebliche Versuche gemacht, den Inhalt derselben durch Aufrollen zu erkennen. Einige derselben sind völlig verkohlt, steinhart und zu jeder Entrollung unfähig. Andere, welche dem Einflusse der Hitze minder ausgesetzt waren, sind zwar auch erschwarzt, allein sie sind doch nicht so beschädigt, dass man nicht noch die einzelnen Lagen des Papyrus unterscheiden könnte. Zuerst, als man an der Möglichkeit zweifelte, diese Reste des Alterthums zum Nutzen und Frommen der Wissenschaft zu benutzen, hat man ein Verfahren beobachtet, welches nahe an die Barbarei des Mittelalters gränzt. Man hat nämlich die einzelnen Rollen der Länge nach durchschnitten, und sich dadurch zwar davon überzeugt, dass sie beschrieben sind, zugleich aber auch die Hoffnung, dieselben zum Besten der Literatur benutzen zu können, für immer vernichtet. Erst später hat man Versuche gemacht, dieselben vermittelst eines einfachen Apparates zu entwickeln. Man bedient sich zu diesem Zwecke einer auf 2 Füssen ruhenden Maschine, auf welcher ein im Halbkreise gelegenes Pergamentblatt ruhet. Auf dieses Blatt steigen nun von oben herab zwei, an einer Rolle befestigte Riemen. In diese Riemen wird die Rolle, welche enthüllt werden soll, gelegt, so dass sie gleichsam in der Schwebe hängt. Nun beginnt man die Arbeit damit, dass man den Anfang der Rolle langsam absondert, und das Abgesonderte gleich mit Fischblase, welche man durch Leim mit dem Papyrus verbindet, unterlegt. Somit legen sich die aufgerollten Kolumnen gleich an einen haltbaren Stoff an. Vermittelst einiger Fäden, welche man an den Ueberzug der Rolle und nach oben hin befestigt hat, zieht man nun die Rolle nach und nach auf, während man das Aufgerollte gleich wieder mit dem genannten Stoffe zu füttern bemüht ist. Die aufgerollten Theile sind sehr zart und spröde, und es ist daher nicht zu vermeiden, dass bei dieser Arbeit ungeachtet der ängstlichsten Sorgfalt nicht hier und da einzelne Theile sich absonderten, obgleich man immer bei verschlossenen Fenstern arbeitet, und selbst den Odem soviel wie möglich, bei der Entrollung an sich zu halten bemüht ist. Diess ist die Quelle der grossen Lücken, welche sich in so vielen Kolumnen vorfinden. Eine andre Schwierigkeit bietet die Ungewissheit des Arbeiters, wie viel, oder wie wenig Leim er auf der fraglichen Stelle auftragen soll. Denn da die Papyrusrollen nicht überall von gleicher Stärke sind, so kann die kleinste Unvorsichtigkeit in dieser Beziehung oft den Ruin einer ganzen Kolumne verursachen. Es ist zu bewundern, mit welcher Sorgfalt und Ausdauer die fleissigen custodi sich dieser mühseligen Arbeit unterziehen. Ich selbst war gegenwärtig, als man ein unbekanntes Stück eines griechischen Philosophen entrollte. Schade, dass die neuesten Entdeckungen dieser Art im Gebiete der Literatur noch nicht durch den Druck bekannt gemacht worden sind. Mir ist auf Befragen versichert worden, dass man den Stoff für drei neue Bände der volumina Herculanensia bereits bearbeitet habe, und dass es nur an der Spärlichkeit des Absatzes und an dem Geldmangel der Regierung liege, wenn die Ausbeute noch nicht zu Tage gefördert worden. Die Art und Weise, welche man bei der Herausgabe dieser interessanten Reste des Alterthums befolgt, ist im Kurzen folgende: sobald der abgelöste Theil der Rolle auf die

Fischhaut übertragen ist, spannt man sie auf viereckigen Tafeln auf, und übergiebt sie dem Zeichner (disegnatore), welcher darnach ein genaues Facsimile verfertigt. Die Zeichnung wird von den Gelehrten, welche mit der Erklärung und Erläuterung des Textes beauftragt sind, geprüft, und, wenn sie von ihnen begutachtet worden, dem Kupferstecher übergeben, welcher die Platten zum Abdrucke bereitet. Diese Platten werden nun abermals begutachtet, und mit den Kommentaren der Gelehrten in die volumina Herculanensia eingetragen. Neben dem Abdrucke der Platten steht zugleich ein von den Gelehrten kritisch berichtigter Text, in welchem die ausgefüllten Lücken und die Konjecturen der Gelehrten durch rothe Schrift angedeutet werden, während die Züge der papiri an der schwarzen Farbe erkenntlich sind. Schade, dass die bisherigen Entdeckungen nur auf Schriften griechischer Philosophen, welche für den Alterthumsforscher nur partielles Interesse haben, und auf Fragmente eines lateinischen Gedichtes über die Schlacht von Actium geführt haben. Vielleicht ist es aber noch der Zukunft aufbehalten, die glänzendsten Entdeckungen auf dem Gebiete der Literatur dieser Quelle entspriessen zu sehen! Die Zahl der in Herculanum aufgefundenen Papyrusrollen ist geschichtlichen Nachrichten zufolge vielleicht auf 800 anzuschlagen. Von diesen muss man aber die Hälfte abrechnen, welche theils durch die Unvorsichtigkeit derer, welche die Aufgrabungen geleitet, ruinirt, oder durch die Freigebigkeit des neapolitanischen Hofes in andre Länder, z. B. nach Frankreich und England gekommen sind. Die Gesammtzahl der Rollen, welche noch jetzt im museo Borbonico aufbewahrt werden, beträgt nicht mehr als 700. Von diesen sind gegen 200 bereits entrollt worden; andre 200 sind, aller Mühe ungeachtet, nicht zu entrollen gewesen. Andre 120, deren Entrollung man begonnen hatte, sind zurückgelegt worden, weil es unmöglich schien, die darauf befindliche Schrift zu entziffern. Somit sind denn kaum noch 200 übrig, welche dem wissbegierigen Gelehrten einige Ausbeute versprechen könnten.

Als ich zum Abschiede von Neapel noch einmal dessen Sehenswürdigkeiten gemustert, noch einmal den volkreichen, von beiden Seiten mit Orangenbuden eingefassten Toledo durchlaufen, noch einmal das bewegte Treiben der Volksmasse auf dem molo und in der villa reale beobachtet, noch einmal den fröhlichen Gesängen der ewig heiteren barcaiuoli gelauschet, noch einmal den schönen, im Mondglanz erstrahlenden Meeresspiegel geschaut, noch einmal den farbigen Schimmer der an den Fischerbuden in Santa Lucia in künstlichen Reihen angebrachten Lämpchen betrachtet, ergriff mich eine düstere Schwermuth, die den Reisenden nur zu oft beschleicht, wenn er Orte, wo er die schönsten Stunden des Lebens genossen, wo er die süssesten Träume seiner Kindheit verwirklicht sah, wo er im Anschauen des Alterthums und im Genusse der Gegenwart gleichmässig schwelgte, vielleicht für immer zu verlassen gezwungen ist. Scheint es doch, als laste es wie ein Fluch auf dem Reisenden, dass er gerade dann, wenn er sich in seiner Lage recht glücklich fühlt, wenn er die angenehmsten Verbindungen angeknüpft hat, wenn seine ganzen Umgebungen ihn zum Verweilen einladen, davon eilen, und im Bewusstseyn seines unstäten und flüchtigen Aufenthaltes des Genusses, im Augenblicke, wo er sich ihm bietet, entbehren müsse.

Die Strasse von Neapel nach San Germano bietet wenig Anziehendes dar. Bis gegen Capua zieht sie sich in einer, nur selten durch sanfte Hügel unterbrochenen Ebene unter Mais- und Waizenfeldern, welche dem Blicke des Fremden wenig oder vielmehr gar keine Abwechselung bieten, gleichförmig hin. Hinter Capua wird die Gegend gebirgig; allein die kahlen Gipfel der Anhöhen, welche nur spärlich das matte Grün der Oelbäume zeigen, erscheinen dem durch die Schönheiten Neapels verwöhnten Auge zu unbedeutend, als dass sie das Interesse des Fremden, wenn auch nur auf Stunden, zu fesseln vermöchten. San-Germano liegt am Fusse eines hohen, kahlen Berges, auf dessen Gipfel das Stammkloster der Benedictiner einem Kastelle gleich zu thronen scheint. Schon von Weiten wird es dem spähenden Auge sichtbar, und erinnert durch die Grossartigkeit seiner Anlagen an die

Macht des Ordens und den Glanz des daselbst residirenden Fürst-Abtes. Schon standen die Saumthiere des Klosters im Hofe des cellerario bereit, welche uns und unser Gepäck sogleich in die Behausung der Klosterbrüder bringen sollten. Eine Aufmerksamkeit, welche natürlich nur meinem Reisegefährten Ventimiglia galt, indess auch mir eine freundliche Aufnahme im Kloster zu versprechen schien. In demselben empfing uns der padre priore, welcher in Abwesenheit des Abtes die Angelegenheiten des Klosters leitet, mit eben so viel Würde, als Gastfreundlichkeit, und mir ward durch den Schutz, welchen mein Gefährte mir angedeihen liess, das Glück zu Theil, im Innern des Klosters gleich neben seinen Zimmern einquartirt zu werden. Die innere Einrichtung des Klosters entspricht ganz der in Lacava. Auch hier findet sich dieselbe Trennung des Noviziates von den Zimmern der Don's; auch hier prägt sich unverkennbar derselbe Typus des Mönchslebens aus; auch hier bemerkt man dieselben Parteiungen und ähnliche Ansichten über Religion und Ketzer. Allein die Pracht des Gebäudes und die Räumlichkeit der Anlagen steht mit Lacava nicht im Einklange. Gleich beim Eintritt in den grossen, mit Arkaden umgebenen Klosterhof bemerkt man einen viel grossartigern Plan in der Anlage des Ganzen. Betritt man vollends das Innere des Klostergebäudes, schreitet man durch die langen, die einsamen Tritte des Wanderers in dumpfen Tönen wiedergebenden Kreuzgänge, so muss man gestehen, dass der Orden darauf bedacht gewesen ist, den Ort seiner Geburt auf eine würdige Weise zu verherrlichen. Die Kirche, geschmückt mit Gemälden von Luca Giordano und einigen Stüken vom Cavalier d'Arpino, bietet in ihren prächtigen Marmorwänden und der schönen Ausschmückung des Hochaltares der Schaulust des Fremden Gegenstände, die, wenn er noch nicht durch die Grossartigkeit und den Reichthum der römischen Baue verwöhnt ist, ihn wahrscheinlich zur Bewunderung hinreissen werden. Die Zimmer, welche der Abt und der Prior bewohnen, gewähren dem überraschten Fremden eine herrliche Aussicht auf das unten am Fusse des Berges liegende Städtchen San Germano, und in der

Ferne wird Pontecorvo sichtbar, von woher die guten Mönche, die es, gleich den Frauen, nicht unterlassen können, die königliche Douane zu bevortheilen, steuerfrei ihren Schnupftabak beziehen. Die Fenster der Seitenflügel beherrschen die nach Rom führende Landstrasse im Umkreise von 8 Miglien. Die Wichtigkeit dieses Bergpostens ist den Insurgenten im letzten Aufstande nicht entgangen. Gegen 3000 Mann hielten diesen Schlüssel zum neapolitanischen Königreiche besetzt, das schöne Klostergebäude ward in eine Kaserne verwandelt, und die armen Mönche wurden gezwungen, ihr Hab und Gut zur Vertheidigung des Vaterlandes herzugeben. In der prächtigen Klosterkirche wurde ein Pulvermagazin errichtet, Vertheidigungslinien vor dem Kloster gezogen, und, wo es nöthig schien, zahlreiche, mit Batterien gespickte Redouten angelegt. Die Bewohner des Klosters hatten dasselbe in dieser Schreckenszeit theils aus Furcht vor thätlichen Misshandlungen von Seiten der rohen Krieger, theils aus Respect vor dem Pulvermagazine bereits geräumt, als die Oestreicher Miene machten, die Grenzen des Königreiches zu überschreiten. Gelitten hat das Kloster keineswegs unter den kriegerischen Rüstungen der Patrioten; denn der Feind wusste, wie mir Ventimiglia sagte, den Posten durch Flankenmärsche zu tourniren, und nahm ihn später in Besitz, ohne dass es ihm nur einen Flintenschuss gekostet hätte. Nur der Weinkeller des Klosters ist bei dieser Gelegenheit geleert worden, und das ist es, was die armen Mönche noch heute am meisten beklagen. Das in der Kirche angehäufte Pulver wurde nach und nach von den Bewohnern der Umgegend, welche einstweilen die Klostermauern untergraben hatten, sammt den Patronen gestohlen, und zum Jagdbedarf verwendet.

Vor der Franzosenherrschaft besass das Kloster eine schöne Gemäldesammlung, in welcher sich mehrere Tizians und eine Rafaëlsche Madonna befanden. Von diesen Schätzen sieht man heut zu Tage weiter nichts, als die Stellen, wo sie aufgehängt waren, und einige schlecht gestochene Abdrücke, ein leidiger Trost für den gänzlichen Verlust eines eben so gerecht erworbenen, als werthvollen

Besitzthums. Die Rafaëlsche Madonna soll sich jetzt in den Händen der contessa Laponi in Triest befinden, die Tizian'schen Stücke sind spurlos verschwunden.

Es giebt in Italien, besonders in den Klöstern, eine gewisse Art von Menschen, welche es sich zum Vergnügen machen, unter den Fremden, welche Italien besuchen, so viel wie möglich Rekruten für die allein seligmachende Kirche anzuwerben. Schon oft hatte ich in Lacava davon gehört, und zugleich erfahren, dass diess Bestreben weniger der individuellen Ueberzeugung entquillt, dass der Katholicismus mit seinen hohlen, nur die Sinne befriedigenden Formen dem Gemüthe des ernsten Mannes zu entsprechen vermöchte, sondern, dass dergleichen Freibeuter nur deshalb keine Mühe, keine Anstrengung scheuen, Fremde jeder Gattung auf die mannigfaltigste Art und Weise in ihre Netze zu locken und in denselben zu verstricken, um sich beim Hofe, welcher gerade jetzt das Banier des Bigottismus erhoben, ein Verdienst daraus zu machen, und von der Verleihung eines Bändchens die Befriedigung einer vielleicht verzeihlichen Eitelkeit zu erwarten. Just dieser Fall war es mit meinem Reisegefährten Ventimiglia, welcher es sich in Verbindung mit dem padre priore zur Pflicht zu machen schien, mich über die Irrthümer, in denen ich erzogen worden, auf die angelegentlichste Weise zu belehren. Das Verfahren, welches man bei Operationen dieser Art beobachtet, ist dem eines vorsichtigen Feldherrn zu vergleichen. Zuerst sondirt man das Terrain, sucht in traulich-freundlichen Gesprächen die Denkweise des Individuums zu erforschen, und baut nun auf die Resultate dieser Untersuchung einen geschickt ausgedachten Angriffsplan auf die moralische Ueberzeugung des Fremden. Sodann bemerkt man zuerst schonend, mit halb wohlwollender, halb mitleidsvoller Miene, wie Schade es doch sey, dass ein Mann von Talent und Fähigkeiten nicht dem Glauben zugethan sey, von welchem man allein erwarten dürfe, dass er den Bedürfnissen seines Herzens und Verstandes genügen werde. Man unterlässt auch nicht, von manchen Glaubenssätzen der Protestanten zu sprechen, und im Gegensatze derselben die Dogmen der katholischen Kirche in günstigem Lichte darzustellen. Glaubt nun der schüchterne Fremde, da, wo er auf sich allein reducirt, das Wohlwollen seiner nächsten Umgebungen füglich nicht entbehren kann, sich mit Klugheit benehmen zu müssen, so ist man kurzsichtig genug, das demselben von den Umständen gebotene Stillschweigen für den Zustand des Zweifels an seinem Glauben zu halten, und in seinem von der gewöhnlichen Lebensklugheit geleiteten Betragen die Wirkungen der aufgewendeten Ueberredungskünste zu erblicken. Nun erst ist man darauf bedacht, Brechebatterieen zu errichten, und die angeblich wankende Ueberzeugung des Fremden durch die Verheissung zeitlicher Vortheile zu Gunsten der Weltkirche zu bestimmen. Dem Einen verspricht man baar Geld, den Andern kirrt man mit der Aussicht auf Aemter und Ehrenstellen, mir, in dem man viel Anlage zum Geistlichen zu verspüren glaubte, verhiess man unumwunden ein Kanonicat mit 6000 Franken Einkünfte, freilich ohne zu überlegen, wie sehr man das sittliche Gefühl des Fremden dadurch beleidigt, dass man seine moralische Ueberzeugung zum Gegenstande des Handels macht, und ihn mit den gewöhnlichen Italiänern, welchen für Geld Alles feil ist, in dieselbe Klasse versetzt. Als die Instanzen der menschenfreundlichen Seelsorger dringender wurden, entschloss ich mich, dem verdrüsslichen Menschenschacher durch Beschleunigung meiner Abreise ein Ende zu machen. Ich sehe noch im Geiste den Ausdruck getäuschter Erwartungen, welche diese unerwartete Nachricht auf dem komisch ernsthaften Gesichte meines Reisegefährten hervorbrachte. Er brach unwillkührlich in die Worte aus: abbiamo ciarlato quindici giorni, — adesso va via [1]). Ich glaubte in dem Tone seiner Worte einen leisen Vorwurf der Undankbarkeit zu vernehmen.

Die Behandlung, welche man in Montecasino dem Fremden angedeihen lässt, ist gastfreundlich; nur ungern vermisst man darin das Trauliche des neapolitanischen Umgangstones. Diesen Uebelstand verursacht theils die Menge

1) Vierzehn Tage haben wir uns in Ueberredungskünsten versucht — jetzt reisen Sie ab.

von Fremden, welche von allen Himmelsgegenden her dem Kloster zuströmen, theils der Umstand, dass von der so geringen Anzahl der Don's, welche die einzige, dem Fremden zugängliche Gesellschaft bilden, nur Wenige den Anforderungen eines gebildeten Umganges entsprechen. Eine rühmliche Ausnahme macht der biedere de Frisaris, welcher in jungen Jahren sich bis zur Stelle des Novizenmeisters hinaufgeschwungen hat. Schade, dass die vielfachen Beschäftigungen, welche ihm sein hohes Amt auferlegt, mir nicht gestatteten, die Reize seines Umganges so, wie ich wünschte, zu geniessen. Der bekannte Archivar Fras Frangipane, welcher auch in der gelehrten Welt durch Herausgabe mehrerer, bisher ungedruckter Schriften der Kirchenväter rühmlich bekannt geworden ist, war in den Tagen, welche ich in Montecasino zubrachte, nicht anwesend. Denn er, welcher seit 45 Jahren sich nicht aus dem Archive entfernt hatte, war gerade 8 Tage vor meiner Ankunft im Kloster nach seinem Geburtsorte Puzzoli abgereist, um vor seinem Ende die Seinigen noch einmal zu begrüssen. Dieser widerwärtige Umstand hat es auch verursacht, dass meine Forschungen im Archive weniger belehrend, als ich erwarten durfte, geworden sind. Nur wenige griechische Urkunden aus Tarent boten mir einige Ausbeute; die übrige Zeit meines Aufenthaltes im Kloster benutzte ich zur Anfertigung einer genauen Abschrift des Frontinus de aquaeductibus, eines Schriftstellers, welcher durch seinen Anhang von Gesetzen und Senatsbeschlüssen auch für römisches Recht von grosser Bedeutung geworden ist [1]). Die juristischen Schätze des Archivs, welche Blume entdeckt und bereits verglichen hat, habe ich der beschleunigten Abreise halber nicht so, wie ich es wohl gewünscht hätte, benutzen können.

1) Das Original meiner Arbeit befindet sich jetzt in den Händen des Herrn Dr. Kellermann in Rom; eine Copie davon hatte der verstorbene Regierungsrath Schulz durch die Mittheilung dieses Gelehrten erhalten.

Dr. *Ernst Heimbach.*

Zweite Beilage.

Ein Blick auf Italien

aus dem

Gesichtspunkte der Gesundheits- und Heilkunde.

Das herbste Loos eines Reisenden ist Krankseyn in fremdem Lande. Auch des Kühnsten bemächtigt sich dann Kleinmuth und das bittersüsse Gefühl des Heimwehs wird zur Furie.

Wie oft sind wir Zeuge solchen Elends gewesen! Hunderte unsrer Landsleute wandern alljährlich den Alpen zu. So Mancher steht auf der Wasserscheide, im Voraus mit Corso und Torso, sehr dürftig nur mit Sprache und Münzfuss vertraut, den Kopf voll schwärmerischer Träume, die Brust voll Sehnsucht, um des Leibes Nahrung und Nothdurft aber völlig unbekümmert. Es hiesse ja die schöne Illusion gar unbequem stören, wollten wir die *fata Morgana* mit den Zerrbildern der *Dea Febris* beleben. Den Schüchternen wohl beschleicht in der Grenzschlucht — etwa im Eisachthale oder bei Gondo — der Gedanke an die alte Sage: Welschland ist das Grab der Deutschen; allein nur Wenige halten diese Warnung fest. Einen Tag oder zwei lugt zwar der Neuling misstrauisch in das Gebüsch am Wege, sieht jeden Spitzhut für einen Räuber, die Aesculapsschlange selbst für eine Viper an, und tritt mit dem Hahnenschritte der Furcht in die Ebene. Hier fasst ihn aber der Faschingszug der Fremden, ein Zug, der gleich dem *Moto radente* des adriatischen Meeres, in fetter und magerer Zeit, an der einen Küste der Halbinsel nieder, an der andern aufwärts streicht. Unsrem Landsmanne behagt die lustige Gesellschaft. Er glotzt, glossirt und geniesst mit Milord und Monsieur, lacht über die Blödigkeit des jüngeren Ankömmlings, und ist nicht wenig betroffen, wenn er plötzlich, unfern der Pyramide des Cestius, matt in die Knie sinkt. Wie der Lavastrom die Schlacke, so pflegt die Reisegespannschaft, eine von Zufall und Laune zusammengehaltene Caravane, rechts und links ihre Kranken abzusetzen. Der arme Deutsche sieht sich schaudernd allein. - Jetzt schreibt die Todesangst ihr Mene Tekel zu Häupten des Bettes. Das Mitleid der Eingeborenen deucht dem Fiebernden frostig, ihr zärtliches „Poverino" ein Spott. Arzt und Wärter, Apotheker und Tränkchen, alles ist anders als im Vaterlande und der ungebetene Franciskaner ein schwarzer Telesphorus. Genas unser Freund, so packt er eilig den Quersack, läuft nach der Grenze, und schüttelt hier unmuthig den Staub von den Füssen. Senkt aber sein Genius die Fackel, so schläft der nordische Pilger im — Campo santo? Nein, im engen Gärtchen am Paulsthore, oder thut im Sande, vor irgend einer Kirchthür, unfreiwillig Busse.

Welschland, das Grab der Deutschen? Was blieb an diesem Eulenschrei wahr, und wie mag man der Gefahr begegnen? Gewiss ist, dass eine Erfahrung, die zu Barbarossa's Zeiten galt, auch heut an Rüstigen und Schwachen, an Bettlern und Fürsten nicht selten Bestätigung findet. Grösser noch ist die Zahl der Deutschen, die in Hesperien siechten. Viele tragen die Folgen dort bekämpften Siechthums lebenslang. Alle würden vielleicht das Vaterland wiedergesehn, die meisten ihren Reiseplan glücklich durchgeführt haben, hätten sie nicht leichtsinnig die Gefahr verhöhnt, oder aus Weichlichkeit, wie der Strauss, ihr die Augen verschlossen.

Unter diesen Betrachtungen entstand der „Blick auf Italien aus dem Gesichtspunkte der Gesundheits- und Heilkunde." Forscht er mit unstätem Auge nach den Gebrechen des Landes, so findet er auch dankbar die Mittel auf, welche Kunst und Wissenschaft zur Verhütung, Heilung und Linderung menschlichen Elends daselbst bieten. Vielleicht, dass einer oder der andere unsrer Leser, war er Laie, in bedenklichen Reisestunden Beruhigung, ist er Arzt, die Ueberzeugung gewinnt, Italien sey, auch nach Salerno's Falle, eine gute Schule für Medicin.

Klima, Jahreszeiten, Witterung, Tag und Nacht.

Italien zieht sich durch zehn Grade der Breite, vom 37. bis zum 47° unserer Halbkugel. Die Inseln liegen noch einen Grad südlicher. Auch die Länge nimmt viele Grade ein. Von einem italienischen Klima kann deshalb füglich nicht die Rede seyn. Allerdings hüllt sich die alte Ninon, so lang sie ist, in den warmen Schleier, den der milde Athem des Mittelmeeres über seine Schöne deckt; allein die Nordwinde lüften ihn oben und finden auch unten manche offne Masche. Saussure nahm vier Klimate an. Diess ist mehr mathematisch als physisch wahr. Es giebt in Italien keine isotheren Linien. Die Apenninen, welche hier besonders ein Wort mit zu reden haben, laufen nicht quer, sondern Zickzack und in ihrer Erhebung so verschieden durch die Halbinsel, dass es hier warme Oasen und dort kalte Striche giebt, die man, ihrer geographischen Lage nach, für vertauscht nehmen sollte. Nächst dem wirken Beschaffenheit des Bodens und Anbau, höchst ungleich vertheilte Bedingungen, zur Feststellung des örtlichen Klimas mit.

Der Wechsel der Jahreszeiten ist in Italien im Allgemeinen schroffer, als in Deutschland. Am kürzesten ist der Frühling, am längsten der Sommer. Herbst und Winter haben nur in der Nähe der Alpen ihre wahre Bedeutung. In Calabrien und Sicilien finden wir eine Andeutung der nassen und trocknen Jahreszeit der Tropenländer. Die höchste Sommerhitze schwankt hier zwischen 30 und 32° + R., und es giebt Winter, wo das Quecksilber in den Ebenen und an der Küste nie unter Null sinkt. Im Innern Siciliens ist die mittlere Temperatur 16½° + R. Auch in Oberitalien erhält sich das Thermometer oft lange auf 25° + R. und tritt kaum unter 8° — hinab.

Die Witterung hat verhältnissmässig viele Beständigkeit; doch machen die Grenzländer in der Nähe der Schweiz und Tirols, wo nicht selten allstündlich Wetterwechsel eintritt, hiervon eine Ausnahme. Der mittlere jährliche Barometerstand am Seeufer ist, nach sehr verschiedenen Beobachtungen, 28 Zoll. Als besondere Seltenheit werden Höhen von 28. 5. und Tiefen von 27. 4. bemerkt. In Oberitalien waren, einer vergleichenden, in Venedig, Mailand und Turin gewonnenen Uebersicht zufolge, in der Regel 135 Tage des Jahres heiter und 230 gemischt, davon 67 wolkig, 87 regnerisch, 40 neblig und trübe, 36 endlich windig. Es gab 40 Reife, 8 Mal Schnee, 35 Fröste, 16 Unwetter, 28 Gewitter. Regenbogen und Morgenroth wurden selten gesehen. Die atmosphärischen Niederschläge, die nach Penada nirgends so reichlich sind, als in Oberitalien, beliefen sich auf 35 Zoll. In demselben Landstriche wehten jährlich im Mittel 160 Mal Nordwind (*Tramontana*), 105 Mal Nordost (*Greco*), 120 Mal Ost (*Levante*), 90 Mal Südost (*Scirocco*), 70 Mal Süd (*Ostro*), 115 Mal Südwest (*Garbino*), 160 Mal West (*Ponente*) und 100 Mal Nordwest (*Maestro*). In Oberitalien kennt man überdem eine Menge regelmässiger Luftströmungen, die wir kleine Passatwinde nennen möchten. So streicht über das Brescianische ein Süd-Südost, den die Landleute *Vinesse* (Venetianer) nennen. Die Binnenseen haben ihren täglichen Vormittagswind, der aus den Ebenen des Po gegen Norden blässt, *la Breva.* An der *Riviera di Levante* hausst der *Libeccio*, ein Süd-Südwest, bei Triest die *Bora.* Sehr verschieden von der nur erwähnten Witterung pflegt das Wetter im Süden der Halbinsel und auf den Inseln zu seyn. Wir brachten in Sicilien zwei Monate zu, ohne mehr als vier Male eine Wolke am Himmel gesehen zu haben. Dagegen ergiessen sich in den Wintermonaten oft Wochenlang ohne Unterbrechung die stärksten Regen. Die Menge des Regenwassers beträgt jenseit des Faro gegen 30 Zoll. Hierzu kommt in den Sommernächten ein reichlicher Thau. An diesen Küsten besteht ein ewiges Luftspiel, das für die Speronaren oft etwas täppisch wird. Man hat das Kap *Spartivento* und die Inseln des *Aeolus* nicht ohne Grund hierher verlegt. In Mittelitalien findet, die Witterung anlangend, mehr Hinneigung zu der Regelmässigkeit des Südens, als zu dem Wechsel des Nordens Statt.

Machen wir, unter Berücksichtigung der örtlichen Verhältnisse, von diesen Thatsachen eine Nutzanwendung zu

Gunsten des Reisenden, so dürften die nachbenannten Städte und Landschaften Italiens und seiner Inseln, nach eignen Wahrnehmungen und den Mittheilungen anderer Reisenden, ungefähr folgendermassen zu ordnen seyn. Dem deutschen Klima ähnlich: Novi, Verona, Vicenza, Bologna, Ravenna, Lucca; regnerisch und abwechselnd: Como, Mailand, Mantua, Padua, Venedig, Ferrara, Livorno; kühl: Suza, Alessandria, Chioggia, Bassano, Bergamo, Brescia, Lecco, Desenzano, Trento, Roveredo; gemässigt: Turin, Novara, S. Marino, Florenz, Siena, Arezzo, Rimini, Pesaro, Fano, Sinigaglia, Spoleto, Albano, Arriccia, Genzano, Tivoli, Benevento, Velletri; warm und feucht: Volterra, Viterbo, Bolsena, Rom, Capua, Tarento, Salerno, Cagliari, Sambuca; mild und beständig: Nizza, Genua, Pisa, Terracina, Gaeta, Ischia, Pozzuoli, Neapel, Pizzo, Tropea, Monreale, Alcamo; warm und luftig: Porto Ferrajo, Bastia, Capri, Reggio (in Calabrien) Messina, Sciglio, Terami, Manfredonia, Bari, Brindisi, Otranto, Potenza, Cosenza, Taormina; heiss: Bordighera, Diamante, Lipari, Catania, Augusta, Siracusa, Alicata, Terranova, Palma, Girgenti, Mazzara, Marsala, Castei Vetrano, Trapani, Palermo, Malta.

Tag und Nacht scheiden sich in Italien merkbarer als in Deutschland, und desto schärfer, je südlicher wir kommen. In Calabrien, Sicilien und Malta scheint die Nacht ins Meer zu sinken; allein auch die Abenddämmerung währt kürzer. Die geringere Breite dieser Länder führt natürlich grössere Gleichheit zwischen der Länge der Tage und Nächte herbei, insgesammt Momente, die auf das Sehorgan des Reisenden nicht ohne Einfluss sind.

Atmosphärische und tellurische Schädlichkeiten.

Die Gewitter sind in Italien heftig und besonders in der Nähe der Alpen oft von grossem Hagel begleitet. Fremde, welche die Warnung des einheimischen Schiffers nicht achten, gerathen durch solche plötzlich losbrechende

32 *

Unwetter an der Küste und auf den Landseen in böse Lagen. Der Blitz schlägt oft ein, zündet aber aus Mangel an feuerfangenden Baumaterialien seltner als anderswo. In Unteritalien gelten die Palmen (*Phoenix dactylifera*) als vorzugsweise dem Blitzstrahl ausgesetzt. Referent hat mehrere dieser Bäume hierdurch beschädigt gesehen.

Orkane hausen dort wie allerwegen, wo die Meeresküste nahe ist. Es giebt aber auf der Halbinsel einige Punkte, wo Aeolus mit Vorliebe das Kehramt ausübt. Hierher gehört die Küste Calabriens bei *Paola* und *Gioja* und ein Theil der Apenninenkette zwischen Bologna und Florenz. Hat man auf dem Marsche nach Toskana den *Monte Ratirosa* überschritten und Pietramala passirt, so wendet sich die Heerstrasse plötzlich südlich, und läuft auf dem Kamme eines schmalen Bergrückens hin. Diese Wegstrecke ist der Tummelplatz der *Futa* (*Fiuta*), eines Sturmwinds, dem an Wuth vielleicht nur der Typhon Ostindiens gleicht. Er wirft den rüstigsten Fussgänger zu Boden, er schleudert Saumthiere und Wagen ins Thal, und es bedurfte, zur Abwehr grösseren Unheils, der cyclopischen Mauer, die seit Leopolds Zeit „*viatoribus a ventorum impetu defendendis*“ zu Gunsten errichtet ist.

Ein anderer verrufener Wind ist der Scirocco (im venetianischen Dialect Sirocco genannt), ein Südost, der im Frühling und Sommer häufig über die Halbinsel weht. Selten mit Heftigkeit, zuweilen in seinen Luftwellen auf dem Wasserspiegel kaum sichtbar, erschlafft er doch Muskel- und Nervensystem im Nu, stört die Verdauung und versetzt in ein Missbehagen, wie es Faulenzer zu fühlen scheinen, die ihren Mittagsschlaf übergangen haben. Je näher wir Afrika kommen, desto lästiger wird dieser Wind; doch ist er bei weitem noch kein markverzehrender Samum, und wir geben zum Beweis, dass ein Deutscher unter seinen Fittigen noch denken und dichten kann, ein Klagelied, welches unser Reisegefährte in dem Golfe von Policastro reimte, als der Scirocco Alt und Jung zur Verzweiflung brachte, und die Bootsleute mit den Eiskellern der Stadt Diamante trösteten, der das Fahrzeug mit trägen Rudern zuschlich:

Was doch wie mit Centnerlasten
Hemmt und beugt der Glieder Kraft?
Selbst das Segel an den Masten,
Selbst die Möve sinkt erschlafft.
Seht, ein Grab der Solfatare
Ist der Saum der Küste nur!
Und auf weiter Todtenbahre
Abgestorben liegt die Flur!

Bangt Dir in der lauen Welle,
Tauchst Du nieder, glatter Fisch?
Wär's in Deiner Muschelzelle,
Flossenvogel, kühl und frisch?
Hier, wie Archimedes Spiegel,
Sengt des Tages trüber Strahl,
Und des Schattens letzte Riegel
Brach mit Hohn ein Geist der Qual.

Ha, ich fühle Deine Siege,
Böser Geist, Du mordest mich!
Barca's Bett ist Deine Wiege,
Und die Hölle zeugte Dich.
Du, der Vampyr dieser Zonen,
Saugst das Blut des Herzens aus,
Ziehst, ein Fluch der Pharaonen,
Würgend rings von Haus zu Haus.

Ach, des Busens Schläge drängen,
Auf der Lippe stockt der Laut. —
Labung! Labung aus den Gängen,
Wo auf Eis der Knappe baut,
Wo die Silberstufen sitzen,
Heller als Golconda's Stein!
Lass in Deine Felsenritzen,
Diamante, lass mich ein!

Ein Gespenst, das die lachendsten Gefilde Italiens verödet, und den Reisenden wie sein Schatten verfolgt, ist die

Aria cattiva (*Malaria*, böse Luft). Der gemeine Mann versteht unter diesem Begriffe einen bestimmten, giftschwangeren Dunstkreis, dessen Einathmung nach kurzer Dauer den Menschen fieberkrank macht. Bei näherer Untersuchung ergiebt sich aber, dass die Ursache der Ungesundheit vieler Orte der Halbinsel verschieden ist. Zunächst gehört hierher ein wahres Miasma, das mit unsrer Sumpfluft identisch zu seyn und wie diese aus mehrern Wasserstoffgasarten zu bestehen scheint. Von dieser Mischung ist die *Aria cattiva* Venedigs, der Maremmen von Toscana, der pontinischen Sümpfe, der Umgebungen von Bajä und Pästum, der Gegenden der Reiskultur und überhaupt aller Orte, wo Gewässer still stehen und Organismen in ihnen faulen. Am nachtheiligsten sind desshalb die gemischten Gewässer (*Acque meschizze*), Süsswasserpfützen, zu denen das Meer bei Springfluthen zeitweise Zugang findet. Diese *Aria cattiva* schadet ohne Zweifel durch den Weg der Respiration, und eilige Flucht bleibt das sicherste Mittel, ihr zu entgehen. Eine andere Natur haben die vulcanischen Emanationen, welche hier und dort aus alten Kratern und Lavenfeldern aufsteigen. Kohlenstoffsaure und schwefeligsaure Gase belästigen, hier spärlicher in der Atmosphäre vertheilt, dort in Klüften eingeengt, Anwohner und Reisende. Beispiele bieten die römische Campagna, die Solfatara, der Agnaner See, die Gegend um Cattolica in Sicilien und manche andere Plätze. Auch diese *Malaria* wird durch Einathmen gefährlich. Eine dritte Schädlichkeit, welche oft die Rolle der *Aria cattiva* übernimmt, ist der Nachtthau. Mit Untergang der Sonne fällt nämlich im südlichen Italien während der Sommermonate die Luftwärme plötzlich, und alsbald verdichtet sich der Wasserdampf, der bis dahin in den oberen Schichten schwebte. In Nu wird die Erdoberfläche mit kalten Tropfen benetzt, und was nur eben vor Hitze lechzte, bebt vor Forst. Dieser feuchten Kühlung schreibt *Folchi*, der beste Kenner der Gesundheitsconstitution Roms, die Schuld der bösen Fieber zu, die einem unbewachten Augenblicke am *Cafe Ruspoli*, die dem Schlafen bei offenem Fenster so gern nachfolgen. Es leuchtet ein, dass diese Erkälung die ganze Körperfläche trifft, und dass warme, wollene Bekleidung, oder Verweilen im Zimmer, ihr am füglichsten begegnen.

Auch das Süsswasser wird im August einer Laune beschuldigt. Es gilt in Italien für schädlich, während dieses Monats in ihm zu baden. Der Eingeborne sagt, das Wasser blühe, oder, es liege dann in der Brunst (*l'acqua va in amore*), und sey ungesund, etwa wie Austern, wenn sich ihre Ovarien füllen. Den Grund dieses Vorurtheils giebt ohne Zweifel die Sumpfluft ab, welche während der Höhe des Sommers häufig auf dem Wasser schwebt. Im August verlieren die Bäche, Flüsse und Landseen an Wassermenge, und ihr Abzug wird träger. Die Hitze gewinnt Zeit, auf die abgestorbenen Reste der treibenden Vegetabilien und Animalien zu wirken und Miasmen zu entwickeln. Der Wasserspiegel überzieht sich stellenweise mit einer schillernden Haut, einem ziemlich sicheren Merkmale entbundenen Phosphorhydrogengases. An dieses verrätherische Zeichen hält sich nun der Volksglaube und erklärt es, nach seinem Hange zum Wunderbaren, für eine geheime Sünde des Elements.

Erdbeben und Eruptionen pflegen wir Deutschen in die Klasse der Uebel zu stellen, die uns so wenig anzuhaben vermögen, als Löwen und Tieger. Es erweckt daher in uns gar sonderbare Gefühle, wenn wir in Italien Verstümmelten begegnen, die durch solche Naturereignisse verunglückten, oder von den Eingebornen ganz einfach erzählen hören, wie Väter oder Mutter, auch wohl beide, hier oder dort lebendig begraben wurden. Nun sind es zwar seltne Gefahren; allein sie sind ungeheuer und tückisch. Eine Eruption betrachten die Reisenden als ein Schauspiel, wofür sie dem guten Geschicke nicht Dank genug wissen können. Doch wird es nicht selten mit einer Beule von irgend einem verirrten Schlackenstücke, noch häufiger mit bösen Augen, Asthma und Brustentzündung bezahlt, den Folgen der salzsauren Dämpfe und der Aschenwolken. Wehe aber, wenn die Scene plötzlich grossartig wird, und der Waghals zu spät sich zurückzieht! Sein Heil ist dann nicht sicherer geborgen, als im Zielpunkte der Kernschüsse einer Breschebatterie. Gefährlicher noch sind die Erdbeben. Die gewöhnlichen kleinen Erdstösse, deren man im Jahre wohl ein halbes Dutzend erleben kann, pflegt freilich der todtmüde Fremde in seinem Bett zu verschlafen. Die Geräthe klirren, das Wasser im Becken schwankt, ein alter Schornstein überschlägt sich, und nach einer halben Minute ist Alles vorüber. Der Eingeborne verachtet solche Winke nicht. Wiederholen sich die Stösse, so eilt er aus seinem Hause und ruft *sub dio* die Heiligen an. Bebt der Boden noch Einmal, dann zeigt er der Stadt die Fersen, und schlägt sein Obdach in freiem Felde auf. Je leichter das Zelt, desto sicherer der Kopf. Diesen Erfahrungssatz möge der Reisende zu seinem Besten beherzigen.

Wir erwähnen noch, dass die Wasserhosen (*Trombe marine*) im tyrrhenischen Meere nicht selten vorkommen. Referent sah in März 1828 von dem Lazaret zu Livorno aus deren drei und davon zwei zu gleicher Zeit. Sie gefährden nur Böte, und ziehen bisweilen über die Küste hin. Ein festes Wohnhaus bietet gegen solchen Anlauf den besten Schutz dar.

Feindliche Thiere.

Wir versetzen uns bei Anordnung dieser Heerschau in die Stimmung unserer Landsleute, welche, nach Maasgabe des Götheschen „sieh', was wackelt im Gesträuche!" ohne Zweifel zunächst an die Reptilien denken.

Schlangen. In Italien begegnen uns vier Arten von Giftschlangen. Die häufigste ist die gewöhnliche *Vipera Berus*. Der Eingeborne nennt sie *Vipera*, und weicht ihr aus wie er nur kann. Sie macht eine wichtige Drogue in den Apotheken, und ist dort stets getrocknet zu 12 bis 15 Groschen zu kaufen. Frisch pflegt sie das Doppelte zu kosten. Seltner sind *Vipera Redii* und *Ammodytes*. Beide leben in felsigen und waldigen Gegenden, während *Vipera Berus* sich mehr den Menschenwohnungen nähert. Am gefährlich sten ist *Vipera Chersea*, die *Vipera Marasso* der Eingebornen. Sie hält sich besonders in Brüchen und feuchten Wäldern auf. Der Italiener fürchtet die Giftschlangen ausserordentlich. Die Gesellschaft einer kaum Fusslangen Viper befreite uns von der Untersuchung des Reisegepäckes an einer Hauptzollstätte der Lombardei. Es ist nicht zu läugnen, dass der Biss einer Giftschlange oft schwere Folgen hat, und Referent kennt selbst mehrere Beispiele, wo der Tod rüstiger Menschen unabwendbar war. Nichts destoweniger sind dergleichen Unglücksfälle selten, weil der Eingeborne aus natürlicher Abneigung verdächtige Orte flieht, und für den Fremden, welcher selten die Strasse verlässt, alle Stege geebnet sind. Die berufenen Vipernfänger gehen aber mit Schlauheit zu Werke. Wir haben einer solchen Schlangenjagd beigewohnt. Der Jäger tritt, wohlverwahrt bis zum Gürtel, in das Dickicht, reizt das aufgestörte Thier zum Angriff und bietet ihm, sobald es springt, mit verkappter Hand die Mütze zum Bisse. Im Moment, wo die Viper ihren Gegenstand fasst, wird dieser plötzlich geschleudert und die Giftzähne brechen aus. Jetzt fängt man die Schlange unbedenklich. Solche barbirte Schlangen (um den Kunstausdruck vom Hausschwein auf das Reptil überzutragen), sind die Freundinnen der Gaukler, welche auf Strassen und Märkten ihr Wesen treiben. Beim Volke gilt der Theriak, ein Opiat, als wichtigstes Gegengift. Die Aerzte des Landes können aber die rationelle Behandlung des Schlangenbisses mit Ammonium sehr wohl. Zeitige Anwendung dieses Mittels beugt in der Regel jeder Gefahr vor. Dem Reisenden, welcher gebissen wurde, rathen wir, falls das Unglück unterwegs geschah, ein Band zwischen Herz und Bissstelle und hart neben der letzteren mässig fest umzulegen, die kleine Wunde mit Urin zu netzen, und hierauf unverzüglich der nächsten Hülfe zuzueilen. Sollte diese nicht flugs zu erlangen seyn, so nehme der Kranke bis zur Ankunft des Arztes aller Viertelstunden 20 bis 30 Tropfen des *Liquor ammon. anisat.* in Thee, oder eben soviel *Liquor. Cornu Cervi succin.*, lasse das Glied in Wolle wickeln und lege sich möglichst ruhig zu Bett.

Ausser diesen unheimlichen Zauberstäben, welche Isis Natur unter den Fuss des Wanderers gelegt hat, gleitet noch mancher andere Repräsentant der Ophiten durch die hesperischen Gärten. Wir erfreuen uns am Spiele der schönen Schwimmerin *Carbonazzo (Coluber natrix L.)*, wenn sie im Krystall des Landsees mit Spirallinien auf- und niedersteigt. Wir beobachten die *Bissa ranarola (Coluber tesselatus L.)*, wie sie am Rande der Gräben auf die Frösche lauert; wir staunen die *Angio (Coluber Aesculapii)* an, welche zuweilen 8 Fuss lang wird, und vom Orangenbaum herab an Eva's Versucher erinnert. Endlich schleicht auch noch das Würmchen *Bissa orbola (Anguis fragilis L.)* umher, giftlos und eben so unschädlich, als die drei nur genannten grösseren Schlangen. Eine Warnung dürfte jedoch der physischen Stärke des *Angio* wegen Platz finden. In voller Kraft und Wildheit gefangen vermag das Thier einen Menschenarm zu zerbrechen, falls es ihm gelingt, sich um das Glied zu schnüren. Da diese Schlange aber sehr flüchtig ist, so kann sie selten noch unverletzt gefangen werden.

Die Familie der Saurier belebt als *Lacerta ocellata, agilis, Tiliguerta* und *viridis*, Hecken und Mauern. Der Reisende ergötzt sich an den flüchtigen Wesen, und verzeiht ihnen, um der Unschädlichkeit willen, ihre Dreistigkeit, die sie häufig bis in Wohnzimmer und Schlafstätten führt. Bisweilen mischt sich aber diesen *Languri* und *Luserte* ein Gekko bei, der, wie sein ganzes Geschlecht, mit Giftdrüsen an den Beinen versehen und im Stande ist, durch Berührung rosenartige Entzündungen zu erzeugen. Man erkennt den Wolf im Schaafskleide an seinem schleppenden Gange, der vom Blitzschnellen Laufe der Eidechsen auffallend abweicht.

Interessanter als gefährlich sind die Scorpione. Der italienische *(Scorpio Europaeus)* hält sich unter Steinen an schattigen Orten, in feuchtem Gemäuer, auch in den Ritzen der Wände auf, und ist häufig ein Schlafgenoss des Fremden, ohne von diesem nur verdachtweise als solcher erkannt zu werden. Die Eingebornen fürchten den Scorpion, wie sie ihn nennen, wenig. Auch sticht das Thier in der That nicht ungereizt. Der Stich pflegt bei kühler Witterung keine schlimmeren Folgen zu haben, als der Stich einer Hornisse in Deutschland. Während der Höhe des Sommers aber, wo die kleine Giftblase am Schwanzstachel gefüllter ist, sah man in einzelnen Fällen Brandbeulen und ein typhöses Fieber entstehen, das den Verletzten in kurzem wegraffte. Der gemeine Mann trägt wohl ein *Antidotum* bei sich, das manche Apotheken in blechernen Dosen vorräthig halten. Wir fanden, dass auch diess aus Theriak bestand, und wohl ungeeigneter seyn dürfte, als das Ammonium und überhaupt die Behandlung, welche der Schlangenbiss erheischt. Den Aberglauben, der Scorpion habe einen Abscheu vor Rosmarin, und laufe, wenn man ihn in einen aus Rosmarinzweigen und glühenden Kohlen gebildeten Kreis setze, lieber in das Feuer, als über das Grüne, hat schon der treffliche Beobachter, G. v. Martens, widerlegt. Eben so fabelhaft ist die Bildung des Arachnoids aus gequetschtem Basilikum-Kraute unter schattigen Steinen.

Im Venetianischen fürchtet man, nach dem nur genannten Naturforscher, eine Raupe, die unter den Dachziegeln haust, vom Juli bis September in die Wohnungen zieht, 4 bis 6 Linien lang, mit kurzen schwarzen Haaren bedeckt ist, und sich in einen Schmetterling verwandelt, der zum Geschlechte der Tineen mit eingerollten Flügeln gehört, und eine blaulichtweisse Farbe hat. Diese Raupe veranlasst durch die leiseste Berührung heftige Hautentzündungen und Geschwüre, in den Höhlen des Körpers aber noch ernstere Zufälle, und würde zur Landplage werden, wenn sie nicht periodenweise fast ganz vertilgt zu seyn schiene.

Fast vergessen ist die Tarantel. Sie spinnt zwar noch wie ehedem, allein die Reisebeschreiber seit Misson haben sich müde geschrieben, und für uns Deutsche ist mit dem Aufschwunge der Aufklärung nichts übrig geblieben, als ein Kindermährchen und die *Tarantella*. Um so auffallender ist, dass mehrere Aerzte Apuliens von Rufe in neuerer Zeit die alten Sagen in Schutz nehmen, und beglaubigte Beispiele von der Tanzwuth der Gebissenen und dem wohlthätigen Einflusse der Musik auf den Kranken erzählen. Der *Osservatore medico di Napoli* enthält in seinen neuesten

Jahrgängen mehrere Fälle dieser Art. Indess geben die Aerzte der Hauptstadt verständliche Winke, es dürfte mit diesen seltsamen Zufällen und Curen ungefähr denselben Zusammenhang haben, wie mit den ärztlichen Wundern unserer Frommen. Was sagen unsere Leser z. B. zu dem Factum, wie eine Tarantel, von einem naschhaften Fräulein mit den Weinbeeren verschluckt, Tage lang im Pharynx beherbergt wird, die Signorina zur Besessenen macht und, berückt von der Harmonie der Töne, im Beiseyn des Hausgeistlichen und eines Kammermädchens an ihrem selbstgesponnenen Faden aus dem Leckermäulchen wieder herausspaziert [1])! Lassen wir aber diese Curiositäten unentschieden, so ist doch gewiss, dass der Biss dieser Spinne bedenkliche Nervenzufälle hervorbringt, und dass ein Eselritt und lustiges Aufspielen die Mittel sind, welche im Vaterlande des Arachnoids, im südlichsten Italien, beim Volke im Rufe stehen. Die gebildeten Aerzte empfehlen Aufheiterung des Gemüthes und ein Verfahren, wie es alle thierischen Gifte zu erfordern pflegen.

In Siena warnte man uns auch vor einer erbsengrossen, rothbraunen Erdspinne, welche um Volterra nicht selten sey, und durch ihren Biss furchtbare Symptome zu erzeugen vermöge. Wir haben das Thier, aller Nachforschungen ungeachtet, weder todt noch lebendig gesehen.

Unter den Volksnamen: *Zampane*, *Zampanelle*, *Musatti*, *Tavaroni*, *Tavani* und andern schwärmt ein Geschmeiss umher, das auch wir Deutschen als Mücken und Stechfliegen kennen, das aber in Italien leider zahlreicher und quälender ist, als in unserer Heimath. Der Unbekanntschaft der Fremden mit dieser Plage, und wohl nicht ihrem süsseren Blute (wie der Italiener meint), dürfte es zugeschrieben werden, dass der Forestiere, lässt ihn sein Unstern zur Sommerszeit in die rechten Quartiere gerathen, binnen kurzer Zeit an allen nackten Stellen seines Körpers gleich einer Sternkarte punktirt und Nachts, durch die Verfolgung dieser Assasinen, fast zur Verzweiflung gebracht wird. Die

1) S. *Osserv. med.* Anno XII. No. XII.

schlimmsten Monate sind in dieser Hinsicht der Julius und August; doch beginnt die Plage in Unteritalien schon im Junius. Obwohl feuchte Gegenden vorzugsweise von ihr heimgesucht werden, so ziehen doch auch in trockenen Ebenen grosse Insektenschwärme umher, und selbst luftige Höhen bleiben nicht ganz verschont. Am Tage pflegen die Stechmücken *(Culex pipiens)* auf der Schattenseite der Baumblätter zu sitzen; gegen Abend ziehen sie aber aus ihren Schlupfwinkeln, und eilen dem Lichte zu. Zimmer, deren Fenster offen bleiben, füllen sich alsbald mit dieser Brut und kein Mensch vermag ohne Gazevorhang hier zu schlafen. Das Insekt schwebt singend über dem Haupte des Schläfers, stets bereit, sich niederzulassen und der scheuchenden Hand behend entschlüpfend, bis es nach seiner Laune den Stich beibringt. Wir haben Frauen gekannt, welche in Folge der Schlaflosigkeit, des Unmuths und der Zahl der Stiche Fiebererscheinungen bekamen. Bei Manchen schälte sich fortwährend die verwundete Haut, und die meisten Fremden setzen diese Beschwerde über alle andern Uebel des Landes. Die Eingebornen kennen verschiedene Mittel, um die geflügelten Quälgeister abzuwehren. Hierher gehört das Waschen mit sauren Molken, das Bestreichen der Hände mit Citronensaft, ein Bad in Seewasser, welches mit Essig geschärft ist u. a. m. Die beste Sicherung bietet aber eine chinesische Politik dar: die Behütung aller Zugänge des Hauses in Zeiten, wo das Geschmeis sich den Menschenwohnungen nähert.

Wir könnten mit Fug und Recht auf die Raubthiere hinweisen, welche im europäischen Eden noch immer recht behaglich wohnen und, falls die Wildniss keine Atzung geben will, ein Schaaf oder Rind von ihren sorglosen Nachbarn hohlen. Wir selbst haben am Comer See, bei *Lezzeno* vom Schiffe aus, eine Wölfin gesehen, die im Monat Julius, am hellen Tage auf Ziegenfleich ausging, und in der Hauptstadt soll, wie die Bootsleute, geborne Comasken, versicherten, alljährlich der Preis für Kopf und Klauen ausgezahlt werden. Auch in den Abruzzen und in den calabresischen Schluchten ist der Wolf nicht unbekannt, und die Campieri haben das Sprichwort „*la notte e per i ladri e per i lupi*“ aus Erfahrung gelernt. Indess sey dieses Störenfrieds, dem ein Fremder wohl nur geflissentlich begegnen dürfte, so wie der Bären (*Orsi*), die aus Savoyen, der Schweiz und Tyrol je einzeln niedersteigen, endlich des schlagenden Ebers (*Cignale*) in den Maremmen Toskana's hier nur obenhin gedacht. Wichtiger für Leben und Gesundheit des Fremden ist eine ichthyologische Notiz aus den Meeren Italiens. Der glatte Spiegel des adriatischen, die wallenden Buchten des tyrrhenischen Meeres, der Muschelsand Ischia's, die laue Fluth an den Küsten Siciliens locken uns Deutsche fast unwiderstehlich an. Ein guter Schwimmer springt unbedenklich vom Ufer hinab, und selbst der Zaghafte radotirt mit Hero: Schöner Gott Du solltest trügen? — Wir rufen aber dem Unbesonnenen das antike „*Cave canem*“ zu, welches in Welschland einer dreifachen Auslegung fähig und stets zeitgemäss ist [1]). So angenehm es sich nämlich badet, und so wenig es hierher passen möchte, an die gewöhnlichen Gefahren, etwa an die optische Täuschung zu mahnen, die in der klaren Luft des Südens einen stundenbreiten Meeresarm zum schmalen Wasserstreifen macht, so wahr es ferner unseres Bedenkens ist, dass es sich leichter im Salzwasser, als im süssen schwimmt, und dass im wärmeren Meere der Starrkrampf seltner vorkommt, als in den deutschen Flüssen, so gilt doch unser Fingerzeig vor Allen den stummen Bewohnern der Fluth. Wenige Festlandskinder träumen davon, dass es, neben Delphinen, im Mittelmeere auch Haye giebt, und dürften Flugs aufs Trockne kommen, wenn wir ihnen mit dem grössten Ichthyologen des adriatischen Meeres, mit v. Martens, einige dreizehn dort einheimische Squalusarten herzählten. Zwar sind nur einige so dreist, auf den ganzen Menschen ihr Auge zu richten, allein die Gefrässigkeit dieser Nimmersatten richtet oft grosses Unheil an. Es gelang uns einige Data zu sam-

1) *Pesce cane*, *Cagneo* heisst der Menschenfresser (*Squalus Carcharias L.*). Nicht minder gefährlich ist der Hundsstern und die Wuth des wachsamen Hausthieres. Davon weiter unten.

meln. Am 1. Junius 1827 wurde bei Ancona ein griechischer Matrose, am 27. Julius desselben Jahres ausserhalb des Hafens von Chioggia ein Fischerknabe, im Jahre 1828 bei Genua ein französischer Seemann vom Hundsfisch zerrissen. Mehrere Einwohner der Küstenorte bei Pizzo und Paola trugen Narben vom scharfen Zahne der Haye und in den Hospitälern von Salerno, Girgenti und Rom haben wir eiternde Bisswunden gesehen. Glücklich, welchem von dem Enterbacken des Raubthieres sich loszumachen gelang. Es fasst gewöhnlich die untern Gliedmaassen des Schwimmers. Jetzt entscheidet der Augenblick! Ein kräftiges Plantschern, d. h. ein Peitschen des Wassers mit den Füssen, verscheucht den Fisch. Wem aber der Schreck die Glieder lähmt, der ist unrettbar verloren. Man vermeide tiefe Buchten mit Felsgrunde. Man bade nie in unbekannten Gegenden, ohne bei den Anwohnern Erkundigung eingezogen zu haben, ob es dort Haye gebe.

Seltner, aber nicht unerheblich sind die Verletzungen, welche eine zufällige Begegnung mit andern bewehrten Seefischen veranlasst. Hier gedenken wir der mit scharfen Stacheln versehenen Rochen. Die grössten des Mittelmeeres sind der *Colombo (Raja Aquila L.)* ein Fisch, welcher wohl zwei Zentner schwer wird, und mit dem Schwanzstachel tiefe Wunden beizubringen vermag, und der fast eben so gefährliche *Muccio* oder *Baracola (Raja Pastinaca L.)* der zuweilen über einen Zentner wiegt. Solche Wunden heilen sehr schwer. Wenn diese Rochen und andere Stachelfische, z. B. *Scorpaena Scrofa L.*, *Trachinus Draco L.* u. a. wohl schwerlich in ihrem Elemente selbst mit den Unberufenen in Berührung kommen, so muss sich doch der Fremde auch vor den Gefangenen hüten. Sie schlagen im Netze um sich, und verletzen selbst im Todeskampfe noch schwer.

Dem Deutschen gewährt die Betrachtung des Zitterrochens *(Torpedo Galvani)*, den die Italiener *Tremolo* nennen, eine grosse Unterhaltung. Dieser Fisch wird um Genua und Venedig sehr häufig gefangen. Ein rüstiger Mann empfindet die elektrischen Schläge desselben wenig, und mag das reizbare Thier unbedenklich ermüden. Zärtere Frauen hingegen und Menschen, die zu Krämpfen geneigt sind, müssen mit diesem Spiele behutsam umgehen. Es ist uns in Genua ein Fall erzählt worden, wo längst geheilte Fallsucht durch Neckerei eines Reisegefährten mit dem Zitterrochen von Neuem ausbrach.

Endlich noch einige Worte über die Polypen der Alten, über die Sepien. Diese Weichthiere kommen an den italienischen Küsten in Menge vor und sind auf dem Fischmarkte jeder Stadt fast täglich zu studiren. Hier liegen sie träg und klumpenähnlich da. Kaum dass ein Saugnapf des Armes beim Befühlen an unseren Fingern festhält. Allein diese Sepien sind in ihrem Meere weit regsamere Thiere, und können, mit Bezug auf den Badenden, zu wahren Polypen der Fabelwelt werden. Wenn das Element ruhig ist, steigt die Sepie beweglich auf und nieder, breitet die Arme gleich einer Windrose aus, und hascht die Nahrung listig und schnell. Wir sahen dem *Polpo (Sepia octopus L.)* Fischchen von 6 Zoll Länge zum Munde führen. Eben so gierig angelt das Thier auch nach grösseren Körpern, die im Wasser flottiren. Fasst das Mollusk den Arm oder Fuss eines Schwimmers, so klammert es sich so fest daran, dass keine Anstrengung es loszumachen vermag. Von der zwängenden Last umgarnt, ermattet der stärkste Ruderer und muss sinken, falls Hülfe nicht zeitig kommt. Wohl manches Histörchen von Unglücklichen, welche durch Polypen hinabgezogen wurden, mag erfunden seyn — man erzählt deren in allen Hafenstädten; — allein wir haben von glaubwürdigen Seeleuten vernommen, dass Unglücksfälle dieser Art wirklich geschehen sind. Im März des Jahres 1828 lag im Hafen von Livorno ein Korallenfischer, den ein fünf Pfund schwerer *Polpo* beim Schwimmen am Fusse gefasst hatte. Der Arme sank mit Geschrei. Da warfen ihm seine Kameraden das Netz zu und hoben ihn mit dem Weichthiere glücklich an Bord.

Reisegefahren.

Die Wege sind in Italien grossentheils vortrefflich, nicht eben der besonderen Construktion, sondern des Materials, der Hügellehnen, die den Ablauf des Wassers befördern, der grösseren Wärme des Klimas, endlich auch des Umstandes wegen, dass schwere Lasten dort nicht auf der Axe, sondern zu Schiffe transportirt werden. Nichts destoweniger ereignet sich auf diesen schönen Heerstrassen mancher Unglücksfall. Immer fast war Unvorsichtigkeit der Postknechte Schuld. Diese Rossbändiger, die weder das Fröhliche der französischen, noch das Treuherzige der deutschen Postillone haben, glühen zeitweise nicht durch Uebermaass geistiger Getränke — dieser Vorwurf trifft den Italiener nicht, — aber wohl aus Zornwuth, und geisseln dann ihr Gespann so blindlings, dass es wie Sturmwind über die Haide fährt. Umsturz und Zerschmetterung werden oft nur durch Zufall verhütet.

Der Fremde reiset in Italien häufig zu Pferd und zu Esel. Hier hat er zuweilen mit den doppelten Mucken des Treibers und Thieres zu kämpfen. Die Vorliebe des ersteren zu letzterem lässt ihn stets dafür Partei nehmen, auch wenn der Gaul alle vier Cardinalfehler eines Rosses in sich vereinigen sollte. Obwohl der Ehrlichkeit des Treibers in der Regel zu trauen ist, so hat doch der Reisende, wenn er Prätensionen macht, von dieser Seite Injurien zu erleiden und überhaupt die Rachsucht des Beleidigten zu fürchten. Unsre Leser kennen den Antheil, welchen die Behandlung des Thieres an S.'s. Ermordung hatte. Vor Antritt einer grösseren Reise zu Pferd lasse der Fremde seine Rosinante sich vorführen, und prüfe sie wo möglich selbst. Ein Billiger kann zwar von gemietheten Thieren etwas Sonderliches nicht erwarten; allein die Ungleichheit zwischen zwei gebotenen Vetturen ist gross. Insbesondere vorsichtig sey man mit Maulthier und Esel. Es scheint, als ob die Natur diesen Graurröcken etwas mehr als Trotz, als ob sie ihnen Bosheit gegeben, so tückisch treten sie beim Absteigen nach dem Fusse des Reiters, oder sträuben sich störrisch, oder beissen und schlagen gegen ihr eignes Geschlecht. Es ist bekannt, wie gefährlich die Begegnung eines Zugs von Saumthieren auf Alpenstegen ist. Hält sich der Fussgänger nicht hart an die Felswand, so drängt ihn das erste Lastthier leicht vom freien Rande in den Abgrund. Man entschuldigt diesen Trieb mit der Nothwendigkeit, der Ladung wegen möglichst weit von dem Berge abzuhalten. Kam uns aber schon in der Schweiz ein Zweifel an dieser Erklärung an, als die Saumthiere auf den breiten Strassen zwischen An der Matt und Hospital sichtbar auf eine *Rencontre* mit uns ausgingen, so änderten wir unsere Ansicht noch mehr in Sicilien, wo unser Reisegefährte mit seinem Thiere durch ein stärkeres Langohr vom klafterbreiten Reitstege dreissig Fuss hoch hinabgeworfen wurde. Eine Unart dieser eigensinnigen Miethlinge ist ferner die Gewohnheit, nach Gefallen hier oder da sich zu lagern. Der Reisende wird auf diese Weise leicht, ohne die Wahl zu haben, im Salz - oder Süsswasser gebadet. Wir schweigen von Entlaufen und Seitensprüngen, vom Lahmen und Stolpern, als Reiseabentheuern, die, ohne zu kitzeln, am Humor des Fremden vorübergehen müssen.

Tolle Hunde. In Italien werden bei weitem nicht so viele überflüssige Hausthiere gehalten, als in Deutschland. Es scheint, als ob dort mit der Innigkeit des Familienlebens auch manche Schwächen, welche Zärtlichkeit und Langeweile bei uns eingeführt haben, verbannt worden wären. Auch Hunde sind seltner. Dagegen leben die welschen Hunde ziemlich ungebunden, ja zuweilen ächt türkisch: d. h. sie kümmern sich um ihren ersten Herrn wenig oder gar nicht, sondern streifen schmarotzend umher, und lagern, wenn die Stadt sie exilirt, in freiem Felde. Bei dieser Lebensweise kann es an Mangel und Druck nicht fehlen, und hieraus, so wie aus der zeitweise afrikanischen Hitze, erklärt sich, dass die Wuthkrankheit verhältnissmässig häufiger ist, als in unserer Heimath. Dem Referenten kamen binnen zwei Jahren fünf Beispiele vor, wo tolle Hunde auf lebhaften Strassen grösserer oder kleinerer Städte umherliefen. Im Junius 1832 wurde einer vor der *Casa Reichmann* in Mailand zu unseren Füssen erschlagen. Die Verfolgung solcher Bestien wird, bei der Lebendigkeit des Volkes und der Sucht zu schiessen, zu einer gefährlichen Lustbarkeit. Auf den ersten Ruf sammelt sich eine Rotte entschlossener Jäger, und die Hatz geht nun so *par force* durch Dick und Dünn, als ob es einem Edelhirsche gelte. Schuss fällt auf Schuss, Schlag auf Schlag. — Ein Glück, wenn nur Hundeblut fliesst. Zuweilen wird das geängstigte Thier in Winkel getrieben, wo ihm jeder Ausgang fehlt. Es wendet um, und die nächsten Verfolger zerstieben. Gefährdeter sind die Hintermänner. Einer drängt den andern, und ehe ein Besonnener den Hund zu Boden schlägt, hat er den Giftzahn an Andern schon gerieben. Gebissene finden alsbald grosse Theilnahme; denn der Italiener ist mitleidig. Der nächste Wundarzt äzt und scarificirt. Zehn laufen nach Theriak, Hunderte prognosticiren — doch das Unglück ist vergessen, ehe über den Ausgang etwas verlautet.

Noch machen wir auf die Wassergefahren aufmerksam, die während der Regenzeit das Reisen in Italien zu erschweren pflegen. Insbesondere von Ueberschwemmungen heimgesucht ist das Venetianische. Viele und grosse Flüsse 1) stürzen hier in die Ebene. Ihr Bett ist oft höher, als das umgebende Land, und Dämmen, schmalen Dämmen, die Pflicht vertraut, die Hütte und den Acker des Landmanns zu schirmen. Frühjahr und Herbst, besonders das erstere, sind die drohendsten Jahreszeiten. Schmilzt der Schnee in den Alpen, oder fallen dort starke Regen, so wächst der Fluss schon am zweiten Tage. Das Wasser färbt sich röthlich und schiesst mit rasender Eile dahin. Erreicht die Fluth mehr als zwei Drittheile der gewöhnlichen Dammhöhe, so tritt Gefahr für das Flachland ein. Bald wühlt sich das Wasser in den Grund des Bollwerks und braust urplötzlich mit breitem Strome über das Feld. Bald durchstechen die Anwohner des jenseitigen Ufers den Damm ihrer Flussnachbarn, um so das eigne Unglück sich zu sparen. Auch steigt wohl der Wogenschwall über den höchsten Rand

1) Etsch, Brenta, Bacchigliano u. a., ja der Po selbst.

der Deiche und stürzt wie ein Wehrspiegel in die Ebene. Leben und Güter sind leicht im Nu weggespült. Die Thätigkeit des Landvolks hält mit der anrückenden Noth gleichen Schritt. Was Arme hat zu helfen, eilt herbei, beschwert hier die wankende Mauer mit Last und Decke, stopft dort den Dammbruch *(rotta)* mit dem Kornsack, mit dem Bette zu, erhöht mit schmalen Erdwällen *(coronelle)* den unzureichenden Grunddamm, und wahrt mit soldatischer Pünktlichkeit Tag und Nacht seiner Pflicht. Auch die Behörden leisten kräftig Beistand. Selten kann wohl das Interesse der Regierung und des Volkes inniger vereinigt seyn, als bei dieser Angelegenheit. Seit Jahrhunderten bestehen Gesetze zu Gunsten der Dämme. Todesstrafe steht auf ihrer Beschädigung und der *Magistrato delle acque* war zur Zeit der Republik Venedig seiner Strenge wegen verrufen. Für den Fremden werden die Dammbrüche oft beschwerlich, weil die Strassenverbindung stockt, und die Gesundheit weiter Strecken verloren geht.

Nicht weniger verheerend sind zuweilen die Ueberschwemmungen der Tiber. Wir sahen an der Uferwand römischer Häuser Marken, die funfzehn Fuss über den gewöhnlichen Wasserspiegel zeigten. Auch hier schwillt der Fluss so plötzlich an, dass nächtlich Menschen in ihrem Bette ertränkt wurden.

Am hinderlichsten sind die Bergströme *(fiumare)*. Obwohl es deren in vielen Gegenden Italiens gibt, so hat doch der Wegebau vielfach auf sie Rücksicht genommen und die mehrsten entweder umgangen, oder überbrückt. Nicht so ist es in Sicilien. Wandern wir an der Ost- oder Nordküste der Insel, so kreuzen diese Gewässer fast stündlich das, was man dort Strasse nennt: ein geschlängeltes Marmorband vom Hufe des Maulthiers ciselirt. Während des Sommers vertrocknet der Bergstrom fast ganz, und die Beschwerde, durch das Geröll zu klimmen, wird bei weitem von dem Entzücken überwogen, das der Anblick der Felsschlucht gewährt. Das Flussbett ist dann von blühendem Oleandergebüsche verhüllt, und es scheint, als gleite ein Strom von Rosenmilch vom Gebirge zur See. Wie anders aber findet es der Fremde zur Regenzeit! Mächtige Wassermassen, vom Schutte der Bergfälle getrübt, drängen sich brausend durch die felsige Enge. Nirgends eine Furt. Tiefe und Schnelligkeit des Stroms lassen den Gedanken an Durchwaten oder Durchreiten gar nicht aufkommen. Brücken fehlen fast allenthalben. Da lagre man geduldig am Ufer, bis die Wasserfluth sich verlaufen, oder schiffe auf dem Meere aus einem Hafen zum andern. Zwischen Messina und Taormina, einer kaum zehnstündigen Wegstrecke, passirt der Wanderer die Bergströme *di Giampileri*, *Itola*, *Nocella*, *di Niri*, *di Savoca*, *d'Agero* und *Moniofio*; ja Messina selbst wird von anonymen Bächen durchschnitten, für die der Eingeborne so zweckmässig als originell Schleussen angebracht hat, Freipässe, die man dem Wildwasser gelegentlich öffnet und schliesst. An der Nordküste sind die *Fiumi Malpittuso*, *di Pollina*, *di Pittineo*, *Regitano*, *Canaleo*, *di Caronia*, *Guzza*, *Furiano*, *Ingano*, *Rosamarina*, *Zappula*, *di San Giuliano*, *Oliveri*, *Caliciotta*, *Nucito*, *die Menforte*, *Saponara*, *Bavuso*, *di Calvaruso*, *dello Ibiso*, *Salici* und *di Rasicolmo* die erheblichsten. Doch haben wir hiermit nur das Littorale von *Cefalu* bis zum Cap Peloro bezeichnet. Der Leser urtheile nach dieser Liste, wie reichlich und übereilt der Abfluss des Wassers in Sicilien seyn muss. Die Bergströme sind gleichsam Dachrinnen der Felsenthürme, welche die Küste einfassen. Auch Sardinien ist am Meeresufer von solchen Wildwässern vielfach zerrissen, und die Strassenverbindung erleidet hierdurch unermessliche Nachtheile. In Calabrien hat die Regierung seit zehn Jahren wesentliche Verbesserungen gemacht. Ein Beleg für diese Behauptung ist die schöne Strasse zwischen Cosenza und Reggio. Doch thut das Wildwasser auch in diesen Gegenden zur Regenzeit beträchtlichen Schaden. Die schöne Brücke bei *Monteleone* ist in den Jahren 1826 bis 1832 drei Mal weggerissen, der Strassendamm bei Sciglio mehrmals untergraben worden.

Wenn wir endlich in einem Aufsatze über Gesundheits- und Heilkunde auch von Banditen und Räubern sprechen, so dürfte man unwillkürlich an Seume's Maulthiertreiber denken, welcher den *Macaluba* unter Girgenti's Antiquitäten rechnete. Indess sind diese scheinbar heterogenen Themen nicht ohne näheren Zusammenhang. Wir haben in Italien Ohnmächtige behandelt, die ein Ueberfall zu Boden geworfen hatte. Wir haben ferner in Einer grossen Stadt der Halbinsel mehr frische Wunden gesehen, als in allen Hospitälern Süd-Deutschlands zusammengenommen. Wir haben endlich dort einen Freund verloren, der in Folge der Furcht vor Strassenraube an Dyssenterie erkrankte. Gerechte Bedenken des Lesers regen aber zweifelsohne die Frage an: was ist eigentlich an dem italienischen Räuberspectakel wahr? Während manche Reisende entsetzliche Dinge von Unsicherheit der Strassen, von erlebten Kämpfen und geviertheilten Mördern erzählen, spotten andere über die Leichtgläubigkeit ihrer Landsleute, und halten dergleichen ärgerliche Ereignisse jenseit für nicht häufiger als disseit der Alpen. Solche Widersprüche ermunterten uns zu einem Versuche, in einem Jahrzehnt, wo Alles auf Zahlen reducirt wird, Daten für eine Statistik der Nachfolger Fra Diavolo's zu sammeln. Wir suchten zwar die Buschklepper nicht express auf, forschten aber bei jedem Gerüchte nach dem Thatbestande, und notirten das Faktum, wenn es ein Faktum zu seyn schien. Hier folgt eine Probe dieses sonderbaren Tagebuchs. Natürlich kann die Redaction nicht für jeden Fall einstehen; doch wurde, wie gesagt, kein Abentheuer aufgezeichnet, bevor nicht genaue Erkundigung bei glaubwürdigen Personen erholt worden war. Wir begannen unsere Annalen 1828 zu Bologna, in einer für Räuberromane allerdings einträglichen Zeit: denn nach der Behauptung der deutschen Familie S....., welche seit fünf und zwanzig Jahren in der Stadt lebt, verging buchstäblich kein Tag, ohne dass ein Anfall geschah. Für die gefährlichste Stunde galt Mitternacht, wo das Theater beendigt und das Geschäftsleben geschlossen war. Die Säulengänge, welche sich durch die ganze Stadt ziehn, begünstigten plötzliche Ueberfälle. Der *Ladro* lauerte im Schatten der Säule auf den einzelnen Fussgänger, und brach im gelegenen Moment hervor. Ein „Zito, oder ich stosse Dich nieder," machte den Ergriffenen stumm, und die Sbirren selbst gingen wohl vorüber, ohne in dem flüsternden Paare mehr als zwei Freunde zu sehen, die vor Schlafengehn noch eine Angelegenheit zu bereden hatten. War dann die Börse geleert und die Uhr in der Hand des Räubers, so schlug dieser den Beraubten handfest auf die Schulter und entliess ihn mit dem Rathe: „Geh vorwärts und sieh Dich nicht um," ein Rath, welcher damals pünktlich befolgt wurde. Doch greifen wir dem Register nicht vor! Ebben!

Am 1. Januar 1828 wurde eine junge Dame, welche wohlbegleitet heimgeführt worden war, an ihrer Hausthüre, im *Capo Quartiere di Porta Stiera*, und im Angesicht der wenig entfernten Begleitung, in der Frist, wo der Thorwärter zu öffnen kam, ausgeplündert. Der Dieb begnügte sich mit dem Inhalte ihres Arbeitsbeutels, mit Ohrgehäng und Ringen, und empfahl sich höflich.

Am 2. Januar wurde ein Mädchen von ihrem Geliebten tödtlich verwundet. Sie starb in der chirurgischen Klinik.

Am 7. Januar wurde der Fürst Spada vor der Stadt von Räubern angehalten.

Am 20. Januar wurde bei *Biradella* (zu Imola gehörig) der Postwagen (*Corriere di Roma*) beraubt, hierbei dem päbstlichen Dragoner das Pferd unter dem Leibe erschossen und ein Passagier (Engländer), der einen Ring abzuziehen Anstand nahm, gemisshandelt.

Am 20. Januar lagen im *Spedale della vita e morte* zu Bologna zehn mit Messerstichen Verwundete.

Am 22. Januar brachte ein bologneser Knabe von 11 Jahren seinem 13 jährigen Kameraden zwei tödtliche Messerstiche bei. Der Verwundete wollte nichts verrathen, und starb, ohne gebeichtet zu haben.

Am 23. Januar wurde ein Soldat am *Palazzo Caprara* zu Bologna von drei Mördern überfallen. Er wehrte sich brav, und die Angreifenden entsprangen, als Hülfe kam.

Am 24. Januar wurde eben daselbst der Sohn eines Dr. Juris von drei Räubern ausgeplündert.

Am 25. Januar traf einen Herrn von Stande eben daselbst dasselbe Schicksal.

Am 30. Januar wurde ein Vetturin zwischen Modena und Bologna angefallen. Als die Pferde auf den Ruf: *Ferma!* (halt' an) nicht standen, feuerten die Strauchdiebe und verwundeten zwei Fremde.

Am 31. Januar wurden drei von den Räubern, welche am 20. den Postwagen beraubt hatten, bei *Argente* (im Ferraresischen) ergriffen. Sie hatten sich in einem Bauernhause verschanzt, drei Karabinieri verwundet und ihr Versteck, das durch Bestechung verrathen wurde, in Brand zu stecken gedroht. Der vierte Räuber war zwei Tage früher einzeln gefangen worden, nachdem er beim Sprung vom Balkone seines Hauses ein Bein gebrochen hatte.

Am 1. Februar wurden die bei Argente gefangenen Strassenräuber nach Bologna gebracht. Schon den Abend vorher lief Meldung von diesem Schauspiele ein. Morgens berichteten mehrere Boten, sie würden kommen, und um Mittag rückte der Zug wirklich in die Stadt. Vorn ritt ein Zug Karabinieri; dann kamen die drei Räuber jeder *einzeln*, geschlossen und von Fusswächtern geführt. Hierauf folgten die beim Angriffe verwundeten Soldaten auf Wagen, und den Schluss machte ein zweiter Zug Reiter. So bewegte sich die seltsame Procession Schritt vor Schritt durch die Strassen der Stadt, und wählte absichtlich den längsten Weg zum Municipalpalaste. Die Kolonnaden wimmelten vom Volke. Der rohe Haufen jubelte; nicht aus Freude über den Triumph der Justiz, sondern über das Imposante des Schauspieles. Man hatte den Räubern ihre Waffen gelassen, um gleichsam den Sieg des Militärs anschaulicher zu machen. Sie schritten frech und zuversichtlich neben ihrer Bewachung hin. Als der Tross vor unserem Altane hinging, frug das Volk mit reger Neugier: *Dov' è Col d'occa* (wo ist Gänsehals)? So hiess der Anführer der Bande, ein Bologneser, der in seiner Vaterstadt durch tausend Galgenstreiche bekannt war, und dem langen Halse den hässlichen Beinamen verdankte. Der Räuber richtete sich, im Gefühle seines Werthes, hoch auf, schlug mit der schweren Kette auf sein Herz und rief, gegen die Schreier gewendet: *Questo son' io* (Das bin ich).

In der Nacht vom 1. zum 2. Februar wurde das Pfarrhaus von *Buonconvento* (sechs Miglien von Bologna) ausgeplündert. Die Räuber waren verkappt. Sie banden die Magd und misshandelten *paroco* und *curato*.

Am 2. Februar wurde die Wohnung einer Geflügelhändlerin *(venditrice di polastre)* zu Bologna während ihrer Abwesenheit beraubt.

Am 9. Februar geschah ein Einbruch im *Vicolo S. Giacomo* (Bologna). Man ergriff den Dieb. Als er den gerufenen vier Fusskarabinieren nicht folgen wollte, wurde er tüchtig an den Haaren gezogen.

An demselben Tage sahen wir Abends beim Ave Maria eine Spitzbubenhetze. Der Verfolgte hatte eine Bottega ausgeräumt.

Am 15. Februar geschah ein Mord zu Forli.

Am 16. Februar sahen wir *Col d'occa* am Gitter eines Gefängnisses *(Carcere del Torrone)* sitzen, das nach der offnen Strasse gekehrt ist. Er liess ein Säckchen vom Fenster herab und bat dringlich um eine Gabe. Einheimische und Fremde trugen ihr Schärflein hinzu. Auch wir legten einen Bajoccho in den Trichter. Wer weiss, ob uns nicht dieser neue Rinaldini noch irgendwo im Römischen den Trombone vorhält! Diessmal, meinen bologneser Rechtskundige, diessmal hängt er noch nicht [1]).

Am 18. Februar wurde das Urtheil eines Raubmörders zu Bologna öffentlich verlesen und — verkauft. Auch wir verschaften uns ein Exemplar. Vom Ueberschusse sollen Seelenmessen gelesen werden.

Freitags den 29. Februar geschah zu Ravenna ein vierfacher Raubmord. Entsetzlich! Reichen die gewöhnlichen

---

1) Das Prognostikon ist glänzend in Erfüllung gegangen. Dem Vernehmen nach entsprang Signor Gänsehals, als er auf die Galeere gebracht werden sollte. Andern glückte es weniger. Im Jahr 1827 wurde zu Bologna (ohne Zweifel nicht zu früh), ein Räuber hingerichtet, der den ominösen Namen Mazzatutto (Hauptschlächter) trug, und vor drei Monaten enthauptete man eben daselbst den schönen Justin (*il bello Giustino*), der seine Geliebte umgebracht hatte.

Tage des Jahres nicht zu, so nehmen die Assasinen noch den Schalttag zu Hülfe.

So weit unser Tagebuch.

Nach Ueberblick dieses Kriminal-Katalogs, der in unserer nächsten Umgebung aufgenommen wurde, dürfte es scheinen, als ob das schöne Italien noch heute eine Räuberhöhle wäre. Dagegen protestiren wir aber, ehe diese Ansicht in dem Leser Posto gewinnt. Referent hat die Halbinsel Jahre lang durchstreift, zu verschiedenen Zeiten, auf jede Weise, mit sechs und mit acht Pferden, mit Vetturin, zu Ross und zu Fuss, bald allein, bald in Gesellschaft, ja in Gesellschaft, die ihren Ueberfluss zur Schau trug, und — hat nie einen Räuberanfall erfahren. Unsere Abentheuer beschränken sich auf den Anblick gefangener und gehangener Strauchdiebe. Bisweilen wohl half uns das gute Glück aus der Gefahr. Einen Büchsenschuss vor dem Posthause *St. Agata*, zwischen *Mola di Gaeta* und *Capua*, fing eine Streifpartie vor unsern Augen einen Erzschelm, der bis an die Zähne bewaffnet im Schilf am Wege lagerte. In *Torre tre ponti*, am Eingange der pontinischen Sümpfe, hatten wir mit gleichem Gesindel aus Einem Glase getrunken, und hinter Petrarka's Wohnhause *(Arqua)* führten uns der Hund, die schlichte Blouse und ein derbes „Schao!" (*Sciavo*, der übliche Gruss des Landvolks), am Trombone eines Buschkleppers vorüber. Fast immer folgten sich in Welschland Dieb und Häscher, wie Verbrechen und Strafe. Ate hinkte aber doch gar zu merklich.

Die Korollarien, welche aus unseren Erfahrungen hervorzugehen scheinen, sind ungefähr folgende:

Italien ist zwar hinreichend mit Polizei versehen, aber doch nicht so sicher zu bereisen, als unser liebes Deutschland.

Einzelne Gegenden der Halbinsel sind mehr von Räubern gefährdet als andere. Hierher gehören der Kirchenstaat und Neapel. Am meisten gesäubert fanden wir Toskana und Sicilien.

Die Zeiten, wo Kriege oder Volksaufstände vorausgingen, sind besonders für die Sicherheit der Strassen gefährlich. Man lernt die Etymologie des Wortes „Bandit" in

Italien recht eigentlich verstehen. Zu Fazello's Zeit nannte man so alle wegen Auflehnung gegen die factische Regierung Verbannte. Auch heute noch ist Aechtung aus politischen Gründen ein Lehrkursus für das Räuberhandwerk. Verzweiflung giebt den Geflüchteten die Waffen wieder in die Hände. Darum sind die Jahre 1823 und 1824, darum wieder 1831 und 1832 in Italien so berüchtigt. Das Volk, den Empörungen mehr oder minder geneigt, nimmt Partei für die Unterdrückten. Eine andere Quelle des Strassenraubes ist die beispiellose Dürftigkeit der niederen Volksklassen. Darum war z. B. in der Lombardei *paesano* (Landmann) mit Strassenräuber fast gleich. Solche Elende haben eingestanden, wie sie zu zehn ruhig ihr Tagewerk gethan, als ein Wagen in der Ferne den Gedanken an leichtern Erwerb in ihnen erweckt habe. Schnell sey der Anschlag unter ihnen zur Reife gediehen. Ein Tuch über den Kopf, oder Schlamm ins Gesicht, die allzeit fertige Entenflinte aus der Hecke und mit „*Ferma*" zur That! Wir übergehen das Vorurtheil des rohen Haufens, der in jedem reisenden Fremden einen Crösus und zugleich einen Ketzer sieht, seine Plünderung daher für einen billigen Census, wo nicht für Gott wohlgefällige Pflicht eines „*Cristiano*" hält. Wir übergehen ferner die Verwilderung mancher Küstenstriche. Sie pflegen ein unbarmherziges Strandrecht auszuüben, auch gleich den griechischen Corsaren die kleinen Fahrzeuge zu kapern. Verrufen sind in dieser Hinsicht die calabresischen Küsten. Hier verschwand schon manche Speronare spurlos, die am Abend in eine stille Bucht sich geflüchtet. Die Uferbewohner überfielen sie, mordeten die Mannschaft, bargen die Ladung, und versenkten den Kiel! Wir gedenken mit Beruhigung der frühern Unsicherheit des Meeres, als Frankreich mit Algier, Spanien mit Marocco, Genua mit Tunis, Neapel mit Tripolis kriegten, und der Kampf in Morea alle übrigen Flaggen unsicher machte. Jedes Segel auf der Höhe schreckte damals (1827, 1828 und f. J.) Kauffahrer oder das Packetboot, und wir mussten als Passagier die Muskete führen. Das ist jetzt vorbei! Statt an die Ursachen weiter zu mahnen, erinnern wir an einige Vorsichtsmaassregeln, bei deren Beachtung die Räubergefahr ziemlich Null seyn dürfte.

Man reise in Gesellschaft. Obwohl die Strauchdiebe oft in Banden lagern, so werden doch selten oder nie zwei hinter einander gehende Wagen angefallen. Die Eingebornen, welche gewöhnlich in Sedien und Carretellen (zweirädrichen Cabriolets) fahren, pflegen, wenn der Abend oder eine verdächtige Wegstrecke kommt, in Caravanen sich zu sammeln. So rollen sie lustig durch.

Man wähle bekannte Lohnkutscher. Die Knechte der grossen Eigenthümer von Florenz und Rom sind treu. Manchen andern Winkelkutschern wirft das Gericht Einverständniss mit dem Gesindel vor.

Man raste Nachts und Mittags. Fast möchte Mitternacht weniger gefährlich seyn, als die Zeit zwischen 12 und 2 Uhr Nachmittags, vorzüglich im Sommer. Um diese Zeit ist die Heerstrasse verlassen. Alles ruht, und die Unthat kann ungestört vollführt werden.

Man verlasse als Fussgänger die Thore grosser Städte niemals unbegleitet, oder vermeide doch die einsamen Nebenwege. Das Spazierengehen im Sinne unserer deutschen Landsleute ist in Italien gar nicht gebräuchlich. Der gutgekleidete Wanderer fällt auf, und regt Begierden an, deren Befriedigung die welsche Leidenschaftlichkeit nicht lange zu widerstehen vermag.

Man lege während der Reise allen Schmuck ab, und halte eine kleine Geldsumme zu Gunsten eines Anfalls parat. Ihre Grösse muss sich nach dem Aufzug des Fremden richten. Zu spärliche Spenden ziehen Durchsuchung des Gepäcks und Misshandlung nach sich. Ein schwerer Beutel hingegen, ein Sümmchen von etwa 40, 50 Thalern befriedigt die Ansprüche der Plagegeister und beschleunigt ihren Rückzug: denn ihnen ist nur allein daran gelegen, ihre Geschäfte schnell und geräuschlos abzuthun.

Man lasse endlich die Waffen ruhn. Sie sind für die Sicherheit des Fremden unnütz, ja gefährlich. Je handfester die Erscheinung des Wagens, desto reichere Beute verspricht sich der Räuber, desto sicherer geht er beim

Angriffe zu Werke. Wie ein Paar Unholde am Wagenschlage die Börse abfordern, stehn zwei andere zehn Schritt davon hinter dem Baume, schussfertig. Eine Miene zum Widerstande, und es kracht im Versteck, und das Unglück geschah! So empörend daher auch für den deutschen Mann ein Hand in den Schooss legen seyn mag, so ist doch Nachgiebigkeit und Geduld einem Jeden zu empfehlen, der die Reise durch Italien zum Vergnügen macht, und nicht Beruf in sich fühlt, für das allgemeine Beste zum Helden und — Märtyrer zu werden.

Wohnungen, Nahrungsmittel und Lebensweise.

Die Gebäude Italiens sind fast insgesammt aus Steinen erbaut. In Oberitalien (Mailand, Pavia, Verona, Bologna, u. a. Städten), auch häufig südlicher, bedient man sich vorzugsweise der Ziegel, doch macht Venedig, wo istrische Bruchsteine zugeführt werden, eine grosse Ausnahme. In Livorno und Rom ist ein Tuffstein gebräuchlich. Genua verbraucht vielen Marmor, Neapel hat einen guten Sandstein, und in Sicilien kommen theils Muschelkalk, theils dichter Kalk zur Anwendung. Der Mörtel ist reich an Kalk und vortrefflich. Statt des Sandes benutzt man in manchen Gegenden die Puzzolanerde. Das Klima begünstigt die Austrocknung der ziemlich dicken Mauern. Die Stockwerke der Privathäuser pflegen nur sechs bis sieben Ellen hoch zu seyn. Die Kellergewölbe werden in der Regel mässig tief, und als sogenannte *Souterrains* angelegt. Das Treppenhaus ist geräumig, die Treppe selbst steinern. — Zuweilen läuft sie im Freien, an der Seite des Hauses empor. Die Bedachung finden wir höchst verschieden. Am gewöhnlichsten kommt ein zweiseitiges Dach vor, dessen Firstwinkel einen Winkel von wenigstens 130 Graden bildet. Das Sparrwerk ist mit dicken, geworfenen Ziegeln belegt. Schiefer, Zink und Kupfer kommen selten vor, häufiger dicke Glimmerschieferplatten. Schindeln begegnet man nur ausnahmsweise. Im südlichen Italien bildet das Dach zuweilen eine sanft geneigte Fläche und ist mit Steinplatten belegt. Auf der Insel Capri haben viele Bürgerhäuser ein Kuppeldach, welches äusserlich bloss mit Mörtel überzogen ist und diesen kleinen Byzantinern das Ansehn unserer Dorfbacköfen giebt. Mit Fenstern geht der italienische Werkmeister sparsam um. Sie pflegen in den Privatwohnungen ziemlich einzeln zu stehen, aber bis zum Fussboden zu reichen. Ihre Verglasung ist schlecht und fehlt auf dem Lande wohl ganz. Dann werden die Luken bei üblem Wetter mit Läden verschlossen. Das Fenster wird statt der Brüstung häufig mit einer Vergitterung gesperrt, oder hat Jalousien, oder bildet die Altanthür. Auch diese, so wie die eigentlichen Zimmerthüren schliessen nur unvollkommen. Der Fussboden besteht aus Estrich, Stuck mit Marmorbrocken (*Terrazzo*) Ziegeln, Bruchsteinen und Marmorplatten. Holzgetäfel ist höchst selten. Die Heitzung wird durch Kamine bewerkstelligt. Hier lodert Reissholz oder ein dürres Rebenbündel, nur ausnahmsweise Klafterholz, nie Kohle und Torf. In neuerer Zeit finden die Oefen Beifall. Der Eingeborne wärmt sich gelegentlich an dem Ofen des deutschen Beamten, schimpft aber hinterher auf die ungesunde Neuerung. Auch sollen in der That Schnupfen und Katarrhe Überhand nehmen, seit die Ofenfeuerung gebräuchlicher wird. Der ächte Sprössling Latiums kehrt daher der „*Stufa*" den Rücken und reibt sich lieber die Hände, oder nimmt ein Kohlenbecken (*scaldino*, *marito*) in den Schooss, und lässt sich das Bett mit der *Monaca* (Nonne, einem Holzgestelle zur Aufnahme eines Feuerbeckens) wärmen. Wichtiger als Heizung ist jenseit der Alpen die Kühlung des Hauses. Sehen wir zu, wie der Italiener verfährt. Das Treppenhaus macht gleichsam einen Kältebehälter. Mit Aufgang der Sonne werden alle Fenster des Hauses geschlossen, auch Jalousien und Altanthüren gesperrt. Es ist dann düster in Zimmern und auf der Flur. Man sprengt mit Wasser, und stellt Eisfässer umher. Mit dem Sinken der Sonne wird gelüftet. Dann muss die abgekühlte Atmosphäre für neue Erfrischung des Hauses sorgen. Die Abendbeleuchtung geschieht grossentheils mit Lampen. Wachs ist für die Mehrzahl zu theuer, und Unschlittlichter zerlaufen bei dem Mangel am Schöpstalge und der grösseren Sommerhitze. Die Wohnungen selbst sind im Allgemeinen klein. Es ist nur auf den eignen Bedarf, nicht aber auf Gesellschaftsleben Rücksicht genommen. Eine Ausnahme machen die Paläste der Grossen, wo ganze Flügel für Gallerien, Bibliotheken und Gäste eingerichtet sind. Letzterem Zwecke entsprechen besonders die Villen. Hier ist der *Foresteria* wohl ein besonderes Gebäude angewiesen. Im Logis der Wohlhabenderen spielt ein Speise- und Wohnzimmer *(il salone)* die Hauptrolle. Der Italiener schläft, wo möglich, in einer ausmeublirten Stube. Schlafkammern beziehen nur die Aermern. Das Bett muss geräumig seyn. Die Schlafstätten vieler Bürger (8 Fuss lang, 6 Fuss breit) erinnern an die Paradebetten unserer Fürsten. Das Gestell besteht aus Eisenböcken, über welche glatte Breter lagern, oder ganz aus Eisen und Bronze. In Anfertigung solcher Eisengestelle wird besonders in Neapel grosse Kunst verwendet. Ganz hölzerne Gestelle werden, Ungeziefers [1]) wegen, mehr und mehr verbannt. Auf dem Gerüste liegt eine grosse Matratze mit grober Wolle gestopft. Rosshaare sind seltner. In der Lombardei vertritt oft ein ungeheurer Strohsack die Stelle der Matratze. Diese mehr als fussdicke Maschine ist mit den Kolbendecken des welschen Korns gefüllt. So elastisch es sich auch auf diesem Riesenlager liegt, so verursacht doch jede Bewegung ein solches Prisseln in den dürren Blättern, dass der Neuling entsetzt aus dem Schlafe auffährt, und sich überfallen meint. Auf der Matratze liegt ein Leintuch. Zum Kopfkissen pflegt eine Rolle, zum Deckbett eine leichte, in ein Leintuch geschlagene Wattendecke zu dienen. Im Sommer bleibt diese Decke ganz weg. Dann hüllt, zu Gunsten der Schaamhaftigkeit, das obere Betttuch den Schläfer ein. Vorrath an guter Wäsche ist in Italien ein seltner Schatz. Wir finden oft mehr Brillanten, als Hemden. Die Wäsche ist der

1) Wir führen diese Litaney nicht weiter aus, da ein neuerer Reisender die berüchtigten Blutsauger nur zu mikroscopisch betrachtet hat.

elenden Behandlung wegen grau, uneben, durchlöchert. Zur Waschwanne dient am füglichsten der Rand des Flusses oder Sees, hier wird mehr geklopft als geseift und der Sand des Ufers in die Gewebe geschlagen, als gelte es Chagrin zu machen. Rollen (Mandeln) kennt man kaum. Eben so ungewöhnlich pflegen Trockenleinen und gute Platten zu seyn.

Speise und Trank. Die rohen Produkte sind in Italien mit wenigen Ausnahmen vortrefflich. Unter den Feldfrüchten steht der Waizen, *formento*, (gewöhnlich *triticum aristatum hybernum Sch.*) oben an. Sicilien und das Polesine erzeugen hiervon genug, um minder fruchtbare Gegenden zu übertragen. In kargen Jahren wird aus dem Oriente zugeführt. Der Waizen liefert das gesammte Brodmehl. Der Italiener isst nur Waizenbrod. Es beruht daher auf einem komischen Missverständnisse, wenn ein bekannter, neuerer Reisender das italienische Brod aus Maismehl backen lässt. Die Bereitung des Brodes ist eigenthümlich. Das bei uns übliche lockere Brod wird nur in grossen Städten, zu Gunsten der Fremden gebacken, und *pan francese* genannt. Sein Hausbrod macht der Eingeborne fest und seemännisch. Der Teig wird mit einer Knetemaschine *(grammola)* verarbeitet, und hierbei so viel Mehl hineingewirkt, dass die kleinen Brodchen schon hart in den Ofen kommen und selbst frischgebackne nur mit dem Messer zerkleinert werden können. Solches Brod ist ausserordentlich sättigend. Es quillt in Flüssigkeiten nur langsam auf, hält sich lange und schmeckt Jedem der gute Zähne hat, nach kurzer Probe, besser als das lockere Gebäck.

Eine andere Waizenart ist das *formento faro* oder *vicentin* (*Triticum durum Def.*). Man baut es seit einigen Jahren häufiger als sonst, wo es nur aus der Barbarei und aus Odessa bezogen wurde. Hiervon werden die käuflichen Nudeln *(Pasta)* gefertigt, deren Bereitung in manchen Städten eigenen Handwerkern (*Lasagneri*) obliegt. Unter den mannigfachen Formen sind die *Bigoli* und *Subioti*, als ächte neapolitanische *Macaroni*, die bekanntesten. Auch sie bestehen nur aus feinem Waizenmehle und Wasser.

Der Anbau und Bedarf des Roggens, des Hafers und der Gerste ist in Italien höchst unbedeutend, und hat mehr auf Viehzucht als auf Menschennahrung Bezug. Weit wichtiger ist die Kultur des Mais (*formentone, Zea Mais L.*). In der Lombardei und im Venetianischen nimmt er den grösseren Theil des Ackerlandes ein. Diese Frucht wird fast nur in der Form der *Polenta* genossen. Die kunstgerechte Anfertigung dieses Gerichts ist in vielen Haushaltungen Ehrensache. Der Process erinnert an das Pflaumenmusssieden. Denke Dir, lieber Leser, einen mächtigen Kessel, der frei über dem Feuer hängt und in dem etwa drei Messkannen Wasser kochen. Man salzt das Wasser und schüttet allmälig zwölf Pfund Maismehl zu. Das mehr oder minder reine, griesartige Mehl quillt alsbald stark aus. Desshalb wird fortwährend und so lange mit einer hölzernen Kelle umgerührt, bis der Brei sich vom Kessel löst und mit einem Faden geschnitten werden kann. So ist die Polenta fertig. Sie bildet eine Lieblingsspeisse aller Volksklassen in den Gegenden der Maiskultur und ersetzt bei den Armen die Kartoffeln (*Patate*), welchen der Italiener durchaus keinen Geschmack abgewinnen kann.

Eine Hauptnahrung des Italieners ist ferner der Reis, *riso.* Er liefert in guten Jahren das 60sto Korn, und wird, theils in Fleischbrühe gekocht, als dicker Brei (*risotto*), theils mit Butter, oder mit Olivenöl und Rosinen, selten als Backwerk genossen. Landesthümlich und den Wohlgeschmack befördernd, jedoch minder gesundheitsgemäss ist die Regel, die Reiskörner nur stark aufquellen, nicht aber aufspringen zu lassen. Ein viertelstündiges Kochen reicht zur Erweichung hin.

Unter den Hülsenfrüchten sind die Bohnen (*fave, fasioli*) die vorherrschenden. Auch die Wolfsbohnen, *fave lovine* (*Lupinus albus L.*) werden mit Vorliebe verspeist.

Von grünen Gemüsen (*Erbe*) begegnen uns besonders Artischocken (*artichiocchi*) Blumenkohl (*Cauli fiori*) *Broccoli*, Fenchel (*Fenocchio*), dessen unentwickelter Stengel roh gegessen wird, Lattich (*Lattuga*), Knoblauch *(Aglio)*, Zwiebeln *(Ceole, Cipolle)*, Lauch *(Porri)* und Schnittlauch *(Aglio turco)*. Viele unserer deutschen Gartengewächse arten in Italien aus, andere sind dort unbekannt, oder nicht beliebt.

Die Gartenfrüchte gedeihen im Allgemeinen vorzüglich; insbesondere gilt diess von den saftigeren. Berühmt ist das Heer der Melonen, Kürbisse und Gurken, die als *Angurie*, *Zatte*, *Buchiri*, *Malamocchini*, *Zucche* und *Cucumeri* in allen Theilen Italiens sich ausbreiten. Auch die purpurne Eierfrucht *Melanzana* (*Solanum Melongena L.*) und der Goldapfel *pomo d'oro (Solanum Lycopersicon)* spielen auf der Tafel eine grosse Rolle. Die erstere wird gebraten, die letztere, welche man vorzüglich um Neapel und in Sicilien Ackerweise baut, zur gelben Brühe, zu den Macaroni, zum Reise, ja selbst zu Fleischspeisen verwendet. Die Tafelfrüchte: Erdbeeren, Maulbeeren, Birnen und Aepfel sind ausgezeichnet, Trauben, Granatäpfel, Mandeln, Nüsse und Pfirsiche im Ueberflusse vorhanden, die Feigen an den wärmeren Küsten in funfzig Varietäten zu finden, die Apfelsinen (*Naranci*) aber nur in Sicilien und Malta lieblich. Diese Frucht reift zwar am Spaliere schon in Oberitalien nothdürftig, behält aber bis in die Breite von Neapel einen mehr säuerlichen als süssen Saft. Wer hätte uns nicht beneidet, als wir in Sorrent eine Leiter anlegten, und im Wipfel des glänzenden Baumes unter tausenden die schönste Frucht vom Stiele brachen. Der Anbruch des Goldapfels kühlte aber unsern Enthusiasmus. Wir haben *di la del Faro* nie wieder Portogallen gebrochen.

Uebergehen wir die zahllosen Gattungen, Arten und Spielarten aus Pomona's Lustregion, und gedenken wir nur beiläufig noch der Kastanie, die im Norden mehr Arme und Fremde, als die Eingebornen besserer Stände sättigt, im Süden aber höher geachtet wird, der indischen Feige, welche, in der Fülle ihres Markes, auf den heisseren Inseln eine wahre Gottesgabe ist und im August Hunderttausende labt, der treuen Olive, die das Oel zur Speise und Beleuchtung, die Frucht, getrocknet, zur Nachkost hergiebt, der Dattel endlich, zu deren völliger Zeitigung auch Siciliens Klima kaum Wärme genug bietet, und sehen wir uns nach den Fleischtöpfen Italiens um!

Raçe und Fütterung liefern ausgezeichnetes Rindvieh. Das beste weidet in den Ebenen des Po (Mailand, Pavia, Lodi) und in Sicilien. Hier begreift man, wie der Sonnengott einst zum Ochsenhirten werden und über den Verlust einiger Häupter sich erbosen konnte. Noch jetzt treibt mancher Insulaner mit seinen braunen Rindern Götzendienst. Statt der Penaten stellt die Dame ein glänzendes Stierhorn auf den Putztisch. Diese Waffe allein, rabenschwarz, drei Fuss lang, kühn gewunden, vertritt gnügend alle Symbole des Ueberflusses Trinakrias. Nun wohl, die Rinder werden dort, wie bei uns geschlagen und geben ein saftreiches, vorzügliches Fleisch. Nächst diesem isst man ausgewählte Kälber. An Schweinen (schwarzen, borstenlosen) ist in Italien Ueberfluss. Das Schwein wird aber nur zur Wurstbereitung (*Salame, Salriccia*) und des Schmeres wegen gemästet. Hammelfleisch ist selten und gering. Wild fehlt in den meisten Gegenden. Ein Hase macht Aufsehen, und Eber, Hirsch und Reh belasten nur die Tafeln der Reichsten. Wildes Geflügel hingegen schwirrt in Unzahl durch Busch und Rohr. Trefflich sind die Schnepfen und Wachteln der Halbinsel. Zahmes Geflügel ist, als Huhn und Trute, im Ueberflusse vorhanden. Es verwildert oft, oder kann doch nicht übersehen werden. Der Koch tritt dann wohl auf die Schwelle der Hofthür, in der einen Hand das Futter, in der andern den Prügel, und schleudert, wie die Gallinaceen nach den Körnern picken, seinen Cestus unter das Volk. Wer fällt oder flügellahm wurde, muss ohne Appell an den Bratspiess.

Was sollen wir von den glatten Gespielen der Nereiden erzählen? Sieh nur selbst zu, lieber Leser, und staune die Wunder der Tiefe an! Für den Schmecker folgt hier die Glosse Metaxa's (des Professors der Naturgeschichte an der Sapienza zu Rom): „die armen Festlandskinder (mit einem Seitenblick auf uns, seine Hospitanten), die armen Festlandskinder nagen an Forelle, Aal und Karpfen, und ahnen kaum, wie reich das Meer unsere Tafeln besetzt."

Den Forscher verweisen wir auf v. Martens *Fauna veneta* und auf die Ichthyologie der sicilischen Meere von Schmalz. Schliesslich sind auch Schnecken und Frösche willkommen und neben verschiedenen Crustaceen und Austern noch eine Menge von Zoophyten, als *frutti di mar*, gesucht.

Die Küche verarbeitet nun diese *Simplicia*, wie der Apotheker die Drogue, zu hundert und aber hundert Gaumenrecepten. Das Geräth ist hier meistentheils Kupfer, die Feuerung Kohle und Reisholz. Ein Bratenwender pflegt stets zur Hand zu seyn: denn das Spiessbraten wurde hier noch nicht von dem ökonomischen Pfannenbraten verdrängt. Zum Anmachen der Speisen, zum Braten und Rösten bedient sich der Koch (denn Köchinnen giebt es nicht) nur ausnahmsweise der Butter, obwohl diese in Oberitalien in Menge vorhanden und der besten holsteiner gleich ist. Oel und Schweinefett sind beliebter und allgemeiner verbreitet. Man isst in der Regel sehr fett. Ausser den bei uns üblichen Gewürzen werden Knoblauch, der spanische Pfeffer und der Parmesankäse *(grana)* verschwendet. Die Hauptformen der Speissen sind: *Minestra:* dickere, *Zuppa:* dünnere Suppe; *Lesso* (in Rom *Bollito*): Kochfleisch; *Fritto, frittura:* Geschmortes; *Umido:* Gedämpftes; *Rosto, arrosto:* Gebratenes; *Verdure:* Gemüse; *Pasticcieria:* Pasteten und Puddings; *Piatti dolci:* Eingemachtes; *Frutti:* Früchte. Der erfinderische Geist des Italieners schafft aus dem verachtetsten Theile irgend eine Schüssel. Französirte Tafeln bringen noch *Intrè*, *Farsi*, *Variazioni*, *Credenza*, *Rifreddi* und andere. Wer mehr wissen will, studire die *Lista giornaliera delle pietanze* irgend einer Trattoria. Der Speisezettel *del Lepre* zu Rom, einer schlichten Wirthschaft, liegt uns vor. Er zählt mehr als 300 Gerichte.

Getränke. Das Trinkwasser Italiens ist im Allgemeinen nicht vorzüglich, meistentheils kalkhaltig, oft auch brakig. In Venedig muss es der Reisende kaufen; in Sicilien wohl seinen Bedarf streckenweise mit sich führen. Desto erquickender dünkt uns das gekühlte Wasser

(Acqua nevata), das der *Acquajolo* im südlichen Italien an den Strasseneckeu feilbietet. Der Verbrauch dieser Waare ist ungeheuer. Die Eingebornen trinken es bald rein, bald mit Citronensaft, bald mit Anisöl, stehenden Fusses, und an der nächsten Bude abermals „*un acqua*" zu schlürfen bereit. Auch der Fremde gewöhnt sich an diese Labung und thut wohl daran. Der frische Trunk löscht das Feuer, das reiche Kost, Wein und Klima im Körper schüren. In dieser Hinsicht sind auch die *Sorbetti* (kalte Fruchtsäfte), die *Gelati* (Gefrornes), die *Pezzi* (hartes Eis in Formen), im Süden fast unentbehrlich. Der *Facchino*, der *Lazzarone* verzehrt sein Orangeeis, nicht als Näscherei, sondern vom Triebe, sich zu kühlen, geleitet.

Der Italiener trinkt ferner reichlich Kaffee, Morgens weiss, Nachmittags schwarz, häufig mit Chocolate (*Mischio*), oder mit Chocolate und Milch (*Aurora*), immer rein, ohne Zusatz eines Surrogates, in der Regel auch feinere Sorten. Thee ist Krankengetränk. Bier (*Birra*) findet in neuerer Zeit Beifall. Noch versteht aber der Italiener diess Getränk nicht gehörig zu würdigen. Was dort geboten wird, sind halb trübe und halb saure Gebräude. Mit wahrem Stolze hebt der Garçon des Kaffeehauses die kleine Flasche hoch, und lässt die sprützende Tinte in das Glas stürzen, um ja möglichst viel Schaum zu gewinnen. Der Biergast schlürft nun den Schaum behaglich von der kleinen Neige ab.

Alle Provinzen Italiens erzeugen Wein. Desshalb wird der Bedarf im Lande gezogen. Doch finden wir im *Regno Lombardo-Veneto* Ungarwein, hier und da Rheinwein, auch allenthalben theuren und schlechten Champagner. In jeder Hauptstadt wird als Tischwein zunächst *Nostrale* (Landwein) verkauft, der in Oberitalien gewöhnlich roth und herbe, weiter unten aber braungelb und feurig, meistentheils schlecht gehalten und oft kaum zu geniessen ist. Ausgezeichnete Sorten sind der tokaierartige *Vino Santo* am Gardasee, der *Vino Vicentino* (um Vicenza), ein süsser Rothwein, der Florentiner, ein feuriger Rothwein, der *Monte Fiascone*, der *Refosco-Prosecco*- und *Piccolit*-Wein, der Syracuser Muscatsekt, der ächte

Lacrymae Christi, die besseren Aetnaweine, die lieblichen: *Vino dolce d'Asti* und *Vino d'Orvieto*. In Oberitalien wird durch Gähren eines verdünnten Mostes ein leichter Champagner (*vino piccolo*) bereitet. Die Eingebornen trinken wenig Wein und mischen den Wein (*vino grosso*) oft mit Wasser. In den niederen Klassen begnügt man sich gern mit dem Nachweine (Lauer, *secondo vino*), ja selbst mit dem *terzo*, einem zweiten, wässrigen Aufgusse auf die Trester. Für den fremden Bacchusfreund ist es ein Glück, dass der Italiener, bei aller Traubenfülle, die Handhabung des Weines wenig versteht, und daher seinen Gästen nicht immer etwas Gutes zu bieten vermag. Uebermaass im Genuss des Weines und in den Saftfrüchten der Halbinsel verschulden so häufig ernste Krankheiten (Ruhr, Unterleibsentzündung, Nervenfieber).

Die Lebensweise des Eingebornen geht unmerklich auch auf den Fremden über, und wohl dem, welcher den Landeskindern die Grundzüge der Diätetik ablauscht. Leider verstehen aber manche Reisende die Eigenthümlichkeiten des Volkes gar nicht, oder verläugnen ihre bessere Ueberzeugung aus Trotz oder Sinnenlust.

Der Italiener lebt mehr in der Nacht als wir, und verschläft einen ziemlichen Theil des Tages. Die arbeitenden Klassen regen sich auch zur Sommerszeit erst gegen 7 oder 8 Uhr Morgens. Das Kaffeehaus wird um 8, der Kaufladen um 9, das Postamt um 10, das Leihhaus um 11 Uhr geöffnet. Nur die Kirchen halten — freilich oft verödet — schon zeitig ihre Frühmessen. Die Mittagsstunden von 12 bis 2 Uhr sind der Ruhe gewidmet. Mit dem Sinken des Tages wächst die Thätigkeit. Das erste Lämpchen ladet die Bürger zur geselligen Vereinigung. Die Gassen bevölkern sich, wie die Heerstrassen verlassen werden. Um 10 Uhr Abends geht das Geschäftsleben noch seinen Gang. Die Handwerker dingen den Gesellen wohl bis Mitternacht. Vergnügen spinnen sich in den zweiten Tag hinaus. Zu Folge dieser Ordnung weicht der Italiener dem grellen Sonnenglanze, wie der sengenden Hitze aus und geniesst die liebliche Frische des Abends, die heiteren Nächte ganz.

Arbeit wechselt in Italien nothwendig mit Erholung. Schon das Nichtsthun ist, wie das Sprichwort sagt, dem Eingebornen Genuss. Ein ächter Römer der niederen Stände lehnt, je nach der Witterung, mit Behaglichkeit an der Mittagswand der Pfarrkirche, oder hält sich für beneidenswerth im Schatten des Obelisk zu lagern. Wird ihm aber so wohl, vor dem Kaffeehause mitplaudern, vielleicht gar sein eigenes Tässchen trinken zu dürfen, dann überblickt er Seyn und Werden mit dem Gefühle antiken Stolzes. Erschöpfende Arbeiten untergraben sein Wohlbefinden, insbesondere sagen sie dem Fremden nicht zu. Zu Fussreisen gehört dort ein rüstiger Körper und Geduld. Selbst das rastlose Wandern mit dem Cicerone hat schon Manchen niedergeworfen.

Mässigkeit in Speise und Trank ist ferner eine löbliche Eigenschaft der Landeskinder. Es giebt freilich wohl Zeiten, wo auch gegen diese Grundgesetze ein wenig gesündigt wird. Wir meinen die Tage des Carnevals, besonders den fetten Dienstag. Solche Gelage bleiben jedoch dem nüchternen Gewohnheitsleben gegenüber unerhebliche Ausnahmen.

Die Bekleidung des Italieners hat mehr aus dem Bedürfnisse der warmen, als der kalten Jahreszeit entlehnt. Vom April bis October begnügen sich recht achtbare Männer des südlichen Theiles der Halbinsel mit ihrem Baumwollenhemde, mit seidenen Strümpfen, Nankingpantalons und Nankingschuhen, einem seidenen Gilet und einer Zeugjacke. Tuchkleider sind minder beliebt, und bestehen vorzugsweise im eleganten Frak (Leibrock). Alles deckt, bei üblem Wetter, der Mantel (*Tabarro*), ein kostbares Stück, der karge Ersatz für die freie Toga und, wie diese, Material zum spielenden Faltenwurf. Ein Hut (*Capello*) krönt das schöne Ganze. Diese Kopfbedeckung gilt in Welschland als Symbol der Freiheit. Die Mütze (*Baretta*) hingegen ist Sklaventracht, und fällt nur den Dienern zu. Der Fremde übertritt dieses Volksgesetz nicht ohne verdriessliche Anfechtungen zu erfahren, und thut wohl, in Städten, wo er länger verweilt, seine Mütze mit einem Hute zu vertauschen. Wir sahen feurige Jünglinge sich fügen, und das lange, altdeutsche Haar mit einem Mailänder Filze decken. Die Frauentracht hat ihr Provincielles, verschmilzt aber mehr und mehr mit der französischen, und wählt zum Stoffe Baumwolle und Seide.

Schon die Kleidung deutet an, dass der Eingeborne ein kühleres Verhalten liebt. Sein Kamin ist keineswegs eine ununterbrochene Wärmequelle. Hier lodert das Feuer nur, wenn die Kälte gross, oder die Familie geneigt erscheint, sich zum Plaudern zu versammeln. Ein Rebenbündel ist die Libation, welche der Wirth seinem Gaste bringt. Man sitzt hier wohl stundenlang den Kohlen gegenüber, den *Scrimaglio* (Feuerschirm) vor dem Antlitz, wird aber nie eigentlich warm. Noch weniger hitzt das Zimmer durch, und in einiger Entfernung vom Kamine besteht eine nur laue Temperatur, die den Uebergang zur Strassenluft bildet. Selbst am Studirtisch hat der Gelehrte, trotz Fussdecke und Handwärmer, von Kälte zu leiden. F.., der berühmte Arzt Padua's, hat einen grossen Theil seiner Abhandlungen mit steifen Fingern geschrieben. Auf die Frage, wie er im Nebel seines Athems zu denken vermöge, stand er lächelnd auf, ging zweimal durchs Zimmer, rieb die Hände und sprach bezeichnend: *Noi facciamo così.* Diese Abhärtung des Körpers erspart den Eingebornen viele leichtere und ernstere Uebel, und erklärt es, wie ein Welscher auch in unserm Klima ohne Klage auszuhalten vermag.

Der Italiener lebt im Allgemeinen ächt pfahlbürgerlich. Wo er geboren wurde, da treibt er sich als Jüngling und Mann umher, da geht er allmählig dem Grabe entgegen. Um so auffallender sind die Auszüge gewisser übervölkerter Ortschaften. Die Anwohner des Comersees (*Turno*, *Blevio*, *Molina*) durchstreifen die Welt als Tabuletkrämer; aus dem Tesinothal stammen die Bilderhändler unserer Messen und Jahrmärkte, der Gardasee liefert die Citronenverkäufer, Bergamo stellt die Lastträger für Genua, und die Küstenbewohner mancher Striche dienen als Matrosen auf den Schiffen. Doch diese Ausnahmen stürzen die Regel nicht. Was von den Männern gilt, das Kleben an der Scholle, das bestätigt sich natürlich beim zweiten Geschlechte noch mehr, und wären die Wallfahrten nicht hergebracht, so würde manches Weib lebenslang nichts Fremdes gesehen haben, als die Wachtelschwärme aus Afrika. Der Grund dieser scheinbaren Hörigkeit liegt zwar zum Theil in polizeilichen Hindernissen, zum Theil aber auch in der mangelhaften Schulbildung und der hohen Selbstgnügsamkeit des Italieners, welche durch den Weihrauch fremder Reisender alltäglich genährt und bis zum Lächerlichen gesteigert wird. Ehrenwerther erscheint uns die Zurückgezogenheit des Insulaners, den sein Meer, oder eine Kette steiler Felsen von der Nachbarschaft abschliesst. Die Familie eines hohen Beamten in Sicilien wirthschaftete in der kleinen Stadt, wo der Vater seine Laufbahn begonnen hatte, noch fort, als der Beruf den Hausherrn längst entführt hatte. Die schöne Rezia harrte in Geduld, bis irgend ein Oberon ihren Hüon über die Klippen geleiten würde. Nur der Sohn des Hauses war nach Palermo gesendet worden. — Mag diese beschränkte Lebensweise immerhin manche Schwäche befördern, so stützt sie doch auch manche Tugenden, und hat insbesondere den Menschenschlag — sagen wir nicht, der Urwohner, — der Provinzen unvermischter erhalten, als diess in andern Ländern, bei dem Hange zum Streifen und Wandern, möglich fiel.

Wir können den flüchtigen Blick auf die Lebensweise des Italieners nicht abwenden, ohne seiner Leidenschaftlichkeit im Genusse der Liebe und seiner Unreinlichkeit wahrzunehmen. Nur dem milden Himmel und der vortrefflichen Constitution der Menschen ist es zuzuschreiben, wenn die Spuren jener Ausschweifungen nicht sichtbarer wurden, als sie es jetzt sind. Das Uebel schleicht aber im Geheimen. Ein vorurtheilsfreier Beobachter, *Cotugno*, der nur zu früh geschiedene, schätzt 95 Procent der Bevölkerung seines Wohnortes Neapel, als mehr oder minder an den verschiedenen Formen der Syphilis erkrankt, und ein Bürger Girgenti's nannte seine Vaterstadt, uns, den Fremden, gegenüber „*tutta infrancescata!*" Nach solchen Andeutungen dürfte jede Mahnung an den Reisenden, jenseit der Alpen auf seiner Hut zu seyn, überflüssig werden. Die angeschuldigte Unreinlichkeit spricht sich in Unsauberkeit der Leib-

und Bettwäsche, in Ordnungslosigkeit des Anzuges, in Verwilderung der Hausflur und Zimmer, in den Schutt- und Kothwinkeln der öffentlichen Plätze und Strassen, in der thierischen Ungebundenheit bei Befriedigung gewisser Bedürfnisse, endlich in Versäumniss der Bäder aus, die den alten Bewohnern des Landes so viel galten. Es ist schwer zu ermitteln, wie ein ganzes Volk oder ein Haufen von Stämmen im Gange der Zeit so gleichgültig gegen das werden konnte, was Fisch und Vogel, was Hund und Katze lehren. Sicher befördert der fragliche Nationalfehler das Wohlbefinden des Fremden in Italien nicht.

Epidemische und endemische Krankheiten.

Obwohl die Halbinsel und ihre Anhängsel, die Inselgruppen im tyrrhenischen und adriatischen Meere, im Allgemeinen einer sehr gesunden Constitution sich erfreuen, so wird doch diese Ruhe zu Zeiten ernstlich erschüttert. In Vorübergehn müssen wir der Pest, welcher Italien seine schönste Novelle verdankt [1]), Erwähnung thun. Sie hat das Land, wo sie ehedem so grässlich wüthete, seit einem Jahrhundert verschont, und wurde nur Einmal (1804) in das Lazaret von Livorno eingeschleppt, hier aber, durch Palloni's Eifer, im Keime erstickt. Wir standen nicht ohne Schauder auf der Asche der Pestkranken, mit welcher der Saame namenlosen Elendes verkittet war. Auch das gelbe Fieber fand zu den hesperischen Küsten Zugang, und herrschte in demselben Jahre in derselben Stadt. Bösartige Nervenfieber suchten 1799 und 1800 Genua heim. Petechialfieber zeigten sich in verschiedenen Gegenden der Halbinsel zu verschiedenen Perioden. Eine Geisel der Einwohner sind noch jetzt die Blattern. Mit der französischen Herrschafft verbreitete sich die Massregel der Schutzpockenimpfung schnell und befriedigend. Seit der Rückkehr der alten Systeme hat aber, die österreichischen Pro-

1) *I promessi sposi von Alessandro Manzoni.*

vinzen ausgenommen, statt des Eifers für die Vaccination eine ärgerliche Lauheit gegen dieselbe Platz genommen. Ein direkter Widerstand ist der Geistlichkeit vorzuwerfen. Mit wahrhaft türkischem Fatalismus predigen sie die Nothwendigkeit der Erbübel, und hemmen die ärztliche Wirksamkeit. Einzelne erleuchtete Prälaten fanden zu mächtige Gegner. Im Kirchenstaate sind die Edikte des Kardinals *Consalvi*, dieses ehrwürdigsten aller Kammerherrn *(Camerlengo)*, widerrufen oder vergessen. Ein wahres Brütenest für Blatterngift ist Genua, wo die Impfung bisher ganz versäumt wurde. Dem Reisenden ist dringend zu rathen, sich, ehe er Italien betritt, revacciniren zu lassen. Diese schlichte Massregel dürfte gelegentlich schlimme Folgen verhüten. Seit 1835 hat auch die Cholera sich eingefunden. Wenn irgend ein Strafgericht geeignet ist, den Hochmuth des Eingebornen zu brechen, und seine Begriffe über das Ausland zu läutern, so muss es dieser Epidemie gelingen. Wir haben oft und dreist die Behauptung gehört: ihr Klima und ihre Quarantainen würden dieser Plage ungesunder und halbbarbarischer Landstriche nie und nimmer Eingang gestatten.

Aus den endemischen Krankheiten heben wir zunächst die Wechselfieber hervor. Viele Gegenden Italiens sind von diesem Uebel ganz befreit, andere dagegen von demselben so heimgesucht, dass es die überwiegende Form aller Krankheiten ausmacht. Am berüchtigsten ist in dieser Hinsicht Rom und seine Campagna. Nächstdem folgen die Maremmen von Toskana, Venedig, einige Landstriche Sardiniens und Siciliens, überhaupt aber alle Gegenden und Ortschaften, wo es *Aria cattiva* giebt. Der fleissigsten Untersuchungen ungeachtet liegt die Aetiologie dieser Fieber noch im Dunkeln. Wahrscheinlich vereinigen sich mehrere Momente (Sumpfluft, vulkanische Ausdünstungen, Sonnenhitze, Nachtthau) zu ihrer Erzeugung.

Ihr Typus ist theils dreitägig *(febbre* oder *freve terzana)* theils viertägig *(Quartana)*, ihr Charakter aber im Allgemeinen bösartig und um so schlimmer, je südlicher man kommt. Nur ausnahmsweise beobachten wir den einfachen und ruhigen Gang der bei uns gewöhnlichen Intermittens. Die Mehrzahl der Fälle sind verkappte oder begleitete Wechselfieber. Der deutsche Arzt verkennt daher die Krankheit oft ganz. Sie tritt häufig ohne deutlichen Frost mit Eingenommenseyn des Kopfes und Bewusstlosigkeit an, macht keine merkbaren Intermissionen, ist selten frei von nervösen oder putriden Erscheinungen, und hat ein so schnelles Sinken der Kräfte zur Folge, dass der Patient leicht schon rettungslos ist, ehe er das einzige Mittel, die China, erhalten hat. Aber auch diese vermag nicht jeden Ergriffenen zu retten. Man schätzt die Zahl der Opfer in dem Kirchenstaate und an den benachbarten Küsten der Halbinsel auf jährlich 60,000. Weit mehrere genesen, ohne doch ihre vorige Gesundheit wieder zu erlangen. Die bekannten Anschoppungen der Milz kommen dort häufig vor, und stellen eine besondere Volkskrankheit, *la milza*, her. Der Bedarf der Chinarinde ist in Italien ungeheuer. Bis vor wenigen Jahren wurden allein für Rom jährlich mehr als 10,000 Pfund an den Zollstätten vergeben, und das einzige Hospital *S. Spirito* daselbst verbrauchte während der gefährlichsten Sommermonate täglich gegen 50 Pfund. Seit Auffindung des Chinins bezieht man das Mittel mehr in dieser Form. Es wird zu 2, 4 und 6 Gran p. d. fünf bis sechs Mal in der Intermission gegeben. Der Fremde ist sicher, in jedem Städtchen der Halbinsel, ja selbst in Dörfern, Vorräthe davon zu finden. Leider wird aber diese Panacee nicht selten gröblich verfälscht. Desshalb empfehlen wir den Reisenden einige Chininpulver aus guten Apotheken mit sich zu führen, um im Nothfalle das Fieber unterdrücken und bessere Hilfe erreichen zu können. Wir wiederholen hier, dass ein bloses Reisen durch die *Malaria* kaum die Krankheit herbeiführt, wohl aber gefährden ein Verweilen, eine Vernachlässigung der Regeln, die Abendluft zu meiden, und Nachts bei verschlossenem Fenster zu schlafen, eine jede bedeutende Erschöpfung, ein starker Diätfehler und der Strahl der Mittagssonne. Dass das Wechselfieber durch Ansteckung sich fortpflanzen könne, wagt nicht einmal der Volksglaube zu behaupten.

Häufig sind ferner in Rom und Neapel die Brustentzündungen und ihr Ausgang, die Schwindsuchten. Sie pflegen in der Regel Folge der Erkältungen zu seyn, die, wie oben angedeutet wurde, in Italien leichter vorkommen können, als im Norden. Die Entzündung wächst mit unglaublicher Schnelligkeit. Ein entschiedenes Eingreifen (3, 4, 6, Aderlässe, Blutegel, der Brechweinstein); bezwingt diess gefährliche Leiden vor seiner Entwickelung, wo dann Hülfe oft zu spät ist. Die Lungensucht schreitet jenseit der Alpen langsam vorwärts. Sie gilt im südlichen Italien für contagiös, und es bestehen Verordnungen die Vertilgung des Mobiliars der Verstorbenen betreffend.

Rein endemisch ist das Pellagra, eine chronische, mit Unterleibesleiden verbundene Hautkrankheit. Es findet sich nur in der Lombardei und im Venetianischen, und hat erst seit ungefähr hundert Jahren die Aufmerksamkeit der Aerzte erregt. Der Landstrich, welchen dieses verheerende Uebel besonders heimsucht, zieht sich vom *Lago maggiore* zum *Lago di Como* hin, und begreift die lieblichsten Thäler, die reizendsten Hügelreihen, ein fruchtbares, wasserreiches Terrain, in sich. Das Pellagra, auch Mailänder Rose, *mal rosso*, genannt, herrscht fast nur unter den niederen Volksklassen. Eben diese Wahrheit deutet auf die Hauptquelle seiner Erzeugung (Unreinlichkeit, schlechte Nahrung, ungesundes Wasser; Furcht, Sorgen und ähnliche Momente) hin. Zur rascheren Entwickelung scheint die stechende Frühlingssonne beizutragen. Das Bild der Krankheit ist ungefähr Folgendes. Vorboten sind Mattigkeit, Unlust zur Arbeit und Niedergeschlagenheit. Sie gehen oft Jahre lang voraus. Die erste sichtbare Spur besteht in dunkelrothen, glänzenden, rundlichen Flecken, welche sich, mit Beginn des Lenzes, auf den entblösten Stellen der Haut, vorzüglich auf dem Rücken der Hände und Füsse verbreiten, und einen leicht geschwollenen Grund haben. Die Flecken jucken etwas, verwandeln sich nach und nach in Tuberkeln, und sind mit allgemeiner Austrocknung der umgebenden Haut und Störung der Verdauung vergesellschaftet. Bald wird der ganze Handrücken rissig und schuppig, und dieser Zustand währt bis gegen das Ende des Sommers, wo alle Symptome verschwinden, und nur einiger Glanz der erkrankten Stellen zurück bleibt. Herbst und Winter verstreichen ohne bemerkbares Unwohlseyn; allein mit dem Frühjahre erneut sich der Cyclus der Krankheitserscheinungen, und wird, unter fühlbarer Entartung der Hölenorgane, alljährlich schlimmer, bis Convulsionen, Starrkrampf, Wassersucht, Scorbut, Schwermuth, oder Blödsinn mit ihren Folgen der Jammerscene ein Ende machen. Häufig kürzt Selbstmord die Pein des Elenden ab. Das Pellagra scheint erblich zu seyn. Es befällt das weibliche Geschlecht bei weitem in der Mehrzahl, wahrscheinlich, weil die Männer doch häufiger ihren Aufenthalt wechseln, als jenes. Hülfe wird, leider, von den Erkrankten erst dann gesucht, wenn die Heftigkeit der Zufälle bedrängend wird, und das Leiden zu tiefe Wurzeln geschlagen hat. Auch ist die Langwierigkeit und der aussetzende Typus der Krankheit einer radicalen Kur hinderlich. Letztere scheint nur durch Veränderung des Aufenthaltsortes erzielt werden zu können. Stärkendes Heilverfahren, insbesondere nährende Kost leisten nächstdem das Meiste. Zur Beruhigung des Reisenden diene, dass diese Krankheit nicht ansteckend ist. Man hat jedoch Beispiele, dass einzelne Glieder fremder Familien, welche in Oberitalien für längere Zeit sich niedergelassen hatten, bei vorgängiger Anlage zu Scrofeln und Leberleiden von Spuren des Pellagra überfallen wurden. Eine schnelle Abreise liess diese Krankengeschichten unvollständig werden.

An das Pellagra schliesst sich ein Leiden, dessen Hervortreten noch weit neueren Datums ist, als jenes, das *Mal del fegato* (Leberleiden), welches vor 1835 von keinem Nosologen beschrieben wurde [1]). Es kommt nur in Comacchio endemisch vor. Diese Stadt liegt in der Nähe

1) Vergl. *Cenni fisiologici, patologici, e terapeutici intorno la malattia conosciuta nella citta di Comacchio sotto il nome di male del fegato scritti dal professore Michele Medici, e da lui diretti in forma di lettera al Exc. Sig. dottore Raffaele Cavalieri — Bologna dai tipi del Nobili e comp.* 1835.

der Pomündungen, am adriatischen Meere, und ist von einer grossen Salzwasser-Lagune umgeben, zu der im Sommer die Ebbe und Fluth keinen Zugang haben. Die atmosphärischen Niederschläge sind hier trotz des heftigen Westwindes, der in Verbindung mit der Unfruchtbarkeit des Bodens die Vegetation niederhält, sehr stark. Der Ort wird von einer Bevölkerung bewohnt, welche in Dammbau, Fischfang und Salzerzeugung einen kümmerlichen Erwerb findet. Die Mehrzahl wadet Tagelang in dem scharfen Gewässer umher, und hat die Einwirkung der Sonne in ihrer ganzen Heftigkeit auszuhalten. Dabei besteht die Nahrung hauptsächlich in fetten oder gesalzenen Fischen, in einer Art Polenta aus Mais, und in ähnlichen trockenen Gemüsen. Das Trinkwasser ist brakig oder kalkhaltig, der Wein herbe, mit vielem Färbestoffe begabt. Die Wohnungen sind eng, feucht, kalt, dunkel, ohne Ventilation und überfüllt. Kleidung und Pflege des Körpers entsprechen dem allgemeinen Elende, und das Gemüth ist gedrückt und muthlos.

Das *Mal di fegato* gehört zu den Leprosen und zeigt in seinem Verlaufe drei Perioden. In der ersten wandelt sich die weisse Hautfarbe hier und da in Rosa, Rothblau oder Blassgelb, schwillt das Gesicht etwas auf, verändern sich die Züge, und wird das Temperament des Kranken verstimmt. Ein Jucken überläuft die Haut. Letztere schält sich, wird mit kleinen Schwären besetzt, und verräth eine auffallende Torpidität. Im zweiten Stadium treten zu den genannten Symptomen Beulen und Hautrisse, aus welchen eine stinkende Jauche läuft. Diess findet zuerst auf der Stirn, dann an den Beinen und Plattfüssen, später an Armen und Händen statt, bis endlich fast jede Körperstelle mit dergleichen Knoten und Schrunden bedeckt ist. Allein das Uebel pflanzt sich auch auf Mundhöhle, Nase und Ohren fort. Zugleich wird der Schlaf unruhig und von wilden Träumen gestört, Alopecie und Leukophlegmasie treten ein. Das dritte Stadium ist die Periode der Zerstörung. Die offenen Beulen fliessen zusammen und bilden in den Gelenken und auf dem Antlitze tiefe, fressende Geschwüre. Muskeln, Nerven, Gefässe, ja selbst die Knochen werden verzehrt, Finger, Zehen, Hände und Füsse fallen ab und der Unglückliche gleicht noch lebend einem faulenden Leichnam.

Nur im ersten Zeitraume kann von Heilung die Rede seyn; und auch dann müssen Diät und Heilmittel lebenslang fortgestellt werden. Man trage Flanell auf der blossen Haut, sorge für äusserste Reinlichkeit der Bekleidung, hüte sich besonders vor Feuchtigkeit und Kälte, weiche dem Witterungswechsel möglichst aus, entsage anstrengenden Arbeiten, erhitzenden Getränken, schwer verdaulichen Speisen, wähle eine rein vegetabilische Kost und brauche einfache Wasserbäder. Die zweite Periode gestattet dem Arzte kaum, die Fortschritte der Krankheit zu hemmen. Scarificationen und Blutegel in der Umgebung der entzündeten Beulen, alkalische, Schwefel- und Dampfbäder, kühlende Getränke, leichte Abführmittel, antiscorbutische und antiseptische Tränke mit Sassaparille, Guajak, Seidelbast, nach Befinden auch Blutegel an dem After und Aderlass sind die Mittel, deren der Arzt sich zu bedienen hätte. Im dritten Zeitraume vermag die Kunst nur zu lindern.

Es ist unter den Aerzten noch unentschieden, ob das *Mal di fegato* eine Entzündungskrankheit sey, oder auf einem Mischungsfehler der festen und flüssigen Theile des Körpers beruhe. Das erste Stadium bringt für die Gesundheit der Umgebungen keine Gefahr; in den späteren will man Übertragung der Geschwüre beobachtet haben.

Der Tarantelkrankheit in Apulien haben wir bereits oben gedacht. Da die Ergriffenen unter dem besondern Schutze eines Heiligen (S. Paolo) stehen, so dürfte es bedenklich seyn, an der Existenz des „*Tarantolismo*“ überhaupt zu zweifeln. Die aufgeklärteren Aerzte zählen die „*volgarmente*“ also bezeichnete Symptomengruppe zu den Neurosen, nennen sie *delirio malinconico pugliese* und leiten sie nicht vom Bisse der Tarantel, sondern vom Klima, Temperament, Nachahmung und Vorurtheil ab.

Endemisch ist in der Umgegend von Bologna ein scabiöser Hautausschlag, welcher dort *Rogna di monte* genannt wird und äusserst schwer geheilt werden kann.

Die nördlichen Bergthäler Italiens sind bekanntlich der Aufenthaltsort der **Kretinen** und einer Unzahl von **Kropfkranken**.

Mehrere Gegenden der Halbinsel, unter andern auch die schöne *Terra di lavoro*, sind der Häufigkeit der **Steinkrankheit** wegen verrufen.

Der Zustand der Heilkunde im Allgemeinen.

Die Geschichte der Heilkunde spricht von Italien jederzeit mit Ruhme. Hier wurde unsere Wissenschaft selbst im finstersten Dunkel des Mittelalters würdig verehrt. Zerfielen zwar die *Schola Salernitana* und die ambulatorische Klinik des *Monte Casino* nach langer und löblicher Thätigkeit, so wirkte doch der Geist, welcher jene Institute gegründet hatte, noch Jahrhunderte fort. Alle Zweige der Medicin fanden in Italien ausgezeichnete Bearbeiter. Besondere Unterstützung erfuhren die vorbereitenden Doctrinen, Physik, Anatomie und Physiologie; doch wurde auch die praktische Richtung mit vielem Glücke verfolgt. Der deutsche Arzt kennt und verehrt eine Reihe von Namen, welche Italien und wieder Italien gebar, und auch dem Laien dürften Männer wie **Fracastoro**, **Malpighi**, **Morgagni**, nicht fremd geblieben seyn. Es darf uns nicht Wunder nehmen, dass der ärztliche Stand der Halbinsel, neben dem Andenken an die Leistungen der Vorfahren und dem Bewusstseyn eigner Anstrengungen, ein gerechtes Selbstgefühl nährte. Leider artete diess Gefühl im Laufe der Zeit in den Fehler aus, auf minder begünstigte Nationen mit Stolz herabzublicken. Aus dieser Eitelkeit entsprang wieder die Neigung, auf den verdienten Lorbeeren auszuruhen. Man versäumte nun, die Fortschritte der Nachbarländer zu beobachten und die dort eröffneten, wissenschaftlichen Fundgruben zu benutzen. Die friedlichen Verhältnisse jenseit der Alpen trugen zur Einschläferung der Gelehrtenwelt bei, und Italien begann auch in Hinsicht der Arzneiwissenschaft merkbar zurückzubleiben.

Während dieser Sachlage brach die politische Umwälzung der Halbinsel ein. Die Wissenschaften und Künste seufzten bald unter dem Drucke der Zeit und die Heilkunde um so mehr, als der feindliche Stoss von einem Volke ausging, das, in der Ansicht, die Medicin sey Kunst und nicht Wissenschaft, die classische Vorbildung ihrer Jünger bereits versäumt hatte. Mit Aufhebung der Klöster lahmte der Gymnasialunterricht und auf den Universitäten wurde zum Felddienste geworben. Die alten tüchtigen Lehrer und Praktiker des Faches erlagen den Anstrengungen und Gefahren des Krieges und seines Gefolges, der Epidemien und Proscriptionen, und der neue Aufwuchs, berufen den ärztlichen Stand zu ersetzen, war zum Theil nicht reif genug, um diese hohe Stellung würdig einzunehmen. Allerdings traten schon nach dem ersten Decennium einer blutigen Aera mehrere tüchtige Wundärzte hervor; doch auch sie wurden in dem Lehramte durch mangelhafte Vorstudien ihrer selbst, wie der lernbegierigen Jugend, behindert. Zu dieser Bedrängniss kam ein Umstand, welcher den wenigen gelehrten Aerzten Italiens die medicinische Universalbildung fortan aufs Aeusserste erschwerte, die mehr und mehr überhand nehmende Gewohnheit des Auslandes nämlich, seine Schriften nicht mehr in lateinischer, sondern in der Muttersprache drucken zu lassen. Für den Italiener war aber die Erlernung fremder, insbesondere nordischer Sprachen, von jeher höchst mühsam und das Vorurtheil, der Norden sey doch immer noch etwas barbarisch und minder aufgehellt, als der schöne Süden, wenig geeignet, einen gnügenden Lohn für das aufgewendete Sprachstudium zu bieten.

Also auf sich selbst verwiesen trat Italien, die Kenntnissnahme der Fortschritte des Auslandes betreffend, stets um ein Bedeutendes zurück. Durch diese nur theilweise verschuldete Isolirung wurde aber die Originalität des Volkes gerettet und der schaffende Geist des Einzelnen unterstützt. Auch die Arzneiwissenschaft gewann hiervon Früchte. Systeme standen auf, Instrumente wurden erfunden und Operationsmethoden in Ausführung gebracht, welchen die fremden Aerzte ihren Beifall oder doch ihre Aufmerksamkeit nicht versagen konnten. So geneigt das Ausland war, eine früher erfahrene Zurücksetzung durch ähnliche Vernachlässigung zu entgelten, so erzwangen sich doch Aerzte und Physiker, wie Galvani, Volta, Scarpa, Monteggia, Cotugno, Vacca-Berlinghieri, Mascagni, Caldani — unsere Zeitgenossen und jetzt insgesammt verstorben — die allgemeine Achtung der Welt. Der europäische Frieden nahm die Musen in Schutz. Verbindungen wurden erleichtert, Geflüchtete kehrten zurück, und hemmende Amtsgeschäfte erledigten sich. Umgestaltung der Grenze und Herrschaft zwang den Unterthan auf die Sitten der Regierenden zu achten, und weise Verordnungen des Auslandes verschafften sich allmählig Gehorsam und Nachahmung. Aus eignem Antriebe studirte nun der junge Arzt die deutsche Sprache. Es traten compilatorische Zeitschriften und Anthologien ans Licht, und endlich gedieh sogar das Wagestück einzelner Aerzte zur Ausführung: sie gingen auf Reisen! Wir haben in den letztvergangenen Lustren eine ziemliche Anzahl italienischer Aerzte begrüsst, und sahen sie mit dem Ergebniss ihrer Wanderung zufrieden heimwärts gehen.

Dieses Erwachen Italiens in der Richtung der Arzneiwissenschaft wiederholt sich auch in andern Zweigen des Wissens, und verdient um so grössere Anerkennung, als es aus dem Geiste der Nation hervorgeht, und durch Maassregeln von oben nur selten gefördert wird. Begegnen wir jenseit der Alpen noch jetzt in allen Fächern des Wissens einem lästigen Formenwesen, missfällt uns ein Streiten über Paradoxen oder schlechtbegründete Lehrsätze, und müssen wir die Selbstzufriedenheit vieler Gelehrten, das Ueberbleibsel alter Vorurtheile, verdammen, so nimmt doch der Beobachter genug Anzeichen wahr, die für eine allgemeine und bleibende Erhebung auch des ärztlichen Standes Bürgschaft gewähren.

Der Bildungsgang der Medicinalpersonen.

Die Heilkunde wird in Italien mit wenigen Ausnahmen nur auf Universitäten erlernt. Die medicinische Facultät nimmt, wie bei uns, den dritten, und wo die Theologie fehlt (z. B. in Pavia), den zweiten Rang ein. Das Rectorat fällt ihr selten zu; dagegen hat sie ihren Director, Decan, oder Aeltesten, und hält sich vom Einflusse der Geistlichkeit, welche dort die Isisklapper führt, nach siegreich bekämpften Anfechtungen ziemlich frei. Die Zahl der Professoren pflegt die nothdürftige zu seyn. Ausserordentliche und Privatdocenten fehlen; doch wird dieser Mangel hier und da durch sogenannte supplirende Professoren, oder durch einzelne supernumerare, auch durch Assistenten ersetzt. Sammlungen und Bibliotheken sind häufig mit Liberalität bedacht. Für Klinika sorgen, wo deren nicht besondere bestehen, die zahlreichen Hospitäler. Die Studien sind den Zuhörern in der Regel vorgeschrieben *(Lezioni di obbligo)*, einige wenige Vorlesungen hingegen von der Wahl der Studirenden abhängig *(Lezioni libere)*. Der höchste Gradus ist das Doctorat *(Dottorato in medicina e chirurgia)*. Das Bedürfniss hat aber die Ausübung der Heilkunde, oder eines Zweiges derselben, dort, wie anderswo, zum Theil in die Hände niederer Jünger, wohl auch in die der Klostergeistlichen gegeben. Doch schreiben neuere Verfügungen auch diesen eine formelle Bildung vor.

Sorgfältig geregelt und in musterhafter Ordnung ist der Studiengang im *Regno Lombardo-Veneto*. Hier bestehen bekanntlich zwei Universitäten, Padua und Pavia. Wir finden auf diesen in der Hauptsache die Formen wieder, welche auf den Oesterreichischen Lehranstalten gültig sind. In Padua vereinigt die medicinische Facultät zugleich das Lehrfach der Pharmacie *(Facoltà medico-chirurgico-farmaceutica)*, hat einen Director und Präses, und zählt vierzehn ordentliche Professoren. Die Schüler zerfallen in Docoranden *(Aspiranti al grado di Dottore)*, in Chirurgen erster Klasse *(Chirurghi maggiori o maestri di chirurgia)*, in Chirurgen zweiter Klasse *(Chirurghi civili, provinciali o chirurghi minori*), in Pharmaceuten (*Farmacisti*) und in Hebammen (*Levatrici*). Der vorgeschriebene Lehrcursus der Doctoranden begreift, das zweijährige philosophische Zwangstudium ungerechnet, zehn Semester in sich. Die Chirurgen erster Klasse haben, nach Vollendung der Gymnasialstudien, acht, die der zweiten, nach glücklichem Durchmarsch durch die Humanitätsclasse, sechs, die Pharmaceuten, nach fünfjähriger Lehrzeit in einer Apotheke, zwei und die Hebammen ein Semester zu studiren. Letzteren liegt dann noch ein zweimonatlicher praktischer Cursus ob. In Pavia gelten im Allgemeinen dieselben Vorschriften. Zur Kenntnissnahme der Einzelnheiten dienen die umständlich abgefassten Lehrkataloge beider Universäten (*Prospetti degli studj*), welche bei Beginn jeden Schuljahres (*Anno scolastico*) erscheinen. Ein solches Schuljahr währt vom November bis Anfang des September. Die vielen ganzen und halben Feiertage ersetzen die vermissten Zwischenferien reichlich. Ausserdem dient noch ein sogenannter *Dies academicus* (*Giorno di vacanza*) in Padua der Sonnabend, in Pavia der Donnerstag, zur Erholung der Lehrer und Lernenden. Die Vorlesungen über feinere Anatomie, Physiologie, Materia medica, Pathologie, specielle Therapie und medicinische Klinik werden in lateinischer, alle übrigen in der Landessprache gehalten. Die Sammlungen sind vortrefflich. Zur Zeit der Franzosenherrschaft war die Klinik des *Ospedale maggiore* zu Mailand ihrer Frequenz wegen berühmt. Gegenwärtig dient diess treffliche Hospital zur geräuschloseren Vervollkommnung der dort angestellten Hülfsärzte und Chirurgen. Angeschlossen ist das Hebammeninstitut, Sta Catterina della ruota.

Im Königreiche Sardinien bestehen die höchsten Bildungsanstalten für die gesammte Heilkunde zu Turin, Genua und Cagliari. Auch hier sind sie in Form einer Facultät mit den Universitäten verbunden. Wie diese überhaupt seufzt aber auch das medicinische Studium unter Beschränkungen mancherlei Art, oder vermag nicht, von oben vernachlässiget, auf eine würdige Stellung sich zu erheben. Die hier creirten Doctoren geniessen daher in dem übrigen

Italien, als solche, eines nur geringen Rufes, und es muss weniger der Gelegenheit, als dem Geiste der Einzelnen zugeschrieben werden, wenn so manche Aerzte des Königreiches weit über das Mittelmässige sich erhoben haben. Der medicinisch-chirurgische Cursus auf den Universitäten war bisher vierjährig (vom November bis August), die Grade bestanden im Baccalaureat, Licentiat und Doctorat, die Formen nahmen mehr Zeit weg, als die eigentlichen Prüfungen. An Lehrmitteln bestand der fühlbarste Mangel. Vor 1823 gab es keine einzige wissenschaftliche Sammlung. Auch jetzt noch sind diese bei weitem nicht so reichlich, als in andern Staaten der Halbinsel. Gegenwärtig sollen wichtige Verbesserungen im Studienwesen im Werke seyn. *Q. F. F. Q. S.* Das *Collegio Reale delle Provincie* (540 Studenten jeder Facultät) zu Turin hat die Aufgabe, im Fache der Arzneiwissenschaft Landärzte zu ziehen. Es traten oft recht tüchtige Schüler aus demselben hervor.

Erfreulicher ist der Zustand des Unterrichtswesens in Toskana. Hier werden die medicinisch-chirurgischen Studien auf den beiden Landesuniversitäten, zu Siena und Pisa, wo strenge Ordnung und lobenswerther Fleiss heimisch sind, begonnen. Siena hat mit Inbegriff der Theologie und Jurisprudenz vier und zwanzig Professoren. Nur sechs sind für die innere und äussere Heilkunde bestimmt. Es studiren hier kaum achtzig Mediciner. Die Lehramtsstellen unserer Facultät werden auf Vorschlag des Proveditore der Universität und des Hospitaldirectors zu S. Maria della Scala vom Grossherzog besetzt. Nach Beendigung der Universitätsstudien nehmen die Aerzte hier den Gradus, sind aber der praktischen Vervollkommnung wegen nach Florenz verwiesen.

Pisa hat vier Facultäten. Auch hier beläuft sich die Anzahl der ordentlichen Professoren der gesammten Heilkunde auf sechs, die der Studirenden auf ungefähr hundert. Das Reglement für Lehrer und Lernende ist streng. Der Cursus währt vier Jahre. Nach seiner Beendigung geht der junge Doctor nach Florenz. Das Formenwesen (Verlesen der Studenten im Auditorio, Amtstracht der Lehrer u. s. w.) spukt etwas vor.

In Florenz besteht eine Lehranstalt für Medicin, Chirurgie und Pharmacie. Sie ist mit dem *Spedale di Santa Maria nuova* verbunden, und erfreut sich sogar eines Lehrstuhles für gerichtliche Medicin, der in Siena und Pisa bisher fehlte. Wundärzte und Apotheker können ihre Studien hier völlig absolviren und alsbald das Examen bestehen, worauf ihnen ein entsprechendes Diplom überwiesen wird. Die innere Heilkunde hingegen pflegt hier vorzugsweise von der praktischen Seite verfolgt zu werden. Demgemäss treten die jungen Aerzte Siena's und Pisa's nach vollendeten Universitätsstudien in der Klinik des Hospitals ein, besuchen dieselbe zwei Jahre lang, und sind, nach Verlauf dieser Zeit, einem sogenannten Staatsexamen unterworfen. Hierauf folgt Immatriculation und Lizenz zur Praxis. Endlich besteht auch in Florenz ein vortreffliches Hebammeninstitut (*Ospizio della Maternità*), welches dem verstorbenen Bigeschi sein Aufkommen zu verdanken hat. Die Schülerinnen treten zu zwölf ein, werden von ihren Gemeinden erhalten, und verweilen achtzehn Monate im Institute. Der Unterricht ist höchst lehrreich.

Die Sammlungen zum Besten der gesammten Heilkunde und die Lehranstalten für Vorbereitungswissenschaften sind im Grossherzogthume nicht unansehnlich. Besondere Erwähnung verdient das Museum zu Florenz, dessen Wachspräparate seiner Zeit das Vortrefflichste darstellten, was die Kunst besass, und die auch jetzt, wo die Wachsplastik anderswo vorgeschritten ist, die Aufmerksamkeit der Aerzte verdienen.

Im Kirchenstaate[1]) giebt es sieben Universitäten, zwei grössere, Rom und Bologna, und fünf kleinere, Ferrara, Urbino, Macerata, Perugia und Camerino. Die grösseren Universitäten unterscheiden sich von den kleineren durch eine grössere Anzahl von Professoren

1) Wir führen diesen Abschnitt der ärztlichen Bildung in Italien etwas weiter aus, da er weniger bekannt seyn dürfte, als die Einrichtungen der andern Staaten der Halbinsel, welche Otto, Valentin u. a. Reisende ihrer Zeit umständlich beschrieben haben.

und Vorlesungen (welche letztere Mehrzahl jedoch nicht *di obbligo*, d. h. zur Erlangung der Gradus nöthig ist) und durch den Besitz des Vorrechts, die Laurea medica zu ertheilen. Rom hat übrigens noch das Privilegium, dass sein Doctorat in der Hauptstadt sowohl als in den Provinzen gilt, während eine Promotion in Bologna nur in den Provinzen Kraft hat.

Die kleineren wie die grösseren Universitäten des Kirchenstaates bestehen aus vier Facultäten (Theologie, Jurisprudenz, Medicin und Philosophie). Die Literatur ist ausgeschlossen. Jede Facultät hat ein Collegium, welches aus den ausgezeichnetsten Männern derselben zusammengesetzt ist, mögen sie nun Professoren seyn oder nicht. Auf den grossen Universitäten gehören zwölf, auf den kleinen sechs Mitglieder dazu; nur die medicinische Facultät macht eine Ausnahme. Mit Rücksicht auf die beiden Hauptzweige der Wissenschaft (Medicin und Chirurgie) hat man ihr Collegium verstärkt und auf den grossen Universitäten zwölf Aerzte und sechs Wundärzte, auf den kleinen sechs Aerzte und zwei Wundärzte vereinigt. Das Collegium wählt aus seiner Mitte durch das Loos drei Candidaten zur Präsidentschaft, von welchem die *Congregazione degli studj* (das päpstliche Ministerium des Cultus, aus einem Cardinale und mehreren Prälaten gebildet) in der Regel den ersten bestätigt. Die Präsidentenstelle des Römischen Collegiums ist jedoch einer Wahl nicht unterworfen, sondern mit dem Posten des päpstlichen Leibarztes (*Archiatro*) vereinigt[1]). Die Mitglieder des Collegiums werden folgendermassen ergänzt. Das Collegium wählt bei jeder Vacanz durch geheime Abstimmung drei Namen (*forma una terna*). Hieraus hebt die Regierung Einen hervor, gewöhnlich den ersten, wenn nicht ein besonderes Bedenken obwaltet. Die Collegien aller Facultäten haben eine gleiche Toga, und unterscheiden sich nur durch die Farbe des Gürtels von einander. Diese

---

1) Seit Pius VII. hat kein Papst einen Leibarzt genommen. Der letzte war Prelà, ein Corse. Leo XII. begünstigte die Wundärzte, deren Beistand ihm unentbehrlich war.

Amtstracht muss während des Beisitzes in dem Collegium stets und auch dann getragen werden, wenn das Mitglied einer Brüderschaft angehört. Das Collegium hat wesentliche Befugnisse. Es wählt die Professoren seiner Facultät, examinirt die Studenten, ertheilt die Gradus, bildet eine geschlossene Körperschaft, und verfügt unter Zustimmung der Regierung über alle Angelegenheiten seiner Sphäre. Der Präsident führt die Correspondenz mit der Congregazion (*ha il carteggio*).

Rector der Universität ist der sogenannte Ordinarius (*L'Ordinario*), der Bischof, Erzbischof, oder jede andere höchste geistliche Würde der Provinz. In Rom gehört jedoch das Rectorat in Folge eines alten Vorrechtes zum Posten des *Cardinale Camerlengo* [1]). Der Rector ist bei den Prüfungen im Collegium gegenwärtig und hat ein Votum, kann jedoch der Abstimmung sich enthalten. Es steht ihm ferner die Oberaufsicht über Lehrer und Vorlesungen zu. Endlich hat er auch die Jurisdiction der Universität unter sich. Letztere ist gefeiet (*Luogo sacro*). Ohne Bewilligung des Rectors kann hier Niemand arretirt werden. Die Verwaltung der Einkünfte der Universität geht jedoch dem Rectorate nichts an, sondern steht unter dem Magistrate der Stadt.

Anlangend die Professoren, so ist ihre Zahl nicht so gross, wie an deutschen Universitäten; dagegen liest aber Jeder eine ganze Doctrin und nie einen Theil derselben. Desshalb dauert der Cursus ein Jahr, vom 9. November [2]) bis Ende Junius (in Rom und Bologna) oder Julius (auf den andern Universitäten). Die Professoren werden von dem Collegium der entsprechenden Facultät gewählt. Die Wahl geschieht durch Berufung (*chiamata*) oder durch Concurs (*concorso*). Im ersteren Falle wird irgend einem bekannten

---

1) Jetzt Galeffi aus Cesena. Als wir in Rom nach dem eigentlichen Wesen des *Cardinale Camerlengo* uns erkundigten, gab uns ein unterrichteter Mann folgende Erklärung: *sorta di animale a cento forme e a cento attributi diversi, per cui si fa impossibile il darne una definizione.*

2) Hergebrachter Maassen fängt man erst am 11. an.

Gelehrten die Stelle angetragen und der Concurs gar nicht eröffnet. Zum Concurs hingegen kann jeder Candidat, unter gewissen allgemeinen Erfordernissen, sich stellen. Die Concurrenten haben ein mündliches und ein schriftliches Examen zu bestehen. In Bezug auf letzteres ist ihnen die Benutzung der Universitätsbibliothek gestattet, ja sie können sich sogar Bücher aus ihrer Wohnung holen lassen. Aus den Concurrenten hebt nun das Collegium einen für die Professur hervor, oder verwirft sie alle. Allerdings ist, zur Gültigkeit der Wahl, die Bestätigung der Regierung erforderlich; sie wurde aber bisher noch nie verweigert. Der Professor bezieht seine Besoldung von der Regierung oder vielmehr aus der Universitätskasse (denn häufig trägt die Ortsgemeinde dazu bei). Von den Studenten hat er keine Einnahme. Er muss täglich eine Stunde über die ihm überwiesene Doctrin lesen und diese Stunde völlig, d. h. 60 Minuten lang benutzen. Hierbei hat der Lehrer entweder einen bestimmten Autor als Anhaltepunkt zu wählen, oder drei Jahre nach seiner Anstellung seine eigenen Hefte für die Schüler drucken zu lassen. Er ist berechtigt zu dieser Unternehmung eine Gratification der Regierung in Anspruch zu nehmen. Die Gehalte (*le pague*) der Professoren sind im Allgemeinen gering, nach Werth und Verdienst der Einzelnen und nach den Mitteln der Universität aber verschieden, und steigen von 400 Gulden (an den kleineren Universitäten) auf 800 (Rom) und 2000 (Bologna) auch darüber. Die Priester (*preti*) erhalten gesetzlich weniger als andere, die Ordensgeistlichen (*frati*) am wenigsten. Kein Professor darf zwei Lehrstühle einnehmen.

Den Professoren zur Seite stehen im Kirchenstaate die Assistenten oder Substituten. Sie folgen dem Lehrer nach dessen Tode in der Stelle. Ihr Beruf ist, jenen, bei vorkommenden Verhinderungen, zu ersetzen. Sie beziehen keine Besoldung und können nur eine Vergütung in Anspruch nehmen, wenn sie mehr als vierzehn Tage hinter einander gelesen haben. Es ist noch unentschieden, ob diese Vergütung dann der Universitätskasse oder ob sie dem Professor zur Last fällt, ingleichen ob sie sämmtlichen Professoren, oder nur einem einzelnen beizustehen haben.

Die Studenten können die Universität beziehen, sobald sie darthun, den Cursus der lateinischen und italienischen Sprache (*corso del Liceo*) gemacht zu haben. Sie sollen vor der Inscription in das Album ein kleines Examen hierüber bestehen. Diess unterbleibt jedoch immer. Um Medicin, Jura und Theologie zu studiren, muss der sogenannte philosophische Cursus vorausgegangen seyn, der Logik, Metaphysik, Ethik, Geometrie, Arithmethik, Algebra und Physik umfasst. Bei den Medicinern wird hierauf mit besonderer Strenge gesehen. Dem Studirenden sind seine Studienjahre vorgeschrieben, dem Theologen vier, dem Rechtsgelehrten vier, dem Arzte bis zur Laurea vier, bis zur Erlaubniss zur Praxis sechs. Was in dieser Hinsicht auf den grossen Universitäten gilt, hat auch auf den kleinen Gesetzeskraft. Im Allgemeinen kommen auf jedes Studienjahr gewisse Vorlesungen. Nimmt man aber die sogenannte gewöhnliche Doctorwürde (*Laurea commune*), so wird nicht sowohl auf die Reihenfolge, als auf die gehörten Vorlesungen überhaupt gesehen. Der Vorschrift nach ist die Ordnung der Lectionen folgende:

1. Jahr: Anatomie — Physiologie — Botanik (oder Chemie).
2. — Anatomie — Pathologie — Chemie (oder Botanik).
3. — Pathologie — Theoretisch-praktische Medicin — Materia medica und Pharmacie.
4. — Theoretisch-praktische Medicin — Gerichtliche Medicin und medicinische Polizei.

Die Chirurgen hören mit den Studenten der inneren Heilkunde gleiche Vorlesungen, im dritten Jahre aber statt der theoretisch-praktischen Medicin die Chirurgie und Geburtshülfe. Im vierten Jahre besuchen sie den operativen Cursus letztgenannter Fächer. Auf allen päpstlichen Universitäten gilt übrigens der Grundsatz, dass in der Chirurgie und Medicin die Theorie der Praxis, der Klinik ein vollständiger Unterricht im Felde der Pathologie und Nosologie, sowohl vom praktischen Gesichtspunkte aus, als in Bezug auf Meinungen und Systeme vorausgehen müsse.

Jeder Student erhält eine Karte (*matricola* oder *pagella* genannt), welche aller drei Monate (zu Weihnachten, Ostern und Ende des Studienjahres) von den betreffenden Professoren zum Zeugniss des Fleisses, der Gegenwart und der Fortschritte unterschrieben wird. Fehlen die Unterschriften, so hat der Schüler das unbescheinigte Schuljahr noch Einmal zu durchlaufen.

Im Studium der Heilkunde werden drei Grade: das Baccalaureat (*Baccalaureato* oder *Bacellierato*), die Licenz (*licenza*) und die Laurea (*laurea*) ertheilt. Diese Letztere krönt das theoretische Studium. Das Baccalaureat wird zu Ende des ersten, die Licenz zu Ende des dritten und die Laurea zu Ende der vierten Jahres genommen. Will man jedoch das Doctorat nur „*in forma communi*“ erwerben, so können sämmtliche drei Examina in dem letzen vereinigt werden. Für jedes der beiden ersten zahlt man zehn Römische Scudi, und für die Laurea vierzig, in Summa also sechzig Scudi. Wer in beiden Zweigen der Heilkunde das Doctorat zu erlangen wünscht, zahlt nur zwanzig Scudi mehr. Armen wird das Honorar oft ganz oder theilweise erlassen. Will man hingegen auf die „*laurea ad honorem*“ oder auf die „*laurea ad praemium*“ Anspruch machen, so muss man sehr pünktlich studirt haben, und sich streng examiniren lassen. Jede Facultät gestattet alljährlich auf dem Wege des Concurses zwei *Laureae ad honorem* und zwei *ad praemium*. Wem die erstere zugestanden wird, der erlangt nicht allein das Doctorat kostenfrei, sondern erhält sogar sein Geld für das Baccalaureats- und Licenz-Examen zurück. Die *Laurea ad praemium* giebt nur das Doctorat gratis. Beide Laureen erfreuen sich übrigens noch mancher Vorrechte.

Das Baccalaureats- und Licentiat-Examen ist bloss ein mündliches und wird von drei Professoren abgehalten, während beim Doctor-Examen alle Professoren der Prüfung beiwohnen und auch ein schriftlicher — freilich sehr oberflächlicher — Actus vom Candidaten gefordert zu werden pflegt.

Auf das vierjährige theoretische Studium folgt ein praktisches (zwei Jahre medicinische oder chirurgische Klinik).

Am Schlusse der praktischen Ausbildung ist abermals ein Examen zu bestehen, welches ziemlich streng ist. Hierauf wird die Erlaubniss zur Praxis (*la licenza di libero esercizio*) ertheilt. Die Klinik muss auf einer der beiden grossen Universitäten besucht werden. Die Römischen Kliniken leiten gegenwärtig de Mattheis, Tagliabo und Trasmondi; Letzterer steht der chirurgischen vor, Erstere wechseln alljährlich in Führung der innern. Bologna hatte sonst den berühmten Tommasini zum Lehrer der innern Klinik; jetzt wird dieses Amt von Comelli, die chirurgische Klinik von Venturoli vertreten. Wir geben zum Beleg der Lehrmittel, welche den Praktikanten im Kirchenstaate geboten werden und als Probe des nosologischen Schematismus einen neuesten handschriftlichen Jahresbericht der inneren Klinik zu Rom.

Aprile.

Febbri gastriche 3. *Febbre acuta biliosa* 1. *Pleuritide* 3. *Sinoca* 1. *Cefalea con affezione catarrale* 1. *Febbre reumatica acuta* 7. *Terzana perniciosa* 1. *Cardialgia perniciosa* 1. *Dissenteria* 1. *Emoptisi attiva* 1. *Pneumatalgia dopo soppressione di latte* 1. *Menorragia* 1. *Ittero* 1. *Febbri periodiche* 18.

Maggio.

Pleuritiche 5. *Pleuritiche biliose* 2. *Angine tonsillari* 3. *Reumatismo acuto* 1. *Colica con febbre* 1. *Reumatiche* 8. *Varicella* 1. *Affezioni cardiache per vizio organico* 2. *Febbri periodiche* 17. *Febbre periodica con minace di perniciosa* 1.

Giugno.

Splenitide 1. *Enteritide* 1. *Angina tonsillare* 1. *Reumatismi acuti* 2. *Febbre di suppurazione* 1. *Catarro cronico di petto* 1. *Febbre anomala da un vizio interno cerebrale* 1. *Febbre perniciosa soporosa* 1. *Febbri reumatiche acute* 9. *Febbri irritative* 2. *Tarantismo* [1]) 1. *Taenia* 1.

1) In Neapel *Tarantolismo*. Die in Rom beobachteten Zufälle waren: *Tremore generale di tutto il corpo, ritenzione di urina, tensione di basso ventre, sete, ansietà continua e leggiere vaniloquio. Un piccolo punto*

Pleuritine (*dolor del petto senza febbre*) 1. *Itteri*cia *Colica saturnina* 1. *Febbri periodiche* 9.

Luglio.

Polmonia 1. *Scarlatina* 1. *Dissenteria* 1. *Gas*tr*. semplice* 1. *Febbre urticaria* 1. *F. perniciosa letarg*ica *F. perniciosa colerica* 1. *F. perniciosa con deliro* 1. con *sospetto di perniciosa* 1. *F. terzana nervosa* 1. *Feb*bri *reumatiche* 3. *Isterismo con sembianze aneurismatiche Reumatismo cronico* 1. *Febbri periodiche* 35.

Agosto.

Sinoca 1. *Febbri irritative* 3. *F. perniciosa* sp*orosa* 1. *F. urticaria* 1. *Gastrica semplice* 1. *Febbri* pe*riodiche* 23.

Novembre[1]).

Febbri terzane 9. *Polmonce* 3. *Reumatiche* 6. *Va*juoli 4. *Febbri risipelazee* 2. *Gastriche* 3. *Aneurisme* 1. *Angina* 2. *Febbri irritative* (*febbri semplici per* disordine *di Dieta, nate per imbarazzo semplice di prime vie*) 20.

Decembre.

Febbri terzane 7. *Peripneumonie* 4. *Vajuoli* 3. *Fe*b*bri reumatiche* 20. *Emottisi attiva* 1. *Angine* 2. *Febbre urticaria* 1. *Febbri irritative* 2.

Gennaro.

Polmonee 7. *Angine* 4. *Febbri reumatiche* 9. *Gastri*che *semplici* 1. *Vajuoli* 2. *Sciatica* 1. *Itterieia* 1. C*a*rosi 1. *Varicella* 1. *Febbre quartana*. 1.

Febbrajo.

Febbri reumatiche 10. *Angine* 2. *Pleuritine* 2. *Ce*falea *reumatica* 1. *Taenia* 1. *Metritide* 1. *Morbillo* *Gastrica* 1. *Polmonea* 1. *Affezione cardialgica* 1. *Febbre catarrale* 1. *Febbre irritativa* 1. *Febbri terzane* 9.

---

rosso in una coscia. Die Behandlung bestand in Blutentziehung u. schweisstreibenden Mitteln.

[1]) Die Monate September und October fallen als Ferienmonate aus

Marzo.

Febbri terzane 7. *Polmonee* 5. *Febbri reumatiche* 5. *Angina* 1. *Febbre per latte* 1. *Istcrismo* 1 [1]).

Von diesen 366 Kranken starben nur zehn, unter ihnen 4 an Lungenentzündung, 2 an Darmentzündung, die übrigen in Folge anderer inflammatorischer Krankheiten.

Ausser den eigentlichen Studenten hat im Kirchenstaate auch jeder Laie das Recht, die Vorlesungen der Professoren zu hören. Die Vorlesungen werden, wie man sich ausdrückt, *a porte aperte* gehalten, ein Ueberrest der alten Studienfreiheit, die Bologna einst mit 12,000 Zuhörern füllte, und den Marktplatz zum Auditorium verkehrte. Gegenwärtig hat Rom ungefähr 1200 Studenten. Gegen 300 studiren Medicin und 150 besuchen die Kliniken. Unter den Professoren heben wir hervor: Lupi (Anatomie), Poggioli (Botanik), Metaxa (Zoologie), Morichini, 1836 gestorben (Chemie), Carpi (Mineralogie), Folchi (Materia medica). Der klinischen Lehrer ist oben Erwähnung geschehen. Bologna zählt nur 500 Studenten. Hiervon studiren 150 die Heilkunde. Die vorzüglichsten Lehrer sind: Mondini (Anatomie), Medici (Physiologie), Valorani (theoretisch-praktische Medicin), Bertoloni (Botanik), Alessandrini (vergleichende Anatomie und Thierarzneikunde), Ranzani (Zoologie), Comelli (medicinische Klinik), Venturoli und Baroni (chirurgische Klinik). In Macerata (400 Studenten, hiervon 100 Mediciner) lehrten Michele Santarelli, ein Schüler Peter Franks, jetzt blind (praktische Medicin), Francesco Puccinotti (Pathologie). Letzterer verlor seine Professur in Folge der neuesten politischen Ereignisse in der Romagna. Ausser diesen: Berti (Anatomie und Physiologie), Giuseppe Santorelli (Pathologie), Barone Narduini (Botanik), Sisti (Chemie und Pharmacie). Die übrigen Lehrstellen waren vacant. Zu Perugia, wo gegen 400 Studirende sich vorfinden und der vierte Theil der Arzneiwissenschaft angehört, glänzte Bruschi als Pro-

1) Der klinische Lehrer, dessen Jahresbericht wir eben gegeben haben, neigt sich entschieden zum System des Contrastimulus hin.

fessor der Materia medica. Er ist leider erblindet. In Urbino zählten wir etwa 250 Studenten, hiervon 70 Mediciner. Der hiesige Professor der Pathologie, Bufalini, ist rühmlichst bekannt. Camerino hat kaum 150 Zuhörer und Ottaviani dürfte der einzige Mann von Rufe seyn. Ferrara endlich liegt in Bezug auf seine Lehranstalt, insbesondere was die Heilkunde betrifft, ganz darnieder.

Die neueste Hauptreform des Universitätswesens im Kirchenstaate wurde von Leo XII. im Jahr 1825 mittelst der Bulle: *Quod divina sapientia*, durchgeführt. Spätere Veränderungen in der betreffenden Organisation sind unter dem jüngst verstorbenen Generalvikar Zurla, welcher Präsident der *Congregazione degli studj* war, und unter dem Secretariate des Prälaten Soglia erschienen. Von dem wohlthätigsten Einflusse auf das Gedeihen dieser höchsten Bildungsanstalten ist ein Localinstitut der Städte, der sogenannte Consiglio, eine Art Gemeindevorstand, welcher dem aus 6 Anziani und 1 Gonfaloniere gebildeten Magistrato[1]) zur Seite steht und sich selbst ergänzt. Dieser Consiglio war früher aus 24 Edelleuten und 24 Bürgern zusammengesetzt, wird aber seit der Revolution aus einem Drittheile Edelleute, einem Drittheile Bürger (Ansässige) und einem Drittheile Gelehrten und Kaufleuten gebildet. Er hat die Verwaltung des Communvermögens unter sich, und von seiner Einsicht und Liberalität hängt der Flor der Universität ab: denn von ihm geht vorzugsweise die Bewilligung der nöthigen Fonds aus. In neuerer Zeit bewährte sich diese Einrichtung um so mehr, als die Ansprüche der Universitäten wuchsen und die Hülfsquellen des Römischen Stuhls spärlicher zu fliessen begannen.

Die Sammlungen der Universitäten des Kirchenstaates sind theils erheblich, wie die physicalischen zu Bologna und Rom, theils im Werden, wie das schöne Museum für vergleichende Anatomie zu Bologna. Auch giebt es in Bologna ein an Seltenheiten reiches pathologisches Cabinet[2]).

---

1) In Dörfern der Podesta.

2) Zu seiner Vergrösserung trug besonders Prof. Rodati bei. Wir

Die Gebäude sind durchaus grossartig. Ein botanischer Garten findet sich jetzt an jeder Päbstlichen Universität vor.

Das Königreich beider Sicilien hat drei Universitäten, in der Hauptstadt Neapel und in Palermo und Catania.

Das Archigymnasium [1]) *Regium Neapolitanum*, eine Stiftung Kaiser Friedrichs II. (1224), erfreut sich keines besonderen Rufes, und zählt gewöhnlich kaum 1200 Studirende. Zweihundert der letzteren widmen sich der Medicin. Sie traten bisher ihr Studium ohne Vorprüfung an, machten einen vierjährigen Cursus, und wurden nach Ablauf desselben in lateinischer Sprache mündlich examinirt. Hierauf folgte eine Prüfung am Krankenbette, die Ausarbeitung einer Abhandlung und die Promotion. Mit den Wundärzten verfährt man in Hinsicht auf Studienzeit und Examina oberflächlicher. Sie werden in der Landessprache geprüft und haben, bevor sie die Erlaubniss zur Praxis erhalten, durch eine Operation am Cadaver ihre Fertigkeit zu beweisen. Die Lehrmittel für die vorbereitenden Studien (Sammlungen u. s. f.) sind zu Neapel nicht erheblich. Das wichtigste ist ein trefflicher botanischer Garten (unter Tenore's Direction). An Gelegenheit zur praktischen Ausbildung hingegen ist Ueberfluss. Die Klinika befinden sich in *Spedale degli Incurabili.* Mit diesem Hospitale in Verbindung steht eine Lehranstalt für 80 junge Aerzte und Wundärzte (*Collegio medico-chirurgico di S. Gaudioso)*, ein Institut, welches der bekannten Pepinière zu Berlin ähnlich ist, und, wie

---

sahen dort einen Magen, der in Folge einer durch Lancettstich erzeugten Eiterung durchlöchert war. (Der Patient hatte mit der Oeffnung in der Grösse eines kleinen Uhrglases noch mehrere Jahre gelebt und zur Beobachtung der Verdauung Gelegenheit geboten). Ferner: ein ungeheures Ovarium, welches 173 Pfund Wasser enthalten haben soll; ein dreifaches Aneurisma der *art. poplitea;* einen Magen in der Brusthöhle durch Riss des Diaphragma hingedrängt und hier ohne üble Folgen ertragen; zwei grosse hornartige Excrescenzen menschlicher Haut; einen seltnen *monoculus* u. a. m.

1) Mit diesem Worte pflegen die Universitäten Italiens bezeichnet zu werden.

diese, ausgezeichnete Männer gebildet hat. Der Cursus währt hier fünf Jahre. Am Schlusse jeden Lehrjahrs werden öffentliche Prüfungen abgehalten. Die Disciplinargesetze sind klösterlich.

Die Universität von **Palermo** entstand im Jahr 1804; früher gab es daselbst nur eine Academie. Die Zahl der Studirenden beläuft sich auf ungefähr 900; hiervon studiren etwa 50 Medicin. Der Lehrcursus ist auf 3 Jahre festgesetzt. Nach Beendigung der Studienzeit besteht der Scholar sein Examen, bezahlt 24 Goldunzen (etwa 75 Thaler) und erhält die *Laurea*. Bisweilen wird dieser Actus gleichzeitig mit mehreren Candidaten vorgenommen. Die Professoren anlangend, so waren hier in neuerer Zeit angestellt: S. **Abbate Ferrara** (Naturgeschichte), **Caffano** (Geometrie) **Terranova** (Arithmetik), **Diego Muzio** (mathematische Physik), **Domenico Scinà** (Experimentalphysik), **Antonino Furitano** (Chemie und Pharmacie), **Vincenzo Tineo** (Botanik), **Giovanni Gorgoni** (Anatomie), **Mariano Domenici** (Materia medica), **Giuseppe Pandolfino** (Physiologie und Pathologie), **Domenico Manzella** (Chirurgie). Die Professur der Therapie war nicht besetzt. Eine Klinik für innere und äussere Heilkunde fehlte ganz. Die Lehrstellen sind nur dürftig besoldet und 80 goldne Unzen (gegen 270 Thaler) das gewöhnliche Honorar. Die Universität besitzt weder Sammlungen noch Bibliothek. Ausgezeichnet hingegen ist der botanische Garten [1]), welcher unter **Vincenzo Tineo's** Leitung steht und leicht das vorzüglichste Institut dieser Art in ganz Ialien seyn dürfte.

Catania, die ältere Universität der Insel, ist in der medicinischen Facultät, leider, nicht ausgezeichnet. Wir fanden hier 45 Studenten der Medicin. Die Organisation ähnelt der Palermitanischen. In den Vorbereitungswissen-

---

1) S. „**Ueber den botanischen Garten zu Palermo**; von Dr. E. **Güntz**." **Flora**. Nr. 28. 1830. Die italienischen Gärten handelt beschreibend und kritisch ab: W. **Gerhard** in der allgemeinen Gartenzeitung. 1835 Nr. 16 – 38.

schaften geniessen Don Ferdinando Cosentini als Botaniker, D. Carmelo Maravigna, als Mineralog, und D. Agadino Longo, als Physiker, eines hohen Rufes. Bianca ist Professor der Anatomie, Gius. Rizzo der Chirurgie, Ant. di Giacomo, der Pathologie und Paolo Assalini der Klinik.

Neben diesen höchsten Bildungsanstalten für Medicin und Wundarzneikunst, hat die Insel zu Messina noch eine medicinisch-chirurgische Academie. Die Anzahl der hier studirenden Jünglinge beläuft sich auf Einhundert. Die Einrichtung des Instituts ist klösterlich; doch hat der freie Geist der Scholaren die engen Schranken nur zu oft durchbrochen und zeitweise Auftritte herbeigeführt, welche an die Räthlichkeit der Aufhebung der Anstalt denken liessen.

Die Bildung der Italienischen Aerzte wird durch das Hospitalwesen der Halbinsel mächtig unterstützt und gefördert. Jeder Unpartheiische muss einräumen, dass dieses Feld der ärztlichen Thätigkeit, und wohl zu merken, das praktische, in Italien mit besonderem Eifer gepflegt wird. Die Ursachen einer so erfreulichen Erscheinung, welche in anderen Europäischen Ländern erst später wahrgenommen wurde, und in Deutschland sogar erst Frucht des laufenden Jahrhunderts ist, sind zunächst in der früh erwachten Cultur Italiens, in dem Wohlstande der Städte und in dem mitleidigen Sinne der Einwohner zu suchen. Dass aber die Verschmelzung des Interesses der Hülfsbedürftigen mit dem Wohle der Kirche das Beste der Hospitäler am dringlichsten berathen habe, kann Niemand läugnen, der den Lehrsatz der Beichtiger kennt, dass fromme Stiftungen Gott wohlgefällig machen.

In Folge dieser Richtung der Gemüther entstanden dort im Laufe der Jahre die grossartigsten Heil- und Verpflegungsanstalten. Der Geist der Stiftung (diesseit der Alpen fast entschlafen), wirkt jenseit auch in unseren Tagen noch mit aller Kraft. Im neuesten Decennium z. B. wurde dem Hospital de fate ben Fratelli zu Mailand eine Summe von 100,000 Liren legirt und die jüngst eröffnete Stiftung delle fate ben Sorelle ebendaselbst ist ganz durch milde Gaben begründet. Die Gräfin Laura Visconti di Modrone, verw. Ciceri, trug dem Vernehmen nach hierzu allein gegen eine Million Lire bei.

Wie viel auch von den Spenden und Vermächtnissen, zufolge der eigenthümlichen Erhebung und Verwahrung der Gelder, in fremde Hände gerieth, immer ist doch soviel zum Zwecke verwendet worden, dass Italien in Bezug auf die Menge und den Umfang seiner Wohlthätigkeitsanstalten über allen andern Ländern unseres Welttheiles stehen dürfte. Am reichsten bedacht ist verhältnissmässig der Kirchenstaat. Werfen wir einen Blick auf die Hauptstadt. Rom zählt gegenwärtig, mit Inbegriff des Irrenhauses und der Genesungsanstalten, zwei und zwanzig Hospitäler, welche mehr als 4000 Betten haben. Acht derselben sind von der Regierung gestiftet; eilf verdanken dem Wohlthätigkeitssinne der Privaten ihr Gedeihen und zwei vertheilen Medicin, Kost und andere Bedürfnisse an arme Hauskranke. Eine andere Anstalt sorgt überdem für anständiges Begräbniss. Von den erwähnten acht öffentlichen Hospitälern sind zwei für Fieberkranke und drei für chirurgische Fälle bestimmt. Jedes der letzteren hat zwei Säle für Hautkrankheiten. Schwangere und Gebärende werden in einem besonderen Locale aufgenommen, die Convalescenten finden in einem heiteren und mit Gärten umgebenen Gebäude Zuflucht und Santa Maria della Pietà ist das Asyl der Irren. Von den Privatstiftungen sind acht für Eingeborne, die übrigen für Fremde aller Nationen da; doch können letztere im Nothfalle in jede andere Heilanstalt Roms eintreten. Zählen wir zu diesen Instituten noch das Findelhaus (*Pia Casa degli Esposti*), welches schon seit Innocens III. (1198) besteht und jährlich gegen 800 Kinder empfängt, so wie vier grosse Waisen- und Invalidenhäuser, mehr als zwanzig Conservatorien für Mündel, Wittwen und Bedrängte [1]), endlich die Krankenstuben der zahlreichen Klöster, so gewinnen wir eine

1) Vergl. *Degl' Instituti di publica carità e d'istruzione primaria in Roma. Saggio storico e statistico di Monsign. D. Carlo L. Morichini, Romano, vice-presidente dell' Ospizio Apostolico di S. Michele. 1 Vol. 8°, Roma* 1835.

Idee von dem Umfange der Wohlthätigkeitsanstalten Roms und von der Gelegenheit zur Ausbildung, welche jüngeren Aerzten unter der Form einer Assistenz geboten wird. Was im Kirchenstaate seit Jahrhunderten Wurzel fasste, wiederholt sich, wenn auch nicht in gleichem, doch nach wenig kleinerem Maassstabe in den übrigen Ländern Italiens. Wir finden überall die Anordnung, dass Eleven (*giovani, ajutanti, provisori, assistenti* u. s. f.) den dirigirenden Aerzten zur Seite stehen und nach Verdienst von Grade zu Grade steigen. Die Einrichtung der Italienischen Hospitäler überhaupt ist, mit Bezug auf Sitten und Gebräuche der Eingebornen, musterhaft zu nennen. Die Gebäude sind massiv, schön, geräumig und mit reichen Inventarien ausgestattet. Der Verwaltungsgang ist geregelt, ebenso von Verschwendung, als von übertriebener Sparsamkeit entfernt. Die Hausordnung wacht mit Sorgfalt über Reinlichkeit der Locale und Geräthe, über Pflege, Nahrung und geistliche Tröstung der Kranken, das ärztliche Personal endlich pflegt mit Eifer und Aufopferung seinen Pflichten nachzukommen. Mancherlei Eigenthümlichkeiten z. B. Grösse der Säle, Temperatur, Beköstigung u. d. m., befremden den Deutschen Reisenden beim Besuche Italienischer Hospitäler, und unterliegen leicht seinem Tadel; suchen wir aber nach den Motiven solcher Anordnungen und beurtheilen wir sie erst dann vorurtheilsfrei, so werden wir in der Regel das Bestehende gutheissen müssen. Gewiss ist, dass die Erfolge der Heilanstalten der Halbinsel nicht nur im Felde der innern Heilkunde, sondern vorzüglich auch in Bezug auf operative Chirurgie allen billigen Ansprüchen gnügen.

Die bedeutendsten Hospitäler und Versorgungsanstalten Italiens sind: das grosse Hospital (*l'Ospedale maggiore*) von Mailand [1]) (gegen 2000 Betten, vorzugsweise für acute Kranke); das Militärhospital S. Ambrogio ebendaselbst; das *Spedale di Sta Catterina della ruota* für Gebärende und

---

1) Vergl. das grosse Hospital von Mailand. Von Dr. Eduard Güntz, in den Beiträgen zur praktischen Heilkunde u. s. f. von Clarus und Radius. 1. Bd. S. 421. u. f.

Findelkinder ebendaselnst; das Irrenhaus, *la Senavra*, vor der Porta Tosa von Mailand; die Armenanstalt Trivulci ebendaselbst; das grosse Spital di San Matteo della pietà zu Pavia; das Bürgerhospital (*Ospedale civico*) zu Padua; das Militärhospital ebendaselbst; das Bürgerhospital zu Venedig; die Casa di ricovero, ein Versorgungshaus für Alte und Gebrechliche ebendaselbst; das Hospital, S. Servolo [1]) auf der Insel gleiches Namens bei Venedig; das Spedale Pamatone (2000 Betten) zu Genua; das Albergo dei Poveri (Armenhaus für 2000 Arme) ebendaselbst; l'Ospedale S. Giovanni (500 Betten) in Turin; Ospedale di carità (Armenhaus) ebendaselbst; das St. Annenhospital zu Ferrara; l'Ospedale della vita e morte zu Bologna; das Ospedale della Maria nuova (600 Betten) zu Florenz; l'Ospedale S. Bonifazio ebendaselbst; S. Maria degli Innocenti (Findelhaus und Hebammeninstitut) ebendaselbst; S. Chiara (400 Betten) in Pisa; S. Antonio (500 Betten) in Livorno; S. Barbara (500 Betten) ebendaselbst. Das Irrenhaus (*Casa dei Matti*) in Reggio (im Modenesischen); S. Spirito zu Rom, S. Giacomo degli Incurabili ebendaselbst; S. Giovanni ebendaselbst; S. Michele (Armenanstalt von grossem Umfange) ebendaselbst; Ospizio dei poveri (gleichfalls bedeutende Armenanstalt) ebendaselbst; l'Ospedale degli Incurabili (1200 Betten) zu Neapel; Ospedale della Trinità (Militärhospital, hat gegen 1000 Betten), ebendaselbst; Albergo Reale oder reclusorio (Verpflegungsanstalt für 3000 Arme, Waisen, Taubstumme und Blinde berechnet) ebendaselbst; das Irrenhaus (*Casa dei Matti*) in Aversa; L'Ospedale

1) S. Servolo, bisher Zufluchtsort für gemischte Kranke und insbesondere für Wahnsinnige, sollte 1835 einer grossen Irrenanstalt eingeräumt und von den Ordensbrüdern abgegeben werden. Letztere wollten fortan sich gar nicht mehr mit Geisteskrankheiten befassen, dagegen in Venedig selbst ein Hospital gründen. Es war für die Brüderschaft ein Uebelstand, dass sie behufs der Poliklinik von der Insel aus nach der Stadt fahren und in ihr Haus geisteskranke Frauen aufnehmen mussten.

grande[1]) zu Palermo; l'Ospedale de fate ben fratelli[2]) ebendaselbst; l'Ospedale de' sacerdoti[3]) ebendaselbst; l'Ospedale de' Tisici[4]) ebendaselbst; das Irrenhaus (*Real Casa dei Matti*)[5]) ebendaselbst; Regio Conservatorio di Santo Spirito[6]) ebendaselbst; das

1) Das Ospedale grande di Palermo nimmt Kranke jeder Art und beiderlei Geschlechts auf, und hat eine Filialanstalt zur Heilung öffentlicher Mädchen (l'Ospedale de' meretrici). Der Bestand der letztern wechselt zwischen 150 und 200. Das grosse Hospital steht unter der Leitung des Conte Ranchibilo und der Aufsicht des Benedictiners, Padre Majali. Vier Aerzte und ein Oberwundarzt, welchen eine Anzahl Eleven zur Seite stehen, theilen sich in die Behandlung der Kranken.

2) Dieses Hospital wird von Brüdern des genannten Ordens gehalten. Es nimmt nur männliche Kranke gegen Zahlung auf. Professor Bondiera leitet das Aerztliche.

3) Zufluchtsort der Geistlichen aller Orden. Es steht unter der Aufsicht des Cardinals von Palermo und wird von Dr. Calcagni besorgt.

4) Liegt vor der Stadt in der Villa Olivazza, welche durch die Gleichmäfsigkeit des Clima's berühmt ist. Hier wirken ein Ober- und Unterarzt.

5) Dieses Institut wurde im Jahre 1827 eröffnet und ist das Asyl der Irren von ganz Sicilien. Vor gedachter Zeit waren letztere mit anderen Kranken in dem kleinen Convente di Santa Teresa vereinigt. Die traurige Lage der Unglücklichen bestimmte den Baron D. Pietro Pisani bei dem Luogotenente Generale de' Reali Dominj al di la' del Faro, dem Minister-Staatssecretär Marchese Favare eine Reform dringend und persönlich zu beantragen. Mit der Zustimmung wurde zugleich die Last des Unternehmens auf die Schultern Pisani's gelegt. Er hat als Mann und Christ der Berufung entsprochen. Als Institutore der zu gründenden Anstalt gab er Aemter und Vermögen zum Wohle seiner Pfleglinge hin, entsagte dem Glücke eines ruhigen Familienlebens, und widmete fortan seine ganze Thätigkeit der Linderung menschlichen Elends. Das Werk gedieh und wird einst das Monument des Schöpfers bilden. Des Instituts Gebäude, Verwaltungsplan und Behandlungsweise (die psychische waltet vor) zogen seit Jahren die Aufmerksamkeit fremder Aerzte an, und wurden bei sorgfältiger Prüfung der Verhältnisse des Beifalls höchst würdig befunden. Das Haus fasst 150 Kranke (Arme und Zahlende) beiderlei Geschlechts. Referent, welcher längere Zeit in der Anstalt wohnte und Augenzeuge schöner Resultate war, behält sich eine ausführlichere Beschreibung dieses Instituts vor.

6) Auch diese Anstalt macht der Hauptstadt Siciliens Ehre. Das schöne Gebäude wurde 1826 aufgeführt und dient zum Zufluchtsort kleiner

Bürgerhospital in Messina; das Hebammeninstitut ebendaselbst; das Bürgerhospital in Taormina[1]) (24 Betten); das St. Markusspital[2]) in Catania; l'Ospedale di Santa Marta[3]) ebendaselbst; Reclusorio del Santo bambino ossia delle gravide Furtive (Gebäranstalt) ebendaselbst; Xenodochium mulierum sub titulo S. Luciae[4]) in Syracus; Pauperum aegrotorum aedes (*Piano Cattedrale*, 14 Betten, schön) ebendaselbst; das Bürgerhospital in Girgenti; das Hospital in Trapani.

Kinder und erwachsener, älternloser Mädchen. Die Pfleglinge werden hier mit Sorgfalt erzogen, und die Ausbildung der Mädchen kann man eine feinere nennen. Grosse Verdienste um diese Anstalt hat der Fürst Pandolfina.

1) Wir gedenken einiger kleinen Anstalten der Insel, als einer minder bekannten Pflege des Gebietes der praktischen Heilkunde. Das kleine Hospital ist nur für acute Kranke (*febricitanti*) bestimmt und steht unter Don Rosario Lo Turco (als Arzte) und Don Rosario Ferrandez (als Wundarzte). Das Oekonomische leiten ein Syndico und zwei Rettori. Es gab im Orte nur eine Hebamme. Ein Geburtshelfer fehlte ganz. Dagegen waren Don Antonio Malambri als Armenarzt und Don Giuseppe Ciprioti als Armenchirurg angestellt. Die Stadtarmen mussten ihre Medicin bezahlen.

2) Fasst 150 Kranke, hat viel Raum, hohe Säle, gute Luft, Eisenbettstellen (Strohsack, Wollmatratze, Decke), gute Kost, lobenswerthe Ordnung. Alle Kranke liegen im zweiten Stockwerke, die Soldaten mit den Bürgern vermischt. Oberarzt: Don Ferdinando Cosentino, Oberwundarzt: Don Calcedonio Reina. Angeschlossen ist ein Findelhaus.

3) Für chronische Krankheiten; hat 300 Betten. Hier ist Don Domenico Petronico Oberarzt und Reina Oberwundarzt. Die chirurgische Klinik, früher unter Assalini, wird in diesem Hospitale gehalten.

4) Diess Hospital, in der Fegefeuerstrasse gelegen, war uns desshalb merkwürdig, weil es, bei allem Raum, nur Eine Kranke hatte, die, nach der Anklage der Führerin, nur desshalb nicht sterben wollte, weil sie ihr, der Wärterin, die Ruhe missgönnte.

Aerztliche Praxis.

Das Personal der Aerzte und Wundärzte ist, was Fähigkeit und Herz betrifft, in Italien so ungleich wie anderswo, doch nicht ärmer an tüchtigen und redlichen Männern als unser gutes Vaterland. Der Fremde stosse sich nur nicht an das Aeussere des Gerufenen. Er tritt vielleicht mit Humor und Lebendigkeit ein, fragt voll Eifer nach dem Wesen des Uebels, springt aber, von Neugier verführt, auf ein anderes Thema um, und examinirt seinen Kranken nach Sitten und Gebräuchen seiner Heimath, statt nach Herz und Nieren. Er sitzt vielleicht im Zeuggilet Dir gegenüber und fächelt, unter Seufzern über die Sonnengluth, das Antlitz mit einem ellengrossen Damenfächer. Er schnalzt wohl gar mit der Zunge, und an der Thür zeigt sich ein Apothekergehülfe, die Klystirspritze schulternd und bereit, auf den Wink des Asklepiden sein Gewehr zu fällen. Das Alles, und hundert Possen mehr, kann dem Deutschen Kranken begegnen. Nichts desto weniger wird der Fremdling — vertraut er sich Männern von Rufe an — gut berathen seyn. Der Scharfblick des Italieners ist eine treffliche Eigenschaft bei Ausübung der Heilkunde. Dazu gesellen sich Unverdrossenheit und Entschlossenheit. Letztere schreitet zuweilen gar zu eilig vor. Auch scheint der italienische Arzt nur untheilnehmend; in der That pflegt er aber gutmüthig, und demgemäss auch mitleidig zu seyn.

Die Zahl der Aerzte ist gross. In Mailand zählen wir auf ungefähr 130,000 Seelen 205 Dottori in medicina, 55 Dottori in chirurgia, 12 Chirurghi minori, 15 Flebotomi (Aderlasser), und 116 Levatrici (Hebammen)[1]. Ein ähnliches Verhältniss stellt sich in anderen Gegenden heraus. Diese grosse Concurrenz hat ihre Uebelstände, kann aber dem Reisenden als Bürgschaft dienen, dass er in Italien nie und nirgends an ärztlicher Hülfe Mangel leiden werde. Fanden wir doch selbst in Ni-

---

1) S. *Utile giornale ossia Guida di Milano per l' anno 1831.* P. 300 sqq.

colosi, auf dem schwarzen Rücken des Aetna, einen le timen Doctor promotus[1]), und hat doch sogar Capri s 1829 sein geregeltes ärztliches Personale.

In Bezug auf das Honorar sind die italienisc Aerzte den Fremden gegenüber um so mehr verwöhnt, geringer die Ansprüche sind, welche sie an ihre Landsle machen. Die verworrenenen Begriffe von dem Reichth der Ausländer und die Manie, in jedem Reisewagen ei Principe zu sehen, führt auch die Forderungen des Ar auf eine unbillige Höhe. Der Besuch wurde zu zwei s mehreren Ducati, die Consulta zu einem und zwei Na leoni angesetzt. Bei näherer Verständigung liessen ab diese Herren recht gern mit sich handeln, und waren nic minder bereit, erwiesen arme Fremde (insbesondere Küns ler) ganz unentgeldlich zu behandeln. Gegen fremde Co legen zeigt sich der Kunstgenosse höchst grossmüthi Referent hat selbst die Erfahrung gemacht, wie aufopfer und uneigennützig der Beistand Italienischer Aerzte ist.

Von den Systemen, welche die Heilkunde auf d Halbinsel zu leiten pflegen, gilt im allgemeinen Folgende Der Brownianismus war gegen Anfang dieses Jah hunderts allgemein verbreitet. Er wurde in Oberitalie durch Rasori angegriffen, und machte hier und da de Systeme des Contrastimulus Platz. Dieses letztere ve mochte aber bei weitem nicht alle Anhänger Browns z überzeugen, und es leben und wirken deren im Neapolita nischen und auf Sicilien, leider, noch jetzt zu viele. Au die denkenden Köpfe der ärztlichen Klasse hüteten sich der neuen Lehre unbedingt beizutreten, wurden jedoch n Rasori's Polemik und der Dogmatik seines gelehrte Kampfgenossen, Tommasini, dahingebracht, von dem Systeme sich frei zu machen, und einem reine Eclecticismus zu huldigen. Dieser Eclecticismus streift se nahe an die Grundsätze des Contrastimulus. Seit 18 schlich sich auch die grobe Humoralpathologie le Roy ein, fasste jedoch unter den besseren Aerzten nie fest

1) Don Antonio Calvagni.

Fuss. Endlich hat, wie sich erwarten liess, die Homöopathie die Alpen überschritten. Obwohl im Geleite einer siegreichen Armee (der Expedition der Oesterreicher gegen Neapel), fand doch diese Methode in den Staaten der Halbinsel einen verhältnissmässig nur geringen Anhang. Die Neophyten waren, wie man klagte, alte Herren, deren Judicium etwas stumpf zu werden begann, Enthusiasten und Frömmler, ehrgeizige Feuerköpfe, die der Erfahrungsgang der Medicin zu langsam förderte, und Halbwisser, zu träge und beschränkt, um das vielseitige Studium der Heilkunde erfolgreich zu betreiben. Die fragliche Lehre sank in unsern Tagen noch mehr, als die Hauptmacht Italiens ihren Militärzten die homöopatische Praxis untersagte. Möglich, dass die ungewissen Erfolge, welche jede Behandlung in der Cholera zu erwarten hat, durch partheiische Organe für die Homöopathie günstig hervorgehoben, dieser beim Publicum ein neues Wohlwollen erweckt haben. Der wahren Heilkunde kann die ausgedehnteste und umsichtigste Prüfung neuer Lehren nur vortheilhaft seyn.

Gerichtliche Medicin, medicinische Polizei, und öffentliche Hygieine. Die Staatsarzneikunde überhaupt hat in Italien noch keinen hohen Standpunkt erreicht, und ist besonders in der gerichtlichen Medicin zurückgeblieben. Eine Hauptursache dieser Versäumniss scheint in dem Gange des Criminalwesens zu liegen. Obwohl es nicht an Verbrechen fehlt, welche die Mitwirkung eines Gerichtsarztes erfordern, so begeben sich doch die Tribunale, in Betracht der Verworfenheit der Thäter und der Offenkundigkeit der That, gar häufig dieses Beistandes, und kürzen die Formen ab. Man ist weniger um die Gerechtigkeit des Urtheils verlegen, als zögernd mit der Execution. In Folge dieser eingewurzelten Ansichten wird auch bei gerichtsärztlichen Geschäften nur zu oft oberflächlich und fehlerhaft verfahren. Referent war Zeuge einer gerichtlichen Obduction, welche in der Todtenkammer eines berühmten Hospitals der Halbinsel vorgenommen wurde. Der Leichnam gehörte einem Individuum an, welches in Folge eines Schlages auf die *pars frontalis* des linken Stirnbeines einige Tage nach erlittener Verletzung gestorben war. Man stritt sich anfangs um die Identität des Cadavers, da der Zeddel am Fusse, mit welchem dort die den Gerichten verfallenen Todten bezeichnet zu werden pflegen, zufällig sich verloren hatte. Als das *Corpus delicti* endlich unter zwanzig andern Körpern aufgefunden war, schleifte der Aufwärter den Leichnam an den Füssen zum Sectionstische, so dass der Kopf, das wichtigste Stück der Untersuchung, fortwährend auf das Pflaster aufschlug. Die Secanten fanden Fissuren im Stirnbeine. Wieviel gehörte hiervon der rohen Behandlung des Leichnams an? Die mehrsten Staaten der Halbinsel haben verpflichtete Gerichtsärzte. Im Kirchenstaate besteht ein besonderes Tribunale criminale, dem einige medicinische Beisitzer (unter ihnen Bacelli) zugetheilt sind. Vor vielen Gerichtshöfen gilt Barzellotti's (in Pisa) Autorität. Sonst fanden wir die Grundsätze der älteren Legalärzte, insbesondere Platners, auch wohl die Lehren Foderé's beachtet.

Die medicinische Policei und öffentliche Hygieine wurden in manchen Staaten Italiens mit grösserem Eifer gepflegt, als die gerichtliche Medicin. Vortrefflich sind die Sanitätsanstalten Toscana's, musterhaft insbesondere die Quarantainen Livorno's [1]). Wir finden hier drei sogenannte Lazaretti. Die beiden älteren wurden schon von den Mediceern gegründet. Das neueste, Lazaretto Leopoldo, entstand unter dem Grossherzoge dieses Namens. In Livorno setzt man ein *Patente brutto, sospetto o tocco* und *netto* fest. Das *Patente brutto* muss 42 Tage Quarantaine halten. Genua und Messina, noch mehr Civita vecchia und Neapel, stehen in Hinsicht der Quarantaine hinter Livorno zurück. Uebrigens besitzen alle Staaten und selbst der päpstliche ihren *Magistrato di Sanità*. Die Gesundbrunnen und Seebäder der Halbinsel wurden

1) Der Director des Sanitätswesens Livorno's, D. Gaetano Palloni, dem Toscana höchst zweckmässige Einrichtungen verdankt, ist, leider, vor einigen Jahren verstorben.

früher Seiten der Behörden ausserordentlich versäumt. In neuerer Zeit hat die Oesterreichische Regierung im Regno Lombardo-Veneto aufmunterndes Beispiel gegeben [1]). Seitdem hat Toscana diesen Weg eifrig verfolgt, und wenig Staaten dürften in Bezug auf ihre Heilquellen so gute Werke besitzen, als das nurgenannte. Im Römischen haben Manni, im Neapolitanischen Sementini, in Sicilien Furitano schätzbare Arbeiten über Gesundbrunnen veröffentlicht. Nichtsdestoweniger finden die Italienischen Heilquellen im Allgemeinen keineswegen eine so wirksame Theilnahme und Unterstützung Seiten des Staates und Publicums, als diess in Deutschland zu geschehen pflegt. — Die Aufsicht auf Reinlichkeit der Strassen, Plätze und Brunnen, auf Güte und Unverfälschtheit der Nahrungsmittel, auf Bauten u. s. f. war bisher sehr mangelhaft; doch auch hierbei sind in neuester Zeit Vorschritte geschehen. — Die Begräbnisse waren in Italien von jeher dem Arme der weltlichen Behörde ganz entzogen, und wurden, man begreift, warum, von der Geistlichkeit geleitet. Die Franzosenherrschaft zerstörte die hiermit verbundenen Missbräuche, gegen welche helldenkende Männer bereits, doch vergebens, angekämpft hatten, völlig. Man errichtete Todtenäcker (*Cimeterj*, *Campi santi*), während vorher nur in den Kirchen begraben wurde. Mailand hat ausgedehnte und passend gelegene Begräbnissorte. Brescia und Bologna haben ihren Todten glänzende Ruhestätten gegründet. Venedig führt seine Abgeschiedenen nach S. Cristoforo und S. Michele, auch die übrigen Hauptstädte sorgen für ein Begraben im Freien, und nur wenige Ortschaften sind, nach dem Falle Napoleons, zu den alten Missbräuchen zurückgekehrt. Leider ging der Kirchenstaat hierin, trotz Consalvi's Ermahnungen [2]),

---

1) Zecchinelli's (in Padua) Arbeiten über die Bäder von Battaglia sind bekannt.

2) Wir geben das betreffende Edict, welches, dem Vernehmen nach, den Fall dieses erleuchteten Staatsmannes vorbereitet hat, im Originale:

dem rückfälligen Clerus mit schlechtem Beispiele voran. Noch jetzt wird in mehreren Gegenden des Festlandes

---

Illmo, e Rmo Signore.

La Sagra Consulta Tribunale Supremo, che presiede all' importantissima cura della publica salute, và contemporaneamente a diriggere una Circolare a tutti i Prelati Delegati Apostolici delle Provincie (di cui rimetto a V. S. Illma un' esemplare), la quale contiene le più dettagliate, e necessarie providenze de la tutela, e preservazione della medesima si nelle attuali circostance de' tempi, che per il tratto successivo.

Fra tali providenze v' è quella, che riguarda la tumulazione e sepelizione de' Cadaveri, e respettivamente le Sepolture, e Cemeterj: Mentre essa pertanto si occupa di proposito nel determinare in questa parte un sistema permanente, ed uniforme, che riunisca insieme le viste della Religione, e la preservazione della publica salute da ogni pericolo, che suol frequentemente derivargli dalle perniciose esalazioni delle putrefazioni de' Cadaveri, è venuta in cognizione medianti diversi ricorsi, e verificazioni assuntene, che in varj Paesi, ed in diverse Diocesi di questo Stato si sieno alcuni permesso, e talvolta anche coll' annuenza delle subalterne Potestà Ecclesiastiche, di dissumare i Cadaveri dalli Cemeterj eretti all' aperto fuori delli luoghi murati, e li abbiano trasportati, e sepolti entro le Chiese interne delle Communi, come pure che in altri Paesi, ne' quali furon già eretti, ed in attività nelle anni passati i Cemeterj colla rispettiva sepelizione in essi de' Cadaveri, se ne vada ora arbitrariamente deviando.

Ha dovuto conoscere il Tribunale sudetto l' importanza di queste irregolari innovazioni si perchè sono direttamente opposte alli gelosi riguardi di Sanità, si perchè possono frapporre ostacoli a quella uniforme, e permanente sistemazione, che presso il Sovrano Oracolo anderà nel seguito a stabilire in materia: Ha creduto perciò un dovere indispensabile delle sue attribuzioni di farne la rappresentanza alla Santità di Nostro Signore, la quale l' ha trovata ben giusta, e fondata.

Per apprestare dunque un pronto, ed efficace riparo a tal' inconveniente, mi ha commesso il S. PADRE di significare a tutte le superiori Potestà Ecclesiastiche, e Secolari del suo Dominio di aver cura, e di cooperare unanimente, e colla maggiore efficacia, affinchè niuno in appresso si faccia lecito o di permettere, o di eseguire per qualunque ragione, e titolo alcuna dissumazione, o estrazione di Cadaveri in tutto, o in parte dalli respettivi Cemeterj, ne' quali o si trovino già collocati, o si debbano trasportare in appresso, come altresì è mente precisa della SANTITA' SUA, che in que' Luoghi, ne quali in passato furono introdotti, e posti in uso i Cemeterj si continui onninamente

und der Inseln (Girgenti) in den Gewölben der Kirchen beerdigt. Es ist wahr, man wählt hierzu die Stunden nach beendigtem Frühgottesdienste und verkittet die Deckel der Grüfte, verbrennt auch von Zeit zu Zeit die Sargbreter vor den Thoren. Allein dieser Sorgfalt ungeachtet werden die Kirchen ausserordentlich verpestet. Es giebt desshalb zuweilen ein öffentliches Aergerniss. S. Lorenzo in Lucina in Rom, wo mehr als 6000 Seelen eingepfarrt sind, war einst von der Gemeinde verlassen, weil der brenzliche Todtengeruch des häufigen Eröffnens der Grüfte wegen unerträglich wurde. In Rom hatten nur die Protestanten (an der Pyramide des Cestius) und das Hospital S. Spirito ihren Todtenacker. Auch letzterer sollte nach dem Willen der Geistlichkeit geschlossen werden; es gelang aber den Aerzten, diese Machinationen zu vereiteln. — Gegen Medicaster und Gaukler ist die Medicinalpolicei sehr nachsichtig. Diess Geschmeiss tritt unter allen Formen auf, und wurde uns von Reisenden als Insangnatore, Cavadenti, Ciarlatano, Ciraulao, Operatore und Erbajuolo bereits vielseitig geschildert. Fast lästiger als diese grobe Gesellschaft ist das Contingent, welches hierzu die Geistlichkeit stellt. Wir erkennen die Verdienste einiger Orden gebührend an. Die Frati und Laici nehmen in Italien einen erheblichen Antheil an der Praxis der Heilkunde. Ohne des Berufes zu gedenken, den die Klöster hierzu aus den finstern Zeiten des Mittelalters ableiten, liegt es schon im Interesse der Geistlichkeit, ihre Stiftungen auch in Bezug auf ärztlichen Beistand selbst berathen zu können. Daher hebt jedes Mönchskloster, hat es nicht unter den Novizen einen Jünger der Heilkunde, aus seinem Cötus ein taugliches Subject aus, und sendet es, behufs der

---

in essi la tumulazione de' Cadaveri, con sottoporre all' adequate pene tutti quelli, che in quasivoglia modo nell' uno, o nell' altro contravenissero a queste disposizioni.

Tanto dunque significo a V. S. Illma nel Pontificio Nome per il corrispondente esatto adempimento, e con sincera stima mi confermo

Di V. S. Illma

Roma Maggio 1816

ärztlichen Bildung, auf irgend eine Universität. Der geistliche Student muss, streng genommen, denselben Cursus machen, wie Jünglinge vom Civilstande; doch wird dem Vernehmen nach die Studienzeit durch Machtspruch abgekürzt und das Examen erleichtert. Der Orden dei fate ben fratelli hoffte sogar von dem Zwangsstudium auf der Universität ganz entbunden zu werden und seine Bildung in den Hospitälern des Ordens (*intra parietes claustri*) vollenden zu können. Die geistlichen Herren befassen sich nun, bald mehr, bald minder befähigt[1]), mit der Praxis. In der Regel leisten die Brüder, welchen die „*Medicheria*" übertragen ist, nur den Ansprüchen ihres Convents Genüge. Die Frauenklöster haben Civilärzte. Einzelne Orden widmen sich der Behandlung zahlender Kranken. Noch andere, Mönche wie Nonnen, sind zur Krankenpflege bestellt, und gehen jedem besoldeten Wärter mit einem löblichen Beispiele voran. Ausser diesem berufenen Personale mischt sich aber noch ein Heer von Bettelmönchen und Eremiten in die Geschäfte des legitimen Arztes. Reliquien, Heiligenbilder und Rosenkränze werden verschenkt und verhandelt, und dienen dem profanen Eigenthümer bald als Präservative, bald als wirkliche Heilmittel. Die Lehren der Kirche befördern diesen Uebelstand. Wir führen zum Beweis ein Werk an, dessen Studium die Inspection so manchen Hospitals ihren Eleven zur Pflicht macht[2]). Der vorurtheilsfreie Leser wird bald den nutzlos verwendeten Fleiss, ein Flickwerk von zehntausend Citaten aller Jahrhunderte, bemitleiden, bald über die Intoleranz eines zelotischen Priesters sich ärgern, bald die Schlauheit anstaunen, mit wel-

1) Wir lernten unter ihnen höchst vorzügliche Aerzte und Naturforscher kennen. Wer könnte dem Padre Ottavio Ferrario und dem Doctor Ratti in Mailand seine Hochachtung versagen!

2) *Catechismo medico ossia sviluppo delle dottrine che conciliano la religione colla medicina di Angelo Antonio Scotti padre spirituale del collegio medico, pubblico professore di paleografia, interprete de' papiri Ercolanesi, Regio revisore de' libri, socio dell' Academia Ercolanese, di Archeologia e di altre. Napoli* 1821. Eine andre Auflage: *Modena* 1825. XII. 408. 8.

cher der Autor gefährliche Dogmen zu stützen versucht[1]). Was soll endlich der Beobachter zu dem Actus sagen, welchem die neueren Heiligen ihre Gradus[2]) verdanken. Ränkesucht, Bestechung und Liebedienerei sollen nach den Klagen einsichtsvoller Männer den Ausspruch des *Giudicio sopra un caso miraculoso* nach Gefallen leiten. Der *gran diavolo* spielt in der Regel mit den Richtern unter einer Decke.

Das Apothekerwesen.

Im Lombardisch-Venezianischen Königreiche begegnen wir wohl Abweichungen von den Einrichtungen unsres Vaterlandes, freuen uns aber im Allgemeinen über die trefflichen Anordnungen, nach welchen dort die Pharmacie verwaltet wird. Auch Toscana zeichnet sich hierin aus. In den übrigen Staaten der Halbinsel hingegen leidet das Apothekerwesen noch an manchen und grossen Gebrechen. Der Kirchenstaat z. B. hat keinen *Codex medicamentarius*. Früher galt ein vor hundert Jahren compilirtes Werk, welches jetzt ganz unbrauchbar ist. Gegenwärtig benutzt man vorzugsweise die Pharmacopöe von Campana aus Ferrara und die von Taddei aus Florenz. Der Arzt sieht sich in der Nothwendigkeit, wenn er recipirt, hinzuzufügen, nach welchem Dispensatorium er gearbeitet zu haben wünscht. Die Vorbildung der Lehrlinge ist elend.

1) Ohne den Inhalt des aufgeführten Werkes verrathen zu wollen, geben wir hier nur die Ueberschriften einiger Abschnitte: Wer waren die Aerzte von Asa? S. 33. Lehre von der Erbsünde. S. 131. Ein richtiges Urtheil der Aerzte über die Wunder bringt der Kirche guten Nutzen. S. 136. Wunder geschehen wirklich. S. 147. Wie hat sich der Arzt zu verhalten, wenn er auf Leute stösst, die nichts von bösen Geistern wissen wollen. S. 150. Besessene kommen vor, aber selten. S. 163. Aerztliche Betrachtungen zu Gunsten des Cölibats. S. 217. Was schadet der Missbrauch der Anatomie? S. 237. Der Catalog heiliger Aerzte ist gross. S. 243. und so fort in gleichem Geiste.

2) 1. *Venerabile*. 2. *Beato*. 3. *Santo*.

Auch das Studium selbst wird eilig betrieben. Der Apotheker muss zwei Jahre studirt haben (Botanik, Chemie, Materia medica und praktische Pharmacie). Dann besteht er ein Examen und erhält seine Matrikel. Die Wittwe kann die Apotheke ihres Mannes behalten, muss aber einen *Giovane patentato* (Provisor) annehmen. Das Medicinalgewicht ist im Allgemeinen das bei uns übliche [1]). Die Taxe (*Tariffa*) weicht, wie die örtlichen Verhältnisse voraussetzen lassen, sehr von der unsrigen ab [2]). Rom hat

1) *Libra* = ℥ xij; ℥j (*oncia*) = ʒ viij; ʒj (*dramma* oder *ottavo*) = gr. xxjv (24 *grani*). Flüssigkeiten bestimmt man nach: *goccia* = gr. j; *cucciajo* = ℥ β; *mezza foglietta* = libr. β; *foglietta* = libr. j; *mezzo* = libri ij; *boccale* = libr. jv; *barile* = *boccali* xxxij. Trockene Sachen nach *Numero* und *pugillo*. Das Unzenzeichen muss einen Schwanz nach unten haben (℥ oder ℥). Die Anhänge nach oben machen keine Unze daraus und ʒ ist noch immer Drachme.

2) Eine Probe aus der Tariffa des Kirchenstaates.

Aloe Soccotrina succo condensato	℥j	10	*Bajocchi.*
Arnica montana Fiori	℥j	12	—
Ammoniaca Gomma	℥j	10	—
Calomelano del Riverio porfirizzato	ʒj	12	—
Castoro di Francia, di America	gr. j	3	—
— *di Moscovia*	gr. j	5	—
China Peruviana scelta intera	℥j	24	—
— — — *polverizzata*	℥j	20	—
Cremore di Tartaro	℥j	3	—
Fosforo animale dis Kunkel	℈j	30	—
Gomma arabica intera	℥j	7	—
— — *polveriz.*	℥j	10	—
Gomma Gotta	℥j	14	—
— — *polveriz.*	ʒj	20	—
Kermes minerale	ʒj	25	—
Lichene Islandico	℥j	10	—
Muschio orientale	gr. j	10	—
Nitro depurato polveriz.	℥j	5	—
Nitrate d' Argento	ʒj	60	—
Oppio polverizzato Succo condens.	℥j	60	—
Osside di Oro precipitato dal Carbonato di Potassa, detto Croco d'oro	gr. j	12	—
Rabarbaro scelto, Radice polverizzata	ʒj	10	—

o Apotheken. Diese Zahl ist fix. Dagegen kann sich in ndern Städten des Kirchenstaates Jeder etabliren, wer uf seine Officin auszukommen gedenkt. Tivoli z. B. 3000 Einwohner) zählt fünf Apotheken. Im Neapolitanischen und in Sicilien ist das Apothekerwesen noch mangel-

adice communi nostrane secche praepar.	℥j	2	*Bajocchi.*
meno communi	℥j	4	—
ale Ammoniaco depurato	℥j	14	—
— *Anglicano, d' Epsom*	℥j	4	—
alep nostrano	℥j	10	—
apo nostrano bianco	℥j	1	—
emi di Vegetabili communi	℥j	3	—
non communi	℥j	4	—
enna Alexandrina Foglj interi	℥j	15	—
— — — *polverizz.*	℥j	20	—
ppia raspata ossa	℥j	6	—
roppo fatto con mele bianco	℥j	3	—
con Zucchero	℥j	4	—
irito di Vino alcaolizato	℥j	10	—
commune	℥j	2	—
blimato corrosivo porfirizato	℥j	14	—
ecco di Limone dep.	℥j	3	—
di Cedro	℥j	5	—
eccino polverizz.	℥j	18	—
abacco naturali foglj	℥j	3	—
é verde scelto	℥j	20	—
intura di Cantarelle spiritosa	℥j	16	—
riaca di Andromaco, Elettuario	℥j	10	—
— *Diatessaron Elett.*	℥j	5	—
— *in polvere*	℥j	7	—
nguento mercuriale commune	℥j	6	—
alerianna silvest. rad. polv.	℥j	6	—
etriolo di Marte	℥j	2	—
— — *Cipro*	℥j	6	—
— — *Zinco*	℥j	16	—
ipere montane vive scelte da Aprile a tutto Settembre cadauna		30	—
ipere montane vive scelte da Ottobre a tutto Marzo		48	—
Zolfo sublimato, Fiori di Zolfo	℥j	8	—
— *commune* — — —	℥j	1	—
— *dorato di Antimonio*	℥j	22	—
Zucchero bianco polverizzato	℥j	4	—

37*

hafter[1]). Nichtsdestoweniger stösst man oft auf tüchtige Pharmaceuten, welchen Genius und Selbststudium über alle Hindernisse weggeholfen haben.

Die Veterinärkunde gedeiht seit einem Jahrzehend in Italien gut. Die Oesterreichischen Institute vervielfältigen sich, im Kirchenstaate ist unter Leo XII. der Grund zu einer grossartigen Lehranstalt für Thierärzte gelegt worden[2]), und auch in Neapel besteht eine gute Veterinärschule.

Die Literatur der Medicin geht mit der Aufklärung überhaupt gleichen Schritt. Noch in diesem Jahrhundert wurde Darwins Zoonomie (übersetzt von Rasori) unter die verbotenen Bücher gestellt. Im Neapolitanischen muss der Arzt die Erlaubniss zur Lectüre fremder Bücher noch immer mühsam erbetteln. Der Verlag der besten Schriften findet in der Beschränktheit des zu hoffenden Absatzes Hindernisse. Gewöhnlich lässt der Autor auf eigene Kosten drucken. Dieses Verfahren führt stets zu namhaften Verlusten, und es kann nur von den reicheren Aerzten befolgt werden. Die Journalliteratur hat in der neueren Zeit sich gehoben. Wir geben schliesslich die Titel der vorzüglicheren Zeitschriften für Medicin und deren Hülfswissenschaften:

Annali di Medicina, Chirurgia e Farmacia. Torino.

Repertorio di Agricoltura pratica. Torino.

Repertorio medico-chirurgico. Torino.

Annali Universali di Medicina dell' Omodei. Milano.

Biblioteca Italiana. Milano.

---

1) Siehe Güntz, *Ueber den Zustand des Apothekerwesens in Sicilien;* in Klose's *Zeitung für das gesammte Medicinalwesen.* I. Jahrg. Nr. 36 und 37.

2) Bei Rom, vor der *Porta del Popolo*, in der Villa, welche von Vignola für Julius III. erbaut wurde. Metaxa wirkt hier, Alessandrini in Bologna.

Giornale di Farmacia del Dott. Cattaneo. Milano.

Annali delle Scienze del Regno Lombardo-Veneto. Milano.

Giornale per servire ai progressi della Patologia e della materia medica.

Bulletino delle Scienze mediche. Bologna.

L'Osservatore medico Maceratese. Macerata.

Gazetta Eclettica di Farmacia-Chimica-Medica. Verona.

Nuovo Giornale de' Letterati. Pisa.

Giornale Agrario Toscano. Firenze.

Antologia di Firenze. Firenze.

L'Osservatore medico. Napoli.

Il Filiatre Sebezio. Napoli.

Il Severino. Napoli.

Atti della Società Gioenia. Cattania.

Giornale della Letteratura di Sicilia. Palermo.

Dr. *Eduard Güntz.*

Gedruckt bei W. Haack.

Bei Joh. Ambr. Barth in Leipzig sind auch erschienen und in allen Buchhandlungen zu haben:

Andreae, Joh. Valent., die Christenburg. Allegorisch-epische Dichtung. Nach einer gleichzeitigen Handschrift, herausgegeben von *C. Grüneisen*. Aus dem 6ten Bande der Zeitschrift für die historische Theologie besonders abgedruckt. gr. 8. geh. 9 gr.

Bräunig, M. K. F., religio, nach Ursprung und Bedeutung erörtert. Ein grammatisch-historischer Beitrag zur Einleitung in die Dogmatik. gr. 8. geh. 6 gr.

Cölln's, Dr. D. G. C. von, biblische Theologie, mit einer Nachricht über des Verfassers Leben und Wirken, herausgegeben von Dr. D. Schulz. 2 Bände. gr. 8. Rthlr. 4. 12. gr.

Hase, Dr. K., Gnosis oder evangelische Glaubenslehre, für die Gebildeten in der Gemeinde wissenschaftlich dargestellt. 3 Bände. 8. geh. Rthlr. 5.

Knobel, Dr. *A.*, Commentar über das Buch Koheleth. gr. 8. Rthlr. 2.

Kuinoel, Dr. *C. T.*, Commentarius in libros historicos Novi Testamenti. Vol. I. Evangelium Matthaei. Editio quarta, auct. et emend. 8. maj. Rthlr. 3.

— — Vol. II. Evangelia Marci et Lucae. Editio tertia. 8 maj. Rthlr. 3.

— — Vol. III. Evangelium Johannis. Editio tertia 8 maj. Rthlr. 3.

— — Vol. IV. Acta Apostolorum. Editio secunda. 8 maj. Rthlr. 3. 12 gr.

Neumann, C. F., Asiatische Studien. 1r Theil. Mit einer lithograph. Beilage. gr. 8. Rthlr. 1. 12 gr.

— Versuch einer Geschichte der armenischen Literatur, nach den Werken der Mechitaristen frei bearbeitet. gr. 8. Rthlr. 1. 15 gr.

Oblert, Dr. L. A. J., Religionsphilosophie in ihrer Uebereinstimmung mit Vernunft, Geschichte und Offenbarung. gr. 8. Rthlr. 1.

Rask, R., die älteste hebräische Zeitrechnung bis auf Moses, nach den Quellen neu bearbeitet und mit einer Karte vom

Paradiese versehen. Aus dem Dänischen übersetzt von G. Mohnike. Aus dem 6ten Bande der Zeitschrift für historische Theologie besonders abgedruckt. gr. 8. geh.

Schott, Dr. *H. A.*, et Dr. *J. F. Winzer*, Commentarii in epistolas Novi Testamenti. Vol. I. 8. maj. Rthlr. 1.

A. u. d. T.

Epistolae Pauli ad Thessalonicenses et Galatas. Textum cum recognovit et commentario perpetuo illustravit *H. A. Schott.*

Schulthess, Dr. *J.*, die evangelische Lehre von dem heil. Abendmahle, nach den fünf unterschiedlichen Ansichten, sich aus neutestamentlichen Texten wirklich oder schein. ergeben. gr. 8. Rthlr.

Schulz, Dr. *D.*, die christliche Lehre vom heiligen Abendm. nach dem Grundtext des neuen Testaments, mit einem der Geschichte dieser Lehre. Zweite verbesserte Aufl. gr 8. Rthlr. 1.

— die christliche Lehre vom Glauben. Mit einer Beilage die sogenannte Erbsünde. Eine biblische Entwickelung. Bearbeitung der Schrift: was heisst glauben und wer sind Ungläubigen. gr. 8. geh. Rthlr. 1.

Taylor, W. C., Geschichte des Mahomedanismus und seiner aus orientalischen Quellen geschöpft. Aus dem Englischen übers. gr. 8. Rthlr. 1.

Zeitschrift für die historische Theologie. In Verbindung mit historisch-theologischen Gesellschaft zu Leipzig herausgeg. von Dr. *Ch. F. Illgen.* 5r Band. 1s und 2s Stück, Band 1s und 2s Stück. gr. 8. geh. à Stück. Rthlr. 1.
Rthlr.

☞ Die ganze Folge von 6 Bänden vollständig genommen ich zu Rthlr. 12.

Mit dem Jahre 1837 beginnt die neue Folge dieser Zeitschr. die in vierteljährlichen Heften von 10 bis 12 Bogen erschein. einen Band von 40 bis 48 Bogen bilden, dessen Preis Rthlr. 4 festgestellt ist.

Taf

n.

Gez. u. d. Orig. v. C. Ruspi. Rom 1833

dessen Zerstörung durch

Taf. II.

Gez. u. d. Orig. v. C. Ruspi Rom 1833.

…von römischen Bürgern,
…inz Judaea.

u Rom.

ı der Höhe

jüdischen

Taf. IV.

Zeitfracht Medien GmbH
Ferdinand-Jühlke-Straße 7
99095 Erfurt, Deutschland
produktsicherheit@kolibri360.de